분단의 행위자-네트워크와 수행성

이 도서의 국립중앙도서관 출판예정도서목록(CIP)은 서지정보유통지원시스템 홈페이지(http://seoji.nl.go.kr)와 국가자료공동목록시스템(http://www.nl.go.kr/kolisnet)에서 이용하실 수 있습니다.
CIP제어번호: CIP2015030776(양장), CIP2015030777(반양장)

분단의 행위자-네트워크와 수행성

ACTOR-NETWORK AND PERFORMATIVITY OF DIVIDED KOREA

동국대학교 분단/탈분단연구센터 엮음

한울 아카데미

서문

분단 70년의 역사에서 '분단'과 '통일'은 우리의 현실과 미래를 규정하는 언어로 존재했다. 우리의 정치적·사회적 실존을 표상했던 '분단', 우리가 지향해야 할 상태이자 목적으로서 '통일', 이 두 단어는 우리의 관념과 상식에 스며들어 의심의 여지가 없는 것으로 여겨졌다. 그러나 '분단'과 '통일'은 그 강한 규범성으로 인해 정작 일상의 삶과는 단절된 채 공적 언어의 엄숙함으로만 표상되곤 한다. 매일매일의 고단한 삶과 불확실하게만 보이는 미래 때문에 통일은 상상 가능한 희망의 '중심'에 있지 못하다. 이런 규범과 일상의 단절은 학술적 논의나 현실 정치에서도 마찬가지이다. 당위론 이상의 실천적 논의가 구체화되지 못한 채 지지부진한 '안보'와 '위기'의 언술 속으로 사라진 지 오래이다. 모든 것을 '북핵'으로 번역하고 오직 북한만을 '문제'로 삼는 분단 인식의 프레임이 통일과 일상의 거리를 더욱 멀게 만들고 있다.

이쯤에서 분단이 우리에게 무엇인가에 대한 의문을 가질 필요가 있다. 그동안 분단은 상식적인 차원에서 민족의 분열, 남북한의 정치군사적 대립과 갈등의 상태라는 하나의 실재로 인식되어온 측면이 있다. 학술적 차원의 관점 역시 크게 다르지 않았다. 가령 분단체제나 분단구조의 논의들은 분단을 거대한 '구조'와 '체제'의 메커니즘으로 작동하는 실재로 설명하곤 한다. 그렇지만 과연 '분단'이라는 언어의 배후에 분단의 본질이 정말 실재하는 것일까? 거대한 '구조' 또는 '체제'로 묘사되는 분단의 실재가 존재한다면 우리의 일상은 그런 거대함 앞에 어떤 실존의 위상을 갖는가? 분단은 우리 '밖'의 거대한 구조와 체제로 규정되는 객관적 실재이고, 우리의 실천과 일상적 삶은 그런 구조와 체제에 그저 무기력하게 종속될 뿐인가?

우리는 이런 문제의식에서 잠시 '인식론적 전환'을 할 필요가 있다. 분단을 고정된 어떤 실체, 거대한 구조나 체제로 환원하는 것을 멈추고 '수행'의 차원에서 재인식하는 것이다. 다시 말해 분단을 존재하는 것(being)이 아니라 행해지는 것(doing)으로 보는 것이다. 이는 분단의 실재가 고정된 것이 아니라 다양한 인간 행위자 또는 비인간 행위자의 네트워크를 통해 일상에서 수행되는 것 자체로 본다는 것을 의미한다. 이런 차원에서 본다면 분단은 단수가 아닌 복수의 '분단들'로 존재하게 된다. 이는 단순히 분단의 중심이나 분단의 질서가 여러 개라는 것을 의미하지 않는다. 분단은 상식, 표준, 법·제도, 규범, 조직, 기술, 사물, 인공물, 기호, 경관 등과 같은 다양한 행위자의 결합을 통해 수행되는 무엇이다. 세상을 특정한 방식으로 보도록 '번역'하는 것 자체가 수행이고, 이런 수행은 분단과 관련된 특정한 사회적 진리를 만드는 사회-기술적 장치의 효과라고 볼 수 있다.

분단을 수행하는 장치들을 규명하는 것은 다양한 행위자의 힘겨루기와 결합, 생성과 소멸의 과정을 드러내는 일이다. 그리고 다양한 장치가 구성되고 작동하는 방식을 규명하는 일은 분단이 고정된 무엇이 아니라 수행되는 것이라는 점을 분명히 보여주기 위한 작업이다. 이런 관점에서 본다면 분단은 다양한 인간/비인간 행위자의 네트워크를 통해 우리의 일상에서 수행되는 다중적 실재들(realities)인 것이다. 이것을 우리는 분단의 '수행성(performativity)'이라고 부르려 한다.

이런 '수행성' 차원에서 본다면 분단은 당위론에 입각한 '통일' 또는 '민족'의 규범화, 체제나 구조로 환원하는 사고, 정치·군사적 대치의 완화 등과 같은 것만으로는 극복되기 어려운 것이 된다. 따라서 일상의 실천을 강조하고, 우리를 둘러싼 다양한 사물, 인공물, 제도, 기술, 상식, 기준, 법, 제도, 규범, 기호 등이 어떠한 네트워킹을 통해 분단을 번역하고 있는가를 살펴볼 필요가 있다. 결국 분단은 남북한의 일상생활과 사회 속에 스며들어 있는 분단의 '행위자-네트워크(actor-network)'와 '사회-기술적 장치들(socio-technical devices)'을 인식하고 해체시키면서 새로운 '행위자-네트워크'로 재편하는 '일상의 정치'와 '사물의 정치'를 모색함으로써 극복할 수 있는 것이다.

이런 문제의식을 바탕으로 이 책의 필자들은 분단의 행위자-네트워크를 구성하는 인간, 사물, 과학, 기술, 공간, 일상 등에 대한 경험적 연구를 통해 분단을 어떻게 상식과 일상의 표면 위로 드러낼 것인가를 연구의 주요 물음으로 삼았다. 그리고 행위자-네트워크 이론(Actor-Network Theory: ANT)이 보여준 다양한 사례연구로부터 영감을 받아 분단을 행위자-네트워크 차원에서 분석하고, 분단을 수행하는 다양한 행위자가 어떠한 네트워킹을 통해 분단을 번역하고 있는가를 추적하고자 했다.

그러나 ANT를 분단 현실에 녹여내는 일은 쉽지 않다. 인간 이외에 지식, 과학, 제도, 사물, 기술 등 일상을 둘러싼 모든 것에 대한 '낯설게 하기', 사물에 대한 세심한 관찰과 민감한 반응을 요구하기 때문이다. 그런데 이러한 점이 ANT가 갖는 어려움이면서도 힘이라 할 수 있다. 우리가 일상을 둘러싼 사물을 새롭게 재인식하는 그 '낯섦'의 순간들이 일상에 스며 있는 분단의 은유들과 행위자-네트워크를 발견하는 순간이고, 우리 안에 있는 분단을 인식하는 순간이기도 하다는 점에서 그렇다. 그리고 분단의 전환, 즉 탈분단이 우리 모두가 자신의 일상에서 수행하는 여러 '분단'을 인식하고 해체하는 것에서 시작된다고 할 때 ANT가 갖는 실천의 힘이 있다. 따라서 이 책의 필자들은 분단을 수행하는 행위자-네트워크에 대한 인식과 기술을 통해 남북한 사회와 분단의 실재들을 규명하고, 규범화된 통일론과 평화 논의에서 탈피해 구체적 일상에서 실천 가능한 '탈분단'의 패러다임을 제시하고자 했다.

이 책은 동국대학교 분단/탈분단연구센터가 2010년부터 한국연구재단의 한국사회과학연구지원(SSK) 사업 과제로 수행 중인 연구사업 '분단의 행위자-네트워크와 탈분단의 사회동학'(NRF-2010-330-B00023, NRF-2013S1A3A2054810)의 1차 결과물들을 모은 것이다. 이 책은 총 3부로 구성되어 있다. 1부 '분단 연구의 새로운 지향: 구조에서 수행으로'에서는 그동안의 분단 연구를 성찰하고 분단에 대한 행위자-네트워크 이론의 적용 가능성을 탐색하는 것과 함께 분단을 설명하는 새로운 논의로 '수행적 분단론'을 개진했다. 1부가 행위자-네트워크 이론을 중심으로 한 분단에 대한 이론적 논의였다면, 2부와 3부는 행위자-네트워크 이론을 적용한 경험 연구에 해당한다. 2부 '안보, 분단의 블랙박스와 번역의 정치'에서는 천안함 사건, 북핵, 간첩 사건, '평화의 댐', 북한 인권 등 구체적인 사례에서 분단의 행위자-네트워크를 추적하고 분단이 한반도의 안보를 번역하는 방식을 드러냈다. 3부 '분단의 또 다른 얼굴: 행위자-네트워크로 본 북한'에서는 한반도 분단의 주요 주체이자 또 다른 현실인 북한을 행위자-네트워크 이론으로 살펴보았다. 특히 최근 북한에서 발견되는 현상들의 행위자-네트워크를 추적함으로써 그러한 현상들이 분단의 또 다른 모습인지 아니면 탈분단의 가능성을 내포한 변화인지 그 의미를 규명했다.

분단/탈분단연구센터 연구진들이 그동안 학술지에 발표한 글들을 한 권의 책으로 묶는 일은 생각보다 쉽지 않았다. 무엇보다도 학술 논문들을 한 권의 책으로 묶어내겠다는 제안을 기꺼이 받아주고 훌륭한 책으로 만들어 준 도서출판 한울의 모든 분께 감사드린다. 행위자-네트워크 이론을 통해 분단과 탈분단을 새로운 관점에서 바라보자는 제안을 해준 홍민 박사께 특별히 감사를 드린다. 또한 어려운 주제를 함께 연구한 연구센터의 모든 연구진, 그리고 연구센터를 위해 여러 가지로 애쓴 동국대학교 북한학과 대학원생들인 김군태, 윤보영, 윤세라, 이민주, 조우현 씨에게도 감사의 말씀을 드리고 싶다. 본 연구를 지원한 한국연구재단, 그리고 연구사업의 심사와 평가 과정에 참여해서 본 연구의 의미를 인정한 여러 심사위원분, 어려운 여건에서도 좋은 연구공간을 제공하고 물적 지원을 아끼지 않은 동국대학교에도 깊은 감사의 마음을 전하고 싶다.

2015년 12월
필자들을 대신하여
박순성 · 조영주

차례

제2부 안보, 분단의 블랙박스와 번역의 정치

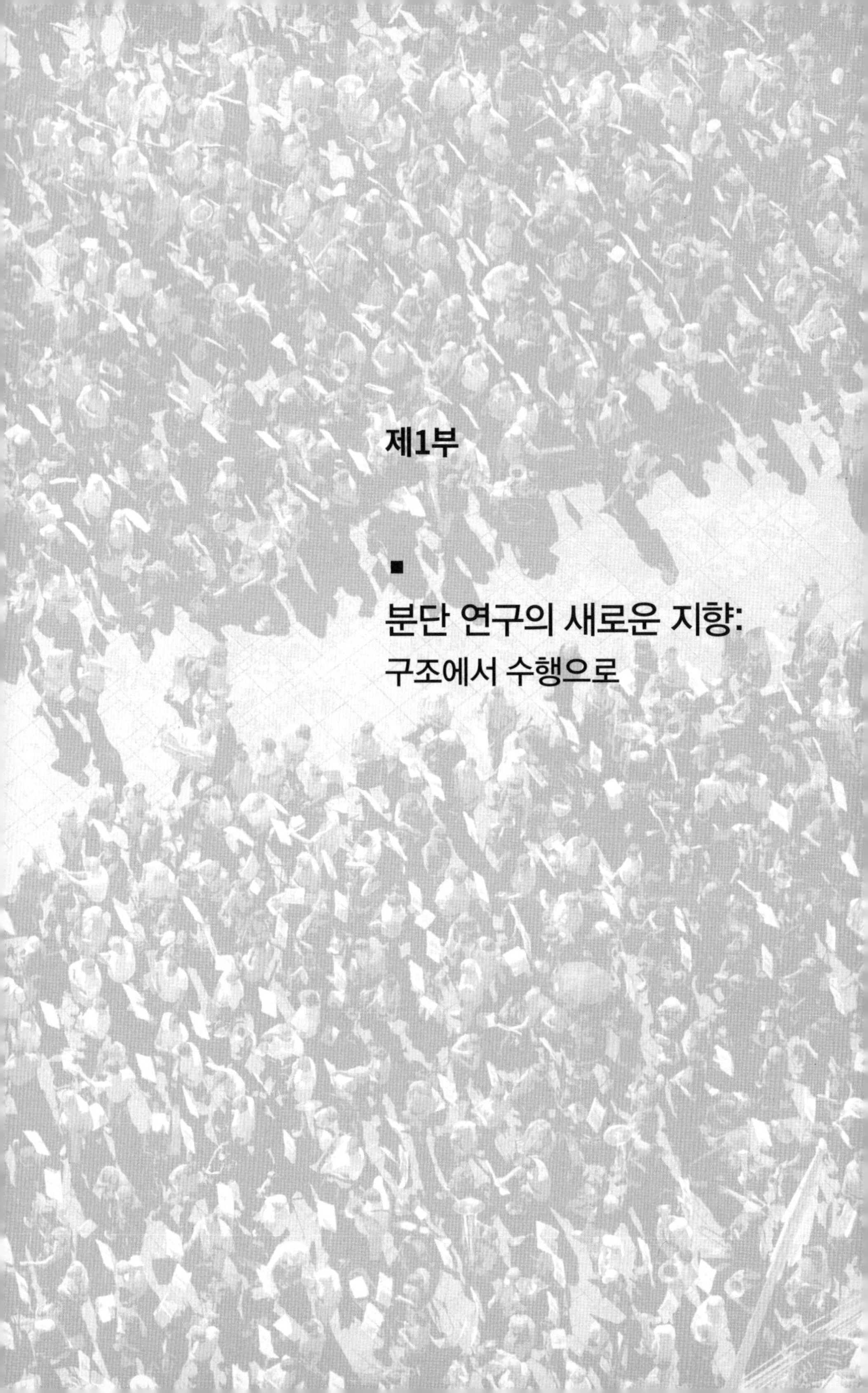

제1부

■

분단 연구의 새로운 지향:
구조에서 수행으로

제1장

한반도 분단 현실에 대한 두 개의 접근

분단체제론과 분단/탈분단의 행위자-네트워크 이론

박순성

1. 분단과 통일에 대한 문제제기

남북관계가 악화되고 한반도에서 긴장이 지속되면서 국민들의 통일에 대한 관심이 과거에 비해 줄고 있다. 현재 한국 사회에서 통일의 당위성이나 필요성을 주장하기 위해 역사적으로 존재했던 민족공동체의 복원과 민족 구성원 모두의 자유·복지·존엄을 강조하거나 통일을 통한 민족 역량의 증대와 국민국가의 발전을 내세우는 것은 설득력이 떨어진다. 더구나 세계화의 진전에 따라 민족공동체나 국민국가의 역사적 의미조차도 국민들의 의식 속에서 약화되고 있다.

통일의 전망은 위축되고 있고, 남북한의 현실은 분단이라는 제약에서 여전히 자유롭지 못하다. 그런데 우리는 이러한 한반도 분단 현실을 분명하게 인지하지 못하거나, 분단 자체를 제약으로 규정하는 것을 의식적으로 거부하려는 태도를 보이기도 한다. 자연히 통일된 한반도 또는 한민족 전체의 미래에 대한 전망은 대한민국이라는 정치공동체와 그 구성원들의 현재와 미래의 구상에서 제외되거나 별도의 추가적 요소로만 취급되는 경향도 나타나게 된다. 분단도, 통일도 남북한의 현실과 일상의 세계에서 분리된 사건으로만 존재하는 것이다.

이러한 상황에서 한반도의 분단 현실을 제대로 파악하는 일은 한편으로는 분단된 한반도 현실이 갖는 억압적 성격을 드러내는 일이고, 다른 한편으로는 한민족의 통일 또는 분단 현실의 극복을 우리의 전망 속으로 끌어들이는 일이다. 이런 관점에서 우리는 분단체제론과 분단/탈분단의 행위자-네트워크 이론(Actor-Network Theory: ANT)에 주목한다.

분단체제론은 남한과 북한을 분단되어 있지만 서로 연결된 하나의 체계로 파악하고, 분단 현실이 '지속성을 지닌 체제'의 성격을 지니고 있음을 보여주려고 한다. 분단은 과거의 사건이 아니라 현재에도 계속 재생산되고 있는 과정이자 체계로 이해된다(2절). 분명한 문제의식과 분석 틀 덕분에 분단체제론은 분단 현실을 파악하려는 다른 이론적 시도에 비해 몇 가지 중요한 성과를 낳긴 했지만(3절), 그와 동시에 한계와 과제에 직면하기도 했다(4절).

분단/탈분단의 행위자-네트워크 이론은 분단체제론의 문제의식과 성과를 이어받고 살리면서도 그 한계와 과제를 넘어서려는 이론적 시도이다(5절). 분단/탈분단의 행위자-네트워크에 대한 경험적 추적이 분단 현실에 대한 이론적 이해를 높여줄 뿐 아니라 분단 현실을 극복할 실천의 지평도 넓혀줄 것이라고 기대한다.

2. '사건으로서의 분단'에서 '과정으로서의 분단'으로

지금은 대한민국과 조선민주주의인민공화국이 두 개의 다른 국가이지만 결국에는 하나의 국가가 될 수밖에 없다. 이러한 주장이 실제로 의미를 갖는다면 한반도의 두 국가는 국제관계 차원에서 국가적 실체를 각각 인정받고 있다고 하더라도 통일국가라는 잠재적 존재에서 자유롭지 못하다.[1] 남북한은 1991년 말 "쌍방 사이의 관계가 나라와 나라 사이의 관계가 아닌 통일을 지향하는 과정에서 잠정적으로 형성되는 특수관계라는 것을 인정하고 평화통일을 성취하기 위한 공동의 노력을 경주할 것을 다짐하면서",[2] 이러한 제약을 현실적으로 수용한 것처럼 보인다.

남북한 사이에 잠정적으로 형성되는 특수관계는 두 방향을 바라보고 있다. 한쪽에는 통일 한국이라는 미래-지향이 존재하고, 다른 쪽에는 분단이라는 역사적 사건이 존재한다. 「남북기본합의서」는 첫머리에서 '분단된 조국의 평화적 통일을 염원하는 온 겨레의 뜻'을 강조함으로써 과거에 일어났던 사건(분단)과 현재의 상태(분단 조국), 미래에 대한 의지(통일)를 하나로 묶어낸다. 과거에서 미래로 흐르는 시간이 분단과 통일을 연결하고, 과거에 대한 기억이 현재와 미래를 만든다. 한반도 통일에 대한 논의에서 등장하는 미래-지향은 과거-기억의 산물일 뿐이다. 또한 분단이 과거에 일어난 사건으로 기억될 때 통일은 미래에 일어나야 할 사건으로 다가온다.

인간 사회에서 일어나는 사건이 원인/결과와 구조/행위(또는 환경/행위자)의 틀에 따라 파악되듯이, 분단도 원인/결과와 구조/행위의 틀에 따라 파악될 수 있다. 사건의 원인을 따져서 멀리 올라갈수록, 사건의 결과를 빠짐없이 찾아낼수록 사건의 시작과 끝은 더욱 분명해진다. 사건이 일어나게 된 구조를 넓게 그려낼수록, 사건을 일으킨 행위를 낱낱이 추려낼수록, 사건의 얽혀 있는 구조와 행위가 잘 드러난다. 이러한 인식 틀을 통해 분단에 대한

1) 편의상 한반도의 두 국가는 '남한'과 '북한'으로, 통일국가는 '통일 한국'으로 표기하겠다. 남북한은 1991년 9월 UN에 동시 가입했다.

2) 「남북 사이의 화해와 불가침 및 교류·협력에 관한 합의서」(1991.12.13) 전문. 통상의 어법에 따라 이 합의문을 「남북기본합의서」로 표기하겠다.

이해는 깊어진다.

분단이라는 과거 사건에 대한 이해가 깊어진 만큼 통일이라는 미래에 일어날 (수밖에 없는) 사건에 대한 이해도 깊어졌는가? 불행하게도 우리는 아직 일어나지 않은 통일이라는 미래의 결과에서 출발해 현재의 원인을 찾아낼 수 없다. 아직 시간의 흐름은 마무리되지 않았다. 통일이라는 사건을 그려낼 것이라고 현재 판단되는 구조와 행위의 목록에 통일이라는 명칭을 붙일 수 있을지 또는 '분단은 극복되었지만 통일이라고는 부를 수 없는 상황'이라는 규정이 주어질지 아직 확실하지 않다. 분단의 기억은 통일이라는 미래-지향을 만들어낼 수는 있지만, 분단 자체 또는 분단되기 이전에 하나였다는 역사적 사실 자체가 통일을 정당화하는 원인이 될 수는 없다. 분단의 구조/행위는 통일의 가능성을 보여줄 수는 있지만, 통일의 구조/행위를 보여주지는 못한다. 통일은 미래-지향으로 존재하지만 현실을 변화시킬 충분한 영향력이나 실체를 갖지 못한다.

분단-사건에 대한 이해에서 통일-사건에 대한 이해로 나아갈 수 없다면 분단과 통일에 대한 인식의 틀을 바꿔야 한다. 분단은 원인/결과나 구조/행위의 틀로 파악될 수 있는 사건이 아니다. 분단은 과정이자 체계로 이해되어야 한다. 우리가 통일을 사건이나 상태로 파악하지 않고 과정으로 이해하려고 한다면[3] 분단 역시 과정으로 이해해야 한다. '법적 통일'에 대한 논의보다 '사실상의 통일'에 대한 논의가 현실적이라면[4] 분단이 실제로 유지되

---

3) 강정구는 통일을 과정으로 이해하려는 문제의식을 "민족사적 전환을 이룰 민족재통일을 '접합을 통한 통합으로, 이념형에서 역사적 가능태의 실재화로, 연방제 원칙 아래 기능주의적 방안의 수용으로, 일회적인 계기가 아니라 과정과 단계로서의 통일로, 세계사적 전환과의 유리로부터 접목으로, 남쪽만이 아니라 북의 민중과의 연합으로'의 원칙 아래 실현할 것을 제안한다"라는 방식으로 표현하고 있다. 강정구, 「세계사적 전환과 통일운동의 접합」, ≪창작과비평≫, 통권 77호(1992), 23쪽.

고 있는 방식의 체계적 속성과 한계에 주목해야 한다. 이 지점에서 우리는 분단체제론을 만나게 된다.

3. 분단체제론의 두 영역: 분단 현실의 인식과 분단체제의 극복

1) 분단체제론의 문제의식과 기본 개념

분단을 과정으로 이해하려는 노력, 또는 분단이 유지되는 방식을 파악하려는 노력은 남한과 북한을 하나의 체계로 바라보려는 시도로 나타난다. 남한과 북한은 분리된 두 개의 국가이지만 남북관계하에서만 제대로 모습을 드러낸다. 대립과 의존이라는 적대관계하에서 남북한은 각각의 정체성을 유지하고, 한반도 분단 현실은 흔들리지 않고 유지된다. 백낙청의 분단체제

4) 남한의 김대중 정부는 화해협력정책을 추진하면서 '법적·제도적 통일'보다는 '사실상의 통일'을 강조했다. 이런 차원에서 2000년 6월 남북한 정상이 합의한 6·15공동선언 2항은 "남북한이 당장 제도적·법적 통일을 실현하는 것이 아니라 서로 현 체제를 인정하고 평화적으로 공존하면서 교류·협력을 통해 점진적·단계적으로 사실상의 통일을 실현해나간다는 데 합의한 것"이라고 해석된다. 통일부 통일교육원, 『통일문제 이해 2007』(2007), 70쪽. 이후 남한 사회 내부에서는 '사실상의 통일'이라는 관점에서 남북관계를 이해하려는 노력이 통일 담론을 주도한다. "실질적인 남북 화해와 교류·협력 증진을 통하여 남북한이 공동 번영할 수 있는 '사실상의 통일상태'를 구현하고, 이렇게 될 경우 남북한의 공동번영뿐만 아니라 동북아시아 평화와 안정에도 기여함을 주변 4국들이 이해하도록 하고, 남북 당국과 주민의 적극적인 통일 의지를 바탕으로 '사실상의 통일상태'를, 궁극적으로는 '정치적 통일'로 발전시켜 나가야 할 것이다." 통일부 통일교육원, 『통일문제 이해 2009』(2009), 51쪽. 이명박 정부가 들어서면서 '사실상의 통일'이라는 용어는 정부의 공식 문건에서 점차 사라진다.

론은 바로 이러한 문제의식에서 시작한다.

분단시대의 한반도 현실을 좀 더 총체적이고 체계적으로 해명(하기 위해서는) … 실사구사의 정신으로, 우선 한반도의 분단이 엄연한 현실임을 인정하고 우리가 '분단시대'라는 말을 당연시할 정도로 이 분단현실이 상당히 지속성을 띤 것임을 인정하면서, 한반도 남북 전체를 망라하는 이 현실이 '체제'로서의 어떤 성격을 띠지 않았는지, 만약 체제에 해당하는 것이 있다면 그것은 어떤 의미 어떤 내용의 체제인지, 있는지 없는지 모르겠으면 한번 알아보려는 노력이라도 제대로 해보는 것이 순서가 아닐지, 이런 초보적인 사항들로부터 시작하는 것이 낫겠다.[5]

분단 현실이 '지속성을 지닌 체제'로 파악될 때 한반도의 분단은 말 그대로 '과정'과 '체계'의 성격을 지닌 것으로 나타난다. 남한과 북한은 적대관계를 유지함으로써 분단을 끊임없이 재생산하고, 그 과정 속에서 남북한이라는 두 국가의 정체성은 더욱 확고해진다. 분단은 더 이상 하나의 사건으로 인식되지 않는다. 또한 분단 현실은 사건이 만들어낸 '고정된' 결과나 구조물이 아니다. 분단체제론은 분단체제라는 '고정된 실체'를 따로 상정하지 않는다. "오히려 도저히 단일한 체제에 편입될 수 없을 것처럼 보이는 이질적 현상들을 체계적으로 인식하려는 노력을 통해" 분단 현실을 파악하려고 한다.[6] 과연 분단체제론은 분단을 어떻게 파악하고 있는가? 다소 길지만 백낙청의 글을 읽어보자.

---

5) 백낙청, 『분단체제 변혁의 공부길』(창작과비평사, 1994), 14~15쪽.

6) 같은 책, 163쪽.

흔히 한반도의 분단을 대한민국과 조선민주주의인민공화국이라는 두 국가의 대립으로 보기도 하고, 공산주의와 자본주의의 이념대립으로 보기도 하고, 북한사람들과 남한사람들의 대립과 분열로 보기도 하는데, 물론 남북분단에는 그런 요소들이 다 섞여 있습니다. 하지만 그러한 면을 더 중시하느냐, 아니면 남과 북이 서로 다른 사회를 만들어서 대립하고 있지만 사실 남과 북의 기득권세력은 다같이 분단을 유지함으로써 이득을 보기 때문에 자기들이 입으로 뭐라 그러고 머리로 뭐라고 생각할지 몰라도 현실적으로는 공생관계에 있다는 사실을 더 중시하느냐는 것입니다. 그런 의미에서 남과 북의 기득권세력이 한편에 있고 그 기득권세력이 유지하는 분단구조에서 손해를 보는 대다수 남쪽의 국민과 북쪽의 인민들이 다른 한편에 있는, 이런 이해관계의 상충이 더 기본적인 사회구조, 엄밀한 씨스템은 아니더라도 체제 비슷한 것이 작동하고 있지 않느냐, 이게 분단체제론의 문제제기예요.[7]

결국 백낙청에 따르면 "분단체제라고 하면 단순히 국토가 갈라졌다는 게 아니고 갈라진 남북한이 묘한 공생관계를 가지면서 스스로 재생산하는 힘을 지닌 체제 비슷한 것이 만들어졌다는 뜻"이다.[8] 분단체제론은 "한반도가 처음 분단될 때는 외부의 힘이 압도적으로 작용"했다는 사실을 인정하면서도 분단을 유지해주는 '내부 동력'의 존재를 강조한다. "외국의 압력만으로는 일시적 지배가 될 수 있을지 몰라도 자생적인 체제는 못 되기 때문이(다)."[9]

분단을 야기하고 유지하는 외부 압력과 내부 동력이라는 두 개의 힘은 외세와 민족 사이의, 그리고 남북한 내부의 권력층과 민중 사이의 세력 불균형

---

7) 백낙청, 『2013년체제 만들기』(창비, 2012), 139~140쪽.

8) 같은 책, 141쪽.

9) 같은 책, 142쪽.

을 의미한다. 이러한 '이중의 세력 불균형'이 낳은 분단체제는 남북한 사이에, 그리고 한반도 전체의 기득권 세력과 민중(남한의 국민과 북한의 인민) 사이에 '이중의 분단'이 지속적으로 작동하게 하는 체제이다.[10]

2) 분단체제론의 성과

분단체제론은 한반도 전체에서 작동하는 이중의 세력 불균형과 이중의 분단에 주목함으로써 분단 현실에 대한 이해를 한 단계 진전시켰다. 분단체제는 남북한 사이의 분단이라는 말이 주는 단순한 인상과 달리 복잡한 체계이다.[11] 분단체제론이 가장 주목하는 한반도 차원의 기득권 세력과 민중 사이의 대립은 남한과 북한의 기득권 세력 사이의 대립, 남북한 각각 내부의 기득권 세력과 국민·인민 사이의 대립 등과 얽혀서 작동한다. 남한과 북한의 기득권 세력은 남북한 사이의 체제 경쟁을 주도하면서 남북한 사회 구성원을 체제 경쟁을 위한 동원의 대상으로 삼는다. 남북한의 민중은 체제 경쟁에 동원되고 참여하면서도 자신들을 직접적으로 억압하는 각각의 기득권 세력이나 독재 권력·정권에 저항한다. 각기 내부에서 벌어지는 기득권 세력과 민중 사이의 대결은 "서로 싸우고 대립하면서도 서로 싸움으로써 상대를 도와주는 식으로" 공생관계를 형성한 한반도 차원의 기득권 세력의 승리로 종종 끝난다.[12] 분단체제는 끊임없이 재생산되고 강화된다. 분단체제론은

---

10) 박순성, 「한반도분단과 대한민국」, 이병천·홍윤기·김호기 엮음, 『다시 대한민국을 묻는다: 역사와 좌표』(한울, 2007), 1~2절 참조.

11) 분단체제론이 만들어지던 초기부터 백낙청은 "'평범한 물체'로 흔히 알고 있는 것조차 일종의 '복잡한 사회현실'이요, 개념의 지시대상을 단순하게 설정할 수 없다는 점"을 강조한다. 백낙청, 『분단체제 변혁의 공부길』, 17쪽.

12) "전쟁과 분단을 겪으면서 남쪽과 북쪽 모두에 독재권력이 확고해졌습니다. 독재정권

분단체제의 이러한 '자기재생산 능력'을 밝혀낸다.[13]

분단체제가 자기 재생산 능력을 가지고 있다면 분단체제하에서 억압받는 남북한의 민중은 직접적으로 자신을 억압하는 각각의 기득권 세력에 대한 저항을 넘어서 한반도 차원의 기득권 세력 전체와, 나아가 분단체제 자체와 싸워야 한다. 분단체제에서 대립은 남한과 북한이라는 두 국가 사이에, 각각의 기득권 세력 사이에, 기득권 세력과 국가·인민 사이에 나타나는 것을 넘어서, '남과 북의 수구 세력이 극과 극으로 대치하고 있으면서도 어떤 의미에서는 교묘한 공생관계에 있는 체제'와 '공생관계에서 소외되고 그로부터 고통을 받는 남북한의 다수 민중' 사이에까지 확대되어 나타난다.[14] 자연히 남북한 민중이 기득권 세력의 억압에 저항해서 싸울 때 그것은 억압체제인 분단체제에 대한 저항운동, 분단체제의 변혁을 지향하는 반체제운동이 된다.

반체제운동은 분단체제에 대한 근본적 도전이기 때문에 남북한의 기득권 세력에 엄청난 부담이다. 남북체제가 한반도 분단체제의 하위 체제라고 할 때, 반체제운동은 남북한에 강고하게 자리 잡은 '내재화된 분단체제', '분단의 논리를 제도적으로 완결한 강압적 정치제도'를 직접 겨냥한다.[15] 그런데 역설적으로 분단체제의 하위 체제인 남북한은 이러한 반체제운동에 직면해

이라는 건 본질상 국민의 동의를 얻어서 지배하는 체제가 아니기 때문에 강력한 것 같으면서도 불안한 체제입니다. 그런데 남북대결이 격화될수록 독재하기가 편해지잖아요. 그래서 남과 북의 독재정권이 서로 싸우고 대립하면서도 서로 싸움으로써 상대를 도와주는 식으로 분단체제를 굳혀왔습니다." 백낙청, 『분단체제 변혁의 공부길』.

13) 백낙청, 『흔들리는 분단체제』(창작과비평사, 1998), 18쪽.

14) 같은 책, 157쪽.

15) 장준하, 「민족통일전략의 현 단계(초안)」, 『민족주의자의 길: 장준하 전집 3』(세계사, 1992), 33쪽.

이를 극복함으로써 분단체제 자체가 하위 체제에 강요하는 편향성을 극복할 수 있다. 내부에서 반체제운동이 없는 하위 체제는 억압체제가 지닌 무기력 때문에 제대로 발전하지 못한다. "반체제운동과 체제경쟁 사이에는 역설적인 상호의존의 관계가 존재했다."[16] 남한의 성공과 북한의 실패는 상당 부분 바로 이 반체제운동의 역설로 설명된다.

내재화된 분단체제는 단순히 정치제도나 사회·경제 제도로만 나타나지 않는다. 백낙청이 적절하게 지적하고 있듯이 분단체제는 '국민들 마음속' 깊은 곳에 자리를 잡는다. 한국전쟁을 경험한 남북한 민중의 마음속에 깊이 뿌리내린 '전쟁이 또 나는 것보다 차라리 이렇게 갈라져 사는 게 낫다는 생각'은 분단체제를 뒷받침하는 내부적 요인의 하나가 된다.[17]

그런데 분단체제를 살아가는 사람들의 마음속에 자리 잡은 분단체제의 작동 원리는 간단하지 않다. 전쟁을 경험한 분단 세대는 전쟁을 거부하고 상대방을 두려워하면서도 전쟁이 심은 뱃속 깊은 곳의 증오 때문에 기회가 된다면 전쟁을 통해서라도 복수하기를 원한다. 또한 앞에서 언급했듯이 남북한의 기득권 세력은 "자기들이 입으로 뭐라 그러고 머리로 뭐라고 생각할지 몰라도 현실적으로는 공생관계에 있다는 사실을 더 중시"한다.[18]

결국 남북한 국민/인민의 마음속에는 한반도의 분단 현실을 비판적·객관적으로 바라보지 못하도록 만드는 '분단괴물'이 숨어 있다.[19] 분단체제는 때로는 "매사를 상대방 책임으로 돌리고 정당한 비판이나 성찰도 상대방을 이롭게 하는 행위로 매도하기가 유달리 편해"지도록 만들고, 때로는 분단 현실에 대한 인식을 억누르면서 "북의 존재를 되도록 무시하면서 남한만의 발

---

16) 박순성, 「한반도분단과 대한민국」, 105쪽.

17) 백낙청, 『2013년체제 만들기』, 142쪽.

18) 같은 책, 140쪽.

19) 백낙청, 『어디가 중도며 어째서 변혁인가』(창비, 2009), 140쪽.

전을 꿈꾸"게 만든다.[20]

분단체제의 복잡한 작동 원리는 우리 모두의 의식/무의식 세계에 내재화된다. 분단은 언제나 우리의 삶과 생각을 지배하면서도 또한 드러나지 않는 곳에서 작동한다.[21] 분단체제의 모든 구성원과 국가권력은 분열적이고 이중적인 경향을 보인다. 따라서 분단체제의 극복은 '일그러진 사고와 감정의 쇄신'을, '우리들 하나하나의 마음속에 온갖 형태로 뿌리내린 분단체제의 극복'을 의미한다. 자연히 분단체제의 극복은 '일회적 사건'으로 이루어질 수

---

20) 같은 책, 271쪽. 한스-요하임 마즈(Hans-Joachim Maaz)가 동·서독 주민의 심리 상태를 설명하기 위해 사용하는 '공모(共謀)구상'이라는 개념도 '분단괴물'과 비슷한 의미이다. 한스-요하임 마즈, 『사이코의 섬: 감정정체·분단체제의 사회심리』, 송동준 옮김(민음사, 1994), 217~218쪽. 김종엽의 표현을 빌리면 분단체제론은 '한반도적 관점'에서 남북한을 보는 이론이다. 남한을 볼 때도 '대한민국의 관점'만이 아니라 '한반도적 관점'을 취해야만, "양자를 적극적으로 교직하여 사고하려는 태도"를 취해야만, "어느 관점에 속박됨으로써 생기는 심리적 경향, 자부심과 자괴감이 병존하고 영광과 상처의 제스처가 자리바꿈을 거듭하는 현상에서 벗어날 수 있을 것이다. 아울러 사고의 지평을 남한 사회로 제한하고 그것에 몰입하는 경향과 남한 사회 내부의 복잡성에 대한 신중한 고려를 잃은 열정이나 분노의 표출로 치닫는 경향 모두에서 벗어나 현재의 가능성을 침착하게 찾아갈 수 있을 것이다." 김종엽, 「분단체제와 87년체제」, 김종엽 엮음, 『87년체제론: 민주화 이후 한국사회의 인식과 새 전망』(창비, 2009), 29~31쪽.

21) "가끔씩 '위기' 국면마다 분단모순의 흔적들이 드러나기도 하지만 우리는 일상을 통해 그 모순의 실체를 쉽게 파악하기 힘들다. 위기를 위기답게 느끼지 못하게 하는 '그 무엇', 위태로운 분단의 실존적 상황을 평온한 일상으로 은유해내는 '그 무엇', 위기는 있으나 실천과 유리된 분단냉소주의를 유포하는 '그 무엇', 바로 분단은 '그 무엇'에 갇힌 채 일상으로부터 유리된 듯하지만, 사실 우리 삶 곳곳에 스며 있다." 홍민, 「행위자-연결망 이론과 분단 연구: 분단 번역의 정치와 '일상으로의 전환'」, ≪동향과 전망≫, 통권 83호(2011), 48쪽. '그 무엇'에 대한 문제의식이 제기하는 연구의 과제는 뒤에서 다시 다룰 것이다.

없는 긴 과정이다.[22]

끝으로 분단체제론은 한반도의 분단체제가 자생적 체제이면서 열린 체제임을 분명하게 말한다. 분단체제는 "무언가 본질적으로 다른 두 개의 분단사회를 망라하는 특이한 복합체"이면서 "동시에 한반도 바깥의 세계와 단절된 상태로 실재하는 자기완결적인 체제가 아닌 것도 분명하다."[23] 분단체제론은 남북한이라는 두 개의 하위 체제, 한반도 차원의 분단체제(라는 중간항), 동아시아 또는 동북아시아(라는 중간 항), 그리고 최상위의 세계체제라는 '위계적 체계'에 대한 인식을 강조함으로써, 분단 현실의 인식과 분단체제의 극복이 지역적·지구적 차원의 제약에 직면하면서도 그와 동시에 세계사적 의미를 지니게 되는 이유를 제대로 밝힌다.[24]

---

22) 백낙청, 『어디가 중도며 어째서 변혁인가』, 141쪽; 백낙청, 『한반도식 통일, 현재진행형』(창비, 2006), 84쪽.

23) 백낙청, 『분단체제 변혁의 공부길』, 17쪽.

24) "분단체제라는 중간 항을 생략하고서는 남북 어느 한 쪽 '체제'의 작동방식도 제대로 규명할 수 없다. … 더구나 이는 단순한 인식의 문제가 아니라, 통일을 이룩하려고 하든 분단상태에서나마 어느 한 쪽의 현실을 개선하려고 하든 ─ 더 크게는 세계체제를 개량하거나 변혁하려고 하는 경우에도 ─ 분단체제의 극복이라는 과제를 떠나서는 한반도에서의 효과적인 사업이 불가능하다는 실천의 문제인 것이다." 백낙청, 『흔들리는 분단체제』, 21~22쪽. "세계체제가 정치적으로는 개별 국가를 매개로 작용하는데, 한반도의 남한과 북한의 경우에는 그것에 더해서 한반도 전역에 걸친 분단체제의 매개작용을 겪으면서 세계체제와의 관계가 작동한다." 백낙청, 『2013년체제 만들기』, 140쪽.

4. 분단체제론에 대한 몇 가지 질문

1) 분단체제-실체론 또는 분단체제-환원론

지금까지의 논의를 간단히 요약해보자. 분단체제는 분단 사회 두 개를 망라하는 특이한 복합체이고, 세계체제라는 상위 체제와 남북한이라는 하위 체제의 매개 항이다. 분단체제의 극복은 '바깥의 괴물을 이겨내는 일'과 '내 마음속의 괴물을 퇴치하는 일'의 동시 수행을 요구한다.[25] 자연히 분단체제의 극복은 우리 사회의 모든 영역에서 일상적으로 일어나야 한다.

> 분단이 극복되지 않은 상황에서도 우리가 각기 사는 곳에서 그날그날 수행하는 크고 작은 싸움이 모두 분단체제극복운동의 내용을 이룬다. 통일작업과 직결된 교류확대라든가 민주적 권리의 확보, 대외적 자주성의 신장 등만이 아니라, 생활현장에서의 성차별이나 인권침해, 환경파괴 등을 제거하고 자기 자신부터 그러한 습성에서 벗어나는 갖가지 실천이 곧바로 '과정으로서의 통일'로 이어진다. 우리의 목표는 일회적 사건으로 이룩되는 분단극복이 아니라 우리 사회의 구석구석에, 그리고 우리들 하나하나의 마음속에 온갖 형태로 뿌리내린 분단체제의 극복이기 때문이다.[26]

이런 식으로 모든 생활현장에서 일어나는 현실의 모순을 극복하려는 실천이 분단체제극복운동이고 또 그러한 실천의 성공이 '과정으로서의 통일'을 이루는 것이라면 분단체제는 모든 영역에 편재해 있으면서 현실의 모든

---

25) 백낙청, 『어디가 중도며 어째서 변혁인가』, 141쪽.

26) 백낙청, 『한반도식 통일, 현재진행형』, 84쪽.

사태를 결정하는 '무엇'으로 이해되어야 한다. 분단체제론은 실천과 이론 양 영역에서 분단체제를 한반도 전체의 사회와 일상생활을 지배하는 '실체'로 파악하는 것처럼 보인다. 당연히 분단체제의 이해는 남북한 사회를 이해하는 출발점이자 귀착점이다.

분단체제론의 이러한 관점은 분단체제론이 일종의 분단체제-실체론이나 분단체제-환원론이 아닌가라는 질문을 야기한다. 이수훈의 표현을 빌리면, 분단체제론은 '과잉 분단책임론' 또는 '과잉 분단귀착론'이다. "분단이 너무 강조되어 있을 뿐더러, 거의 모든 문제가 분단으로 귀착된다는 논지가 깔려 있다. 급기야 분단체제는 하나의 구조를 넘어, '분단체제는 냉전주의에 국한되지 않는 다양한 이데올로기를 조성하고 활용하게 되었다'라는 표현에서 나타나듯이 행위자의 지위마저 획득한다는 인상을 주고 있다."[27]

백낙청은 분단체제론을 본격적으로 내어놓기 시작하던 때부터 분단체제론이 과잉분단론 또는 분단환원론으로 오해될 가능성을 인식하고 있었다.

> 물론 '체제'라는 용어에는 그 나름의 함정도 따른다. 분단체제라는 무슨 고정된 실체가 따로 있어서 한반도의 모든 현실들이 그것의 '속성'으로 확인되고 끝나는 관념유희에 빠질 위험이 없지 않은 것이다. 그러나 남북한처럼 판이한 두 존재를 그런 식의 관념유희로 해명하는 일이 무리임은 너무나 쉽게 드러나게 마련이고, 오히려 도저히 단일한 체제에 편입될 수 없을 것처럼 보이는 이질적 현상들을 체계적으로 인식하려는 노력을 통해 그보다 훨씬 광범위하고 다양한 세계체제에 대한 인식능력에도 획기적인 진전이 이뤄질 가능성이 크다 할 것이다.[28]

---

27) 같은 책, 139~140쪽에서 재인용한 것임. 이수훈이 말한 '행위자의 지위'라는 표현이 암시하는 것은 다음에 다시 다룰 것이다.

백낙청은 두 가지 방식으로 분단체제론을 방어하고 있다. 먼저, 분단체제는 '고정된 실체'가 아니다. 분단체제는 어떤 근본적 속성을 지닌 존재가 아니고, 또한 남북한 각각의 체제는 (존재하지도 않는) 분단체제의 속성을 내부에 본질로 가지고 있는 존재가 아니다. 비유적으로 표현하자면 분단체제라는 하나의 부류/범주하에 남한과 북한이라는 두 개의 (분단국가라는) 하위 부류/범주가 존재하는 것이 아니다. 다음으로 분단체제는 '자기 완결성을 지닌 체제'가 아니다. 세계체제나 남북한 각각의 체제에 비해 분단체제는 체계적 완결성이 가장 덜하다.[29] 분단체제론은 '이질적 현상들을 체계적으로 인식하려는 노력'이지, 결코 분단체제를 남북한이라는 하위 체제를 부분으로 하는 구조물로 이해하지 않는다. 구조물이 아닌 분단체제가 구성 부분이 아닌 남북한이라는 두 분단국가의 성질 전체와 작동 하나하나를 결정할 수는 없다.[30] 결국 '분단체제'는 남북한이라는 두 체제가 얽혀 있는 복잡한 상태

28) 백낙청, 『분단체제 변혁의 공부길』, 163쪽.

29) 백낙청, 『한반도식 통일, 현재진행형』, 143쪽.

30) 일부 연구자들이 적절하게 지적하고 있듯이 분단체제론은 '구조결정론의 성격'이나 '시스템이론 또는 구조기능주의의 편향들'을 분명하게 가지고 있다. 분단체제-실체론이나 분단체제-환원론이라는 비판은 이러한 편향에 대한 비판이라고도 할 수 있다. 백낙청은 이러한 비판에 대응해 분단체제를 체계(system)나 구조(structure) 자체로 규정하지 않으려고 한다. 분단체제라는 용어의 번역과 관련해서도 백낙청은 'division system'이라는 용어를 사용하지만, 분단체제가 "완결적 system이라기보다는 regime에 가깝"기 때문에 "좀 늘어지더라도 the regime of division이라고 하면 한층 정확한 번역일 수도 있겠다"라고 판단하고 있다. 백낙청, 『2013년체제 만들기』, 139쪽. 그렇지만 그가 바로 다음 문단에서 지적하듯이, 이 지점에서 분단체제론은 이론적·개념적·실천적 모호성을 안고 있다. 이 글은 이러한 분단체제론의 모호성을 행위자-네트워크 이론으로 극복하려는 시도라고 할 수 있다. 이는 분단체제론의 문제의식과 성과를 최대한 살리면서 분단체제론에 묻어 있는 시스템 이론의 편향 등을 할 수 있는 한 제거하려는 것이다. 다른 식으로 표현하면 이 글은 분단체제론을 실체

를, 그리고 남북한 각각의 체제하에서 살아가는 민중이 직면한 체제 변혁의 복합적 성격을 이해하기 위한 개념 또는 틀이다.[31]

분단체제론은 분단체제-실체론이나 분단체제-환원론에 빠지지 않으려는 이론적 긴장을 가지고 있으면서도 종종 비판의 여지를 만들어낸다. '분단구조에 대한 체계적 이해'를 목적으로 했기 때문인지 분단체제론은 분단체제의 변화를 설명하면서 '분단체제를 지탱하던 중요한 기둥', '53년 체제라는 토대' 등과 같이 언어를 비유적으로 사용한다. 이러한 비유적 방식의 언어 사용은 분단체제가 하나의 구조적 실체인 것처럼, 구조적 실체로서 현실을 결정하는 근본적 힘을 가진 것처럼 받아들이게 만든다. 또한 앞에서 이미 언급했듯이 분단체제론은 분단체제를 남북한이라는 두 하위 체제와 최상위 세계체제 사이에 존재하는 중간 항으로 규정하기도 한다. 분단체제론은 분단체제를 단순히 '자기 완결성이 덜 하다'거나 '한결 느슨하다'라는 표현을 사용하는 방법이 아니라 다른 이론적 자원을 활용해서 실체론이나 환원론

론이나 환원론으로 해석하지 않음으로써 분단체제론과 행위자-네트워크 이론의 근본적 충돌이나 긴장을 완화시키려고 한다.

31) 사실 행위자-네트워크 이론은 이러한 복잡성을 잘 보여줄 것이다. "분단모순론은 우리가 떠맡은 자주화와 민주화의 과제를 동시에 포용하는 개념으로서, 나 자신은 '주요모순의 주요측면'이 민주화라고 믿고 있지만 개념 자체는 자주화와 민주화 과제의 상대적 우위에 대한 견해 차이를 '주요모순'을 둘러싼 대립이 아닌 '주요측면'에 관한 대립으로 자리 매겨주는 실천적 이점을 지녔다." 백낙청, 『분단체제 변혁의 공부길』, 28쪽 재인용. "분단체제론의 또 한 가지 특징은 자칫 너무 막연해질 수 있는 전 지구적 사고와 너무 단편적일 수 있는 국지적 행동 사이에 분단체제극복이라는 중간고리를 제공한다는 점이다. 이로써 적어도 한반도의 경우 남북 각기의 생활현장에서의 다양한 개혁작업이라는 단기적 과제와, 분단체제극복이라는 중기적 목표, 그리고 이를 통해 한 걸음 전진시키게 될 세계체제변혁이라는 장기적 사업이 그럴듯하게 결합되는 것이다." 백낙청, 『한반도식 통일, 현재진행형』, 84쪽.

의 오해를 벗어나야 할 필요가 있는 것이다.[32)]

2) 분단체제의 기원과 변화

분단 현실을 설명하고 변혁하려는 이론적 노력으로서 등장한 분단체제론이 설득력을 갖기 위해 분단체제의 형성과 변화 과정에도 설명하지 않을 수 없다. 분단체제론을 둘러싼 초기의 논쟁에서 정대화는 분단의 역사에 대한 시기 구분(한국전쟁 이전, 한국전쟁, 한국전쟁 이후부터 1960년대 중반, 1960년대 말 이후)을 시도하면서 분단체제론을 비판한다. 한반도 분단사는 억압체제이나 분단체제라는 개념에 의존함이 없이 민족모순, 계급모순, 체제모순, 진영모순 등의 개념만으로 설명된다.[33)]

이러한 비판에 대해 두 가지 대응이 가능하다. 억압체제나 분단체제라는 개념을 사용하지 않고는 한반도 분단의 역사를 온전히 설명할 수 없다는 비판의 방식이 첫 번째 대응이고, 분단체제의 형성과 변화 과정을 분단체제론의 관점에서 제대로 서술하는 것이 두 번째 대응이다. 백낙청은 분단체제론을 설명하면서 또한 분단체제론을 둘러싼 논쟁에서 첫 번째 대응을 주로 하

---

32) 이와 관련해 백낙청은 이렇게 말하고 있다. "물론 (분단체제의) '매개작용'이 실제로 어떤 내용이고 어느 정도인지는 그야말로 과학적으로 규명할 문제인데, 이런 대목에서 저는 사회과학 전공자들이 '과잉'이다, '환원'이다라고 너무 쉽게 넘어가지 말고 사회과학도다운 전문성을 발휘해주기를 갈구하고 있지요." 백낙청, 『한반도식 통일, 현재진행형』, 143쪽. 사회과학자들이 '전문성'을 발휘해 분단체제론을 발전시키기를 바라는 백낙청의 요청에 대해 필자는 '행위자-네트워크 이론이라는 다른 이론적 자원을 활용한 새로운 접근의 모색'이라는 방식으로 대응하려고 하는 것이다.

33) 정대화, 「민주변혁과 민중적 통일운동의 올바른 관계」, ≪동향과 전망≫, 통권 11호(1991); 정대화, 「통일체제를 지향하는 '분단체제'의 탐구: 백낙청교수의 '분단체제론'에 대한 하나의 답론」, ≪창작과비평≫, 통권 81호(1993) 참조.

고 있지만,[34] 두 번째 대응도 소홀히 하지 않는다.

백낙청은 분단체제의 역사를 준비기 또는 형성기, 고착기, 동요기로 나눈다.

> 분단체제는 1945년의 분단과 더불어 자동적으로 자리 잡은 것이 아니다. 실제로 분단시대 초기의 분단구조는 극도로 불안정한 것이어서 이를 고착화시키는 과정에서 무수한 유혈사태가 벌어졌고 1950년의 한국전쟁이 교착상태로 끝남으로써 비로소 분단이 체제화할 기반이 마련되었다. … 대략 1953년부터 1987년까지로 설정되는 분단체제의 고착기는 1961년 쿠데타 이후만도 다시 몇 개의 국면으로 나눌 수 있다. 예컨대 군부통치와 제3공화국의 기간에 분단체제가 남쪽에서 일정한 안정성을 확보했다면, 유신정권기(1972~1979)는 이 체제가 훨씬 강화되면서 그 부작용과 불안요인도 훨씬 커진 시기이다. … 1987년을 기점으로 분단체제는 고착단계에서 동요단계로 접어들었다고 할 수 있다.[35]

분단체제론은 분단체제라는 개념의 설득력을 강화하기 위해 분단체제의 형성과 변화를 몇 개의 시기와 단계로 나눠 설명하고 있지만, 여전히 비판은 남아 있다. 예를 들면 홍민은 '분단체제 인식의 일상으로의 전환'이라는 문제의식을 내세우면서 분단체제론의 한계를 지적한다.

---

34) 첫 번째 대응과 관련해서 박순성, 「분단체제와 변혁운동: '분단체제론'의 비판적 이해를 위하여」, ≪동향과 전망≫, 통권 24호(1994)도 참조할 수 있다. "한반도 분단의 전개과정을 살펴볼 때 민족모순, 계급모순, 체제모순, 진영모순 등과 같은 기존의 개념만을 사용하여서는 한반도 분단상황의 의미가 충분히 설명될 수 없다. 이 경우 우리가 취할 수 있는 방법은 뭔가 새로운 개념의 도입일 수밖에 없고 이런 의미에서 분단체제론의 문제의식과 시도는 어느 정도 '과학적 연구계획'으로서의 가치를 지닌다." 박순성, 「분단체제와 변혁운동: '분단체제론'의 비판적 이해를 위하여」, 184쪽.

35) 백낙청, 『한반도식 통일, 현재진행형』, 46~47쪽.

> 분단체제론은 구조적이고 기능적인 차원에서 분단이 행하는 '능력'에 초점을 맞추고 있어 구체적으로 분단체제가 어디서부터 기원하고 시작되었으며, 시대사적으로 어떻게 변화되어왔는가에 대한 역사적 변화 동학을 밝히지 못하고 있다. '세계체제'라는 구조적 환경이나 기득권 세력의 의도 측면을 강조하는 만큼 그것을 입증하는 구체적인 내적 사회동학을 설명하고 있지 못하다. … 분단체제를 극복하기 위한 일상적인 실천이 구체화되지 못한 측면(이 있다.) 모순의 발견과 관념적 민중 연대, 추상적 사회변혁은 있으나 구체적인 일상적 실천의 가능성이 어떻게 어떠한 방식으로 전개되어야 하며, 그 일상적 실천의 동기는 무엇이 되어야 하는지에 대한 답이 명확하지 않다. … 분단체제론은 거시적인 체제결정론적 시야 속에서 일상의 미시적인 결로 분단이 어떻게 번역되면서 '변형'을 거듭해가는가 하는 '일상으로의 전환'으로 나아가지 못한 측면이 있다.[36]

현 시점에서 홍민의 주장을 완전하게 이해하고 설명하기는 쉽지 않고 또한 그의 비판이 오해에서 기인하는 측면이 일부 있는 것처럼 보이기도 하지만, 분단체제의 '내적 동학'과 억압체제의 '일상 속에서의 끊임없는 변형'을 구체적으로 파악해야 한다는 요청은 상당 부분 설득력을 지닌다. 이런 관점에서 볼 때 분단체제는 1987년 이후 흔들리기 시작했다고 하지만 여전히 "보다 정교한 방식으로 … 모습을 감추고 있는지도 모른다."[37] 따라서 홍민은 "더 이상 거대 분단규정 언어로 분단 배후의 강력한 힘들을 설명하는 방식이 아니라, 일상으로부터 거슬러 올라가며 분단을 아래로부터 추적해가는 방식을 요구한다."[38] 분단체제론은 또 다른 과제에 직면하는 것이다.

---

36) 홍민, 「행위자-연결망 이론과 분단 연구」, 64~65쪽.

37) 같은 글, 65쪽.

3) 적대관계의 일반 이론인가, 한반도 분단 현실의 특수 이론인가

분단체제론은 분단체제의 구조를 대립 항들의 체계로 파악하고, 또한 분단체제 내에서 작동하는 대립 항들의 역 관계가 상위 체제와 하위 체제의 상호작용을 구체적으로 결정한다고 설명한다. 분단체제는 상위 체제와 하위 체제에 걸쳐 있는 대립 항들로 구성된 매개 고리이다. 여기에서 문제는 분단체제론이 세계체제에서 남북한 각각의 하위 체제로 연결되는 매개 항 또는 매개 고리라고 규정하는 분단체제가 '민족공동체의 분단'이라는 한반도 분단의 특징을 잘 보여주고 있는가 하는 점이다.

분단체제론은 한민족이라는 '단일 정치공동체'가 두 개의 '분단국가'로 나누어졌다는 사실에서 출발하고 있는데, 분단체제론이 보여주는 두 개의 분단국가 사이의 관계는 완전한 적대관계에 놓여 있는 두 국가(또는 심지어 두 조직) 사이의 일반적 관계를 넘어서는 특징을 보여주지 못하고 있다. 분단체제론의 이론적 성취 중에서 가장 높이 평가될 수 있는 통일의 개념과 과정에 대한 독창적 제안조차 적대관계에 있는 국가들 사이에서 적대관계를 실질적·최종적으로 종식시키는 방안이나 경험과 근본적 차이를 보이지 않는다고 할 수 있다.

냉전체제의 경험, 9·11테러 이후 미국과 '보이지 않는 세계적 테러 세력' 사이에서 벌어지는 '전쟁'의 경험에 따르면 모든 적대관계는 필연적으로 대

---

38) 같은 글, 65~66쪽. 이런 관점에서 홍민이 말하는 '분단체제의 기원'은 시간적 또는 구조적 기원을 직접적으로 가리키는 것이 아니라 오히려 '분단체제의 끊임없는 재생산 과정의 원리'를 의미한다고 판단된다. 한편 분단 현실을 설명하려는 분단체제론이 분단체제의 형성을 완벽하게 설명해야 하는 것은 아니다. 사물의 기원을 설명하는 원리와 사물의 작동을 설명하는 원리, 나아가 사물의 변화를 설명하는 원리가 반드시 일치해야 할 필요는 없다.

립·대결과 의존이라는 두 요소를 동시에 가지고 있다.[39] 또한 적대관계의 두 지배세력은 각자의 하위 억압체제를 유지하면서 교묘한 공생관계를 형성하고, 이러한 공생관계에 기초한 억압체제는 억압받는 민중과 대립한다. 분단체제론이 서술하는 분단체제의 기본 특징은 적대관계에 놓여 있는 국가들이나 조직들 사이에서 나타나는 일반적 현상에서 크게 벗어나지 않는 것이다. 분단체제론의 이론적 성취가 역설적으로 약점이 되고 만다.

결국 분단체제론은 한반도 분단체제가 남북한이라는 두 개의 하위 체제와 세계체제라는 상위 체제 사이에서 매개 고리로서 실질적으로 작용하는 과정과 방식을 구체적으로 보여줄 수 있어야 한다. 한반도의 분단체제는 어떤 점에서 두 국가의 일반적 적대관계와 다른가? 식민지 지배를 경험한 한 민족공동체가 양분되어 만들어진 두 분단국가는 어떻게 일반적 적대관계에 놓인 두 국가와 달리 작동하는가? 이른바 '역사적 정통성'이나 '민족의 통일' 등과 같은 문제는 분단체제론에서 어떤 의미를 갖는가? 과연 분단체제론은 이러한 작업을 할 수 있는 이론적 방법이나 도구를 가지고 있는가?

이 질문은 분단체제론 자체가 한반도 분단 현실을 구체적으로 설명하는 것을 근본 목표로 삼고 있으며, 통일의 방식을 논의할 때 종종 '베트남식 무력 통일'이나 '독일식의 급격한 일방적 합병'에 비교되는 '한반도식 통일'을 주장한다는 점에서 다소 기이하다고 생각될지도 모르겠다.[40] 하지만 '분단체제의 작동원리'나 '통일 방식'의 구체성에 대한 분단체제론의 설명이 부족하다는 의미보다는 '분단' 또는 '민족의 분단'이라는 '역사적 사건' 또는 역사적 사건에 대한 '명명(命名)'의 의미와 영향력이 충분히 해명되지 못하고 있다는 의미에서 분단체제론에 대한 모종의 불편함이 존재하는 것이다.[41]

---

39) 따라서 '적대적 의존관계'라는 용어는 동어반복적 성격을 지니고 있다.

40) 백낙청, 『한반도식 통일, 현재진행형』.

5. 행위자-네트워크 이론으로 그려보는 분단체제

분단체제론의 문제의식과 성과를 잃지 않으면서도 분단체제론이 직면한 한계와 과제를 넘어서 한 단계 더 나아갈 수 있는 방법은 없는가? 분단의 역사와 현실, 미래-지향을 새로운 방법으로 연결하고 분단체제극복운동의 기반 강화와 가능성 확대를 일상의 세계에서 이룰 수는 없는가? 이러한 관점에서 우리는 행위자-네트워크 이론에 주목한다.[42]

---

41) 모호한 방식으로 표현하자면, 분단체제론의 노력에도 불구하고 '분단 현실에 대한 사회과학'과 '분단의 역사' 사이의, '분단 현실의 분석'과 '분단의 의미' 사이의, '분단 현실의 모순이 요청하는 탈분단체제라는 미래-지향'과 '민족공동체의 분단이라는 역사가 요청하는 민족 통일이라는 당위' 사이의 간격이 여전히 좁혀지지 않고 있다는 '막연하지만 불편한' 느낌이라고 할 수 있겠다. 박순성, 「한반도 통일과 민족, 국민국가, 시민사회」, ≪북한연구학회보≫, 제14권 제2호(2010)는 이러한 불편함을 해소하려는 하나의 시도라고 하겠다.

42) 행위자-네트워크 이론에 대한 소개서로는 브뤼노 라투르 외, 『인간 · 사물 · 동맹: 행위자네트워크 이론과 테크노사이언스』. 홍성욱 엮음(이음, 2010)을 기본서로 참조했다. 필자는 그 책 중에서도 김환석, 「'두 문화'와 ANT의 관계적 존재론」; 브뤼노 라투르, 「행위자네트워크 이론에 관하여: 약간의 해명, 그리고 문제를 더 복잡하게 만들기」; 존 로, 「ANT에 대한 노트: 질서 짓기, 전략, 이질성에 대하여」; 홍성욱, 「7가지 테제로 이해하는 ANT」 등에 특히 의존했다. 또한 ≪동향과 전망≫ 통권 83호(2011)의 특집 '한국 사회와 행위자-연결망 이론'에 실린 김환석, 「행위자-연결망 이론에서 보는 과학기술과 민주주의」도 매우 유용했다. 행위자-네트워크 이론을 분단 현실에 적용한 시도로는 ≪동향과 전망≫ 통권 83호 특집에 실린 김종욱, 「냉전의 '이종적 연결망'으로서 '평화의 댐' 사건: 행위자-연결망 이론을 통한 경험적 추적」과 홍민, 「행위자-연결망 이론과 분단 연구: 분단 번역의 정치와 '일상으로의 전환'」, 그리고 송태은, 「천안함 사건의 망제정치: 진실게임, 신뢰게임, 집합게임」, 김상배 엮음, 『거미줄 치기와 벌집 짓기: 네트워크 이론으로 보는 세계정치의 변환』(한울, 2011)이 있다. 행위자-네트워크 이론을 국제관계 이론의 차원에서 다른 네트워크

행위자-네트워크 이론에 따르면 "최고의 이론적 설명은 가장 정확한 서술[43]이며, 이러한 서술은 설명보다 더 어렵다".[44] 행위자-네트워크 이론은 "연관되지 않았던 요소들을 연결하거나, 한 요소가 다른 여러 요소들을 구속함을 보이는" 노력을 통해서, "서로를 통제하거나 간섭하는 한 묶음의 실행들의 결합"을 서술함으로써 현실을 '설명'하려고 한다.[45] 한반도 분단에 적용된 행위자-네트워크 이론은 분단체제하에서 움직이는 행위자들과 행위자-네트워크를 낱낱이 서술함으로써, 또한 남한과 북한의 현실이 서로 연결되어 있는 방식을 서술함으로써 분단체제의 실제 모습과 분단과 통일(또는 탈분단)이 현실에서 어떻게 역설적으로 작동하는가를 그려내려고 한다.

이론들과 비교한 연구로는 김상배, 「네트워크 이론의 국제정치학적 원용」, 김상배 엮음, 『거미줄 치기와 벌집 짓기』를 참조했다. ANT의 번역어와 관련해서 '행위자-연결망 이론'이라는 용어를 사용하는 경우도 있다. 홍성욱, 「7가지 테제로 이해하는 ANT」와 김상배, 「네트워크 이론의 국제정치학적 원용」의 용어법과 필자가 속한 연구 모임의 용어법에 따라 여기에서는 '행위자-네트워크 이론'이라는 용어를 사용했다. 필자는 번역어 자체가 중요한 이론적 함의를 담고 있다는 사실을 부정하지는 않지만, 행위자-네트워크 이론 자체가 아직 발전 중이며 또한 남한 학계에는 행위자-네트워크 이론이 이제 본격적으로 도입되는 과정에 있다는 점을 고려해 행위자-네트워크 이론과 관련한 번역어에 대해 약간 관대한 태도를 가지려고 한다. 사실 행위자-네트워크 이론은 발전하는 과정 초기는 '번역의 사회학(sociology of translation)'이라 불리기도 했고 라투르는 '결합의 사회학(sociology of associations)'이라고 말하기도 했다. 또한 그는 'actor-network theory'라는 표기 대신에 'actor-network-theory'라는 표기를 사용하기도 한다. B. Latour, *Reassembling the Social: An Introduction to Actor-Network-Theory*(New York: Oxford Univ. Press, 2005), Introduction 참조.

43) 서술(敍述)은 영어 'description'의 번역어이다. 때로는 기술(記述)로 번역하기도 한다.

44) 홍성욱, 「7가지 테제로 이해하는 ANT」, 28쪽.

45) 브뤼노 라투르, 「행위자네트워크 이론에 관하여」, 114쪽.

하나의 예를 살펴보자. 남북한 사이에 처음으로 이뤄진 고위급 차원의 비밀 회담을 통해 남북한은 1972년 '7·4남북공동성명'을 발표했다. 고착된 분단체제에 변화를 가져왔던 비밀 회담과 공동성명은 남북조절위원회의 구성과 몇 차례의 회의로 이어졌으나, 결국은 남북한 모두에서 독재 체제의 강화로 이어졌다. 남한의 중앙정보부장(이후락)과 북한의 조직지도부장(김영주)이 '서로 상부의 뜻을 받들어' '갈라진 조국을 통일하는 문제를 협의하기 위해' 개최했던 비밀 회담과 그 성과는 역설적으로 분단체제를 유지하는 핵심 기구와 원리를, 남북한 각각의 체제 원리와 기구가 어떻게 연결되어 있는가를 적나라하게 보여준다.

자연히 7·4남북공동성명의 전말을, 통일을 위한 최초의 남북한 합의문과 관련된 행위자와 행위자-네트워크를 자세히 서술한다면 남한의 경우, 분단체제의 작동에서 중앙정보부가 분단체제의 '의무통과지점(Obligatory Passage Point: OPP)' 또는 '번역의 중심'이라는 사실이 드러날 것이다.[46] 마찬가지로

---

46) "한 행위자가 기존의 네트워크를 교란시키고 다른 행위자들을 자신의 네트워크로 끌어들이기 위해서는 이들이 의존할 수밖에 없는 존재를 만드는 것이 중요한데, 이렇게 다른 행위자들이 네트워크상에서 반드시 거쳐 가게 함으로써 행위자들을 자신의 편으로 끌어들이는 존재를 '의무통과지점'이라고 한다. 또 번역의 과정에서는 기록을 하고 이런 기록의 결과나 다른 행위자를 여기저기로 이동시키는 과정이 필요한데, 이를 치환(displacement)이라고 한다. 이러한 번역의 전략을 관장하는 지점이 한 곳에 있을 수 있는데, 이 때 이 지점은 '계산의 중심' 혹은 '번역의 중심'이라 불린다." 홍성욱, 「7가지 테제로 이해하는 ANT」, 26쪽. 행위자-네트워크 이론은 행위자-네트워크의 작동 양식이나 형태를 서술하는 일반화된 모형을 제공하지 않는다. 이론가들은 각자 약간씩 다른 방식으로 행위자-네트워크의 형성과 작동, 해체를 서술한다. 의무통과지점이 행위자-존재에 초점을 맞추고 있다면, 번역의 중심은 네트워크 또는 관계-과정에 초점을 맞추고 있다. 김환석은 「행위자-연결망 이론에서 보는 과학기술과 민주주의」 24쪽에서 OPP를 '필수통과지점'이라고 번역하고 있다.

분단체제가 흔들린 1987년 이후에도 중앙정보부의 후신(국가안전기획부, 국가정보원)이 첩보/정보의 수집·해석과 공작/협상의 중심에 있으면서 때로는 분단체제 유지에, 때로는 분단체제 동요에 기여하는 과정을 서술한다면 분단 유지의 사회동학뿐 아니라 분단 극복의 사회동학도 드러날 것이다.

이처럼 행위자-네트워크 이론이 그려내는 분단체제는 실체를 지닌 구조물이 아니다. 남북한의 기득권 세력은 구조물로서 분단체제를 유지하는 집단이 아니다. 기득권 세력은 자신들 내부뿐 아니라 외부의 다양한 행위자들과 조직들, 제도들을 동원하고 배열하며 하나로 유지함으로써 분단체제를 끊임없이 재생산한다. 만일 이러한 방식으로 관계를 유지하는 데 실패한다면 분단체제는 해체·소멸될 수밖에 없다. 한반도 분단에 적용된 행위자-네트워크 이론은 분단체제를 '관계적이며 과정 중심적' 관점에서 서술한다.[47] 분단체제를 이처럼 관계적이고 과정 중심적으로 서술할 때 실체론이나 환원론의 의혹은 최소화될 수 있다. 분단체제의 역사적 기원과 변화는 서술 자체 속에서 '분단의 행위자-네트워크'의 끊임없는 형성·발생, 유지·재생산, 해체·소멸로 나타난다.

천안함 사태는 분단체제가 특정한 사건들을 통해 끊임없이 유지되거나 해체되는 과정임을 잘 보여준다. 분단체제와 천안함 침몰은 서로에게 배경이면서 전경이다.[48] 분단체제라는 '블랙박스(black box)'는 천안함 침몰이

---

47) 존 로, 「ANT에 대한 노트」, 49~50쪽. "나는 (ANT가) 행위자와 조직, 도구들을 상호 작용의 결과물로 보는 관계적이며 과정 중심적 사회학이라고 밝혔다. 또한 이러한 결과물들이 생성되는 경로에 대해 언급하고, 그들의 이질성과 불확실성, 그리고 논쟁적 특성에 대해서도 강조했다. 특히 사회 구조는 명사보다는 동사의 개념으로 이해되어야 한다고 주장했다." 같은 글, 53~54쪽.

48) 라투르는 이를 '배경/전경 뒤집기'라고 말한다. 브뤼노 라투르, 「행위자네트워크 이론에 관하여」, 100~101쪽.

북한의 소행임을 증명하는 기초가 되지만 그와 동시에 북한의 소행임이 밝혀질 때만 유지된다.[49] 천안함 침몰이 북한에 의해 야기되었다는 점을 증명하지 못할 때 분단체제는 갑자기 기반을 상실하게 된다. 천안함 사태에서 등장하는 수많은 행위자와 행위자-네트워크는 분단체제의 유지·해체가 단순히 남한 사회 내부의 문제가 아니라 한반도 전체의 문제, 한미동맹과 동북아시아 국제 질서의 문제, 나아가 국제사회의 문제임을 잘 보여준다. 분단체제는 상위 체제와 하위 체제의 중간 항이 아니라 국지적으로 또 지구적으로 걸쳐 있는, 따라서 경계가 없는 행위자-네트워크이다.[50] 자연히 분단체제를 극복하는 운동은 국지적이자 동시에 지구적일 수밖에 없고, 분단체제라는 행위자-네트워크는 항상 해체와 소멸의 위험에 직면해 있다. 이 지점에서 행위자-네트워크 이론은 분단체제론이 강조하는 분단체제 극복과 세계체제 변혁 사이의 밀접한 연관성을 좀 더 분명하게 보여준다.

행위자-네트워크 이론은 천안함 사태를 바라볼 때 '행위자'와 '네트워크'라는 개념에서 몇 가지 주의를 기울일 것을 요구한다. 행위자는 단순히 사람이나 조직만을 가리키지 않는다. 천안함 사태에서는 한미동맹이나 침몰된 천안함의 잔해, '1번' 어뢰, 어뢰 추진체에 붙어 있던 가리비 등이 사태의

49) "ANT에서는 이종적인 네트워크가 하나의 행위자나 대상으로 축약되는 것을 결절(punctualization)이라고 부르며, 이렇게 해서 하나의 대상으로 만들어진 네트워크를 블랙박스라고 부른다. ANT는 사람들이 블랙박스의 내용 속에서 원래의 네트워크를 보지 못하고 이것을 외부의 입출력에만 의존하는 대상으로 취급하는 점을 주목한다. 블랙박스가 더 닫힌 것이 될수록, 즉 사람들이 그것에 축약된 네트워크에 더 무관심해질수록 더 많은 사람들이 손쉽게 그 블랙박스를 사용할 수 있게 된다." 홍성욱, 「7가지 테제로 이해하는 ANT」, 23~24쪽.

50) 여기에서 '분단체제'는 '실재하는 한반도 분단체제'를 가리키는 기표가 아니라 '분단되어 있지만 그와 동시에 결합되어 있는 남북한의 현실'을 보여주는 언어의 '비유적 사용'임이 분명해지는 것이다.

진전에 직접적으로 영향을 미치는 행위성을 지닌 행위자이다. 아울러 네트워크는 단순히 눈에 보이고 실재하는 '연결이나 네트들의 집합'만을 가리키지 않는다. 지구촌 전체에 퍼져 있는 많은 행위자들이, 그리고 네트워크-행위자들이 실제로는 서로 아무런 연결성을 인지하지 못한 채 행위자-네트워크를 형성하고 있다.

천안함 사태를 그려내는 행위자-네트워크 이론은 분단체제를 유지하는 행위자-네트워크가 일상생활 곳곳에 걸쳐 있음을 드러내 보여준다. 천안함 폭발을 실험실에서 '재현'한 과학자들과 그것을 비판하는 과학자들이, 천안함 침몰이 북한의 소행임을 믿는가라는 설문조사에 '예/ 아니오/ 모르겠음' 중 하나의 답변으로 응답한 무작위로 선택된 일반 시민들이 분단체제를 유지·해체하는 행위자로 등장한다. 여기에서 분단체제는 일상생활에 넓고 촘촘하게 퍼져 있다. 그리고 이렇게 퍼져 있는 분단의 행위자-네트워크에 걸려 있는 수많은 행위자 중 누군가가 의문을 제기하거나 제대로 동원되지 않을 때 분단체제는 흔들리기 시작한다.

이처럼 천안함 사태를 둘러싼 논쟁은 분단체제의 현실이 안정적이고 의심의 여지가 없는 단일한 실재(구조 또는 시스템)가 아닌 수많은 연관으로 만들어지는 대립하고 경쟁하는 복수의 실재들(네트워크들)임을 보여준다. 행위자-네트워크 이론에 의해 분단체제의 현실이 복수의 실재들로 드러날 때 분단체제는 더 이상 과거의 단일하고 공고한 분단체제가 아니다. 분단체제의 행위자-네트워크가 추적되고 복수의 실재들로 그려지는 순간 억압체제로서의 분단체제 행위자-네트워크는 불안정해지고 해체되기 시작한다.[51)]

---

51) '복수의 실재들'이라는 용어를 사용할 때 이는 발견되어야 할 '실체로서의 현실'이 사전에 존재하는 것이 아니라 '다른 방법들이나 실천들이 다른 실재들을 만들어낸다'는 의미로 해석되어야 한다. J. Law and J. Urry, "Enacting the Social," published by the Department of Sociology and the Center for Science Studies(2003), p. 8. Lancaster

한반도 분단에 적용된 행위자-네트워크 이론은 분단체제론이 직면한 비판과 한계를 상당 정도 해소시켜줄 뿐 아니라 분단 현실에 대한 이해를 심화시켜준다. 나아가 분단체제극복운동 또는 '탈분단의 사회동학'이 왜 '민족공동체의 회복' 또는 전통적 의미의 '민족 통일'과 연결되지 않을 수 없는지도 보여준다.[52] 남북한의 행위자들이 7·4남북공동성명과 「남북기본합의서」를 행위의 근거로 삼을 때, 남한 사회 구성원들이 〈우리의 소원은 통일〉을 부르고 '한반도기'를 흔들 때 우리는 단순히 분단의 기억에서 자유롭지 못한 것이 아니다. 우리는 지금 여기에서 스스로 '불변의 가동물(immutable mobiles)'을 이용해 역사와 미래-지향을 결합하고 통일의 담론을 재생산하고 있는 것이다.[53] 이러한 불변의 가동물은 분단체제극복운동이나 탈분단의 사회동학을 확산하고 심화하는 긍정적 기능을 하면서 그와 동시에 분단체제 극복과 탈분단의 미래 전망을 일정한 범위 안에 묶어두는 부정적 기능도 한다. 이런 점에서 민족 통일이나 단일 국민국가 형성이라는 전망을 만들어

University LA1 4YN, UK. http://www.comp.lancs.ac.uk/sociology/papers/Law-Urry-Enacting-the-Social.pdf(검색일: 2012.4.7)

52) 이처럼 분단체제극복운동이나 '탈분단의 사회동학'이 '민족공동체의 회복'이나 '민족 통일'과 결합될 수밖에 없는 현실에도 불구하고, 분단체제의 극복이나 탈분단은 결코 전통적 의미의 민족 통일이나 독립적이고 단일한 민족국가/국민국가 형성과 동일시될 수 없다. 백낙청은 분단체제극복운동을 "남북한 민중의 실질적 접근으로 '어물어물' 진행되는 통일, 남북한 간의 경계선뿐 아니라 동북아시아 여러 나라 사이 국경선도 점차 밀폐성이 덜해지는 한반도의 변혁작업"으로 규정함으로써 탈분단체제와 전통적 민족 통일 사이의 차이를 드러내고 있다. 백낙청, 『한반도식 통일, 현재진행형』, 23쪽. 이 점에 관한 필자의 견해는 박순성, 「한반도 통일과 민족, 국민국가, 시민사회」 참조.

53) "번역의 중심에 위치한 행위자는 멀리 떨어져 있는 행위자들에 대해 장거리 지배력을 행사하는데, 이럴 때 지리적으로 먼 거리를 쉽게 돌아다니면서 번역의 중심의 지배력을 유지시키는 데 사용할 수 있는 물건들을 '불변의 가동물'이라고 한다." 홍성욱, 「7가지 테제로 이해하는 ANT」, 26쪽.

내는 행위자-네트워크에 대한 추적이 필요한 것이다.

결국 행위자-네트워크 이론은 분단 현실을 경험적으로 또는 일상생활 속에서 그려내고 보여줄 수 있는 방법을 보여주는 이론 틀이 될 수 있다. 한반도 분단에 적용된 행위자-네트워크 이론이 추구하는 분단/탈분단의 행위자-네트워크에 대한 경험적 연구는 분단체제론이 암시하고 있지만 제대로 보여주지 못하는 분단체제의 블랙박스들을 일상의 세계에서 찾아내고 펼쳐 보임으로써 그 자체로 분단체제를 극복하는 운동이 될 것이다. 한반도 분단에 적용된 행위자-네트워크 이론은 분단체제론이 강조하는 '분단체제 변혁의 공부길', '분단체제 극복의 마음 공부'[54]의 좋은 길잡이가 될 것이다.

---

54) 백낙청, 『분단체제 변혁의 공부길』; 백낙청, 『어디가 중도며 어째서 변혁인가』.

참고문헌

국내 자료

강정구. 1992. 「세계사적 전환과 통일운동의 접합」. ≪창작과비평≫, 통권 77호.

김상배. 2011. 「네트워크 이론의 국제정치학적 원용」. 김상배 엮음. 『거미줄 치기와 벌집 짓기: 네트워크 이론으로 보는 세계정치의 변환』. 한울.

김종엽. 2009. 「분단체제와 87년체제」. 김종엽 엮음. 『87년체제론: 민주화 이후 한국사회의 인식과 새 전망』. 창비.

김종욱. 2011. 「냉전의 '이종적 연결망'으로서 '평화의 댐' 사건: 행위자-연결망 이론을 통한 경험적 추적」. ≪동향과 전망≫, 통권 83호.

김환석. 2010. 「'두 문화'와 ANT의 관계적 존재론」. 브뤼노 라투르[브루노 라투르(Bruno Latour)] 외 지음. 홍성욱 엮음. 『인간·사물·동맹: 행위자네트워크 이론과 테크노사이언스』. 이음.

_____. 2011. 「행위자-연결망 이론에서 보는 과학기술과 민주주의」. ≪동향과 전망≫, 통권 83호.

마즈, 한스-요하임(Hans-Joachim Maaz). 1994. 『사이코의 섬: 감정정체·분단체제의 사회심리』. 송동준 옮김. 민음사.

라투르, 브뤼노[라투르, 브루노(Bruno Latour)]. 2010. 「행위자네트워크 이론에 관하여: 약간의 해명, 그리고 문제를 더 복잡하게 만들기」. 브뤼노 라투르[브루노 라투르(Bruno Latour)] 외 지음. 홍성욱 엮음. 『인간·사물·동맹: 행위자네트워크 이론과 테크노사이언스』. 이음.

로, 존(John Law). 2010. 「ANT에 대한 노트: 질서 짓기, 전략, 이질성에 대하여」. 브뤼노 라투르[브루노 라투르(Bruno Latour)] 외 지음. 홍성욱 엮음. 『인간·사물·동맹: 행위자네트워크 이론과 테크노사이언스』. 이음.

박순성. 1994. 「분단체제와 변혁운동: '분단체제론'의 비판적 이해를 위하여」. ≪동향과 전망≫, 통권 24호.

_____. 2007. 「한반도분단과 대한민국」. 이병천·홍윤기·김호기 엮음. 『다시 대한민국을 묻는다: 역사와 좌표』. 한울.

_____. 2010.「한반도 통일과 민족, 국민국가, 시민사회」. ≪북한연구학회보≫, 제14권 제2호.
백낙청. 1994.『분단체제 변혁의 공부길』. 창작과비평사.
_____. 1998.『흔들리는 분단체제』. 창작과비평사.
_____. 2006.『한반도식 통일, 현재진행형』. 창비.
_____. 2009.『어디가 중도며 어째서 변혁인가』. 창비.
_____. 2012.『2013년체제 만들기』. 창비.
송태은. 2011.「천안함 사건의 망제정치: 진실게임, 신뢰게임, 집합게임」. 김상배 엮음.『거미줄 치기와 벌집 짓기: 네트워크 이론으로 보는 세계정치의 변환』. 한울.
장준하. 1992.「민족통일전략의 현 단계(초안)」.『민족주의자의 길: 장준하 전집 3』. 세계사.
정대화. 1991.「민주변혁과 민중적 통일운동의 올바른 관계」. ≪동향과 전망≫, 통권 11호.
_____. 1993.「통일체제를 지향하는 '분단체제'의 탐구: 백낙청교수의 '분단체제론'에 대한 하나의 답론」. ≪창작과비평≫, 통권 81호.
통일부 통일교육원. 2007.『통일문제 이해 2007』. 통일부.
_____. 2009.『통일문제 이해 2009』. 통일부.
홍민. 2011.「행위자-연결망 이론과 분단 연구: 분단 번역의 정치와 '일상으로의 전환'」. ≪동향과 전망≫, 통권 83호.
홍성욱. 2010.「7가지 테제로 이해하는 ANT」. 브뤼노 라투르[브루노 라투르(Bruno Latour)] 외 지음. 홍성욱 엮음.『인간·사물·동맹: 행위자네트워크 이론과 테크노사이언스』. 이음.

국외 자료

Latour, B. 2005. *Reassembling the Social: An Introduction to Actor-Network-Theory*. New York: Oxford University Press.
Law, J. and J. Urry. 2003. "Enacting the Social." published by the Department of Sociology and the Center for Science Studies, Lancaster University LA1 4YN, UK. http://www.comp.lancs.ac.uk/sociology/papers/Law-Urry-Enacting-the-Social.pdf

제2장

행위자-네트워크 이론과 분단 연구*

분단 번역의 정치와 '일상으로의 전환'

홍민

1. 존재의 웅성거림: 분단의 정치학과 행위자-네트워크 이론

그간 분단은 이념·정치·안보·군사의 프레임 속에서 상상되거나 상식화되어왔다. 통일이란 용어도 너무 규범화·도식화되어 우리의 일상을 자극하기에는 진부한 단어가 되었고, 획일화된 일상성에 매몰되어 생동하는 현실적 의미를 잃고 있다고 해도 과언이 아니다. 학술적 인식 역시 상황은 다르지 않다. 당위론과 목적론, 현실주의, 운동 지향성, 동어반복의 늪 등에 빠져 우리의 인식과 실천을 새롭게 자극하는 학술적 상상력이 제출되고 있지 않다.

현실 정치에서도 분단 극복과 통일은 공동체의 비전을 제시하는 화두에서 적절한 자리를 차지하고 있지 못하다. 남북관계가 '위기'라는 목소리는 높은데, 정작 분단 연구는 오히려 침체에 빠진 지 오래되었고 휘발성이 강한

* 이 글은 2010년도 정부재원(교육과학기술부인문사회연구역량강화사업비)으로 한국연구재단의 지원을 받아 연구되었다(NRF-2010-330-B00023).

정책 연구물만이 공허한 포만감을 더하고 있다. 당연한 귀결인지도 모른다. 분단에 대한 성찰이 없으니 분단 극복이나 통일에 대한 철학적 비전이 나올 수 없는 것은 당연하다. 사실 우리가 타자화하는 '북한'은 부정해야 할 우리의 외부가 아니라 성찰해야 할 우리의 내부이다. 그 이유는 억압체제를 공유하고 있기 때문이다. 그래서 억압체제로부터 현실과 통일을 상상하는 것[1)]이 필요하다.

그럼에도 분단 내부의 일상적 풍경은 지극히 평온하게만 보인다. 이러한 평온함은 격한 불확실성을 응축하는 분단의 실존과 그 '위기'의 진실을 역설적으로 보여주는 징표이다. 가끔 '위기' 국면마다 억압체제의 흔적들이 드러나기도 하지만 우리는 일상에서 그 모순의 실체를 쉽게 파악하기 힘들다. 위기를 위기답게 느끼지 못하게 하는 '그 무엇', 위태로운 분단의 실존적 상황을 평온한 일상으로 은유하는 '그 무엇', 위기는 있으나 실천과 유리된 분단냉소주의를 유포하는 '그 무엇', 바로 분단은 '그 무엇'에 갇힌 채 일상에서 유리된 듯하지만 사실 우리 삶 곳곳에 스며 있다.

따라서 한반도 분단의 실존적 위기는 드러난 사건이 아니라 오히려 평온함 자체에 내재해 있는지 모른다. 분단의 실존적 위기를 일상에서 분리해 외부화하는 기제, 분단 질서의 힘과 실체를 일상에서 분리하고 외부화해 일상과 단절된 것처럼 믿게 하는 것, 분단은 그렇게 일상 속에 진주해 있는지 모른다. 더 이상 분단의 권력은 위기를 통해서만 존재 증명을 하지 않는다. 오히려 위기를 평온함으로 '은유'함으로써 일상 속에서 작동하고 있는 것은 아닐까?

그러한 은유는 일상에 스며들어 분단의 혼종(hybrid)들을 창출하는 행위

---

1) 박순성, 「한반도 통일과 민족, 국민국가, 시민사회」, ≪북한연구학회보≫, 제14권 제2호(2010), 77쪽.

이기도 하다. 그래서 분단 질서는 인간화된 국가·사회·집단·개인의 기억과 행동뿐 아니라 사물화된 질료와 물자체·기술·과학 등의 비인간적 행위자와 결합되는 견고한 '그 무엇'일 수 있다. '그 무엇'은 끊임없이 우리 일상을 부드럽게 은유한다. 따라서 분단 질서는 오랜 시간을 거쳐 형성된 기억과 행동, 사물의 복잡하고 이종적인 연결망(network)의 형성과 그 효과이다. 분단 질서는 '명사화'된 고정된 실체나 상황이 아니라 끊임없이 연결망의 전략을 수행하는 '동사'이고, 불확정적이지만 언제나 정상적인 질서로 오인하게 만드는 '번역(translation)의 중심'을 형성하는 '전략'이다.

이렇게 본다면 분단 권력을 분단 상황을 이용하기 위해 남북관계를 '위기화'하고, 일상을 감시·통제하는 특정한 권력의 실체로만 볼 수는 없다. 오히려 분단을 끊임없이 망각하게 하고 일상과 단절시키는 다양한 행위자가 결합한 연결망의 효과로 볼 수 있다. 그것은 분단 질서를 구체적인 권력의 수행이나 효과로서 인식하지 못하게 하고, 다만 전쟁이나 안보·위협·통일 등 '거대' 언어와 이미지로만 인식하게끔 하는 것이다. 그래서 분단 권력을 구성하는 행위자들의 구체적인 연결망은 '블랙박스' 속에 담겨지게 된다. 이 블랙박스는 분단 권력을 유지하는 연결망의 전략과 과정을 은폐하고 현실을 단순화하는 네트워크의 효과이다.

따라서 분단 극복은 거대 언어로 치환된 분단, 일상에 스며들어 있는 분단의 행위자-네트워크(actor-network)를 '인식하고' '흔들며' 새롭게 재편하는 '일상의 정치'를 통해 가능하다. 이를 위해 분단의 행위자-네트워크가 구체화되는 과정을 '경험적'으로 추적하는 연구가 필요하다. 이를 위해 블랙박스화되어 일상 속에 묻혀 있는 분단의 인간-비인간 행위자들의 연결망, 이들 존재의 웅성거림을 들어야만 한다.

2. 행위자-네트워크 이론의 구성과 쟁점

1) 주요 이론적 주장과 쟁점

(1) 카프카적 상황[2)]과 네트워크 효과

멀리 '안개'와 '어둠'에 쌓인 성(城)을 앞에 두고 들어가지도 못한 채 무력해지는 측량사 카(K)의 시선에서 시작하는 카프카의 소설 『성(Das Schloss)』은 현대를 사는 우리의 일상과 별반 달라 보이지 않는다. 2011년 4월 농협 전산망이 마비되었을 때 우리는 그때서야 거대 은행의 허술한 기술적 시스템의 실체를 마주하게 되었다. 게다가 그것이 북한의 소행으로 결론나자 기술적 허술함은 의도된 북한 '공작'으로 봉합되었고, 그 순간 우리는 잠시 주춤하게 된다. 하루 일용할 양식이 다급한 북한에서 거대 은행의 전산망을 손쉽게 교란했다는 '사실'의 난감함은 기술적인 것이 아니라 감정적인 것이다. 그러나 우리에게 번역된 '사실'은 거대 수사기관의 발표뿐이다. 그것 역시 어느새 일상 속에 묻혀버렸다. 일상은 거대한 뭔가를 품고 있지만 어느 순간 그것이 일상에 드러나는 순간 우리는 무력해지기 일쑤이다. 천안함이 '폭침'당하고 연평도가 포격을 당하는 순간이 와야 우리는 '튼튼한 국방'의 실체를 마주하게 된다. 그러나 그전까지 우리는 이 거대한 국방의 '성'이 어떠한지 알 수 없다. 카프카의 『성』에서도 성에 들어가려 하지만 이 정체불명의 성에 이르는 길은 쉽지 않다. 먼지 가까운지 가늠하기 힘든 구불구불

---

2) 카프카적(Kafkanesque) 상황이란 영문도 모른 채 소환당하는 것, 전체를 파악할 수 없는 미로에 갇혀 벗어나지 못하는 것, 스스로 죄를 인정하는 것 등을 말한다. 이것이 카프카적 상황으로서의 인간의 삶이다. 카프카의 「심판(Der Prozess)」을 보면 자신의 죄가 무엇인지도 모르고, 판사의 얼굴조차 보지 못한 채 판결을 받아 죽임을 당하는 수수께끼와 같은 재판이 나오는데, 여기에서 '카프카적'이라는 말이 생겼다.

한 길만이 뻗어 있다.

왜 우리는 사건·현상·행위자나 기관 조직 뒤에 존재하는 연결망을 거의 인식하지 못하는 걸까, 왜 이러한 연결망이 평상시에는 숨어 있거나 보이지 않는 것인가, 왜 어떤 상황에서는 더 잘 보이는 것일까? 행위자-네트워크 이론(Actor-Network Theory: ANT)은 어떤 현상이나 행위자가 단일 개체처럼 보이고 연결망으로 인식되지 않는 까닭이 '단순화'에 있다고 본다. 모든 것은 이종적인 연결망의 산물이지만 현실에서 우리는 세분화된 연결망을 직접 대하지는 않는다. 실제로 우리는 연결망의 복잡성을 모르고 살아간다. 연결망이 하나의 덩어리처럼 행동하고 하나의 행위자처럼 보이기 때문이다.[3)]

행위자-네트워크 이론가들은 이런 단순화를 '결절(punctualization)'이라고 부른다. 사회는 이런 규칙화 속에 촘촘한 연결망을 담고 있다. 이런 연결망들은 하나의 사물이나 상식으로 응축되어 세상의 질서를 단순한 프레임으로 보도록 한다. 이것들은 단순히 인간이 이용 가능한 자원으로 여겨질 수 있다. 즉, 도구·문서·표준화된 조직 관계, 기술, 규약, 조직 형태 등의 형태이다.[4)] 그러나 이들은 이미 복잡한 인간-비인간 행위자-네트워크가 응축되고 단순화된 결과로서 '블랙박스'이다.

그렇다면 우리는 분단 질서의 구체적 실체를 알고 있는 것일까? 전쟁, 대립, 군사적 대치, 호전적 북한, 통일, 안보 등의 거대 언어로 번역된 세계에서 분단은 구체적으로 어떠한 인간-비인간 행위자-네트워크를 통해 끊임없이 움직이고 있는 것일까?

---

3) 브뤼노 라투르 외, 『인간·사물·동맹: 행위자네트워크 이론과 테크노사이언스』, 홍성욱 엮음(이음, 2010), 4쪽.

4) 같은 책.

(2) 비인간의 귀환: 사회는 인간과 비인간의 이종적 행위자-네트워크

최근 십수 년 전부터 '비인간의 귀환(return to the non-human)'을 알리는 학술적 목소리가 높다. 상품, 기술, 기계, 통신, 식품, 작품, 도시 공간 등과 같은 철저히 사회화된 사물 또는 비인간의 위험을 알리는 것이든, 자연에 주목하는 것이든, 인간과 비인간의 관계, 물질성과 사물의 새로운 세계가 논쟁의 새로운 위치를 차지하고 있다.[5]

ANT는 현재까지는 '비인간의 귀환'을 알리는 가장 강력한 이론으로 보인다. ANT는 1980년대 초반 과학기술사나 과학기술학(Science, Technology and Society: STS)을 연구하던 브뤼노 라투르(Bruno Latour), 미셸 칼롱(Michel Callon), 존 로(John Law) 등을 중심으로 시작되었다. 그들은 가브리엘 타르드(Jean Gabriel Tarde)의 사회학,[6] 미셸 세르(Michel Serres)의 과학철학[7]과 알기르다스-쥘리앵 그레마스(Algirdas-Julien Greimas)의 기호학[8], 앨프리드 화이트헤드(Alfred Whitehead)의 과정철학, 토머스 휴스(Thomas P. Hughes)의 '시스템 건설', 아날학파의 유물론적 역사관 등에 강하게 영감을 받아 독특한

---

5) D. Pels, K. Hetherington and F. Vandenberghe, "The Status of the Object: Performances, Mediations and Techniques," *Theory, Culture & Society*, Vol. 19(5/6)(2002), pp. 1~2.

6) 라투르는 타르드의 사회학을 ANT와 관련한 중요한 지적 유산으로 본다. 미리 사회적인 것(the social)을 전제하고 행위자들을 그 속에서 설명하는 것이 아니라 행위자들을 그것에 전적으로 포섭되지 않는 의미로 받아들이고 그들 행위에 대한 추적을 통해 사회적인 것을 재정립할 것을 요청한다. B. Latour, "*Gabriel Tarde and the End of the Social*," in Patrick Joyce(ed.), *The Social in Question: New Bearings in History and the Social Science*(London: Routledge, 2002), pp. 117~132.

7) 세르의 과학철학에 대한 세르와 라투르의 대담은 미셸 세르·브뤼노 라투르, 『해명』, 박동찬 옮김(솔, 1994) 참조.

8) ANT와 그레마스 기호학의 관계에 대해서 B. Latour, "A Note on Socio-Technical Graphs," *Social Studies of Science*, Vol. 22, pp. 33~57 참조.

모델과 방법론을 제시하고 있다.

ANT의 주된 문제의식은 존재론이다. 지식을 만드는 존재들은 누구인가에 대한 질문이 핵심이다. 즉, 세계에 존재하는 실체의 성격이 무엇인가를 묻는다. 이른바 '자연'과 '사회'라는 실재가 세계 안에 따로 존재하지 않는다는 것인데, '자연'이 비인간들로만 이뤄지지 않고 '사회'도 인간들로만 이뤄지지 않으며 모든 실재는 다양한 인간과 비인간 행위자가 함께 구축한 이질적 연결망이라는 것이다.[9)]

또한 과학과 기술 간의 구분을 거부하는 '기술과학(technoscience)'을 주장하고, 기술과학(=지식)과 정치(=사회) 간의 구분까지 거부하며 기술의 사회적 구성을 새로운 차원에서 논의하고 있다. 그들은 그 무대로 실험실에 주목한다. 「나에게 실험실을 달라, 그러면 내가 세상을 들어올리리라」[10)]라는 선언적 논문 주제처럼 이 논문을 통해 실험실에서 어떻게 단계적으로 이질적 행위자 간의 연결망이 만들어지고 특정한 기술과 사회의 모델이 동시에 구축되고 안정화되는가를 보여주고자 한다. 실험실은 세상을 들어올리는 '지렛대'인 것이다. 또한 인간뿐 아니라 비인간(자연, 자원, 사물, 과학적 장치, 기술 등)도 행위자로 본다. 이것은 주체/객체, 사회/자연 사이의 근대적 이분법을 극복하려는 시도의 일환이라고 볼 수 있다.[11)]

결국 그들은 이종적 행위자-네트워크를 사회·조직·행위자 등 인간만이 아니라 다양한 질료로 이뤄진 패턴화된 연결망으로 구성되어 있다고 본다.[12)]

---

9) 김환석, 「'두 문화'와 ANT의 관계적 존재론」, 브뤼노 라투르 외, 『인간 · 사물 · 동맹』, 321쪽.

10) 브뤼노 라투르·김명진, 「나에게 실험실을 달라, 그러면 내가 세상을 들어올리리라」, ≪과학사상≫, 제44호(2003), 43~82쪽.

11) 김환석, 『과학사회학의 쟁점들』(문학과 지성사, 2006), 31쪽.

12) 브뤼노 라투르 외, 『인간·사물·동맹』, 40쪽.

과학뿐 아니라 가족, 조직, 컴퓨터 시스템, 경제, 기술 등 사회 영역의 다양한 기관에도 적용된다. 이들 기관 역시 다양한 저항을 이겨내고 이종 연결망의 질서를 이뤄낸 사례들이다.[13] 이것은 특정한 사회질서, 현상, 사건, 인물, 상징, 담론, 건축물 등에도 해당된다. 이들이 어떻게 다양한 저항을 이겨내고 하나의 사회적 사실이나 상식으로 군림하게 되었는가가 ANT의 핵심 주장이다.

결국 이종성을 지닌 연결망의 특성을 밝혀내고 이러한 연결망들이 어떻게 조직, 권력, 질서, 상징, 담론 등의 일정한 패턴을 지니게 되었는지를 연구하는 것이 중요하다. 이런 패턴의 연구는 환원주의에 대한 거부와 경험적 판단의 중요성을 강조한다. 환원주의는 기계 혹은 인간(사회), 이 둘 중의 하나가 최후에 결정적 역할을 한다고 말한다. 즉, 하나가 다른 하나를 움직인다고 보는 것이다.[14]

그러나 ANT는 비인간이나 인간 중 어느 하나가 사회의 변화나 안정의 성격을 결정짓는다고 미리 가정하는 것을 거부한다. 인간이나 물체가 갖는 정치적 성격, 얼마나 결정적 역할을 하는지는 모두 경험적으로 판단할 문제라고 본다. ANT는 우리가 당연한 것으로 받아들였던 인간 중심, 사회 중심의 사고에서 탈피할 것을 요구한다. 결국 ANT는 세계를 바라보는 우리 사고방식의 기원, 즉 자연과 인간을 전적으로 구분되는 존재론적 지대로 보게끔 하는 '정화(purification)'에 주목하게 한다.[15]

이런 주장들은 분단 인식에도 시사하는 바가 크다. 분단을 이념적·군사적·정치적 프레임 속에서, 일상과 분리된 체제결정론 속에서 보는 시각의

13) 같은 책, 42쪽.

14) 같은 책, 44쪽.

15) 브뤼노 라투르, 『우리는 결코 근대인이었던 적이 없다』, 홍철기 옮김(갈무리, 2009), 42쪽.

'전환'을 요구하기 때문이다. 그것은 우리를 둘러싼 사물, 상징, 담론, 기술 등 비인간들이 분단과 무관한 것들이 아니라 분단을 구성하는 행위자들이고, 분단 질서란 바로 이런 인간-비인간의 행위자-네트워크 구축을 통해 움직이는 현재진행형의 번역 행위임을 암시한다. 우리를 둘러싼 많은 것은 이미 블랙박스화되어 분단의 사회적 사실로 상식화되어 있다. 이 블랙박스를 열 때만 분단은 새롭게 일상 속에서 인식될 수 있을 것이다.

(3) 권력의 획득: 번역의 과정과 '장치'

ANT에서 '번역'은 권력을 이해하는 핵심 개념이다. 하나의 언어를 다른 언어로 풀이하는 것이고, 한 행위자의 이해나 의도를 다른 행위자의 이해나 의도에 맞게 그의 언어로 치환하기 위한 프레임을 만드는 행위이다. 피에르 부르디외(Pierre Bourdieu)가 주장했던 일종의 '오인(misrecognition)'을 통한 '게임의 규칙' 만들기와도 개념적으로 상통한다.[16] 결국 번역의 과정은 질서를 만드는 과정이다. ANT의 목표는 바로 규칙성과 사회적 질서, 저항의 과정을 설명하는 것이다. 다시 말해 도구, 행위자, 기관, 조직 등과 같이 질서를 생성하는 번역의 과정을 연구하는 것이다.[17]

성공적인 번역 과정은 권력을 획득하는 과정이다. 즉, 어떻게 행위자와 조직이 그들을 이루는 부분과 조각을 동원하고 배열하며 하나로 유지할 수 있는지, 또한 해체와 소멸에서 스스로를 방어하는지 그 과정에 주목한다. 따라서 어떻게 번역 과정을 숨기고, 다양한 부분과 조직으로 구성된 이종적 연결망 대신 규칙화된 행위자로 보이게 할 수 있는지가 ANT의 주요 연구 관심사이다.[18] 이런 과정을 칼롱은 거친 도식이지만 문제화(problematization),

---

16) 피에르 부르디외, 『상징폭력과 문화재생산』, 정일준 옮김(새물결, 1995), 69~70쪽.
17) 브뤼노 라투르 외, 『인간·사물·동맹』, 49쪽.

이해관계 부여(interessement), 역할 부여하기(enrollment), 동원화(mobilization) 등의 네 단계로 설명한다.[19)]

결국 권력이란 다양한 이해관계를 협상할 수 있는 번역의 능력이다. 가령 연구소, 기업, 정부 조직들, 군대 등 권력을 수반하는 조직들은 연결망의 건설을 방해하는 저항 세력을 무력화하고, 이를 장기적으로 지속시키고, 필요에 따라 권력이 공간을 가로질러 작동하는 기제를 만들고, 연결망에 복속된 다수의 행위자를 잘 대변하며, 미래의 연결망 변화 가능성을 예측함으로써 권력을 유지·강화시킨다. 라투르가 루이 파스퇴르(Louis Pasteur)를 분석했듯이 ANT와 그 사례들을 잘 살펴보면 성공적인 권력자가 어떻게 힘을 획득했는가에 대한 통찰을 얻을 수 있다.[20)]

이런 ANT의 권력에 대한 관점은 분단 이해에도 함의하는 바가 크다. 분단 질서가 이념이나 실체화된 특정 세력, 군사적 대치로 환원하는 설명이 아닌 인간-비인간 연결망 속에서 구성되는 권력의 문제로 보는 것이다. 분단

---

18) 같은 책, 50쪽.

19) 문제화 단계는 어떤 주어진 문제를 한 행위자가 수사적(담론적) 수단을 통해 자신의 자원으로 해결하자고 제안하는 것에 해당한다. 이해관계 부여 단계는 다른 행위자들을 기존의 네트워크에서 분리하고 이들의 관심을 끌면서 새로운 협상을 진행하는 것이다. 역할 부여하기 단계는 핵심 행위자들이 네트워크의 안정 및 발전의 취지를 타 행위자들에게 받아들이도록 해 적극적인 역할 수행을 하게 하는 협상, 시도, 책략 등의 전략을 내포한다. 동원화 단계는 어떤 행위자가 자신이 대표한다고 주장하는 집단의 대변인이 되는 것이다. 동원한다는 것은 이전에는 움직일 수 없었던 실체들을 이제는 움직일 수 있게 되었다는 것을 의미한다. M. Callon, "Some Elements of a Sociology of Translation: Domestication of the Scallops and the Fishrman of St. Brieu's Bay," J. Law(ed.), *Power, Action and Belief: A New Sociology of Knowledge? Sociological Review*, Monograph 32 (London: Routledge, 1986); 김환석, 『과학사회학의 쟁점들』.

20) 브뤼노 라투르 외, 『인간·사물·동맹』, 30쪽.

질서가 특정한 영역에 국한된 문제가 아니라 다양한 영역의 행위자와 연결망을 통해 이뤄진 번역의 총체로 인식하는 것이다. 결국 분단 질서는 인간-비인간 연결망을 동원한 번역이 일상 속에 스며 있는 질서라고 할 수 있다.

(4) '사회적인 것'의 재구성과 행위자의 흔적 기술하기

라투르는 '사회적인 것의 사회학(the sociology of the social)'에 대해 비판적이다. 여기서 '사회적인 것'은 사회조직, 사회규범, 사회구조, 문화 등과 같은 개념적 도구나 이론을 뜻한다. 주류 사회학은 이러한 개념과 이론을 끊임없이 반복해서 적용하고 사회를 설명해왔다.[21] 라투르의 문제의식은 개념과 이론은 직접 행위자들의 행위와 실천, 상호작용의 과정을 좇아 그것의 결과로 개념과 이론이 생성·도출되어야 하는데, 주류 사회학의 전통은 그렇지 못했다는 것이다.

따라서 힘들고 지난한 과정일 수 있으나 연구자들은 행위자들을 추적하고 그들의 흔적을 찾아 있는 그대로 묘사해 기술하는 것을 통해 그들의 존재와 연결망을 발견해야 하는 것이다. 그것은 단순한 사실 관계의 발견 이상으로 그들 행위자들이 갖는 의미를 찾는 것이다. 이러한 발견·묘사·기술을 통해 얻어진 것을 일관된 전체로 변형시키는 것, 즉 사회적인 것을 재조립(reassembling the social)하는 것이 필요하다고 본다.[22]

그래서 ANT는 성공 또는 실패한 네트워크 사례에 대한 역사적·인류학적·경험적 연구를 중요하게 생각한다. 따라서 일반화나 미래 예측을 추구하지 않고 여타 사회과학 이론과 달리 자기 완결적인 설명력을 획득하기 위한

---

21) B. Latour, *Reassembling the Social: An Introduction to Actor-Network Theory* (Oxford University Press, 2005), p. 9; 조주현, 「실천이론으로 본 비판사회학과 페미니스트 정치학의 문제」, ≪경제와 사회≫, 통권 88호(2010), 69쪽.

22) B. Latour, 같은 책, p. 4; 조주현, 같은 글, 78쪽.

이론 구성의 체계가 따로 존재하지 않는다. '행위자들'을 따라가서 그들의 흔적을 그대로 묘사하고 기술하는 것이 ANT의 방법론이다. 그러나 이 방법은 일반화된 사회과학의 연구 패턴에서는 생소한 것이고, 개념과 이론에서 출발하는 연역적 연구 패턴을 변화시키지 않을 경우 어려움을 겪는다.

이런 관점과 방법이 분단 연구에 적용된다면 분단에 대한 이해는 재구성될 수 있다. 미리 이념적·안보적·정치적 프레임을 통해 분단 현상을 규정하는 방식에서 행위자 중심으로 분단 실체를 재구성하는 것이다. 그것은 구체적인 분단 소재 – 사물, 현상, 사건, 담론, 상징, 인물 등 – 의 발굴을 통해 이들 속에 응축된 분단의 연결망을 추적하고 분단 현상에 대한 실재적인 개념과 도구를 구축하는 것이다. 분단에 대한 인식과 실재를 일치시키는 것이다.

(5) 연결망의 위상: 사회 연결망 이론과 ANT 차이

'연결망'은 조직사회학, 경제사회학, 사회운동론, 담론 분석은 물론이고, 자연과학에서 프랙털(fractal) 이론, 카오스 이론, 복잡계 이론 등에서 중요하게 사용하고 있다. 사회 이론 쪽에서 사회 연결망 이론(Social Network Analysis: SNA)은 경제사회학과 조직사회학에서 뚜렷한 위상을 점하고 있다.[23] 그렇다면 SNA에서의 '연결망'과 ANT의 '연결망'은 어떤 차이가 있을까? 그 차이는 분명하다.

SNA는 '사회적'인 것, 행위자로서 사람에 초점을 둔다. 인간을 하나의 점으로, 그들 간의 관계를 선으로 이어 현상을 하나의 추상화된 그림으로 표현한 소시오그램(sociogram)에서 출발한다.[24] 연결망상의 위치에 따라 행위

---

23) 이재열·안정옥·송호근 엮음, 『네트워크 사회의 구조와 쟁점』(서울대학교출판부, 2007), 12쪽.

24) 김용학·하재경, 『네트워크 사회의 빛과 그늘』(박영사, 2009), 24쪽.

가 달라지는 인간, 관계망의 형태에 따라 다른 행동을 하는 인간을 상정한다. 즉, 개인의 개별적 속성에서 개인의 관계적 속성으로 설명의 중심을 옮긴 이론이다.[25)]

반면 ANT는 인간과 비인간을 대칭적으로 보고 이분법적 구분 없이 분석을 시도한다. 또한 SNA는 연결수나 중심성 등 구조적 형태의 분석을 중시하는 반면, ANT는 서로 다른 연결 종류에 따른 연결망의 구조 자체에는 초점을 두지 않는다. 오히려 ANT는 어떻게 상이한 다양한 행위자가 상이한 관계에서 출현하는가, 그리고 지속적으로 변화하는 행위자-네트워크가 상이한 권력관계를 어떻게 발생시키는가에 더 관심을 가진다.

따라서 ANT는 미시와 거시의 분석 수준 간 유동성과 이동성을 더 잘 설명할 수 있다. 비선형(non-linear), 비표상(non-representational) 접근으로서 ANT는 SNA나 다른 관계적 접근보다 더 포괄적으로 세상을 형성하는 복잡한 관계를 밝히는 데서 우위에 있다고 평가받는다. ANT는 행위자의 다양성과 복잡성을 고려할 수 있는 틀을 제공하고, 다양한 관계의 종류와 유동성의 설명을 가능하게 한다. 그러나 ANT는 모호하고 분석적 정교함이 떨어진다는 비판을 받기도 한다.[26)]

2) ANT 활용 분야별 연구 동향

ANT는 최근 인문학·사회과학에서 주목받는 이론 중 하나로, 철학, 사회

25) 구양미, 「경제지리학 네트워크 연구의 이론적 고찰: SNA와 ANT를 중심으로」, ≪공간과 사회≫, 통권 30호(2008).

26) F. J. Bosco, "*Actor-Network Theory, Network, and Relational Approaches in Human Geography*," in S. Aitken and G. Valentine(eds.). *Approaches to Human Geography* (London: Sage Publications, 2006) 참조.

학, 조직 이론, 리더십 연구, 금융 이론, 정보기술론, 지리학, 위험 연구, 여성 연구, 국가 이론, 생태학, 예술 이론, 도시 연구 등 사실상 모든 전공 분야에 영향을 미치고 있다고 해도 과언이 아니다.[27] 이제 ANT는 단순히 분석 방법을 넘어 일종의 '사고방식'을 의미하게 되었다. 최근 ANT를 활용한 국내외 논문들의 검토를 통해 ANT가 분단 연구에 주는 시사점을 모색하고자 한다.

(1) 조직 이론: 사회적 관계의 조직화와 물질의 연속성·이동성

ANT는 조직 이론에서 '언어적 전환'에 버금가는 영향을 주었다고 평가된다. 조직 이론에서의 공헌은 비인간 행위자들이라는 '잃어버린 덩어리(missing masses)'를 행위자로 호명했다는 데 있다.[28] 기관이나 조직도 마찬가지로 사람, 기계, 문서, 건축물 등에 의해 유지되는 연결망이라고 보는 관점이 가능해진 것이다.

ANT가 말하는 조직의 사회학은 조직을 이루는 질료의 문제들, 조직의 전략에 관한 질문들이다. 즉, 질료들과 조직 전략의 상호작용 결과에 주목한다. 조직을 만들기 위해 동원되고 배열된 다양한 이종적인 부분과 조각들은 과연 어떤 것들인가를 살펴보는 것이다. 조직과 그 조직을 이끄는 권력자들에 관한 질문은 다음과 같다.

어떤 방식으로 행위자들이 배열되었는가, 어떻게 저항들을 이겨냈는가, 사회적 관계가 조직화되기 위해 필요한 물질의 연속성과 이동성을 어떻게 갖추게 되었는가, 이를 위해 어떠한 종류의 전략이 사용되었는가, 이러한 전

27) 그럼에도 ANT는 국내에서는 아직 이론적 논의나 사례연구가 활성화되어 있지 못하다. ANT는 사회학자 김환석의 저술 등을 통해 국내에 소개되었지만 심도 있는 논의를 할 만큼 관련 저서와 논문이 활발하게 소개되어 있지 못한 상황이다.

28) A. Whittle and A. Spicer, "Is actor network theory critique?," *Organization Studies*, Vol. 29(2004), p. 611.

략은 얼마나 멀리 전파되고 광범위하게 행사되는가, 어떻게 그러한 계산의 결과가 행위로 이어지는가(혹은 번역되는가), 조직을 이루는 이종적인 부분들과 조각들이 중심과 주변이라는 비대칭적 관계를 어떻게 생성하게 되는가,[29] 즉 어떻게 중심이 주변을 대표하게 되고 주변으로부터 이익을 얻게 되었는가?[30]

ANT의 관점에서 조직은 성취물이고 과정이며 결과물이자 극복된 저항인 동시에 가변적 결과물이다. 위계질서, 조직 배열, 권력관계, 정보 흐름 등 조직을 이루는 각 부분은 이종적인 물질들의 질서로 인해 생성된 불확정적 결과들이다. ANT는 바로 이것들을 분석하고 설명하려 한다.[31] 이런 시각은 분단 이후 남북한 사회에 나타난 다양한 조직의 형성 과정에 함축된 연결망에 주목하게 한다. 대표적으로 한미동맹, 군대 조직, 공안 기관, 행정조직은 물론 분단과 상관없어 보이는 조직들이 어떻게 분단의 행위자-네트워크로 구성되어 블랙박스화되었는가 등이 연구 주제가 될 수 있다.

(2) 국가 이론과 ANT, 그리고 체제 전환

국가 이론 분야에서 주목할 만한 ANT 적용은 국가 이론을 모델링하는 데서 부상하고 있는 '행위자 모델'과 탈구조주의적 '네트워크 모델', 그리고 이

---

29) 영국 산업 조직 사회학에서 노동과정과 관련해 노르베르트 엘리아스(Norbert Elias)의 권력과 주체성의 비대칭성을 미셸 푸코(Michel Foucault)와 ANT의 차원에서 재검토한 논문으로는 T. Newton, "Power, Subjectivity and British Industrial and Organisational Sociology: The Relevance of the work of Norbert Elias," *Sociology*, Vol. 33 No. 3(1999), pp. 411~440 참조.

30) R. Alcadipani, "Actor-Network Theory, organizations and critique: towards a politics of organizing," *Organization*, Vol. 17, No. 4(2010), p. 435.

31) 브뤼노 라투르 외, 『인간·사물·동맹』, 55쪽.

들 양쪽 모델이 갖는 한계와 문제점을 ANT를 통해 보완하고자 하는 시도가 있다.[32] 특히 주목할 점은 칼롱의 '수행성(performativity)' 개념을 가져와 국가를 이론화하는 모든 이론적 실천이 정치적 행동을 낳고, 정치적 행동이 일정한 국가 모델을 만든다는 분석이다.

한편 탈사회주의 국가들의 정치적·경제적·사회적 변화를 ANT의 관점에서 분석하는 시도가 있다. 가령 에너지 자원의 물질적·정치적 변화를 '위상학(topology)'과 ANT를 통해 분석하는 방식이다. 이런 연구는 탈사회주의 국가들에서 민족적 경계, 영토 변화, 자원 조정, 개혁의 궤도 속에서 나타난 물질적·정치적 변화의 '위상학'과 권력의 '혼선'을 만들어내는 에너지 관계, 상호 의존을 논한다.[33]

이런 연구들은 남한과 북한의 국가 모델에 대한 논의에도 시사하는 바가 크다. 가령 북한의 국가 모델에 대한 연구는 오랫동안 '전체주의' 모델이 주도해왔고, 군사주의, 스탈린주의 모델 등 '위로부터의' 정치체제에만 주목해왔다. 그러나 이런 모델들은 최고 지도자와 상층 엘리트의 규정력만을 과도하게 부각시킬 뿐 사회를 생략해왔다. 결국 탈냉전과 경제난 이후의 사회적 역동성과 체제 유지에 대한 설명에 한계를 갖는다. ANT를 통한 국가 모델의 본격적인 경험적 연구는 제한적일 수 있지만 새로운 재구성의 가능성은 충분하다. 소재 또한 주로 지도자와 정치권력에 한정되어왔던 데서 ANT의 관점으로 다양하게 발굴될 수 있다.

---

32) J. H. Passoth and N. J. Rowland, "Actor-Network State: Intergrating Actor-Network Theory and State Theory," *International Sociology*, Vol. 25, No. 6(2010), pp. 818~841.

33) S. Bouzarovski, "Post-socialist energy reforms in critical perspective: Entangled boundaries, scales and trajectories of change," *European Urban and Regional Studies*, Vol. 17 No. 2(2010), pp. 167~182.

(3) 리더십 연구: 혼종적 생산으로서 리더십

기존의 리더십 연구자들은 명령 스타일이나 카리스마적 개성을 설명하는 것을 통해 위대한 지도자들의 존재를 말하곤 했다. 그러나 리더십의 존재와 부재에 대한 개념화는 연구자들을 괴롭히는 문제였다. 최근 ANT를 활용한 연구에서는 조직을 대표해 말하는 것을 통해 지도자 또는 추종자를 가능하게 하는 것으로 인간과 비인간 행위자, 이들의 혼종적 형태들, 연결망화된 사회적 행위, 그리고 거시적 연기 등을 분석하고 있다.[34]

이런 접근은 리더십의 존재·부재를 특정한 상황에 놓여 있는 구조와 행위자-네트워크를 통해 분석한다. 리더십에 동원되는 다양한 행위소(actant)가 어떻게 의미로 가득 채워지는지, ANT가 어떻게 리더십의 존재·부재와 관련한 연결망의 매듭을 풀고 권력 흐름의 분석을 가능하게 하는지 보여준다. 가령 미국 통치자 두 명의 리더십을 재난 관리 네트워킹을 통해 분석하기도 하고, 캘리포니아 산불과 허리케인 카트리나에 대한 미국 지도자들의 대응을 분석하는 것이다. 즉, '위험' 또는 '위기'에 대응하기 위해 지도자들이 동원하는 행위자-네트워크에 주목하는 것이다.[35]

이들 ANT를 활용한 리더십 연구는 박정희 및 김일성 신화 속에 담겨진 인간-비인간 행위자-네트워크, 한국과 북한의 리더십 담론을 구성하는 행위자-네트워크, 분단 상황이 한국의 리더십 담론과 상식을 어떻게 창출하고 있는지, 리더십 담론을 창출하는 행위자-네트워크를 둘러싼 권력의 흐름, 분단 및 안보 관련 사태에서 나타난 리더십 속의 행위자-네트워크 등에 대한 연구를 요청한다.

---

34) G. T. Fairhurst and F. Cooren, "Leadership as the Hybrid Production of Presence(s)," *Leadership*, Vol. 5, No. 4(2009), pp. 469~490.

35) G. Kien, "An Actor Network Theory Translation of the Bush Legacy and the Obama Collectif," *Cultural Studies*, Vol. 9, No. 6(2009), pp. 796~802.

(4) 여성 연구: 수행성과 생물학적 성차의 생산

여성 연구에서는 수행성 개념이 ANT를 통해 재구성되어 논의되고 있다. 일찍이 주디스 버틀러(Judith Butler)는 젠더를 자연적 속성이 아니라 젠더 규범의 반복적 수행으로 형성되는 구성물로 본 바 있다.[36] 이에 칼롱은 버틀러의 수행성 개념이 물질성을 결여하고 폐쇄적이라고 비판한 바 있다.[37] 그에 따르면 젠더의 구성에서 사회적인 것(담론)에의 집착은 자연적인 것이 수행하는 결정적인 역할을 이해하지 못하게 한다. 젠더의 사회적 구성은 사물과 자연을 포함한 '사회-기술적 구성'으로 전환되어야 한다고 본다. 결국 수행성을 언어적인 것에서 사회-기술적 구성의 관점으로 새롭게 재인식할 것을 제안한다.

이런 ANT를 활용한 여성 연구들은 분단 사회에 대한 연구에도 시사점을 준다. 이미 광범위하게 활용되는 수행성 개념을 통해 분단의 수행성이 어떻게 언어적·물질적 차원에서 구현되는지에 대한 물음이 가능하다. 분단 질서 내의 젠더 질서, 젠더 레짐, 젠더 시스템 등을 ANT를 활용해 추적하는 것이다. 또한 분단 상황과 군사주의 문화에서 남북한에 형성된 성별 가치관, 분업 원리, 여성 배제의 권력 장치 등이 어떤 인간-비인간 행위자-네트워크의 효과 속에서 구체화되는지를 살펴보는 것이다.

---

36) 주디스 버틀러, 『젠더 트러블: 페미니즘과 정체성의 전복』, 조현준 옮김(문학동네, 2008), 55쪽.

37) M. Callon, "What does it mean to say that economics is performative?," in D. Mackenzie, F. Muniesa and L. Siu(eds.), *Do Economists Make Markets?: On the Performativity of Economics*(Princeton: Princeton University Press, 2007), pp. 328~330.

(5) 지리학: 공간의 위상학과 영토의 물질성

ANT는 어떻게 공간적 관계가 복잡한 연결망으로 둘러싸이게 되는가에 대한 사고에서 유용한 방법을 제공한다. 지리학에서 ANT는 최근 들어 가장 각광받는 이론적 자원으로 등장했다. ANT에서 행위자-네트워크는 절대적 공간의 개념이 아닌 관계적 공간이 더욱 중요함을 강조한다.[38] 관계적 공간은 곧 '위상학'적 사고를 요구한다. 어떻게 멀리 떨어진 장소와 상이한 시간에 있는 다른 행위자가 전략적 중심지에 의해 영향을 받고 배치되는지에 대한 문제제기이다. ANT에서 지리와 공간성의 문제는 행위자-네트워크가 형성되는 과정의 권력관계에서 공간적 규모를 이분법적으로 나눌 수 없고, 국지적인 것과 세계적인 것을 모두 고려하며, 다양한 규모를 고려하는 연구를 가능하게 한다.

한편 ANT를 활용해 공적 공간을 둘러싼 권력관계, 그 속에 있는 물질성과 물질적 디자인의 역할을 검토하기도 한다. 일상생활의 도시 환경에서 권력 공간의 생산과 안정화를 개념화하고 권력 공간의 생산이 개인 또는 제도보다는 행위소의 관점에서 재검토되어야 한다고 제안한다. 이것은 권력 공간의 생산과 안정화에 동원되는 인간-비인간 연결망을 추적한다.[39] 이런 접근들은 분단의 영토성을 생산하는 물질성, 분단의 영토를 물질적으로 설계하는 권력관계, 일상생활을 통해 분단 영토가 생산되고 안정화되는 방식 등에 주목하게 한다.

기억 연구(memory studies)에서는 "왜 건물은 시간과 기억과 관련된 사물로서 논쟁이 되는가, 그들을 고유하게 만드는 것은 무엇인가?"라는 질문을

---

38) 구양미, 「경제지리학 네트워크 연구의 이론적 고찰」.

39) M. Karrholm, "The Materiality of Territorial Production: A Conceptual Discussion of Territoriality, Materiality, and the Everyday Life of Public Space," *Space and Culture*, Vol. 10, No. 4(2007), pp. 437~453.

던지고, ANT를 통해 어떻게 사물들이 일반적으로 시간과 관련되어 있고 사물들이 기억들로 안정화될 수 있는지를 보여주고자 한다.[40] 이런 관점은 건축물을 '불변의 가동물(immutable mobile)'[41]로 보고, 이들이 시간과 갖는 관계에 천착한다. 분단을 상징·은유하는 건축물들, 일상화된 건축물들 속에 아로새겨져 있는 분단의 행위자-네트워크 등에 대한 관심이 필요한 부분이다.

(6) 위험 연구: 담론적 쟁투와 협상의 결과로서 위험

울리히 벡(Ulrich Beck)이 주장하듯이 위험은 가상적 존재로서 독특한 존재론적·인식론적 특징을 지닌다. 즉, 위험이 가상적이라는 의미는 위험의 대상은 어느 사회에서나 매우 복잡하고도 다양한 담론적 쟁투와 협상의 결과로 존재하는 사회적 실재라는 것이다. 위험에 대한 담론들은 공공 정책에서의 행위자들·제도들·조직들이 안정되고 통제된 상황을 만들기 위해 수많은 자원을 동원할 정도로 매우 실재적이다. 이러한 위험이 한 사회나 집단의 정체성 문제와도 연관된 것으로 재규정하기 때문이다.[42]

ANT에 입각한 위험 연구는 분단 역사 속에서 항상적으로 제기되었던 '위협', '공포', '불안'의 담론들, 안보 사건들의 실체를 드러내는 문제와 직결된다. 실제로 분단의 실제적 위험이 더 늘어난 것인가, 아니면 단지 위험에 대한 인지도가 더 높아진 것인가? 우리는 더 안전해졌는가, 아니면 더 위험해

---

40) M. Guggenheim, "Building memory: Architecture, networks and users," *Memory Studies*, Vol. 2, No. 1(2009), pp. 39~53.

41) 불변의 가동물은 번역의 중심에 위치한 행위자가 멀리 떨어져 있는 행위자들에 대해 장거리 지배력을 행사하는데, 이럴 때 지리적으로 먼 거리를 쉽게 돌아다니면서 번역의 중심의 지배력을 유지시키는 데 사용할 수 있는 물건들을 뜻한다.

42) 원용진, 「위험은 소통될 수 있는가?: 위험사회와 커뮤니케이션학의 과제」, 한국방송학회 봄철 정기학술대회 발표문(2004.5.7~8).

졌는가? 분단의 '위협론', '위기론'을 실재론적 관점 혹은 과학기술적 관점, 그리고 사회 구성주의적 관점 혹은 사회 맥락적 관점에서 검토할 필요가 있다. 한편으로 그것은 ANT에 입각한 경험적 사례연구로 나아갈 필요가 있다.

또한 위험을 드러내거나 은폐하는 데 소모되고 동원되는 에너지와 자원에서 가장 중요한 요소가 위험에 대한 감지, 즉 대상화 혹은 가시화 과정이다. 이는 정치적·사회적·역사적·문화적 배경이나 권력관계, 이데올로기와 연관된다. 1987년 민주화 이후 분단 위기가 사회적으로 실재화되는 내용과 형식의 변화, 과학적 설명과 논증이 개입하고 '위기'의 정상성과 비정상성에 대한 대중적 인식이 어떻게 변화되었는가를 탐구할 필요가 있다.

3. 분단 인식과 ANT의 가능성

1) 분단 인식의 궤적과 인식 전환의 필요성

(1) 기존 학술 담론의 성과

분단 관련 학술 논의에서 대표적으로 꼽을 수 있는 것은 '분단시대론', '분단모순론', '분단체제론' 등이다. 최근에 평화국가론, 동아시아공동체론, 통일인문학, 평화인문학 등이 제안되었지만 분단 질서 자체를 인문학·사회과학적으로 깊이 있게 사유한 대표적인 학술 담론은 이들 논의가 대표적이다. 이 논의들은 1970~1980년대 반공을 사회적 억압 논리로 삼은 군사 독재 정권의 엄혹한 감시와 탄압의 배경 속에서 분단이 지닌 '모순'을 한반도 전체의 관점에서 통찰했다는 점에서 분단 연구의 학문적 기반을 만든 담론들이라고 할 수 있다.

강만길은 1970년대 중반 '분단시대론'을 제시하면서 20세기 후반기를 민족 분단을 청산하고 통일 민족국가를 수립해야 하는 과제를 가진 '통일운동 시대'로 규정한 바 있다.[43] 그러나 그의 논의는 민족주의 관점에서 분단의 시대사적 의미를 역사적 관점으로 통찰했지만 그것이 구체적으로 어떤 사회적 메커니즘으로 작동하는가에 대한 통찰로까지는 나아가지 못했다.

백낙청은 1980년대 사회구성체 논쟁 과정에서 제기된 '분단모순론'[44]을 좀 더 진전시켜 '분단체제론'을 제안한 바 있다. 분단체제론은 단순히 적대적 국가 간 대결의 체제가 아니라 개별 국가 내부에서는 분단 이데올로기를 명분으로 한 지배 체제이고, 남북한 양측의 지배계급이 내세우는 각각의 분단 이데올로기는 기득권 유지에 봉사하고 있다고 본다. 여기서 '체제(system)'는 일정한 독자성을 가지고 자기 스스로를 재생산하는 힘이 있는 것이다.

이런 백낙청의 분단체제론은 통일을 '외세의 축출'로 보는 시각과 통일을 남한의 변혁과 동일시하는 또 한편의 시각을 비판하고, 이 분단체제의 극복은 남북한 민중의 자기 사회 민주화와 개혁의 노력에서 출발해야 한다고 본다. 또한 그는 1990년대 탈냉전의 흐름 속에서 '흔들리는 분단체제'를 제기하기도 했다.[45]

---

43) 강만길, 「분단시대 사학의 성격」, 『분단시대의 역사인식』(창작과 비평사, 1978), 14~15쪽.

44) 분단모순론은 분단체제론에 앞서 1980년대 사회구성체 논쟁 과정에서 제기된 것이다. 백낙청은 분단을 기존의 계급모순, 민족모순과 분리된 별개의 모순으로 보기보다는 다른 사회적 모순과 얽혀 있으면서 남북한 각 사회의 정치, 경제, 사회 현실을 통칭하는 상위의 현실로 바라보자고 제안한 바 있다.

45) 이후 1990년대 후반 들어 백낙청은 '흔들리는 분단체제'를 제기한 바 있다. 분단체제의 동요 원인은 냉전체제의 붕괴와 맞물려 나타나기 시작한 남북한 간 세력균형의 파괴에서 우선 찾을 수 있지만, 좀 더 자세히 들여다보면 냉전체제 붕괴 이후 새롭게 태동하는 동북아시아 질서를 대상으로 한 관련국들의 정책 갈등도 주요한 원인으로 작용하고 있다고 본다. 박순성, 「분단체제의 미래와 동북아 질서」, ≪창작과 비평≫,

(2) 분단체제 인식의 '일상으로의 전환'

기존 논의들이 시대사적 의미와 학문적 성과가 있긴 하지만, 분단 인식에서 갖는 한계 역시 존재한다. 우선 이 논의들은 분단의 구조, 모순에 주목하는 만큼 남북한 사회 차이에 대한 구체적 이해로 나아가지 못한 측면이 있다. 남북한 사회 성격을 추상적 개념을 통해 보되 그것의 구체적인 작동이나 내적인 동력을 섬세하게 분석하지 못했다.

두 번째, 분단체제론은 구조적이고 기능적인 차원에서 분단이 행하는 '능력'에 초점을 맞추고 있어 구체적으로 분단체제가 어디에서 기원하고 시대사적으로 어떻게 변화되어왔는가에 대한 역사적 변화 동학을 밝히지 못하고 있다. '세계체제'라는 구조적 환경이나 기득권 세력의 의도 측면을 강조하는 만큼 그것을 입증하는 구체적인 내적 사회동학을 설명하고 있지 못한다.

세 번째, 분단체제를 극복하기 위한 일상적인 실천이 구체화되지 못한 측면이다. 모순의 발견과 관념적 민중 연대, 추상적 사회변혁은 있으나 구체적인 일상적 실천의 가능성이 어떻게 어떠한 방식으로 전개되어야 하고, 그 일상적 실천의 동기는 무엇이 되어야 하는지에 대한 답이 명확하지 않다.

이것은 기존 논의들이 분단의 거시적 모순과 미시적 작동 '사이'를 연계하는 시각과 방법의 고안, 분단을 배경으로 형성된 다양한 행위자(인간-비인간)의 연결망, 그러한 행위자를 지배하고 움직이는 분단 권력의 전략과 역동성, 이들 역동성을 사회-기술적 관점에서 설명하고 경험적으로 드러내는 데 한계를 갖고 있음을 뜻한다. 물론 그것은 냉전과 독재라는 '격렬한 억압'의 시대사적 분위기에서 가질 수밖에 없는 한계이기도 하다.

그런 측면에서 분단체제론은 거시적인 체제결정론적 시야 속에서 일상의 미시적인 결로 분단이 어떻게 번역되면서 '변형'을 거듭하는가 하는 '일상으

통권 103호(1999), 318쪽.

로의 전환'으로 나아가지 못한 측면이 있다. 분단의 '실존적 위기'가 고정된 명사가 아니라 분단 권력의 '번역'을 통해 일상 속에서 끊임없이 변주되는 연결망의 효과일 수 있다는 것에 주목할 필요가 있다. 분단 상황의 현실 타파가 더 이상 가시화되어 있는 이념적 갈등이나 특정 권력, 세계체제를 지목하는 것만으로는 충분하지 않다는 것이다.

오히려 억압체제는 특정 실체나 관념, 개념으로 포섭되거나 환원되지 않는 일상의 행위를 통해 그 의도를 끊임없이 변주하는 연결망 속에 은폐되어 있는지 모른다. 1987년 민주화 이후 분단의 행위자-네트워크는 좀 더 정교한 방식으로 분단의 잡종들을 창출하고 교묘한 번역의 수사 속에 모습을 감추고 있는지도 모른다. 그것은 더 이상 거대 분단 규정 언어로 분단 배후의 강력한 힘들을 설명하는 방식이 아니라 일상으로부터 거슬러 올라가고 분단을 아래에서 추적하는 방식을 요구한다.

그것은 억압체제를 설명하는 거대 언어나 지배계급에 대한 외면, 또는 관점의 보수주의적 회귀가 아니라 오히려 급진적 가능성을 갖는다. 그것이 급진적일 수 있는 것은 분단의 행위자-네트워크를 일상으로부터 추적하는 것이 억압체제를 구체적으로 드러내는 것뿐 아니라 우리 모두의 삶에 대한 성찰, 그로부터 시작하는 내적인 사회변혁을 요구하기 때문이다.

따라서 분단체제의 극복은 일상 속에서 남북한 민중이 연대를 형성하는 일이기도 하지만, 그 이전에 일상에 스며들어 있는 분단 권력의 행위자-네트워크와 '번역'을 드러내고 흔드는 것이 선행되어야만 한다.[46] 한편 분단체제 또는 분단 질서는 그 내부로부터, 또는 외부의 내부화, 내부의 외부화를 통

---

46) 그런 차원에서 분단체제의 극복을 위해 일상 속에서 남북한 화해를 추구하고 남북한 민주의 연대를 강조하는 분단체제 극복을 위한 '아래로부터의 길'을 강조하는 박순성의 문제의식은 시사하는 바가 크다. 박순성, 「한반도 통일과 민족, 국민국가, 시민사회」, 97쪽.

해 다양한 위계와 차이를 확대 재생산하는 다양한 국지적인 '번역의 중심'을 두고 있는 복잡한 질서일 수 있다는 것을 고려할 필요가 있다.

(3) 탈분단 연구를 위한 ANT의 적용 가능성

첫째, 성찰적 분단 인식과 경험적 연구가 결합되도록 할 필요가 있다. 최근 들어 분단으로 기형화된 근대성의 한계를 극복하기 위한 비판적 성찰, 분단에 대한 환경·생태학적 문제의식, 분단의 질서를 젠더의 차원에서 접근하는 연구 등 분단을 좀 더 다양한 문제의식을 통해 보려는 시도들이 있다. 그러나 근원적으로 분단하에서 형성된 대중적·학술적 분단 인식의 회로에 대한 내적 성찰, 분단 행위자-네트워크의 발생사적 기원에 대한 계보학적 추적, 다양한 공간에서 행해지는 행위자-네트워크의 번역과 그 효과에 대한 분석, 그리고 그러한 행위자-네트워크를 전유하는 '일상의 정치' 등에 대한 경험적 연구가 필요하다.

둘째, 분단과 안보, 분단과 세계화, 분단의 사건사 등을 단선적으로 열거하거나 이슈 중심의 정책적 연구에 매몰되는 기존의 분단 연구를 비판적으로 성찰하고, 분단 질서를 번역하는 인간-비인간 행위자-네트워크를 인간, 사물, 공간, 일상을 연계하는 총체적인 관점하에서 분석하며 이해할 필요가 있다. 그런 측면에서 분단 일상을 구성하는 소재를 발굴하고, 이들 소재를 통해 행위자-네트워크를 수집, 추적, 비교해 분단체제와의 총체적인 연관성을 '아래로부터 위로' 재구성할 필요가 있다. 이를 통해 분단 질서를 일상으로부터 경험적으로 인식하는 새로운 연구 과정을 도입할 필요가 있다.

셋째, 탈분단의 패러다임은 분단 상황하에서 형성·재생산되는 행위자-네트워크의 해체와 이를 대체할 새로운 행위자-네트워크의 구축에 대한 인식론적·방법론적 지평 속에서 가능하고, 구체적 실천 방안 역시 그 안에서 모색되어야 한다. 분단의 번역 중심은 그 질서 유지를 위해 끊임없이 혼종을 양산하는 것을 운명으로 한다. 따라서 '위기'와 '불확실성'을 내재한 혼종의 양산을 중단하게 하고 인간과 비인간의 새로운 관계, 즉 '공생'과 '평화'의 '번역'으로 이끄는 인간-비인간 행위자-네트워크를 추구해야 한다.

결국 분단 질서에 대한 인식은 우리 일상을 둘러싸고 있는 분단 권력의 '번역'을 성찰적으로 따져 묻는 것에서 시작되어야 한다. 그리고 분단의 행위자-네트워크[47]가 구체적으로 작동하는 과정에 대한 경험적 분석이 필요하다. 탈분단의 가능성은 번역의 차이를 생성하는 '일상의 정치'와 분단을 물질적으로 구성해온 사물들을 재배치하고 재-의미화하는 '사물의 정치'에서 찾을 수 있다.

2) ANT와 분단 연구의 상상력

(1) 분단 권력의 기원 거슬러 가기

ANT를 통한 분단 연구는 분단 권력이 '번역의 중심'을 구축하는 과정, 즉 그 기원을 거슬러 가는 방식이 되어야 한다. ANT는 분단 역사에서 생성·소멸되었던 다양한 인물, 사건, 현상, 사물, 법규, 기술, 표준 등에 대한 경험적 사례연구를 통해 분단의 행위자-네트워크를 좀 더 역동적으로 보여줄 것을 요청한다.

보통 사회적 진리 구축 과정은 어떤 개인, 소집단이 행한 여리고 취약한 주장들로부터 시작되기 마련이다. 그러나 한반도에서만은 '한국전쟁'과 '북한'이란 대상이 모든 진리 구축의 기원을 독점해왔다. 분단 권력이 행하는

---

47) '분단의 행위자-네트워크'는 분단이 인간-비인간이 결합된 네트워크이자 번역의 중심을 형성하는 전략이고, 그것을 정상적인 질서로 오인하게 하는 질서임을 뜻한다. 특히 끊임없이 번역을 통해 잡종을 양산하는 질서이기도 하다.

모든 '번역'은 전쟁과 분단, 북한에 대해 맥락 의존적이고 수사적인 성격 – 가령 '빨갱이' – 과 물리적 폭력성을 함께 가져 왔다.

이러한 진리 구축의 구체적 과정을 추적하면 교과서, 논문·저서, 표어, 포스터, 법·제도, 상징, 각종 사회적 표준의 형태, 장비와 기술 장치(단순한 사물에서 군사적인 기술과 무기, 장치까지)에 각인 및 체화됨에 따라서 약한 픽션에서 강한 사실로 변형되어왔다는 것을 알 수 있다. 권력자가 어떤 진리 주장을 부드러운 맥락적 수사에서 단단한 보편적 진리로 변형시킬 수 있는 것은 바로 이러한 연결망 구축을 통해서이다.

따라서 분단의 진리 연결망, 이질적인 행위자들은 단지 지배자의 말뿐 아니라 그래프, 차트, 통계치, 문헌, 장비, 기술, 표준 등 표상이나 텍스트만이 아니라 다양한 비인간 구성 요소들로 이뤄져 있다고 볼 수 있다. 분단 권력에 대한 이해는 바로 이러한 인간-비인간이 결합된 연결망의 인식으로부터 시작될 수 있다.

(2) 분단의 사회적 진리와 블랙박스, 치밀하게 묘사하기

분단 상황에서 '사회적 진리'란 강하고 이질적인 연결망을 확립함으로써 더욱 강하게 구축될 수 있다. 연결망이 좀 더 강하고 광범위할수록 – 일상 속에서 상식화될수록 – 진리 주장은 단단하게 굳어진다. 분단 권력은 인간 및 비인간 동맹자들을 충원하고, 전문가의 입으로 말하고, 자료를 수집하고, 분류와 축적을 하며, 실험실과 장비, 차트와 이미지, 법조문과 표준 등을 활용함으로써 광범위한 지지와 상식의 연결망, 지속적인 동맹자를 만들어낸다. 그리고 결국 어떤 진리 공동체 – 특정 무엇이 진실이라는 믿음을 공유하거나 그러한 믿음의 실천 원리에 지배를 받는 – 를 창출하게 되는 것이다.

ANT는 우리가 당연하다고 생각해 사실상 인식하지도 않는 어떠한 사회적 진리가 사실상 '블랙박스'이고, 실제로 그런 것들이 어떤 과정을 통해 구성되는지 치밀하게 묘사할 것을 요구한다. 바로 이 점이 고정된 물리적 분단이 아닌 끊임없이 만들어지는 '사실들'로서의 분단을 추적해야 하는 이유이다. 분단을 배경으로 등장해 일상 속에 스며들어 있는 사회적 진리를 추적하는 것이 분단에 대한 행위자-네트워크의 방법론인 것이다.

분단의 사회적 진리가 정점에 이를 때는 분단 권력이 기획한 인간-비인간 행위자의 모든 흔적이 지워지고 거대 언어로 모든 것이 자연 질서화될 때이다. 즉, 사회적 진리가 일상화되고 사회의 배경지식이 되는 것이다. 이러한 분단의 사회적 진리는 자본의 논리, 세계 패권의 논리와 결합해 혼종의 양산과 진화를 거듭하게 한다. 따라서 이 혼종의 양산과 진화를 치밀하게 묘사하는 것이 필요한 것이다.

ANT를 통한 분단 연구는 현재도 가동되는 행위자-네트워크와 이미 소멸되어버린 행위자-네트워크 모두에 대한 연구가 되어야 한다. ANT를 통한 분단 연구의 소재 유형으로는 분단을 배경으로 한 사건·사고, 인물, 이미지와 표상, 사물과 건축물, 기계장치, 정보시스템, 법과 제도, 정책, 기구 및 조직, 담론 등이 있다.

우선 소멸된 사례는 왜 그것이 유지되는 데 실패하고 소멸되었는가를 추적함으로써 분단의 행위자-네트워크를 어떻게 흔들 수 있는가에 대한 방법을 보여줄 수 있다. 한편으로 이미 블랙박스화된 연결망의 소재를 찾는 것은 쉽지 않다. 우리가 인식하기 힘들 정도로 상식화되어 일상 속에 스며들어 있기 때문이다. 그것의 발견은 일상에서 마주치는 사회적 모순이 권력이 번역해낸 상식과 갖는 '차이' 속에서 인식될 수 있다.

다른 한편으로 사건이나 현상에 대한 접근에서는 대체로 이들에 대한 정보가 어느 정도 공개되어 있고, 대중적이고 사회적인 가정이나 선입견이 형성되어 있는 경우가 많다. 그러나 이 사건들도 연결망을 추적하는 경험적 분석을 통해 이미 번역된 '상식' 속으로 구부러져 있는 사건의 실체를 드러낸다는 측면에서 중요하다. 그것이 구체적으로 어떠한 행위자들과 연결망을 통해 작동하다가 드러나게 되었는지, 어떻게 번역 속으로 사라지게 되었는지를 밝히는 것이다.

4. 결론

이 글은 인문학·사회과학 분야에서 다양한 논쟁적 문제제기가 이루어지는 ANT를 통해 분단을 어떻게 인식할 수 있는가를 고민하기 위한 하나의 시론적 성격의 글로서 분단의 행위자-네트워크를 구성하는 인간, 사물, 과학, 물자체, 기술, 공간, 일상에 대한 경험적 연구를 통해 분단을 어떻게 드러낼 것인지를 모색했다. ANT가 보여준 다양한 사례연구에서 영감을 받아 분단을 행위자-네트워크 차원에서 분석하는 것이다. 그러나 ANT를 통한 분단 연구는 긴 호흡이 필요할 수밖에 없다. 분단과 ANT에 대해 다양한 전공자가 모여 새로운 발상을 공유하고 행위자-네트워크를 추적하는 학제적·경험적 연구가 필수적이기 때문이다.

그것은 사고방식의 전환을 요구한다. 인간 말고도 지식, 과학, 제도, 사물, 기술 등 일상을 둘러싼 모든 것에 대한 '낯설게 하기', 사물에 대한 세심한 관찰과 민감한 반응을 요구하기 때문이다. 또한 연구자들 자신이 분석의 대상이 되어야만 하는 것이기도 하다. 우리가 일상을 둘러싼 사물을 새롭게 재인식하는 그 '낯섦'의 순간이 일상에 스며 있는 분단의 은유, 행위자-네트워크를 발견하는 순간이고, 우리 안에 있는 분단을 인식하는 순간이기도 하기 때문이다. 인간과 인간의 '사이'뿐 아니라 모든 것의 '사이'가 새롭게 우리의 눈에 들어오는 순간이 필요하다. 그때 비로소 탈분단의 일상으로 귀환할 수 있을 것이다.

참고문헌

국내 자료

강만길. 1978. 「분단시대 사학의 성격」. 『분단시대의 역사인식』. 창작과 비평사.

구양미. 2008. 「경제지리학 네트워크 연구의 이론적 고찰: SNA와 ANT를 중심으로」. ≪공간과 사회≫, 통권 30호, 36~66쪽.

김용학·하재경. 2009. 『네트워크 사회의 빛과 그늘』. 박영사.

김환석. 2006. 『과학사회학의 쟁점들』. 문학과 지성사.

_____. 2010. 「'두 문화'와 ANT의 관계적 존재론」. 브뤼노 라투르[브루노 라투르(Bruno Latour)] 외 지음. 홍성욱 엮음. 『인간·사물·동맹: 행위자네트워크 이론과 테크노사이언스』. 이음.

라투르, 브뤼노(Bruno Latour)·김명진. 2003. 「나에게 실험실을 달라, 그러면 내가 세상을 들어올리리라」. ≪과학사상≫, 제44호, 43~82쪽.

라투르, 브뤼노[라투르, 브루노(Bruno Latour)] 외. 2010. 홍성욱 엮음. 『인간·사물·동맹: 행위자네트워크 이론과 테크노사이언스』. 이음.

박순성. 1999. 「분단체제의 미래와 동북아 질서」. ≪창작과 비평≫, 통권 103호, 313~331쪽.

_____. 2010. 「한반도 통일과 민족, 국민국가, 시민사회」. ≪북한연구학회보≫, 제14권 제2호, 77~104쪽.

부르디외, 피에르(Pierre Bordieu). 1995. 『상징폭력과 문화재생산』. 정일준 옮김. 새물결.

원용진. 2004. 「위험은 소통될 수 있는가?: 위험사회와 커뮤니케이션학의 과제」. 한국방송학회 봄철 정기학술대회 발표문(2014.5.7~8).

이재열·안정옥·송호근 편저. 2007. 『네트워크 사회의 구조와 쟁점』. 서울대학교출판부.

조주현. 2010. 「실천이론으로 본 비판사회학과 페미니스트 정치학의 문제」. ≪경제와 사회≫, 통권 88호, 68~93쪽.

국외 자료

Alcadipani, R. 2010. "Actor-Network Theory, organizations and critique: towards a politics of organizing." *Organization*, Vol. 17, No. 4, pp. 421~435.

Bosco, F. J. 2006. "Actor-Network Theory, Network, and Relational Approaches in Human Geography." in S. Aitken and G. Valentine(eds.). *Approaches to Human Geography*. London: Sage Publications.

Bouzarovski, S. 2010. "Post-socialist energy reforms in critical perspective: Entangled boundaries, scales and trajectories of change." *European Urban and Regional Studies*, Vol. 17, No. 2, pp. 167~182.

Butler, J. 1990. *Gender Trouble*. NY, London: Routledge.

Callon, M. 1986. "Some Elements of a Sociology of Translation: Domestication of the Scallops and the Fishrman of St. Brieu's Bay." J. Law(ed.). *Power, Action and Belief: A New Sociology of Knowledge? Sociological Review*, Monograph 32. London: Routledge.

_____. 2007. "What does it mean to say that economics is performative?." D. Mackenzie, F. Muniesa, and L. Siu(eds.). *Do Economists Make Markets?: On the Perform activity of Economics*. Princeton: Princeton University Press.

Fairhurst, G. T. and F. Cooren. 2009. "Leadership as the Hybrid Production of Presence(s)." *Leadership*, Vol. 5, No. 4, pp. 469~490.

Guggenheim, M. 2009. "Building memory: Architecture, networks and users." *Memory Studies*, Vol. 2, No. 1, pp. 39~53.

Karrholm, M. 2007. "The Materiality of Territorial Production: A Conceptual Discussion of Territoriality, Materiality, and the Everyday Life of Public Space." *Space and Culture*, Vol. 10, No. 4, pp. 437~453.

Kien, G. 2009. "An Actor Network Theory Translation of the Bush Legacy and the Obama Collectif." *Cultural Studies*, Vol. 9, No. 6, pp. 796~802.

Latour, B. 1992. "A Note on Socio-Technical Graphs." *Social Studies of Science*, Vol. 22, pp. 33~57.

_____. 1993. *We have never been Modern*. Cambridge, Mass.: Harvard University press.

_____. 2002. "Gabriel Tarde and the End of the Social." in Patrick Joyce(ed.). *The Social in Question: New Bearings in History and the Social Science*. London: Routledge.

_____. 2005. *Reassembling the Social: An Introduction to Actor-Network Theory*. Oxford University Press.

Newton, T. 1999. "Power, Subjectivity and British Industrial and Organisational Sociology: The Relevance of the work of Norbert Elias." *Sociology*, Vol. 33, No. 3, pp. 411~440.

Passoth, J. H. and N. J. Rowland. 2010. "Actor-Network State: Intergrating Actor-Network Theory and State Theory." *International Sociology*, Vol. 25, No. 6, pp. 818~841.

Pels, D., K. Hetherington and F. Vandenberghe. 2002. "The Status of the Object: Performances, Mediations and Techniques." *Theory, Culture & Society*, Vol. 19, No. 5/6, pp. 1~21.

Serres, M. and B. Latour. 1995. *Conversations on Science, Culture, and Time*. University of Michigan Press.

Whittle, A. and A. Spicer. 2004. "Is actor network theory critique?." *Organization Studies*, Vol. 29, pp. 611~629.

제3장

분단의 사회-기술적 네트워크와 수행적 분단*

홍민

1. 문제제기

2013년 2월 북한의 3차 핵실험 이후 북한 '핵문제'를 둘러싼 한반도의 군사·외교적 긴장이 그 어느 때보다 고조되어왔다. 북한 핵무기의 위협 수준과 군사·외교적 대응 전략 등에 대한 다양한 분석과 의견이 쏟아져 나왔다. 주로 북한이 핵 보유를 통해 얻고자 하는 목적 — 가령 억지용, 협상용, 국내정치용 — 에 대한 분석, 핵무기를 둘러싼 한반도 국제정치 및 남북관계 변화, 한국의 안보 대응 체계, 그리고 한국의 전술핵무기 재배치 및 핵무장론까지 제기되고 있다. 이들 논의에서 한반도 위기의 원인으로 공통적으로 지목하는 것은 북한의 호전적이고 도발적인 행태와 비정상성이다.

사실 한반도의 불안정성과 위기를 북한의 '핵문제'로 환원해 하나의 상식

* 이 글은 2010년도 정부재원(교육과학기술부인문사회연구역량강화사업비)으로 한국연구재단의 지원을 받아 연구되었다(NRF-2010-330-B00023).

으로 보는 방식은 1990년대 초반 북한의 핵 개발 의혹이 제기된 이후 북한 '문제화'의 핵심적 인식 틀이 되었다. 또 한편 '핵무기'를 통해 자신의 체제 생존과 존재를 대변하고자 부단히 노력해온 북한의 '번역(translation)' 전략이 나름 성공적으로 '문제화'된 결과라고도 볼 수 있다. 이제 누구도 북한의 '핵무기'를 경유하지 않고는 한반도 문제에 쉽게 접근하기 힘들도록 '번역'되고 있는 것이다. 곧 핵무기는 한반도 문제의 '의무통과지점(Obligatory Passage Point: OPP)'이 된 것이다. 한반도 관련 각 행위자들(actors)의 목표는 다르지만 이들 모두 북한의 '핵무기'를 경유해 한반도에서의 이해관계를 풀어야만 하는 숙제를 안고 있다.

우리는 크게 두 가지 차원에서 한반도 핵문제에 접근할 수 있다. 하나는 한반도 문제를 북한 핵문제로 단순화시키고 상식화한 구성 과정을 다시 펼쳐 보는 것이다. 그것은 한반도의 불안정성과 위기의 원인, 그리고 북한의 생존 전략이 '핵무기'로 문제화되어 인식되기까지의 행위 구성(composition)과 접힘(folding) 과정을 보는 것이다. 다른 하나는 그런 구성과 접힘이라는 일련의 과정과 일화들이 어떤 행위자들의 힘겨루기(trial of strength)와 네트워크를 통해 구성되었는가를 추적하는 것이다. 여러 이질적인 행위자의 이해관계가 개입하고 힘을 겨루고 속성을 교환하며 결합함으로써 구축되는 사회-기술적 네트워크(socio-technical networks)를 살펴보는 것이다.

이를 통해 한반도 위기와 불안정성, 북한 '핵문제'가 북한의 비정상성이나 군사주의, 호전성만으로 설명될 수 없는 다양한 인간-비인간 행위자가 결합되는 '네트워크 치기(networking)' 과정으로 구성된 것임을 볼 필요가 있다. 이렇게 북한 '핵문제'로 귀착되고 문제화되는 일련의 구성과 접힘의 과정을 이해하고 한반도에서 핵무기가 갖는 물질기호학적 의미를 이해하기 위해서는 전경으로 도드라져 있는 북한의 핵문제를 배경으로 밀려나 있는 '분단'의 동학(dynamics)과 교차하며 볼 필요가 있다. 즉, 그것은 우리 인식 속에서 배경으로 밀려나 있었지만 사실상 지금도 분단을 행하고(doing) 있는 행위자들의 네트워크, 분단의 사회-기술적 장치를 이해하는 것이다.

이 분단의 사회-기술적 장치들은 지난 분단 70년 동안 여러 이질적인 인간-비인간 행위자들의 배열·결합을 통해 단단하게 상식과 표준, 제도와 법, 관습과 정서의 이름으로 군림하기도 했고, 또 어느 순간 찢겨져 개봉되면서 우리가 모르게 소멸되기도 했던 분단의 다양한 행위자의 네트워크를 의미한다. 그것은 사회적인 것이면서도 기술적이고 물질적인 것이라는 측면에서 이질성(heterogeneity)과 혼종성(hybridity)을 특징으로 한다. 결국 분단은 명사가 아니라 우리 자신을 포함한 이들 행위자의 힘겨루기와 결합, 생성과 소멸의 과정을 통해 지금도 수행되고(performing) 있는 동사인 것이다.

이 글은 고정된 본질과 실재를 갖는(being) 분단이 아닌 행해지고 있는 분단으로서 '수행적 분단론(performative division)'을 개진하는 데 목적이 있다. 그것은 분단이 단순히 진행형이라는 것을 의미하는 개념이 아니다. 분단이 이질적인 사회-기술적 행위자의 결합을 통해 끊임없이 행해지는 다중적 실재들(multiple realities)이란 것을 강조하는 개념이다. 이를 위해 우선 분단 인식의 프레임(frame)과 다이어그램(diagram)을 살펴보고자 한다. 그것은 지금까지 분단 인식과 한반도 문제화가 주로 '안보'라는 이름으로 행해지는 사회-기술적 과정의 산물임을 밝히는 것이다. 둘째, 북한의 핵을 북한의 비정상성으로 설명하고 소비하는 방식에서 탈피해 한반도에서 핵무기가 분단을 어떻게 수행적으로 구성하는가를 살펴보고자 한다. 핵무기의 '사회-기술적 장치(socio-technical device)'를 기술시스템(technological system) 접근과 행위자-네트워크 이론(Actor-Network Theory: ANT)을 통해 어떻게 설명할 수 있는지 고민할 것이다. 마지막으로 이와 같은 분단의 사회-기술적 장치들이 다양한 인간-비인간 네트워킹과 우리의 실천을 통해 어떻게 수행되고 분단의 동학을 창출하는가를 '수행적 분단'의 개념화를 통해 설명하고자 한다.

2. 분단 인식의 프레임과 다이어그램

1) 안보 프레임의 네트워크와 수행성

분단의 사회-기술적 네트워크를 이해하기 위해서는 우선 한반도 분단이 '안보'의 논리를 통해 프레이밍(framing)되고 소비되는 방식을 이해할 필요가 있다. 기존의 북한 핵실험 및 핵 개발과 관련된 논의들은 서사(narrative)[1] 구조의 관점에서 보면 크게 두 개의 이야기 축을 통해 구축되고 연결된다. 하나는 북한의 폐쇄성, 호전성, 도발 행위라는 '비정상성'의 의도를 분석하는 관점과 서사, 다른 하나는 북한의 위협으로 촉발되는 안보 불안, 외교적 제재나 협상, 군사적 대응 전략 등과 같은 주로 '안보'의 관점과 서사이다. 북한 '비정상성'과 '안보' 논리는 상호 맥락적으로 긴밀하게 연동되어 안보 프레임(national security frame)을 생산하고 강화한다.

프레임은 단순히 정치적 메시지를 전달하는 의사소통에 관한 것만은 아니다. 그것은 실재(reality)를 이해하도록 하고 때로는 우리가 실재라고 여기는 것을 창조하도록 하는 심적 구조이다.[2] 대부분의 경우 우리는 프레임을 무의식적 그리고 자동적으로 사용한다. 프레임은 상식을 정의하고 인식의 틀을 만들어주는 것이다. 가령 미국 지도부가 호명했던 '악의 축', '테러와의 전쟁', '불량 국가', '대량살상무기' 등의 표층 프레임(하위 프레임)은 도덕적

---

1) 서사란 사건에 대한 이야기 혹은 사건을 순차적으로 배열한 설명이다. 그러나 서사는 발생한 것에 대한 단순한 기록 이상의 것인데, 그것은 서사가 우리에게 사회질서가 구성되는 방식에 대해 이해의 틀과 참조의 규칙을 제공하기 때문이다. 서사 이론은 이야기를 구성하고 말하는 형식, 패턴 혹은 구조에 관심을 둔다. 크리스 바커, 『문화연구사전』, 이경숙 외 옮김(커뮤니케이션북스, 2009), 181쪽.

2) 죠지 레이코프·로크리지연구소, 『프레임 전쟁』, 나익주 옮김(창비, 2007), 45쪽.

가치와 적대성 같은 감정 차원의 심층 프레임에 의존한다. 잘 구축된 프레임은 견고한 네트워크 형태를 띤다.[3] 안보라는 프레임은 위협 대상을 지목하고 그것을 호명하며 '안보 불안', '국민 정서', '증시 영향', '추가 도발', '단호한 대응' 등 다양한 프레임 은유 기제를 동원해 대중의 공통적인 스키마를 자극해 프레임에 반응하도록 네트워크화함으로써 작동한다. 프레임은 하나의 이슈와 관계된 여러 사건과 이미지를 연결해 의미를 부여하고 조직화하는 핵심적인 스토리라인을 구성하게 된다.[4]

한편 안보 프레임은 단순히 해석의 틀을 제공하는 것에 그치지 않고 수행적 차원을 갖는다. '안보'라는 화행(speech act)은 어떤 상황을 정의하고 위협적 미래를 지시하며 이에 대한 행동을 요구한다는 점에서 수행적이다. 따라서 안보는 언어적 발화 자체로 현실 규정적이고 수행적인 것이 된다. 가령 안보는 북한의 위협을 정의하고 이에 대한 대응을 지시하고 수행하도록 한다. 물론 이런 언어적 수행은 곧 다양한 사회-기술적 실천으로 나타난다. 가령 성명서, 결의문, 합의문을 발표하고 군사훈련을 하고 무기 도입 계약을 맺으며 회담장의 '말'과 협정문으로 문서화된다. 한편 미디어를 통해 공개되는 '안보' 이슈 관련 여론조사는 수치화된 통계의 이름으로 객관적 진술의 외양을 통해 현실을 지시하는 한편, 그 미디어 기술과 수치를 통해 안보 자체를 수행할 뿐 아니라 미디어 수용자 모두에게 그래픽 도해와 재현을 통해 안보 불안을 알린다. 대중이 갖는 '침묵의 나선(spiral of silence)'[5] 역시 안보

---

3) 이동훈·김원용, 『프레임은 어떻게 사회를 움직이는가: 프레임 이론과 커뮤니케이션』(삼성경제연구소, 2012), 94쪽.

4) 임소정, 「천안함 사태 국내 신문 프레임 분석: 과학적 불확실성과 안보 연계 사안에서 신문사의 논조가 보도 방향에 미치는 영향」, 2011년 추계통합학술대회 발표집(2011. 11.11), 726쪽.

5) 대중은 자신의 의견이 우세한 여론에 속하면 더 강하게 주장하지만, 열세에 속하면 '침

수행의 결과로 볼 수 있다.

그러나 안보 위협을 명분으로 한 예외상태(exceptional status)를 일상화하는 수행을 하지만 정작 안보의 실체는 국민 보호와는 거리가 있다. 가령 군사적 위기 시 국민을 위한 대피 시설 구비 상태는 거의 전무하거나 무방비 상태에 있다.[6] 국방비 규모 세계 12위, 세계 무기 수입국 4위인 한국이 안보국가라고 말하기에 초라한 시설이라고 할 수 있다. 천문학적인 군사비를 투입하고 있으면서 정작 국민을 위한 보호시설이나 시스템은 갖추고 있지 않다는 역설이다. 다른 말로 하면 한반도 예외상태의 장치들은 국민을 보호하는 시스템의 개념이 아니라 국민을 통치하는 수단적 장치, 군사력이라는 전투 장비, 동맹을 물질화하는 장치들로 가득 차 있다는 점이다. 그런 차원에서 본다면 분단은 '통치'를 '안보'로 번역하는 하나의 장치로서 기능한다고 볼 수 있다.

2) 안보 프레임의 물질성과 블랙박스

언어적 수행을 통해 무엇을 강조하거나 단순히 경계나 범주를 정하는 것만으로 프레임이 작동하는 것은 아니다. 프레임은 물질성(materiality)을 갖

묵'하려는 경향이 있다는 이론이다. E. Noelle-Neumann, *The Spiral of Silence: Our Social Skin*, 2nd ed.(Chicago: University of Chicago Press, 1993) 참조.

6) 한국의 대피 시설은 화생방 방호도에 따라 1~4등급까지 나뉜다. 3~4등급은 실상 '가정집 지하실' 수준에 지나지 않고, 핵전쟁 상황에서 유효한 것은 1등급뿐이다. 그런데 1등급 대피 시설은 전국에 총 15곳에 지나지 않고, 총 수용 가능 인원은 1만 2000명에 지나지 않는다. 가까운 곳에 1등급 대피 시설이 있다면 '행운'인 셈이다. 더욱 충격적인 사실은 군사시설을 제외하면 서울에는 1등급 대피 시설이 단 하나밖에 없다는 것이다. 그 유일한 1등급 대피 시설인 서울시 신청사도 비상 상황 때 행정 업무 및 지휘 통제를 위해 만들어진 곳이지, 실제 상황에서 민간인이 사용할 수는 없다.

는다. 각종 기호와 사물, 그리고 인간 등과 같은 상호 이질적인 행위자들을 배열·결합(assemblage)시키면서 구성된다. 예를 들어 병원 프레임을 보자. 병원은 의사, 간호사, 병원 잡역부, 환자, 방문객, 접수원, 건물 관리인 등 인간이라는 역할과 위계를 통해서만 구성되지 않는다. 수술실, 응급실, 회복실, 대기실, 입원실 등 물질화된 장소, 수술대, 외과용 칼, 붕대, 휠체어 등 도구, 수술, 체온과 혈압 측정, 차트 점검, 배뇨통 비우기 등과 같은 관습적 행동 등이 연결되고 속성을 교환할 때 병원이라는 프레임이 가능해진다. 다만 이들 다양한 행위자의 결합은 '병원'이라는 상식으로 단순화되어 우리에게 인식될 뿐이다.

마찬가지로 안보 프레임의 구성은 역시 청와대, 국가안전보장회의(National Security Council: NSC), 국가안보실, 국방부, 외교부, 통일부, 국가정보원, 한미연합사령부, 주한미군, 언론사, 군대, 시민단체, 방위산업체 등과 같은 조직, 관련 정책 결정자 그룹, 행정 관료, 군 관계자, 언론 기자, 데스크, 군인, 로비스트, 국민 개개인 등과 같은 인간 행위자, 수많은 북한의 군사적 행동을 감지하는 군사 기술적 장비와 시스템들, 미디어 장비, 카메라, 인쇄 장치, 모든 집의 TV 수상기, 스피커, 그래픽, 동영상 등과 같은 기술 장비 및 사물들, 그리고 법, 제도, 협정문, 성명서, 결의문, 합의서, 보도자료 등이 결합되어 상호 속성이 교환될 때 작동하게 된다. 결국 프레임은 물질적이고 기호적인 성격을 가지며 담론과 비담론 영역 모두에 걸쳐 인간과 비인간 행위자들이 결합된 결과로 나타난다. 다만 이런 결합과 구성 과정이 접혀져 '안보'라는 이름으로 단순화되어 나타날 때 안보 프레임은 하나의 블랙박스(black box)[7]가 되는 것이다.

---

7) 블랙박스란 수많은 인간-비인간 행위자 사이의 연결의 접힘 또는 압축인데, 그 상태가 믿어 의심치 않는 상식이나 표준, 사실로 받아들여지는 것이다.

안보 프레임은 복잡한 사회-기술적 연결을 생략한 채 '안보'라는 이름으로 세상을 해석하도록 한다는 점에서 하나의 블랙박스화(black boxing)에 해당하고, 분단을 번역하는 수행적 네트워킹(performative networking)이라고 볼 수 있다. 그것은 안보 프레임을 구성하는 다양한 행위자의 연결망, 그리고 안보라는 세계에서 펼쳐지는 수많은 네트워킹이 접혀 '안보'라는 하나의 단순하고 상식화된 사회적 진리의 형태이자, 언어로 받아들여지는 것이다. 물론 프레임이든 블랙박스든 영원한 것은 없다. 언제든 찢겨지고 개봉되어 그 실체가 드러남으로써 상식의 지위에서 추락할 위험이 있다.

블랙박스는 크게 두 가지 주요 위험에 직면할 수 있다. 하나는 상식과 표준으로 주목을 덜 받고 무시될 때이다. 블랙박스는 다른 행위자의 필수적인 통과 지점(OPP)이 되지 못하면 아무짝에도 쓸모가 없다. 다른 행위자가 블랙박스(상식, 표준, 경관)를 경유할 때 그것은 블랙박스로서의 존재 의의와 생명력을 갖는다. 그러나 그것이 무시된다는 것은 필수적인 통과 지점으로서의 역할을 하지 못하거나 다른 것으로 대체 가능해졌다는 것을 뜻한다. 가령 더 이상 사람들이 '안보'라는 것을 상식으로 받아들이지 않을 때를 상상해보라. 그리고 안보를 대체할 새로운 가치를 받아들일 때 안보라는 블랙박스는 소멸되기 마련이다. 다른 하나는 너무 많은 관심을 받는 것이다. 이런 관심이 믿어 의심치 않았던 상식을 의심하게 되는 관심일 경우 블랙박스는 의심을 품은 사람들에게 찢겨져 개봉되어 초토화될 위험을 안게 된다.[8)]

가령 '신성한 안보', '국방력 강화'라는 블랙박스가 어느 순간 특정 사건으로 군사기밀 누출, 수조 원의 예산 재탈전, 무기 중개업체 및 로비스트, 관료들, 방위산업체 연구원들 사이의 뇌물과 인맥, 동맹 속에 감춰진 무기 판매

---

8) 홍민, 「행위자-네트워크 이론과 북한연구: 방법론적 성찰과 가능성」, ≪현대북한연구≫, 제16권 제2호(2003), 136쪽.

를 위한 압력 외교, 첨단 무기에 대한 비합리적 정치 결정 등으로 점철된 것임이 드러나는 순간을 생각해보라. 이들은 수많은 인간 행위자는 물론 기술, 과학, 전투기 성능 검사서, 화폐, 협정문, 그래프, 견적서, 환율, 보안장치, 컴퓨터, 도청, 호텔, 뇌물, 동맹, 전시 작전권, 의회 등의 비인간을 통해 접혀 있었던 블랙박스였던 것이다.

그러나 한반도에서 안보라는 블랙박스는 좀 더 독특한 위상을 갖는다. 하나는 안보라는 블랙박스가 완전한 상식으로만 군림하지 않는다는 점이다. 가령 여러 사건의 형태로 안보라는 블랙박스에 의구심을 갖게 되는 일이 발생해도 개개인이 그 내부를 파헤친다는 것 자체의 힘겨움과 어려움이 존재할 수밖에 없다. 안보는 복잡한 네트워킹을 담고 있고 때로 그것은 전문적인 기술과 과학, 그리고 관료적인 세계의 복잡성으로 구성되어 있기 때문에 누구도 쉽게 그 네트워킹을 추적하고 블랙박스를 개봉할 힘을 갖기 힘들다. 결국 안보라는 블랙박스는 그 자체로 완전히 매끄러운 상식으로 의문의 여지없이 존재하기도 하지만, 한편으로 그 접근의 어려움 때문에 상식으로 용인할 수밖에 없는 기밀로 묶여진 괴물이기도 하다.

다른 하나는 그것이 특정 사건으로 인해 일부 찢겨지고 개봉되어 실체가 일부분 드러나도 다시 분단의 상식 속으로 접혀지는 관성이 있다는 점이다. 가령 천안함 사건은 그 진위 여부와 상관없이 수많은 온라인 대중 지성과 미디어들을 통해 찢겨지고 분해되어 재구성되기도 했지만, 다시 시간을 경과하면서 사회적 제의(social ritual)의 형태로 봉합되면서 사회적 진실화되는 관성적 힘을 가지고 있다는 점이다. 분단사에서 발생했던 수많은 안보, 국방, 공안 관련 사건들이 그 실체에 접근하기도 힘들 뿐 아니라 시간이 경과하면서 하나의 상식과 진리로 자리 잡아 갔던 것을 기억해보라.

3) 안보의 다이어그램과 통치성

안보 프레임 속에는 안보라는 이름으로 작동하는 통치의 다이어그램[9]이 담겨져 있다. 이 다이어그램은 분단 사회가 '안보'라는 논리를 어떻게 통치성(governmentality)[10]으로 수렴하는가를 보여준다. 우선 안보는 보수·진보를 막론하고 근본적 가치로서 호명된다. 그 핵심은 '힘을 통해 보호를 제공하는 것'이다.[11] 따라서 안보는 힘을 통해 보호되어야 할 내부와 위협의 대상인 외부를 규정한다. 즉, 내·외부를 나누고 외부의 적을 실제화하고 이에 대항한 안보를 주장한다. 이런 외부 위협에 대응해 다양한 군사적 무기, 물질적 감시체계, 제도적 장치들, 정치적 과정이 영토적 공간과 사회적 공간을 가로지르며 배치·배열되고 조립된다.

그러나 실제로 안보는 외부만을 향하지 않는다. 안보는 또한 통치 기술 차원에서 내부를 감시·통제하는 메커니즘을 동시에 획득한다.[12] 그것의 명분은 외부의 위협이 내부로 침투해 오염시키거나 파괴할 수 있다는 데 있다. 안보는 '공안', '보안'의 이름으로 내부에 대한 감시 질서를 만들어낸다. 물론 그 질서는 사회-기술적 체계를 동반한다. 안보의 산업화 역시도 수행된다.[13] 외부를 향해야 하는 안보가 내부에 대한 감시·통제 역시 수행하고 있

---

9) 이와 관련해 가령 미셸 푸코(Michel Foucault)의 통치 다이어그램은 판옵티콘(panopticon)의 원리를 의미한다. 다이어그램은 통치의 원리를 내장한 시공간적 위상학을 의미한다. 이와 관련해서는 사라 밀스, 『현재의 역사가 미셸 푸코』, 임경규 옮김(앨피, 2008), 77쪽 참고.

10) 푸코의 통치성과 관련해서는 미셸 푸코, 『안전, 영토, 인구』, 오트르망 옮김(난장, 2011), 553~565쪽 참고.

11) 죠지 레이코프·로크리지연구소, 『프레임 전쟁』; 같은 책, 153쪽.

12) 로빈 터지, 『감시사회, 안전장치인가, 통제 도구인가?』, 추선영 옮김(이후, 2013), 18쪽.

13) 국가보훈처, 행정안전부, 국방부, 극우 단체로 이어지는 '안보' 관련 네트워크에 대해

음에 대해 국민은 그것을 용인하고 자기 규율을 일상화한다. 내부에 대한 감시·통제라는 명분으로 안보라는 필터가 끼워지고, 그 필터를 통해 안보의 판타지가 만들어진 결과이기도 하다. 안보를 통한 자기 규율화는 내부의 적을 경계하고 자신이 그 내부의 적이 되지 않기 위해 자기 검열을 행하는 것이다. 안보를 통한 통치, 일상을 지배하는 원격작용(action at a distance)[14]이 구축되는 것이다.

우리는 이러한 통치 다이어그램을 통해 안보가 갖는 위상학(topology)[15]을 파악할 수 있다. 결국 안보는 표면적으로 공동체 외부의 적을 막기 위해 근본적 가치로 호명되고, 내·외부의 경계를 정하고 내부에는 통치 목적의 감시와 통제를, 외부를 향해서는 위협과 경계를 행한다. 이런 안보를 통한 통치 다이어그램은 일반적으로 모든 사회에서 나타난다. 그러나 분단 사회에서 이런 다이어그램은 좀 더 광범위한 사회-기술적 체계와의 연결을 통해 사회 전반에 대한 통치로 나타나고 수행된다. 푸코의 통치 다이어그램과 비교한다면 '안보'는 하나의 이성으로서 우리의 내면과 일상, 사회를 지배하는 중앙 감시탑과 같은 판옵티콘이라고 할 수 있다.

결국 안보 프레임을 통해 화행되는(speech acting) 분단 서사는 비정상적 타자를 재생산하며 이면에 존재하는 많은 분단의 사회-기술적 네트워킹과

서는, "(특집) 안보 투쟁!, 대선쟁취!", ≪한겨레 21≫, 2012년 1월 10일 자.

14) 원격작용은 ANT에서 물리적으로 멀고 가까움에 상관없이 어떤 상식과 표준을 사용하게 함으로써 행위자들을 조정하고 움직이게 하는 것이다. 원격작용에 대해서는 G. Harman, *Prince of Nature: Bruno Latour and Metaphysics*(Melbourne: Re. Press, 2009), pp. 47~55.

15) 토폴로지란 지형학 또는 위상학으로 번역되고 어떤 것의 본질을 그 자체에서 찾는 것이 아니라 '관계'에서 찾는 것을 의미한다. 슈테판 귄첼, 『토폴로지: 문화학과 매체학에서 공간 연구』, 이기흥 옮김(에코리브르, 2010), 11쪽.

사회-물질적 과정을 블랙박스화한다. 지금까지 한반도 위기에 대한 인식은 주로 표면화되는 현상적 이미지를 특정 프레임을 통해 서사하는 방식으로 작동했다. 그 이면에 존재하는 사회-기술적 시스템(socio-technical system) 또는 연결망에 대한 이해가 부족했다. 70년의 분단 역사는 수많은 분단의 사회-기술적·사회-물질적 네트워크들이 건설되고 소멸하며 생성되는 반복적 과정이기도 했다. 분단의 사회-기술적 네트워크 구축 과정은 인간과 비인간의 끊임없는 속성 교환을 통해 거대한 시스템을 구축하는 과정이자 단단한 결합을 통해 분단을 특정 프레임 속에 상식화하는 과정이기도 했다.

안보는 어떤 사건을 통해 드러남으로써 실패하는 번역조차 다시 사회적 진실로 자연화시키는(상식화시키는) 힘으로서의 장치(device; dipositif)[16]이기도 하다. 우리는 '패턴화된 네트워크의 질서'(블랙박스, 번역)로서 하나의 기관이나 사회적 진실이 개봉되고 드러나서 블랙박스로서의 매력을 잃게 되고 번역이 실패하더라도 그것이 다양하게 연결된 다른 블랙박스(행위자)를 통해 다시 밀봉되거나 사회적 진실화되는 경우를 많이 볼 수 있다. 분단사회는 이처럼 헤아릴 수 없이 많은 블랙박스(행위자)의 결합 속에 있다. 하나의 블랙박스가 개봉되고 뜯겨졌다고 곧바로 번역의 능력, 행위성(agency)을 상실하는 것이 아니다. 자동차가 고장 나서 내연기관이 낱낱이 드러나도

---

16) 푸코는 '장치'를 "담론, 제도, 건축상의 정비, 법규에 관한 결정, 법, 행정상의 조치, 과학적 언표, 철학적·도덕적·박애적 명제를 포함하는 확연히 이질적인 집합"이라고 보고, "장치 자체는 이런 요소들 사이에서 세워지는 네트워크"이고, "일종의 형성체/형성물"로서 "힘관계에 대한 어떤 조작이며, 그런 힘관계에 대한 합리적·계획적 개입"이라고 정의한 바 있다. 즉, "지식의 여러 유형을 지탱하고, 또 그것에 의해 지탱되는 힘관계의 전략들"이 장치이다. 조르조 아감벤(Giorgio Agamben)은 푸코의 '장치' 개념을 좀 더 일반화한다. "생명체들의 몸짓, 행동, 의견, 담론의 포획, 지도, 규정, 차단, 주조, 제어, 보장하는 능력을 지닌 모든 것을 문자 그대로 장치"라고 본다. 조르조 아감벤·양창렬, 『장치란 무엇인가? 장치학을 위한 서론』(난장, 2010), 16~17쪽.

수리 이후 다시 자동차라는 블랙박스를 일상 속에 받아들이는 것과 같다. 블랙박스는 완전히 무관심 속에 버려져도, 너무 지나친 관심을 받아서도 안 된다. 적당한 관심과 긴장을 통해 사람들에게 그 존재를 알리면서 유지된다. 이런 결합을 통해 총체적으로 분단을 번역하는 것을 장치라고 부를 수 있다. 장치는 곧 다양한 이질적 행위자의 결합(배치, 조립, 조합, 하모니)을 만들어내는 아상블라주(assemblage)라고 할 수 있다.

3. 분단의 사회-기술적 장치와 예외상태

1) 시스템 건설자로서 핵무기

핵무기는 이른바 '절대 무기', '악마의 유혹'으로 불리기도 하고, 인간이 창조한 물리적 폭력의 가장 극단적 최대치, 응축을 보여주는 사물이다. 또한 그 개발과 유지에 인간, 과학, 기술, 제도, 교육, 화폐, 정보, 에너지, 문화 등 방대한 사회-기술적 시스템을 필요로 한다. 이뿐 아니라 핵무기는 높은 위험이 오히려 소유하고픈 욕망을 부추기는 독특한 성질을 지녀 확장·이전의 게임 욕구를 양산하는 위험한 행위체이기도 하다. 한편 그 존재 자체만으로 그것을 보유한 국가 내·외부의 누군가를 상대로 다양한 방식으로 군사주의적 폭력성을 재생산할 수 있는 사물이기도 하다.

냉전은 핵무기 패러다임에 기반을 둔 거대한 시스템 구축 과정이었다. 냉전은 본래 두 가지 요소를 근간으로 했다. 하나는 두 개의 상호 적대적·배척적인 이데올로기였다. 다른 하나는 핵무기였다.[17] 두 초강대국 미국과 소련

---

17) 베른트 슈퇴버, 『냉전이란 무엇인가: 극단의 시대 1945-1991』, 최승완 옮김(역사비

은 냉전 기간 끊임없이 중무장을 추진했고, 마침내 인류를 단 몇 시간 내, 그것도 수차례나 파멸시킬 수 있는 상황에 이르렀다. 이는 역사상 전례를 찾아볼 수 없는 새로운 현상이었다. 핵무기는 대부분 미국과 소련이 보유했지만 양국의 동맹국에도 배치되었고, 해당국의 군대와 사회는 핵무기 투입 훈련에 적합하도록 정치화·군사화되었다. 특히 남한은 북한과 대립하는 특수 상황으로 인해 해외 주둔 미군이 '방어준비태세 4단계(DEFCON)'를 계속 유지한 유일한 국가이기도 했다. 또한 냉전 기간 남한에는 다량의 핵무기가 배치되었다.[18] 유럽에서는 같은 분단국인 독일에 대규모 핵무기가 배치되었다.[19] 분단국은 핵무기 배치에 가장 적합한 지역이었고, 역으로 핵무기 배치가 이들의 분단을 지속시킨 사회-기술적 장치이기도 했다고 볼 수 있다.

핵무기는 냉전 시스템을 건설하는 시스템 건설자(system builder) 또는 사회-기술적 체계였다. 다시 말해 핵무기 기술시스템[20]은 냉전 시스템 건설의 건설자 역할을 부여받은 것이다. 핵무기라는 기술시스템은 '기술적인 것(the technical)'과 '사회적인 것(the social)'이 서로 결합, 공존하고 있다는 점에서

평사, 2008), 5쪽.

18) 2010년 기밀 해제된 미국 외교문서에 따르면 한국에는 1958년 첫 전술핵무기가 배치되기 시작해 1991년 공식적으로 철수할 때까지 33년간 최대 940기에서 평균 300~400기가 배치되어 있었다.

19) 1980년대 중부 유럽에서만 거의 6200개에 달하는 핵무기 운반체와 약 9000개의 핵폭발물이 투입 가능한 상태였다. 그 대부분은 역시 위기 상황이 발생할 경우에 투입하기 위해 분단국이었던 독일에 배치되었다.

20) 기술시스템(technological system)은 기술적 시스템(technical system)과 구분되는 개념이다. 기술적 시스템이 물리적 인공물에 국한해 구성 요소 사이의 상호작용에 주목한다면 기술시스템은 물리적 인공물과 함께 이와 관련된 정치적·경제적·조직적·문화적 요소를 포괄하는 개념이다. 송성수, 「에디슨은 시스템을 구축했다: 기술시스템론」, 이상욱 외, 『욕망하는 테크놀로지』(동아시아, 2009), 122쪽.

'사회-기술적 체계'이다.[21] 핵무기는 단순히 군사적 무기, 기술적 실체로만 존재하지 않는다. 그것은 조직, 과학 기반, 법적 장치, 정치적 과정, 자연 자원, 인공물, 동맹외교 등 광범위한 사회-기술적 행위자들의 결합으로 구성된다.

핵무기 패러다임에 기반을 둔 냉전 시스템 구축 과정을 기술시스템 이론을 통해 단계적으로 살펴보면 다음과 같다. 토머스 휴스(Thomas P. Hughes)에 따르면 시스템은 몇몇 단계를 걸쳐 진화하는데, 즉 발명(invention), 개발(development), 혁신(innovation), 이전(transfer), 성장(growth), 경쟁(competition), 공고화(consolidation) 등으로 구분할 수 있다.[22] '발명'은 완전히 새로운 시스템을 의미하는 급진적 발명과 기존 시스템의 개선·확장에 기여하는 보수적 발명으로 구분할 수 있다. 핵무기 개발은 냉전 시스템을 새롭게 시작하도록 했다는 점에서 전자에 속한다. 1944년 미국이 첫 핵실험에 성공하고, 1945년 미국의 핵전략이 본격적으로 구상[23]된 이후 핵무기의 개발과 보유라는 '혁신'을 통해 냉전 지속의 시스템이 탄생했다고 할 수 있다. 사실 냉전은 동서양 진영의 이념적 차이나 대립을 본질로 한다기보다 핵무기라는 절대무기(absolute weapon)의 존재와 그 경쟁 체계가 이념적 대립을 오히려 정당화하고 첨예화하는 방식으로 구축되었던 것이다.

한편 핵무기라는 기술시스템이 이전될 경우 상이한 시공간의 특성에 적

---

21) 같은 글.

22) T. P. Hughes, "The Evolution of Large Technological System," W. E. Bijker, T. P. Hughes and T. J. Pinch(eds.), *The Social Construction of Technological System: New Direction in the Sociology and History of Technology* (Cambridge, Mass.: MIT Press, 1987), pp. 51~82.

23) 정욱식, 『핵의 세계사: 스탈린 대 트루먼, 박정희 대 김일성, 아인슈타인에서 김정은까지』(아카이브, 2012), 47쪽.

응하거나 이전된 지역의 기존 사회-기술적 체계에 지대한 영향을 미치게 된다. 그러한 적응의 과정에는 각 지역의 정치 문화와 가치 체계, 지리적 조건, 규제 법령, 역사적 경험 등이 개입되어 '기술스타일(technological style)'과 사회-기술적 체계가 달라질 수 있다. 가령 핵무기 기술시스템이 수령이라는 최고 지도자를 정점으로 한 당-국가 체계를 근간으로 하는 체제로 이전되는 것과 그렇지 않은 체제로 이전되는 경우 '기술스타일'은 다른 방식으로 구현될 수밖에 없다. 지리적 조건 역시 핵무기 기술시스템의 구현 방식 — 제조, 실험, 실용화, 이전, 배치, 훈련 — 에 영향을 미치게 된다. 보통 핵무기 이전 배치는 국내적으로 정치적 논쟁, 법적 규제와 절차, 국민 여론, 막대한 재원 마련 등의 과정을 경유하게 되는데, 냉전 시스템은 그런 과정을 최소화했고 분단국의 경우에는 그런 과정들을 생략하거나 압축적으로 진행할 수 있는 특징이 있다.

그러나 시스템은 구성 요소들의 원활한 상호작용을 통해 진화하는데, 그 과정에서 다양한 장애 요인을 만나게 된다. 일종의 지연 요소(drag), 잠재적 한계(limits to potential), 긴급한 문제(emergent friction), 시스템 효율(system efficiency) 등으로 표현되는 불균등한 성장, 병목현상 등의 발생이다. 일명 역돌출부(reverse salients)[24]라고 부르는 것이다. 가령 핵무기 패러다임에 입각한 냉전 시스템 구축은 미국과 소련 사이의 '파괴력'과 '핵무기 운반 체계'에서의 우위라는 경쟁에 기반을 두고 있었다. 1957년 '스푸트니크 쇼크

24) 돌출부는 통상적으로 기하학적 도형이나 최전방 전선, 혹은 기상에서의 전선 등에서 튀어나온 부분을 일컫는다. 역돌출부란 시스템 내에서 다른 요소들에 비해 뒤처져 있거나 다른 요소와 제대로 상호작용을 해내지 못하는 요소를 말한다. 역돌출부는 시스템 건설에서 나타나는 병목현상, 결정적 문제(critical problems), 장애요인 등으로 볼 수 있다. 토머스 휴스, 「거대 기술 시스템의 진화」, 위비 바이커 외 지음, 송성수 편저, 『과학 기술은 사회적으로 어떻게 구성되는가』(새물결, 1999), 160쪽.

(Sputnik shock)'로 인해 발생한 '미사일 격차'는 미국으로 하여금 이 사거리 열세라는 역돌출부를 '결정적 문제'로 환원하고 물적·인적 자원을 집중적으로 동원하도록 한 경우를 들 수 있다.[25] 또한 미사일 발사 준비 시간을 상대방보다 단축시키기 위해 항구적으로 공중에 체류하는 폭격기 B-52, '몇 분' 내로 발사 태세를 갖출 수 있는 '미니트맨(minuteman)'(1962년), 위치를 노출시키지 않는 잠수함 발사 탄도미사일(Sea-Launched Ballistic Missile: SLBM) 개발, 그리고 이동을 최소화하기 위한 현지 냉전 경계선의 전술핵무기까지 기동화·소형화·현지화를 통해 상대보다 먼저 발사할 수 있는 시스템 마련을 위한 다양한 사회-기술적 체계를 만들어낸다. 이런 역돌출부라는 결정적 문제 해결 과정은 핵무기를 기반으로 둔 냉전 시스템을 좀 더 단단한 사회-기술적 체계를 통해 네트워킹하는 것이고, 양 진영 동맹국을 이런 체계하에 단단하게 묶는 것이다.

그러나 핵무기에 기반을 둔 냉전 시스템은 내부적으로 해결할 수 없는 심각한 문제에 직면하게 된다. 궁극적으로 미국과 소련 간에 발생하는 '대규모 핵전쟁'에서는 아무도 승리할 수 없다는 인식이다. '상호확증파괴(Mutual Assured Destruction: MAD)' 전략은 '공멸'을 의미했고 핵무기 유지·확장에 드는 막대한 군사비 부담, 국내외 냉전 피로감 등은 시스템 내부적으로 해결할 수 없는 문제였다. 미국과 소련은 균형을 통한 현상 유지를 위한 시스템을 만들어냈는데, 그것이 '전략무기제한협상(Strategic Arms Limitation Talks: SALT)' 체계였다. 그것은 핵무기 위협 자체를 제거하는 것이 아니라 양국 간의 핵 균형을 유지하는 것을 문서상으로 확정하는 것이었다. 기술시스템 이론에

25) 가령 '스푸트니크 쇼크'로 인해 서방은 무기 기술 면에서 새로운 단계에 접어들게 되었다. 미국은 1958년 '국가방위교육법(National Defense Education Act)'을 제정하고 여러 대학을 신설해 과학기술 엘리트 육성에 나선다. 베른트 슈퇴버, 『냉전이란 무엇인가』, 113쪽.

서 본다면 그것은 경쟁하는 시스템이 합병을 매개로 연결되어 일종의 '포괄적 시스템(universal system)'이 만들어지는 것이다. 그러나 결과적으로 미·소 간의 이런 포괄적 시스템은 실제적인 것이라기보다는 국내외 냉전 염증과 군비 부담에 대한 냉전적 타협의 연출이었다.

핵무기에 기반을 둔 냉전 시스템은 사회주의권 붕괴 이후에도 하나의 '모멘텀(momentum)'을 가지고 유지되었다. 모멘텀은 해당 시스템에 이해관계를 가진 조직과 사람들이 변화에 저항하고, 시스템의 관성이 다양한 이해관계의 사회-기술적 체계를 통해 지속되는 것을 의미한다. 냉전 시기의 이념과 체제의 상이성으로 인한 갈등 구도는 가시적으로 사라졌지만, 미국을 중심으로 한 핵무기의 사회-기술적 시스템은 다양한 행위자의 엮임, 꼬임, 꿰매어짐, 네트워킹 등을 통해 지속성을 갖는 것이다.

사실 냉전은 핵폭탄 투입만이 그 장기적인 파괴력을 고려해 금기시되었을 뿐, 이 전쟁에서 승리하기 위해 그 밖의 모든 것이 총동원되는 '총력전'이었다. 이에 따라 냉전은 정치-이데올로기적·경제적·기술-과학적·문화-사회적 대립 양상을 띠었고, 그 여파는 일상생활에까지 미쳤다.[26] 핵무기 시대의 안보 철학은 적의 영원한 위협 시나리오를 작동시켰다. 이는 거의 반세기 동안 국제정치상의 주요 결정뿐 아니라 많은 국가의 내정과 개인의 삶에도 큰 영향을 미쳤다. 시민들 역시 이러한 준전쟁 상태에서 자신들의 일상적 삶을 계속 유지하기 위해 노력을 기울였다. 또한 냉전은 핵무기를 사용한 최후의 군사적 결전으로 이어지지 않았지만, 이를 대신해 세계 도처에 대체 전장을 형성시켰다. 미·소가 직간접으로 개입하고 수백만 명의 사상자를 낸 전쟁이 100차례가 넘었다. 대규모 개발 원조도 시행되었고 문화 전쟁도 일어났다.

이른바 탈냉전이라고 하지만 핵무기에 기반을 둔 냉전 시스템의 모멘텀

---

26) 같은 책, 16쪽.

은 아직도 강하게 세계와 일상을 지배하고 있다. 63개국에 해외 기지를 두고 25만여 명의 군인을 해외에 상시 주둔시키고 있는 미국은 이 네트워크를 통해 주요 자원 지대(중동 등)와 시장·제조업 및 금융 중심지(독일, 영국, 일본, 한국 등)를 통제하고, 나아가 가상의 주요 적(중국, 러시아, 이란, 북한)에게 늘 압력을 행사하고 그들을 사찰할 수 있다. 세계사에서 전례가 없는 이 해외 기지 네트워크는 상시적인 전쟁 준비의 상징이지만, 동시에 거의 끊이지 않는 전쟁을 전개하기 위해 쓰이기도 한다.[27] 실제로 비공식, 비밀작전까지 포함한다면 미국은 거의 쉬지 않고 상시적으로 작전 중에 있다.[28] 이 쉼 없는 전쟁 속에는 미국의 펜타곤과 방위산업, 즉 군산복합체(military-industrial complex)가 만든 냉전의 산업화가 사회-기술적 네트워크로 작동해왔다.[29]

이런 냉전 시스템의 모멘텀이란 관점에서 보면 북한의 핵무기 개발은 체제 지속을 위한 하나의 독자적 시스템 구축 과정과도 같다. 북한은 1980년대 중·후반 이후로 사회주의권 및 세계 질서의 중대한 변화에 직면했고, 기존 냉전 시스템에 의존하던 북한 체제에는 크나큰 도전과 시련을 암시하는 것이었다. 북한은 냉전 의존적 시스템을 대체할 새로운 체제 지속 시스템 마련이 필요했다고 볼 수 있다. 새로운 시스템은 변화하는 환경하에서 북한

---

27) 박노자, 『당신을 위한 국가는 없다』(한겨레출판, 2012), 70쪽.

28) 예컨대 냉전 말기와 냉전 종식 직후, 즉 비교적 '평화적'이었던 1980~1990년대의 미군과 중앙정보부(CIA)의 활약을 추적하면 미국은 상시적 전쟁 상태에 있었다고 할 수 있다. 니카라과(Nicaragua) 혁명 정부를 전복시키기 위한 반동 게릴라 운동 지원(1980~1990), 아프가니스탄에서의 반공주의적 이슬람 반군 지원(1979~1989), 그레나다(Grenad) 침공(1983), 리비아 폭격(1986), 파나마 침공(1989), 제1차 걸프 전쟁(1990~1991), 이라크 군 시설에 대한 정기적 폭격(1991~2003), 소말리아 침공(1992~1994), 세르비아 폭격(1999), 미국의 아프가니스탄 침공(2001~현재), 이라크 전쟁(2003~2011) 등이 그것이다.

29) 제임스 캐럴, 『전쟁의 집: 펜타곤과 미국 패권의 비극』, 전일휘·추미란 옮김(동녘, 2009), 14쪽.

체제의 지속성을 보장할 수 있어야 했다. 북한 역시 핵무기를 체제 지속의 시스템 건설자 또는 사회-기술적 체계로 선택했던 것이다.[30]

핵무기를 통한 북한의 체제 지속 시스템 건설 목표는 냉전 시스템에 의존해 구축되었던 기존 시스템(수령-당-국가체계-계획경제)의 변화를 최소화하면서 대외적인 위협에 대한 방어, 체제 지속, 협상 능력을 최대화하는 데 있다고 볼 수 있다. 핵무기 기술시스템은 해당 국가의 정치 문화 및 가치 체계, 지리적 조건, 규제 법령, 역사적 경험 등에 따라 '기술스타일'이 달라지는데, 북한의 경우는 수령이라는 최고 지도자를 정점으로 한 당-국가 체계를 근간으로 하는 체제라는 점, 국내적으로 정치적 논쟁, 법적 규제와 절차, 국민 여론, 막대한 재원 마련 절차 등을 생략하거나 좀 더 압축적으로 진행할 수 있는 특징이 있다. 그럼에도 결정적 문제로서 역돌출부들이 산재해 있다. 경제적 어려움과 경제 제재로 인해 핵무기 개발, 실험, 보유, 유지를 위한 자원 제약에 직면해 있다는 점이다.

결국 사회에 대한 광범위하고 장기적인 희생을 통해 자원 추출 구조를 만들어내고 이런 저항을 최소화하기 위한 억압적 통치를 강화·지속하는 데 따른 부담의 가중이 북한의 역돌출부라고 할 수 있다. 결정적인 문제는 미국을 중심으로 한 동북아시아의 비핵화 압력과 고립 정책이 핵무기에 기반을 둔 체제 지속 시스템 건설의 역돌출부라는 것이다. 물론 미국에게 북한의 핵개발은 미국 중심 시스템의 모멘텀을 지속시키는 명분이기도 하다. 체제 지속을 위한 시스템 건설로서의 북한 핵무기와 미국을 중심으로 한 기존 핵무기 기반 모멘텀이 만나는 지점에 한반도가 놓여 있다. 이미 한국에는 1991년 공식적으로 전술핵무기가 철수될 때까지 최고 940여 기에서 평균 300~

---

30) 토머스 휴스, 『테크놀로지, 창조와 욕망의 역사』, 김정미 옮김(플래닛미디어, 2008), 123쪽.

400여 기의 핵무기가 배치되어 있었고, 지금도 주한 미군 주둔, 재래식 무기 및 각종 무기 사업의 광범위한 사회-기술적 네트워크가 형성되어 있다. 이와 관련한 국내 국가기관과 기업체의 이해관계 역시 매우 크다. 북한의 핵무기 보유가 기정사실화되고 미국의 기존 모멘텀이 이를 병합하는 포괄적 시스템으로 진화할 가능성도 없지 않다.

핵무기는 존재 자체만으로 한반도 구성원들을 공포의 볼모로 묶어버리는 힘을 갖는다. 또한 한반도 및 동북아시아 군사주의 강화를 가져올 뿐 아니라 분단의 폭력성을 강화할 가능성이 높다. 그런 측면에서 핵무기는 사정거리가 가장 긴 구조적·심리적 폭력을 행사한다. 사실 분단체제는 지금까지도 충분히 다양한 폭력을 행사했다. 분단을 명분으로 한 다양한 방식의 물리적·구조적 폭력은 물론 심리적인 차원의 주관적·상징적 폭력 등 헤아리기 힘들 정도로 많은 폭력성을 증명해왔다. 만약 핵무기가 특정 민족, 집단, 개인의 그릇된 피해 의식의 보상물, 위로물 또는 상처 난 자존심을 위한 사물로 등장할 때 분단은 더욱 폭력적 체제를 갖추게 될 것이다.

따라서 우리에게 가장 먼저 필요한 것은 핵무기 존재 자체가 갖는 존재론적 위험성과 폭력성에 대한 인식이다. 한국의 핵무장론이나 전술핵무기 재배치론은 이런 핵무기의 존재론적 위상에 대한 충분한 고민의 산물로서 나온 것이 아니다. 핵무기의 존재 자체만으로 한반도에 사는 모든 구성원은 한반도에 평화롭게 살 권리를 중대하게 침해당하는 것이다. 내 의지, 선택과 상관없이 나의 운명이 핵무기라는 절멸과 파국의 우산 아래 있다는 것은 어떻게 보면 가장 심대하게 생명권과 평화권을 침해받는 것이다. 이런 문제의식 차원에서 본다면 분단체제에서 핵무기가 갖는 존재론적 위험성에도 불구하고 어떻게 해서 우리는 핵무기를 '사랑'하게 되었는가를 스스로에게 묻고 성찰해야 한다. 우리를 이 기괴한 '사랑'에 빠뜨린 분단의 사회-기술적 장치 전체를 문제시하기 시작해야 하는 것이다.

2) 핵무기와 한반도 예외상태의 상례화

핵무기는 절멸이라는 '파국'을 물리적으로 응축해 수단화시킨 경우로 그 존재 자체만으로도 예외상태를 상례화하도록 한다. 아감벤은 "핵 시대에 입헌적 비상 권력의 사용은 예외가 아니라 상례가 된다"라고 한 클린턴 로시터(Clinton L. Rossiter)의 말을 인용해 이를 암시한 바 있다.[31] 따라서 핵무기의 효용성은 '파국'의 예고 또는 죽음의 미래를 통해 작동하고 드러나는 한편, 그것은 존재가 인지되거나 의심되는 한 현재를 끊임없이 예외상태에 머물게 하는 힘을 갖는다. 핵무기는 아감벤이 주장하는 '죽음의 정치'를 가장 극적으로, 사회-기술적으로 응축하고 있는 행위자라고 할 수 있다. 따라서 핵무기는 직접적인 사용 전 유예된 '사용'을 통해 예외상태를 상례화한다는 점에서 행위성을 갖는 사물이다.

즉, 북한의 핵무기는 북한 체제 내부적으로 사회를 예외상태의 극단으로 몰고 가고 그것을 상례화하는 하나의 사회-기술적 시스템이자 통치의 '장치(dispositif; device; apparatus)'인 것이다. 국제적 우려가 있음에도 핵무기가 북한의 존재를 알리는 알레고리, 생존을 번역하는 장치로 사용되고 있기 때문이다. 그런 의미에서 핵실험은 일종의 정치적 제의(祭儀)와도 같다. 내·외부적인 체제 유지의 위협을 핵무기로 응축하고 사회질서를 재강화하는 측면에서 그렇다. 핵실험 제의는 선과 악을 가르고 내부의 순수와 외부의 위협을 대비시킴으로써 권력이 의도하는 질서에 대한 강한 집착을 물리적으로 재현하는 수단이다. 또한 세계의 시선을 핵실험 공간에 주목하게 하고 핵무기를 통해 자신의 존재와 체제 생존의 논리를 번역한다. 그것은 이 사회가 예외상태를 통해 유지될 수밖에 없는 사회임을 드러내는 한편, 한반도

31) 조르조 아감벤, 『예외상태』, 김향 옮김(새물결, 2009), 27쪽.

분단체제가 예외상태를 그 본질적 속성으로 하고 있고 핵무기를 통해 그 예외상태가 좀 더 확고한 상태로 전환되었음을 의미한다.

그러나 '핵무기'로 표상되는 '핵보유국', '강성대국', '선군' 같은 과장된 근육질의 담론은 역으로 정권의 허약함을 반증하는 것이기도 하다. 거대주의 담론은 후진성의 열등, 외부로부터의 피포위의식을 심리적으로 해소하려는 자위의 소산이다. 핵무기가 주술적 힘을 갖는 것은 그것이 사이즈 강박증, 상처받고 인정받지 못하는 자존감을 일거에 해소하거나 위로하는 대체물로도 기능하기 때문이다. 또 사회 전반에 전투적인 심성을 고양시키는 한편, 인민들에게 핵무기를 다룰 줄 아는 정권에 대한 '신뢰(?)'를 주입하는 구실을 하기 때문이다. 따라서 북한 체제는 핵무기가 이 체제에 존재해야만 하는 이유와 구실을 끊임없이 외부에서 찾아야 하고, 이것은 곧 분단체제의 예외상태를 통해서이다.

핵무기는 한반도 전체를 예외상태로 상례화하는 초석으로서의 강력한 역할을 한다. 핵무기가 절멸과 '파국', 돌이킬 수 없는 예외상태의 전면화를 의미하는 한 핵무기의 존재는 한반도를 좀 더 폭력적인(또는 남성적인 군사주의) 예외상태 속에 노출시킬 수밖에 없다. 또 핵무기로부터 남북한 사회는 '안보'라는 프레임을 유지·재생산할 수 있는 명분을 지속적으로 제공받고, 그것을 통치 장치로 사회에 현실화하는 것을 합리화할 수 있다. 따라서 한반도에서 핵무기는 과거 재래식 무기에 기반을 둔 대치를 통해 언제든 전쟁에 돌입할 수 있다는 상호 위협과 살상을 명분으로 성립된 예외상태를 좀 더 극단의 예외상태로 몰고 가는 행위자 역할을 한다고 볼 수 있다.

그것은 바로 언제든 한반도가 핵무기라는 장치를 통해 '파국', 곧바로 파국적 예외상태의 전면화로 전환될 수 있다는 공포를 사회 전체에 주입하는 상징적 역할을 한다. 따라서 핵무기는 안보와 사회를 분리하고 안보와 군사를 성역화하는 명분을 마련하는 데 절대적인 상징이자 현실로 등장한다. 지금까지 한반도에서 '안보'는 예외상태를 정상화하고 합리화하는 기제였다. 핵무기는 존재 자체로 분단-안보 프레임을 재강화하고, 분단의 사회-기술적 네트워크를 좀 더 강고하게 하며, 무수한 분단의 잡종을 창출한다는 점에서 분단 '번역의 중심'이자 강력한 행위성을 가진 사물인 것이다. 핵무기를 가지고 있는 북한과 그렇지 않은 북한, 북한 손아귀에 있는 핵무기와 한미동맹 속에 예비되어 있는 핵무기, 핵무기의 사정거리 안에 있는 남한 사회와 그렇지 않은 남한 사회, 핵무기를 사이에 둔 남북관계와 그렇지 않은 남북관계, 핵무기가 없는 한반도와 있는 한반도, 이 두 상황 속에서 분단의 행위자들의 행위성과 목표 번역은 완전히 달라지고 새로운 국면으로 확장된다.

4. 분단의 분열된 정체성과 우울증적 민족애

1) 예외상태의 일상화와 사회-기술적 장치

군대 역시 하나의 예외상태를 일상화하는 '장치'라고 할 수 있다. 군대는 군대라는 공간 안팎에서 예외상태의 일상화를 수행한다. 여기서도 내부와 외부의 모호한 경계 지대에 '안보'가 자리하고 있다. 군대라는 공간은 사회를 향한 하나의 '실험실'이라고 할 수 있다. 예외상태를 폐쇄된 특정 공간 ― 철책 ― 안에 가두고 반복적으로 시뮬레이션하고 육체에 각인시키고 사회로 배설하는 장치인 것이다. 대부분의 남북한 남성은 청춘의 특정 시기에 바로 이 예외상태의 '실험실' 속에 고스란히 놓여진다. 군복과 총기(무기), 계급장이 주어지고 명령에 따라 죽일 수도, 죽을 수도 있는 한시적인 예외상태의 '호모 사케르(homo sacer)'들로 길들여진다. 군복은 분단의 예외상태를 몸에 각인시키는 중요한 장치로 기능한다. 그들은 훈련 매뉴얼과 경험적 조직을 통해 총을 쏘고 살인을 하는 기술을 몸에 각인시킨다. 이들에게 주어진 '사물(비인간)'들, 군법과 군사 조직 체계, 안보 교육(정훈 교육), 그리고 인간들이 결합해 '분단-안보-병기'라는 잡종들을 만들어낸다. 이들은 개인 의지와 상관없이 '안보'라는 이름으로 군대라는 장치를 통해 번역된 잡종들이다. 인구학적으로 국민의 절반이 호모 사케르를 경험한 이들, 또는 경험하게 될 이들로 구성된다. 군대라는 공간 안에서는 모든 것이 예외적이다.[32]

그 예외의 폭력을 경험한 이들은 사회로 복귀해 그 예외의 경험, 육체에 각인된 '예외'를 사회와 연결하는 행위소들이 된다. 군대를 통해 '예외상태'가 각인된 이들 육체는 한국의 자본주의 생산 현장, 조직 문화 속에서 '성장'이란 이름의 '기계'들로 지속적으로 착취된다.[33] 군과 기업 사이에는 바로 수많은 인간-비인간이 결합된 네트워크가 존재하는 것이다. 그런 차원으로 한 여론조사에서 '군대 생활이 사회생활에 도움이 된다'라는 응답률이 80% 가까이 나온 것은 군대와 사회(기업)가 하나의 조직적 메커니즘 속에서 작동

---

32) 이런 군대를 통해 예외상태를 극단으로 몰아간 사례로 전두환 시기 진행된 '녹화 사업'을 들 수 있다. 녹화 사업은 전두환 집권 초기 강제징집된 학생운동 출신 대학생들을 '특별 정훈 교육'으로 순화한다는 명목으로 국군보안사령부가 마련한 계획이다. 이 사업에 따라 강제징집된 사병들에 대한 강압적인 사상 개조와 학생운동 사건 관련자들에 대한 불법 연행과 수사가 자행되었고, 엄청난 육체적·정신적 가혹 행위가 가해졌다. '너 하나쯤 죽어도 안전사고로 보고하면 그만이다'라는 협박 속에서 엄청난 고문을 당하며 녹화 사업 대상이 된 사병들의 인간성은 철저히 파괴되었다. 녹화 사업은 군이 국방의 의무를 처벌의 수단으로 악용하고, 나아가 프락치 공작을 강요했다는 점에서 '벌거벗은 생명'의 대표적인 예라 할 수 있다. 녹화 사업 강제징집에는 보안사만이 아니라 문교부, 병무청, 국방부, 육·해군 본부, 검찰 등 정부 부처가 종합적으로 공조했기에 가능했다. 1981년부터 1984년 11월까지 강제징집된 학생 수는 약 1100명으로 추산된다. 한홍구, 『대한민국사』(한겨레신문사, 2003), 187~197쪽.

33) 홍민, 「분단과 예외상태의 국가: 분단의 행위자-네트워크와 국가폭력」, ≪북한학연구≫, 제8권 제12호(2012), 85쪽.

하고 있음을 보여준다.[34] 배우 현빈의 해병대 입대로 그에 대한 호감도가 상승했다는 응답(남성 46.3%, 여성 55%)과 함께 그가 등장하는 광고가 쏟아지는 현상, 언제부터인가 연예인들의 입대가 군 기관의 적극적인 홍보를 통해 매체를 장식하면서 자신을 상품화하는 중요한 수단이 된 현실을 보면 군대가 분단을 상업적으로 소비하는 잡종 행위자를 만들고 있음을 알 수 있다.

군 생활을 통해 이들 몸에 각인된 '예외상태'는 이후에도 예비군 훈련, 동원 훈련 등의 제도적 장치를 통해 지속적으로 호명되고 환기된다. 예비군 제도[35]는 군 조직에 편재하면서 사회에 있는 남성들을 소집해 주기적으로 훈련시킨다는 점에서 군과 사회를 연결하는 행위자-네트워크이자, 예외상태를 일상화하는 장치이다. 이것은 북한 역시 다르지 않다. 오히려 북한은 군을 통한 예외상태의 창출을 극단으로 몰고 가는 사회라고 할 수 있다. 북한은 아예 사회 전체를 '선군사회'로 표명하고 군사화를 공공연한 국가 모델로 제시한다. 남한의 예비군 제도와 동일하게 북한 역시 비슷한 시기에 노

---

34) 2011년 3월에 이뤄진 '2011년 한국인과 군대문화' 한국갤럽조사연구소의 여론조사에서 '군 복무 경험이 사회생활에 도움이 된다'라는 응답은 전체 82%였고, 이런 응답은 여성이 84.1%로 남성 79.9%보다 오히려 많았다. 응답자들은 군대 생활의 장점으로 '인내심을 기른다', '정신력이 향상된다', '단체생활에 도움이 된다', '철이 든다', '책임감이 향상된다' 등 정신적인 차원의 성숙을 꼽은 경우가 많았다.

35) 예비군 제도는 동원-향토사단 20여 개를 보유한 육군에 엄청난 일자리를 제공한다. 일반 예비군과 동원 예비군을 포함해 근 20개 사단의 장성급, 영관급, 위관급, 부사관 자리가 존재하는 것이다. 여기에 5000여 명의 예비역 장교들로 구성된 동대장급 이상의 지휘관들, 안보 강연 강사들, 전국 수백 개의 예비군 훈련장에서 성업 중인 식당과 매점, 예비군들을 실어 나르는 이른바 '수송협회'에 속한 차주와 운전기사들, 훈련장 인근의 가게들, 예비군복 등 복장을 판매하는 사람들 등 예비군 제도 존폐에 생사를 걸어야 할 사람들, 그리고 이들을 매개하는 비인간들은 셀 수 없이 많다. 안보가 사회와 분리된 것이 아님은 바로 이런 인간-비인간이 결합된 네트워크만으로도 충분히 확인된다. 같은 글, 206~207쪽.

농적위대와 교도대를 창설해 군과 사회를 연결하는 장치를 노골화했다.

결국 분단 사회에 존재하는 기관, 조직은 수많은 사람, 기계, 문서, 건축물, 기술, 무기 등으로 유지되는 네트워크라고 할 수 있다. 그런 차원에서 보았을 때 분단의 냉소적 인간, 신냉전적 인간형이란 이런 이질적 물체들이 상호작용하는 네트워크로 인해 생성된 존재들이다. 바로 분단을 사는 인간들이란 이종적 질료(가령 인간+총) 간의 패턴화된 네트워크 속에서 생성되는 혼종물이라고 할 수 있다. 만일 그의 인생에서 반공과 총과 군사교육, 병무청, 예비군, 민방위 등을 빼앗아간다면 그는 다른 무엇인가가 되어 있을 것이다. 인간의 육체적인 것, 이념을 뛰어넘어 그를 둘러싼 물체들과 네트워크까지 포함해야만 우리는 참된 분단의 행위자를 볼 수 있다.

우리가 주목해야 하는 것은 이렇게 이종성을 지닌 네트워크의 특성을 밝혀내고 이러한 네트워크들이 어떻게 조직이나 불균형, 권력 등의 일정한 패턴을 지니게 되었는지 연구하는 것이다. 분단 사회를 구성하는 질료는 단순히 인간만이 아니라 그 외 다른 모든 물질을 포함한다. 우리가 다른 사람들과 상호작용하는 거의 대부분의 과정은 다양한 종류의 매개체들을 통해 이뤄진다. 분단 사회에서 한 사람의 생애가 구성되는 방식에 대한 이해가 필요한 것이다. 분단은 한 사람의 생애에 다양한 통과의례와 행위자들을 배치하는 사회-기술적 네트워크를 통해 수행되고 있는 것이다.

2) 분단의 잡종들과 신냉전적 우경화

"속보, 연천서 국지전 발발. F-15K 출격 현재 대치 중, 경기도민 대피소로 피난 중." 2013년 4월 10일 트위터에 올라온 글이다. 다음 날 새벽까지 포털에선 '연천'이 검색어 순위 상위에 올랐다. 결국 이 누리꾼은 글을 삭제하고 "카카오톡으로 애들이 장난치길래 해봤는데 생각이 짧았다. 죄송하다"라는 글을 올렸다. 한반도를 초긴장 상황으로 몰고 가며 위기감을 키우는 무책임한 유언비어가 기승을 부리고 있다. 최근에는 "6시 38분 북한 폭탄 연평도 발사, 시민 62명 사망"이란 문자 메시지가 무작위로 유포되기도 했다. 클릭하면 돈을 빼가는 '스미싱' 주소를 첨부한 경우도 있다. 또한 '전쟁이 나면 스포츠 실용차(SUV)는 국가에 헌납해야 한다'라는 소문도 인터넷을 떠돌아 차량 소유자들을 긴장시킨 바 있다.[36)]

근거 없는 유언비어는 물론이고 무책임한 '전쟁불사론'도 불안감을 더욱 증폭시키고 있다. 극우 성향 누리꾼들의 집합소인 '일간베스트저장소'(일베)에는 "이제 기나긴 싸움을 끝낼 때가 되었다", "본토에 대한 공격 위험에 직면한 미국이 상황을 그냥 방치할 수 없다"라며 전쟁의 필연성을 주장하는 글들이 지속적으로 올라오고 있다. "전쟁 준비 완료됐다"라며 군용 단검과 비상식량, 나침반을 장만한 사진을 올린 누리꾼도 있었다.[37)]

이들을 무어라 불러야 할까? 단순히 보수라는 스펙트럼 속에 자리를 마련해주는 것이 맞을까? 이들 우경화는 기존의 좌우 이분법과 스펙트럼에는 포착되지 않는 과거와는 다른 우경화의 모습을 보인다. 굳이 이름을 붙인다면 '신냉전적 우경화', '탈이념적 우경화'로 부를 수 있을 것이다. 이들은 분단의 괴물들, 잡종들(hybrids)이다. 그러나 괴물 또는 잡종이라고 해서 이들에게 어떤 비정상성이 있다고 단언하기는 힘들다. 어차피 똑같은 땅, 바로 이 분단 사회의 결과물이기 때문이다. 따라서 결국 질문은 분단이 존재하는 방식에 대한 것, 북한의 핵실험과 이후 전개된 한반도 군사적 위기가 분단을 새로운 방식으로 번역하고 있는 현실에 대한 것이 될 수밖에 없다.

---

36) 비상사태 때 '비상대비자원 관리법' 등에 따라 차량 동원령이 선포되고 대상 차량으로 지정되어 동원 영장을 전달받은 소유자는 지정된 장소로 차량을 이동시켜야 한다.
37) ≪한겨레신문≫, 2013년 4월 12일 자.

분단의 잡종은 핵무기와 민족주의의 기괴한 결합을 통해서 만들어지기도 한다. 핵무기만큼 국가주의 또는 민족주의와 친화적으로 결합할 수 있는 것도 없다. 가령 북한이 핵무기를 민족의 심장이라고 하면서 김일성 민족주의와 부단히 결합시키고자 노력하는 측면을 생각해보자. 이 위험한 결합, 즉 결핍과 상실, 독재로 얼룩진 역사의 산물로서 민족주의라는 행위소가 핵무기라는 기술, 사물과 결합하면서 분단을 기형적으로 번역할 가능성은 얼마든지 있다. 그것은 체제 존속, 권력과 기득권을 위해 한반도 구성원을 볼모로 하는 또 한 겹의 민족모순을 덧씌우는 것과 같다. 핵무기를 통해 수난받는(위협받는, 고립된) 민족을 상상하고 호명하며[38], 이를 통해 분단의 기형적 민족주의 – 물론 민족주의의 정상성은 없다 – 를 재생산하는 것이다.

물론 아직 소수라고 추정되지만 세 차례에 걸친 북한의 핵실험(2006, 2009, 2013), 천안함 사건(2010.3)과 연평도 포격사건(2010.11), 미사일(은하 3호) 발사 실험(2013.1.23) 이후 오히려 북한을 추종하는 세력이 생겨나고 있는 점에도 주목할 필요가 있다. 이들은 기존의 익숙한 보수-진보 스펙트럼, 운동 지향적 이념 궤적에서는 해석하기 힘든 잡종들이다. 이들은 사상·이념에 특별한 관심도 없다. 이른바 '사이버 종북 세력'으로 불리는 이들의 정서에 오히려 영토 확장, 군사 강국을 꾀하는 보수 민족주의가 깃들어 있는 점은 흥미롭다. '대북강경론'의 근거가 되었던 핵실험, 미사일 발사, 천안함, 연평도 사건이 오히려 북한에 대한 관심을 불러일으킨 것이다.

"패권국 미국에 맞서, 남한이 못하는 걸 유일하게 그 작은 나라, 북한이 하고 있는 거예요. 그 힘을 뒤늦게 알게 되니 매료되고 민족적 자긍심을 느

38) 2012년 12월 28일 북한은 ≪로동신문≫을 통해 그것을(핵무기와 장거리 미사일) 김정일 '최대의 유산'으로 지칭하면서 그것에 의해 "대국 사이에 끼여 있는 약소민족이 당당하게 가슴을 펴고 세계를 바라볼 수 있게 되었다"라고 강조한 바 있다. ≪로동신문≫, 2012년 12월 28일 자.

끼게"[39] 되었다는 것이다. 강력한 군사력에 대한 물신주의(fetishism)와 동경, 그리고 신자유주의에 포박된 삶에 대해 갖는 반감이 결합하면서 하나의 잡종이 만들어진 것이다. 이들은 '자본주의-분단국가'가 만든 괴물이자 분단의 '닥터 스트레인지러브(Dr. Strangelove)'[40]들이다. 이 시대는 기존의 생산력과 과학기술과 시스템을 물신화함으로써 다른 모든 균열을 덮고 헤쳐나갈 수 있다고 생각하는 듯 보인다. 국가가 선거철용 유토피아만을 설파하는 동안 국민들은 전쟁 같이 살아야만 하는 일상 속에서 오히려 파국에 기형적으로 열광하게 된다.

이들이 분단의 잡종인 이유는 이들은 북한이 단순히 좋아서가 아니라 경쟁과 낙오라는 신자유주의의 전쟁 같은 삶을 강요하는 '자본주의-분단국가'라는 실존, 삶-존재 양식에서 파생되었기 때문이다. 기존의 프레임은 북한을 악으로 타자화하고 안보를 성역화하며 안보라는 이름으로 일상을 여전히 감시하고 통제하는 데 여념이 없지만, 국민 대부분은 폭력적인 신자유주의 앞에서 전쟁 같은 삶을 살고 있다. 국가는 스포츠 이벤트를 통해서나 가끔 열광적으로 등장할 뿐 일상에서 존재가 의문시된다. 지그문트 바우만(Zygmunt Bauman)은 이렇게 국가가 일상에서 실종된 상태를 '액체근대(liquid times)'라고 표현한 바 있다. 이 '액체의 시대'는 사람들이 어떤 집합

39) ≪한겨레신문≫, 2011년 11월 29일 자.

40) 닥터 스트레인지러브는 스탠리 큐브릭(Stanly Kublic)의 영화 〈닥터 스트레인지러브: 나는 어떻게 근심을 멈추고 폭탄을 사랑하게 되었는가(Dr. Strangelove Or: How I Learned To Stop Worrying And Love The Bomb)〉(1964)에 등장하는 주인공으로 그는 대통령 특별 고문이자 전 나치주의자였던 천재 과학자이다. 그는 테크놀로지와 컴퓨터의 신봉자이지만 아이러니하게도 기계(인조 팔)에 의존해 생명을 겨우 유지하는 퇴물 파시스트이다. 이 영화는 자신이 만든 핵무기를 제어할 능력을 상실한 미·소 냉전의 무능력함, 인류가 파괴되는 것을 막지 못하는 인간을 묘사해 암울한 인류의 미래를 예고한다. 냉전의 허약한 본질과 상호확증파괴를 비꼬는 블랙 코미디이다.

적인 유대 속에서 안정을 찾고, 예상 가능한 미래를 그려볼 수 있었던 단단했던 시대가 녹아 흘러내리는 상황을 의미한다.[41)]

이 시대는 불안과 취약함 속에서 '파생적 공포'를 겪는 사회이고, '유동하는 공포'가 풍토병처럼 일상에 창궐하는 세계이다.[42)] 이 녹아 흐름을 추동한 힘을 바우만은 신자유주의적 세계화로 보고 있고, 그 결과는 사회를 보호했던 국가의 실종으로 나타난다. 오늘날 세계의 재앙과 무질서, 한국의 불안과 참사들을 관통하는 하나의 요소는 민주주의와 자유, 평등의 실현과 같은 근대적 이데올로기들이 요란한 말 속에서 녹아내려 점점 사라지고 있다는 점이다. 더 이상 국가도, 사회도, 이념도, 이상도 실체적인 중요성을 갖지 못하고, 생존 투쟁과 안전 강박이 그 자리를 대체하고 있다. 이 시대를 지배하는 원칙은 희소성이고 폭력이며 쾌락이다.[43)]

천안함 사건 발생 이후 이곳저곳에서 '조국의 아들들'이 호명되었고, 〈무한도전〉과 〈개그콘서트〉는 한 달 넘게 방영 중단되었고, 급기야 대통령은 눈물을 흘리며 '단호한 대응'을 다짐했다. '국영방송'의 기치를 드높이던 KBS는 천안함 성금 모금 방송을 편성했고, 한화 그룹은 천안함 유공자를 우선 채용한다고 발표했다. 천안함의 진실은 아직 대중의 의문 속에 있지만, 조국의 안보는 서둘러 – 애도 속에 – 봉합되었다. 애도의 정치는 분단을 일상으로 불러들이는 중요한 장치이다. 국가로부터 인정된 슬픔, 안보를 감정적 상태로 끌어올리는 에스컬레이터 역할을 한다.[44)]

분단은 선과 악이라는 단순한 구도로 세상을 정화(purification)하는 안보

---

41) 홍민, 「분단과 예외상태의 국가」, 90쪽.

42) 지그문트 바우만, 『유동하는 공포』, 함규진 옮김(산책자, 2009), 13~14쪽.

43) 문강형준, 『파국의 지형학』(자음과 모음, 2011), 39쪽.

44) 주디스 버틀러, 『불확실한 삶: 애도와 폭력의 권력들』, 양효실 옮김(경성대학교출판부, 2008), 15쪽.

프레임을 작동시키고, 그것을 좀 더 단단하게 유지하기 위해 밑으로 거대한 분단의 사회-기술적 네트워크를 뻗쳐 분단의 잡종들을 양산하며 특정한 감정 상태를 만든다. 그러나 자본주의라는 삶의 고통, 일상의 삶에 스며든 더 치명적인 악이 국민을 옥죄고 있다. 더 이상 안보 프레임으로, 국가라는 이름으로 세상의 문제를 볼 수 없을 때 그들 자신이 괴물이 되는 것이다.

이런 측면에서 2005년 연천 530GP 총기 난사 사건, 2011년 해병대 총기 난사 사건 등 분단 역사에서 줄기차게 일어났던 총기 사건들은 분단의 잡종을 보여주는 예라고 할 수 있다. 사실 분단의 내부는 폭력과 신경증의 일상화 속에 있다. 안보라는 히스테릭한 위협-감시망에서 살아야 할 뿐 아니라 광폭하고 잔인한 신자유주의적 삶에 포위되어 살아야 하기 때문이다. 총기 사건이나 군대 폭력 사건이 발생할 때마다 우리는 이를 개인의 불행 탓으로 돌린다. 그것을 통해 사회는 다시 한 번 국방과 안보를 신화화된 정상성의 위상 속에 놓는다. 국방과 안보의 판타지는 이러한 일종의 분단의 폭력성과 신경증에 대한 침묵의 카르텔을 통해 만들어진 것이다. 한반도의 청년들은 착한 자식들이라는 판타지를 위협하는 사건들로 인해 개인의 비정상성으로 소비된다.

그러나 안보라는 통치 '장치'에 의해 군복이 입혀지고 손에 총이 쥐어지며 살인 기술을 연마해야 하는 청년들이 그 자체로 분단 폭력의 희생양이란 인식과 목소리는 작기만 하다. 총이 주어진 젊은이와 총이 없는 젊은이의 차이는 크다. 한반도에서 총은 분단을 수행하는 행위자-네트워크이다. 그런 분단 행위자들의 결합으로 구축되는 사회-기술적 네트워크는 사회 곳곳으로 모세혈관처럼 뻗쳐 서로 엮이고 꼬이며 꿰매어지면서 '안보'와 '국방'이라는 '신성함'과 상식으로 단단하게 또는 매끄럽게 일상화된다. 그러나 국방과 안보라는 신성한 영역에서 불거져 나오는 비명 소리, 사물들의 삐걱거리는 소리는 끊이지 않는다.[45]

5. 결론: 분단의 수행성과 수행적 분단

우리는 분단을 인식할 언어를 가지고 있는가? 분단은 우리의 언어를 통해 자명한 어떤 것으로 포착되거나 정의될 수 있는 것일까? 그간 우리는 분단을 설명하는 자명한 언어로 '민족', '이념', '전쟁', '냉전', '남북관계', '대립', '갈등', '통일', '체제', '구조' 등의 용어를 채택해왔다. 이들 언어는 분단을 우리 개인의 일상적 행위 밖에 있는 '거대한 무엇'으로 규정하고 설명하려 한다는 점에서 공통적이다. 그래서 이들 언어에서 '나' 또는 일상은 이 외부의 거대함에 불가항력적이고 종속적인 위상을 갖는다. 또한 이 언어들은 분단을 비정상적인 것으로 전제하고 치유나 교정의 대상으로 간주해왔다. 그 비정상성 논리는 같은 '민족'이 물리적으로 갈라져 적대하는 것에서 발생하는 모순에 기초하고 있고, '통일'이라는 정상성의 미래를 통해 당연시되어왔다.

그러나 꽉 차다 못해 과잉된 통일은 역설적으로 텅 비어 있는 것들을 생산한다. 이 거대한 외부(분단체제나 구조)를 만드는 것, 비정상성을 지속시키는 힘의 실체를 우리는 아직도 잘 모른다. 그리고 그것에 의해 우리가 어떻게 지배 또는 조종당하고 있는지 알지 못한다. 적대적 의존의 주체들, 분단을 통해 기득권을 갖는 자들, 억압당하는 민중의 경계를 우리는 어떻게 그을 수 있을까? 과연 우리는 그들을 지목해서 실체화할 수 있을까? 적대적 의존, 지배하는 자와 억압받는 자의 구도라는 자못 분명해 보이는 이 분단체제의 내적 분할선과 지형에 대한 논의들은 정작 누가 적대적 의존의 주체들이고, 누가 기득권자들이며, 누가 억압당하는 자들인가라는 구체성에서 명확한 대답을 내놓지 못한다. 기껏해야 우리는 권력을 소유한 자와 그렇지 못한 자의 전통적 계급 분할선에 '분단'을 얹어놓는 관념적 작업, '나'의 외부에 '체

45) 홍민, 「분단과 예외상태의 국가」, 92쪽.

제'라는 거대한 외피를 입히는 작업밖에 할 수 없다.

이런 측면에서 기존 논의들이 설명하는 분단의 위상학적 지형에 대한 비판적 검토가 필요하다. 물리적 분단을 토대로 남과 북을 분할하고, 그 분할의 대치선을 두고 양쪽을 연결하는 공생성과 각각의 사회에서 기득권을 재생산하고 대중을 착취하는 구도는 공간적 멀고 가까움, 권력의 크고 작음(거시-미시), 권력의 소유 여부, 내부와 외부, 지배와 착취 등의 위계적 구도를 전제로 한다. 그러나 이렇게 미리 설정된 분단체제는 거칠게 말하면 지배적 행위자와 피지배적 행위자, 권력을 소유한 자와 그렇지 못한 자 등의 양분된 집단을 각각의 사회에 미리 전제함으로써 분단 지속의 원인을 기득권자들의 의도와 기획으로 환원해버린다는 문제가 있다.

그러나 우리가 설명해야 하는 것은 기득권을 이미 소유한 자, 모호하게 정의되는 분단 권력을 분단의 원인으로 보고 그것에 환원하는 방식이 아니라 그것이 어떻게 권력이 되고 사회에서 수행되는가, 결과로서의 권력이 구성되는 과정과 역동성, 권력의 효과이다. 그러나 권력은 결코 지배적 인간 행위자인 몇몇 기득권자로만 환원될 수 있는 것이 아니다. 그것은 다양한 인간과 비인간이 결합한 사회-기술적 장치와 아장스망[agencement(배열·조립)], 그리고 우리를 통해 수행되는 것이다. 분단이 남북한 기득권자의 간계와 교호 속에서만 결정적으로 지속되는 것이라면 대다수 한반도 구성원들이 어떻게 그것을 그렇게 오래 용인했겠는가? 분단은 '금지'와 '억압'의 언어, 물리적 완력만으로는 결코 지속될 수 없다. 그것은 그 자체로 생산적인 메커니즘을 가지고 있다. 그 '생산적'이고 '가능성'의 차원이 있기에 분단은 가능한 것이다.

그런 측면에서 분단을 중심화되고 초개인적인(impersonal) 체제 속에서 파악하고자 하는 체제론 또는 구조론과 달리 '수행적 분단론(performative division perspective)'은 일상생활에서 분단이 행사되는 방식과 개인이나 다른 행위 주체가 이를 받아들이고 타협하는 과정에 더 많은 관심을 기울인다. 분단을 특정한 체제, 제도, 구조 속에 포함시키지 않으면서도 분단을 '관계' 속에서 설명할 수 있는 이론적 모델이 필요하다. 이렇게 '관계' 차원에서 본다면 분단 정체성은 개인이 소유한 것이라기보다는 특정한 사회적 맥락에서 수행하는 어떤 것이 된다. 즉, 분단은 다양한 인간-비인간 행위자들의 네트워킹, 모든 사회-기술적 장치들의 연결과 교집합이라는 수행을 통해 나타난다.

"행위, 수행, 과정 뒤에는 어떤 '존재'도 없다."[46] 수행성은 단발성 행위가 아니라 항상 현존하는 규범과 관습을 인용하고 반복하며 사회-기술적 네트워크와 아장스망을 통해 수행되는 것을 의미한다.[47] 이 수행은 인간과 비인간 행위자의 배열과 결합, 속성의 교환을 통해 수행된다. 이런 수행 자체가 분단을 구성한다는 점에서 분단은 '수행적'이고 언제나 현재적이다. 따라서 분단은 행위의 원인이 아니라 결과이자 효과이다. 분단 배후에 있는 것은 오로지 물리적 분단의 실재성인데, 이것조차 끊임없이 상상되고 의미화를 통해 실재성을 가질 뿐이지 이것이 분단의 원본(본질)은 아니다. 분단의 원본 따위는 존재하지 않고 분단은 모방과 패러디를 통한 끊임없는 수행과 의미화라는 일련의 과정으로만 나타난다. 따라서 분단의 수행성은 그 '법칙'의 규범이나 관습을 인용하고 반복함으로써 명명한 것들을 생산하는 담론적 실천이자 사회-기술적 네트워크의 효과를 창출하는 것이다. 분단을 이야기하는 정해진 방식(프레임)을 반복하고 재인용함으로써 분단 정체성을 사회-기술적으로 생산하는 수행인 것이다.

---

46) 프리드리히 니체, 『선악의 저편·도덕의 계보』, 김정현 옮김(책세상, 2002), 338쪽.

47) 주디스 버틀러, 『젠더 트러블: 페미니즘과 정체성의 전복』, 조현준 옮김(문학동네, 2008), 23~24쪽.

분단이 수행적이라는 것은 그것의 실재성을 구성하는 다양한 행위와 분리된 존재론적 지위(status)나 고정된 실재란 없다는 것을 의미한다. 그것은 분단이 우리의 일상과 행위 밖의 거대한 '무엇' – 체제나 구조 – 으로 있지 않다고 보는 것이다. 지금까지 분단체제나 분단구조의 논의들은 바로 이 거대한 '무엇'을 지목하거나 우리의 행위 외부에 원인을 둔 측면이 있다. 그러나 행위 배후에 분단의 본질은 존재하지 않는다. 분단은 그것의 결과라고 말해지는 '표현들' – 담론, 제도, 기술 등의 사회-기술적 네트워크와 배치 등 – 에 의해서 수행적으로 구성된다. 그래서 분단은 명사보다는 동사의 개념으로 이해되어야 한다. 분단은 되는(is) 것이 아니라 우리가 행하는(doing) 것이다. 좀 더 정확하게는 일련의 행위들이고, 명사가 아니라 동사, 존재(being)가 아니라 행하기(doing)이다.[48] 분단이 수행적이라는 것은 그것이 무수히 많은 행위자의 연결을 통해 다중적인 정체성[49]을 구성한다는 것을 의미한다.[50]

결국 분단은 진실도, 허위도 아니고, 안정된 정체성에 대한 담론, 몸으로 양식화되는 '제도화', 그리고 그것을 가능하게 하는 사회-기술적 네트워크가 낳은 진실 효과일 뿐이다. 여기서 주의해야 할 점은 분단이 구성된다는 것은 그것이 '실재'가 아니라거나 '진정한' 것이 아닌 가공물이라고 주장하는 것이 아니다. 분단이 '구성되었다'라고 말할 때 그것은 구성된 것의 인위적 성격을 말하는 것이기보다는 그것 없이는 생각할 수도, 의미화할 수도 없는 구성적·필수적 강제로 이해되어야 한다.[51] 분단은 '문화적 양식', 행위(act)

---

48) 사라 살리, 『주디스 버틀러의 철학과 우울』, 김정경 옮김(앨피, 2007), 114쪽.

49) 사라 밀스, 『현재의 역사가 미셸 푸코』, 176쪽.

50) 조현순, 「주디스 버틀러의 젠더 정체성 이론: 패러디, 수행성, 복종, 우울증을 중심으로」, ≪영미문학 페미니즘≫, 제9권 제1호(2001), 186쪽.

51) 김기란, 「집단기억의 무대화와 수행적 과정의 작동 메커니즘」, ≪드라마연구≫, 제30호(2009), 7~8쪽.

또는 일련의 행위들, 생존하기 위한 문화적 '전략들'이다. 따라서 분단은 정상/비정상으로 말해질 수 없는 것이다. 또한 특정한 주체들(기득권자들)의 공모와 억압으로 완결되거나 '흔들리는' '체제'라고 보기 힘들다. 누구도 미리 정해진 분단의 기득권자 또는 주체라는 역할을 부여받을 수 없다. 어떤 것도 미리 정체성을 갖지 않는다.

그런 측면에서 모든 분단의 수행성은 그것을 '생산'하는 가장무도회가 되는 셈이다. 분단 또는 안보에 관한 발화와 규범은 진위를 기술하는 것이 아니라 언제나 적대하는 상대에 대한 묘사의 행위로 구성된다. 그리고 분단은 인간과 비인간 행위자들이 결합된 사회-기술적 네트워크와 아장스망을 통해 호명되고 수행되는 것이다. 출생과 동시에 주민등록증에 1과 2의 차이로 호명되고 모든 남성은 병무청 신체검사를 통해 신체 등급 판정을 받음으로써 실제로 몸에 분단이 부여되고 할당된다. 그렇게 몸에 할당된 분단은 안보를 위한 병기로 착출되고 훈련되며 소모된다. 이렇게 호명되고 몸에 각인된 분단은 병역 여부와 관련한 도덕적 언어와 행정적 기록으로 언어화·사회화된다. 이 규범과 역할에 맞게 사는 것 자체로 분단은 수행된다. 군대 및 안보와 관련된 모든 패러디와 모방은 이런 분단의 호명과 각인을 위한 사회적 언어의 수행을 통해 이뤄진다. 한반도에서 산다는 것, 곧 주체는 분단에 선행하는 것이 아니다. 주체는 자신에게 할당된 분단의 반복적인 '인용'과 더불어 동시적으로 탄생한다. 최소한 한반도란 영토적 공간에서 분단에 선행하는 주체는 없다. 국가 또는 군대, 경찰이 '어이 거기!'라고 외칠 때 우리가 뒤를 돌아보는 순간 우리는 분단에게 호명되는 것이다. 국가의 부름, 안보의 부름, 법의 부름, 군대의 부름을 받고 뒤돌아서는 행위를 통해 분단의 개인들 주체가 된다. 그러한 호명을 거부하거나 실패한 자들은 비체들(non-subject)이 된다.

'군대 영장이 나오다', '군대에 갔다 오다'는 호출된 주체의 통과의례를 의미하고, 그런 규범의 강제적인 인용과 그런 규범의 복잡한 내력은 훈육, 규제, 처벌이라는 권력 담론과 분리될 수 없다. '병역법', '국가보안법', 병적부, 이력서 병역란, 안보 및 군대에 대한 재현, 예비군 훈련, 동원 훈련, 사회조직, 기업 등은 분단의 호명과 각인을 강요하는 사회적 언어와 장치들이다. 따라서 분단 권력이란 수행되는(performed) 것이고, 특정 누구의 소유물이라기보다는 전략에 가까운 것이다. 분단 권력은 명사라기보다 동사로서 수동적으로 존재하거나 물건처럼 보관될 수 있는 것이라기보다는 능동적으로 무언가를 행할 수 있는 것이다. 그래서 분단 권력은 금지·억압의 언어와 장치뿐 아니라 생산적 언어와 장치로 수행된다. '군대 갔다 와야 사람된다'라는 말은 분단의 생산성을 보여주는 측면이다. 그런 측면에서 개인은 권력이 적용되는 지점이 아니라 권력이 운반되는 도구이다. 분단 권력을 그물이나 사슬로 개념화하는 것은 사회 전체를 통해 펴져 있는 관계의 체계, 사회-기술적 네트워크 형태를 갖고 수행되는 것이기 때문이다. 즉, 개인은 단순히 억압에 복종하는 것이 아니라 타인 혹은 제도와의 관계 속에서 적극적으로 자신의 역할을 수행하며 권력을 행사한다. 따라서 권력이란 획득될 수 있는 것이 아니라 끊임없이 행해지는 것이다. 권력은 국가나 정부와 같은 특수한 제도에 의해 점유되어 있다기보다는 사회 전체에 펴져 있는 관계의 그물망인 것이다.

분단은 대문자 D의 분단이 아니다. 대문자 분단은 사회 전체에 분단이란 이름으로 안보와 규율의 합리성만을 강요하고 지배하는 권력이다. 그러나 분단은 여러 가지 형식을 통해 일상의 사회-기술적 양식과 사물로 우리의 관계를 접합시키고 행위하도록 한다는 점에서 다양한 관계의 형태로 나타나고 사라지는 것들이다. 안보의 정당성은 자신이 내부의 적이 아니라는 자기검열의 수행에서 오는 것이지 전쟁이라는 무시무시한 스펙터클에서 오는 것이 아니다. 안보의 응시를 내면화해 자신을 바라보는 수행을 통해 안보는 정당성을 획득한다. 분단 사회에 사는 주체들은 주체화와 종속화의 이중적 수행을 하는 행위자들이다. 따라서 이들은 가해자와 피해자 두 가지 역할을 동시에 수행한다. 그런 측면에서 어쩌면 가해자는 존재하지 않을 수도 있다.

탈분단적 수행은 기존 규범의 수행을 멈추는 것에 있는 것이 아니라 반복적 수행 속에 있는 미세한 차이들의 생성, 수행의 모호성과 다중성을 좀 더 확대하고 심화시키는 것이다. 기존 문법을 새로운 은유로, 번역의 차이로 생성시키는 수행의 가능성 자체가 탈분단적 수행이라고 할 수 있다. 분단의 모방과 패러디는 닫힌 과정이 아니라 열린 차이의 과정이기도 하다. 분단은 자신을 그처럼 명료하게 규정하려고 욕망함에도 무한 증식되는 자신의 은유들에서 원래의 모습으로 귀환할 수 없게 된다. 거대한 체제와 구조의 관념을 통해 분단을 규정하려는 욕망을 통해서가 아니라 작은 차이를 만들어 내는 수행의 관점에서 탈분단의 가능성을 볼 필요가 있는 것이다.

참고문헌

국내 자료

김기란. 2009.「집단기억의 무대화와 수행적 과정의 작동 메커니즘」. ≪드라마연구≫, 제30호.

권첼, 슈테판(Stephan Gunzel). 2010.『토폴로지: 문화학과 매체학에서 공간 연구』. 이기홍 옮김. 에코리브르.

니체, 프리드리히(Friedrich Wilhelm Nietzsche). 2002.『선악의 저편·도덕의 계보』. 김정현 옮김. 책세상.

레이코프, 죠지(George Lakoff)·로크리지연구소(The Rockridge Institute). 2007.『프레임 전쟁』. 나익주 옮김. 창비.

문강형준. 2011.『파국의 지형학』. 자음과 모음.

박노자. 2012.『당신을 위한 국가는 없다』. 한겨레출판.

밀스, 사라(Sara Mills). 2008.『현재의 역사가 미셸 푸코』. 임경규 옮김. 앨피.

바우만, 지그문트(Zygmunt Bauman). 2009.『유동하는 공포』. 함규진 옮김. 산책자.

바커, 크리스(Chris Barker). 2009.『문화연구사전』. 이경숙 외 옮김. 커뮤니케이션북스.

버틀러, 주디스(Judith Butler). 2008.『불확실한 삶: 애도와 폭력의 권력들』. 양효실 옮김. 경성대학교출판부.

_____. 2008.『젠더 트러블: 페미니즘과 정체성의 전복』. 조현준 옮김. 문학동네.

살리, 사라(Sara Salih). 2007.『주디스 버틀러의 철학과 우울』. 김정경 옮김. 앨피.

송성수. 2009.「에디슨은 시스템을 구축했다: 기술시스템론」. 이상욱 외.『욕망하는 테크놀로지: 과학기술학자들 '기술'을 성찰하다』. 동아시아.

슈퇴버, 베른트(Bernd Stoever). 2008.『냉전이란 무엇인가: 극단의 시대 1945-1991』. 최승완 옮김. 역사비평사.

아감벤, 조르조(Giorgio Agamben)·양창렬. 2010.『장치란 무엇인가? 장치학을 위한 서론』. 난장.

_____. 2009.『예외상태』. 김향 옮김. 새물결.

이동훈·김원용. 2012.『프레임은 어떻게 사회를 움직이는가: 프레임 이론과 커뮤니케이션』. 삼성경제연구소.
임소정. 2011.「천안함 사태 국내 신문 프레임 분석: 과학적 불확실성과 안보 연계 사안에서 신문사의 논조가 보도 방향에 미치는 영향」. 2011년 한국경영정보학회 추계통합학술대회 발표집(2011.11.11).
정욱식. 2012.『핵의 세계사: 스탈린 대 트루먼, 박정희 대 김일성, 아인슈타인에서 김정은까지』. 아카이브.
조현순. 2001.「주디스 버틀러의 젠더 정체성 이론: 패러디, 수행성, 복종, 우울증을 중심으로」. ≪영미문학 페미니즘≫, 제9권 제1호.
캐럴, 제임스(James Carroll). 2009.『전쟁의 집: 펜타곤과 미국 패권의 비극』. 전일휘·추미란 옮김. 동녘.
터지, 로빈(Robin Tudge). 2013.『감시사회, 안전장치인가, 통제 도구인가?』. 추선영 옮김. 이후.
푸코, 미셸(Michel Foucault). 2011.『안전, 영토, 인구』. 오트르망 옮김. 난장.
한홍구. 2003.『대한민국사 1』. 한겨레신문사.
홍민. 2012.「분단과 예외상태의 국가: 분단의 행위자-네트워크와 국가폭력」. ≪북한학연구≫, 제8권 제12호.
_____. 2013.「행위자-네트워크 이론과 북한연구: 방법론적 성찰과 가능성」. ≪현대북한연구≫, 제16권 제2호.
휴스, 토머스(Thomas P. Hughes). 1999.「거대 기술 시스템의 진화」. 위비 바이커 외.『과학 기술은 사회적으로 어떻게 구성되는가』. 송성수 옮김. 새물결.
_____. 2008.『테크놀로지, 창조와 욕망의 역사』. 김정미 옮김. 플래닛미디어.

북한 자료

≪로동신문≫. 2012년 12월 28일.

국외 자료

Harman, G. 2009. *Prince of Nature: Bruno Latour and Metaphysics*. Melbourne: Re. Press.

Hughes, T. P. 1987. "The Evolution of Large Technological System." W. E. Bijker, T. P. Hughes, and T. J. Pinch(eds.). *The Social Construction of Technological System: New Direction in the Sociology and History of Technology*. Cambridge, Mass.: MIT Press.

Noelle-Neumann, E. 1993. *The Spiral of Silence: Public Opinion-Our Social Skin*, 2nd ed.. Chicago: University of Chicago Press.

기타

≪한겨레 21≫. 2012.1.10. "(특집) 안보 투쟁!, 대선쟁취!".

≪한겨레신문≫. 2011.11.29, 2013.4.12.

한국갤럽조사연구소 여론조사. '2011년 한국인과 군대문화'(2013.3).

제4장

분단과 예외상태의 국가

분단의 행위자-네트워크와 국가 폭력

홍민

1. 분단-안보 프레임과 장치

분단-안보 프레임(division-security frame)은 모든 직간접적인 안보 및 공안 관련 사건은 물론 주요한 사회적 이슈들을 안보의 프레임으로 환원하고 여론화하는 것이 수월한 체계를 말한다. 한국 사회에서 안보는 크게 담론의 영역과 비(non)-담론의 영역으로 구분되어 있다. 담론의 영역은 그야말로 사회가 안보에 대해 말하는 것이다. 이때 안보를 말한다는 것은 안보로 행해지는 모든 것에 대한 비판이나 문제제기보다는 안보의 '허점'이나 '개선'에 대한 담론을 말한다. 안보 그 자체가 문제시되지 않는다.

한편 담론화되지 않는 영역은 국가적·군사적 기밀, 특수하고 비밀스럽게 다뤄져야만 하는 부분으로서의 영역이다. 이것이 '비-담론' 영역인 이유는 그것이 '보안'이 필요한 국가 기밀로 취급되어야 한다는 법적·제도적 장치와 단서, 드러나거나 쉽게 발설해서는 안 되는 영역 또는 비밀스러워야 하는 것이 당연하게 받아들여지는 사회적 묵계, 그리고 명확한 '이념의 경계'를 기준으로 하기 때문이다. 그래서 아직도 안보는 사회가 투명하게 관여해야 할 영역이라기보다는 우리가 불투명으로 용인해야 하는 영역, 특수한 영역으로 성역처럼 취급되며, 안보 프레임은 그 자체로 정화 작용을 수행한다. 안보 자체를 문제시할 수 없게끔 안보는 당연의 영역 속에 있게 된다.

그러나 안보는 표면적으로 북한 또는 외부의 위협을 대상으로 삼는 것처럼 말해왔지만, 실제로는 사회와 국민을 군대로 동원하고 천문학적인 세금을 소비하는 것은 물론 안보 수호라는 명분으로 사회를 감시와 검열의 대상으로 삼기도 하고, 필요하다면 사회에 대해 물리적 수단을 동원할 수 있는 법적·제도적 근거를 독자적으로 갖고 있으며, 내부적 필요에 따라 국가 담론을 생성하고 재생산하는 역할을 했다.

사실상 안보는 '외부'(북한)를 근거로 내부 통치 기제 역할을 해왔다. 외부를 내부화하고 내부를 외부화하며 "법률적인 것과 정치적인 것이 교차하는 모호하고 불확정적인 경계선"에 자리하는 '예외상태(exception status)'를 창출했다.[1] 그런 점에서 '안보'는 하나의 통치 '장치(dispositif)'로 기능했다는 점에서 사회와 결코 분리될 수 없는 영역이다. 안보가 하나의 통치를 위한 '장치'인 이유는 "생명체들의 몸짓, 행동, 의견, 담론의 포획, 지도, 규정, 차단, 주조, 제어, 보장하는 능력을 지닌 모든 것"[2]을 담고 있기 때문이다. 따라서 순수한 '안보', 순수한 '군사'라는 것은 존재하지 않는다.

분단-안보 프레임은 문제를 풀이하는 데 관련 사회집단이 채택하는 이론, 담론, 암묵적 지식, 상식, 공학적 관행, 검사 절차, 목표, 관행, 실천 매뉴얼, 서사, 동원 법 조항, 시차(timing) 등을 제공한다. 물론 이것은 북한을 '악'으로 타자화하는 것이 선행적으로, 그리고 사안에 따라 동시적으로 진행되

---

1) 조르조 아감벤, 『예외상태』, 김향 옮김(새물결, 2009), 14쪽.

2) 조르조 아감벤·양창렬, 『장치란 무엇인가? 장치학을 위한 서론』(난장, 2010), 33쪽.

어야 한다. 따라서 분단-안보 프레임은 정책가나 안보 담당자의 프레임이라기보다는 안보에 관한 프레임이기 때문에 그것을 소비하는 일반 대중, 여러 집단의 이해관계도 포괄한다. 물론 이런 이해관계는 프레임에 반영되기도 하지만 프레임에 의해서 만들어지기도 한다. 또한 분단-안보 프레임은 개인의 특징도 아니고 시스템이나 제도의 특징도 아닌 다양한 행위자의 상호작용을 강조하는 개념으로서, 이때 분단-안보 프레임은 행위자들 내부나 위에 존재하는 것이 아니라 행위자들 '사이'에 존재한다.

따라서 안보는 한국 사회에서 단순히 특정 정책 영역, 군사 관련 정책, 체계만을 뜻하는 용어로 볼 수 없다. 이렇게 안보를 제한된 용어로 본다면 그것은 그 자체로 분단-안보 프레임이 행하는 구분, 즉 정화(purification) 작용에 포섭된 시각에서 보는 것이 될 것이다. 오히려 안보는 특정한 사회적 관계를 구성하는 힘이고, 담론적 구성체이고, 법적·제도적 장치이고, 특정한 분단의 감정 상태를 만드는 기제이며, 수많은 인간-비인간이 결합된 거대한 사회-기술적(socio-technical) 체계로 이루어진 통치 '장치'이다. 그래서 지금까지 사회에서 분리시켜 성역화해온 안보는 사실상 사회 안에(embedded) 있어야만 하고 사회적 논쟁의 대상이 되어야 한다.

2. 분단의 정화 작용과 잡종들

'안보'를 사회적 논쟁의 대상으로 삼는다는 것은 안보라는 이름으로 행해지는 모든 것을 투명하게 사회 영역으로 끄집어내고 문제 삼는 것 이상을 의미한다. 안보가 만들어내는 사회적 관계, 법적·제도적 장치, 담론 체계, 사물의 용도와 배열, 과학기술(외부를 향한 군사기술뿐 아니라 내부를 향한 감시, 통제 기술) 등 모든 인간 및 비인간의 궤적과 연쇄, 그것이 어떻게 '안보'라는 블랙박스가 되어 우리의 인식에서 단순화되었는가를 문제시하는 것이다. 외부(북한)를 명분으로 하지만 내부 통치를 위한 장치로 진화한 모든 것이 대상이 될 수 있다(이 부분은 북한과 남한이 다르지 않다). 가령 군 관련 정책이나 기술 체계를 놓고 우리 사회가 치열하게 논쟁한 기억은 없다. 특수성, 군사기밀, 국가 안보의 장막에 숨은 군은 무력과 정보력을 갖고 사법권까지 별도로 행사하며 자신을 보위한다. 자기 비리를 스스로 수사 및 재판하고, 수사관 및 재판관을 임명한 지휘관이 그 형벌마저 결정하는 구조는 여전하다. 수많은 이를 법정을 가장한 '군법회의'에 세웠던 '계엄법'도 똑같다.

그렇다면 우리는 왜 이렇게 사회 안에서 사회적 관계를 주조하고 거대한 사회-기술적 체계를 갖춘 안보라는 통치 '장치'가 그렇게 불투명한 영역으로 용인되는 걸 당연시했을까, 안보는 사회를 대상으로 삼고 있는데 왜 사회는 안보를 자신의 논쟁 대상으로 삼지 못했던 것일까, 언제부터 '안보' 자체가 사회적 논쟁에서 열외되고 성역화되었을까, 왜 우리는 사건, 현상, 행위자나 기관 조직 뒤에 존재하는 네트워크를 거의 인식하지 못한 걸까, 왜 이러한 네트워크가 평상시에는 숨어 있거나 보이지 않는 것일까, 왜 어떤 상황에서는 더 잘 보이는 것일까? 행위자-네트워크 이론(Actor-Network Theory: ANT)은 '분할'과 '단순화'에 있다고 본다. ANT의 주된 문제의식은 존재론이다. 지식을 만드는 존재들은 누구인가에 대한 질문이 핵심이다. 즉, 세계에 존재하는 실체들의 성격이 무엇인가를 묻는다. 안보가 사회와 분리된 특수한 하나의 고유 영역으로 '자연화'되게끔 지식을 만드는 존재를 묻는다.

ANT에서 주장하는 '정화 작용'과 '번역(translation) 작용'의 변증법에서 우리는 분단 세계의 '안보'가 갖는 위상학을 착안해낼 수 있다.[3] 정화 작용은

---

3) ANT에서 '분할'은 서구 근대주의 일반이 지닌 존재론에서 기원한다. 17세기 과학혁명 이래 서구인들은 비인간/인간, 자연/사회의 이원적 존재론을 신봉해왔지만(=이를 '정

몇 겹의 상호 의존적인 구분 체계를 상식의 세계로 끌어올려 일상에서 의문의 여지가 없는 세계관으로 작동하게끔 하는 것을 말한다.[4] 분단의 정화 작용은 이 세계를 사회라는 영역과 안보라는 영역, 북한이라는 적대해야 할 외부와 보호(감시)되어야 할 내부, 말해야 할 것과 말하지 말아야 할 것, 불온한 것과 건전한 것, 순수와 위험, 국가적인 것과 일상적인 것 등의 구분이 이 세계를 구성하는 실체인 것처럼 믿게 만드는 것을 말한다. 한마디로 전적으로 구분되는 존재론적 지대를 창출해 세계를 단순화하는 것이다.

그러나 실제로 안보는 독자적인 존재론적 지대를 갖고 있는 실체라기보다는 무수한 인간-비인간 행위자들의 네트워크로 연결되어 있는 사회-기술적 체계이다. 안보의 내부와 외부는 모호하고, 외부에 대한 대응과 내부의 감시는 상호 구성적이며, 안보라는 영역은 불투명하게 차단되지만 인간-비인간이 결합된 거대한 사회-기술적 네트워크를 통해 움직여 끊임없이 분단의 잡종(hybrid)들을 양산하는 체계이다. 이와 같은 정화 작용은 번역 작용과 동시에 진행된다. 번역 작업은 수많은 이질적인 사회-기술적 네트워크, 즉 분단의 사회-기술적 잡종들을 창출하고 구축하는 작업을 통해 분단을 '블랙박스'화한다. 이 연결망 구축을 통해 안보라는 이름의 거대 통치 '장치', 괴물(monsters)을 창출하고 유지하는 것이다.[5]

화 작용'으로 표현), 실제 행동에서는 기술 과학을 통해 인간-비인간이 결합된 수많은 혼종 또는 이질적 연결망을 아무 성찰이나 규제 없이 양산하는(='번역 작용') 모순을 저질렀으며, 바로 이것이 오늘날 지구적 위기의 원인이라고 주장한다. 이런 번역 작용이 가능한 것은 세계를 '분할'해 마치 자연과 사회가 독립적인 세계로 보이게끔 하는 정화를 통해 가능해지는 것이다.

4) 브뤼노 라투르, 『우리는 결코 근대인이었던 적이 없다』, 홍철기 옮김(갈무리, 2009), 32쪽.

5) ANT는 사회가 이질적인 인간-비인간 행위자의 연결망으로 구축되어 있다고 본다. ANT 분석가들은 바로 이런 잡종들에 주목하고 경험적으로 추적한다는 뜻에서 자신의 학문

3. ANT와 분단의 사회-기술적 네트워크

1) ANT

ANT의 주창자들은 '인간-비인간의 집합체(human-nonhuman collective)'라는 용어를 사용하는데, 이것은 보통 '사회'라고 부르는 것에 다름 없다. 이들에게 집단, 조직, 기업, 거대 기계, 산업, 그리고 '사회'는 다 특정한 방식으로 만들어진 '인간-비인간의 집합체'이다.

그렇다면 인간-비인간은 어떻게 연결망을 구축하게 되는 것일까? 라투르는 비인간과 인간의 관계 맺기, 즉 '기술적 매개(technical mediation)'를 다음과 같이 4가지 유형으로 정리한다. 첫 번째 유형은 '목표의 번역(goal translation)' 혹은 '교란(interference)'이다. 예를 들어, 총과 사람의 관계처럼 총을 가진 사람은 총을 가지지 않은 사람에 비해 더 많은 일을 할 수 있고, 마찬가지로 총도 사람의 손에 쥐어짐으로써 옷장 속에 있는 총과는 다른 존재가 된다. 즉, '총과 사람의 합체라는 잡종(gun-gunman hybrid)'이 새로운 행위자로 등장하고, 이 잡종 행위는 총이 없던 상태에서의 목표와는 다른 목표를 가지게 된다는 것이다.[6] 인간과 비인간(총)이 합쳐져 만들어진 새로운 행위자가 새로운 목표를 가지게 되는 과정이 '목표의 번역' 혹은 '교란'이다.

두 번째 유형은 '복합(composition)'이다. 사회가 복잡해지고 기술이 복잡해질수록 한 가지 행위를 하기 위해 더 많은 인간, 비인간의 집합체를 필요

을 '괴물의 사회학(Sociology of Monsters)'이라고도 부른다. J. Law(ed.), *A Sociology of Monster: Essays on Power, Technology and Domination* (London & New York: Routledge, 1991), pp. 17~18.

6) B. Latour, *Pandora's Hope: Essays on the Reality of Science Studies* (Cambridge, Mass.: Harvard University, 1999), pp. 176~177.

로 한다. 그런데 새로운 복합 행위자가 되는 과정에서 인간과 비인간은 서로의 능력을 교환한다. 인간은 비인간에게 자신이 하는 행위의 일부를 부여하고, 비인간은 행위를 떠맡으면서 인간에게 새로운 행위를 부여하는 것이다.

세 번째 유형은 '시간과 공간의 접힘(the folding of time and space)' 혹은 '가역적인 블랙박스화(reversible blackboxing)'이다. 블랙박스화는 네트워크가 하나의 대상·사물로 인식되는 공고화되는 과정으로 결절(punctualization)이라고 부른다. 결절된 대상은 다른 행위자에게 하나의 대상(object)으로 간주된다.

네 번째 유형은 '상징과 사물의 경계를 교차하기(crossing the boundary sign and things)' 혹은 '직권위임(delegation)'이다. 과속방지턱을 예로 든다면 과속방지턱 앞에서 운전자들이 속도를 줄이는 이유는 보행자들을 위해서가 아니라 차체에 무리가 가기 때문이다. 따라서 과속방지턱은 새롭게 행위의 의미를 바꾸게 하는 것이다.

이처럼 비인간이 하나의 행위성을 가지고 있고, 인간과 비인간이 결합했을 때 새로운 복합 행위자로서 잡종이 탄생하고 목표들이 번역되는 것이다. 인간-비인간 집합체는 서서히 다른 형태로 진화하는데, 우선 기존의 인간-비인간의 접합이 문제시되면서 새로운 인간-비인간의 접합이 생기는 '번역' 과정이 시작되고, 그다음에는 이렇게 새롭게 만난 인간-비인간이 서로 특성을 교환하는 '교차(crossover)'의 과정이 뒤따른다. 이후 비인간들이 새로운 네트워크에 포함되는 '역할 부여하기(enrollment)'와 비인간들이 인간과 새로운 잡종을 만드는 '동원(mobilization)'이 뒤따른다. 이렇게 해서 만들어진 새로운 인간-비인간 집합체가 기존 집합체가 지향했던 방향과는 다른 새로운 방향을 지향하는 '치환(displacement)'이 마지막 단계이다.

2) 분단의 사회-기술적 네트워크

인간-비인간의 결합으로 '사회'를 인식하는 ANT의 관점은 분단 인식에도 시사하는 바가 크다. 분단을 우리의 일상과는 분리된 어떤 구조나 체제로 환원하는 시각의 '전환'을 요구하기 때문이다. 분단과 무관해 보이는 다양한 비인간, 담론, 기술, 제도 등이 분단을 구성하는 행위자이고, 분단 질서란 이러한 인간-비인간의 네트워킹을 통해 '번역'된 세계일 수 있음을 자각하도록 안내하기 때문이다. 또 많은 것이 블랙박스화에 실패해 '사건'이나 에피소드로 명멸하기도 한다. 따라서 이 블랙박스를 열 때만 분단은 새롭게 우리 일상 속에서 인식될 수 있을 것이다.

분단의 사회-기술적 네트워크를 구성하는 요소로는 다양한 인간-비인간이 모두 포함된다. 우선 물리적 인공물(artifact)로서 지뢰, 철책, 수류탄, 군부대, 총, 탱크, 비행기, 잠수함, 원전, 핵, 레이더, 전력 시스템, 교량, 댐, 표어, 포스터, 자연 자원, 교과서, 책, 논문, 차트, 그래프, 화폐, 기기, 장비, 설비, GPS, 도·감청, 해킹, 인터넷, 고문실 등 다양하다. 특히 이들 중 총, 수류탄, 탱크, 레이더, 비행기, 잠수함, 미사일, 폭탄 등과 같은 무기와 무기 시스템들은 군사적 지출 또는 안보라는 목적 없이는 존재할 수 없었다는 점에서 중요하다.[7] 특히 내적으로 사회에 대한 감시에 이들 인공물과 기술들이 사

---

7) 무기는 돌, 쇠, 화약, 총뿐 아니라 그것을 다루는 능력, 즉 지식이나 계략, 술책까지 포함한다. 테크놀로지의 개념은 단순한 사물 그 이상이다. 무기들은 획득되고 관리되며 이곳저곳으로 전파되고 결합되면서 파괴력이 몇 배로 늘어난다. 무기는 폭력의 조직화와 사태의 진행에 적응한다. 무기 자체는 이미 통합된 폭력이자 상징적 폭력이다. 지도자들이나 지배 집단은 무기의 장엄한 행진을 통해 공개적으로 힘을 과시하고 공포심을 자극한다. 이처럼 무기는 그 사람의 신체적 이상을 구체화하는 사물이다. 무기는 폭력의 수단이자 기호로서 단순한 사용 도구 그 이상이다. 무기는 잠재적 행위의

용된다는 점에서 이들은 분단의 사물들(things)이라고 할 수 있다.

둘째, 인간과 비인간이 결합한 사회-기술적 네트워크는 사회 조직도 구성 요소로 둔다. 방위산업체, 일반 생산업체, 다국적 기업, 설비 회사, 은행, 예비군, 민방위, 노동조직, 주식시장 등 다양하다. 특히 거대한 군사 질서는 사회 다방면에 동형적인 조직 원리를 주입해낸다. 셋째, 이러한 인공물 등의 비인간과 사회 조직을 연결하는 법적·제도적 장치도 사회-기술적 시스템을 접합시키는 중요한 구성 요소이다. 분단과 관련해서는 정전협정문, 한미동맹협정문, 국가보안법, 공동성명서, 기본합의서 등이, 그리고 다양한 법률적 조항들이 이들과 의존관계를 갖는다. 이밖에도 기술, 관습, 상징 등 다양한 구성 요소가 사회-기술적 네트워크를 구성한다.

ANT의 관점에서 한반도의 분단을 바라보았을 때 분단의 예외상태를 예외상태로 인식하지 못하게 하는 것, 그러한 예외상태 속에서 행해지는 폭력을 정상적 법 집행이나 과정으로 정상화하는 것, 이들 모두는 인간-비인간이 결합한 이질적 연결망의 '블랙박스화'를 통해 수행된다. 이러한 분단의 폭력이 행해지는 데는 다양한 인간-비인간이 결합한 이질적 연결망들이 동원된다. 분단의 행위자-네트워크는 이러한 예외상태와 국가 폭력의 일상화를 '블랙박스화'하는 인간-비인간의 이질적 연결망들을 뜻한다.

힘이다. 한국 사회 대부분의 남성은 군대를 통해 바로 이 무기를 다루면서 신체를 적응시킨 경험이 있다. 국가는 이들을 총을 다룰 줄 아는 병사로 길들이고 병사들은 이 무기를 다루면서 사물로 실체화된 분단을 체험한다. 볼프강 조프스키, 『폭력사회: 폭력은 인간과 사회를 어떻게 움직이는가?』, 이한우 옮김(푸른숲, 2010), 40~49쪽 참조.

3) 분단의 번역: 사회의 실험실화

행위자-네트워크의 구축을 통해 사회-기술적 세계가 어떻게 만들어지는가? 이것을 설명하는 데 사용되는 ANT의 핵심 개념이 바로 '번역'이다. ANT에서 '번역'은 존재론적 차원의 개념으로 한 존재와 다른 존재 사이에 행위의 위임과 치환이 이루어지는 과정을 말한다. 이 번역의 연쇄를 통해 다양한 인간과 비인간 사이의 이질적 연결망이 구축되는 것이다.[8] '번역'은 권력을 이해하는 핵심 개념인데, 한 행위자(행위소)의 이해나 의도를 다른 행위자의 이해나 의도에 맞게 그의 언어로 치환하기 위한 프레임을 만드는 행위이다. ANT의 목표는 바로 규칙성과 사회적 질서, 저항의 과정을 설명하는 것이다. 다시 말해 도구, 행위자, 기관, 조직 등과 같이 질서를 생성하는 번역의 과정을 연구하는 것이다.[9]

성공적인 번역 과정은 권력을 획득하는 과정이다. 즉, 어떻게 행위자와 조직이 그들을 이루는 부분과 조각들을 동원하고 배열하며 하나로 유지할 수 있는지, 또한 해체와 소멸에서 스스로를 방어하는지 그 과정에 주목한다. 따라서 어떻게 번역의 과정을 숨기고, 다양한 부분과 조직으로 구성되어 있는 이종적 네트워크 대신 규칙화된 행위자로 보이게 할 수 있는지가 ANT의 주요 연구 관심사이다.[10]

번역을 통한 행위자-네트워크의 형성과 작동의 세 단계는 아래와 같다. 첫 번째는 거시 세계(the macrocosm)를 실험실의 미시 세계(the microcosm)

---

8) 김환석, 「행위자-연결망 이론에서 보는 과학기술과 민주주의」, ≪동향과 전망≫, 통권 83호(2011), 39쪽.

9) 브뤼노 라투르 외, 『인간·사물·동맹: 행위자네트워크 이론과 테크노사이언스』, 홍성욱 엮음(이음, 2010), 49쪽.

10) 같은 책, 50쪽.

로 축소(또는 환원)시키는 단계이다. 바깥 세계의 일부가 실험실로 장소 이동을 하는 것이고, 실험실 안에서 새로운 것이 추가(transformation)된다. 두 번째는 이 실험실에서 다양한 기구와 기계, 설비, 장비를 동원해 새로운 지식을 고안하고 그 과정을 기입하는 단계이다. 여기서 과학적 '사실'이 생산된다. 세 번째는 아주 험난한 길이지만 거시 세계로 다시 나아가는 단계이다. 이는 다양한 동맹자의 자원과 지지를 통해 가능하다.[11]

여기서 주목할 것은 '사회의 실험실화(laboratorization of society)'이다. '실험실화'란 표현은 실험실에서 생성된 '사실'을 사회의 여러 장소에 이식하는 것을 말한다. 결국 권력이란 다양한 이해관계를 협상할 수 있는 번역의 능력이다. 가령 연구소, 기업, 정부 조직들, 군대 등 권력을 수반하는 조직들은 네트워크의 건설을 방해하는 저항 세력을 무력화하고, 이를 장기적으로 지속시키고, 필요에 따라 권력이 공간을 가로질러 작동하는 기제를 만들고, 네트워크에 복속된 다수의 행위자를 잘 대변하며, 미래의 네트워크 변화 가능성을 예측함으로써 권력을 유지·강화시킨다. 라투르가 루이 파스퇴르(Louis Pasteur)에 대해서 분석했듯이 ANT와 그 사례들을 잘 살펴보면 성공적인 권력자가 어떻게 힘을 획득했는가에 대한 통찰을 얻을 수 있다.[12]

이런 ANT에서 말하는 번역을 통한 권력 획득에 대한 관점은 분단 이해에도 함의하는 바가 크다. 분단 질서를 이념이나 실체화된 특정 세력, 군사적 대치로 환원하는 설명이 아닌 인간-비인간 네트워크 속에서 구성되는 권력의 문제로 보는 것이다. 분단 질서가 특정한 영역에 국한된 문제가 아니라 다양한 영역의 행위자와 네트워크를 통해 이뤄진 번역의 총체로 인식하는

11) M. Callon, P. Lascoumes and Y. Barthe, *Acting in an Uncertain World: An Essay on Technical Democracy* (Cambridge, Mass.: The MIT Press, 2009), p. 62.

12) 브뤼노 라투르 외, 『인간·사물·동맹』, 30쪽.

것이다. 결국 분단 질서는 인간-비인간 네트워크를 동원한 번역이 일상 속에 스며 있는 질서라고 할 수 있다.

분단을 사회적 실험실화하는 방식은 다음과 같다. 여러 간첩 사건, 불바다 발언, 농협 전산망, 교수 해킹 사건, 불온서적 등 외부 세계의 일부를 실험실(공안 기관)로 가져와(운송), '국가보안법' 및 안보 프레임, 동맹 프레임, 공안 사건 처리 관행 속에 맞춰 단순화, 간결화, 재구성한다. 이로써 세계는 실험실로 번역되어 관리 가능한 규모로 축소된다. 그러면 힘의 관계가 역전된다. 외부의 다양한 불확실성을 실험실의 조작을 통해 관리 가능한 것으로 역전시키는 것이다. 외부의 불확실성을 실험실로 가져오기 위해 다양한 관측 장비가 동원된다. 감시, 촬영, 도·감청 등 센서, GPS, 인터넷 온라인 감시, 컴퓨터를 통한 해킹 및 자료 처리, 과거 경력 조회, 동선 감시, 다양한 시뮬레이션 등 다양한 관측 장비들이 사회의 실험실화에 동원되는 행위자들이라고 할 수 있다. 물론 이런 번역은 북한 역시 마찬가지라고 할 수 있다.

이런 결과들은 검거 뉴스, 수사 발표, 증거 제시 등을 통해 발표되고 움직이는 전국적 지부를 통해 사실이 상징으로, 상징이 사실로 치환되도록 한다. 여기에 동원되는 것은 안보 표어, 포스터, 간첩 식별 매뉴얼 배포, 사상 검증, 빨갱이, 색깔 검증, 청문회, 정보기관 지부 가동 등이다. 이 과정은 끝이 없이 지속된다. 분단의 연결망 구축자는 여러 국가기관, 방위산업 관련 기업과 자본, 반공과 안보 관련 민간단체 등을 먼저 들 수 있다. 이들은 사회공학 차원의 전형적인 엔지니어들이다. ANT는 이 연결망 구축자들의 설계와 행위에 따라 움직이는 기술, 지식, 텍스트, 돈, 사람들의 복잡한 관계를 추적한다. 이를 통해 그들이 구축한 사회-기술적 체계 또는 행위자-네트워크의 '블랙박스'를 열고자 한다. 분단은 바로 이러한 관계들이고 그 관계를 분석함으로써 우리가 왜 그리고 어떻게 현재와 같은 분단의 장치들을 갖게 되었는가를 묘사할 필요가 있다.

4. 분단과 예외상태의 국가

1) 한반도 예외상태의 기원과 안보

한반도는 예외상태가 상례화·일상화된 거대한 무대이다. 그렇다면 외부(북한)를 내부화하고 내부를 외부화하며 '법률적인 것과 정치적인 것이 교차하는 모호하고 불확정적인 경계선'에 자리하는 '예외상태'를 창출해온 '안보'라는 괴물은 어떻게 하나의 통치 '장치'로서 기능했고 우리 삶 속에서 일상화되어왔는가? 우리는 여기서 내부와 외부의 위상학적 교착 상태, 그 '경계'에 대한 의문을 통해 분단-안보 프레임과 장치들이 정화하는 분단 세계에 대한 지식 생산, 예외상태의 일상화를 가늠할 수 있을 것이다.

조르조 아감벤(Giorgio Agamben)에 따르면 근대 국가 일반은 예외상태를 통해 성립 및 유지된다. 예외상태란 "법이 생명에 가닿고 스스로를 효력 정지시켜 생명을 포섭하기 위한 근원적 장치"이다. "살아 있는 자를 법에 묶는 동시에 법으로부터 내버리는 관계를 정의하기 위한 전제조건이 된다."[13] 그는 현대의 전체주의가 "예외상태를 통해 정치적 반대자뿐 아니라 어떠한 이유에서건 정치체제에 통합시킬 수 없는 모든 범주의 시민들을 육체적으로 말살시킬 수 있는 (합)법적 내전을 수립한 체제"라고 본다. "이때부터 항구적인 비상 상태의 자발적 창출이 (반드시 그렇게 한다고 선언하고 있는 것은 아니지만) 현대 국가의 본질적 실천"이 되었다고 본다.[14] 더 나아가 그는 "예외상태가 점점 더 현대 정치의 지배적 통치 패러다임이 되고 있다"라고 보고, "예외적으로 취해진 잠정적 조치가 통치술로 전환되는 현상"이 "민주주의와

---

13) 조르조 아감벤, 『예외상태』, 24쪽.

14) 같은 책, 15~16쪽.

절대주의 사이의 확정 불가능한 문턱"이 된 것처럼 보인다고 진단한다.[15)]

이런 아감벤의 논의를 한반도 차원에서 본다면 한반도만큼 예외상태가 통치 장치화되고 일상화된 장소도 없다. 한반도에서 예외상태란 '안보'를 명분으로, '안보'를 위해, '안보'라는 장치를 통해 등장하고 일상화되어왔다. 한국전쟁은 이러한 예외상태를 일상적인 상태로 확장하게끔 한 기원, 근거를 제공한다. 물론 근대의 예외상태 경험은 일제강점기 총동원 체계, 식민지 지배 체계로까지 거슬러 올라갈 수 있다. 분단 이후 등장한 수많은 법적·제도적 장치, 담론들, 사회-기술적 체계들의 많은 부분이 우리가 일제강점기 시기를 통해 경험했던 것들이기 때문이다.

그러나 한국전쟁은 하나의 '굴절'로서 모든 사회적 진리 구축의 기원을 독점했고, 한국전쟁이라는 초유의 비상사태 경험은 예외상태의 무한한 자원, 보고 역할을 했다. 아감벤은 예외상태의 약사(略史)를 정리하며 제1차 세계대전을 통해 대다수 교전국에서 항구적인 예외상태가 등장하는 계기가 되었다고 본다. 전시에 도입된 정부 법령에 의한 새로운 입법 행위가 이제 모든 정치 세력이 받아들이는 절차가 되었다는 것이다.[16)] 그런 측면에서 한국전쟁, 정전 상태의 지속은 분단-안보 프레임, 안보라는 통치 장치를 만들 수 있는 역사적 경험으로서 한반도적 예외상태의 기원을 이룬다고 볼 수 있다.

2) 분단의 예외상태와 생명정치

'분단-안보'라는 것을 통해 구성되는 예외상태의 진정한 위상학적 위치는

---

15) 같은 책, 16쪽.

16) 아감벤은 "제1차 세계대전과 이어진 몇 년의 기간은 통치 패러다임으로서 예외상태의 기능적 메커니즘과 장치들을 시험하고 발전시키는 실험실 역할"을 했다고 본다. 같은 책, 24쪽.

어떠한 것인가? 실제로 정상상태(내부)와 예외상태(외부)는 따로 존재하는 것이 아니다. 특정한 군사적 사태와 국면을 통해 정상상태가 예외상태로 전환되는, 그래서 이 두 상태가 뚜렷하게 시간적·상황적으로 식별이 가능한 것이 아니다. 정상상태라는 내부, 정상적 형태의 질서 또는 내부적인 안정성이라는 것은 예외상태라는 외부에 의해 가능하고 유지되는 것이다. 어느 한쪽이 없으면 나머지 하나가 성립하지 않는다. 그것은 시간적·공간적·상황적으로 이 둘이 공존하고 서로를 가능하게 하며 구성한다는 것이다.

따라서 '외부(예외상태)'는 직접적·가시적으로 가동하지 않을 때도 항상-이미 우리 내부(정상상태)에서 가동 중이다. 안보의 정상상태란 유예되고 연기된 예외상태일 뿐 아니라 그 예외상태를 통해 명분을 획득하기 때문이다. 안보라는 정상상태의 본질이 예외상태라는 것, 그리고 예외상태를 선포할 통치자의 권력은 정상상태에 의해 보장되지만, 그것은 정상상태 전체를 중지시킬 수 있는 – 현재 상태가 정상적이지 않다는 주관적 판단을 할 수 있는 – 권력이란 점에서 정상상태의 바깥에 있다는 것이다.

이런 예외상태가 상례가 되는 사회에서 모든 사람은 분단의 '호모 사케르(homo sacer)'로 전락할 가능성을 늘 가진 존재들로 존재하게 된다. 분단-안보 프레임의 내부와 외부라는 구분의 위상학적 차원에서 본다면 호모 사케르는 내부에 존재하는 외부, 혹은 외부로서 존재하며 안보의 정상성을 규정하게 해주는 내부이다. 따라서 내부와 외부가 구별 불가능한 지대이고, 이 외부는 어떤 경우보다 끔찍하고 처참한 외부이다. 죽어도 말 못하는 존재, 죽어도 희생으로 쳐주지 않는 존재, 즉 부정적 외부라고 할 수 있다.

다시 말해 안보는 '안보의 위배자', '외부의 적', '오염된 내부'들을 색출, 발굴, 창조해 안보 내부로 '포함'하면서 그와 동시에 '배제'(살해)하는 언어적·물리적·제도적·법률적 장치로 군림한다. 한마디로 남북한에서 행해지는 분단의 안보 정치는 이런 '죽어도 싼 빨갱이', '타도되어야 할 괴뢰'로서 호모 사케르를 양산하고 그와 동시에 배제하는 생명정치(bio-politics)를 통해 전체주의 국가로서의 면모를 지닌다. 따라서 한국에서 분단의 호모 사케르가 갖는 위상학적 지위는 안보가 구성하는 예외상태, 즉 내부와 외부의 식별 불가능하며 확정 불가능한 경계선, 문턱에서 양산된다. 또한 분단-안보 프레임에 기초한 통치 '장치'는 이들을 사회에서 격리, '추방'할 수 있도록 짜인 하나의 절차와 관행, 인간-비인간이 결합된 사회-기술적 체계를 담고 있다.

북한에서 호모 사케르는 좀 더 폭력적이고 직접적인 방식을 통해 양산된다. 가령 출신 성분으로 애초부터 '벌거벗은 생명'으로 낙인찍혀 태어난 자들이 인구학적으로 많은 수를 차지하고 있고, 이들은 태어나면서부터 이 '죽음의 정치'에 가장 극단으로 내몰리는 운명을 타고난 자들이다. 또한 북한의 지배 권력은 언제든지 정치적 충성, 당성, 혁명성이라는 지극히 주관적이고 자의적인 평가를 통해 이들을 숙청, 철직, 추방, 감금, 고문, 처형 등을 할 수 있는 체제이다. 현존하는 사회 중 예외상태를 이처럼 노골적으로 통치 패러다임으로 전면화시킨 사회는 드물다. 북한의 정치범 수용소는 분단의 호모 사케르를 알리는 전형적인 예라고 할 수 있다. 지배 집단의 자의적 판단과 필요에 따라 어느 누구도 이 철저하게 격리된 수용소의 '벌거벗은 생명'으로 전락할 수 있다. 최고 지도자, 소수의 특권화된 지배 계층의 의지와 필요에 따라 특정 사람과 집단이 절차 없이 지위를 박탈, 고문당하고 구금 시설이나 오지로 추방당하며, 더욱 잔인한 것은 이들의 가족과 친척들 역시 모든 정치적 가능성을 제거 당한다는 것이다.

분단을 배경으로 한 남북한의 정치적 질서는 그 안에 무수한 외부를 포함하고 있다. 즉, 분단-안보 프레임의 구축자들, 그것을 소비하는 사회는 지극히 주관적 판단과 안보 판타지를 통해서 '정상상태'라 여기는 것과 충돌하거나 거기서 벗어나는 무수한 사건들, 무수한 충돌의 지대를 항상-이미 포함하고 있다. 예외상태가 일상화된 세계, 그것이 분단의 세계인 것이다.

5. 분단과 예외상태의 일상화

1) 예외상태와 법: 유신의 경험

예외상태는 법질서 또는 정상상태의 바깥에 있는 것도, 안에 있는 것도 아니고, 이를 정의하는 문제는 진정 하나의 문턱 또는 내부와 외부가 서로 배제하는 것이 아니라 서로를 식별하지 못하는 구분 불가능한 영역에 놓여 있다. 법의 효력 정지는 법의 폐지를 의미하지 않고, 법의 효력 정지가 만들어내는 아노미 영역은 법질서와의 관계를 잃지 않는다(혹은 적어도 잃지 않은 채 하고 있다).[17] 예외상태에서는 사실(호출된 예외적 상황)이 법으로 전환되기도 하고, 법이 효력 정지되어 사실 속으로 사라지는 역방향 운동이 일어난다. 아무튼 본질적인 것은 사실과 법이 서로 상대방 속으로 사라지는 규정 불가능성의 문턱이 생겨난다는 사실이다.[18] '안보'라는 예외적 상황이 호출되면 그것은 법으로 전환된다. 즉, 법과 같은 위상으로 법적 효력을 갖는 상황으로 전환되는 것이다. 한편, 법이 효력 정지되어 사실(호출된 예외적 상황) 속으로 사라지는 것이다.

비상사태에 의존하는 것은 도덕적이거나 정치적인(어쨌든 법률 외적인) 하나의 가치 평가를 포함하고 있다. 법질서는 이러한 가치 평가로 판단되고, 결국 법질서를 거스를지도 모르는 대가를 치루더라도 보존되고 강화될 가치가 있는 것처럼 보이는 것이다. 한국에서 발생했던 비상사태는 표면적으로는 '안보'라는 가치 평가에 의존하면서, 내적으로는 권력의 강화와 유지에 의존하는 것이었다. 한국에서 비상사태가 선포된 예로는 1971년 12월 27일

17) 같은 책, 51~52쪽.

18) 같은 책, 61쪽.

박정희에 의한 비상사태 선언과 1979년 10월의 대통령 시해사건, 1980년 5월 광주민주화운동 때의 비상계엄 확대 등이 있다. 특히 1971년 비상사태의 경우 특별한 명분 없이 선언된 이후 '국가보위에관한특별법'을 국회에서 통과시켜 사실상 예외상태가 주권자의 자의적이고 주관적인 판단과 필요로 만들어질 수 있고, 법의 외부에서 법을 만들어낼 수 있음을 여실히 보여준 사례이다. 또 제5공화국 '헌법'에는 대통령이 국정 전반에 걸쳐 헌법적인 효력을 갖는 비상조치권을 발동할 수 있게 되어 있었으나 1987년의 헌법 개정 때 이 조문이 삭제되었다.

1972년 10월 1일 선포된 '유신헌법' 제53조는 "국가의 안전보장 또는 공공의 안녕질서가 중대한 위협을 받거나 받을 우려"가 있을 경우 "헌법에 규정되어 있는 국민의 자유와 권리를 잠정적으로 정지하는 긴급조치를 할 수" 있을 뿐만 아니라 "정부나 법원의 권한에 관하여 긴급조치"를 취할 수 있도록 한 바 있다. 이 제53조에 근거해 긴급조치가 1973년부터 '유신헌법'이 폐지되는 1980년까지 총 아홉 차례 발동되었다. 긴급조치 1호는 '유신헌법'에 대한 논의 자체를 금지하고, 위반자는 영장 없이 구속할 수 있도록 규정했고, 긴급조치 2호는 위반자를 처벌하는 '비상군법회의'를 설치해 중앙정보부장이 사건을 조사 및 감독하는 내용을 담고 있다. 여기에 더 나아가 긴급조치 9호는 유언비어를 날조하거나 전파하는 행위는 물론 '유신헌법'을 부정, 왜곡 또는 비방하거나 폐지를 주장할 수 없도록 규정하는 등 초헌법적 내용들로 가득 차 있다. 이 긴급조치는 '유신헌법'이 폐지되면서 자연스럽게 효력을 잃었다고 볼 수 있으나, 긴급조치 1호와 4호가 각각 대법원과 서울고등법원에서 위헌 판결을 받은 것은 2010년 12월과 2011년 2월이다.

이와 같이 예외상태는 법 밖에서 법을 정지시키고 다시 예외상태를 법 안으로 가져온다. 중요한 것은 이것이 지극히 자의적인 판단과 필요에 의해 언제든 가능하다는 것이다. 또한 주목할 것은 바로 이런 비상사태가 '안보',

‘공공의 안녕질서’와 같은 외부의 ‘위협’ 또는 외부에 의해 오염된 내부를 명분으로 선언하고, ‘안보’가 법 밖에 법을 정지시키는 구실을 했다는 점이다. 또한 조사와 처벌 역시 법과 법 사이, 또는 법 밖에 존재하는 ‘안보’를 명분으로 만들어진 중앙정보부를 통해, 그리고 비상군법회의라는 기형적인 군사적 계통으로 이뤄졌다는 점이다. 이와 같은 경험들은 법률의 폐지와 무관하게 국민 내부에 깊은 상처, 그리고 ‘안보’가 북한이라는 외부의 위협뿐 아니라 바로 일상 속에서 나를 향하는 공포의 체험이었다.

2) 예외상태의 일상적 체험

분단의 폭력적인 예외상태의 흔적들은 아직도 우리 일상 속에서 진부해 보이지만 하나의 일상 풍경으로 존재한다. 1971년부터 시작된 민방위 훈련은 그런 예외상태의 일상화에 해당한다. 민방위 훈련의 표면적 실시 목적은 “적의 공습이나 각종 재난으로부터 국민의 생명과 재산을 보호하기 위해” 전 국민을 대상으로 “신속한 동원체제를 확립해나가는 훈련”이자 “국민 스스로의 재난대처 능력을 배양”시키는 것이다. 이것은 언제든 이 사회가 예외상태에 돌입할 수 있음을 반복적으로 환기시키는 하나의 ‘장치’이다. 한 달에 한 번씩 온 국민은 이 사회가 예외상태로 언제든 돌입할 수 있음을 알리는 사이렌(민방공 경보)을 들으며 기계적이지만 분단의 예외상태를 예행하고 또 수행한다. 나른해질 만한 오후 2시에 일제히 스피커를 타고 흐르는 사이렌과 모든 정규방송이 멈추고 라디오로 중계되는 훈련 상황, 텅 빈 거리의 경관이 주는 시각적 환기, 호루라기 소리, 기계적으로 몸을 은폐·엄폐시키기 위해 종종거리는 사람들. 이처럼 민방위 훈련은 인간과 비인간이 결합되어 청각과 시각의 환기, 육체를 숨기고 움츠리게 하는 것을 통해 안보를 육체에 각인시키고 일상화시킨다.

한편 공안기관에 의한 예외상태의 일상화도 빠질 수 없는 부분이다. 공안기관은 1961년 이래 국가의 대소사에 관여하지 않은 데가 없다고 해도 과언이 아니다. 정상적인 경제와 감시의 원리가 작동하지 않는 상황에서 공안기관은 간첩을 잡기도 했지만 만들어내기도 했다. 한마디로 공안기관은 예외상태를 감지하고 예방하기 위해 존재했다기보다는 그 자신이 예외상태가 되어 예외상태를 일상에 유포하고 조작하는 존재였다. 추적, 도청, 미행, 협박, 불법 연행, 고문, 흑색선전 등 그들의 공간은 벌거벗은 생명, 호모 사케르들을 양산하는 하나의 실험실이었다.

이런 공안기관들이 행한 폭력의 역사를 보면 폭력이 특정한 목적에 이르기 위한 수단일 뿐이라는 견해는 단순화된 것일 수 있다. 폭력은 감정을 부채질하고, 자기 확신 및 자기만족을 회복시킨다. 이러한 감정들은 폭력 행위의 최우선 목표, 예컨대 상대방을 굴복시키는 일이 일단 성취된 뒤에도 여전히 유효하게 작동한다. 폭력이 권력을 만들어내고 자신에게 권력을 부여하는 것은 순수한 목적과 수단이라는 관계에 머무르지 않는다. 이로부터 모든 공권력을 행사하는 기관의 기본적인 문제 가운데 하나가 생긴다.[19)]

예외상태의 일상화는 교육과정 속에서도 작동해왔음은 주지의 사실이다. 공산 침략 분쇄라는 고등교육의 목표 설정, 교과서라는 비인간을 동원한 '반공 도덕', '승공', '바른생활', '국민 윤리', 그리고 현재까지 지속되고 오히려 최근에 강화되고 있는 통일 안보 교육 등은 외부의 적을 각인시키는 것과 함께 이들이 예외상태 속으로 저항감 없이 살아가도록 하는 역할을 했다. 또한 국도와 고속도로, 대중교통 수단, 공공건물, 학교, 아파트 단지, 기업체 등 담뱃갑, 영화관 표까지 일상 곳곳에 배치되어 있던 반공 표어와 포스터들

---

19) 미하엘 빌트, 「폭력에 대한 단상」, 이상록 외, 『일상사로 보는 한국근현대사: 한국과 독일 일상사의 새로운 만남』(책과함께, 2006), 194쪽.

은 분단의 예외상태를 환기하고 일상화하는 사물들이었다. 여기에 남과 북은 반상회와 인민반 제도를 통해서도 예외상태를 일상화했다. 1970년대 후반부터 시작된 반상회는 주민들에게 반공주의, 정부 정책, 국민 행동 요령 등을 교육시켰다. 국민 행동 요령 중에는 비상 시 행동 지침, 간첩을 알아보는 방법, 수상한 사람을 신고하는 방법 등도 포함되어 있었다. 주민들은 유언비어를 신고하고 '불순한' 행동을 하지 않도록 교육받았다.

6. 결론: 분단의 블랙박스 열기와 탈분단

분단 상황에서 '사회적 진리'란 강하고 이질적인 네트워크를 확립함으로써 더욱 강하게 구축될 수 있다. 연결망이 좀 더 강하고 광범위할수록 – 일상 속에서 상식화될수록 – 진리 주장은 단단하게 굳어진다. 분단 세계에서 안보는 인간 및 비인간 동맹자들을 충원하고, 전문가의 입으로 얘기하고, 자료를 수집하고, 분류와 축적을 하며, 실험실과 장비, 차트와 이미지, 법조문과 표준 등을 활용함으로써 광범위한 지지와 상식의 연결망, 지속적인 동맹자를 만들어낸다. 그리고 결국 어떤 진리 공동체 – 특정 무엇이 진실이라고 믿음을 공유하거나 그러한 믿음의 실천 원리에 지배를 받는 – 를 창출하게 되는 것이다.

ANT는 우리가 당연하다고 생각해 사실상 인식하지도 않는 어떠한 사회적 진리가 사실상 '블랙박스'이고, 실제로 그런 것들이 어떤 과정을 통해 구성되는지 치밀하게 묘사할 것을 요구한다. 고정된 물리적 분단이 아닌 끊임없이 만들어지고 있는 '사실들'로서의 분단을 추적해야 하는 이유이다. 분단을 배경으로 등장해 우리 일상 속에 스며들어 있는 사회적 진리들을 추적하는 것이 분단에 대한 행위자-네트워크의 방법론인 것이다.

분단의 사회적 진리가 정점에 이를 때는 분단 권력이 기획한 인간-비인간 행위자의 모든 흔적이 지워지고 거대 언어로 모든 것이 자연 질서화될 때이다. 사회적 진리가 일상화되고 사회의 배경지식이 되는 것이다. 이러한 분단의 사회적 진리는 자본의 논리, 세계 패권의 논리와 결합해 잡종의 양산과 진화를 거듭하게 한다. 이 잡종들의 양산과 진화를 치밀하게 묘사하는 것이 그래서 필요한 것이다.

분단 '사물의 정치(politics of things)'는 분단의 세계가 남북한 또는 인간과 인간의 관계뿐 아니라 수많은 비인간(물건, 기술, 장비, 설비, 물자체 등)과 인간의 결합을 통해 구축된 이질적인 사회-기술적 네트워크를 통해 구축되고 움직이는 세계라는 것을 인식하고 더 민주적이고 바람직한 사회를 만들기 위해서는 이들 이질적 연결망들을 드러내고 이들 위험스런 잡종들을 새롭게 재편해야 함을 뜻한다. 그런 점에서 사회-기술적 잡종들이 어떻게 출현하고 성공해 안정화되는지 또는 실패해 소멸하는지 구체적인 사례연구를 통해 묘사하는 데 집중적 노력을 기울여온 ANT를 통해 분단을 성찰할 필요가 있다. 그것은 안보라는 통치 장치를 대중적 논쟁의 장으로 끄집어내고 이를 통해 민주주의의 갱신 또는 재활성화 계기를 마련하는 것을 뜻한다.

따라서 분단 극복은 거대 언어로 치환된 분단, 일상에 스며들어 있는 분단의 행위자-네트워크를 '인식하고', '흔들고', 새롭게 재편하는 '일상의 정치'를 통해 가능할 수 있다. 이를 위해 분단의 행위자-네트워크가 구체화되는 과정을 '경험적'으로 추적하는 연구가 필요하다. 이를 위해 블랙박스화되어 일상 속에 묻혀 있는 분단의 인간-비인간 행위자들의 네트워크, 이들 존재의 웅성거림을 들어야만 한다.

참고문헌

국내 자료

김환석. 2006. 『과학사회학의 쟁점들』. 문학과 지성사.

_____. 2010. 「'두 문화'와 ANT의 관계적 존재론」. 브뤼노 라투르[브루노 라투르(Bruno Latour)] 외 지음. 홍성욱 엮음. 『인간·사물·동맹: 행위자네트워크 이론과 테크노사이언스』. 이음.

_____. 2011. 「행위자-연결망 이론에서 보는 과학기술과 민주주의」. ≪동향과 전망≫, 통권 83호.

라투르, 브뤼노[라투르, 브루노(Bruno Latour)]. 2009. 『우리는 결코 근대인이었던 적이 없다』. 홍철기 옮김. 갈무리.

라투르, 브뤼노[라투르, 브루노(Bruno Latour)] 외. 2010. 홍성욱 엮음. 『인간·사물·동맹: 행위자네트워크 이론과 테크노사이언스』. 이음.

문강형준. 2011. 『파국의 지형학』. 자음과 모음.

문승숙. 2007. 『군사주의에 갇힌 근대: 국민 만들기, 시민 되기, 그리고 성의 정치』. 이현정 옮김. 또 하나의 문화.

바우만, 지그문트(Zygmunt Bauman). 2009. 『유동하는 공포』. 함규진 옮김. 산책자.

버틀러, 주디스(Judith Butler). 2008. 『불확실한 삶: 애도와 폭력의 권력들』. 양효실 옮김. 경성대학교출판부.

빌트, 미하엘(Michael Wildt). 2006. 「폭력에 대한 단상」. 이상록 외. 『일상사로 보는 한국근현대사: 한국과 독일 일상사의 새로운 만남』. 책과함께.

벤야민, 발터(Walter Bendix Schonflies Benjamin). 2008. 『(발터 벤야민 선집5) 역사 개념에 대하여/폭력비판을 위하여/초현실주의 외』. 최성만 옮김. 도서출판 길.

세르, 미셸(Michel Serres)·브뤼노 라투르[브루노 라투르(Bruno Latour)]. 1994. 『해명』. 박동찬 옮김. 솔.

아감벤, 조르조(Giorgio Agamben). 2008. 『호모 사케르: 주권 권력과 벌거벗은 생명』. 박진우 옮김. 새물결.

_____. 2009. 『목적 없는 수단: 정치에 관한 11개의 노트』. 김상운·양창렬 옮김. 난장.

_____. 2009. 『예외상태』. 김향 옮김. 새물결.
아감벤, 조르조(Giorgio Agamben)·양창렬. 2010. 『장치란 무엇인가? 장치학을 위한 서론』. 난장.
이진경. 2009. 『외부, 사유의 정치학』. 그린비.
이택광. 2011. 『이것이 문화비평이다』. 자음과 모음.
임지현 외. 2000. 『우리 안의 파시즘』. 삼인.
조주현. 2010. 「실천이론으로 본 비판사회학과 페미니스트 정치학의 문제」. ≪경제와 사회≫, 통권 88호.
조프스키, 볼프강(Wolfgang Sofsky). 2010. 『폭력사회: 폭력은 인간과 사회를 어떻게 움직이는가?』. 이한우 옮김. 푸른숲.
한홍구. 2003. 『대한민국사 1』. 한겨레신문사.
_____. 2004. 『대한민국사 2』. 한겨레신문사.
_____. 2005. 『대한민국사 3』. 한겨레신문사.
_____. 2006. 『대한민국사 4』. 한겨레출판.
홍민. 2011. 「행위자-연결망 이론과 분단 연구: 분단 번역의 정치와 '일상으로의 전환'」. ≪동향과 전망≫, 통권 83호.
휴스, 토머스(Thomas P. Hughes). 1999. 「거대 기술 시스템의 진화」. 위비 바이커 외. 『과학 기술은 사회적으로 어떻게 구성되는가』. 송성수 옮김. 새물결.

국외 자료

Callon, M. 1986. "Some Elements of a Sociology of Translation: Domestication of the Scallops and the Fishrman of St. Brieu's Bay." John Law(ed.). *Power, Action and Belief: A New Sociology of Knowledge? Sociological Review*, Monograph 32. London: Routledge.
_____. 2007. "What does it mean to say that economics is performative?" D. Mackenzie, F. Muniesa and L. Siu(eds.). *Do Economists Make Markets?: On the Perform activity of Economics*. Princeton: Princeton University Press.
Callon, M., P. Lascoumes and Y. Barthe. 2009. *Acting in an Uncertain World: An*

Essay on Technical Democracy. Cambridge, Mass.: The MIT Press.

Latour, B. 1992. "A Note on Socio-Technical Graphs." *Social Studies of Science*. Vol. 22, pp. 33~57.

_____. 1993. *We have never been Modern*. Cambridge, Mass.: Harvard University press.

_____. 1999. *Pandora's Hope: Essays on the Reality of Science Studies*. Cambridge, Mass.: Harvard University.

_____. 2002. "Gabriel Tarde and the End of the Social." in Patrick Joyce(ed.). *The Social in Question: New Bearings in History and the Social Science*. London: Routledge.

_____. 2005. *Reassembling the Social: An Introduction to Actor-Network Theory*. Oxford University Press.

Law, J.(ed.). 1991. *A Sociology of Monster: Essays on Power, Technology and Domination*. London & New York: Routledge.

제5장

분단 연구의 동향과 과제*

조우현 · 조영주

1. 서론

1) 문제제기 및 연구 목적

분단을 제외하고 한국 사회의 근·현대사와 오늘의 현실을 논하기는 어렵다. 1945년 이래로 분단은 한반도의 정치, 경제, 사회 등 각 부분에 지대한 영향을 끼쳤다. 남북한 정권은 분단 현실의 적대적 관계를 통해 독재 정권을 정당화하고 통치 수단을 확보했으며 그 과정에서 정치 이념과 정치 발전의 비정상적이고 기형적 형태가 만들어졌다. 과도한 군사비 지출 등 소모적인 체제 경쟁으로 인해 정상적인 사회 발전이 지체되었는가 하면 남북한의 대중은 분단으로 인한 기본적 권리 침해를 오랜 기간 겪었다.

* 이 글은 2013년 정부(교육부)의 재원으로 한국연구재단의 지원을 받아 수행된 연구이다(NRF-2013S1A3A2054810).

분단으로 인한 여러 정치·사회·경제적 문제로 인해 분단은 극복해야 할 문제이자 통일이라는 민족사적 과제의 대상이자 한반도 현실을 규정하는 틀로서 고려되어왔다. 하지만 이에 비해 '분단' 그 자체는 주요 설명 대상으로 여겨지지 못한 측면이 있다. '분단'이 무엇인지에 대한 구체적인 논의가 이뤄지지 못한 것이다. 분단을 전제로 하는 연구는 주로 통일 정책과 통일 연구에서 다뤄졌고, 연역적 연구 방법을 중심으로 전개되었다. 이러한 연구 경향으로 인해 기존의 통일 연구가 당위론과 방책론에 치중되어 현실을 다루지 못하고 있다는 비판을 받기도 했다.[1)]

그러나 통일 또는 분단의 해소를 지향하기 위해서는 '분단'이 무엇인지에 대한 논의가 우선될 필요가 있다. 분단이 시작되고 유지될 수 있는 원인, 한국 사회에서 분단의 의미, 분단이 일상 속에서 작동하는 방식 등 다양한 차원에서 분단에 대한 접근이 시도될 때 구체적인 분단 해소와 통일 방식에 대한 실천의 내용이 도출될 수 있는 것이다. 아울러 향후 분단 연구의 과제를 도출하기 위해 그동안의 분단 연구의 성과와 한계를 밝히는 성찰 작업이 필요하다. 따라서 이 글은 분단 연구의 인식 지형과 시대별 추이를 살펴보고, 분단 연구의 주요 논의들이 무엇인지 고찰한 후 기존 연구의 성과와 한계를 밝히고 향후 학술적 과제를 제시하고자 한다.

이 글에서 '분단 연구'는 '분단' 그 자체를 분석하고 설명하며 이론화하는 연구와 분단을 한국 사회의 구조와 한국 사회에서 발생하는 다양한 현상을 설명하는 틀로서 다루는 연구, 분단의 해소와 관련한 연구를 의미한다. 구

---

1) 실제로 1980년대 후반부터 1990년대에 이르는 동안 활발해진 통일 담론 가운데서 통일 연구가 가진 연역성, 당위성, 서술적 접근 등을 지적하는 목소리가 있었다. 양성철에 따르면 통일이라는 비현실에 집중함으로써 분단이라는 현실과 동떨어져 통일 이론이 발전할 수 없었고, 서술적 또는 처방적 접근이 분석(이론)적 접근보다 많았다. 양성철, 『남북통일이론의 전개』(경남대학교 극동문제연구소, 1988), 170~171쪽.

체적으로 분단의 원인, 분단이 유지되는 구조와 맥락, 한국의 정치적·경제적·사회적 문제에 대한 영향 요인으로서 분단, 이러한 분단의 결과와 해소 방식 등에 대한 연구를 포함한다. 아울러 분단 연구가 분단이 무엇인지를 설명하는 것에서 시작해야 한다는 이 글의 문제의식에 따라 한반도의 분단을 이론화한 연구들에 대한 분석에 초점을 두고자 한다.

2) 연구 방법

분단 연구의 현황을 조사하기 위해 국회도서관, 국립중앙도서관, 한국교육학술정보원(KERIS), 디비피아(DBPia)에서 '분단'을 주제어로 단행본, 학위논문, 학술지 논문을 검색했다. 이 중 학술지 논문의 경우 분단에 관한 학술연구에 한해 분석하고자 했기 때문에 등재(후보)지로 한정했다.

'분단'을 주제어로 검색한 경우 1970~2013년 동안 9000여 편의 문헌이 집계되었다. 그러나 주제어와 제목에 '분단'이 포함되어 있다 하더라도 설명 대상으로서 분단을 다루지 않은 문헌이 다수 존재한다. 이를테면 「분단시대의 민족교육」, 「분단시대의 학교교육」, 「분단시대의 통일이론」, 「분단시대의 청년운동」, 「분단시대의 문학」 등은 민족 담론, 교육제도, 통일 방안, 사회운동, 문학 동향 등을 설명하지만 이를 분단과의 관계 속에서 접근하지 않는다. 즉, '분단'이 관용적으로 주제어 또는 제목에 포함된 것이다.

따라서 이 글에서는 분단 연구를 다음과 같은 기준으로 선별·분류했다. 첫째, 분단을 종속변수로 다루고 있는 연구인 경우이다. 이는 한반도에서 분단이 발생하게 된 원인과 책임, 또한 그러한 과정을 밝히고자 하는 시도로서 주로 '분단사 연구'가 해당된다. 둘째, 분단을 독립변수로 해 접근하고 있는 연구로 분단이 한반도의 정치·사회적 지형에 미친 영향을 논하는 경우가 해당된다. 셋째, 분단의 작동 원리를 설명함으로써 그 실재를 드러내 이론화하고자 하는 경우이다. 분단을 종속변수와 독립변수로 설명하려는 연구가 각각 분단이 발생한 원인과 분단으로 인한 결과를 살펴보는 것이라면 분단을 이론화하려는 연구는 지금까지 유지되는 분단 지속성의 원인을 밝히면서 분단이 작동하는 방식을 서술 또는 설명하려는 연구이다.

2. 분단 연구의 시대별 추이와 인식 지형

1) 분단 연구의 시대별 추이: 1970~2013년

분단을 연구 대상으로 삼은 학술적 연구는 1970년대를 기점으로 전개되기 시작했고, 현재에 이르기까지 많은 양적 성과를 이루었다. 1970년대는 약 325편의 연구 성과가 있었고, 1980년대 들어 1000편 이상의 연구가 진행되었으며, 1990년대 이후 지속적으로 증가하는 양상을 보인다. 1970년대 이전에도 분단에 대해 접근하고 있는 연구가 존재하는데, 당시의 연구 경향은 주로 한반도 분단의 원인을 설명하고자 하는 시도로서 특히 한국전쟁과 관련한 국토 분할의 역사적 배경과 과정을 밝히는 것이었다.[2]

분단 연구의 양적 발전은 시대의 정치·사회적 변화라는 흐름과 함께 살펴볼 수 있다. 1970년대는 남북체제 경쟁과 적대관계, 남북한 독재 정치 등의 강화로 점철된 시기였지만, 1972년 7·4남북공동성명은 남북관계와 한반도

2) 강종권, 「국토분단에 대한 전략적 고찰: 임진왜란에서 한국전쟁까지」, 국방대학교 안보문제연구소, ≪국방연구≫, 제22호(1969); 노계현, 「국토분할안에 관한 역사적 고찰」, 대한국제법학회, ≪국제법학회논총≫, 제8권 제1호(1963). 1970년대 이전의 연구 중에 해외의 분단국가로서 독일에 대한 사례연구 또는 한·독 비교 연구가 시도되긴 했으나 주로 통일 방안 또는 통일 정책 비교에 국한된 측면이 있었다.

분단 현실에 대한 학계의 주목을 불러일으키는 주요한 계기가 되었다.[3]

분단 연구는 1980년대에 이르러 본격적으로 활성화되는 모습을 보인다. 이 기간 단행본(1165권), 학위논문(98편), 학술지 논문(75편)의 학술적 성과가 축적되어 과거보다 양적인 발전을 이루었다. 이러한 양적 발전은 이른바 '87년 체제'라는 한국 사회의 민주화와 함께 '북한바로알기운동' 등 통일 운동이 민간 차원에서 활성화되고 한반도 분단과 통일에 관한 모색이 다방면에서 논의되는 정치·사회적 변화로 인해 가능했다.

1990년대에 접어들면서 분단과 관련한 학위논문과 학술지 논문이 각각 245편, 207편으로 이전에 비해 두 배 이상 증가하는 모습을 보인다. 이는 한반도 분단에 대한 학술적 모색이 집중되면서 분단 연구의 질적 발전이 이뤄지기 시작했다는 점을 보여준다. 특히 1990년대 중반 식량난과 대량 탈북 현상 등 북한의 위기로 인해 북한 체제의 변화와 통일에 대한 구체적인 준비의 필요성이 제기되면서 분단과 통일에 대한 학문적 관심이 증대되었다. 국내에서 '북한학', '통일학' 등 북한 및 통일 관련 학문 분과가 만들어지고, 일부 대학의 교육과정에 북한·통일 관련 학과가 개설될 만큼 분단에 관한 담론적·학술적 차원의 관심이 집중되기 시작한 것이다. 특히 1980년대 중반까지는 국책 기관의 분단 연구가 중심적이었으나 1990년대를 경과하면서 민간 학술 연구의 축적이 가시적이었다. 이러한 변화는 시민사회 영역의 발전과 함께 정부 중심의 통일 담론이 대중화되기 시작했다는 맥락에서 이해할 수 있다. 2000년대에 이르러서는 6·15공동선언 및 10·4선언 등 남북관계가 개선되고 교류 협력의 확대로 통일·분단과 관련 연구가 두드러지게 늘어나

3) 1970년대 중반에 이르러 한반도 분단과 관련한 학위논문이 발표되기 시작했다. 유경욱, 「분단국의 법적지위에 관한 연구: 한독양국의 경우에서 본 분단체법적 지위론의 변천」(성균관대학교 대학원 석사학위논문, 1976); 서영수, 「한반도 통일을 위한 조건 비교」(영남대학교 대학원 석사학위논문, 1976).

는 경향을 보인다.

분단 연구의 양적 증가와 함께 연구의 내용에서도 다양한 주제와 영역을 포괄하게 되었다. 초기에는 분단의 개념 및 원인, 분단국의 법적 지위, 분단국 사례 등에 대한 연구가 정치학적 접근을 통해 진행되었다.[4] 이러한 경향이 이후에도 지속되는 한편, 1980년대를 지나면서 분단 극복의 문제, 통일 정책, 분단과 사회운동, 분단의 이론화가 시도되었고, 분단으로 인한 정치·사회·경제적 문제를 구조적 차원에서 다루면서 분단과 국내/국제 정치, 분단과 사회·문화, 분단과 젠더 등 다양한 이슈와 분단을 연관 지어 설명하는 논의들로 확장되었다.[5] 연구 영역에서도 정치학, 사회학, 경제학, 여성학, 심리학, 인문학 등 다양한 학문 분과에서 분단을 다루기 시작했고, 주체의 다층화는 주제의 다양화로 이어졌다.

---

4) 김준희, 『분단국가 일반이론에서 본 우리 재통일문제 해결방안의 윤곽』(국토통일원, 1971); 김정균, 「국제법상의 분합모델과 분단·통일 모델의 비교유형적 고찰: 분단국에 관한 법적 지위론과 통일형태론의 동향 분석」, 대한국제법학회, ≪국제법학회논총≫, 제20권 제1호(1975); 박동희, 『6.23선언의 전략논리와 동서독관계 비교 평가』(국토통일원, 1976).

5) 이효재, 「민족분단과 가족문제」, 한국기독교사회문제연구원 편, 『분단현실과 통일운동』(민중사, 1984), 166~196쪽; 손영원, 「분단의 구조: 세계 사회적 계기의 내재화와 역사적 국가형성의 한 국면」, 김홍명 외, 『국가이론과 분단한국』(한울, 1985), 59~92쪽; 홍성국, 「한국분단의 경제적 기회손실에 관한 연구」(연세대학교 대학원 박사학위 논문, 1986); 조희연, 「분단·사회구조·사회운동」, 박현채 외, 『한국자본주의와 사회구조: 한국사회분석의 새로운 모색』(한울, 1987), 263~270쪽; 강만길, 「분단시대의 역사적 정통성」, ≪역사비평≫, 제28호(1994); 박명림, 「분단질서의 구조와 변화: 적대와 의존의 대쌍관계 동학, 1945~1995」, 세종연구소, ≪국가전략≫, 제3권 제1호(1997); 김종엽, 「분단체제론의 궤적: 회고와 전망」, 한국사회과학연구소, ≪동향과 전망≫, 통권 61호(2004); 건국대학교 인문학연구원 통일인문학연구단 엮음, 『분단 극복을 위한 인문학적 성찰』(선인, 2009) 등.

분단 연구의 방법론적 측면을 살펴보면 초기 연구는 자료 발굴과 이에 대한 사회과학적 분석을 중심으로 시도되었다. 대표적으로 '분단사 연구'는 한반도 분단의 원인과 책임, 그 과정을 밝히려는 목적하에 기본적으로 역사학적 연구 방법에 따라 이뤄졌다. 역사학적 접근에서는 자료의 수집과 해석이 중요한 바 한반도 분단과 관련된 남북한, 미국, 중국, 러시아, 일본의 정보들은 각 학파의 주장을 실증하는 데 중요한 1차 자료였다. 그런데 역사학적 접근 방법이 범하기 쉬운 오류는 이에 따른 연구 결과가 자칫 회귀주의에 빠질 수 있다는 것이다. 이런 점에서 역사 사회학적 접근이 시도되어 한반도 분단사를 단순히 과거주의에서 규명하는 것이 아니라 수집, 분석한 자료를 이론적으로 설명하고 그것의 인간/사회상을 총체적으로 기술하고자 했다.[6)]

한편 분단 연구에서 비교 연구가 주요 연구 방법으로 채택되기도 했는데, 이는 해외의 여러 분단국을 분석함으로써 한반도 분단의 성격을 규명하고 통일에 대한 시사점을 얻기 위함이었다. 특히 1980년대 중반을 경과하면서 국책 연구 기관을 중심으로 이루어진 해외 분단국 조사 연구는 비교 연구 방법을 통해 각각의 분단국 사례를 들어서 역사적 설명과 과학적 분석을 시도했다. 아울러 국제정치 이론, 특히 현실주의적 국제정치 이론을 통해 '정치권력과 국가이익(Political Power and National Interest)'의 요소들로서 연구 대상 국가들의 분단 원인 및 과정을 분석했다.[7)]

앞서 살핀 연구들이 세계 냉전 또는 동북아시아 역내 국가 간 관계에 초

---

6) 신복룡, 『한국분단사연구 1945~1953』(한울, 2001), 32~34쪽.

7) 전득주, 『세계의 분단사례 비교연구: 한국·독일·팔레스타인·베트남·예멘·중국·오스트리아』(푸른길, 2004), 21쪽. 이러한 국제정치 이론적 접근은 한반도 분단사 연구에서도 나타나는 특징 중 하나이다. 이는 당시 한반도 문제가 미국과 소련에게 '사활적 이익(vital interest)'의 대상이었기 때문이다. 김계동, 『한반도의 분단과 전쟁: 민족분열과 국제개입·갈등』(서울대학교출판부, 2000), 590~591쪽.

점을 둔 거시적 수준의 분석이라면, 1990년대 후반과 2000년대에 들어서면서 미시적·경험적 차원의 분석이 이뤄지기 시작했다. 체제 중심적 또는 사건사 위주의 연구 경향에서 탈피해 분단이 사회 구성원의 일상과 삶에 미치는 영향을 구체화하기 위한 시도로서 미시적 차원의 경험적 연구가 이뤄진 것이다. 예를 들어 구술 생애사 연구 방법을 통해 한국전쟁의 과정과 결과가 사회 구성원의 삶에 어떤 영향을 미쳤는지 등을 밝히는 연구들이 있다.[8)]

아울러 1990년대 초·중반 이래로 시도되는 분단을 이론화하려는 일련의 연구는 현재까지 지속되는 분단의 원인과 그 작동 방식을 설명하고 해소 방안 등을 제시하기 위해 사회과학의 주요 이론적 자원을 활용하고 있다. 예컨대 세계체제 이론(World System Theory), 시스템 이론(System Theory), 구조화 이론(Structuration Theory), 행위자-네트워크 이론(Actor-Network Theory: ANT) 등을 통해 분단된 한반도의 특징과 그 성격을 설명하고, 한반도의 분단이 유지되는 메커니즘을 밝히고자 했다.

2) 분단 연구의 주요 내용

분단 연구는 양적인 증가와 함께 다양한 주제를 다루었다. 초기 분단 연구에서 중요하게 다뤄진 주제는 분단의 원인을 설명하고자 하는 것이었다. 대표적으로 '분단사 연구'는 제2차 세계대전 전후 국제사회에서 한반도 문제가 거론된 1943년 카이로회담에서 한국전쟁이 외형상 종식된 1953년 휴전협정 체결까지를 연구 범위로 하면서 분단의 원인과 책임을 규정하는 것을 목적으로 하고 있다.[9)]

---

8) 김종군, 「한국전쟁 체험담 구술에서 찾는 분단 트라우마 극복 방안」, 한국문학치료학회, ≪문학치료연구≫, 제27집(2013).

분단사 연구에는 크게 세 가지 학파가 있다.[10] 첫 번째 분류는 보수주의(conservatives)로도 불리는 전통주의(traditionalist)이다. 이 학파의 분단사 연구는 서구 학자들 또는 재미 한국 학자들에 의해 시작되었고, 이들은 왜 한반도가 분단되었고 한국전쟁이 발발했는가에 대해 '군사적 편의주의' 또는 '정치적 편의주의'로 답변한다. 전자에 따르면 일제 패망 이후 일본군 항복과 조선인 귀환을 위한 '군사적 목적'에서, 후자에 의하면 미국의 안전과 이익 확보 및 소련의 팽창 저지를 위한 '정치적 목적'으로 '38도' 선이 설정된 것이다. 전자든 후자든 보수주의적 분단사 연구는 당시 국제정치적 상황에서 한반도 분단은 불가피했던 것으로 보고 있다. 두 번째 분류는 수정주의(revisionist)로서 분단의 책임이 어디에 있는지 규명하고자 했다. 수정주의적 접근의 주요 특징은 한국전쟁의 발발을 북한의 남침으로만 설명하지 않는다는 점이다. 개전의 원인을 두고서 남한의 선제공격으로 보거나 미국이 한국전쟁을 사전에 알고 있었고 이에 북한이 빠졌다는 '함정설', 더글러스 맥아더(Douglas Macarthur)의 음모가 있었다는 '도발설' 등으로 설명한다.[11]

---

9) 분단사 연구는 분단 원인이 무엇이고 그 책임 소재를 어디에 두느냐에 따라서 몇 가지 연구 영역으로 구분되기도 하지만 공통적으로 규명하고자 하는 대상은 한국전쟁이다. 한국전쟁이란 1945년 영토 분단과 1948년 국가 분단에서 비롯된 하나의 결과이자, 이러한 분단을 고착화하고 봉인한 분기점이었기 때문이다. 분단과 한국전쟁 간의 관계를 고려했을 때 분단사 연구에서 드러내고자 하는 한국전쟁의 원인과 책임은 곧 분단의 원인과 책임으로 이어진다고 하겠다.

10) 분단사 연구의 세 가지 학파에 대한 개괄과 분단사 연구에서의 분단 인식에 대해서는 신복룡, 『한국분단사연구 1945~1953』, 47~58쪽 참조.

11) 도발설에 대해서는 B. Cumings, "Introduction: The Course of Korean-American Relations, 1945~1953," B. Cumings(ed.), *Child of Conflict: The Korean-American Relationship, 1945~1953* (Seattle, London: University of Washington Press, 1983), pp. 44~49.

세 번째 분류는 후기 수정주의(post-revisionist)로서 이러한 접근과 앞의 두 학파의 차이점은 한국전쟁의 원인을 민족의 내적 분열에서 찾는다는 점이다. 다시 말해 후기 수정주의는 외부에서 분단과 한국전쟁의 책임 소재를 찾기보다는 '내전(civil war)'이라는 용어를 사용하면서 그것의 발생 배경과 과정을 내재적인 관점에서 밝히고자 한다. 이러한 입장의 논거는 신생 독립국들의 경우 보통 해방 이후 내부의 권력 장악 과정에서 투쟁이 있었고, 이때 열강의 개입이 있었다는 것이다. 후기 수정주의적 시각에서 본다면 미국과 소련 중심의 냉전체제는 한국전쟁에서 종속변수일 뿐 한반도 분단의 주된 원인은 민족 내부의 분열이다. 세 학군마다 원인 분석과 접근 방법이 상이하지만 분단사 연구자들의 분단 인식은 외세에 의해 강제되었고 한국전쟁을 기점으로 강화되었다는 점에서 '나뉨(division)'이자 내부 분열의 결과였다는 점에서 민족의 '갈라섬(separation)'이다. 요컨대 분단사 연구에서 바라보는 한반도 분단이란 제2차 세계대전 전후 강대국의 개입과 한민족 분열의 결과로서 '나뉨'과 '갈라섬'의 역사적 사실이다.

다음으로 많이 다뤄진 연구는 '분단국 사례연구'이다. 앞서 살펴본 분단사 연구가 분단의 원인을 규명하고자 했다면 분단국 사례 비교연구는 이후의 통합 과정까지 함께 다루고 있다. 독일, 예멘, 베트남 등 분단을 극복한 국가나 중국, 타이완 등 분단 극복을 시도하는 나라를 연구함으로써 이러한 사례들이 남북한 분단과 통합에 어떠한 시사점을 줄 수 있는지 규명하고자 한다.[12] 초기 분단국 사례연구는 주로 북한·통일 관련 국책 연구 기관에 의해 통일 정책과 관련한 비교연구의 일환으로 진행되었다. 분석 대상이 된 국가들은 제2차 세계대전 이후 분단된 예멘, 독일, 오스트리아, 베트남, 중국 등이다. 이러한 국가들을 분단의 원인을 기준으로 국제형 분단/내쟁(內爭)형

12) 임채완 외, 『분단과 통합: 외국의 경험적 사례와 남북한』(한울, 2006), 12~13쪽.

분단, 분단 이후 쌍방의 관계에 초점을 맞추어 안정형 분단/불안정형 분단 등으로 유형화해 분단과 통합 과정을 비교 분석했다.[13] 분단국 사례연구는 여타 분단국가들을 유형화하면서 한반도 분단을 국제형과 내쟁형의 중첩 지점에서 국가의 분단으로서 인식함과 동시에 이를 극복 대상으로 간주한다.

이처럼 분단사 연구와 분단국 사례연구는 분단의 원인을 분석하고 분단의 성격을 규명함으로써 분단을 극복하는 것에 주요 관심을 두고 있다. 이러한 맥락에서 분단사 연구와 분단국 사례연구 외에도 분단 극복과 관련한 통일 정책 및 사회운동 차원의 논의들이 이뤄졌다.

분단사 연구, 분단국 사례연구, 분단 극복과 관련한 연구들과 같이 역사적·구조적 차원의 접근이 이뤄지는 한편, 분단의 구체적 현실, 분단의 일상화 등 경험적이고 일상적 차원에서 분단이 작동하는 방식을 다루는 연구들이 진행되었다. 예컨대 가족 문제 및 여성과 관련된 주제들을 분단의 일상화 차원에서 접근하는 연구들이다.[14]

---

13) 국제형 분단은 한 국가가 분단되는 과정에서 분단의 주체가 국내 정치 세력이 아니라 국제 정치 세력에 의해 분단된 경우를 뜻한다. 내쟁형 분단은 강대국보다는 국내 정치 세력에 의해 발생한 분단 유형을 가리킨다. 이러한 구분에 혼합형 분단을 추가적으로 고려할 수 있는데, 이는 국제 정치 세력뿐 아니라 국내 정치 세력도 분단에 기여한 유형이다. 전득주, 『세계의 분단사례 비교연구』, 22~23쪽.

14) 이효재, 「민족분단과 가족문제」; 김진균·조희연, 「분단과 사회상황의 상관성에 관하여」, 변형윤 외, 『분단시대와 한국사회』(도서출판 까치, 1985), 395~431; 김동춘, 『분단과 한국사회』(역사비평사, 1997); 윤충로·강정구, 「분단과 지배이데올로기의 형성·내면화」, 동국대학교 사회과학연구원, ≪사회과학연구≫, 제6권(1998); 조은, 「전쟁과 분단의 일상화와 기억의 정치: '월남' 가족과 '월북' 가족 자녀들의 구술을 중심으로」, 한국사회사학회, ≪사회와 역사≫, 제77권(2008); 김동춘, 「분단이 낳은 한국의 국가폭력: 일상화된 내전 상태에서의 '타자'에 대한 폭력 행사」, ≪민주사회와 정책연구≫, 통권 23호(2013) 등.

분단의 일상화와 그 결과에 대한 연구의 한 흐름으로 최근 분단의 트라우마와 관련한 연구들이 진행되고 있다. 이 연구들은 분단으로 인해 빚어진 집단과 개인의 '트라우마(trauma)'에 주목한다. 이러한 연구의 논지에 따르면 집단 수준의 트라우마는 한반도 구성원들이 경험하게 된 욕망의 좌절과 박탈이 가져온 결과로서 그 열망은 근대로의 이행기에서 근대국가를 향한 것이었으나 불행하게도 한반도라는 민족공동체를 향한 욕망이 좌절되는 경험을 통해 형성되었다. "민족=국가의 욕망이 좌절되는 지점에서, 그리고 '민족≒국가'라는 어긋남이 빚어낸" 분단의 트라우마는 동일성을 향한 욕망이 되어 한국전쟁으로 분출된 것이다.15)

개인적 수준의 트라우마에 접근하는 연구들은 한국전쟁을 거치면서 개개인이 겪은 상처, 고뇌, 욕망, 주체성, 희망 등을 밝히고자 한다. 이를테면 한국전쟁 체험담을 통해 분단의 트라우마가 어떤 양상으로 자리 잡고 있는지 드러내고 그것에 대한 치유 방안을 모색하는 것이다.16) 요컨대 분단 트라우마 연구는 집단적·개인적 차원에서 정서적 상처, 타자를 배제하는 삶의 방식, 반인문적인 생활 문화 등을 모두 비정상 상태로 보면서 분단을 한민족과 그 개별 구성원에게 가해진 '상흔'이자 '치유의 대상'으로 간주한다.17)

분단의 트라우마 연구가 전쟁과 분단으로 인한 폭력적 상황에 대한 심리적이고 정서적인 측면의 접근이라면 분단과 폭력 그 자체를 다루는 연구들도 있다. 분단을 '예외상태'라는 개념으로 설명하는 연구들로 한국전쟁이라는 '내전'을 경험한 분단국가를 대상으로 통치의 수단으로서 '예외상태'와 국

---

15) 김성민·박영균, 「분단의 트라우마에 관한 시론적 성찰」, ≪시대와 철학≫, 제21권 제2호(2010).

16) 김종군, 「한국전쟁 체험담 구술에서 찾는 분단 트라우마 극복 방안」.

17) 이병수, 「휴머니즘의 측면에서 바라본 통일」, 건국대학교 인문학연구원 통일인문학연구단 엮음, 『소통·치유·통합의 통일인문학』(선인, 2009), 36~37쪽.

가 폭력을 다루고 있다.[18] 이러한 관점에서 보았을 때 분단은 예외상태를 창출하기 위한 적절한 통치수단이라고 할 수 있다. 예외상태를 "정치적 반대자뿐 아니라 어떠한 이유에서건 정치체제에 통합시킬 수 없는 모든 범주의 시민들을 육체적으로 말살시킬 수 있"는 현대 전체주의의 통치 수단이라고 했을 때[19] 이는 냉전 기간 내전을 경험한 국가들, 특히 한반도에서 여실히 드러난다고 할 수 있다. "한국전쟁이라는 초유의 비상사태 경험은 예외상태의 무한한 자원, 보고의 역할을" 했고, 이후 남북한은 서로를 외부화하고 내부화하면서 예외상태를 창출해왔기 때문이다.[20]

지금까지 살펴본 분단 연구에서 분단은 외세의 개입으로 인한 '분할', 민족의 분열로 인한 '갈라섬', 한국전쟁으로 인한 '상처'와 '폭력' 등으로 점철된다. 그리고 분단은 남북한 사회의 제반에 영향을 끼치는 요소로서 설명되고 극복해야 할 대상으로 위치된다. 이와 함께 분단이 무엇이고, 어떻게 현실에서 작동·유지되는지, 남북한의 정치·경제와 사회 현실을 한반도 분단과

---

18) 이와 관련된 연구로는 강성현, 「한국의 국가 형성기 '예외상태 상례'의 법적 구조: 국가보안법(1948·1949·1950)과 계엄법(1949)을 중심으로」, ≪사회와 역사≫, 제94집(2012); 홍민, 「분단과 예외상태의 국가: 분단의 행위자-네트워크와 국가폭력」, ≪북한학연구≫, 제8권 제1호(2012); 김동춘, 「분단이 낳은 한국의 국가폭력: 일상화된 내전 상태에서의 '타자' 에 대한 폭력행사」, ≪민주사회와 정책연구≫, 통권 23호(2013).

19) 조르조 아감벤, 『예외상태』, 김향 옮김(새물결, 2009), 15쪽. 예외상태는 '수용소'에서 공간화되어서 드러난다. "수용소는 예외상태가 규칙이 되기 시작할 때 열리는 공간이"자 이 상태가 안정적으로 실현되는 곳이기도 하다. 여기에서 거주민들은 정치적 지위를 박탈당한 채 "벌거벗은 생명으로 완전히 환원된다". "수용소는 정치가 생명정치가 되고 호모 사케르가 시민과 잠재적으로 구별될 수 없게" 되는 곳이다. 조르조 아감벤, 『목적 없는 수단: 정치에 관한 11개의 노트』, 김상운·양창렬 옮김(난장, 2009), 49~51쪽.

20) 홍민, 「분단과 예외상태의 국가」, 66~79쪽.

어떻게 교직해서 조망할 수 있는지를 설명해 이를 이론화하고자 하는 연구들이 있는데, 이는 다음에서 분석할 것이다.

3) 분단의 이론화

분단이 유지되는 메커니즘, 분단이 갖는 현실 규정력, 분단 해소와 사회 발전 등에 이르기까지 총체적으로 분단을 설명하고자 한 '분단의 이론화' 연구 중 대표적인 논의로 '분단체제론'이 있다.

분단체제론은 1992년 「분단체제 인식을 위하여」라는 백낙청의 글이 발표되면서 처음으로 개념화되었다. 백낙청은 분단체제론을 개진하면서 '세계체제론'을 이론적 자원으로 활용해 '체제(system)'가 가진 지속성에 주목했는데 분단체제의 억압적 성격을 드러내고 남북 기득권들의 '교묘한 공생관계'를 밝혀냄과 동시에 이러한 체제를 어떻게 극복할 수 있을지에 대한 대안을 제시했다.[21] 이러한 분단체제론의 문제의식은 한반도 분단이 어떻게 유지·

---

21) 박순성은 분단체제 개념을 처음 사용한 논자로 장준하를 손꼽고 있다. 박순성, 「한반도분단과 대한민국」, 이병천 외 엮음, 『다시 대한민국을 묻는다: 역사와 좌표』(한울, 2007), 101~102쪽. 장준하는 해방 정국에서 일부 권력층이 동서 냉전체제하에서 민족의 양분을 직시하지 못했고, 민족은 "분단체제에 묶여 들어"갔다고 했다. 이러한 분단은 정치제도의 형성에도 영향을 끼친 바 양극 시대의 분단 논리가 정치제도화되었기 때문에 통일을 위한 과제 중 하나는 비민주적 제도들을 민주화하는 것이다. 장준하, 『민족주의자의 길(장준하 전집 3)』(세계사, 1992), 33~39쪽. 강만길도 분단체제라는 용어를 사용했다. 그는 1978년 집필한 저서에서 한국전쟁 이후를 두고 "통일민족 국가의 수립은 요원하고 반대로 분단체제가 굳어져만 가는 시기"라고 했다. 이때 분단체제는 분단이라는 현실 자체를 의미하는 것으로 여겨진다. 강만길, 『분단시대의 역사인식』(창작과비평사, 1978), 14쪽. 1984년 출판된 문헌에는 "해방 후의 분단체제가 민주주의 발전을 저해하여, 공화주의 정체 아래서도 국민주권주의가 극도로

작동하는지, '체제'로서 어떤 특성이 있으며 이를 어떻게 체계적으로 인식할 수 있는가에 있었다.

분단체제론의 주요 내용은 다음과 같다. 첫째, 분단체제의 성격은 기본적으로 '반민주적', '비자주적'이다. 분단체제는 통일 독립국가에 대한 민중적 요구에 역행하면서 강요된 것이고, 이것이 수십 년간 고착화되면서 대다수 남북한 민중은 남북한 기득권 세력에게 손해를 보고 있기 때문이다.[22] 둘째, 결국 남한의 "현실은 어디까지나 분단국의 현실이요, 분단체제의 일부로 존재하는 사회의 현실"이다. 따라서 1987년 6월 항쟁은 남한 사회의 민주화를 진척시키는 계기가 되었다고 할지라도 이는 '분단체제가 남한의 독자적 민주화에 부과하는 한계를' 넘어서지 못한 성과이다. 이러한 제약을 통찰한다면 남북한의 점진적인 통합을 고려하지 않은 사회 발전 운동은 '후천성 분단 인식 결핍 증후군'일 수밖에 없다.[23] 셋째, 분단은 남북한 주민들의 일상생활에까지 스며들어 있다. 이는 분단의 '체제적' 성격에서 비롯되는 것인데, 분단체제 내의 일상생활은 당연히 그 체제의 영향을 받기 때문이다.[24]

이런 한반도 분단 현실에 대한 체계적 인식은 이에 대한 극복 방안으로 이어진다. 분단체제를 극복하는 것은 일시적이 아닌 상당히 장기적이고, 비단 한반도에 국한된 것이 아니라 남북한을 넘어 세계체제로까지 확장될 때 가능하다. 그리고 체제 변혁의 주체는 응당 민중 세력인데, 이는 분단체제에서 남북한 기득권 세력과 민중이 각각 '대립항'을 이루고 있기 때문이다.[25]

제한되"었다고 설명하는데, 여기서 분단체제는 반민주적이고 권위적인 '체제(regime)'의 성격을 지니는 의미라고 보인다. 강만길, 『한국현대사』(창작과비평사, 1984), 165쪽.

22) 백낙청, 『한반도식 통일, 현재진행형』(창비, 2006), 47쪽; 백낙청, 『2013년 체제 만들기』(창비, 2012), 140쪽.

23) 백낙청, 『어디가 중도며 어째서 변혁인가』(창비, 2009), 263~272쪽.

24) 백낙청, 『흔들리는 분단체제』(창작과비평사, 1998), 18쪽.

분단체제론은 분단을 총체적으로 접근하고 분단 그 자체를 설명하려는 시도를 했다는 점에서 의의를 갖지만, 분단체제론이 갖는 추상성으로 인해 비판의 여지를 남기고 있다. 분단체제극복운동을 일상에서 시작해야 한다는 주장을 통해 분단체제론이 갖는 현실성과 구체성이 드러나지만, '분단체제' 역시 체제라는 거대 구조에 갇혀 있고, 그러한 구조는 권력과 지배, 피해와 억압의 이분법적 구분으로 구성된다는 점에서 한계가 있다는 것이다.[26) 또한 "분단의 거시적 모순과 미시적 작동 '사이'를 연계하는 시각과 방법"을 규명하는 데 구체성이 미비하다는 점에서 비판을 받는다.[27)]

한편 최근 분단을 설명하고 이론화하려는 또 하나의 시도로 '수행적 분단론'이 제기되고 있다. 수행적 분단론은 분단을 설명하기 위한 이론적 자원으로 ANT에 기초하고 있다.[28)] 수행적 분단론은 분단을 "중심화되고 초개인적

---

25) 백낙청, 『어디가 중도며 어째서 변혁인가』, 269~271쪽; 백낙청, 『2013년 체제 만들기』, 142쪽.

26) 홍민, 「수행적 분단론에 대하여」, 『분단/탈분단의 정치와 분단의 수행성』, 동국대학교 SSK 분단/탈분단연구센터 학술회의 자료집(2014.5.30), 51~52쪽.

27) 홍민, 「행위자-연결망 이론과 분단 연구: 분단 번역의 정치와 '일상으로의 전환'」, ≪동향과 전망≫, 통권 83호(2011), 63~65쪽.

28) ANT의 대표적인 이론가인 브뤼노 라투르(Bruno Latour), 미셸 칼롱(Michel Callon) 등은 탈구조주의와 기호학 등 여러 논의를 결합시켜 '과학지식사회학'과는 다른 참신한 이론을 제시했다. ANT 이론가들은 사회학주의도 아니고 과학주의도 아니고, 나아가 포스트모더니즘도 아닌 지식을 추구한다. 이를 라투르는 '비근대주의(Amodernism 또는 Nonmodernism)'라고 명명한다. ANT는 우선적으로 과학적 사실을 '블랙박스'로 보고 이것을 열고자 하는데, 그 방법은 '만들어지고 있는 과학(science-in-the-making)'을 치밀하게 추적하는 것이다. 행위자-네트워크 이론가들은 과학적 사실이란 것은 오직 강하고 이질적인 연계의 네트워크를 확립함으로써 구성될 수 있다고 여긴다. 김환석, 「행위자-연결망 이론(Actor-Network Theory)에 대한 이해」, 2005년 과학기술과 사회 윈터스쿨 자료집, 139~141쪽.

인 '체제' 속에서 파악하고자 하는 체제론 또는 구조론과 달리 일상생활에서 분단이 행사되는 방식과 인간과 인간, 인간과 비인간 행위자들이 이를 받아들이고 타협하고 저항하는 과정(networking)"에 관심을 둔다.[29] 그리고 하나의 안정적인 관계로 이루어진 분단의 사회질서가 존재하기보다는 복수로 존재하는 분단들의 네트워크가 있다고 보고 다중적 실재들로서 분단을 제기한다.[30] 이처럼 수행적 분단론은 구조로서 분단을 다루었던 기존 연구와 달리 복수의 분단 네트워크로 분단을 정의함으로써 분단이 작동하는 다양한 국면을 드러내고자 한다. 그리고 분단이 작동하는 방식, 즉 분단을 작동시키는 여러 장치(dispositif)를 분석해 실재하는 분단들을 가시화시킴으로써 탈분단의 가능성을 찾고자 한다.

그러나 분단체제론이 거둔 연구 성과에 비해 수행적 분단론은 아직 문제제기와 개념 제시 수준에 머물러 있다는 점에서 평가가 쉽지 않다. 분단체제론은 구조화된 질서로서 분단을 규정하기 때문에 분단 현실 자체를 분단체제로 설명할 수 있다. 이에 비해 수행적 분단론은 분단의 장치들을 드러내는 것을 통해 분단을 규명한다는 점에서 다양한 층위의 분단을 보여줄 수 있는 경험적 연구의 축적을 필요로 한다. 그럼에도 분단체제론을 비롯한 기존 연구들이 분단 현실에 대한 특정한 틀을 가정하고, 그 틀 안에서 분단을 설명해왔던 것과 달리 수행적 분단론은 분단의 장치들을 추적함으로써 분단이 수행되는 방식을 분석해 다양한 분단을 드러내고자 하기 때문에 실천적 차원에서 탈분단의 가능성을 제시하는 데 유의미할 것으로 여겨진다.

29) 홍민, 「수행적 분단론에 대하여」, 52쪽.

30) 같은 글, 53쪽.

3. 분단 연구의 과제

1) 일상화된 분단들의 규명

사회를 설명하는 데 구조와 행위를 둘러싼 문제는 사회과학계에서 익숙하면서도 현재까지 지속되는 주요 쟁점이다. 이는 분단 연구에서도 마찬가지이다. 그동안 분단 연구는 분단의 원인과 지속, 분단이 작동하는 방식에 대한 문제제기와 이를 규명하기 위한 노력을 해왔다. 그래서 분단을 둘러싼 국내외 정치적 맥락과 분단의 구조 및 체제에 대한 분석을 시도했고 한반도 분단을 설명하는 데 기여했다. 그러나 이러한 연구는 앞서 연구 경향에서 서술한 바와 같이 단일한 구조로서 분단을 가정한다는 점에서 분단이 작동하는 메커니즘에 대한 구체적 분석이 미비한 측면이 있다. 그리고 일상에 실재하는 분단을 규명하지 못한 채 당위론적으로 분단을 극복해야 할 것으로 주장하면서 분단을 극복하는 실천의 구체성이 결여되는 문제점이 있다. 이러한 측면에서 분단이 갖는 다중성, 즉 구체적인 현실에서 드러나는 분단의 모습들, 분단이 재현되고 수행되는 방식들에 관심을 가질 필요가 있다.

이러한 문제의식에 천착해 분단 연구에서도 분단의 일상화와 관련한 연구가 진행된 바 있다. 그런데 분단의 일상화와 관련해서는 이산가족 등과 같이 분단으로 인해 파생된 존재들의 일상과 경험에 대한 연구, 반공 이데올로기의 일상화, 국가 폭력, 전쟁 당시의 일상생활 등에 대한 논의에 국한되었다.[31] 즉, 전쟁 경험과 반공 이데올로기를 중심으로 한 분단의 일상성에

---

31) 유재일, 「한국전쟁과 반공이데올로기의 정착」, ≪역사비평≫, 제18호(1992); 윤충로·강정구, 「분단과 지배이데올로기의 형성·내면화」; 김귀옥 외, 『전쟁의 기억 냉전의 구술』(선인, 2008); 김경학 외, 『전쟁과 기억: 마을 공동체의 생애사』(한울, 2005); 조은, 「전쟁과 분단의 일상화와 기억의 정치」 등.

주목하는 것이었다. 이러한 연구는 전쟁과 분단을 일상적 차원에서 접근하고, 사회 구성원의 구체적인 경험 속에서 분단이 작동하는 방식을 드러냈다는 점에서 매우 중요하다. 그러나 전쟁이라는 특정 경험과 이데올로기에 치중했다는 점과 사회 전반과 구성원의 일상에서 작동하는 분단을 보여주지 못한다는 점에서 한계를 갖는다. 분단은 전쟁과 이데올로기만으로 우리의 일상에 내재되어 있는 것은 아니다. 분단은 일상의 다양한 경험 속에서 여러 형태로 존재한다. 분단이 고정되어 있는 구조가 아니기 때문이기도 하고 주체의 다양한 위치성이 분단을 다르게 경험하게 하기 때문이다.

분단은 개개인의 일상과 의식을 구성하는 담론이자 구조이면서 개인의 체화된 경험이다. 그래서 이미 주어지고 고정된 개념으로서 분단을 다루기보다 경험 속에서 재구성되어야 할 개념으로서 분단에 접근함으로써 분단의 다층적이고 다중적인 형태와 성격을 규명할 필요가 있다. 단수의 구조로서 분단이 아닌 실재하는 다양한 분단에 주목하는 것이다. 이 지점에서 수행적 분단론에서 제기하는 다양한 네트워크의 형태로 일상에서 수행되는 다중적 실재(multiple realities)의 모습으로서 분단에 대한 개념이 시사하는 바가 크다. 이러한 일상화된 분단들에 대한 접근은 탈분단의 가능성을 구체화시킬 수 있다는 점에서 의미가 있다. 당위론적인 분단 극복과 해소라는 언설을 구체적인 실천으로 가시화시킬 수 있기 때문이다. 분단이 무엇인지 규명할 때 이를 극복하거나 해소할 수 있고, '극복'과 '해소'의 내용이 구체화될 수 있다. 극복해야 할 대상으로서 분단을 다루되 '분단'이 설명되지 못한다면 무엇을 어떻게 극복해야 하는 것인지, 극복한 상태가 어떤 상태인지에 대한 구체적인 내용이 부재하게 된다. 그러므로 우선적으로 필요한 것은 다양한 분단을 드러내는 일이다.

2) 분단 권력의 장치 분석

분단의 일상화는 분단을 일상적으로 체험하는 것일 수도 있지만 분단을 인지하지 못하고 자연스러운 상태로 받아들이는 것이기도 하다. 그래서 특정한 사건이 발생하거나 위기가 도래했을 때 분단을 자각하고 한반도의 위기를 인식한다. 이처럼 분단 권력은 분단을 현실 권력에 이용하기 위해 위기화하고 그것을 통해 일상적으로 감시와 통제를 실행하기도 하지만, 오히려 분단을 망각하게 하고 일상에서 단절시킴으로써 작동하기도 한다. 분단을 일상 속에서 체험하면서도 이를 인지하지 못하게 하는 것이다. 그리고 특정한 담론, 즉 안보, 위기, 통일과 같은 거대한 담론만으로 분단을 설명하거나 그 담론의 당위성을 분단을 통해 찾으려 한다.

따라서 앞서 분단이 일상화되고 체화되어 있는 방식을 규명함으로써 실재하는 분단들을 드러낼 수 있다고 한 바와 같이, 이러한 실재하는 분단들을 일상화하고 체화시키는 분단의 장치들을 분석하는 것이 필요하다. 분단을 '번역'하는 장치들을 드러내고 분석해야 한다는 것이다.[32] 이를 통해 실재하

---

32) '번역'은 ANT에서 핵심적인 개념 중 하나이다. 이는 일종의 프레임을 만드는 행위로서 한 행위자의 이해를 다른 행위자의 것에 맞도록 치환하기 위한 것이다. 이러한 번역은 네 단계를 거치는데, 첫째, 문제제기의 단계이다. 이 단계에서는 네트워크를 구성하려는 행위자들이 다른 행위자들의 이해관계를 해석해 '의무통과지점(Obligatory Passage Point: OPP)'을 제시한다. 의무통과지점은 이해관계가 충족되기 위해 공통으로 지나가야 하는 곳이다. 둘째, 이해관계 부여 단계이다. 이 단계에서 중심 행위자들은 동맹을 맺은 행위자들이 다른 이해관계와 정체성에 끌려가지 않도록 여러 수단과 장치들을 동원한다. 셋째, 역할 부여하기 단계이다. 이는 이해관계 부여가 성공한 후 다른 행위자의 역할과 속성이 분명히 정의되는 단계이다. 넷째, 동원 단계이다. 중심 행위자들이 네트워크를 성공적으로 형성하면 다른 동맹들의 이름을 대신해 말할 수 있는 위임이 주어진다. 미셸 칼롱, 「번역의 사회학의 몇 가지 요소들: 가리비와

는 분단들이 무엇인지 밝힐 수 있고, 실천적 차원에서 분단을 다룰 수 있다.

또한 분단의 장치들을 분석하는 것이 필요한 이유는 분단을 유지, 지속시키는 다양한 행위자의 수행성을 보여줄 수 있다는 점 때문이다. 그동안 분단 상황에서 여러 행위자는 지배와 피지배의 구도하에 놓여 있었고, 분단 권력의 향유자와 희생자로만 존재해왔다. 그러나 특정 집단만이 분단의 유지와 지속의 주체로 존재하는 것은 아니다. 분단이 일상화되어 있는 만큼 분단은 여러 주체에 의해 다양한 방식으로 수행된다. 일상화되고 체화된 경험들 속에서 분단이 수행되는 것이다. 그래서 어떻게 여러 집단과 개인이 분단을 수행하게 하는지, 수행의 맥락 속에서 집단과 개인들의 관계가 어떻게 구성되는지 밝히기 위해 분단의 장치들을 밝힐 필요가 있다. 이를 통해 분단이 실재하는 다양한 국면을 드러낼 수 있을 뿐 아니라 구조로 환원되었던 분단을 다양한 관계 속에서 설명할 수 있다. 이는 분단을 수행하는 다양한 주체를 가시화시키고 주체들의 관계를 규명함으로써 분단이 작동하는 방식을 드러낼 수 있다는 점에서 의미를 갖는다. 나아가 분단을 수행하게 하는 장치를 가시화시킴으로써 분단 권력을 무력화시키고, 분단을 수행하는 방식의 변형을 꾀함으로써 탈분단의 가능성을 찾을 수 있을 것이다.

3) 분단의 외연 확장

분단을 설명하고 규명할 때 분단의 위치성은 분단 연구자들의 주요한 관심의 대상이 되어왔다. 다시 말해 한반도 분단 현실의 외연이 무엇인가라는 것이다. 분단 연구자들에 따라서 분단을 세계체제의 하위 체제로 보기도 하

생브리외 만의 어부들 길들이기」, 브뤼노 라투르 외, 홍성욱 엮음, 『인간·사물·동맹: 행위자네트워크 이론과 테크노사이언스』(이음, 2010), 67~87쪽.

고, 동아시아 안보 환경의 냉전체제로 보기도 했으며 독자적인 분단으로 간주하기도 했다. 이러한 분단의 위치성에 대한 고민은 분단의 성격을 규명하고, 이를 통해 분단 극복의 대안을 마련하기 위해서였다.

한반도 분단의 위치를 설명하면서 백낙청은 분단체제를 남북한 두 국가를 구성 요소로 삼으면서 세계체제의 하위 체제로 보았다. 이종석은 세계냉전체제의 하위 체제로 분단을 간주하면서 분단구조를 "분단을 매개로 형성된 남북한의 정치·경제·사회적 제 관계와 남북한 관계의 총체"[33]로 설명했다. 그런데 동서 냉전이 종식되었는데도 한반도의 분단은 지속되고 있다. 이와 관련해 분단이 지속되는 이유로 냉전 해소의 시간적 불균형성, 즉 동아시아 지역 냉전이 유지되고 있다는 문제의식이 제기되었고, 이러한 연장선상에서 이삼성은 동아시아 안보 환경의 하위 체제로 한반도 분단체제를 설명하고 있다.[34] 이러한 한반도 분단의 위치성을 규명하기 위한 기존 연구들의 노력은 한반도 분단 현실을 국제적·국내적 정치 맥락 속에서 설명함으로

---

33) 이종석, 『분단시대의 통일학』(한울, 1998), 30~32쪽.

34) 이삼성은 동아시아 지역 질서를 '대분단체제'라고 했다. 그는 탈냉전과 함께 유럽 국가들은 좀 더 수준 높은 통합을 향해 나아가는 반면, 동아시아는 여전히 냉전 시대에 구축되었던 '미국 주도의 동아태 동맹체제'가 와해되기는커녕 "미·일 동맹을 중심으로 더욱 강화"되고 그것의 가상적 목표물이 중국에 맞춰져 있는 점을 문제로 제기하면서 이에 대한 답을 '동아시아 대분단체제' 개념에서 찾는다. 그에 따르면 동아시아 대분단체제의 뿌리는 일본과 중국 대륙 사이의 역사에 있다. 이 사이의 '침탈과 참혹의 역사'는 "전후 미·소 냉전체제와 결합하여 유럽과 달리 그 역사적 상처가 응결됨으로써 정립된 동아시아 질서의 한 본질적 측면"이다. 동아시아 대분단체제는 일본과 중국 대륙, "이 분단선을 사이에 둔 갈등과 동맹의 구조"이고 중국-타이완, 남한-북한 등은 이러한 대분단체제의 소분단체제이다. 이삼성, 「동아시아국제질서의 성격에 관한 일고: '대분단체제'로 본 동아시아」, ≪한국과 국제정치≫, 제22권 제4호(2006), 55~58쪽.

써 구체적인 정책적 실천을 제시했다는 점에서 그 의미가 크다.

그러나 체제와 구조로서만 분단이 존재하는 것은 아니라고 할 때 한반도 분단을 설명하는 틀과 분단의 위치를 설명하기 위한 외연을 확장할 필요가 있다. 분단의 장치들을 분석하는 과정에서 드러날 수 있는 한반도 분단을 둘러싼 다양한 이해관계를 규명하는 것이다. 한반도 분단의 위치성을 규명하는 것을 통해 드러난 국가 간의 이해관계뿐 아니라 분단과 관련한 정책과 실천을 둘러싼 이해관계에 접합되어 있는 다양한 주체와 맥락을 밝힐 필요가 있다. 그동안 분단의 유지와 극복과 관련한 주체들은 국가와 시민사회라는 이분법적 구조로 설명된 측면이 있다. 그러나 분단을 수행하게 하는 장치들이 다양한 만큼 이와 관련한 주체들의 이해관계도 복잡하다. 단적으로 최근 민간 군사 기업의 등장은 국가 중심의 군대를 통해 이루어지던 분단의 유지 및 관리가 경제화·사적화된 방식으로 전환될 수도 있음을 짐작하게 한다. 이러한 전환은 분단으로 인한 국가성의 획득과 권력 작동 메커니즘에 영향을 미칠 것으로 보인다. 따라서 분단을 유지하고 지속시키는 장치인 무기와 기술, 군대와 방위산업체, 동맹 체계, 제도 등을 둘러싼 다양한 수준과 차원의 이해관계들을 규명함으로써 분단의 외연을 확장시킬 필요가 있는 것이다.

4. 결론

지금까지 한반도 분단 연구의 시대별 추이, 주요 연구 영역과 인식 지형, 주요 분단 논의 및 그 성과와 한계 등을 살펴보았다. 1970년대를 기점으로 시도된 한반도 분단 연구는 1980년대 후반을 경과하면서 본격적으로 이뤄지기 시작했고, 1990년대에 접어들어 활성화되는 모습을 보였으며, 양적 증가와 학술적 논의가 심화되고 있다.

분단의 원인과 배경, 분단 과정을 밝히는 분단사 연구와 해외의 분단을 경험한 국가를 분석하는 분단국 사례연구는 한반도의 통일 방안과 이와 관련된 정책적 시사점을 도출해왔다. 이러한 역사적·정책적 접근과 함께 분단의 일상화를 다룬 연구는 분단이 사회 구성원의 삶 속에서 경험되는 방식을 다룸으로써 분단이 구조로서만 존재하는 것이 아니라 우리의 일상 속에 내재되어 있음을 밝혔다. 그리고 분단을 이론화한 연구는 '분단' 그 자체를 설명하고 분단이 유지·지속되는 메커니즘을 규명하고자 했다. 이러한 연구들은 한반도의 현상을 규정하는 틀이나 구조로서 분단을 설명하는 것과 함께 사회 구성원의 일상 속에서 분단이 구체적으로 수행되는 지점들을 드러내려 했다는 점에서 큰 의미를 갖는다.

하지만 여전히 분단은 무엇인가에 대한 질문에 쉽게 답할 수 있는 것처럼 보이지 않는다. 분단의 극복이 그 실재에 대한 인식에서 시작한다고 할 때 우선적으로 일상화된 분단에 다가가는 것이 필요하고, 이를 위해서 다양한 행위자가 수행하는 여러 분단을 분석하는 것이 요구된다고 하겠다. 그뿐 아니라 분단 권력의 장치에 대한 추적을 통해 분단이 수행되는 방식을 드러냄으로써 분단의 사회동학을 밝혀야 할 것이다.

무엇보다 분단 연구의 가장 큰 과제는 경험적 연구의 축적이다. 이는 미래의 추상적인 통일보다 현재의 실제적인 분단을 연구 대상으로 삼는다는 점에서 더욱 요구되는 작업이다. 경험적 연구가 집적된다면 사례와 이론적 구성 간의 적실성, 사례에 대한 설명 및 해석의 문제 등에 대한 논의로 나아갈 수 있는 발판이 마련될 것이다. 아울러 학술적 발전만으로 끝나는 것이 아니라 일상생활 속의 대중이 분단을 경험하고 인식할 수 있도록 연구의 대중화 작업과 경험적 연구 결과의 정책 반영 등에 대한 노력이 필요하다.

참고문헌

국내 자료

강만길. 1978. 『분단시대의 역사인식』. 창작과비평사.

_____. 1984. 『한국현대사』. 창작과비평사.

_____. 1994. 「분단시대의 역사적 정통성」. ≪역사비평≫, 제28호.

강성현. 2012. 「한국의 국가 형성기 '예외상태 상례'의 법적 구조: 국가보안법(1948·1949·1950)과 계엄법(1949)을 중심으로」. ≪사회와 역사≫, 제94집.

강종권. 1969. 「국토분단에 대한 전략적 고찰: 임진왜란에서 한국전쟁까지」. ≪국방연구≫, 제22호.

건국대학교 인문학연구원 통일인문학연구단 엮음. 2009. 『분단극복을 위한 인문학적 성찰』. 선인.

_____. 2009. 『소통·치유·통합의 통일인문학』. 선인.

김경학·박정석·염미경·윤정란·표인주. 2005. 『전쟁과 기억: 마을 공동체의 생애사』. 한울.

김계동. 2000. 『한반도의 분단과 전쟁: 민족분열과 국제개입·갈등』. 서울대학교출판부.

김귀옥·조은·이임하·김동환·강우성·이태주·윤충로. 2008. 『전쟁의 기억 냉전의 구술』. 선인.

김동춘. 1997. 『분단과 한국사회』. 역사비평사.

_____. 2013. 「분단이 낳은 한국의 국가폭력: 일상화된 내전 상태에서의 '타자' 에 대한 폭력 행사」. ≪민주사회와 정책연구≫, 통권 23호.

김성민·박영균. 2010. 「분단의 트라우마에 관한 시론적 성찰」. ≪시대와 철학≫, 제21권 제2호.

김정균. 1975. 「국제법상의 분합모델과 분단·통일 모델의 비교유형적 고찰: 분단국에 관한 법적 지위론과 통일형태론의 동향 분석」. ≪국제법학회논총≫, 제20권 제1호.

김종군. 2013. 「한국전쟁 체험담 구술에서 찾는 분단 트라우마 극복 방안」. ≪문학치료연구≫, 제27집.

김종엽. 2004. 「분단체제론의 궤적: 회고와 전망」. ≪동향과 전망≫, 통권 61호.

김준희. 1971. 『분단국가 일반이론에서 본 우리 재통일문제 해결방안의 윤곽』. 국토통일원.
김진균·조희연. 1985. 「분단과 사회상황의 상관성에 관하여」. 변형윤 외. 『분단시대와 한국사회』. 도서출판 까치.
김환석. 2005. 「행위자-연결망 이론(Actor-Network Theory)에 대한 이해」. 2005년 과학기술과 사회 윈터스쿨 자료집.
노계현. 1963. 「국토분할안에 관한 역사적 고찰」. ≪국제법학회논총≫, 제8권 제1호.
박동희. 1976. 『6.23선언의 전략논리와 동서독관계 비교 평가』. 국토통일원.
박명림. 1997. 「분단질서의 구조와 변화: 적대와 의존의 대쌍관계 동학, 1945~1995」. ≪국가전략≫, 제3권 제1호.
박순성. 2007. 「한반도분단과 대한민국」. 이병천·홍윤기·김호기 엮음. 『다시 대한민국을 묻는다: 역사와 좌표』. 한울.
백낙청. 1998. 『흔들리는 분단체제』. 창작과비평사.
_____. 2006. 『한반도식 통일, 현재진행형』. 창비.
_____. 2009. 『어디가 중도며 어째서 변혁인가』. 창비.
_____. 2012. 『2013년 체제 만들기』, 창비.
서영수. 1976. 「한반도 통일을 위한 조건 비교」. 영남대학교 대학원 석사학위논문.
손영원. 1985. 「분단의 구조: 세계 사회적 계기의 내재화와 역사적 국가형성의 한 국면」. 김홍명·최장집·손영원. 『국가이론과 분단한국』. 한울.
신복룡. 2001. 『한국분단사연구 1945~1953』. 한울.
아감벤, 조르조(Giorgio Agamben). 2009. 『목적 없는 수단: 정치에 관한 11개의 노트』. 김상운·양창렬 옮김. 난장.
_____. 2009. 『예외상태』. 김향 옮김. 새물결.
양성철. 1988. 『남북통일이론의 전개』. 경남대학교 극동문제연구소.
유경욱. 1976. 「분단국의 법적지위에 관한 연구: 한독양국의 경우에서 본 분단체법적 지위론의 변천」. 성균관대학교 대학원 석사학위논문.
유재일. 1992. 「한국전쟁과 반공이데올로기의 정착」. ≪역사비평≫, 제18호.
윤충로·강정구. 1998. 「분단과 지배이데올로기의 형성·내면화」. ≪사회과학연구≫,

제6권.
이병수. 2009. 「휴머니즘의 측면에서 바라본 통일」. 건국대학교 인문학연구원 통일인문학연구단 엮음. 『소통, 치유, 통합의 통일인문학』. 선인.
이삼성. 2006. 「동아시아국제질서의 성격에 관한 일고: '대분단체제'로 본 동아시아」. ≪한국과 국제정치≫, 제22권 제4호.
이종석. 1998. 『분단시대의 통일학』. 한울.
이효재. 1984. 「민족분단과 가족문제」. 한국기독교사회문제연구원 편. 『분단현실과 통일운동』. 민중사.
임채완·김학성·정지웅·안완기·전형권·선학태. 2006. 『분단과 통합: 외국의 경험적 사례와 남북한』. 한울.
장준하. 1992. 『민족주의자의 길(장준하 전집 3)』. 세계사.
전득주. 2004. 『세계의 분단사례 비교연구: 한국·독일·팔레스타인·베트남·예멘·중국·오스트리아』. 푸른길.
조은. 2008. 「전쟁과 분단의 일상화와 기억의 정치: '월남' 가족과 '월북' 가족 자녀들의 구술을 중심으로」. ≪사회와 역사≫, 제77권.
조희연. 1987. 「분단·사회구조·사회운동」. 박현채·이대근·최장집 외. 『한국자본주의와 사회구조: 한국사회분석의 새로운 모색』. 한울.
칼롱, 미셸(Michel Callon). 2010. 「번역의 사회학의 몇 가지 요소들: 가리비와 생브리외 만의 어부들 길들이기」. 브뤼노 라투르[브루노 라투르(Bruno Latour)] 외 지음. 홍성욱 엮음. 『인간·사물·동맹: 행위자네트워크 이론과 테크노사이언스』. 이음.
홍민. 2011. 「행위자-연결망 이론과 분단 연구: 분단 번역의 정치와 '일상으로의 전환'」. ≪동향과 전망≫, 통권 83호.
_____. 2012. 「분단과 예외상태의 국가: 분단의 행위자-네트워크와 국가폭력」. ≪북한학연구≫, 제8권 제1호.
_____. 2014. 「수행적 분단론에 대하여」. 『분단/탈분단의 정치와 분단의 수행성』, 동국대학교 SSK 분단/탈분단연구센터 학술회의 자료집(2014.5.30).
홍성국. 1986. 「한국분단의 경제적 기회손실에 관한 연구」. 연세대학교 대학원 박사학위논문.

국외 자료

Cumings, B. 1983. "Introduction: The Course of Korean-American Relations, 1945~1953." in B Cumings(ed.). *Child of Conflict: The Korean-American Relationship, 1945~1953*. Seattle·London: University of Washington Press.

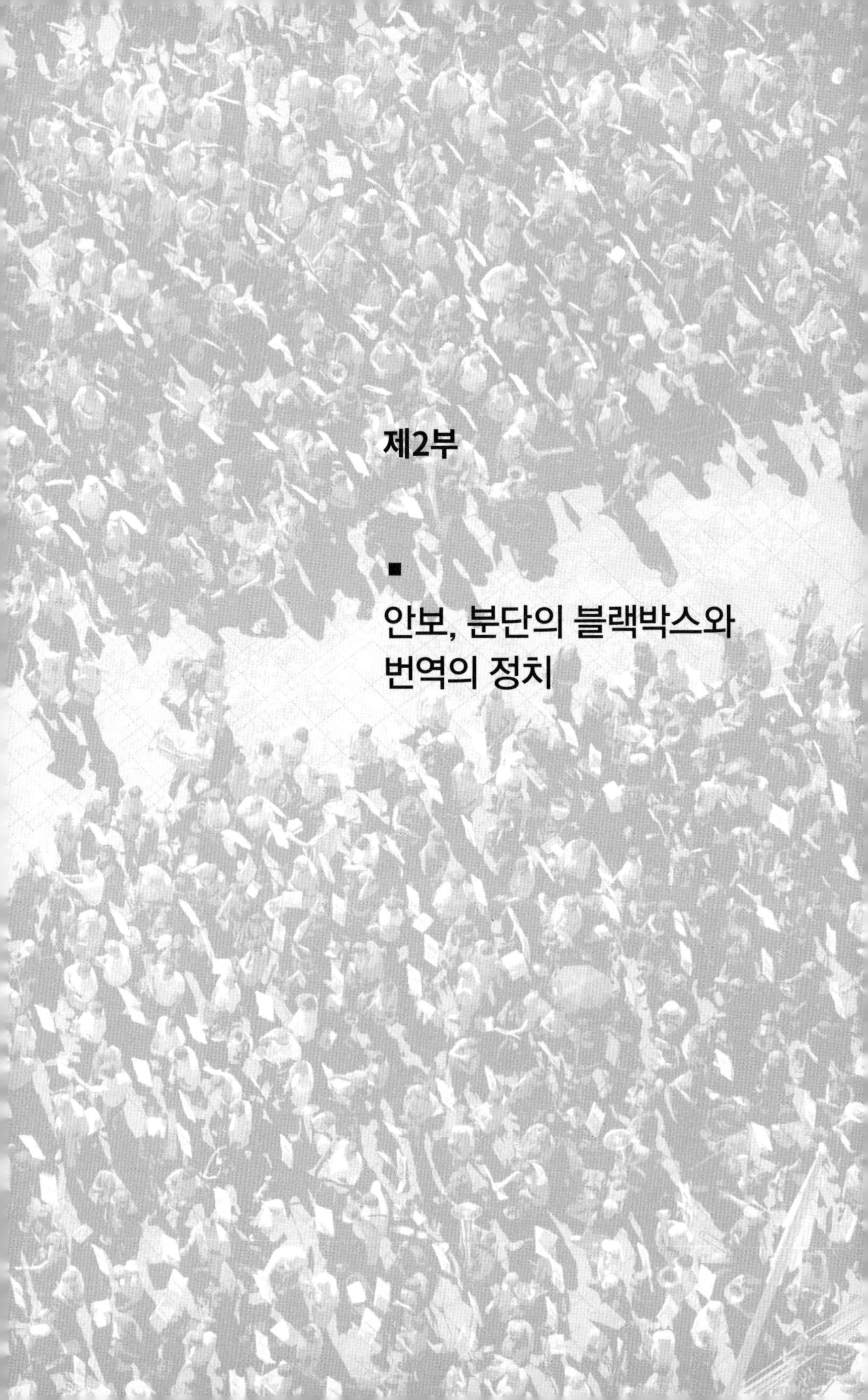

제2부

■

안보, 분단의 블랙박스와 번역의 정치

제6장

천안함 사건의 행위자-네트워크와 분단체제의 불안정성

박순성

1. 천안함 사건과 분단체제

대한민국의 초계함 천안함이 "2010년 3월 26일 21:22경 백령도 연화리 서남방 2.5km 해상에서" 침몰했다.[1] 한국 정부는 그로부터 1년 뒤인 2011년 3월 26일 천안함의 침몰과 관련한 백서를 발간했고, 이 사건을 "천안함(초계함)이 북한 잠수정의 어뢰 공격을 받아 침몰함으로써 승조원 104명 중 46명이 전사하고 58명이 구조된 사건"으로 규정했다.[2]

이러한 사건 규정은 한국 정부가 국내외 전문가로 구성한 합동 조사단에 의해 이미 2010년 5월 내려졌다. 국방부가 발간한 보고서(2010.9.10)에 따르면 "민·군 합동 조사단은 … (2010년 3월 30일부터) 객관적이고 과학적인 조

---

1) 대한민국정부, 『천안함 피격사건 백서』(2011), 36쪽. 이하에서는 『정부 백서』로 표기한다.

2) 같은 책, 12쪽.

사 활동을 실시해 천안함이 북한의 소형 잠수함정에서 발사된 어뢰에 의해 침몰되었음을 밝혀내고 5월 20일 이를 발표"했으며, 또 "6월 14일 유엔 안보리에 조사결과를 설명하였"다.[3)]

국방부가 스스로 강조하고 있듯이 조사 결과는 2010년 5월 20일 발표되었지만 "북한은 사실을 인정하지 않고", 또 "우리 사회 일각에서도 민·군 합동 조사단의 조사 결과에 대해 자신들의 입장에 따라 사실과 다른 의혹을 끊임없이 제기하고 유언비어를 유포하는 등 무책임한 언행을 하고 있는 것이 현실"이었다. 이에 대응해 국방부는 다시 2010년 9월 10일 "민·군 합동 조사단의 조사 결과와 입증 자료들을 수록한 「천안함 피격사건 합동조사결과 보고서」를 한글과 영문으로 발간"했다.[4)]

그러나 논란은 종식되지 않았다. 국방부의 공식 보고서가 나온 지 한 달 뒤인 2010년 10월 중순부터 한국 시민사회에서는 정부의 공식 견해인 '북한 어뢰에 의한 피격 후 침몰'에 의문을 제기하는 목소리가 연이어 나왔다. 한

---

3) 대한민국 국방부, 「천안함 피격사건 합동조사결과 보고서」(2010), 4쪽. 이하에서는 「조사단 보고서」로 표기한다. 원문에는 '북한'이라는 글씨가 모두 붉은 색으로 표기되어 있다.

4) 같은 글, 4쪽. 북한의 태도와 관련해서는 대한민국정부, 『정부 백서』, 304~305쪽에 실린 북한의 언론 보도를 참조할 수 있고, 한국 사회 내부에서 제기된 의혹과 관련해서는 참여연대의 「천안함 이슈리포트 1, 2」와 ≪프레시안≫을 비롯한 일부 언론의 기사들을 참조할 수 있다. 특히 ≪프레시안≫의 기사 중 합동 조사단이 2010년 6월 29일 세 언론 단체(한국기자협회, 전국언론노동조합, 한국PD연합회)를 상대로 개최한 설명회에 관한 기사인 김하영·황준호, "천안함 의혹 7가지 '뉴스'… "산에서 고래를 만났다"", ≪프레시안≫, 2010년 6월 30일 자. http://www.pressian.com/article/article.asp?article_num=60100629222838(검색일: 2013.4.19)을 참조할 수 있다. 2010년 7월 30일 발간된 강태호 엮음, 『천안함을 묻는다: 의문과 쟁점』(창비, 2010)은 한국 정부의 조사 과정과 결과에 대한 비판을 체계적으로 모아놓았다.

국기자협회, 전국언론노동조합, 한국PD연합회가 공동으로 구성한 '천안함 조사결과 언론보도 검증위원회'는 10월 12일 「천안함 종합 보고서, 더 이상 '버블제트'는 없다」를 발간해 어뢰 격침설을 비판했다. 언론인, 전문가, 시민단체 활동가 등은 2010년 정부 보고서의 모순과 천안함 사건에서 드러난 여러 문제점을 20개 항목으로 나눠 비판하는 『봉인된 천안함의 진실: 20개의 키워드로 읽는 천안함 사건』(한겨레출판사)을 10월 22일 발간했다. 참여연대 평화군축센터는 「천안함 이슈리포트 3. 국방부 24대 말 바꾸기」(10월 21일)와 「천안함 이슈리포트 4. 연어급 잠수정 과연 실재하는가」(10월 28일)를 발표했다.[5)]

천안함 사건의 진상을 놓고 정부와 시민사회 일부가 대립하면서 '천안함 피격 사건'이라는 규정은 한국 사회에서 완전하게 수용되는 데까지 이르지 못했다. 한국 정부의 노력이 있었음에도 천안함 사건 자체가 여전히 마무리되지 못한 상태에 놓이게 된 것이다.[6)] 자연히 천안함 사건은 천안함이 침몰

---

5) 「조사단 보고서」에서 제시된 '천안함 피격 사건'에 대해 북한은 2010년 11월 2일 「국방위원회 검열단 진상공개장」을 통해 반박한다. 그 발췌 내용은 서보혁 외, 『천안함 외교의 침몰』(풀빛, 2011), 239~252쪽 참조.

6) 전문가나 연구자들 사이에서는 피격이라는 용어와 비슷한 함의를 지닌 폭침, 피침, 피폭, 격침, 공격, 군사 도발 등의 용어들뿐 아니라 침몰, 폭발, 사고, 참사 등의 용어들도 널리 사용되고 있다. 아예 '천안함 사건'이나 '천안함 사태'와 같은 표현도 자주 사용되고 있고, 단순하게 '천안함'이라는 고유명사로 사건이나 사태의 의미까지 담아버리는 경우도 있다. 2013년 4월 21일 '천안함'이라는 단어로 국회도서관 소장 자료를 검색했더니 이와 같이 다양한 용어를 사용한 563개의 결과가 나왔다. "어떤 용어로 사건을 표현하느냐는 그 사건의 성격을 규정하는 핵심요소가 된다." 이정훈, 『천안함 정치학: 이명박식 보수는 왜 실패했는가』(글마당, 2012), 315쪽. 현재 시점에서 '천안함 사건'이나 '천안함 사태'는 천안함의 침몰 또는 피격 자체뿐 아니라 그 일을 둘러싸고 벌어졌던 여러 일과 정황을 포괄적으로 가리킨다.

한 또는 북한에 의해 격침된 사건 자체만이 아니라 이를 둘러싸고 벌어진 한국 사회 내부의 논쟁과 갈등을 의미하게 되었다. 또한 2010년 6월 한국 정부가 천안함 사건을 유엔 안전보장이사회에 회부함으로써 벌어졌던 외교적 협력과 갈등, 그리고 그와 관련해 일어났던 국내외의 여러 갈등도 천안함 사건 또는 천안함 사태로 불리게 되었다.

이 글은 행위자-네트워크 이론(Actor-Network Theory: ANT)을 활용해 천안함 사건의 행위자-네트워크를 추적하고 기술함으로써 천안함 사건을 통해 드러나게 된 분단체제의 불안정성을 제시하려고 한다.[7] 다음 절에서는 한국 정부가 '북한 어뢰에 의한 천안함 격침'이라는 주장을 형성하고, 국내

7) ANT를 활용해 천안함 사건을 분석한 논문으로는 송태은, 「천안함 사건의 망제정치: 진실게임, 신뢰게임, 집합게임」, 김상배 엮음, 『거미줄 치기와 벌집 짓기: 네트워크 이론으로 보는 세계정치의 변환』(한울, 2011) 참조. 송태은의 논문은 ANT와 게임이론을 결합해 천안함 사건과 관련한 행위자-네트워크를 진실 게임·신뢰 게임·집합 게임의 차원에서 파악하려고 했다는 점에서 의미가 크지만, ANT에서 강조하는 행위자-네트워크가 형성되고 붕괴되는 과정과 천안함 사건의 행위자-네트워크를 통해 드러난 분단체제의 성격을 충분히 보여주지는 못했다. ANT에 대한 소개서로는 브뤼노 라투르 외, 『인간·사물·동맹: 행위자네트워크 이론과 테크노사이언스』, 홍성욱 엮음(이음, 2010); 김환석, 「행위자-연결망 이론에서 보는 과학기술과 민주주의」, ≪동향과 전망≫, 통권 83호(2011)를 참조할 수 있다. ANT를 한반도 분단 현실에 적용한 연구로는 홍민, 「행위자-연결망 이론과 분단 연구: 분단 번역의 정치와 '일상으로의 전환」, ≪동향과 전망≫, 통권 83호(2011); 김종욱, 「냉전의 '이종적 연결망'으로서 '평화의 댐' 사건: 행위자-연결망 이론을 통한 경험적 추적」, ≪동향과 전망≫, 통권 83호(2011); 박순성, 「한반도 분단현실에 대한 두 개의 접근: 분단체제론과 분단/탈분단의 행위자-네트워크이론」, ≪경제와 사회≫, 통권 94호(2012); 이희영, 「아날로그의 반란과 분단의 번역자들: 남한 드라마 시청의 행위자 네트워크를 중심으로」, ≪경제와 사회≫, 통권 94호(2012); 김병선, 「간첩사건의 행위자 네트워크: 북한과의 접촉 사건에 대한 스토리텔링의 패턴과 그 변화」, ≪경제와 사회≫, 통권 94호(2012) 등을 참조.

및 국제 사회에 문제제기를 하는 과정을 개관한다. 3~5절은 천안함 사건의 진행 과정에서 중요했던 세 개의 계기 또는 국면을 다룬다. 3절은 2000년 6월 1차 남북정상회담 이후 남북관계가 개선되고 분단체제의 성격이 상당히 변화한 상황에서, 한국 정부가 천안함 침몰이라는 상황에 직면해 공식 주장을 만드는 과정을 통해 겪어야 했던 내부적 혼란을 검토한다. 4절은 천안함 사건의 조사 결과가 발표된 이후 천안함 사건의 원인 해명을 둘러싸고 벌어진 과학 논쟁을 살펴보고, 과학과 정치가 분단체제하에서 작동하는 방식을 비판적으로 파악할 것이다. 5절은 조사 과정의 혼란과 과학 논쟁을 거치면서 실패의 가능성이 높았던 한국 정부의 문제제기가 역설적으로 성공하게 되는 과정을 간단히 기술한다. 이 글을 마무리하는 6절은 천안함 사건을 통해 드러난 분단체제의 속성을 확인하고, 아울러 탈분단의 사회동학에 대해서도 몇 가지 간단한 언급을 할 것이다.

2. 천안함 사건과 관련한 한국 정부의 조사와 문제제기

1) 한국 정부의 사건 조사와 결과 보고서[8)]

천안함 침몰의 원인을 둘러싸고 벌어진 논쟁에서 서로 대립하던 진영들은 원인에 대한 견해 차이가 있었음에도 매우 중요한 인식을 공유하고 있었

8) 천안함 사건 일지는 매우 다양하게 존재하는데, 대한민국정부, 『정부 백서』, 252~253쪽에서 제시한 사건의 초기 상황은 다음과 같다. 2010.3.26. 21:22 천안함 침몰, 21:28 제2함대사 상황 접수, 21:51 합참 및 청와대 보고, 22:15 인명 구조 시작, 22:24 YTN 보도, 22:55 속초함 미식별 고속 접촉물 포착, 23:00~23:05 속초함 사격, 23:30 합참 보도자료 최초 제공 및 청와대 1차 외교안보장관회의.

다. 천안함 침몰이라는 사건(의 진상)이 불변의 사실로서 사전적으로 또 객관적으로 존재하기 때문에 실체적이고 총체적인 사건의 진실은 즉각적으로 드러나지는 않더라도 정보와 증거를 수집하고 또 과학적으로 분석하고 종합한다면 언젠가는 밝혀질 수 있다.[9] 이러한 공유 인식은 과학과 정치의 구분, 또는 과학적 사고, 인식, 활동과 정치적 신념, 입장, 행위의 구분을 필연

---

9) 공유 인식을 보여주는 많은 글이 있지만, 여기에서는 두 가지만 인용해두자. "결국 관건은 물증이다. 과학적이고 투명한 조사를 통해 사고 원인을 밝혀내고, 이를 뒷받침할 수 있는 확실한 증거를 찾아내야 한다. 국제사회가 신뢰할 수 있는 엄정한 조사와 누구도 부인할 수 없는 결정적 증거의 확보만이 진실을 규명하고, 당당하게 책임을 물을 수 있는 열쇠다." ≪중앙일보≫ 사설, 2010년 4월 19일 자. "우리가 이 책에서 말하고자 하는 바는 천안함 사건의 진상을 있는 그대로 드러내야 한다는 것 그 이상도 이하도 아니다. 정부와 군이 주장하는 대로 이 사건이 북한의 어뢰공격에 의해 일어났을 가능성도 전적으로 배제할 수는 없다. 그러나 그러한 주장이 납득되기에는 상식적인 그리고 과학적인 차원에서 풀리지 않는 의문점들이 너무나 많다. 현재와 같이 폐쇄적이고 일방적인 주장만으로는 설득력이 없을 뿐더러 국민적 의혹을 증폭시킬 뿐이다." 강태호 엮음, 『천안함을 묻는다』, 12~13쪽. 한편, 천안함 사건 초기에 이남주는 매우 흥미로우면서도 조심스러운 관점을 제시했다. "사태의 전개 양상을 보면 천안함이 인양된다고 해서 바로 진실이 밝혀지기를 기대하기는 어려울 듯싶다. … 객관적인 진실이 존재한다는 믿음을 부정하고 모든 진실은 특정인의 이익에 따라 해석되고 구성된 결과라고 설명하는… 포스트모던 철학이 우리에게 일깨워준 사실 중의 하나는 객관적 진실을 포착하는 것이 생각보다 어렵다는 것이다. 그렇다고 진실을 포착하기 위한 노력을 포기할 수는 없다. … 진실은 주어지는 것이 아니며, 적절한 방법과 태도를 가질 때 진실에 가까이 갈 수 있다. 영국의 철학자 버나드 윌리엄스는 진실에 대한 회의론을 비판하는 동시에 진실에 가까이 가기 위한 덕목으로 정확성과 진정성을 들었다"("천안함 침몰의 진실이 밝혀지려면," ≪경향신문≫, 2010년 4월 8일 자). ANT의 관점에서 경험주의적 실재론을 비판하는 논문으로는 J. Law and J. Urry, "Enacting the Social," published by the Department of Sociology and the Center for Science Studies, Lancaster University LA1 4YN, UK(2003), http://www.comp.lancs.ac.uk/sociology/papers/Law-Urry-Enacting-the-Social.pdf(검색일: 2013.4.19) 참조.

적으로 강조하게 되고, 자연스럽게 '과학적 조사'와 '결정적 증거'의 수집·생산, '사실 규명'과 '신뢰성 및 공신력 확보' 등을 천안함 사건과 관련한 조사와 논쟁에서 기본 목표이자 핵심 가치로 만들었다.

사건 조사의 1차 주체가 될 수밖에 없는 국방부는 조사단의 편성·운영과 관련한 '조사 과정의 투명성·신뢰성 제고를 위해 민·군 공동의 조사단 편성', '국제적 공신력 확보를 위한 미국 등 각국의 전문가 참여', '선체 인양 전후로 구분된 단계적 조사', '과학적·체계적 조사 활동' 등 네 개의 방침을 제시했다.[10] 네 개의 방침에 따라 구성되고 활동한 조사단은 네 차례에 걸쳐 조사 활동 및 결과를 발표하고(4.7, 4.15, 4.25, 5.20), 9월 10일 한국의 공동 단장들과 각국(미국, 영국, 오스트레일리아, 스웨덴) 조사팀의 대표들이 동의하고 서명한 공식 보고서를 발표했다.[11]

「조사단 보고서」에 따르면 조사단 활동 전체 과정은 선체 인양 전(3.31~4.14), 함미 인양 후(4.15~4.23), 함수 인양 후(4.24~5.19), 어뢰 추진 동력 장치 수거(5.15), 조사 결과 발표(5.20) 등으로 나뉜다.[12] 이러한 활동 과정을

10) 대한민국 국방부, 「조사단 보고서」, 38~39쪽.

11) 스웨덴 조사단의 서명과 관련해서는 각주 22) 참조.

12) 대한민국 국방부, 「조사단 보고서」, 42~44쪽; 대한민국정부, 『정부 백서』, 120~121쪽에는 이 내용을 '조사 활동 및 발표'라는 소절 아래에 거의 그대로 옮겨 놓고 있다. 「조사단 보고서」와 『정부 백서』는 두 권 모두 '함수 인양 후 조사활동(4.24~5.19)' 다음에 '어뢰 추진 동력 장치 수거(5.15)'를 따로 정리하고 있다. 제목과 날짜에 주목한다면 우리는 정부 문건의 내용이 보여주는 비논리성('어뢰 추진 동력 장치 수거'를 왜 별도의 항으로 만들었는가? 만일 별도의 항으로 만든다면 '함수 인양 후 조사 활동' 항 밑에 특별한 소항으로 넣거나, 아니면 바로 앞의 항과 함께 왜 날짜를 조정하지 않았는가?)에, 그리고 '어뢰 추진 동력 장치 수거'와 '조사 결과 발표' 사이에 단지 5일밖에 지나지 않았다(함미 인양으로부터 발표까지는 35일이, 조사 활동의 공식 시작일로부터는 50일이 경과했다)는 조사와 결과 판단의 신속성에 놀라지 않을 수 없다.

거쳐 조사단이 천안함 침몰 원인과 관련해 내린 결론은 다음과 같다.[13]

① 인양된 선체를 조사한 결과에 따르면 침몰 요인은 비폭발이나 내부 폭발이 아니라 외부 폭발, 그중에서도 비접촉 어뢰에 따른 수중 폭발이 가장 가능성이 높은 것으로 판단된다.

② 침몰 원인을 어뢰 피격으로 판단한 근거는 선체 손상 부위의 변형, 함정 내·외부의 표면에 남은 흔적, 함정 내 생존자의 증언(폭발음 1~2회 청취, 물이 튐 등), 부상자 상태와 시체 검안 결과, 백령도 해안 초병 증언(약 100m의 백색 섬광 불빛 2~3초 관측), 한국지질자원연구원의 지진파와 공중 음파 분석 결과, 선체 변형 현상 분석 결과, 조류 분석 결과, 폭약 성분 분석 결과, 수거된 어뢰 추진 동력 장치에 대한 분석 결과 등이다.

③ "천안함은 어뢰에 의한 수중 폭발로 발생한 충격파와 버블 효과에 의해 절단되어 침몰되었고, … 무기 체계는 북한에서 제조, 사용 중인 고성능 폭약 250kg 규모의 'CHT-02D' 어뢰로 확인되었다."[14]

한편, 「조사단 보고서」는 앞부분에 '요약'을 싣고 있다. '요약'의 세 번째 절은 행위자 규명 결과인데, 이는 보고서의 본문이나 결론 어디에도 없는 내용을 담고 있다.

한국, 미국, 오스트레일리아, 캐나다, 영국 5개국의 '다국적 연합 정보 분석 TF'는 관련 정보를 분석해 다음과 같은 결론을 내렸다. " … 서해의 북한 해군기지에서 운용되던 일부 소형 잠수함정이 천안함 공격 2~3일 전에 서해 북한 해군기지를 이탈했다가 천안함 공격 2~3일 후에 기지로 복귀한 것이 확인되었다. 한편 다른 주변국의 잠수함정은 모두 자국의 모기지 또는 그 주변에서 활동하고 있었던 것이 확인되었다. … 이러한 모든 관련 사실과

13) 대한민국 국방부, 「조사단 보고서」, 204~205쪽 참조.

14) 같은 글, 205쪽.

비밀 자료 분석에 근거해 천안함은 북한에서 제조·사용 중인 'CHT-02D' 어뢰에 의한 수중 폭발의 결과로 침몰되었다는 결론에 도달했다. 또한 이상의 증거들을 종합한 결과 이 어뢰는 북한의 소형 잠수함정에서 발사되었다는 것 이외에 달리 설명할 수가 없었다."[15]

2) 남한 대통령의 담화문, 북한에 책임을 묻다

한국 정부는 천안함 조사단의 활동과 결과를 발표하고, 북한에 '천안함 격침'의 책임을 물으려고 했다. 북한에 책임을 묻는 행위는 한편으로는 북한을 직접 겨냥하는 압박 행위이지만, 다른 한편으로는 천안함 사건에 관심을 가진 모든 행위자에게 다른 이해관계를 단절하고 한국 정부의 이해관계에 참여할 것을 요구하는 일종의 '문제제기'이다. 한국 정부는 '천안함 피격의 행위자-네트워크'를 새롭게 짬으로써 남북관계를 포함한 현존하는 한반도 질서 전반에 변화를 가져오려고 했다. 당연히 이러한 국가적 차원의 문제제기 과정에서 전면에 나서야 하는 행위자는 대통령이어야 했다. 이명박 대통령은 2010년 5월 24일 대국민 담화를 발표했다.

전쟁기념관, 단호한 대통령의 표정, 그리고 대북 경고 메시지 등으로 구성된 담화문 발표라는 행위는 강력한 문제제기를 담았다.[16] "천안함은 북한

---

15) 같은 글, 31쪽. 『정부 백서』는 '다국적 연합 정보 분석팀 활동'이라는 소절(142~143쪽)에서 「조사단 보고서」의 '요약'에 실린 "행위자 규명 결과"의 내용을 조금 더 자세하게 설명한 뒤 북한이 천안함을 피격한 행위자임을 더 명시적으로 서술하고 있다. "이상과 같은 모든 관련 사실과 비밀 자료 분석에 근거해 다국적 연합 정보 분석팀은 다음과 같은 결론에 도달했다. '천안함은 북한의 소형 잠수정으로부터 발사된 어뢰에 의한 외부 수중폭발의 결과로 침몰되었다.'"(143쪽).

16) 대통령 담화문(2010.5.24)의 구체적인 내용은 대한민국정부, 『정부 백서』, 266~267쪽

의 기습적인 어뢰 공격에 의해 침몰되었습니다. 또 북한이었습니다. … 천안함 침몰은 '대한민국을 공격한 북한의 군사도발'입니다. … 북한은 자신의 행위에 상응하는 대가를 치르게 될 것입니다. 나는 북한의 책임을 묻기 위해 단호하게 조처해나가겠습니다." 대국민 담화는 '군사 도발을 한 북한이 상응한 대가를 치르도록 만드는 일'이 한국의 핵심적인 이해관계이고 또한 한국이 연결을 맺으려는 모든 행위자에게 요구하는 필수 불가결한 요소임을 분명하게 밝혔다.

이러한 문제제기는 대북 압박의 네트워크에 들어와야 할 행위자들을 분명하게 지목하고 있다. "정부는 관련국과 긴밀한 협의를 거쳐 이 사안을 유엔 안전보장이사회에 회부하고, 국제사회와 함께 북한의 책임을 묻겠습니다. … 이곳 전쟁기념관에는 나라 위해 목숨 바친 국군과 유엔군 용사들의 혼이 깃들어 있습니다. … 국가 안보 앞에서 우리는 하나가 되어야 합니다." 관련국, 유엔 안전보장이사회, 국제사회, 국민, 그리고 전쟁기념관의 모든 존재(인간 및 비인간 존재, 살아 있는 존재 및 영원히 살아 있을 존재)가 북한의 책임을 묻는 데 동참해야 할 행위자들이었다.[17)]

북한에 대한 대가 요구, 책임 묻기는 결국 한반도 질서 자체를 바꾸는 일이다. 대통령은 "한반도 정세가 중대한 전환점을 맞고 있"음을 강조하면서 말문을 열었다. 아니 담화문 발표 자체가 한반도 정세를 '중대한 전환점'으로 몰아가기 위한 문제제기, 전환된 한반도 질서의 행위자-네트워크를 짜는 출발점이었다.

참조. 담화문 발표 동영상은 "천안함 침몰 관련 대통령 대국민 담화문", YTN, 2010.5.24. http://www.ytn.co.kr/_pn/0301_201005241001060678(검색일: 2013.5. 5) 참조.

17) 외교통상부, 통일부, 국방부 장관들이 각각 발표한 담화문(2010.5.24)에서도 한국 정부가 끌어당기고 연결하고 동원하려는 행위자들이 열거되었다. 같은 책, 273~278쪽.

3. 한국 정부의 조사와 문제제기에서 나타난 혼란

1) ANT의 관점에서 바라본 천안함 사건: 세 개의 세계와 번역

한국 정부의 조사와 문제제기 과정은 일관성 있고 연속적인 것처럼 보이지만 실제 과정은 그렇게 매끄럽지 않았다. 다른 국가의 전문가들까지 포함한 민·군 합동 조사단을 꾸리고 예단이나 예측 없이 과학적이고 체계적인 조사를 한 뒤 조사 결과에 따라 북한에 책임을 묻는 형식과 절차를 갖춤으로써 한국 정부는 조사 결과에 대한 신뢰성과 공신력을 확보하고 주변 행위자들을 자신의 이해관계 속으로 끌어들이는 데 성공한 것처럼 보였다. 겉으로 드러난 이러한 모습과 달리 한국 정부는 천안함 침몰 직후 내부적으로 큰 혼란에 직면해 있었다. 사건의 시각과 장소를 정확하게 파악하고 발표하는 것에서부터 갈피를 잡지 못했을 뿐 아니라[18] 더 심각하게는 사건의 진상을 파악하는 방향에서도 청와대와 국방부가 이견을 노출하는 모양을 보였다. 이러한 혼란은 천안함 사건의 초기 진행 과정을 완전히 지배함으로써 한국 정부를 난관에 빠뜨리고 말았다.

ANT의 관점에서 보면 합동 조사단의 조사 활동과 결과 발표는 세 개의 세계에서 이뤄졌다(〈그림 6-1〉 참조). 첫 번째 세계는 천안함 사건이 일어난 공간, 즉 ANT가 '거시 세계 1'이라고 부르는 공간이다.[19] 이 공간은 좁게는

---

18) 행위자-네트워크 자체가 시간과 공간 속에서 구축된다는 점에서 한국 정부가 사건 초기에 사건 발생의 시각과 장소를 정확하게 적시하지 못했다는 사실은 사건의 이후 진행 과정에서 한국 정부가 난관에 봉착할 수밖에 없을 것이라는 점을 이미 암시하고 있었다.

19) 거시 세계와 미시 세계는 각각 'macrocosm', 'microcosm'의 번역어이다. 세 개의 세계에 대한 서술은 김환석, 「행위자-연결망 이론에서 보는 과학기술과 민주주의」를 따랐다.

〈그림 6-1〉 번역의 3단계와 세계의 변화

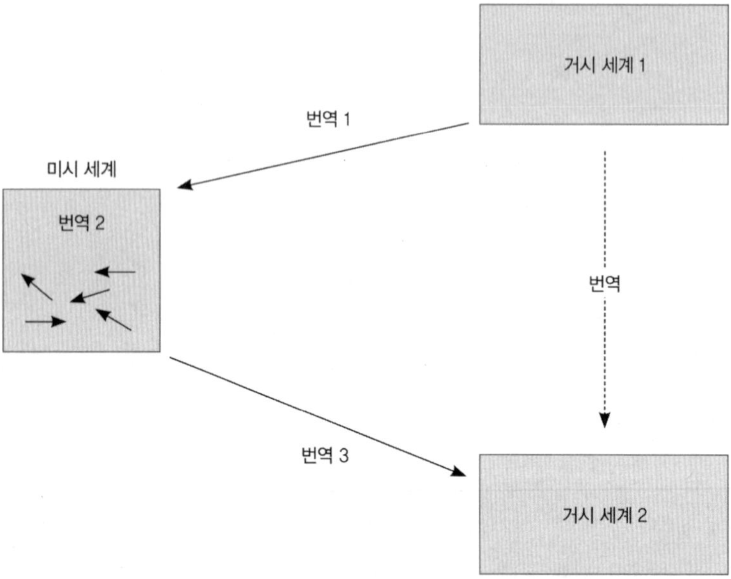

자료: M. Callon, P. Lascoumes and Y. Barthe, *Acting in an Uncertain World: An Essay on Technical Democracy*(Cambridge, Mass.: The MIT Press, 2009), p. 69. 김환석, 「행위자-연결망 이론에서 보는 과학기술과 민주주의」, 19쪽 재인용.

백령도 서남방 해상이고, 조금 넓히면 서해이며, 더 넓게는 한국 사회와 한반도이다. 아마도 지구 공간 정치의 차원에서 동북아시아를, 지구촌 전체를 천안함 사건이 일어난 세계라고 해도 될 것이다. 바로 이 세계에서 한국 정부는 조사단을 편성하고, 조사단은 정보를 모으고 증거를 찾는다. 여러 방식으로 확보된 정보와 증거는 조사단의 작업 공간으로 보내진다. 조사단은 조사의 과정과 결과를 발표하고, 한국 정부는 조사 결과에 따라 정치적·외교적·군사적 조치를 취한다.

두 번째 세계는 조사단이 정보와 증거를 놓고 본격적으로 조사와 분석을 진행하는 작업 공간이다. 그곳에서 한국뿐 아니라 미국, 영국, 오스트레일리아, 스웨덴의 민·군 전문가들이 정보와 증거를 분석하고, 실험을 구상하고 실행하며, 토론과 해석을 통해 결론을 도출한다. ANT가 실험실 또는 '미시 세계'라고 부르는 작업 공간은 곳곳에 흩어져 있으면서도 긴밀하게 연결되어 있다. 조사단원들(2010.3.31 최초 편성 82명, 2010.4.12 재편성 후 73명)과 그들을 지원하는 요원들(98명)뿐 아니라 조사단에 공식적으로 이름을 올리지 않은 전문가들, 그리고 연구와 실험에 필요한 수많은 기기와 시약이 '연구 집합체'를 이루고 있다.

세 번째 세계는 조사단이 조사 결과를 발표함으로써 만들어지는, 또는 발표를 해도 만들어지지 못하는 세계, 즉 ANT가 '거시 세계 2'라고 부르는 공간이다. '거시 세계 2'는 다양한 대안으로 존재하고 또 아직 완전히 실현되지 않았기 때문에 '가능성의 세계'이다. 심지어 발표의 성공으로 만들어지는 세계라 하더라도 여전히 그 세계는 열려 있다. 한국 정부 입장에서 보면 북한의 책임을 묻는 데 성공하는 세계, 한국 정부가 의도하는 대로 새롭게 세워지는 한반도·동북아시아 질서가 '거시 세계 2'이다.

조사단은 '미시 세계에서 분석과 실험을 통해 구성한 천안함 사건'을 '거시 세계 1'로 가져와서 재현한다. 만일 재현된 사건이 '천안함 사건의 진상'으로 인정받는다면 현실은 지금까지와 다른 모습으로 변화한다. 남북한과 미국 등 관련국의 정치 현실과 외교 관계, 무엇보다도 남북관계는 이제 급격한 변화를 겪지 않을 수 없다. 과학적 조사와 결과가, 실험실에서의 작업이 새로운 현실 세계를 만든다. '거시 세계 1'은 '거시 세계 2'로 변형된다. ANT는 이 과정을 '번역'이라고 부른다.[20] 조사단의 조사 과정과 결과 발표를 포

20) '번역'이라고 번역되는 ANT의 용어는 'translation'이다. 번역은 '변형(transformation)'과 '운반(transport)'의 결합이다. "번역은 베끼고, 순서를 바꾸고, 옮기고, 다른 말로 바꾸는 그 모든 것, 따라서 '변형해 전달하기(transporter en transformant)'입니다." 브뤼노 라투르, 『브뤼노 라투르의 과학인문학 편지: 인간과 자연, 과학과 정치에 관

괄하는 '거시 세계 1'에서 '미시 세계'로 이동하는 과정, '미시 세계' 내에서의 작업, '미시 세계'에서 '거시 세계 2'로 복귀하는 과정 등은 '거시 세계 1'을 '거시 세계 2'로 성공적으로 번역하기 위해 필요한 우회 과정, 여러 번역(번역 1, 번역 2, 번역 3)이다. 세 단계의 번역이 모두 성공할 때 현실 세계를 새로운 세계로 변화시키는 궁극적 번역이, 새로운 질서와 권력의 형성이 성공하는 것이다.

'천안함 사건'과 관련한 한국 정부의 '번역'은 성공적으로 이뤄지지 않았다. 앞에서 이미 언급했듯이 사건 직후부터 정부는 사건과 관련한 가장 기본적인 정보라고 할 사건의 시점 및 지점을 몇 차례 수정해 발표했다. 자연히 사건의 시점과 지점은 정부 발표에 의문을 제기하는 핵심 요소로 남게 되었다.[21] 민·군 합동 조사단의 편성과 운영은 안정적으로 이뤄지지 않았다. 합동 조사단이 '민·군 합동'이라는 말에 걸맞게 민간 전문가들을 포함시켰는지, 민간 전문가들이 조사 활동에 제대로 참여할 수 있었는지, 외국 전문가들이 한 역할은 무엇이었는지 등에 대한 질문과 비판은 조사단의 활동 자체에 대한 신뢰를 떨어뜨렸다.[22] 정보 공개, 증거 수집, 대국민 소통 등에서도

한 가장 도발적인 생각』, 이세진 옮김(사월의책, 2012), 39~40쪽.

21) 김보근 외, 『봉인된 천안함의 진실: 20개의 키워드로 읽는 천안함 사건』(한겨레출판, 2010), 2부 4~5장은 시간·장소 논란을 다루고 있다. 한국기자협회·한국PD연합회·전국언론노동조합·천안함 조사결과 언론보도 검증위원회, 「천안함 종합 보고서, 더 이상 '버블제트'는 없다」(2010.10.12)의 1장도 폭발 원점에 의문을 제기하고 있다. 신상철, 『"천안함은 좌초입니다": 오만가지 거짓말로 덮어버린 하나의 진실』(책으로보는세상, 2012), 3장 참조.

22) 참여연대 평화군축센터, 「천안함 이슈리포트 3. 국방부 24대 말 바꾸기」, 5절; 신상철, 같은 책, 2장 참조. 국방부는 2010년 5월 10일 민주당이 추천한 민·군 합동 조사단 민간위원 신상철의 교체를 공식 요구했다. 이영현, "軍, 민군합조단 신상철 위원 교체 요청, KBS, 2010.5.13. http://news.kbs.co.kr/politics/2010/05/13/2095680.ht

정부와 합동 조사단은 국민의 신뢰를 얻지 못했다. 특히 어뢰 추진 동력 장치의 수거 과정은 인터넷 공간에서 다양한 의혹을 불러일으켰다. 국민과의 소통과 관련해 『정부 백서』도 정부가 '국민의 알 권리'를 충분히 충족시키지 못했으며 "국민과의 소통을 위한 공보 전반에 걸친 보완이 요구되었다"라고 평가했다.[23]

2) 문제제기의 전환

천안함 사건을 조사하고 신뢰할 만한 결과를 내어놓아야 할 정부는 이처럼 '번역'의 첫 단계, '번역 1'부터 성공하지 못했다. 사건 직후 대통령은 '섣부른 예단'과 '막연한 예측'을 주의할 것을 요구하고, 철저한 조사와 내용의 공개를 지시하며, "시간이 걸리더라도 제대로 원인을 밝혀야 한다"라고 말했다.[24] 대통령의 '문제제기'는 명확했다. 천안함 사건과 관련한 한국 정부의 핵심 관심은 '천안함 침몰 원인은 무엇인가?'라는 질문에 정확하게 답하는 것이었다.[25] 조사의 방향성이나 신속성은 문제가 되지 않았다.

---

ml(검색일: 2013.4.23). 신상철 위원이 조사단의 신뢰도를 직접적으로 떨어뜨렸다면 해외 조사단들은 조사 결과에 대한 신뢰도를 높이는 데 크게 기여하지 못했다. 특히 스웨덴 조사팀장은 최종 보고서에서 스웨덴 조사팀이 참여한 부분에 대한 조사 결과에 동의한다고 서명했다. 대한민국 국방부, 「조사단 보고서」, 15쪽.

23) 대한민국정부, 『정부 백서』, 247쪽.

24) 같은 책, 150쪽; 이정훈, 『천안함 정치학』, 489쪽. 예단과 예측에 대한 대통령의 경계는 2010년 4월 2일 열린 국회 긴급 현안 질의에서 답변하는 김태영 국방부 장관에게 전달된 이른바 'VIP 메모'로 상징적으로 나타났다. 윤창원, "김태영 국방장관에게 전달된 VIP 메모", ≪노컷뉴스≫, 2010년 4월 5일 자. http://www.nocutnews.co.kr/show.asp?idx=1436048(검색일: 2013.5.5) 참조.

25) ANT의 용어를 빌리면 '천안함 침몰의 원인은 무엇인가'라는 질문에 객관적이고 신뢰

하지만 분단 상황에서 이러한 문제제기는 의외였다. 천안함 침몰 전후의 특별한 사정이 작동한 측면이 있지만,[26] 2000년 6월 남북 정상회담 이후 변하기 시작한 분단체제의 속성이 일정 정도 반영된 결과이기도 했다. 대통령은 국회에서 답변을 하는 국방부 장관에게 이른바 'VIP 메모'를 보내, 국방부 장관이 천안함 침몰에 섣불리 북한을 연결시키지 않도록 주의를 환기시켰다. 단순화시켜 말한다면 대통령은 자신의 문제제기를 관철시키기 위해 국방부 장관에게 메모를 보내고, 국방부 장관을 보수 언론이나 보수 세력으로부터 분리시켜 자신에게로 끌어당기려고 했다(〈그림 6-2〉 참조). ANT에 따르면 'VIP 메모'는 이 과정에서 중요한 '행위성(agency)'을 지닌 비인간 행위자였다.

대통령의 문제제기는 번역 과정에서 움직일 행위자들을 효과적으로 끌어당기고 결합시키는 데까지로 이어지지 못했다. 사건의 골격을 이루는 천안함 침몰의 시각과 장소도, 민·군 합동 조사단도, 정보와 증거도, 언론도, 국민도 대통령의 문제제기에 완전히 끌려오고 연결되지 않았다. '거시 세계 1'에서 '미시 세계'로의 이동·전환은 실패하고 말았다. 형식적 차원에서 실험실이 만들어졌지만 '거시 세계 1'의 행위자들은 실험실 속에서 단순하고 간

할 만한 답을 내놓는 것이 천안함 사건의 행위자-네트워크를 짜는 과정에서 '필수 불가결한 요소' 또는 '의무통과지점(OPP)'이었다. '필수 불가결한 요소', '의무통과지점'에 대한 간략한 설명은 미셸 칼롱, 「번역의 사회학의 몇 가지 요소들: 가리비와 생브리외 만의 어부들 길들이기」, 브뤼노 라투르 외, 『인간·사물·동맹: 행위자네트워크 이론과 테크노사이언스』, 홍성욱 엮음(이음, 2010), 68~72쪽 참조.

26) 특별한 사정은 천안함 사건이 일어나던 날, 사건 발생 해역에서 진행되었던 한국과 미국의 합동 군사 훈련, 사건 해역으로 긴급 출동하던 속초함이 발견하고 사격했던 미식별 고속 접촉물의 정체(새떼) 확인 등이다. 더욱이 미국도 사건 초기에 북한이 관련되었을 가능성을 지속적으로 부인했다. 북한의 연관을 부정한 한국 정부와 미국 정부의 발언에 대해서는 송태은, 「천안함 사건의 망제정치」, 383~384쪽 참조.

〈그림 6-2〉 대통령의 문제제기와 이해관계 부여: 천안함 침몰 원인은 무엇인가?[28)]

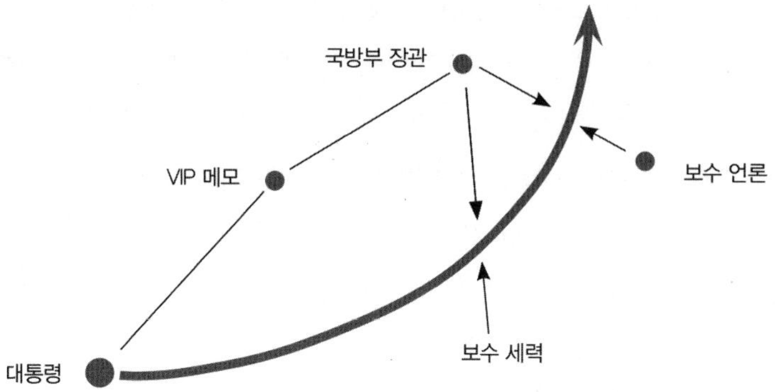

주: 이 그림은 ANT에서 사용하는 '이해관계 부여의 삼각형'을 천안함 사건의 행위자-네트워크 형성 과정에 적용한 것이다. 미셸 칼롱, 「번역의 사회학의 몇 가지 요소들」, 74쪽 참조.

결한 형태로 재구성되지 못했다. 게다가 더욱더 심각한 일이 기다리고 있었다. 조사단과 실험실, '연구 집합체'가 겨우 만들어졌지만, 이 모두는 천안함의 선체가 인양된 후 대통령의 문제제기로부터 벗어나고 만다.

조사단이 본격적으로 활동에 들어가기 전부터 이미 대통령의 문제제기는 정부 내부에서 도전 받고 있었다. 사건 직후 대통령과 청와대, 국정원 등이 침몰 원인에 대해 신중한 발언을 내놓는 중에도 국방부 장관은 사건 직후인 2010년 3월 29일 국회 답변에서 "정부나 국방부는 북한의 개입 가능성이 없다고 한 적은 없다"라고 발언했고, 보수 언론은 이를 강조했다.[27)] 더욱이 이미 사건 직후부터 보수진영의 주요 여론 형성자들은 북한의 공격 가능성을

27) 이와 관련해서는 주용중, "金국방 "北개입 가능성 없다고 한적 없다"", ≪조선일보≫, 2010년 3월 30일 자. http://news.chosun.com/site/data/html_dir/2010/03/30/2010033000126.html(검색일: 2013.5.5) 참조.

28) 대통령은 VIP 메모를 통해 보수 세력과 보수 언론으로부터 국방부 장관을 분리시켜 자신의 문제제기에 따라 구축하려고 하는 행위자-네트워크에 연결시키려고 한다.

제기하고 나섰다.[29]

2010년 4월 2일 국회에서 어뢰의 가능성을 실질적이라고 평가하는 김태영 국방부 장관에게 전달된 청와대의 메모는 새로운 문제제기를 억누르는 유능한 비인간 행위자였지만, 4월 15일 함미가 인양되면서부터 절단된 채로 모습을 드러낸 천안함 자체가 더 강력한 비인간 행위자로 등장하기 시작했다. 인양된 함미에 대한 육안 검사로 외부 폭발 가능성이 높게 평가되면서 한국 정부는 천안함이 북한 어뢰에 격침되었을 경우에 대한 대응책을 본격적으로 짜기 시작했다. 이제 모든 관심은 '북한의 어뢰 공격을 증명할 수 있는가?'라는 질문에 답을 하는 일로 모아졌다. 또한 얼마나 빨리 결론을 내릴 수 있는가도 중요해졌다.[30]

문제제기가 바뀌면서 정보와 증거의 재구성과 실험실의 재조직화가 불가피해졌다. '거시 세계 1'에서는 어뢰 폭발과 관련된 정보와 증거, 북한 어뢰임을 밝힐 수 있는 정보와 증거가 추가로 수집되었다. '북한 어뢰 공격을 증명하는가?'라는 의무통과지점을 통과하지 못하는 정보와 증거는 폐기되거나 수정되었다.[31] '거시 세계 1'에서 '미시 세계'로 가는 이동이 이번에는 제

---

29) 대표적으로 조갑제, "中道정부와 左傾언론이 합작, 天安艦의 진실을 은폐하려는가?", ≪조갑제닷컴≫, 2010년 3월 28일 자. http://www.chogabje.com/board/print.asp?c_idx=31838&c_cc=AZ(검색일: 2013.5.5); 임유진, "천안함, 북한 보복성 도발 가능성", ≪뉴데일리≫, 2010년 3월 29일 자. http://newdaily.co.kr/news/arti cle.html?no=43440(검색일: 2013.5.5) 참조.

30) 정현곤, 「천안함 사건의 흐름과 반전」, 강태호 엮음, 『천안함을 묻는다』, 55~58쪽. 여전히 문제제기가 바뀌게 된 배경과 과정, 주도한 행위자와 핵심 행위자-네트워크를 명확하게 알 수는 없다. 한국 사회의 보수 세력, 특히 군부와 정치계, 언론계 내에서 만들어진 행위자-네트워크에 대한 추적은 앞으로의 과제이다.

31) 정보와 증거의 폐기·수정은 한편으로는 누락과 기만으로, 다른 한편으로는 '말 바꾸기'로 나타난다. 이와 관련해서는 「왜곡된 보고서」, 김보근 외, 『봉인된 천안함의 진

〈그림 6-3〉 전환된 문제제기: 북한의 어뢰 공격을 증명할 수 있는가?

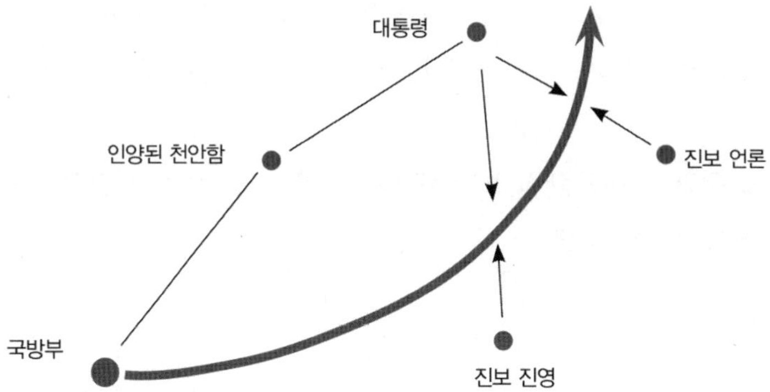

대로 이뤄졌다. 실험실과 연구 집합체가 재조직되었다. 실험실에서는 어뢰 폭발을 확인하는 실험이 구상되고 실행되었으며, 북한 어뢰에 의한 폭발임을 증명하는 실험의 결과물들이 수집되었다.

마침내 5월 15일 '북한에서 제조되고 천안함을 피격한 어뢰'의 추진 동력 장치가 '결정적 증거'로 네트워크에 결합되었다. 이어서 절단된 천안함의 선체(함수, 함미)와 어뢰 추진 동력 장치를 연결하는 흡착 물질, 수중 폭약의 폭발재(비결정성 산화알루미늄)가 확인되었다.[32] 절단된 천안함 선체, 어뢰 추진 동력 장치, 흡착 물질, 폭발과 관련된 증거물들과 증언들, 그리고 북한과 다른 국가들의 잠수함정 활동을 비롯한 몇 가지 '비밀 자료' 등은 '북한 어뢰 공격'을 증명하는 행위자-네트워크를 튼튼하게 형성했다. 모든 인간 행위자와 비인간 행위자들은 네트워크 속에서 자신의 목적에 맞춰 적당한 자리를 차지했고, 조사단이 부여한 역할을 담당했으며, 조사단이 그들을 대표하도

실』, 2부 10장; 참여연대 평화군축센터, 「천안함 이슈리포트 3」 참조.

32) "부록V 흡착물질 분석 결과", 대한민국 국방부, 「조사단 보고서」, 240~265쪽 참조.

록 만들었다. 문제제기 → 이해관계 부여 → 역할 부여하기 → 동원하기라는 번역의 네 단계가 '번역 1'과 '번역 2' 모두에서 순조롭게 마무리되었다. 새로운 분단의 행위자-네트워크가 천안함 사건을 통해 만들어지는 중이었다.

3) 도전받는 '천안함 피격의 행위자-네트워크', 또는 천안함 사건을 둘러싼 번역 경쟁

그러나 조사단의 '번역 사업'은 세 번째 단계에서 좌절하고 만다. '미시 세계'에서 만들어진 행위자-네트워크는 '거시 세계 2'로 복귀할 수 없었다. '비밀 자료'에 접근할 수 없는 보통 사람들과 민간 전문가들은 언론에 발표된 정보와 증거, 정부 보고서의 내용 등에 기초해서 조사단이 짠 '천안함 피격의 행위자-네트워크'를 풀기 시작했다. 민간 전문가들은 천안함 선체(특히 스크루)의 모양과 상태, 어뢰 추진 동력 장치에 표기된 '1번' 글씨, 어뢰 추진 동력 장치와 천안함 선체에 붙어 있던 흡착 물질 등에 대한 새로운 분석을 내놓았다.[33] 민간에서 제기한 과학적 반론으로 "합조단이 말하는 '결정적 증거'가 오히려 '결정적 의문'을 뒷받침하는 증거가 되"는 현상이 나타나기도 했다.[34] 무엇보다도 '천안함 피격의 행위자-네트워크'에서 중요한 고리(ANT 용어를 사용하면, 아마도 '번역의 중심')가 되던 인양된 천안함 선체(함수와 함미)와 ('1번' 글씨가 뚜렷한) 어뢰 추진 동력 장치, 흡착 물질이라는 비인간 행위자들에게 부여된 자리와 역할이 부정되기 시작하면서 '천안함 피격

---

33) 천안함 조사결과 언론보도 검증위원회, 「천안함 종합 보고서, 더 이상 '버블제트'는 없다」; 강태호 엮음, 『천안함을 묻는다』; 김보근 외, 『봉인된 천안함의 진실』; 신상철, 『"천안함은 좌초입니다"』; 김하영·황준호, "천안함 의혹 7가지 '뉴스' … "산에서 고래를 만났다"" 등 참조.

34) 강태호 엮음, 같은 책, 9쪽.

의 행위자-네트워크'도 약해지기 시작했다.[35]

조사단의 조사 결과를 받아들일 수 없는 민간 전문가들은 '천안함 피격의 행위자-네트워크'를 약화시키는 데 멈추지 않고 천안함 사건을 이해할 수 있는 다른 행위자-네트워크를 만드는 노력도 기울였다. [한국해군전술지휘통제체계(Korean Naval Tactical Data System: KNTDS)가 기록해둔] 천안함의 항적, 천안함 사건의 시각·장소에 대한 대안적 해석, (「조사단 보고서」에는 한 장도 등장하지 않은) 열상관측장비(Thermal Observation Device: TOD)에 녹화된 동영상들, 천안함 선체에 남겨진 흔적들, 생존자들의 모습과 증언들, 당시 서해에서 진행되던 군사훈련 및 함정들의 위치에 대한 정보들, 그리고 앞으로 새로이 더 나올지도 모르는 증언들과 언젠가는 공개될지도 모르는 '비밀 자료'에 대한 비공식적 정보들을 가지고 그들은 배제된 가능성들을 새롭게 검토하고 나름의 결론을 얻기도 했다.[36] 정부가 구축한 '천안함 피격의 행위자-네트워크'를 대신할 '천안함 사건의 행위자-네트워크'가 민간에 의해 만들어지는 과정, 천안함 사건을 둘러싸고 정부와 민간 사이에서 벌어지는 '번역 경쟁'은 분단체제를 흔드는 탈분단의 과정이라고 할 수 있다.[37]

---

35) 이른바 ANT에서 말하는 '이해관계 부여의 삼각형'이 무너지고 만 것이다. 미셸 칼롱, 「번역의 사회학의 몇 가지 요소들」, 73~74쪽.

36) 가장 확실한 주장은 신상철, 『"천안함은 좌초입니다"』의 '좌초 후 충돌, 그리고 침몰'이다. 한편, 이런 관점에서 본다면 천안함 사건은 여전히 현재진행형이다.

37) '천안함 피격의 행위자-네트워크가 굳건해졌는가(ANT의 개념을 빌리면 '안정화'되었는가)'를 확인할 수 있는 방법 중의 하나는 천안함 사건과 관련한 여론조사 결과를 확인하는 것이다. 천안함 사건과 관련한 국민 여론은 시기, 국면에 따라 변화했다. 특히 2010년 지방선거(6월 2일) 전후에는 '북한에 의한 천안함 피격'을 믿는 국민의 비율이 30%대로 떨어졌다. 서울대학교 통일평화연구소가 2010년 7월 12일부터 27일 사이에 실시한 통일의식조사에 따르면 '천안함 정부 발표의 신뢰도'는 매우 낮았다(전적 신뢰 6.4%, 신뢰하는 편 26.1%). "전체적으로 신뢰하지 않는다는 반응(35.7%)이 신뢰한다

4. 천안함 사건을 둘러싼 과학 논쟁

1) '과학 논쟁'은 어떻게 가능했나

천안함 사건의 행위자-네트워크를 둘러싼 '번역 경쟁' 과정에서 한편에는 조사단과 조사단의 조사 결과를 지지하는 민간 전문가들, 다른 한편에는 조사단의 조사 결과를 비판하는 민간 전문가들 사이에 함체와 어뢰 추진 동력장치 모두에 붙어 있던 '흡착물질', 사라지지 않은 '1번' 글씨, 천안함 프로펠러 변형 형태 등을 놓고 격렬한 과학 논쟁이 일어났다.[38]

양측 모두 과학을 강조하면서 상대방을 비과학 또는 정치라고 비난했다. 천안함 사건과 관련한 정부의 결론과 정책을 비판하는 민간 전문가들은 정부가 사상 검증과 권위주의라는 억압 수단을 사용한다고 비난했다.[39] 과학을 정치로 억누른다는 것이다. 반대로 이들 전문가에게는 과학적 결론이 아니라 자신의 믿음을 내세운다는, 정치적 목적이나 이념에 경도되어 과학이 아니라 정치 행위를 한다는 비판이 가해졌다.[40] 과학의 이름으로 자신을 옹

는 반응(32.5%)보다 약간 높은 비율인 것으로 조사되었다." 박명규 외, 『2010 통일의식조사』(서울대학교 통일평화연구소, 2010), 232쪽. 5절에서 정부 조사에 대한 국민의 신뢰와 관련한 문제를 다시 다룰 것이다.

38) 김보근 외, 『봉인된 천안함의 진실』, 2부 3장과 8장 참조.

39) 예를 들면 이승헌, 『과학의 양심, 천안함을 추적하다: 물리학자 이승헌의 사건 리포트』(창비, 2010), 265쪽 참조.

40) 예를 들면 송태호, 「천안함, 과학인가 정치인가?」, 《시대정신》, 제49호(2010) 참조. 송태호는 "엉터리 과학도 정치적 선동을 위해서는 얼마든지 활용할 수 있다는 볼셰비즘의 한 형태", "정치적 목적의식 등을 동반한 유사 과학적 주장" 등과 같은 표현을 사용하고 있다. 필자는 송태호의 글 중에서 다소 의외의 주장을 발견했다. "도대체 어떻게 해서, 그들(서재정·이승헌) 주장이 이렇게 심각한 오류가 있음에도 불구하

호하고 정치의 이름으로 상대방을 비난했다. 이러한 태도는 양측 모두에게서 발견되었다. 일종의 과학주의, 근대적 과학관이 공유되고 있었다.

특히 천안함 사건과 관련한 과학 논쟁의 한쪽 진영에 서서 천안함 사건과 관련된 분단의 행위자-네트워크를 약화시키는 데 주요한 역할을 한 이승헌은 과학과 정치의 관계 또는 차이에 관해서는 매우 전통적이면서도, 또한 ANT의 입장에서는 매우 흥미로운 관점을 보여주었다. 이승헌은 천안함 사건을 "우리 사회의 모든 문제점이 얽히고설켜서 형성된 단면을 보여주는 종합적 사건"이라고 정확하게 지적하고 있다.[41] 자연히 "천안함 사건의 진실을 규명하는 작업은 이 사회 전반의 문제점들을 조금이나마 의미 있게 해결할 수 있는 출발점이자 핵심 고리"이다. 이런 관점에서 그는 "과학은 사회적으로 어떤 일을 할 수 있으며 해야 하는가"라는 질문, 곧 "과학의 사회적 역할과 책임"에 대한 질문을 던진다.[42] 그런데 비록 그가 과학 논쟁의 한쪽 진영에 속하긴 했지만 이러한 과학관은 과학 논쟁의 다른 진영에 속한 과학자들에게, 심지어 분단의 행위자-네트워크 속에 굳건하게 자리를 잡고 있는 과학자들에게조차 수용될 수 있다.

고 우리 사회에 이토록 엄청난 영향을 끼칠 수 있었을까? 분명한 것은 그들의 주장이 미국 대학의 정치학과 교수와 물리학과 교수의 말이라는 사실만으로도 일반 국민들에게는 상당한 신뢰감을 심어주었으며, 그들은 이러한 유리한 입지를 바탕으로 상당히 큰 파장을 일으켰다는 것이다. 역설적이지만, 그들의 힘은 우리의 약점, 즉 열등의식에서 나오는 것이며, 이런 점에서 그들은 상당히 효율적으로 그들의 입지를 잘 활용했다고 볼 수 있다. 잘 알다시피 대한민국 국방부는 국제적 공신력 확보를 위해 미국 등 각국의 전문가들을 합동 조사단에 참여시켰다."

41) 이를 ANT 관점에서 해석한다면 '천안함 사건'은 말 그대로 분단체제의 권력에 의해 분단체제의 모든 행위자가 얽히고설켜서 만들어진 종합적인 '분단의 행위자-네트워크'인 것이다.

42) 이승헌, 『과학의 양심, 천안함을 추적하다』, 7쪽.

실제로 정부의 천안함 조사 결과를 놓고 과학 논쟁을 벌였던 두 진영은 과학이라는 진리를, 정치나 이념으로부터 결코 오염되지 않은/ 않는/ 않을 사실에 관한 절대적 진실을 배타적으로 쟁취하기 위해 투쟁을 벌였던 것이다. 두 진영 모두 진리로서의 과학, 진리에 이르는 길로서의 과학에 대한 신념을 공유하면서, 또 인식 이전에 존재하는 사실에 대한 굳은 신념을 공유하면서 과학 논쟁을 벌였다. 이런 점에서 천안함 사건을 둘러싼 과학 논쟁은 두 측면에서 전개되었다. 과연 당신은 과학적 방법으로 사실을 밝혀내고 설명하고 있는가? 당신의 과학 행위는 정치나 이념에 의해 오염되지 않았는가?

공교롭게도 이 두 질문은 천안함 사건이 가지고 있는 복잡성을 밝혀내는 데 큰 도움이 되지 못했다. 두 진영이 벌인 과학 논쟁은 현실에서, 또 대중에게서 유리된 말 그대로 '과학 논쟁'이 되고 말았다. 바로 이 지점에서 우리는 이승헌의 사건 리포트 『과학의 양심, 천안함을 추적하다』의 말미에 실린 이승헌과 이필렬의 대담에 주목한다.

2) 과학과 정치의 이분법

이필렬은 이승헌에게 과학과 관련해 두 개의 질문을 던진다. 하나는 이필렬이 '좀 더 근본적인 질문'이라고 말하는 것이고, 다른 하나는 천안함 사건과 관련된 한국적 상황에 대한 질문이다. 먼저 두 번째 질문과 답변부터 살펴보자.

이필렬은 한국적 상황에서 정치적 태도나 북한과의 관계 유지를 중시하는지 여부에 따라 천안함 사건에 대한 정부 발표를 믿거나 믿지 않는 현상, 즉 '객관적 진상의 중요성이 상대화되는' 것을 질문한다.[43] 이승헌은 '정치

43) 다소 길지만 질문과 답변을 그대로 옮겨 놓는다. "**이필렬**: 다시 화제를 천안함 사건으

적 선입견에 의한 진실의 왜곡과 축소, 상대화'를 비판하면서 '천안함 사건의 과학적 측면', '천안함 사건의 진상 규명'이 중요하다고 강조한다. 천안함 사건과 관련한 '과학적 검증'이 '70%의 국민들'로 하여금 '정부의 일방적이고 비과학적인 주장을 믿지 않'도록 했다고 주장한다.[44]

과연 이승헌의 주장은 그대로 수용될 수 있는가? 조사단에 소속되었던 전문가들이나 정부의 발표 결과를 지지하는 민간 과학자들도 역시 과학의 이름으로 자신들을 옹호하고 있다. 과학적 지식 자체, 사건의 과학적 진상, 사

로 돌려보면 천안함 사건에 대한 정부 발표를 믿는 것과 믿지 않는 것은 상당 부분 정치적 태도에 달려 있다고 보는 시각도 있는 것 같습니다. 북에 적대적인 태도를 지닌 사람들은 정부 발표를 믿을 것이고, 북과의 관계 유지를 중시하는 사람들은 대체로 정부 발표에 회의적일 거라고 보는 입장인데, 이렇게 정치적 입장에 따라 믿고 싶어 하는 바가 달라지고 그에 따라 객관적 진상의 중요성이 상대화되는 데 대해서 어떤 생각을 하시는지요? **이승헌**: 남북 분단 상황이 야기한 안타까운 현상인데요, 이제까지 북한에 연계된 사건들은 그러한 시각이 남한 사회를 분열시키고는 했지요. 하지만 천안함 사건의 경우에는 70%의 국민들이 정부의 일방적이고 비과학적인 주장을 믿지 않는 것에서 볼 수 있듯이 상황이 조금 희망적입니다. 이것은 아까도 언급했듯이 천안함 사건의 과학적 측면이 진상을 규명하는 데 결정적이고, 일반 상식인들도 탐구하고 이해할 수 있는 부분이 많기 때문이라고 봅니다. 천안함 사건의 진상 규명이 중요한 이유가 여기에 있다고 하겠습니다. 과학적 검증을 통해 진상을 규명할 수 있고 그것을 통해 그동안 되풀이되어왔던 정치적 선입견에 의한 진실의 왜곡과 축소, 상대화에서 벗어날 수 있지 않을까 합니다." 같은 책, 275~276쪽.

44) 사실 이승헌이 취하고 있는 관점은 천안함 사건의 진상을 새롭게 밝히기 위해 한국 사회가 노력해야 한다고 주장하는 사람들에게서 공통적으로 발견된다. '과학적 반론에 의해 부정되는 결정적 증거', '과학적으로 증명되지 못한 가설', '과학적 차원에서 풀리지 않는 의문' 등의 표현은 카를 포퍼(Karl Popper)가 초기에 주장했던 '소박한 반증주의'를 연상시킨다. I. Lakatos, "Falsification and the Methodology of Scientific Research Programmes," I. Lakatos and A. Musgrave, *Criticism and the Growth of Knowledge*(London: Cambridge University Press, 1970), pp. 180~188 참조.

회적 사건의 실체가 현실의 다양한 권력이나 권위에 의해 억압될 때, 분명 '과학'을, '과학이나 객관적 진상의 절대성'을 강조할 필요는 있다. 분단체제가 본질적으로 억압체제라는 점에서, 우리 사회는 분명 진상이나 진실의 왜곡과 축소를 특별히 더 많이 경험했는지도 모른다. 그러나 천안함 사건과 관련해 대립하는 진영 모두가 과학을, 객관적 진상을 강조할 때, '사건에 관한 과학 논쟁'은 사태 해결의 돌파구가 될 수 있는가?

무엇보다도 일반 국민들에게 천안함 사건을 둘러싼 과학 논쟁은 어떤 모습으로 비칠까? 국민들에게 과학자들, 전문가들 사이의 논쟁은 어느 한쪽이 진리를 독점하는 데서 결정적으로 성공하는 것으로 비치지 않는 경우가 대부분이다.[45] 과학 지식의 부족 때문만이 아니라, 한편으로는 대립하는 과학자들이 서로 논리적으로 상당히 그럴듯한 이야기를 하기 때문이고, 다른 한편으로는 일반 국민들 스스로도 (과학자들과 마찬가지로) 과학적 지식 이전의 지식이나 감정, 이해관계를 갖고 있기 때문이다. 논리적 가능성이나 100% 확증의 이름, 완전한 설명의 요구로 과학 논쟁이나 과학 논쟁에 참여한 사람 또는 관객을 끌어갈 수는 없다.[46] 더구나 일반 국민들은 완전한 설명보다 불완전하지만 납득할 만한 설명을 '바로 지금' 원한다. 천안함 사건을 둘러싼 논쟁은 결코 '순수 과학 논쟁'으로 해결되지 못할 것이다. 이런 점 때문에 ANT는 문제제기와 이해관계 부여라는 개념을 제기하고 있다.[47]

---

45) 과학철학에서 말하는 일종의 비결정성/ 불확정성(indeterminacy)의 문제가 발생한다. 우리는 ANT가 이러한 비결정성의 문제를 쉽게 극복할 수 있다고 주장하지는 않는다. 어떤 설명이나 이야기가 상대적으로 더 그럴 듯하다고 판단할 수 있는 기준에 대한 문제는 사회과학에서 여전히 해결되지 않고 있다.

46) 홍미롭게도 ≪시대정신≫, 제50호(2011) 인터뷰, "흔들릴 수 없는, 그리고 새로운 증거로 본 천안함 사건의 원인 규명: 전 천안함 민군합동조사단 단장 윤덕용 교수 인터뷰"에서 윤덕용과 홍성기는 이런 관점으로 자신들을 정당화하고 있다. 각주 56) 참조.

이필렬이 던지는 더 근본적인 질문으로 되돌아가자.[48] '과학자의 사회적 책임이나 양심적 발언'이 중요하다는 점을 인정하면서도, 이필렬은 '과학 지식 자체에 대한 비판', '과학 활동이나 제도 자체에 대한 성찰', '과학 또는 제대로 된 과학기술 전문인에 대한 신뢰의 위험성', '과학에 대한 100% 의존의 위험성'을 지적한다. 이에 대한 이승헌의 답변은 분명하다. "과학 지식 자체에 대한 비판은 … 비현실적이고 또 바람직하지 않다", "어느 지식을 선택 이용하느냐는 사회 전체나 개개인이 결정할 문제"이다. 그런데 바로 이 지점에서 기묘하게도 이승헌은 하나의 지식, 하나의 과학적 진리를 주장하지 않

47) 역설적으로 양심선언은 양심선언이 야기할 정치적 위험이나 사회적 위험 때문만이 아니라 어느 누구도 부정할 수 없는 '100%의 사실'을, 어느 누구도 피할 수 없는 "즉각적으로 포착되는 벌거벗은 진리"(브뤼노 라투르, 『브뤼노 라투르의 과학인문학 편지』, 110쪽)를 내부 고발자가 갖기란 거의 불가능하기 때문에 쉽게 나올 수 없다.

48) 여기에서도 다소 길지만 질문과 답변을 그대로 옮겨 놓는다. "**이필렬** 이번에는 좀 더 근본적인 질문을 던져보기로 하죠. 과학자의 사회적 책임이나 양심적인 발언은 매우 중요합니다. 그러나 과학 지식 자체에 대한 비판, 과학 활동이나 제도 자체에 대한 성찰도 필요합니다. 천안함 사건의 정부 발표에 대한 과학적 측면에서의 비판은 매우 중요한 것이지만, 이러한 접근이 자칫 과학 또는 제대로 된 과학기술 전문인을 신뢰해야만 한다는 태도로 흐를 수도 있겠는데요. 예컨대 한국에서 핵폐기물을 놓고 논쟁을 벌일 때 원자력연구소나 한전 사람들은 과학자의 이야기를 왜 일반인이 의심하느냐는 말을 하는데, 이들의 말은 과학자는 반드시 옳다는 것을 암시하는 것이죠. 한마디로 과학에 대해 100% 의존해야 한다고 하면, 오히려 역작용이 있지 않겠냐는 질문입니다. **이승헌** 과학 지식을 포함한 모든 지식을 억눌러서는 안 되고 어느 지식을 선택 이용하느냐는 사회 전체나 개개인이 결정할 문제라는 것이 제 입장이어서, 과학 지식 자체에 대한 비판은 저는 비현실적이고 또 바람직하지 않다고 봅니다. 물론 사회의 전문가에 대한 맹신의 문제점에 대해서는 저도 공감합니다. 때문에 과학자들과 일반인들 간의 의사소통이 중요하고 거기에 있어서는 서로에 대한 신뢰와 애정 어린 이해를 바탕으로 열린 대화를 하는 것이 중요하다고 생각합니다." 이승헌, 『과학의 양심, 천안함을 추적하다』, 269쪽.

고 마치 지식의 복수성, 과학적 진리의 다수성을 인정하는 듯한 태도를 보인다.

이 문제와 관련해 ANT의 답변은 다소 모호하지만 매우 단호하다. 과학은 객관적이지도 비사회적이지도 않다. 사회와 분리되어 있는 '객관적 지식'인 과학을 사회가 선택하는 순간, '독립적이고 자유로운 결정의 순간'은 결코 오지 않는다. 이와 반대로 과학이나 기술이 "자연 및 물리적 실재의 순수한 재현이나 반영이 아니라 복잡한 사회적 상호작용의 매개를 통해 만들어지는 구성물"이라고 주장할 수도 없다. "사회적 맥락이 과학과 기술의 내용을 형성한다는 사회구성주의와 달리, ANT는 과학기술과 사회가 연결망 구축의 결과로 공동 생산된다는 점을 강조한다."[49]

천안함 사건을 둘러싼 '번역 경쟁'에서 어떤 행위자도 자유롭거나 독립적이지 않다. 행위자는 두 방향을 바라본다. 현재 서 있는 지점에서 자신의 지나온 궤적과 주변을 살펴보고, 앞으로 나아갈 궤적과 새로운 주변을 고려한다. 자신 앞에 제기된 문제와 자신의 이해관계를, 자신에게 요구되는 위치와 역할을, 그리고 자신이 바쳐야 할 노력과 희생의 정도를 살펴본다. 자신이 참가할 행위자-네트워크가 가져올 변화를, 자신이 참여할 번역으로 도래할 사회를, 자신이 가지고 있는 지식과 능력의 정도를 살펴본다. 그리고 행위자-네트워크 속에서 행동하고, 또 자기 자신을 끊임없이 새롭게 규정한다. 과학자의 과학 활동은 '미시 세계'의 연구 집합체 속에서 이뤄지는 번역 행위이면서 그와 동시에 번역을 통해 새로운 세계, '거시 세계 2'를 만든다는 점에서 정치 행위이다. 과학과 정치는 완전히 분리되어 있지도 않고, 완전히 결합(또는 미분리)되어 있지도 않다.[50] 과학자는 자신의 과학이 만들어낼

---

49) 김환석, 「'두 문화'와 ANT의 관계적 존재론」, 브뤼노 라투르 외, 『인간·사물·동맹』, 314~318쪽. ANT의 관점에서 과학과 정치의 관계에 대해 가장 간명한 설명을 제시하고 있는 글로는 브뤼노 라투르, 『브뤼노 라투르의 과학인문학 편지』 참조.

50) "번역의 3단계 연쇄와 실험실을 통한 우회는 거시 세계의 부분적 재편성을 초래한다.

정치 질서를 바라보아야 하고, 정치가는 자신의 정치가 작동시키는 과학기술을 바라보아야 한다. 바로 이 점을 천안함 사건의 원인 조사를 둘러싼 번역 행위들이 보여주고 있다.

분단체제는 분명 억압체제이다. 사람의 존엄이, 사건의 진상이, 예술과 문학이, 인간의 지성이, 나아가 과학이 억압을 받는다. 자연스럽게 과학의 자유를, 객관적이고 독립적인 과학 지식을, 정치에 의해 왜곡되거나 축소되지 않는 과학 지식을 강조할 필요가 있다. 그러나 이런 질문도 던져야 하지 않을까? 분단체제는 그 내부에서 살아가는 사람들이 과학에 대해 근본적인 질문을 던지지 못하게 막는 것은 아닐까? 종종 억압체제는 억압체제를 유지하는 권력자들뿐 아니라 억압체제에 대항하는 반체제 인사들에게도 '절대적이고 객관적인 가치를 자기 자신에게 부여해야 한다'라는 환상을 가져오는 것은 아닐까? 천안함 사건의 과학 논쟁은 과학이 무엇인지, 과학과 정치가 어떻게 분리되고 또 연결되는지에 대한 질문을 던지지 못하게 만들었다.[51]

'과학은 다른 수단에 의한 정치'라고 라투르가 주장한 것은 바로 이를 뜻한다. 분명히 이것은 과학이 단지 정치로 환원될 수 있다고 말하는 것은 아니며 라투르도 결코 그렇게 주장하지는 않았다. 그는 기술 과학 연구의 결과는 그것이 성공적일 경우 거시 세계의 재편성을 가져온다는 주장에 국한했을 뿐이다. 거시 세계 1에서 거시 세계 2로의 이동, 가능성의 세계들에 대한 탐색, 그리고 그러한 세계들 사이의 선택을 우리가 '정치'라는 말 외에 무엇으로 표현할 수 있단 말인가? 여기서 실제적 관건이 되는 사안은 우리가 살고 있는 집합체(즉, 공동 세계)의 형태와 구성이다." 김환석, 같은 글, 26쪽.

51) "위대한 사상가들이 수사학과 증명 사이에 장벽을 세운 데는 나름대로 훌륭한 이유들이 있었습니다. … 그 훌륭한 이유들이야말로 '정치적'이었지, '전적으로 과학적이지' 않았습니다. … 과학과 정치, 증명과 수사학 사이의 그 어떤 구분도 과학적 증거가 곤란을 겪어가며 천천히 획득된다는 이 흥미로운 현상은 '기술하려고' 하지 않았습니다. 그러한 구분에는 한 가지 목적밖에 없습니다. 이성의 힘이 오랫동안 비이성의 힘에 밀리다가 마침내 최종적인 승리, 필연적인 승리를 거둔다는 식으로 장대한

3) 과학 논쟁의 승자는?

여기에서 천안함 사건의 과학 논쟁과 관련해 '과연 누가 승자인가?'라는 질문을 던질 필요가 있다. 정부의 조사 결과에 반대하는 진영의 강태호는 "합조단이 말하는 '결정적 증거'가 오히려 '결정적 의문'을 뒷받침하는 증거가 되고 있다"라고 말하면서 "천안함 조사 결과가 나온 순간 천안함은 '진실'이 아니라 '의혹'에 직면했다"라고 강조한다.[52] 과학 논쟁은 정부의 조사 결과에 대한 '합리적 의혹'을 제기로부터 시작되었기 때문에 과학 논쟁이 벌어졌다는 사실 자체가 조사단 발표의 신뢰도가 낮다는 사실을 보여준다. 당연히 "천안함 사건이 합조단 스스로 드러낸 과학적 오류로 인해 과거의 황우석 사태처럼 뒤집어질 가능성이 있다"라는 전망도 제시된다.[53]

흥미롭게도 이러한 주장은 정부의 조사 결과에 의문을 제기하는 진영 내부의 이견에 부딪친다.

> 아무튼 초기엔 북한 소행이 아니라고 했다가 번복하는 등, 군이 너무 혼란스럽고 우왕좌왕하는 모습을 보이면서, 앞뒤가 맞지 않는 말들도 쏟아져나오고 결국 국민적 신뢰를 잃고 만 것이죠. … 지금 실체적 진실을 찾아야 한다고 주장하는 분들이 있지만 남북관계에서 현실의 흐름으로 보건대 이 사건은 결국 잊

논쟁의 역사를 구성하려는 목적 말입니다. … 이 싸움은 아마도 정당화되겠지만 이 싸움 때문에 제대로 이해할 수 없게 된 것이 있다면 그게 바로 과학입니다. 아이스킬로스의 말마따나 '전쟁의 첫 번째 희생자는 진실이다'라면 과학에 대한 논쟁에서 첫 번째 희생자는 과학에 대한 진실이랄까요." 브뤼노 라투르, 『브뤼노 라투르의 과학인문학 편지』, 116~117쪽.

52) 강태호 엮음, 『천안함을 묻는다』, 9쪽.

53) 같은 책, 278쪽. 천안함 사건의 출구와 해법 좌담회에서 강태호가 한 발언.

혀질 수밖에 없다고 봐야 합니다. 천안함 사건은 (유엔 안보리) 의장성명으로 마무리된 것입니다. … 국제정치의 세계에서 진실은 중요하지 않습니다. 문제의 우선순위가 높은 사안이라도, 단 하루아침에 그 우선순위가 낮아져 다른 문제에 밀려버리고 잊혀지게 마련입니다. … 흔히 지식인들은 한 사건의 논리적 모순과 정책의 일관성을 놓고 고민하는데, 현실정치는 그렇지 않습니다. … 6자회담 국면으로 가서 북핵문제 해결이 최우선과제가 되고 불가피하게 남북관계가 그 해결을 뒷받침해주는 쪽으로 가는 상황이 된다면, 그때에도 실체적 진실에 대한 요구가 계속될지 의문이 들기도 합니다.[54)]

정세현은 여기에서 두 가지 주장을 하고 있다. 첫째, 과학 논쟁은 한국 정부와 군이 스스로 자초한 불신에 상당 정도 기반을 두고 있다.[55)] 순수하게 과학적 논리만으로 정부의 조사 결과에 대한 의혹이 제기되지는 않는다. 둘째, 과학 논쟁이 아니라 현실 정치가 실체적 진실이 필요한지 아닌지를 결정할 것이다. 천안함 사건을 둘러싼 과학 논쟁과 정치 행위가 일단 마무리된 다음에는 과학이 다시 정치를 호출하는 것이 아니라 정치가 과학을 호출한다. 아니, 이제 정치는 특별한 이유가 없으면 과학을 호출하지 않는다.

이러한 관점에서 볼 때 과학 논쟁은 진보진영에 절반의 성공만을 가져다

---

54) 이 인용문은 같은 책, 264~265, 272, 277~278쪽. 천안함 사건의 출구와 해법 좌담회에서 전 통일부 장관이었던 정세현이 한 발언들을 묶은 것이다.

55) 신뢰 관계의 형성이 신뢰 대상자의 능력·노력과 신뢰자의 인식·노력의 결합에 좌우된다고 할 때 천안함 사건에서 발생한 신뢰 위기는 상당 정도 신뢰 대상자의 역량 부족에서 야기되었다. 천안함 사건에서 나타난 신뢰 위기에 대한 연구로는 배일섭, 「한국 대학생의 신뢰 성향에 관한 연구: 천안함 폭침 사건을 중심으로」, ≪한국행정논집≫, 제23권 제1호(2011) 참조. 배일섭은 신뢰자로서 대학생의 낮은 신뢰 성향 때문에 대학생들이 천안함 사건에 관한 정부의 조사 결과를 신뢰하지 않는 경향이 발생했다고 분석하고 있다.

주었다. 정부가 자초한 불신을 바탕으로 진보진영은 정부의 조사 결과가 가지고 있는 과학적 문제점에 대한 합리적 의혹을 적절하게 제기하고 성과를 거둘 수 있었다. 반면, 의도하지 않았음에도 과학 논쟁은 정부의 억압적 정치 행위와 군사주의 노선에 대한 비판을 과학의 문제로 축소시켜버리는 결과를 낳았다. 논점은 흐려지고, 정부와 보수진영은 자신을 합리화할 수 있는 논리를 발견할 수 있었다. 한편에는 안보 위기 상황에 필요한 국민 단합을 강조하는 정치적 명분을 내세우고, 다른 한편에는 오류가능론(fallibilism)이라고 할 만한 인식론적 태도를 제시함으로써 정부와 보수진영은 과학 논쟁을 넘어설 수 있었다.56)

5. 천안함 피격의 행위자-네트워크의 안정화

'천안함 피격의 행위자-네트워크'를 심화·확장하고 안정화시킴으로써 북한에 대한 군사적 압박을 강화하고 한반도 정세를 군사적 긴장 국면으로 몰아가려는 대통령의 문제제기는 한국 사회 내부에서 강력한 지지와 함께 강한 반발을 불러일으켰다. 천안함 사건은 한국 사회 내부의 보수와 진보 세력, 군사주의와 평화주의 세력이 과학 논쟁이 아니라 정책 방향을 놓고 정치 투쟁을 벌이는 국면으로, 분단의 행위자-네트워크의 새로운 편성을 놓고 번역 경쟁을 벌이는 국면으로 전환된 것이다. 담화문이 요청한 국가 안보 앞

---

56) "합조단이 과학적이고 명백한 증거를 통해 북한의 도발임을 명확하게 밝혀준 것은 참으로 다행이다. 아무리 명백한 진실이라도 믿기 싫으면 부인할 방법은 수백 가지다. 하지만 진상이 분명해진 이제 더 이상 무책임한 괴담으로 사태를 호도하지 말아야 한다." ≪중앙일보≫, "더 이상의 논란은 이적행위: 지금은 단합할 때", 2010년 5월 21일 자. 각주 46) 참조.

에서 국민이 하나가 되는 일, 국민 전체가 언제라도 북한의 도발에 즉각 대응할 수 있는 단일한 '안보 행위자-네트워크'에 결합하는 일과는 반대되는 일이 일어난 것이다. 또한 한국 내부에서 벌어진 이러한 정치 진영 사이의 투쟁은 유엔 안전보장이사회를 놓고 벌이는 국제정치 차원의 동맹외교와 결합하게 된다.

한국의 대통령이 전쟁기념관에서 담화를 발표했음에도 불구하고, 대통령의 담화문은 한국 사회가 북한을 압박하는 단일한 '안보 행위자-네트워크'로 쉽게 전환되지 못하리라는 사실을 이미 담고(드러내고/ 감추고) 있었다. 담화문에도 열거되어 있듯이 한국 사회 내부에는 10여 년 동안 확장되고 심화된 남북관계를 반영하는 다양한 탈안보 행위자들, 담화문의 문제제기를 벗어날 행위자들이 존재하고 있다. 담화문은 '지원 대상이 되는 북한의 굶주린 영·유아', '개성공단', '교류·협력에 종사하는, 그리고 종사했던, 종사하기를 원하는 사람들과 물자들', 게다가 다른 무엇보다도 이른바 '약화된 국민의 안보 의식' 등을 직간접적으로 언급하고 있다.[57]

더욱이 공교롭게도 아마도 어떤 의도에 따라 대통령의 담화는 2010년 6월 전국 동시 지방선거를 바로 눈앞에 둔 5월 24일 발표되었다. 정부와 시민사회 일부 집단 사이에 벌어지던 천안함 사건의 원인을 둘러싼 과학 논쟁은 지방선거 국면에서 정치사회 전체가, 그리고 한국 사회의 보수/ 진보 세력 전체가 결합하는 정치투쟁으로 급격하게 변모했다.[58] 분단체제하에서 주요

57) 대한민국정부, 『정부 백서』, 266~268쪽.

58) 이러한 정치투쟁은 한국 민주주의에 관한 논쟁으로까지 번질 수밖에 없었다. 천안함 사건에 대한 정부의 조사 결과와 정책 방향을 부정하고 거부하는 세력들은 정부로부터 탄압을 받는 사태가 발생했고, 이는 진보진영으로부터 민주주의의 위기로 해석되었다. 서재정·남태현, 「천안함 사건이 보여준 한국 민주주의의 현재와 미래」, 『창작과비평』, 통권 157호(2012) 참조. 반대로 보수진영에서는 정부의 조사 결과와 조치

선거 때가 되면 불어왔던 이른바 '북풍'에 대한 사회적 기억이 작동하면서 천안함 사건에 대한 정부 조사단의 결과 발표와 대통령의 담화는 지방선거 국면에서 모든 정치 세력과 사회 세력이 이념과 지향에 따라 서로 결합하도록 만드는 강력한 촉매제가 되었다. 천안함 사건을 둘러싼 두 개의 대립적이고 정치적인 행위자-네트워크가 구축되고, 천안함 사건에 대한 견해 차이를 전선으로 한 동맹정치가 본격화되었다.[59] 6·2지방선거에서 집권당은 패배하고, 결과적으로 대통령의 문제제기는 큰 성과를 거두지 못했다.

한국 정부가 천안함 사건을 유엔 안전보장이사회에 회부하고 "굳건한 한미동맹을 토대로 한미연합 방위 태세를 더 한층 공고히 할 것"을 밝힘으로써[60] 한반도 문제를 둘러싼 동맹외교와 군사적 긴장은 더 강화될 수밖에 없었다. 유엔 안보리 회부에 대응하기 위해 러시아 정부는 자국의 조사단을 5월 31일부터 6월 7일까지 한국에 파견해 독자적인 조사 활동을 했고, 한국 정부의 조사 결과에 부정적 의견을 도출했다.[61] 한국 정부의 발표에 의구심을 가지고 있던 중국과 러시아는 유엔 안보리에서 한국과 미국이 의도하는 결의안 통과에 반대해 '모호한 의장 성명서'를 이끌어냈다.[62] 특히 중국은

에 대한 비판과 반대를 반국가적·친북적 행위라고 비난했다.

59) 송태은, 「천안함 사건의 망제정치」, 394~397쪽. 송태은은 이러한 변화를 '진실 게임으로부터 신뢰 게임으로의 전이'라고 부르면서 천안함 사건이 6·2지방선거에 미친 영향을 평가한 연구들을 소개하고 있다.

60) 대한민국정부, 「대통령 담화문(2010.5.24)」, 『정부 백서』, 268쪽. "가까운 시일 내에 서해에서 한미연합 대잠수함 훈련을 실시할 예정입니다. 이 훈련에는 한미의 최정예 전력이 참가하여 북한의 수중공격에 대한 방어전술과 해상사격 능력을 집중적으로 향상시킬 것입니다." 「국방부 장관 대북조치 담화문(2010.5.24)」, 같은 책, 278쪽.

61) 러시아 정부의 천안함 침몰 원인에 대한 판단을 보여주는 자료(「러시아 천안함 보고서 요약본」)는 김보근 외, 『봉인된 천안함의 진실』, 242~243쪽 참조.

62) 2010년 7월 9일 발표된 유엔 안보리 의장 성명서에는 "이 문제의 평화적 해결을 위하

미국과 한국이 한반도 주변에서 '한미의 최정예 전력이 참가'하는 대잠수함 훈련을 하는 것에 대응한 군사훈련을 실시했다(2010.6.30~7.5).[63] 결과적으로 북한에 책임을 물으려던 한국 정부의 시도는 성과를 거두지 못했다. 한반도 내부의 군사적 긴장은 더욱 고조되고, 한반도 주변의 정세는 동맹정치의 강화로 더욱 악화되고 말았다. 말 그대로 '천안함 외교의 침몰'이 일어난 것이다.[64]

한편 2010년 6월 11일 한국의 권력감시단체인 참여연대는 "천안함 사건은, 유엔 안보리의 조치를 취하기 전에, 공공의 신뢰와 평화를 위해 추가적인 조사와 검증이 필요하다"라는 내용의 공개서한을 천안함 사건에 관한 참여연대의 의견을 담은 보고서와 함께 안보리 의장과 이사국에 보냈다.[65] 참

여 이번 사건 책임자에 대해 적절하고 평화적인 조치를 취할 것을 촉구한다", "북한이 천안함 침몰의 책임이 있다는 결론을 내린 한국 주도하에 5개국이 참여한 '민·군 합동 조사단'의 조사 결과에 비춰 깊은 우려를 표명한다", "이번 사건과 관련이 없다고 하는 북한의 반응, 그리고 여타 관련 국가들의 반응에 유의한다", "평화적 수단으로 한반도의 현안들을 해결할 것을 권장한다" 등의 내용을 담고 있다. 대한민국정부, 『정부 백서』, 279쪽. 한반도와 동북아 국제 질서를 둘러싼 동맹외교가 작동하는 가운데 유엔 안보리가 항상 그랬던 것처럼 '외교적 타협'을 본 것이다.

63) 3월 이후 전개된 한반도 정세를 둘러싼 정치·외교·군사 사건은 이정훈, 『천안함 정치학』, 274~285, 398~407쪽 참조. 송태은, 「천안함 사건의 망제정치」, 399~407쪽에서 송태은은 한미동맹과 중·러 사이에 벌어진 외교적·군사적 대결을 집합 게임이라는 용어로 규정하고 있다.

64) 송태은에 따르면 천안함 사건은 한국 정부의 의도와 달리 한반도 주변에서 "중국의 위치권력과 미국의 설계권력이 서로 충돌하는 결과만을 초래했다". 송태은, 같은 글, 409쪽.

65) PSPD, "Open Letter to the UN Security Council Member States"(2010.6.10). 참여연대가 보낸 보고서의 영문본과 국문본은 People's Solidarity for Participatory Democracy, Center for Peace and Disarmament, "The PSPD's Stance on the Naval

여연대가 유엔 안보리에 공개서한을 보낸 것이 알려지자 보수 단체들은 물리적 방법을 사용하면서까지 참여연대를 협박했고, 정부와 보수 언론은 참여연대의 행동을 '국가 위신을 추락시키는 행동', '반국가적 이적 행위'로 규정했다. 참여연대에 대한 보수진영의 공격은 국내에서는 진보진영 시민단체들의 참여연대에 대한 연대 성명을, 국제사회에서는 평화단체와 인권단체들의 연대 성명을 불러왔다. 천안함 사건을 둘러싸고 국내에서뿐 아니라 국제적으로도 일종의 동맹정치가 벌어진 것이다.[66]

한국 정부의 문제제기가 곳곳에서 도전받고 '천안함 피격의 행위자-네트워크'가 제대로 구축되지 못하는 상황에서 북한은 한국 정부의 문제제기에 정면으로 대응하고 나왔다. 북한 정부는 천안함 사건에 대한 한국 정부의 조사 결과를 부인하는 것에서 시작해 강경한 대응을 내용으로 하는 정책 기조를 여러 형식으로 계속 밝혔다. 결국 남한과 북한이 서로에 대해 취하고 있던 강경한 적대정책은 2010년 11월 23일 북한의 선제 공격으로 시작된 연평도 포격 사건으로 이어지고 말았다.[67] 이러한 국지적 전투는 남북관계를

Vessel Cheonan Sinking"(2010.6.1); 참여연대 평화군축센터, 「참여연대 이슈리포트 IR-20100601 천안함 침몰에 관한 참여연대 입장」(2010.6.1).

66) 참여연대의 논평(http://www.peoplepower21.org/Peace/585020)(검색일: 2013.4.19)과 참여연대 홈페이지(평화군축센터)에 게재되어 있는 국내외 단체들의 연대 성명 참조. 분단체제가 흔들리고 남남 갈등이 심화되면서 한국 사회에서는 동맹정치가 정치사회와 시민사회 전체에 걸쳐 일상적으로 작동하는 '초정치화 현상'이 일어났다. 한편, 이러한 '초정치화'는 반작용으로서 '정치의 사법화'도 야기했다.

67) 천안함 사건 이후 북한의 대남 정책에 대해서는 홍익표, 「천안함 사건 이후 북한의 대응과 전략적 선택」, 서보혁 외, 『천안함 외교의 침몰』, 5장 1~2절 참조. 연평도 포격 사건의 간략한 전말에 대해서는 이정훈, 『천안함 정치학』, 405~406쪽 참조. 유엔 안보리 의장 성명 발표 이후부터 연평도 포격 사건 발생 시기까지 남북관계가 항상 적대적이거나 군사적 긴장이 고조되어 있지는 않았다. 북한이 이산가족 상봉을 제의

더욱 악화시키면서 그와 동시에 북한의 공격성을 드러내는 사건이 되었다.

자연히 연평도 포격 사건은 국내적으로나 국제적으로 북한에 대한 강경 정책을 합리화하고, 천안함 사건과 관련한 한국 정부의 문제제기를 지지하는 분위기를 만드는 계기가 되었다. 남북한 내부의 강경파들과 남북한의 강경정책들이 서로 상대방의 존재와 입장을 정당화하고 강화하는 '교묘한 공생관계'가 제대로 작동한 것이다.[68] 분단체제의 작동 논리에 따라서, 남한에 대해 적대적 존재인 북한이 남한 정부가 주도하는 번역의 '역설적 동맹자'가 되고 말았다. 분단체제 속에서 북한의 정체성은 이중적 성격을 지니게 된 것이다.[69] 아울러 이처럼 '천안함 피격의 행위자-네트워크'의 배경이었던 '분단의 행위자-네트워크'가 전경이 되면서[70] 한국 정부의 문제제기는 불완전한 모습으로나마 뒤늦게 안정화되기 시작하는 계기를 갖게 된 것이다.

'천안함 피격의 행위자-네트워크'의 안정화를, 그리고 연평도 포격 사건의 영향을 평가할 수 있는 정확한 기준은 없지만 '국민들 중 얼마나 많은 사람

(2010.9.10)함에 따라 두 차례 이산가족 상봉이 이뤄지기도 했다(2010.10.30~11.5).

68) 분단체제는 "남과 북의 수구 세력이 극과 극으로 대치하고 있으면서도 어떤 의미에서는 교묘한 공생관계에 있는 그러한 체제와, 그 공생관계에서 소외되고 그로부터 고통을 받는 남북한의 다수 민중, 이 둘이 대립을 이루고 있"는 체제이다. 백낙청, 『흔들리는 분단체제』(창작과비평사, 1998), 157쪽.

69) 북한의 이중성은 남한 정부 자체의 이중성에 비교할 만하다. "이제 '결정적 물증'을 앞세워 이에 의문을 표시하는 반대자들을 억압하는 태도는 이중적이다. 청와대가 당시 '북한 소행은 아니다'라고 예단해놓고 이제 와서 똑같은 생각을 가진 사람들을 검찰을 동원하여 억압하는 것은 정작 보수와 안보를 표방해놓고도 국방을 무너뜨린 자신의 원죄를 남에게 전가하는 태도가 아니겠는가?" 김종대, 「무너진 국방개혁이 초래한 이상한 패배」, 강태호 엮음, 『천안함을 묻는다』, 259쪽.

70) 라투르가 말하는 '배경/ 전경 뒤집기'가 일어난 것이다. 브뤼노 라투르, 「행위자네트워크 이론에 관하여: 약간의 해명, 그리고 문제를 더 복잡하게 만들기」, 브뤼노 라투르 외, 『인간·사물·동맹』, 100~101쪽.

들이 북한의 군사 공격을 천안함 침몰의 원인으로 보는가?'에 대한 답변과 '그러한 판단에 연평도 포격이 얼마나 영향을 미쳤는가?'에 대한 답변을 하나의 지표로 활용할 수 있을 것이다. 문화체육관광부가 천안함 사건 1주기를 맞아 한국리서치에 의뢰해서 실시한 여론조사(2011년 3월 17일)에 따르면 "응답자의 80.0%는 천안함 피격은 북한의 도발에 의해 발생했다고 생각"했으며, 또 "연평도 침공을 겪으며 북한의 도발이라는 확신도 증가"했다.[71] 사건 발생 2년 후인 2012년 3월 17일 실시된 ≪조선일보≫·미디어리서치 여론조사에 따르면 "'천안함 폭침은 북한 소행'이라고 믿는 국민은… 71.3%"였다. ≪조선일보≫의 관점에 따르면 이 비율은 "2010년 3월 사건 직후엔 50%였다가 점차 상승해 70%를 상회했지만 6·2지방선거를 앞두고 '전쟁이냐 평화냐'란 구호가 이슈가 되면서 32.5%까지 하락했다. 그해 11월 연평도 포격 이후엔 다시 '북한 소행'을 믿는 여론이 80%까지 상승했지만 2012년 조사에선 71.3%로 다소 하락했다."[72] 하지만 서울대학교 통일평화연구원이 실시한 통일의식조사에서 "천안함 사건의 침몰 원인에 대한 정부의 조사결과를 신뢰하십니까?"라는 설문에 대한 응답의 분포는 여전히 큰 차이가 없었다. 한국 정부의 신뢰도와 상관없이 분단체제에서 핵심 행위자인 북한의 행위에 따라 '천안함 피격의 행위자-네트워크'는 강화된 것이다.[73]

---

71) 한국리서치, 「천안함 피격 1주기 여론조사」(2011.3), 11~12쪽. "천안함 피격 사건은 북한의 도발에 의해 발생했다고 생각하게 된 때는 언제쯤이었나요?"라는 질문에 답변은 '직후부터 64.2%, 정부의 조사결과 발표 이후부터 23.3%, 북한의 연평도 침공 이후에 11.7%'였다.

72) ≪조선일보≫, 2012년 3월 19일 자. 리얼미터는 비슷한 추정을 해볼 수 있는 여론조사 결과(2010년 9월 57.2%에서 2013년 3월 69.2%, 2013년 3월 27~28일 실시)를 내놓았다. "천안함 북한소행 추정 의견 증가, 69.2%", ≪뉴스와이어≫, 2013년 3월 29일 자. http://www.newswire.co.kr/newsRead.php?no=686992&ected=(검색일: 2013. 4.19)

73) 정부 발표를 신뢰하는 비율은 2010년 32.4%, 2011년 33.6%(전년 대비 상승), 2012년

6. 분단체제의 불안정성과 탈분단의 사회동학

남북관계는 2000년 6월 남북 정상회담 이후 상당한 정도로 개선되었다. 이런 상태에서 2008년 초 등장한 이명박 정권은 '원칙 있는 대북 정책을 추진한다'라는 일종의 강경한 정책 기조를 채택했다. 남한 이명박 정부의 대북 강경정책과 북한 김정일 정권의 대남 강경정책이 부딪치면서 남북관계는 2010년 초 상당히 불안정해졌다. 하지만 개성공단을 비롯해 남북관계를 안정화시키는 요인들이 작동하면서 남북관계 자체는 탈냉전적 경향을 상당히 유지하고 있었고, 남북한 사이에는 정상회담을 개최하려는 시도도 있었다. 또한 남한 사회 내부에서 작동하는 분단체제의 원리는 1987년 이후 민주주의가 공고화되고, 2000년 이후 남북관계가 개선되면서 점차 약화되고 있었다. 이처럼 남북관계의 성격과 전망이 다소 모호한 시점에 천안함 사건은 일어났고 자연히 다소 복잡하게 전개되었다.

ANT의 방법론에 의존해서 천안함 사건의 행위자-네트워크를 추적함으로써 우리는 한편으로는 ANT가 분단체제의 작동 방식을 이해하는 데 상당히

29.6%(전년 대비 하락)였다. 박명규 외, 『2011 통일의식조사』(서울대학교 통일평화연구원, 2011), 211쪽; 박명규 외, 『2012 통일의식조사』(서울대학교 통일평화연구원, 2012), 83쪽. 천안함 침몰 5년이 되는 2015년 3월 여론조사 전문기관 리얼미터가 뉴스타파의 의뢰로 조사한 여론조사의 결과(2015년 3월 23일 실시, 19세 이상 성인 500명, 자동 응답 방식, 인구 비례에 따른 가중치 부여, 응답률 5.8%, 표본오차 95%, 신뢰수준 ±4.4%)에 따르면, 천안함 사건에 대한 정부 조사를 '불신한다'라는 의견이 47.2%, '신뢰한다'라는 의견이 39.2%, '잘 모른다'라는 의견이 13.6%였다. 또한 재조사 필요에 '공감한다'라는 의견이 48.0%, '비공감한다'라는 의견이 32.5%, '잘 모른다'라는 의견이 19.5%였다. 의견은 정당 지지에 따라, 지역에 따라, 연령에 따라 큰 차이를 보였다. 심인보, "정부 천안함 조사, 47.2%가 불신", ≪뉴스타파≫, 2015년 3월 25일 자. http://newstapa.org/24294(검색일: 2013.4.19)

〈그림 6-4〉 천안함 사건의 행위자-네트워크의 형성 과정과 분단체제의 변화

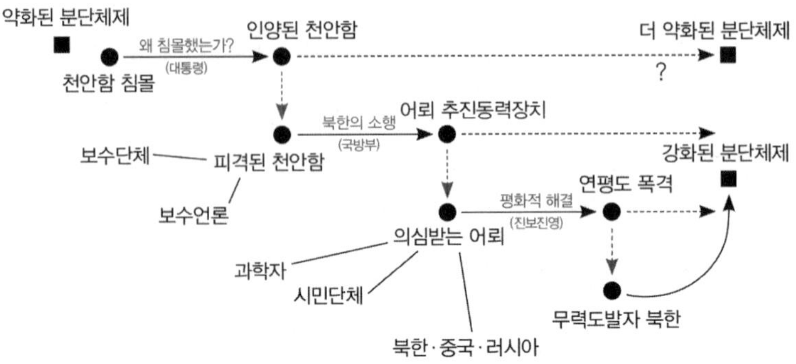

기여할 수 있음을 확인했고, 다른 한편으로는 분단체제론이 제시하는 한반도 분단의 속성이 천안함 피격의 행위자-네트워크가 형성되고 도전받으며 '안정화'되는 과정에서 더욱 분명하게 드러나고 있음도 확인했다.[74] 이제 이 글을 마무리하면서 우리는 천안함 사건의 전개 과정을 ANT가 사용하는 '결합/ 대체의 도식'을 활용해 단순화시켜본 뒤(〈그림 6-4〉 참조),[75] 현재 작동하고 있는 분단체제의 속성 중 천안함 사건의 행위자-네트워크를 통해 드러난 것들을 세 가지 정도 제시하려고 한다.

---

74) 분단체제를 이해하는 방법론으로서 ANT가 갖는 한계를 한 가지 지적한다면 분단체제론과 같은 일종의 거대 담론을 전제로 할 때만 ANT에 의한 행위자-네트워크의 추적이 효과적으로 이뤄질 수 있는 것이다. ANT는 분단체제를 이해하는 데서 그 자체로 완결적이지 않을 수 있다.

75) '결합/ 대체의 도식'은 라투르가 '사회-기술적 도식'이라고 부르는 것으로, 결합 '그리고'와 대체 '또는'이라는 두 차원을 이용해서 과학기술의 어떤 판본·형태(version)가 변화해가는 과정을 기술한다. 브뤼노 라투르, 『브뤼노 라투르의 과학인문학 편지』, 63쪽.

천안함 사건은 분단체제가 약화된 상태에서 일어났다. 초기에 대통령은 천안함 침몰의 원인에 대한 '예단이나 예측 없는 조사'를 요구했다. 아마도 그러한 조사가 이뤄졌다면 '약화된 분단체제'는 '더 약화된 분단체제'로 나아갔을 가능성이 있다.[76] 천안함이 인양되면서 대통령의 문제제기는 벽에 부딪히고 새로운 방향으로 우회할 수밖에 없었다. 문제제기의 대체 이후 국방부가 주도한 합동 조사단은 천안함 침몰이 북한의 소행임을 밝히는 데 주력하고, 여기에 어뢰 추진 동력 장치와 몇 가지 추가적인 비인간 행위자가 결합한다. 조사 결과의 발표와 대통령의 담화 발표 이후에 천안함 피격의 행위자-네트워크가 제대로 만들어졌다면 한반도 분단체제는 남한이 주도하는 불균등하고 비대칭적인 체제로 변화되었을 가능성이 높다. 어뢰 추진 동력 장치라는 '결정적 증거'가 의심을 받고, 다른 여러 증거와 정황이 확인되면서 새로운 대체와 우회가 일어나고, 평화적 해결을 강조하는 행위자-네트워크가 형성되기 시작했다. 최종적으로 연평도 포격 사건 이후 새로운 대체와 우회가 일어나면서 천안함 사건의 행위자-네트워크는 비록 한국 정부가 바라는 형태로는 아니지만 북한을 도발자로 규정하고 압박하는 방향으로 '안정화'되기 시작했다. 천안함 사건은 '천안함 피격 사건'으로 점차 굳어지기 시작한 것이다.

이제 천안함 사건의 행위자-네트워크를 추적하는 과정에서 드러난 분단체제의 몇 가지 속성을 살펴보자.

먼저 분단체제는 불안정하고 역동적이다. 분단체제가 남북한 지배세력의

76) 분단체제가 남북한의 적대적 의존관계를 내포하고 있다면 조사의 결과보다는 조사 과정 자체가 더 중요하다. 말 그대로 '북한도 인정할 수밖에 없는 객관적이고 과학적인 조사'를 통해 북한의 책임이 드러나더라도, 그러한 결과가 남북관계의 악화가 아니라 북한의 인정과 사과, 그리고 북한 내부의 대남 강경론자들이나 군사주의자들의 약화로 이어졌을 수도 있다.

교묘한 공생관계, 적대적 의존관계를 내포하고 있다고 하더라도 분단체제는 지배세력의 의도대로 작동하지 않는다. 일차적으로는 남북한 지배세력 사이에 작동하는 '적대성'이 '안보 딜레마'나 '국방력 딜레마'와 같은 의도하지 않은 결과를 낳기도 하지만, 지금은 다른 측면들도 존재한다. 남한 사회의 민주화와 남북관계의 개선은 남북한 지배세력의 교묘한 공생관계가 한반도 거주자들을 억압하는 상태와 방식에 균열을 가져왔다. '과학 논쟁'을 주도한 과학자들과 일반 시민들, 정부의 문제제기에 대항하는 시민단체들, 남북관계 개선에 참여하는 다양한 인간/비인간 행위자들은 분단체제의 작동 원리를 약화시킨다. 더욱이 천안함 사건의 행위자-네트워크가 형성되는 과정에서 일어날 수밖에 없었던 우회들은 비인간 행위자들(인양된 천안함 선체, 어뢰 추진 동력 장치, 흡착 물질 등)의 행위성을 분명하게 드러냈다. 의지와 물질의 결합, 우연과 필연의 접합, 정치와 과학의 혼합은 천안함 사건의 행위자-네트워크가 쉽게 안정화되지 못하도록 만들었고, 분단체제의 작동 방식을 뒤흔든다. 분단체제의 작동 방식은 안정성에서 점점 더 멀어지고, 본격적으로 흔들리기 시작한다. 불안정한 분단체제는 의도와 결과의 간극을 벌리고, 수많은 '가능성의 세계'를 열어 놓는다. 분단체제는 이미 만들어진, 지금 만들어지고 있는, 그리고 앞으로 만들어질 수많은 분단의 행위자-네트워크로 이뤄져 있다. 분단의 행위자-네트워크가 수없이 많고 촘촘하다는 사실은 한편으로는 분단체제의 안정성을 의미하지만, 다른 한편으로는 분단체제가 언제 어디서나 도전에 직면할 수 있다는 분단체제의 불안정성, 역설적 역동성을 의미한다.

다음으로 분단체제는 분단 현실에서 만들어지는 모든 행위자-네트워크의 맥락, 분단의 행위자-네트워크들의 행위자-네트워크이다. 천안함 사건의 행위자-네트워크가 '천안함 피격'이라는 규정을 강화하는 과정은 분단체제라는 맥락 속에서 이뤄졌다. 정부 내부의 혼란, '과학 논쟁', 국내·국제 차원의 동맹정치 작동 등이 '북한의 책임 묻기'라는 한국 정부의 문제제기를 위험에 빠뜨렸지만, 분단체제의 주요한 행위자인 북한의 지도부가 벌렸던 대남 강경정책과 연평도 포격은 (군사·안보 논리 차원의 정당화 가능 여부와 상관없이, 선제적이었고 민간인 희생을 일으켰다는 점에서) 호전적인 북한에 압박을 가하는 '안보 행위자-네트워크'를 국내외적으로 다시 안정화시키는 결과를 낳았다. 한반도를 넘어 지구 공간 정치 전체에 걸쳐 있는 '한반도 분단의 행위자-네트워크'가 천안함 사건의 행위자-네트워크를 부분적으로 안정화시킨 것이다. 이런 점에서 분단체제는 단순히 한반도 남북한에 자리 잡고 있는 체제가 아니라 지구 전체에 퍼져 있는 행위자-네트워크로 파악될 필요가 있다. '한반도 분단의 행위자-네트워크'는 수많은 네트워크-행위자로 조립되어 있고, 천안함 사건의 행위자-네트워크는 '행위자-네트워크들의 행위자-네트워크'인 분단체제를 조립하는 네트워크-행위자의 하나로 정체성을 인정받게 되었다.

끝으로 분단체제는 '수행성(performativity)'을 갖고 있다. 네트워크의 네트워크인 분단체제는 경계나 최전선(最前線)이 불명확한 체제이다. 네트워크라는 존재물 자체가 내부와 외부의 구분이 없고 면적이나 부피로 파악되지 않는다는 점에서 경계나 최전선이라는 개념으로 분단체제에 들어와 있는 행위자들의 위치를 파악하고 정체성을 규정하려는 노력은 당연히 무의미할 수밖에 없다. 천안함 사건의 행위자-네트워크가 만들어지는 과정에서 북한(북한 당국)은 어느 순간에는 남한(남한 당국)이 제기한 문제제기의 바깥에서 남한(남한 당국)과 대립하고 있었지만, 어느 순간에는 남한(남한 당국)과 연결되어 분단의 행위자-네트워크를 강화했다. 행위자의 정체성은 경계에 따라 분할된 세계에 의해 만들어지지 않는다. 행위자들이 연결되어 있는 네트워크에 따라 행위자의 정체성이 형성된다. 네트워크에 앞서서 존재하는 행위자들의 본질이나 공간의 특징이 네트워크의 성격을 결정하는 것이 아니다.

행위자들이 이해관계에 따라 구축하는 네트워크가, 그리고 그러한 네트워크의 형성에서 맥락과 배경이 되는 (이미 존재하는) 네트워크가 행위자들의 정체성을, 네트워크가 만들어내는 공간의 특성을 규정한다. 행위자-네트워크로 조립되어 있는 분단체제가 수많은 분단의 행위자-네트워크를 만들고 네트워크에 들어오는 행위자에게 정체성을 부여한다. 분단체제는 수행성을 갖는다.77) 그리고 바로 이러한 분단체제의 수행성이 행위자의 행위 자체가 고정된 의미를 갖지 못하도록 만든다. 행위의 의도와 결과가 분리되고, 행위자의 네트워크로 조립된 분단체제 자체도 끊임없이 변화한다.

이러한 분단체제의 속성은 탈분단의 사회동학과 관련해 몇 가지 해석을 가능하게 한다. 먼저, 분단체제의 불안정성에 주목할 때 우리가 살아가는 '지금 여기'에서, 우리의 일상생활 속에서 분단의 행위자-네트워크를 찾아내고 해체시키려는 노력이 중요하다. 탈분단은 분단체제라는 거대한 존재, 리바이어던과의 운명을 건 한판 승부가 아니다. 오히려 수많은 분단의 행위자-네트워크가 해체되는 과정에서 분단체제는 '어물어물' 다른 체제로 바뀔 것이다.78) 다음으로 분단체제의 안정적 관리라는 관점에서 제기되는 한반도의 군사적 안정, 남북한의 안전보장은 오히려 분단체제의 강화를 의미한다. 전통적 의미의 안보 개념이나 전략에서 나오는 군비 경쟁과 군사·안보 논리는 천안함 사건 이후 벌어진 남·북, 미·중 권력 충돌과 같은 결과만을 가져

77) ANT의 관점에서 존 로(John Law)와 존 어리(John Urry)는 연구 방법의 수행성을 말한다. "연구 방법들은 수행적이다. … 연구 방법들은 효력을 가지고 있고, 차이를 만들어내고, 실체들이 살아 움직이도록 한다. 그리고 연구 방법들은 자신들이 발견하기도 하는 것들을 존재하도록 만드는 데 도움이 될 수 있다." J. Law and J. Urry, "Enacting the Social", p. 3.

78) 백낙청은 "오로지 남북 민중의 실질적 접근으로 '어물어물' 진행되는 통일"을 '한반도식 통일'로 제시했다. 백낙청, 『한반도식 통일, 현재진행형』(창비, 2006), 23쪽.

옴으로써 분단체제를 강화시킨다. (안보가 아닌) 평화가, 한반도 평화체제가, 동북아 협력안보체가 분단체제의 불안정성을 높임으로써 평화와 협력을 지향하는 새로운 한반도·동북아시아 질서를 가능하게 할 것이다. 끝으로 '지금 여기'에서 벌어지는 탈분단의 행위와 사회운동은 그 자체로서가 아니라 분단체제 자체의 수행성에 비춰진 이후에야 비로소 탈분단의 행위나 사회운동이 될 수 있다. 분단체제의 수행성은 어떠한 행위자나 행위도 본질적 정체성이나 규정성을 가지고 있지 않다는 사실을, 행위자와 행위는 행위자-네트워크 속에서 성격이 규정된다는 사실을 깨닫게 한다. '지금 여기'는 언제나 맥락 속에서 배경을 뒤로 하고 있다.

참고문헌

국내 자료

강태호 엮음. 2010.『천안함을 묻는다: 의문과 쟁점』. 창비.

김병선. 2012.「간첩사건의 행위자 네트워크: 북한과의 접촉 사건에 대한 스토리텔링의 패턴과 그 변화」. ≪경제와 사회≫, 통권 94호.

김보근 외. 2010.『봉인된 천안함의 진실: 20개의 키워드로 읽는 천안함 사건』. 한겨레출판.

김종대. 2010.「무너진 국방개혁이 초래한 이상한 패배」. 강태호 엮음.『천안함을 묻는다: 의문과 쟁점』. 창비.

김종욱. 2011.「냉전의 '이종적 연결망'으로서 '평화의 댐' 사건: 행위자-연결망 이론을 통한 경험적 추적」. ≪동향과 전망≫, 통권 83호.

김환석. 2010.「'두 문화'와 ANT의 관계적 존재론」. 브뤼노 라투르[브루노 라투르(Bruno Latour)] 외 지음. 홍성욱 엮음.『인간·사물·동맹: 행위자네트워크 이론과 테크노사이언스』. 이음.

_____. 2011.「행위자-연결망 이론에서 보는 과학기술과 민주주의」. ≪동향과 전망≫, 통권 83호.

대한민국 국방부. 2010.「천안함 피격사건 합동조사결과 보고서」.

대한민국정부. 2011.『천안함 피격사건 백서』

라투르, 브뤼노(Bruno Latour). 2012.『브뤼노 라투르의 과학인문학 편지: 인간과 자연, 과학과 정치에 관한 가장 도발적인 생각』. 이세진 옮김. 김환석 감수. 사월의책.

_____. 2010a.「행위자네트워크 이론에 관하여: 약간의 해명, 그리고 문제를 더 복잡하게 만들기」. 브뤼노 라투르[브루노 라투르(Bruno Latour)] 외 지음. 홍성욱 엮음.『인간·사물·동맹: 행위자네트워크 이론과 테크노사이언스』. 이음.

라투르, 브루노[라투르, 브뤼노(Bruno Latour)] 외. 2010b.『인간·사물·동맹: 행위자네트워크 이론과 테크노사이언스』. 홍성욱 엮음. 이음.

박명규·김병로·강원택·이상신·박정란·정은미. 2010.『2010 통일의식조사』. 서울대학교 통일평화연구소.

_____. 2011.『2011 통일의식조사』. 서울대학교 통일평화연구원.
박명규·강원택·김병로·송영훈·이수정·장용석. 2012.『2012 통일의식조사』. 서울대학교 통일평화연구원.
박순성. 2012.「한반도 분단현실에 대한 두 개의 접근: 분단체제론과 분단/탈분단의 행위자-네트워크이론」. ≪경제와 사회≫, 통권 94호.
배일섭. 2011.「한국 대학생의 신뢰 성향에 관한 연구: 천안함 폭침 사건을 중심으로」. ≪한국행정논집≫, 제23권 제1호.
백낙청. 1998.『흔들리는 분단체제』. 창작과비평사.
_____. 2006.『한반도식 통일, 현재진행형』. 창비.
서보혁·김종대·이대근·김창수·홍익표·박홍서. 2011.『천안함 외교의 침몰』. 풀빛.
서재정·남태현. 2012.「천안함사건이 보여준 한국 민주주의의 현재와 미래」. ≪창작과비평≫, 통권 157호.
송태은. 2011.「천안함 사건의 망제정치: 진실게임, 신뢰게임, 집합게임」. 김상배 엮음.『거미줄 치기와 벌집 짓기: 네트워크 이론으로 보는 세계정치의 변환』. 한울.
송태호. 2010.「천안함, 과학인가 정치인가?」. ≪시대정신≫, 제49호.
신상철. 2012.『"천안함은 좌초입니다": 오만가지 거짓말로 덮어버린 하나의 진실』. 책으로보는세상.
윤덕용·홍성기. 2011.「흔들릴 수 없는, 그리고 새로운 증거로 본 천안함 사건의 원인 규명: 전 천안함 민군합동조사단 단장 윤덕용 교수 인터뷰」. ≪시대정신≫, 제50호.
이승헌. 2010.『과학의 양심, 천안함을 추적하다: 물리학자 이승헌의 사건 리포트』. 창비.
이정훈. 2012.『천안함 정치학: 이명박 식 보수는 왜 실패했는가』. 글마당.
이희영. 2012.「아날로그의 반란과 분단의 번역자들: 남한 드라마 시청의 행위자 네트워크를 중심으로」. ≪경제와 사회≫, 통권 94호.
정현곤. 2010.「천안함사건의 흐름과 반전」. 강태호 엮음.『천안함을 묻는다』. 창비.
참여연대 평화군축센터. 2010.「천안함 이슈리포트 1. 천안함 조사결과 발표로 해명되지 않는 6가지 의문점」(2010.5.20).
_____. 2010.「천안함 이슈리포트 2. 천안함 침몰 조사과정의 6가지 문제점」(2010.5.20).
_____. 2010.「참여연대 이슈리포트 IR-20100601 천안함 침몰에 관한 참여연대 입장」

(2010.6.1).
_____. 2010.「천안함 이슈리포트 3. 천안함 관련 국방부 24대 말 바꾸기」(2010.10.21).
_____. 2010.「천안함 이슈리포트 4. 연어급 잠수정 과연 실재하는가」(2010.10.28).
칼롱, 미셸(Michel Callon). 2010.「번역의 사회학의 몇 가지 요소들: 가리비와 생브리외 만의 어부들 길들이기」. 브루노 라투르(브뤼노 라투르) 외.『인간·사물·동맹: 행위자네트워크 이론과 테크노사이언스』. 홍성욱 엮음. 이음.
한국기자협회·한국PD연합회·전국언론노동조합·천안함 조사결과 언론보도 검증위원회. 2010.「천안함 종합 보고서, 더 이상 '버블제트'는 없다」(2010.10.12).
한국리서치. 2011.「천안함 피격 1주기 여론조사」(2011.3).
홍민. 2011.「행위자-연결망 이론과 분단 연구: 분단 번역의 정치와 '일상으로의 전환」. ≪동향과 전망≫, 통권 83호.
홍익표. 2011.「천안함 사건 이후 북한의 대응과 전략적 선택」. 서보혁·김종대·이대근·김창수·홍익표·박홍서.『천안함 외교의 침몰』. 풀빛.

국외 자료

Lakatos, I. 1970. "Falsification and the Methodology of Scientific Research Programmes." in I. Lakatos & A. Musgrave(eds.). *Criticism and the Growth of Knowledge*. London: Cambridge University Press.
Law, J. and J. Urry. 2003. "Enacting the Social." published by the Department of Sociology and the Center for Science Studies, Lancaster University LA1 4YN, UK. http://www.comp.lancs.ac.uk/sociology/papers/Law-Urry-Enacting-the-Social.pdf(검색일: 2013.4.19)
People's Solidarity for Participatory Democracy, Center for Peace and Disarmament. 2010. "The PSPD's Stance on the Naval Vessel Cheonan Sinking."(2010.6.1).

기타

김하영·황준호. 2010.6.30. "천안함 의혹 7가지 '뉴스' … "산에서 고래를 만났다"". ≪프레시안≫. http://www.pressian.com/article/article.asp?article_num=601006

29222838(검색일: 2013.4.19)

≪뉴스와이어≫. 2013.3.29. “천안함 북한소행 추정 의견 증가, 69.2%”. http://www.newswire.co.kr/newsRead.php?no=686992&ected=(검색일: 2013.4.19)

심인보. 2015.3.25. “정부 천안함 조사, 47.2%가 불신”. 뉴스타파. http://newstapa.org/24294(검색일: 2013.4.19)

윤창원. 2010.4.5. “김태영 국방장관에게 전달된 VIP 메모”. ≪노컷뉴스≫. http://www.nocutnews.co.kr/show.asp?idx=1436048(검색일: 2013.5.5)

이남주. 2010.4.8. “천안함 침몰의 진실이 밝혀지려면”. ≪경향신문≫.

이영현. 2010.5.13. “軍, 민군합조단 신상철 위원 교체 요청”. KBS. http://news.kbs.co.kr/politics/2010/05/13/2095680.html(검색일: 2013.4.23)

임유진. 2010.3.29. “천안함, 북한 보복성 도발 가능성”. ≪뉴데일리≫. http://newdaily.co.kr/news/article.html? no=43440(검색일: 2013.5.5)

조갑제. 2015.3.28. “中道정부와 左傾언론이 합작, 天安艦의 진실을 은폐하려는가?”. ≪조갑제닷컴≫. http://www.chogabje.com/board/print.asp?c_idx=31838&c_cc=AZ(검색일: 2013.5.5)

주용중. 2010.3.30. “金국방 “北개입 가능성 없다고 한적 없다””. ≪조선일보≫. http://news.chosun.com/site/data/html_dir/2010/03/30/2010033000126.html(검색일: 2013.5.5)

≪중앙일보≫. 2010.5.21. “더 이상의 논란은 이적행위: 지금은 단합할 때”.

YTN. 2010.5.24. “천안함 침몰 관련 대통령 대국민 담화문”. http://www.ytn.co.kr/_pn/0301_201005241001060678(검색일: 2013.5.5)

제7장

북한의 3차 핵실험 이후 위협 인식과 대응에 관한 행위자-네트워크

고유환

1. 머리말

북한이 2013년 2월 12일 국제사회의 우려와 경고가 있었음에도 3차 핵실험을 강행함으로써 한반도 정세는 크게 요동쳤다. 3차 핵실험 이후 북한은 '핵보유국'의 자신감을 반영해 수세적 억지 차원의 핵 능력을 넘어 공세적으로 "핵 선제타격권리를 행사하게 될 것"[1]이라고 주장했다. 이렇게 북한이 공세적으로 나온 데는 3차 핵실험에 대한 객관적 평가가 어려운 조건하에서 '핵보유국'으로서의 능력을 인정받기 위한 것으로 보인다.

1) 북한은 2013년 3월 7일 외무성 대변인 성명을 통해 "핵 선제타격권리를 행사하게 될 것"이라고 밝힌 이후 2013년 4월 4일 조선 인민군 총참모부 대변인의 담화문을 통해서 "지속적으로 가중되고 있는 미국의 대조선적대시정책과 분별없는 핵위협은 천만군민의 단결된 철의 의지와 소형화, 경량화, 다종화된 우리 식의 첨단핵타격수단으로 여지없이 짓부셔버리게 될 것이며 이와 관련한 우리 혁명무력의 무자비한 작전이 최종적으로 검토, 비준된 상태에 있음을 정식으로 백악관과 펜타곤에 통고한다"라고 발표했다.

북한 외무성 대변인은 2013년 2월 12일, 제3차 지하 핵실험을 실시한 것과 관련해 "제3차 핵시험은 미국의 대조선 적대 행위에 대처한 단호한 자위적 조치"라고 밝혔다. 3차 핵실험에서 북한이 주장한 것처럼 소형화, 경량화, 다종화, 정밀화가 이뤄졌다면 심각한 사태 진전이다. 특히 3차 핵실험이 고농축우라늄(Highly Enriched Uranium: HEU)을 활용한 핵실험이었다면 북핵 문제는 통제 불가능한 위협으로 발전할 수도 있다. 북한은 3차 핵실험이 철저히 미국을 겨냥한 것이라고 밝혔지만, 3차 핵실험은 주변 국가들의 북핵 문제에 관한 위협 인식의 패러다임을 바꿀 정도로 심각한 것으로 보인다. 북한의 3차 핵실험 이후 한국, 미국, 중국 등 관련 국가 모두 북핵 문제를 자국의 안전을 위협하는 심각한 사태로 인식하기 시작했다. 북한 핵 위협에 가장 직접적으로 노출된 한국은 물론 통제 가능한 위협으로 인식했던 미국, 북·미 간의 문제로서 인식했던 중국 등 한반도 문제의 핵심 당사자 모두 3차 핵실험 이후 북핵 문제를 심각한 위협으로 인식하기 시작했다.[2] 그 밖에 체르노빌 원자력 발전소 방사능 유출 사고를 겪은 러시아의 핵 관련 사고 우려, 후쿠시마 원전 사태를 경험하고 있는 일본은 군사적 위협과 핵 사고 위협 모두를 우려하고 있다.

우선 3차 핵실험에 대한 객관적 평가가 이뤄져야 한다. 하지만 3차 핵실험이 이뤄졌다는 사실 자체만으로도 미국과 한국의 북핵 정책이 한계에 봉착

---

2) 북한의 3차 핵실험 이후 남북한의 인식 변화에 대해서는 홍민, 「북한 핵실험에 대한 한국사회의 인식: 수행적 분단과 핵무기의 코스모폴리틱스」, 2013년 북한연구학회 춘계학술회의 "남북관계, 위기 속에서 전환을 모색하다" 발표논문집(2013.4.25), 36~56쪽; 박영자, 「북한주민의 '핵무기 인식 및 정치요인 의식과의 상관관계': 사회집단별 '핵-권력·체제' 영향력 실태와 관계 분석」, 같은 책, 11~35쪽; 박영호, 「한국의 북한 핵개발에 대한 인식과 대응: 3차 핵실험 이후」, 서울대 통일평화연구원, ≪통일과 평화≫, 제5집 제1호(2013), 3~36쪽 등 참고.

했음을 의미하고 전면적인 재검토가 불가피해졌다. 미국 버락 오바마(Barack Obama) 행정부와 한국 이명박 정부가 '선 핵 폐기'와 '비핵'을 최우선 정책으로 내걸었음에도 '전략적 인내'와 '기다리는 전략'으로 수수방관하는 동안 북한의 핵 능력은 향상되었다.

북한은 3차 핵실험 이후 미국과의 핵 대결에도 자신 있다고 주장하면서 불안정하지만 평화를 유지해온 정전 질서를 무력화하는 일련의 조치를 취하고 위기를 고조시켰다. 2012년 4월 13일 개정 헌법 서문에 핵보유국의 지위를 명문화한[3] 북한이 3차 핵실험 이후 2013년 3월 31일 조선로동당 중앙위원회 3월 전원회의에서 '경제건설과 핵무력건설의 병진노선'을 채택하고, 4월 1일에 열린 최고인민회의 제12기 제7차 회의에서 '자위적 핵보유국의 지위를 더욱 공고히 할 데 대하여'란 법령을 제정함으로써 김일성 주석의 한반도 비핵화 유훈은 사실상 폐기되었다. 북한이 핵 능력을 향상시키고 핵 보유를 법률로 제정함으로써 북한의 비핵화를 전제로 추진했던 남북 화해 협력 노력은 심각한 난관에 봉착했다.

북한의 3차 핵실험을 계기로 분단체제의 불안정성은 높아졌다. 1990년대 초 북한 핵 개발 문제가 불거진 이후 "한반도의 불안정성과 위기를 북한의 '핵 문제'로 환원하여 보는 것은 하나의 상식"으로 자리 잡았다.[4] 북한 핵문

---

3) 북한은 헌법 서문에서 김정일의 업적을 부각시키면서 김정일이 북한을 "불패의 정치사상강국, 핵보유국, 무적의 군사강국으로 전변"시켜 강성대국 건설의 '휘황한 대통로'를 열어놓았다고 밝혔다.

4) 홍민은 "이제 누구도 북한의 '핵무기'를 경유하지 않고는 한반도 문제에 쉽게 접근하기 힘들도록 '번역'되어 가고 있다"라고 주장하면서 "곧 핵무기는 한반도 문제의 '의무통과지점(Obligatory Passage Point: OPP)'이 된 것"이라고 주장했다. 홍민은 "한반도 관련 각 행위자들(actors)의 목표는 다르지만 이들 모두 북한의 '핵무기'를 경유하여 한반도에서의 이해관계를 풀어야 하는 숙제를 안고 있다"라고 주장했다. 홍민, 「분단의 사회-기술적 네트워크와 수행적 분단」, ≪북한연구학회보≫, 제17권 제1호(2013), 284쪽.

제는 한반도 문제의 '의무통과지점'으로 3차 핵실험 이후 새롭게 형성되고 있는 인간, 비인간(사물), 국가 등 다양한 행위자의 행위자-네트워크를 살펴보는 것은 분단체제를 둘러싼 역동적인 상호작용과 구조 변화를 이해하는 지름길일 것이다. 새로운 핵 물질을 사용한 핵실험일 가능성이 높은 북한의 3차 핵실험은 남북한 각각의 국내 정치와 분단체제에 영향을 미치고, 동북아시아 지역 관련 국가들의 대외 정책에도 영향을 미치고 있다. 따라서 이 글의 목적은 행위자-네트워크 이론(Actor-Network Theory: ANT)[5]을 원용해 북한의 3차 핵실험 이후 한국, 미국, 중국 등 관련국의 위협 인식과 대응을 중심으로 분단체제를 둘러싼 다양한 행위자-네트워크를 살펴보는 데 있다.

---

5) 행위자-네트워크 이론은 1980년대 초반에 과학기술학을 연구하던 프랑스의 브뤼노 라투르(Bruno Latour), 미셸 칼롱(Michel Callon), 영국의 존 로(John Law) 등에 의해서 정립되었다. 행위자-네트워크 이론은 인간과 비인간 사이에 형성되는 네트워크에 주목한다. 행위자-네트워크 이론은 기계 같은 비인간(사물)들이 인간처럼 행위 능력(agency)을 가지고 있다고 보기 때문에 연구자들은 인간과 비인간을 동등하게, 대칭적으로 다뤄야 한다고 주장한다. 행위자-네트워크 이론에 관한 초보적 이해는 브뤼노 라투르 외, 『인간·사물·동맹: 행위자네트워크 이론과 테크노사이언스』, 홍성욱 엮음(서울: 이음, 2010)을 참고 바람. 행위자-네트워크 이론의 북한 연구에서의 적용에 대해서는 홍민, 「행위자-네트워크이론과 북한연구: 방법론적 성찰과 가능성」, ≪현대북한연구≫, 제16권 제1호(2013), 106~170쪽; 박춘대, 「북한 '핵무력'의 동학과 네트워킹」(숭실대학교 대학원 박사학위논문, 2013) 등을 참고 바람. 행위자-네트워크 이론을 한반도 분단체제와 관련한 문제에 적용한 연구는 홍민, 「분단의 사회-기술적 네트워크와 수행적 분단」, 283~316쪽; 박순성, 「천안함 사건의 행위자-네트워크와 분단체제의 불안정성」, ≪북한연구학회보≫, 제17권 제1호(2013), 317~354쪽; 이희영, 「(탈)분단과 국제이주의 행위자 네트워크: '여행하는' 탈북 난민들의 삶과 인권에 대한 사례연구」, ≪북한연구학회보≫, 제17권 제1호(2013), 355~393쪽 등을 참고 바람.

2. 행위자-네트워크 이론으로 본 북한의 3차 핵실험

함경북도 길주군 풍계리에서 이루어진 북한의 3차 핵실험을 객관적으로 평가하기는 어렵다. 북한이 핵실험의 원료로 플루토늄(Pu)을 사용했는지, 아니면 HEU를 사용했는지 확인하지 못했다. 핵실험의 원료가 무엇이냐에 따라 위협 수준은 달라진다.[6] 그동안 미국은 Pu 핵폭탄을 통제 가능한 위협으로 인식하는 듯 보였다. 하지만 HEU 핵폭탄의 경우 통제 불가능한 위협으로 발전할 수 있다고 인식했던 것으로 보인다. 따라서 미국은 2002년 10월부터 북한의 Pu 핵 개발 동결이 풀리는 것을 사실상 방조하면서까지 우라늄 농축프로그램(Uranium Enriched Program: UEP)을 저지하는 데 총력을 기울였다.[7] 하지만 북한은 2010년 11월 미국의 핵 전문가 지그프리드 해커(Siegfried S. Hecker) 박사를 초청해 농축우라늄 관련 시설을 공개하고 HEU 핵폭탄 개발을 공식화했다.[8]

---

6) 북한의 3차 핵실험 이전까지의 핵 능력에 관해서는 전성훈, 「북한 핵위협 재평가와 한국의 군사적 대비방향」, ≪국방정책연구≫, 제28권 제2호(2012), 51~91쪽을 참고.

7) 미국은 2002년 10월 제임스 켈리(James Kelly) 국무부 동아태 담당 차관보를 북한에 보내 '우라늄 농축에 의한 핵개발 의혹'을 제기하고, 같은 해 11월 한반도에너지개발기구(KEDO)를 통해 북한에 제공했던 중유 공급을 중단했다. 이에 맞서 북한은 2003년 1월 10일, 10년간 중지시켰던 핵확산금지조약(Nuclear non-Proliferation Treaty: NPT) 탈퇴 효력을 발생시켜 조약에서 완전히 탈퇴하고, 2005년 2월 10일 외무성 성명을 통해서 미국의 대북 고립 압살 정책에 맞서 자위를 위해 핵무기를 만들었다고 선언했다.

8) 해커 박사는 미국 국립 로스알라모스 원자력연구소 소장을 역임했고, 북한을 30여 차례 방문한 바 있다. 북한은 해커 박사를 그들의 핵 능력을 외부 세계에 알리는 창구로 활용했다. ≪조선신보≫는 "해커 박사의 보고"라는 제목의 글을 게재하고 해커 박사가 본 원자력 시설은 파키스탄의 압둘 카디르 칸(Abdul Qadeer Khan) 박사의 협력(PI모델)과는 다른 초현대식 설비였고 "상상을 초월하는 높은 수준이었다"라고 전했다. ≪조선신보≫, 2013년 5월 10일 자.

3차 핵실험은 행위자-네트워크 이론에서 말하는 일종의 '블랙박스'로 북한만 그 내용을 정확히 알고 나머지 국가들은 핵물리학자들의 추론에 근거해서 소형화에 이르렀을 것으로 추정할 뿐이다. 핵실험의 원료로 무엇을 사용했는지 알 수 없는 조건에서 북한은 '소형화, 경량화, 다종화에 성공했다'라고 발표하고 HEU 핵폭탄 개발에 성공한 것처럼 주장하고 있다.[9] 해커 박사 등 국내외 핵물리학자들은 북한이 3차 핵실험을 할 경우 HEU 핵폭탄 실험일 가능성이 높고 성공할 경우 소형화가 가능할 것이라고 주장한 바 있다. 북한은 외부 전문가들의 추론에 근거해서 사실 여부와 관계없이 그들의 핵 능력을 과장하고 있다. 특히 북한이 '다종화'를 주장하는 것은 3차 핵실험의 원료로 HEU를 사용했다는 점을 시사하는 것이다. 한국 정부 당국자인 김관진 국방부 장관도 북한의 핵 능력과 관련해 "우라늄을 이용해 핵무기를 제조할 수 있는 수준이 됐다고 평가하고 있다"라고 밝혔다.[10]

북한은 3차 핵실험의 자신감을 반영해 "지금 미제국주의자들은 우리의 핵억제력을 대단히 무서워하고 있다. 우리가 가지고 있는 핵무기는 소형화, 경량화, 다종화, 정밀화된 위력한 전쟁억제력이다"[11]라고 주장하기에 이르렀다. 북한이 우라늄 농축 시설을 공개한 후 핵실험을 함으로써 3차 핵실험의 원료가 HEU일 가능성을 배제할 수 없게 되었다.[12] 북한이 HEU로 3차

---

9) 북한은 3차 핵실험 당일 "원자탄의 작용특성들과 폭발위력 등 모든 측정결과들이 설계값과 완전히 일치됨으로써 다종화된 우리 핵 억제력의 우수한 성능이 물리적으로 과시되였다"라고 밝힘으로써 HEU를 사용한 원자탄 핵실험임을 시사했다. 조선중앙통신, 2013.2.12.

10) 연합뉴스, 2013.11.20.

11) ≪로동신문≫, 2013년 5월 21일 자.

12) 북한의 3차 핵실험이 HEU탄인지 Pu탄인지 알려면 핵실험 갱도에서 빠져나온 방사성 가스, 즉 제논(Xe)을 핵실험 후 빠른 시간 내에 포집해 그 동위원소를 분석해야 가능한데, 가스 포집이 쉽지 않아 미국은 지난 1차 핵실험 때는 포집에 성공했지만, 2

핵실험을 했다면 미국도 북한의 핵 위협을 통제 불가능한 위협으로 인식할 수밖에 없을 것이다. Pu 핵폭탄은 규모가 크고 미사일에 탑재하거나 비행기로 투하해야 하기 때문에 미국은 이를 통제 가능한 위협으로 인식하는 것 같다. 하지만 HEU 핵폭탄은 소형화가 가능하고, 은닉과 이동이 쉽기 때문에 테러 단체나 테러리스트에게 넘어갈 경우, 미국 본토를 공격할 수 있는 심각한 위협이 될 수 있다. Pu 핵 관련 시설은 외부에 노출되어 있고 규모도 크다. 하지만 HEU 핵 관련 시설은 공개된 시설과 함께 공개하지 않은 시설에서 가동하고 있을지 모르기 때문에 정확한 규모를 파악하기 어렵다.

3차 핵실험을 계기로 북한 핵 능력이 향상됨으로써 한국, 미국, 중국, 일본, 러시아 등 주변 국가가 느끼는 위협 인식은 과거보다 훨씬 높아졌다. 3차 핵실험을 계기로 주변 국가 대부분이 북한의 핵을 위협으로 인식함으로써 ANT 관점에서 보면 '위협'에 대한 '의무통과지점'[13)]을 거치게 되었다. 북한은 3차 핵실험을 통해 주변 국가의 위협 인식을 높여 의무통과지점을 거치게 하고 '이해관계 부여'에 성공했다고 볼 수 있다. 3차 핵실험과 관련한 '블랙박스'에 대한 '번역'은 제각각일 수 있지만 위협에 대한 공통 인식을 바탕으로 위협을 해소하기 위한 행위자-네트워크는 다양하게 형성되고 있다.

차 및 3차 핵실험 때는 실패했다. 강정민은 "비록 이번 3차 핵실험에서 북한이 Pu을 사용했는지 HEU을 사용했는지 검증할 물증은 없지만, 여러 정황적 사실에 근거할 때 HEU을 사용했을 가능성을 배제하기 어렵다"라고 주장했다. 강정민, 「북한 핵개발 현황 분석」, 2013년 북한연구학회 춘계학술회의 "남북관계, 위기 속에서 전환을 모색하다" 발표논문집(2013.4.25), 59~69쪽.

13) "한 행위자가 기존의 네트워크를 교란시키고 다른 행위자들을 자신의 네트워크로 끌어들이기 위해서는 이들이 의존할 수밖에 없는 존재를 만드는 것이 중요한데, 이렇게 다른 행위자들이 네트워크상에서 반드시 거쳐 가게 함으로써 행위자들을 자신의 편으로 끌어들이는 존재를 '의무통과지점'이라고 한다." 브뤼노 라투르 외, 『인간·사물·동맹』, 26쪽.

북한이 2012년 12월 12일 장거리 로켓 발사와 2013년 2월 12일 3차 핵실험에 성공함으로써 비인간 행위자들인 장거리 로켓과 핵무기가 인간 행위자인 김정은 제1비서 등 북한 지도부의 정책 의지와 결합해 '거시적 행위자'인 북한 국가의 힘(power)으로 작용해 분단체제와 동북아시아 정세에 충격을 주고 있다. ANT에서는 "힘을 가진 사람이란 반드시 다양한 비인간들을 '길들여서' 이들과 동맹을 맺고, 이들의 힘을 빌린 사람들이다".[14] 이러한 ANT의 관점에서 보면 김정은이라는 '미시적 인간 행위자'가 핵 물질인 HEU 또는 Pu를 실험을 통해 길들여서 '핵무력'이란 힘(권력)을 만들고 이를 주변 국가들을 위협하거나 핵 억제력으로 사용하고, 나아가 평화협정 체결을 압박하는 수단으로 사용하고자 한다. 이는 곧 인간이 사물과 동맹을 맺고 권력을 행사하는 것이다. 북한은 3차 핵실험을 통해서 주변 국가들에게 위협인식을 높여 남북한 각각의 국내 정치와 남북관계는 물론 분단체제와 동북아시아 지역 질서의 재편을 모색하고 있다. 북한의 핵실험을 통한 새판 짜기 요구에 관련 국가들은 다양한 행위자-네트워크를 형성하면서 북한의 핵위협에 대처하고 있다.

3차 핵실험 이후 북한은 핵과 미사일 능력을 과시하면서 미국과 공포의 균형을 이루었다고 자평하면서 핵군축을 주장하고 있다. 3차 핵실험 이후 북한이 핵 선제타격권리 등을 주장하면서 공세적으로 나오는 것은 핵 능력 향상에 따른 자신감의 반영으로 볼 수 있다. 북한이란 국가 행위자가 비물질 행위자인 HEU를 미사일에 결합해 대륙간탄도미사일(Intercontinental Ballistic Missile: ICBM)을 개발했음을 시사함으로써 미국을 타격할 수 있을 정도로 국력이 커졌음을 과시하고 미국과의 대결에도 자신 있다고 주장하기에 이르렀다.

14) 같은 책, 7쪽.

3. 북한의 3차 핵실험 이후 관련국의 위협 인식

북한의 3차 핵실험은 한반도 정세를 보는 패러다임을 바꿔야 할 정도로 심각한 사태를 초래하고 있다. 북한은 3차 핵실험을 계기로 핵 능력의 향상을 과시하고 이를 핵 억지력이란 힘으로 활용해 한반도 기존 질서의 변경을 모색하고 있다. 북한은 미국 등과 핵 협상을 지속하는 동안에는 핵실험을 하지 않다가 제재와 압력이 가해지면 이를 빌미로 핵실험을 강행해 핵 능력을 향상시키는 악순환을 지속해왔다. 이번에도 2012년 12월 12일 광명성 3호 2호기 '인공위성 발사'(장거리 로켓 발사)와 관련해서 미국 주도로 유엔 안전보장이사회가 결의 2087호를 채택하자 3차 핵실험을 강행하고 핵 능력을 강화시켰다.[15] 북한은 "평화적 위성발사에 대한 유엔안보리제재결의채택이 조선의 3차 지하핵시험을 촉발시켰다"라는 입장을 견지하고 있다.[16]

3차 핵실험 이후 한반도 정세는 근본적으로 변하고 있다. 무엇보다 큰 것은 북한 핵 문제를 통제 가능한 위협으로 인식했던 미국의 인식 변화이다. 3차 핵실험 이후 미국은 북한의 핵과 미사일 위협이 통제 불가능한 위협으로 발전할 수 있다고 인식하기 시작했다. 미국을 타격할 수 있는 사정거리를 가진 로켓 발사 능력을 보인 북한이 핵 능력의 상용 무기화 가능성을 과시함으로써 미국도 북한의 핵 능력을 심각한 위협으로 인식하기 시작했다.

척 헤이글(Chuck Hagel) 미국 국방부 장관은 지명자 시절인 2013년 1월 31일 북한의 핵 능력에 대해 "위협을 넘어 실재하는 핵 파워(a real nuclear power)"[17]

---

15) 북한은 "미국이 주도하여 조작해낸 유엔안보리사회 결의 2087호는 우리 인민의 발전권은 물론 자결권과 생존권자체를 부정한 범죄적인 국가테로문서이다"라고 하면서 강하게 반발했다. 조선중앙통신, 2013.2.12.

16) ≪조선신보≫, 2013년 5월 25일 자.

17) ≪한겨레신문≫, 2013년 2월 2일 자.

라고 언급했다. 이는 2차 핵실험 이후 북한의 핵 능력에 대한 미국 당국자들의 경계심이 매우 높아졌음을 보여주는 것이다. 3차 핵실험 이후 미국은 북한을 핵보유국으로 인정하지 않는다는 기존 입장을 재확인했지만[18], 일부 기관에서는 북한의 핵과 미사일 능력을 인정하는 쪽으로 바뀌기 시작했다. 2013년 4월 11일 미국 하원 군사 청문회에서 공개된 국방부 산하 국방정보국(Defense Intelligence Agency: DIA) 보고서는 "북한이 현재 탄도미사일을 통해 운반할 수 있는 핵무기를 보유하고 있다고 어느 정도 자신 있게 평가한다"면서 "그러나 (무기의) 신뢰도는 낮을 것"이라고 평가했다. 이는 미국 정부가 북한의 핵무기 소형화 성공 가능성을 시사하는 첫 사례라고 할 수 있다. DIA의 이러한 평가는 '북한을 핵보유국으로 인정하지 않는다'라는 미국 정부 입장과 다른 것으로 파장을 불러왔다. 미국 국방부는 공식 성명을 내고 "북한 정권이 해당 구절에 언급된 종류와 같은 핵 능력을 완전히 실험, 개발 및 입증했다고 시사하기는 부정확할(inaccurate) 것"이라고 밝혔다.[19]

이후 파장이 커지자 존 케리(John Kerry) 국무장관은 한국을 방문 중이던 2013년 4월 12일 "북한이 완전히 시험되고 개발된 능력이 있다는 것은 부정확하다. 핵 운반 체계 시험이 다 완료된 것은 아니다"라고 부인했다.[20] 미국 백악관도 4월 12일 제이 카니(Jay Carney) 백악관 대변인을 통해 "북한이 핵 탑재 미사일을 배치할 능력을 입증하지 못했다는 점을 명확하게 밝히고 싶

18) 글린 데이비스(Glyn Davies) 미국 국무부 대북 정책 특별 대표는 대북 정책의 중요 원칙들로 5가지를 밝혔다. 첫째, 북한을 '핵보유국'으로 인정하지 않는다. 둘째, 나쁜 행동에 보상하지 않는다. 셋째, 대화 복귀만으로 보상하지 않는다. 넷째, 북·미 관계는 남북관계와 인권의 개선 없이는 근본적으로 개선될 수 없다. 다섯째, 이웃 국가들을 도발하는 것을 용납하지 않겠다. ≪한겨레신문≫, 2013년 3월 9일 자.

19) 연합뉴스, 2013.4.12.

20) 같은 글.

다"라면서 "이것이 우리의 평가"라고 말했다.[21] 파장이 커지자 오바마 대통령이 직접 나서 "북한이 핵탄두를 탄도미사일에 얹을 능력이 있다고 믿지 않는다는 게 나와 행정부의 결론"[22]이라고 진화하고 나섰다. 케리 국무장관은 6월 "우리는 북한을 핵보유국으로 보지 않으며 비핵화를 달성할 때까지 가만히 있지만은 않을 것"이라고 말한 바 있다. 오바마 대통령과 케리 국무장관이 북한을 핵보유국으로 인정하지 않는다고 결론을 내렸음에도 9월 23일 벤 로즈(Ben Rhodes) 백악관 국가안보회의(National Security Council: NSC) 부보좌관이 또다시 북한은 이미 핵무기를 보유하고 있어 이란과는 핵 개발 단계가 다르다고 밝혀 파문을 일으키기도 했다.[23]

미국 내 정보기관 사이에 평가가 엇갈리고 있지만 3차 핵실험을 계기로 북한의 핵 능력이 향상되었다는 점을 부인하기는 어려울 것이다. 제임스 클래퍼(James Clapper) 미국 국가정보국(Office of the Director of National Intelligence: DNI) 국장이 2013년 4월 11일 밝힌 것처럼 북한의 전쟁 도발 위협은 김정은 국방위원회 제1위원장의 권력 기반을 공고히 하면서 국제사회에서 '핵 파워'로서의 관심을 이끌어내고, 지원을 위한 협상을 유도하려는 의도이다.[24]

중국은 북한의 핵·미사일 개발이 '북한위협론'으로 활용되어 미국과 일본이 사실상 중국을 견제하는 미사일방어체제(Missile Defence: MD) 구축의 빌미로 활용되는 데 대한 우려가 있다. 또한 중국은 북한 핵 문제 해결 과정에서 있을지도 모를 북한의 붕괴로 중국 국경까지 미국의 영향력이 미치는 것

21) 연합뉴스, 2013.4.13.

22) 연합뉴스, 2013.4.17.

23) 연합뉴스, 2013.9.24.

24) 클래퍼 국장은 2013년 4월 11일 미 하원 정보 위원회 청문회에 출석한 자리에서 "새 지도자의 목적은 권력을 공고화하고 확인하는 것"이라면서 "따라서 최근 호전적인 언사는 내부 및 외부의 청중을 상대한 것"이라고 말했다. 연합뉴스, 2013.4.12.

을 방지하려 한다. 전통적으로 중국은 3불 1무[비전(非戰), 비혼란(非混亂), 비붕괴(非崩壞), 무핵(無核)]의 대북 정책을 펴왔다. 북한의 2차 핵실험이 있었던 2009년 5월 25일 이후인 7월 중국은 "북핵 문제를 북한 문제에서 분리하여 대응"하는 장기적인 대북 포용 정책으로 선회한 것으로 알려졌다. 중국은 북한의 3차 핵실험 이후 북핵 문제의 성격 변화와 그에 따른 진화된 해법을 모색하기 시작했다. 3차 핵실험 이후 중국이 인식하는 북핵 문제의 접근 방법은 비핵화 문제와 북한이 우려하는 안보 불안을 동시에 고려하는 것이다. 중국은 기존의 6자회담 틀 내에서 양자, 다자 대화의 틀을 지속해나가고 6자회담의 의제도 한반도 비핵화를 넘어 북·미 관계 정상화, 정전협정의 평화협정으로의 대체 등 포괄적인 협상 타결의 실마리를 찾을 수 있다고 본다. 또한 북한의 핵실험을 포함한 추가 도발을 반대한다는 점을 분명히 했고, 유엔 안보리의 강화된 대북 제재에도 적극 참여하는 등 비핵화에 대한 단호한 입장과 의지를 표명하고 있다. 중국은 북핵 문제와 북한 문제를 기본적으로 북·미 대립과 남북관계 단절에서 비롯된 복합적인 북한 문제로 인식하면서 북·미 관계와 남북관계 개선이 선순환을 이루고 개선되는 조짐을 보이는 상황에서 중국의 비핵화에 대한 역할도 가능하리라고 인식한다.[25] 3차 핵실험 이후 중국이 유엔 안보리 대북 제재 결의에 동참하고 대북 제재 리스트를 공개하는 등 대북 제재에 적극적인 자세를 보이는 것은 북한을 압박하는 의미도 있지만, 6자회담 재개에 미온적인 미국과 한국을 압박하기 위한 것으로 볼 수도 있다.

북한의 핵실험 이전까지만 해도 중국은 북핵 문제를 북한과 미국 간 문제

---

25) 리춘푸, 「북한 3차 핵실험 후 중국의 대응과 북중관계」, ≪정책포럼≫, No.2013-4(제주평화연구원, 2013); 리춘푸, 「중국의 시각에서 본 북핵문제와 남북한 관계의 발전과제」, 한반도 신뢰프로세스와 평화체제 구축을 위한 국제 심포지엄 흥사단 창립 100주년 기념 논문집(흥사단 민족통일본부, 2013.7.16), 39~65쪽.

로 인식하고 중재자 역할을 자임해왔다. 리바오둥(李保東) 유엔 주재 중국 대사는 2013년 3월 7일 안보리 결의 채택 직후 기자들과 만나 "중국은 원칙을 지키는 나라"라고 운을 뗀 뒤, 북한 핵 문제에 임하는 3가지 기준을 강조했다. 한반도의 평화·안정을 유지하고, 핵 비확산과 한반도 비핵화를 옹호하며, 협상과 대화를 통한 평화적 해결을 위해 최선을 다한다는 것이다.[26) 하지만 중국은 3차 핵실험 이후부터는 북한 핵무기가 그들을 위협할 수도 있다고 생각하는 것 같다. 시진핑(習近平) 중국 국가주석은 2013년 4월 7일 하이난 성(海南省)에서 열린 보아오 포럼(Boao Forum for Asia: BFA) 개막 연설에서 "어느 일방이 개별적 이익을 위해 지역이나 세계를 혼란에 빠뜨려서는 안 된다"라며 한반도 상황과 관련해 북한과 미국을 겨냥한 것으로 해석될 수 있는 발언을 한 바 있다.[27) 중국은 북한의 핵과 미사일 개발이 일본, 한국, 타이완의 핵 개발을 부추기고 미국 주도의 미사일방어체제 구축의 빌미가 된다는 점에서 우려와 반대의 입장을 표시해왔다.

3차 핵실험 이후 중국 일각에서는 북한의 핵 보유가 중국 동북 인구 밀집 지역에 대한 위협이 될 수 있다는 인식을 하는 것 같다. 북한과 국경을 맞대고 있는 중국과 러시아는 북한이 핵을 개발하는 과정에서 생길 수 있는 사고 피해를 우려한다. 3차 핵실험 이후 중국의 네티즌들이 흥분한 것도 북한 핵이 중국 안전을 위협할 수 있다는 생각을 하기 때문일 것이다. 북한과 국경을 맞대고 있는 중국이 북한의 핵무기 개발에 민감하게 반응하는 것은 당연한 것이다. 2013년 6월 말 한·중 정상회담 직후 공동 기자회견에서 시진핑 주석이 "유관 핵무기가 한반도와 동북아시아 안정에 위협이 된다"라고 한 것과, 리커창(李克强) 총리가 박근혜 대통령을 만난 자리에서 북한의 핵실험

26) ≪한겨레신문≫, 2013년 3월 9일 자.

27) ≪한겨레신문≫, 2013년 4월 8일 자.

으로 인한 압록강 수질 오염 문제를 거론했다는 것[28] 등에 비춰 볼 때 중국 지도자들이 북한 핵실험의 위험성을 이전보다 훨씬 심각하게 생각한다는 것을 알 수 있다.

김정은 조선로동당 제1비서의 특사인 최룡해 조선 인민군 총정치국장이 중국을 방문 중이었던 2013년 5월 23일, 중국공산당 기관지 ≪인민일보(人民日報)≫의 자매지인 ≪환구시보(環球時報)≫가 "최근 1년 새 북한이 도를 넘는 행위를 하며 중국을 존중하지 않았다"라고 주장하면서 "중국 여론은 현재 북한이 제멋대로 한다는 불신이 가득하다"라는 불만을 나타냈다.[29]

이와 같이 3차 핵실험 이후 한반도 정전협정의 두 당사국인 미국과 중국이 북한의 핵 문제를 자국의 안전을 직접적으로 위협하는 요인으로 인식하기 시작했다는 점을 주목해야 할 것이다. 북한의 입장을 대변하는 ≪조선신보≫는 2013년 4월 22일, 1962년의 쿠바 미사일 위기 당시의 미국과 소련의 대치 구도에 빗대어 "2013년의 위기는 핵보유국인 조선과 미국이 태평양을 사이에 두고 맞대결하는 구도다"라고 주장했다. 북한은 냉전 시대 미·소 대결 구도가 지금에 와서 북·미 대결 구도로 바뀌었다고 주장하면서 미국에 핵군축 회담을 요구하기에 이르렀다.

북한은 그들이 핵을 가짐으로써 생존권과 자주권을 지켜냈다고 주장한다. 북한은 3차 핵실험 이후 그들의 핵 능력을 과장하면서 "조선반도의 핵불균형상태는 끝장나게 되었다"라고 주장한다. 그리고 "공화국의 핵억제효과

28) 북한의 제3차 핵실험 이후 중국이 압록강 수질 검사를 했던 것으로 알려졌다. 박근혜 대통령은 2013년 7월 10일 청와대에 언론사 논설실장·해설위원을 초청한 오찬 간담회에서 방중 시 만난 리커창 중국 총리가 "(북한이) 핵실험을 해 압록강 그쪽에 수질 검사를 하니 나빠졌다"라며 "이것은 주민들한테도 참 해가 되는 것이다"라고 말했다고 전했다. 연합뉴스, 2013.7.10.

29) ≪한겨레신문≫, 2013년 5월 24, 25일 자.

로 하여 조선반도에서의 전쟁발발위험은 현저히 줄어들게 되었다"라고 밝혔다. 북한은 내부적으로 "우리에게 있어서 억만금과도 바꿀 수 없는 핵을 대화 마당에 올려놓고 흥정하려드는 미국의 망발은 달을 보고 짖는 개소리로밖에 들리지 않는다"라고 하면서 비핵화 협상은 없다고 못을 박았다.[30]

북한의 3차 핵실험을 가장 심각하게 받아들일 나라는 한국이다. 3차 핵실험 이전만 해도 북한은 핵무기 개발 동기를 북·미 적대관계에서 찾으며 남한을 위협하기 위한 것이 아니라고 주장해왔다. 북한이 핵을 가졌기 때문에 한반도에서 전쟁이 일어나지 않았으니 남한이 식량 등 대북 지원을 해야 한다는 주장을 하기도 했다. 하지만 3차 핵실험 이후 '조국통일대전'을 주장하면서 남한을 향해서도 핵무기를 사용할 수 있음을 공공연히 언급하고 있다. 북한의 3차 핵실험 이후 한국이 주도적으로 나서야 할 긴박한 사정은 북한 핵 위협이 우리에게 통제 불가능한 위협으로 발전할 수 있기 때문이다.

남북한 사이의 여러 우여곡절이 있었음에도 유지해왔던 개성공단이 잠정 중단되었다가 재가동된 것도 3차 핵실험의 여파로 볼 수 있다. 남과 북이 근로자들의 신변 안전을 고려해서 입경 중단과 귀환을 결정했다고 하지만, 본질은 핵을 가진 북한과 경제협력을 해야 하는지에 대한 회의가 개성공단의 잠정 중단으로 이어진 것이 아닌가 생각된다. 남한이 북한의 부당한 요구를 들어줄 수 없다고 하면서 북한의 국면 전환 움직임에 제동을 건 것도 북한이 취한 핵 관련 주장과 조치에 대한 우려가 반영된 것인지도 모른다.

북한의 3차 핵실험 이후 출범한 박근혜 정부는 '한반도 신뢰프로세스'와 '동북아 평화협력구상'을 바탕으로 대북 정책과 외교·안보 정책을 추진하고 있다. 박근혜 정부는 미국, 중국 등과의 대북 정책 공조를 취하면서 북한의 위기 조성과 개성공단 잠정 중단 등에 강경 대응함으로써 비교적 높은 국민

30) ≪로동신문≫, 2013년 5월 23일 자.

지지도를 얻었다. 취임 6개월을 맞아 실시한 각종 여론조사에서 박근혜 대통령의 국정 운영 지지율은 65%(KBS·미디어리서치 64.3%, SBS·TNS코리아 70.4%) 안팎을 유지하고, 가장 잘한 분야로 남북관계를(44.4%, ≪조선일보≫·미디어리서치)로 꼽았다. MBC·리서치앤리서치 조사에서 박 대통령의 대북정책에 대한 긍정적 평가는 77.4%에 달해 부정적 평가 18.12%를 압도했다.[31] 북한의 전시 상황 선포 등 전쟁 위협에 맞서 한반도 정세를 안정적으로 관리하고, 개성공단 잠정 폐쇄에 대해 폐쇄 불사의 배수진을 치고 강경 대응한 것이 '원칙 고수'로 인식되어 높은 지지율을 보였다. 집권 초기 박근혜 정부의 대북 정책에 대한 국민 지지도가 높게 나타난 것은 천안함-연평도 사태, 장거리 로켓 발사와 핵실험 등 잇따른 무리수로 국민들의 대북 인식이 나빠졌기 때문이다. 3차 핵실험 이후 북한의 연이은 전쟁 불사의 위기 조성은 남한 정부의 대북 강경정책을 불러오고 국내 정치에서도 '안보 프레임'과 '종북 프레임'을 강화시켰다.

북한의 연이은 장거리 로켓 발사와 핵실험으로 촉발된 위협을 억지하기 위해 한국 정부는 2015년에 환수하기로 한 전시작전통제권의 전환을 미뤄줄 것을 미국에 요구하는 한편, 무력 증강도 가속화하고 있다. 2013년 10월 1일 국군의 날 행사에 북한의 핵심 시설을 타격할 수 있는 사거리 300km 탄도미사일 '현무-II'와 사거리 1000km 순항미사일 '현무-III'가 처음 공개되었다. 박근혜 대통령은 기념사에서 "'킬체인(Kill Chain)'과 한국형미사일방어체계(Korea Air and Missile Defense: KAMD) 등 핵과 대량살상무기(Weapons of Mass Destruction: WMD) 대응 능력을 조기에 확보, 북한 정권이 집착하는 핵과 미사일이 더 이상 쓸모없다는 것을 스스로 인식하도록 할 것"이라고 밝혔다.[32] 박 대통령이 북한 핵과 미사일 등 WMD를 무력화할 수 있는 대

31) ≪내일신문≫, 2013년 8월 26일 자.

응 능력을 조기에 확보할 것을 공언한 것은 협상을 통한 북핵 문제 해결이 쉽지 않다는 전제를 깔고 억지력 확보에 주력하겠다는 것으로 해석할 수 있을 것이다. 우리 군의 차세대 전투기(F-X)로 미국의 스텔스기인 F-35A 40대를 우선 구매하기로 한 것도 킬체인과 무관하지 않을 것이다.

4. 북한의 위기 조성과 새판 짜기 요구

북한은 사회주의권 붕괴와 냉전의 종식으로 세계 정치 구도가 미·소 대결 구도에서 북·미 대결 구도로 바뀌었다고 주장하면서 '선군정치'를 내세우고 대미 억지 차원의 핵 개발에 주력했다.[33] 북한은 핵 개발 동기를 북·미 적대관계에서 찾고, 북·미 적대관계가 해소되지 않으면 핵을 포기할 수 없다고 주장해왔다.

북한은 2012년 4월 핵보유국의 지위를 헌법 서문에 명문화하고, 4월 15일 김정은 제1비서가 '인민들이 다시는 허리띠를 조이지 않게 하겠다'라고 약속했다.[34] 한편, 북한은 주권국가의 자주적 권리인 위성 발사를 미국 등이 문제 삼는다고 주장하면서 2013년 2월 12일 유엔 결의에 맞서 핵실험을 강행했다. 유엔이 북한에 제재를 가한 것은 탄도미사일 기술을 이용한 어떤 발사체도 허용하지 않는다는 안보리 결의 1718호(2006년)와 1874호(2009년)

---

32) 연합뉴스, 2013.10.1.

33) 권헌익·정병호, 『극장국가 북한: 카리스마 권력은 어떻게 세습되는가』(창비, 2013), 110쪽.

34) 김정은 제1비서는 김일성 탄생 100돌을 기념하는 열병식 연설에서 "우리 인민이 다시는 허리띠를 조이지 않게 하며 사회주의 부귀영화를 마음껏 누리게 하자는 것이 우리 당의 확고한 결심"이라고 주장했다.

를 위반했기 때문이다.

광명성 3호 2호기 장거리 로켓 발사와 관련해서 유엔 안전보장이사회가 2013년 1월 22일 결의 2087호를 채택했다. 북한은 이에 강하게 반발하면서 1월 23일 외무성 성명을 통해 "6자회담 9·19공동성명은 사멸되고 조선반도 비핵화는 종말을 고하였다"라고 선언했다. 북한은 미국의 대북 적대시 정책이 조금도 변하지 않은 조건에서 세계의 비핵화가 실현되기 전에는 한반도 비핵화도 불가능하다고 주장하면서 "앞으로 조선반도와 지역의 평화와 안정을 보장하기 위한 대화는 있어도 조선반도비핵화를 론의하는 대화는 없을 것"이라고 선언했다.[35] 북한은 유엔 안보리가 로켓 발사에 대해 제재 결의로 응징하자 '자주권'이 침해받았다고 주장하면서[36] '발전권'을 뒤로하고 2013년 1월 24일 미국과의 전면 대결전을 선언[37]하고 위기 수위를 높였다.

2013년 2월 12일 북한의 3차 핵실험이 미국과의 전면 대결전을 선언한 이후 이루어졌다는 점을 주목해야 할 것이다. 3차 핵실험 이후 북한은 원래

---

35) ≪조선신보≫, 2013년 1월 23일 자.

36) 북한은 3차 핵실험 당일 외무성 대변인 담화를 통해서 "제3차 핵실험은 미국의 대조선적대행위에 대처한 자위적 조치"라고 주장했다. 북한은 "위성발사권리에 대한 침해는 곧 우리의 자주권에 대한 침해로서 절대로 용납못할 엄중한 적대행위이다"라고 주장하면서 "원래 우리에게는 핵시험을 꼭 해야 할 필요도 계획도 없었다"라고 밝혔다. 북한은 "자위적인 핵 억제력에 의거하여 경제 건설과 인민생활향상에 힘을 집중하려던 것이 우리의 목표였다"라고 주장하면서 "이번 핵시험의 주되는 목적은 미국의 날강도적인 적대행위에 대한 우리 군대와 인민의 치솟는 분노를 보여주고 나라의 자주권을 끝까지 지키려는 선군조선의 의지와 능력을 과시하기 위한 것이였다"라고 밝혔다. ≪조선신보≫, 2013년 2월 13일 자; ≪로동신문≫, 2013년 2월 28일 자.

37) 북한은 2013년 1월 24일 국방위원회 성명을 통해서 "미국과 그에 추종하는 불순세력들의 대조선적대시책동을 짓부시고 나라와 민족의 자주권을 수호하기 위한 전면대결전에 진입할 것이다"라고 선언했다. ≪조선신보≫, 2013년 1월 24일 자.

핵실험을 계획하지 않았다고 주장했다. 2012년 12월 12일 광명성 3호 2호기 발사 성공 이후 미국 주도로 유엔 안보리의 대북 제재 결의가 채택되자 북한은 3차 핵실험을 강행하고 충격을 통한 국면 전환을 모색했다.[38)]

북한이 유엔 안보리의 제재 결의에 맞서 3차 핵실험을 강행한 이후 한반도 정세는 악화되었다. 2012년 3월 5일 북한 인민군 최고사령부 대변인은 키 리졸브(Key Resolve), 독수리 한미 합동 군사 연습을 문제 삼아 2차, 3차 대응 조치, 정전협정 백지화, 조선 인민군 판문점 대표부 활동 전면 중지, 판문점 북·미 군부 전화 차단 등을 선언하고 나왔다. 3월 7일 북한은 외무성 대변인 성명을 통해 "핵 선제타격권리를 행사하게 될 것"이라고 엄포를 놓았다. 3월 8일 조국평화통일위원회(조평통)는 성명을 통해서 "북남사이의 불가침에 관한 합의와 비핵화 공동선언들을 백지화"하고 "조국통일대전의 절호의 기회를 절대로 놓치지 않을 것"이라고 밝혔다. 북한은 "정전협정이 완전히 백지화되는 3월 11일 그 시각부터 북남 사이의 불가침에 관한 합의들도 전면 무효화될 것이라는 것을 공식 선언"했다. 북한은 판문점 연락 통로인 남북 직통전화도 단절했다.

이와 같이 북한은 3차 핵실험 이후 한미 합동 군사 연습을 빌미로 정전협정 백지화와 불가침 합의 파기를 선언하고 남북관계를 전면적으로 차단했

---

38) 북한은 광명성 3호 2호기 발사 이후 외무성 대변인을 통해 "성공적인 위성발사는 위대한 령도자 김정일동지의 유훈이며 경제건설과 인민생활향상을 위한 과학기술발전계획에 따르는 평화적인 사업이다"라고 주장하고, "미국이 지난 4월 위성발사때에도 적대적인 과잉반응을 보여 우리로 하여금 핵문제를 전면적으로 재검토하지 않을수 없게 만든 바 있다"라고 밝혀, 미국이 과잉 반응을 보일 경우에 핵실험을 할 수 있음을 시사했다. 조선중앙통신, 2012.12.12. 2013년 1월 22일 유엔 안보리 결의 2087호가 채택되자 북한은 외무성 성명을 통해서 "미국의 제재압박책동에 대처하여 핵억제력을 포함한 지위적인 군사력을 질량적으로 확대강화하는 임의의 물리적 대응조치들을 취하게 될 것이다"라고 밝혀 3차 핵실험을 예고했다. 조선중앙통신, 2013.1.23.

다. 북한이 핵 능력을 과시하고 정전 질서를 무력화한 것은 정전협정에 기초한 불안정한 평화를 부각해 평화체제로의 전환을 모색하기 위한 것으로 볼 수 있다. 북한이 1990년대 중반 정전협정을 무력화하는 조치들을 취하고 정전협정이 '빈 종잇장'이 되었다고 말하기도 했지만, 북한이 먼저 주동적으로 정전협정을 파기하는 선언을 하지는 않았다. 북한이 "조선 정전협정을 완전히 백지화해버리게 될 것이다"라고 선언한 것은 광명성 3호 2호기 로켓 발사 성공과 3차 핵실험 실시에 따른 자신감의 표현으로 보인다. 특히 북한이 주장한 대로 3차 핵실험을 계기로 "경량화되고 소형화된 핵탄"과 "다종화된 우리 식(북한식)의 정밀 핵 타격 수단"을 가졌다면 한반도 정치·군사 지형에 변화가 불가피할 수밖에 없을 것이다. 북한이 정전 질서를 무력화하는 조치들을 취하면서 위기 수위를 높이는 것도 핵보유국으로서의 자신감을 반영한 '새판 짜기'의 일환으로 보인다.

북한 외무성은 3차 핵실험 직후 미국에 대해 "위성발사권리를 존중하여 완화와 안정의 국면을 열겠는가 아니면 대조선적대시정책을 끝까지 추구하여 정세폭발을 향한 지금의 잘못된 길을 계속 걷겠는가 하는 양자택일을 하여야 할 것"이라고 주장했다. 미국이 충돌의 길을 택할 경우 "세계는 우리 군대와 인민이 정의와 부정의 간의 판가리결전에서 자기의 존엄과 자주권을 어떻게 끝까지 지켜내며 조국통일의 혁명적대사변을 맞이하여 어떻게 최후승리를 이룩하는가를 똑똑히 보게 될 것"[39]이라고 주장했다. 북한은 3차 핵실험 이후 미국과의 무기 개발 경쟁을 지속할 것을 "숨기지 않으며 공공연히 선포한다"라고 하면서 핵과 장거리 미사일 개발을 지속할 것임을 분명히 했다.[40] 북한은 핵실험이 "백년숙적 미국을 겨냥한 것"이라고 하면서

---

39) ≪조선신보≫, 2013년 2월 12일 자.

40) "제국주의가 핵무기를 잡으면 우리도 핵무기를 잡아야 하며 대륙간탄도미싸일을 보

다종화된 핵 억제력과 "세계가 아직 모르고 있는 무서운 타격수단을 가지고" 미국이 전쟁을 일으키면 이를 "절대로 놓치지 않고 지구상에서 미국이라는 땅덩어리를 없애버리겠다"라고 주장했다.[41]

북한은 유엔의 제재와 한미 합동 군사 연습에 맞서 미국과의 전면 대결전을, 남한에는 전시 상황을 선포하고[42] 한반도에서의 전쟁 위기를 고조시켰다. 또한 평양 주재 외교단을 대상으로 철수를 권고한 데 이어 남한에 있는 외국인들에게 사전 대피 및 소개 대책을 수립할 것을 요구했다.[43] 한반도 상황이 전쟁 직전의 위기 상황이라는 것을 부각시키기 위해 한반도에 있는 외국인들의 철수를 요구하는 일종의 심리전을 폈던 것이다.

북한은 말로 하는 위기 조성 카드가 먹히지 않자 행동으로 하는 위기 조성 카드를 내밀었다. 정전협정 백지화와 불가침 합의 파기 이후 한미 양국이 이를 무시하고 강력한 무력시위로 맞서자 북한은 미국을 압박하기 위한 카드로 2013년 4월 2일 영변 핵 발전 시설의 재가동을 선언했다. 남한을 압

유하면 우리도 대륙간탄도미싸일을 보유해야 하며 그 어떤 우주무기로 위협하면 우리도 우주무기로 원쑤들에게 공포를 주어야 한다. 우리의 핵은 정의의 선택이며 인류의 진정한 평화이다." 같은 글.

41) 같은 글.

42) 북한은 2013년 3월 30일 정부, 정당, 단체 특별 성명을 발표하고, "북남관계는 이 시각부터 전시상황에 들어간다"라고 선언했다. 따라서 북한은 "북남사이에서 제기되는 모든 문제들은 전시에 준하여 처리될 것이다. 조선반도에서 평화도 전쟁도 아닌 상태는 끝장났다"라고 주장했다. 북한은 특별 성명에서 "미제의 핵공갈에는 무자비한 핵공격으로, 침략전쟁에는 정의의 전면전쟁으로! 이것이 우리의 단호한 대답이며 억척불변의 립장이다"라고 밝혔다.

43) 북한은 2013년 4월 9일 조선아시아태평양평화위원회 대변인 담화를 통해서 "서울을 비롯하여 남조선에 있는 모든 외국기관들과 기업들, 관광객들을 포함한 외국인들이 신변안전을 위해 사전에 대피 및 소개대책을 세워야 할 것이라는 것을 알린다"라는 내용을 발표했다.

박하기 위한 카드로는 4월 8일 개성공단 잠정 중단이란 조치를 취했다.[44] 북한은 무력 도발을 할 수 없는 조건에서 미국에는 핵 무기고를 늘리겠다고 협박하고, 남한에는 남북관계를 전면 차단하고 한국의 대외 신인도에 영향을 주면서 경제에 충격을 주는 대남 압박 카드를 내밀었다. 남은 카드는 중거리 무수단 미사일 시험 발사와 4차 핵실험 등이다. 북한은 남은 카드를 사용할 경우 군사적 충돌이나 추가 제재를 피하기 어려울 것으로 보고 이를 후속 카드로 남겨 두고 협상을 모색하고 있다.

5. 북·미의 '오판'을 우려한 위협 인식과 국면 전환

3차 핵실험 이후 '핵 선제타격권리'가 있다고 하면서 공세적으로 나오던 북한이 미국의 '오판'에 의한 전쟁 가능성을 언급하기 시작했다. 북한은 한미 합동 군사 연습이 본격화된 2013년 4월 "황당무계한 제재결의, 미친 듯이 벌려놓은 침략전쟁연습, 무모한 핵 선제타격기도"[45] 등을 언급하며 "우리의 존엄과 자유를 빼앗고 주권을 강탈할 야망을 기어코 실현하려는 자들의 발광은 이 봄에 위험계선을 넘어섰다"[46]라고 주장했다. 북한은 미국이 그들을 겨냥해 "가상 목표를 정하고 핵 타격 훈련을 한 것만큼", 북한도 "그에 대응한 훈련을 하지 않을 수 없게 되어 있다"라면서 "이러한 맞대응과정에서 훈련이 실전에로 넘어가지 않는다는 담보는 없으며 그로 인한 모든 후과는 전적으로 미국이 책임져야 할 것"이라고 밝혔다.[47] 3차 핵실험 이후 공세적으

---

44) 북한은 2013년 4월 8일 당중앙위원회 김양건 비서의 담화를 통해서 개성공업지구 종업원들을 전부 철수시키고 사업을 잠정 중단시켰다.

45) "승리를 안아오는 4월의 봄", ≪로동신문≫, 2013년 4월 14일 자.

46) 조국평화통일위원회 서기국 보도, 2013.4.12.

로 나오던 북한이 수세적으로 바뀐 것은 핵무기를 동원한 미국의 강력한 무력시위가 실제 공격으로 이어질 수 있다는 두려움 때문이었는지도 모른다.

북한이 안보리 제재와 한미 합동 군사 연습에 맞서 말로 하는 위기 조성 단계를 넘어 행동으로 나오자, 한미 양국도 북한의 오판을 경계하면서 대화를 제의했다. 3차 핵실험에 성공한 북한이 연일 위기 수위를 높이는 발언을 쏟아내자 미국은 북한의 오판을 경계하면서 예방 조치를 모색하기 시작했다. 헤이글 국방부 장관은 2013년 4월 10일 "북한은 호전적 언사와 행동으로 위험선(dangerous line)에 근접하고 있다"라고 밝혔다.[48] 4월 11일 카니 백악관 대변인은 오바마 대통령이 안보팀에 북한 위협에 대비해 미국 본토와 동맹을 방어할 수 있는 필요한 예방책을 세우라고 지시했다고 밝혔다. 카니 대변인은 미국의 금지선(red line) 설정에 대한 분명한 입장을 밝히지 않고, 북한이 "고립과 빈곤으로 가는 길을 포기하고 국제사회에 동참함으로써 대다수 주민의 삶을 개선할 기회가 있다"라며 "북한이 그 길을 선택하기를 바란다"라고 밝혔다.

북한이 3차 핵실험 이후 핵보유국 지위를 객관화하기 위해서 정전 질서를 무력화하면서 말로 하는 위기 수위를 높이자, 미국은 강력한 군사 연습과 무력시위를 통해서 북한의 도발 억지에 주력했다. 북한의 말로 하는 위협과 미국이 힘으로 보여준 억지가 '공포의 균형'을 이뤄 무력 충돌은 일어나지 않았다. 하지만 북한과 미국이 거의 동시에 상대의 움직임을 경계선을 넘은 위협으로 인식하고 오판을 경계한 것은 흥미롭다.

북한의 3차 핵실험 이후 미국이 북한을 초토화할 수 있는 B-52 전략폭격기와 북한 지휘부를 타격할 수 있는 B-2 폭격기 및 F-22 스텔스 폭격기, 그

---

47) 조선중앙통신, 2013.4.16.

48) ≪서울신문≫, 2013년 4월 12일 자.

리고 핵 잠수함 등을 동원해서 강력한 무력시위를 한 것은 북한의 핵 위협에 대한 억지뿐 아니라 북한위협론을 내세우면서 핵무기 개발을 요구하는 한국과 일본의 요구를 억지하기 위한 것으로 볼 수 있을 것이다. 미국의 무력시위에 북한이 강력히 반발하자 미국은 북한의 오판 가능성에 부담을 느끼고 대륙간탄도미사일 시험 발사를 연기하는[49] 등 국면 전환을 모색하기 시작했다. 2013년 4월 12일 케리 국무장관이 한미 외교 장관 회담에서 밝힌 것처럼 미국은 실수와 오판을 가장 위험한 것으로 본다. 케리 장관은 "어떤 조치가 취해지고 거기에 대응하는 조치에서 의도하지 않았지만 완전히 혼돈에 빠지는 것이 가장 위험하다"라고 주장하면서 김정은 북한 국방위원회 제1위원장의 지도력 발휘를 촉구했다.

2013년 4월 11일 류길재 통일부 장관과 박근혜 대통령이 대화의 여건이 조성되지 않았다는 기존 입장을 바꿔 북한에 대화를 제의했다. 미국도 케리 국무장관 방한을 계기로 4월 12일 북한에 대화를 제의했다. 한국 정부의 대북 대화 제의에 이어 오바마 대통령과 케리 장관이 "선택은 김정은에 달려 있다"라면서 진정성 있는 대화에 북한이 호응할 것을 요구했다. 한미의 대북 대화 제의는 북한이 국면을 전환할 수 있는 명분을 제공하고, 더 이상 상황을 악화시켜서는 안 된다는 선제 조치로 볼 수 있다.

---

49) 미국 국방부는 2013년 4월 5일 실시할 예정이던 대륙간탄도미사일 '미니트맨III' 시험을 5월 중으로 연기했다. 미국 국방부는 2013년 5월 22일 캘리포니아 주 반덴버그 공군 기지에서 사거리가 1만 km가 넘는 것으로 알려진 'ICBM 미니트맨III'를 시험 발사했다. 미군은 본토 내 5개 주의 지하 시설에 핵탄두를 장착한 미니트맨III를 450기 보유하고 있다. 미니트맨III의 최대 사정거리는 1만 3000km로, 170kt(TNT 폭약 17만 t의 폭발력)의 W-68 핵탄두 3개가 서로 다른 목표물을 공격할 수 있는 다탄두(多彈頭) 지상 발사형 핵미사일이다. 미 공군은 2030년까지 미니트맨III를 사용할 계획이다. ≪조선일보≫, 2013년 5월 27일 자.

북한은 한미의 대화 제의를 '교활한 술책'이라며 거부했다. 4월 14일 북한의 대남 기구인 조평통 대변인이 우리 정부의 대화 제의를 "개성공업지구를 위기에 몰아넣은 저들의 범죄적 죄행을 꼬리자르기하고 내외 여론을 오도하며 대결적 정체를 가리우기 위한 교활한 술책"이라고 비난했다.

2013년 4월 18일 북한 국방위원회 정책국은 성명을 내고 미국과 한국이 북한과 진실로 대화와 협상을 바란다면 유엔 안전보장이사회 제재 결의 철회 등 북한을 반대하는 도발 행위 즉시 중지, 핵전쟁 연습 중지, 핵전쟁 수단 전면 철수 등을 요구했다. 한편 미국은 대화의 전제 조건으로 북한의 비핵화 의지를 행동으로 보일 것을 요구하고 있다. 북한은 제재와 핵전쟁 위협 아래에서는 대화할 수 없다고 밝히고 한미 군사 연습이 지속되는 동안에는 대화에 응하지 않았다.

북한이 4월 중순 한미의 대화 제의를 "교활한 술책"이라고 주장하면서 걷어찬 것은 대화의 의제가 마음에 들지 않는다는 것으로 볼 수 있다. 북한은 3차 핵실험 이후 정전 질서에 근거한 불안정한 한반도 질서를 평화 질서로 바꾸는 판갈이 차원의 새판 짜기를 요구하고 있다. 북한은 안보리 제재에 맞서 평화 회담은 할 수 있지만 비핵화 회담은 할 수 없다는 입장을 밝힌 바 있다. 따라서 북한은 비핵화 행동을 전제로 한 6자회담이나 양자 대화에 응할 수 없다는 입장을 밝히고 판을 키우고 있다. 북한은 핵보유국으로서의 지위를 인정받고 같은 핵보유국끼리 미국과 대등한 자격으로 한반도 정전 질서를 평화 질서로 바꾸는 판 큰 협상을 하자는 것으로 보인다. 비핵화 행동을 전제한 대화 제의를 한 미국과 비핵화 협상을 할 수 없다는 북한 사이에 입장 차이가 크다. 핵보유국의 지위를 가지고 평화 협상을 하자는 북한과 핵보유국의 지위를 인정할 수 없다는 미국과의 입장 차이도 크다.

케리 국무장관이 2013년 4월 18일 미 상원 외교 위원회에서 북한의 도발 → 보상·협상 → 재도발 → 재협상을 거듭해오면서 북한의 핵·미사일 능력이 더욱 제고되었다고 비판적으로 평가했다. 케리 국무장관은 “이제 북한은 핵무장 차원에서 더 나아갔으며 더욱 위험해졌다”라고 말했다. 그는 “지난 20년간 쳇바퀴 돌듯 해온 이런 다이내믹을 바꿔야 한다”라면서 이런 생각은 오바마 대통령도 확고하게 하고 있다고 강조했다.[50)]

이에 앞서 박근혜 대통령도 4월 17일 한반도 위기 상황과 관련해서 “위협과 도발을 하면 협상, 지원하는 악순환을 끊어야 한다”라고 밝혔다. 박근혜 대통령은 “국제사회에서 한목소리로 일관되게 내면서 그런 메시지를 전할 때 북한이 국제사회의 책임 있는 일원으로 나서느냐, 아니면 고립으로 가느냐를 선택할 수밖에 없게 될 것”이라고 강조했다.[51)]

한미 양국의 공통적 인식은 북핵 불용의 대원칙 아래 지난 20여 년간의 도발 → 협상 → 지원의 악순환의 고리는 끊어야 하고, 북핵 해결에서의 중국의 대북 영향력을 인정하고 협조가 긴요하다는 점이다. 미국은 북한의 ‘비핵화 조치를 향한 상당히 철석같은 개념’을 보여야 협상장에 나가겠다는 전제 조건을 달았다.

이에 대해 북한은 북·미 적대관계 해소를 위한 평화 회담이 아닌, 북한의 비핵화만을 위한 대화와 협상에는 나서지 않을 것임을 재확인했다. 조평통 대변인은 2013년 4월 18일 “우리의 위성발사와 핵무력 건설은 북남대화든 조미대화든 협상 탁 위에 올려놓고 논의할 정치적 흥정물이나 경제적 거래물이 아니다”라며 “우리의 위성과 핵방패는 민족의 존엄과 자주권의 상징이며 지구상에 제국주의가 남아있고 핵위협이 존재하는 한 절대로 포기할 수 없다”라고 못을 박았다. 국방위원회 정책국도 같은 날 “우리의 핵무력은 미국을 포함한 세계의 비핵화가 실현될 때까지 나라의 자주권과 최고이익을

50) 연합뉴스, 2013.4.19.

51) 연합뉴스, 2013.4.17.

수호하고 우리 공화국을 겨냥한 침략의 본거지를 보복타격하기 위한 수단으로 우리 군대와 인민의 수중에 장악되어 있게 될 것"이라고 강조했다. 4월 20일 ≪로동신문≫은 "미국의 대조선적대시정책은 종식되어야 한다"라는 글에서 미국이 대화의 전제 조건으로 요구한 비핵화 조치를 거부하고 "앞으로 우리와 미국 사이에 군축을 위한 회담은 있어도 비핵화와 관련된 회담은 절대 없을 것"이라고 밝혔다. 북한은 발칸반도의 유고슬라비아, 중동의 리비아 등의 사례를 반면교사로 내세우고 "핵무장만이 살길"이라며 자위적 국방력을 강조하고 있다. 북한은 미국을 포함한 세계의 비핵화가 이뤄지기 전에는 절대 핵을 포기하지 않겠다는 입장을 고수하고 있다.[52]

유엔 안보리가 북한의 광명성 3호 2호기 발사 이후 이를 불법시하는 결의를 채택하자 북한은 "자주권 존중과 평등의 원칙에 기초한 6자회담 9·19공동성명은 사멸되고 조선반도비핵화는 종말을 고하였다"라는 외무성 성명을 발표했다. 북한은 "조선반도에 핵대결의 구도를 만들고 조선에 대한 적대시 정책을 가중시켜 비핵화과정을 중단시킨 것은 미국이다"라고 주장하면서 비핵화를 위한 6자회담에 응할 의사가 없음을 선언했다.[53] 하지만 북한이 전통 우방인 중국의 압력을 피해나가기는 어려웠던 것으로 보인다. 6자회담 사멸을 주장했던 북한이 미국과 중국의 6자회담 재개 요구에 응할 수 있다는 자세 변화를 보이기 시작했다.

김정은 제1비서의 특사 자격으로 중국을 방문한 최룡해 총정치국장은 2013년 5월 24일 시진핑 중국 국가주석을 만나 "조선(북)은 관련 각국과 공동으로 노력해 6자회담 등 다양한 형식의 대화와 협상을 통해 문제를 타당

---

52) 고유환, 「북한의 3차 핵실험 이후 평화협정에 대한 남북한의 시각」, 2013 광주평화회의 "한반도평화의 실현: 정전협정을 평화협정으로" 발표논문집(2013.6.5), 81~97쪽.

53) ≪조선신보≫, 2013년 2월 4일 자.

하게 풀기를 바란다"라고 밝혔다. 최룡해 총정치국장은 "조선은 정말로 경제를 발전시키고 민생을 개선하고 싶다. 평화적인 외부 환경을 조성하고 싶다"라고 강조했다. 시진핑 국가주석은 "중국은 각국이 냉정과 자제를 유지해 국면을 안정화시키고 6자회담을 재개하기를 바란다"라고 밝혔다. 시진핑 국가주석은 "중국의 입장은 십분 명확하다"라며 "국면이 어떻게 변하건 관련 각국이 한반도 비핵화와 평화 안정을 위해 대화와 협상으로 문제를 해결하는 태도를 견지해야 한다"라고 강조했다. 최룡해 총정치국장의 6자회담 등 협상 복귀 시사 발언은 2013년 1월 23일 외무성 성명을 통해 밝혔던 6자회담과 9·19공동성명은 사멸되고 조선반도 비핵화는 종말을 고했다는 북한의 기존 공식 방침을 뒤집은 것이다.[54]

미국과 중국이 6자회담을 통한 북핵 해결로 다시 방향을 잡고 북한도 기존 입장을 바꿔 6자회담 등 다양한 형식의 대화와 협상에 동의함으로써 3차 핵실험 이후 긴장 국면으로 치닫던 한반도 정세는 대화 국면으로 전환되었다.

6. 3차 핵실험 이후 행위자-네트워크의 특징

북한의 3차 핵실험 이후 나타난 국가 차원의 포괄적 행위자-네트워크의 특징은 다음과 같이 정리할 수 있다. 첫째, 북한이 핵보유국의 자신감을 반영해서 한반도에서의 대결 구도를 북·미 대결 구도로 행위자를 축소해 미국과의 핵군축 등 평화 협상을 모색하고 있다는 점을 주목할 수 있다. 북한은 3차 핵실험 이후 2013년 '3, 4월 위기'를 1962년 미·소 간의 쿠바 미사일 위기에 비견하면서 "핵보유국과 핵보유국이 맞선 인류력사상 최초의 대결"이

54) ≪한겨레신문≫, 2013년 5월 25일 자.

라고 규정하고 "력사에는 핵 대 비핵의 군사적 대결은 있었어도 핵 대 핵이 맞선 례가 없다"라고 주장했다.[55] 북한의 이러한 주장은 3차 핵실험 이후 그들의 핵 억제력 강화가 미국과 공포의 핵 균형을 이뤄 전쟁을 억지하고 있다는 점을 부각하기 위한 것이다. 북한이 3차 핵실험 이후 경제 건설과 핵무력 건설의 병진 노선을 표방한 것도 핵 억제력을 바탕으로 해서 경제를 재건하겠다는 것으로, 군사 부문에 대한 자원 배분을 줄이고 인민 생활 향상에 주력할 수 있는 군사·안보적 조건을 갖춘 것으로 자평하는 것 같다.

둘째, 3차 핵실험 이후 한·미·중 3국 간 협력 네트워크가 강화된 것을 지적할 수 있을 것이다. 2002년 10월 북한의 고농축 핵 개발 의혹이 불거진 당시에는 한·미·일 3국 간 협력 네트워크가 활성화되었다면,[56] 2013년 북한의 3차 핵실험 이후 형성된 국가 차원의 행위자-네트워크는 한·미·중 3국 중심의 협력 구도이다. 즉, 일본의 역할이 축소되고 중국의 역할이 강화되는 모습을 보여주고 있다. 일본은 한·중 등과 영토 문제, 과거사 청산 문제 등으로 갈등을 빚고 일본인 납치 문제 해결을 북핵 문제보다 우선순위에 두고 있다. 3차 핵실험 이후 유엔 제재 결의에 따라 관련 국가들이 대북 압박에 주력하는 동안에도 북한은 북·일 접촉을 시도하는 등 대북 공조에서도 이탈하는 모습을 보였다.[57] 최근 일본은 북핵 문제보다 중국의 부상을 경계하면

---

55) ≪로동신문≫, 2013년 5월 16일 자.

56) 2002년 10월 북한의 고농축 핵 개발 의혹이 불거진 이후 당시 한·미·일 3국은 일련의 정상회담과 대북정책조정감독그룹회의(TCOG) 등을 통해 '대화와 압력의 병행 전략에 의한 북핵 문제의 평화적 해결 원칙'을 마련했다. 대화와 압력의 북핵 해법에 따라 국제사회는 한편에서는 3자회담에 이어 6자회담을 진행하는 등 다자 대화 틀을 마련했고, 다른 한편에서는 미국 주도의 '대량살상무기확산방지구상(Proliferation Security Initiative: PSI)'을 통한 대북 압박을 지속했다.

57) 이지마 이사오(飯島勳) 일본 내각관방 참여는 자신이 2013년 5월 14~17일 평양을 방문했을 때 북한 측과 북·일 수교 협상 재개 등과 관련한 사무적 협의를 모두 끝냈다

서 미·일 동맹을 강화하면서 '집단적 자위권' 행사를 위한 자위대 작전 반경 확대를 추진하고 있다.[58]

셋째, 북한의 3차 핵실험을 계기로 미·중의 북핵 공조가 강화되었다는 점을 주목할 수 있다. 오바마 대통령과 시진핑 국가주석이 2013년 6월 7~8일 정상회담에서 '미·중은 북한을 핵보유국으로 인정할 수 없으며, 유엔 안보리의 대북 제재를 이행하고 한반도 비핵화를 위해 협력과 대화를 강화한다'라고 합의했다. 미·중 정상이 '북핵 불용, 비핵화 추진'이라는 분명한 목표를 걸고 협력하기로 다짐한 것은 3차 핵실험 이후 중국의 달라진 대북 정책 기조에 따른 것으로 보인다.

넷째, 3차 핵실험 이후 '핵 선제타격권리'를 주장하면서 공세적으로 나오던 북한이 최근에는 미국의 핵 위협을 강조하면서 수세적으로 바뀌고 있음을 확인할 수 있다. 북한은 세계 최대의 핵무기 보유국인 미국이 그들을 핵 선제공격 대상에 포함시킴으로써 자국민이 최대의 위협을 받게 되었다고 주장하면서[59] 북한의 "미사일과 핵무기가 미국 본토를 '불안'과 '위협' 속으로 몰아넣는다는 소리가 정상적인 사고를 가진 사람이라면 누구나 황당하기 짝이 없다는 것을 어렵지 않게 간파할 수 있을 것이다"라고 주장했다.[60]

3차 핵실험 이후 가장 두드러진 거시적 차원의 행위자-네트워크의 특징은 북핵 문제 해결에서 중국의 역할이 커지고 한·미·중 협력 네트워크가 강화되고 있다는 점이다. 케리 국무장관은 "중국이 없으면 북한은 붕괴할 것"

는 입장을 밝혔다. 연합뉴스, 2013.5.23.

58) ≪한겨레신문≫, 2013년 11월 16일 자.

59) 북한의 위협인식은 Y. Kim, "North Korea's Threat Perception and Provocation Under Kim Jong-un: The Security Dilemma and the Obsession with Political Survival," *North Korean Review*, Vol. 9, No. 1(2013), pp. 6~19.

60) ≪로동신문≫, 2013년 11월 18일 자.

이라며 대북 정책이 성과를 거두려면 중국의 협력과 협조가 필수적이라는 것을 강조했다. 북한의 위협에 맞서 동북아시아 지역에 미사일방어체제를 강화한 미국은 중국이 북한 문제 해결에 협력할 경우 미사일방어체제를 축소할 수 있다는 점을 시사하면서 중국이 북한 문제 해결에 적극적으로 나설 것을 요청했다.[61] 케리 국무장관이 2013년 4월 17일 미 하원 청문회에서 밝힌 것처럼 오바마 2기 행정부는 북한의 3차 핵실험 이후 군사적 위협 이외에 북한에 대한 영향력을 행사하지 못했다는 반성 아래 미국의 대북 정책을 '전략적 인내(strategic patience)'에서 '전략적 비인내(strategic impatience)'로 바꿀 것을 시사했다.[62] 미국은 말이나 약속이 아니라 비핵화를 위한 북한의 구체적이고 의미 있는 행동이 선행되어야 대화, 협상, 지원을 할 수 있다는 입장을 고수하고 있다. 한편 중국은 광명성 3호 2호기와 3차 핵실험 이후 북한과의 '특수관계'에서 '일반 국가 관계'로 관계 설정을 새롭게 하면서 유엔 안보리 결의에 찬성하고 제재에 동참하는 등 이전과는 확실히 달라진 태도를 보이고 있다.[63]

---

61) 케리 국무장관이 2013년 4월 13일 중국을 방문했을 때 "한반도에서 위협이 사라지면 이 지역에 배치된 미사일방어망을 축소할 수 있다"라고 말한 것으로 알려졌다. ≪조선일보≫, 2013년 4월 22일 자.

62) 케리 국무장관은 2013년 4월 17일 미 하원 외교 위원회 2014 회계 연도 예산안 청문회에 증인으로 출석해 북한과의 과거 협상 사이클을 반복하지 않겠다고 하면서 미국의 대북 정책을 '전략적 인내'가 아닌 '전략적 비인내'라고 표현했다. 연합뉴스, 2013. 4.18.

63) 북·중 관계 변화 움직임에 대해서 ≪조선신보≫는 '전통적 우호 관계'는 변함이 없음을 강조했다. ≪조선신보≫는 "조선은 오늘 핵보유국으로서 강유력한 군사력을 가지고 강성국가건설에로 나가고 있다. 이제 미제에게 남은 것은 중국을 자기편으로 끌어들여 어떻게 하나 조, 중을 대립시키고 리간시키는 방법밖에 없다. 중국을 이용하여 조선을 고립시키려는 시도는 이미 오래전부터 제재문제가 나올 때마다 거듭되어

중국은 전통적으로 한반도 문제와 관련해 평화와 안정, 비핵화 지지, 대화를 통한 해결이란 3원칙을 견지했다. 하지만 최룡해 특사가 중국을 방문했을 당시 시진핑 국가주석은 비핵화를 먼저 언급하면서 북한의 핵실험에 강한 유감을 표시했다. 시진핑 체제 출범 이후 중국의 대북 정책이 바뀌고 있다는 사실을 미국의 오바마 대통령도 인정했다. 2013년 3월 13일 오바마 대통령은 "중국은 북한 정권의 붕괴와 파급효과를 우려해 북한의 잘못된 행동을 계속 참아왔지만 지금은 생각이 바뀌고 있다"라고 말했다. 오바마 대통령의 이러한 주장은 미국이 '중국과 공조를 이룬 대북 압박'을 대북 정책 기조로 잡고 있음을 시사하는 것으로, 시진핑의 중국에 대해 "대북 정책에 많은 변화를 기대한다"라는 메시지를 우회적으로 보낸 것으로 보인다.[64)]

오바마 대통령의 기대에 부응이라도 하듯이 2013년 6월 7~8일에 열린 미·중 정상회담에서 "양국 정상은 북한이 비핵화해야 하며 북한의 핵무기 개발이 동북아시아 지역에 큰 영향을 준다는 데 동의했다"라고 토머스 도닐런(Thomas Donilon) 백악관 국가안보보좌관이 전했다. 양국 정상은 북한을 핵보유국으로 인정할 수 없고 북한의 핵무기 개발을 용인하지 않겠다고 합의했다. 이와 같이 미·중 정상은 북한 문제와 관련해서 '상당한 수준의 공감대(quite a bit of alignment)'를 이뤘다. 양제츠(楊潔篪) 중국 외교담당 국무위원도 미·중 정상이 북한 핵 문제와 관련해서 같은 입장과 목표를 가지고 있다고 강조했다. 미국은 북핵 6자회담을 재개하거나 북한과의 대화 또는 협상을 진행하려면 북한의 진정성 있는 비핵화 조치 등이 선행되어야 한다는

왔으나 헛일이였다"라고 밝혔다. ≪조선신보≫는 일본 언론들이 "조중관계에 무슨 금이나 생긴 것 같이 떠들고 있다"라면서 "항일유격투쟁이래 굳게 맺어진 조중관계는 땅속깊이 뿌리를 내린 나무와 같이 바람이 불어도 줄기는 끄떡하지 않는 것이다"라고 주장했다. ≪조선신보≫, 2013년 6월 7일 자.

64) ≪조선일보≫, 2013년 3월 15일 자.

입장을 다시 강조했다.[65)]

한국의 박근혜 정부는 대선 과정에서 한·미·중 3국 전략 대화를 추진할 것을 공약한 바 있다. 그만큼 한반도에 대한 중국의 영향력이 커졌다는 것을 인정하는 것으로 보인다. 박근혜 대통령 취임 이후 한미 정상회담을 가장 먼저 추진하고 이어서 한·중 정상회담을 추진하는 데서도 박근혜 정부의 중국 중시 전략의 단면을 읽을 수 있다.

한미 양국은 우선 대화에 앞서 북핵 억제에 주력하고 있다. 박근혜 정부는 이명박 정부에서 구체화된 한미의 '확장 억제력'[66)]을 '맞춤형 억제 전략'[67)]으로 발전시켜 나가면서 핵 무력시위를 통한 북핵 억제에 주력하고 있다. 확장 억제력이 핵우산을 제공하지만 핵무기에 의존하지 않는 대북 억제력 제공이었다면, 맞춤형 억제 전략은 핵 무력을 동원한 좀 더 강화된 북핵 억제 전략으로 보인다.

7. 맺음말

이 글은 북한의 3차 핵실험 이후 새롭게 형성되고 있는 다양한 형태의 행

---

65) 연합뉴스, 2013.6.9.

66) 미국의 대북 위협에 대한 인식 변화와 대응 확장 억제력에 관해서는 조성렬, 「3차 핵실험 이후 동북아 안보구도의 변화」, 2013년 북한연구학회 춘계학술회의 "남북관계, 위기 속에서 전환을 모색하다" 발표논문집(2013.4.25), 70~98쪽을 참고 바람.

67) 김관진 국방부 장관과 헤이글 국방부 장관은 2013년 10월 2일 서울에서 제45차 한미 안보협의회(SCM) 회의를 열어 전시 작전 통제권 재연기 문제를 협의하는 한편, 북한 핵과 대량살상무기에 대응한 '맞춤형 억제 전략'과 미래 연합 지휘 구조 기본 개념에 합의했다.

위자-네트워크를 주로 국가 차원의 거시적 행위자에 주목해 살펴봤다. ANT 관점에서 보면 북한의 비인간(사물) 행위자인 장거리 로켓과 HEU 또는 Pu 핵폭탄이 결합해 선제타격 무기 또는 핵 억제력으로 작용하면서 남북한 각각의 국내 문제, 분단체제, 동북아시아 지역 정세, 핵확산금지조약 체제 등에 영향을 준다. 남한 사회에서는 3차 핵실험을 계기로 북한에 대한 인식이 더 나빠지고 국내 정치에서 '안보 프레임'과 '종북 프레임'이 강화되는 모습을 보여주고 있다. 3차 핵실험 이후 출범한 박근혜 정부의 외교·안보 라인에 군부 인사가 대거 포진하고 킬체인과 맞춤형 억제 전략을 구체화한 것도 북한 핵실험의 여파로 볼 수 있을 것이다. 북한의 3차 핵실험은 북한 내부에서 김정은 지도 체제를 공고히 하면서 경제 건설과 핵 무력 건설을 병진하는 노선을 채택하는 계기가 되었다. 3차 핵실험으로 북한은 '사실상 핵보유국'으로 인정받게 되었고 대미 핵 억제력을 바탕으로 선군 노선을 약화시키면서 인민 생활 향상에 주력할 수 있는 근거를 마련했다고 볼 수 있다.[68] 하지만 세계체제 차원의 유엔 안보리의 대북 제재가 북한의 경제 발전을 어렵게 하고 있다. 그 밖에도 3차 핵실험은 분단체제에 큰 충격을 주고, 동북아시아 지역 질서 변화에 촉매 역할을 하고 있다.

〈그림 7-1〉과 같이 북한의 3차 핵실험은 한반도를 둘러싼 질서의 근본적 변화와 함께 다양한 행위자-네트워크를 산생시키고 있다. 북한이 2011년 10월 농축우라늄 시설을 외부 세계에 공개할 때만 해도 관련 국가들은 이를 심각하게 받아들이지 않았다. 하지만 2013년 2월 12일 북한이 3차 핵실험을 한 이후부터 북한 핵 능력은 질적으로 다른 평가를 받고 있다. 북한이 3차

68) 북한의 입장을 대변하는 ≪조선신보≫는 2013년 6월 4일 자 기사에서 "선대 수령들의 시대에 마련된 전쟁억제력에 토대하여 이제는 인민들이 잘 살게 하기 위한 경제건설에 힘을 집중하려는것이 2013년을 맞이한 조선의 구상이였을것이다. 그런데 미국과 그 추종세력들이 난관을 조성하였다"라고 주장했다.

〈그림 7-1〉 북한의 3차 핵실험 이후 행위자-네트워크

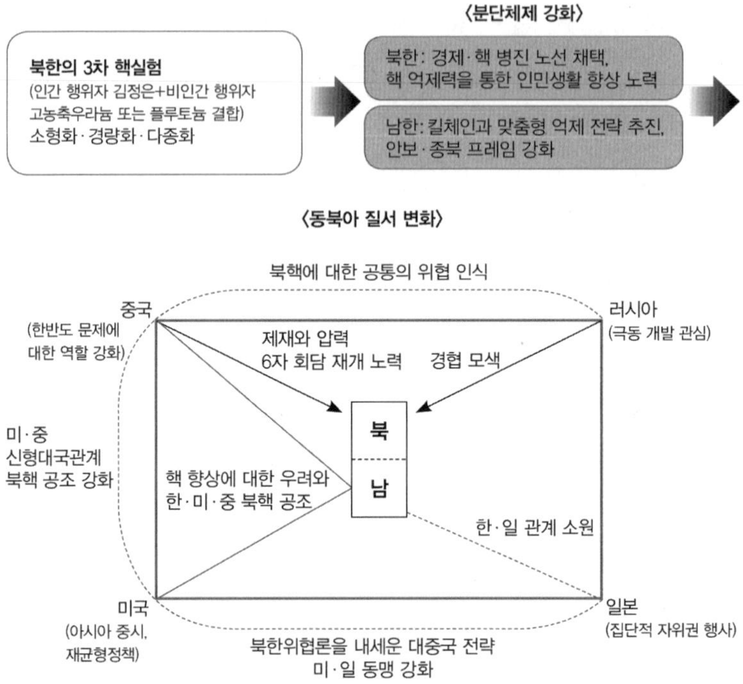

핵실험에서 HEU를 사용했을 가능성이 높아짐에 따라 북한 핵능력에 대한 평가도 이전과는 크게 달라졌다. 북한 스스로도 3차 핵실험을 통해서 '소형화, 경량화, 다종화, 정밀화'가 이루어졌다고 선전하고 있다. 북한이 다종화를 언급할 수 있었던 것은 우라늄 농축 시설을 외부에 공개했기 때문에 가능했을 것이다. 3차 핵실험을 계기로 주변 국가들은 북한의 핵 위협을 더욱 심각한 것으로 인식하기 시작했고, 한국과 중국의 일반 국민들의 북핵 문제를 바라보는 시각도 이전보다는 훨씬 심각해진 것 같다.

북한이 가지고 있는 우라늄 농축 프로그램은 저농축을 할 경우에는 경수로 발전소의 핵연료로 사용되고 고농축을 해 핵무기로 만들 경우에는 원자

탄이 된다. 원자탄의 가공할 위력을 등에 업고 북한은 미국에는 핵 선제타격권리를 주장하고, 한국에는 '조국통일대전'을 주장하기에 이르렀다. 한·미·중 등 관련 국가들은 북한을 핵보유국으로 인정하지 않았지만 북한의 핵 개발이 자국의 안전을 위협할 뿐 아니라 핵무기 비확산 정책에 정면으로 도전하는 행위로 인식하고 북한 비핵화를 위한 정책 공조를 모색하고 있다. 2002년 10월 북한의 HEU 개발 의혹이 불거진 이후에는 한·미·일 정책 공조를 통한 북핵 해법 마련에 주력했다면, 3차 핵실험 이후에는 한·미·중 정책 공조로 변했다.

북한의 핵실험을 계기로 6자회담 재개 움직임이 본격화되고 있다. 3차 핵실험 이전만 하더라도 한국과 미국은 비핵화와 관련한 북한의 진정성 있는 행동이 전제되어야 6자회담을 재개할 수 있다면서 북한의 조건 없는 6자회담 재개 요구를 무시했다. 하지만 3차 핵실험 이후에는 한·미·중이 6자회담 재개 필요성에 공감하고 6자회담 재개를 위해 북한을 설득하고 있다.

북한은 광명성 3호 2호기 발사 이후 유엔 안보리 제재 결의에 맞서 '비핵화 회담은 종말을 고했다'라고 선언하고 3차 핵실험을 강행했다. 2차 핵실험 이후 '스스로 부여한 핵보유국 지위'에 대한 자신감을 반영해서 6자회담과 9·19공동성명은 사멸되었다고 주장했다. 북한은 정전협정을 무력화하면서 경제 건설과 핵 무력 건설의 병진 노선을 채택하고 핵 보유를 법률로 규정했지만 중국의 압력에 굴복해 6자회담 등 비핵화를 위한 각종 대화에 응할 것을 밝혔다. 하지만 6자회담이 재개된다고 해도 과거와 같은 '선 비핵화 후 평화 체제 논의'의 수순으로 진행되기는 어려워졌다. 한·미·중 등이 요구하는 선 비핵화 조치와 북한이 요구하는 선 평화협정 체결 사이의 간극을 메우기 위해서는 북한의 비핵화와 함께 평화 체제 구축과 관련한 협상을 동시에 추진해야 6자회담이 진전될 수 있을 것이다.

참고문헌

국내 자료

강정민. 2013. 「북한 핵개발 현황 분석」. 2013년 북한연구학회 춘계학술회의 "남북관계, 위기 속에서 전환을 모색하다" 발표논문집(2013.4.25), 59~69쪽.

고유환. 2013. 「북한의 3차 핵실험 이후 평화협정에 대한 남북한의 시각」. "한반도평화의 실현: 정전협정을 평화협정으로", 2013 광주평화회의 발표논문집(2013.6.5), 81~97쪽.

권헌익·정병호. 2013. 『극장국가 북한: 카리스마 권력은 어떻게 세습되는가』. 창비.

라투르, 브루노[라투르, 브뤼노(Bruno Latour)] 외. 2010. 『인간·사물·동맹: 행위자네트워크 이론과 테크노사이언스』. 홍성욱 엮음. 이음.

리춘푸(이춘복). 2013. 「북한 3차 핵실험 후 중국의 대응과 북중관계」. 제주평화연구원. ≪정책포럼≫, No.2013-4.

_____. 2013. 「중국의 시각에서 본 북핵문제와 남북한 관계의 발전과제」. 홍사단 민족통일본부. 한반도 신뢰프로세스와 평화체제 구축을 위한 국제 심포지엄 홍사단 창립 100주년 기념 논문집(2013.7.16), 39~65쪽.

박순성. 2013. 「천안함 사건의 행위자-네트워크와 분단체제의 불안정성」. ≪북한연구학회보≫, 제17권 제1호, 317~354쪽.

박영자. 2013. 「북한주민의 '핵무기 인식 및 정치요인 의식과의 상관관계': 사회집단별 '핵-권력·체제' 영향력 실태와 관계 분석」. "남북관계, 위기 속에서 전환을 모색하다", 2013년 북한연구학회 춘계학술회의 발표논문집(2013.4.25), 11~35쪽.

박영호. 2013. 「한국의 북한 핵개발에 대한 인식과 대응: 3차 핵실험 이후」. 서울대학교 통일평화연구원. ≪통일과 평화≫, 제5집 제1호, 3~36쪽.

박춘대. 2013. 「북한 '핵무력'의 동학과 네트워킹」. 숭실대학교 대학원 박사학위논문.

이희영. 2013. 「(탈)분단과 국제이주의 행위자 네트워크: '여행하는' 탈북 난민들의 삶과 인권에 대한 사례연구」. ≪북한연구학회보≫, 제17권 제1호, 355~393쪽.

전성훈. 2012. 「북한 핵위협 재평가와 한국의 군사적 대비방향」. ≪국방정책연구≫, 제28권 제2호, 51~91쪽.

조성렬. 2013. 「3차 핵실험 이후 동북아 안보구도의 변화」. "남북관계, 위기 속에서 전환을 모색하다", 2013년 북한연구학회 춘계학술회의 발표논문집(2013.4.25), 70~98쪽.

홍민. 2013a. 「행위자-네트워크이론과 북한연구: 방법론적 성찰과 가능성」. ≪현대북한연구≫, 제16권 제1호, 106~170쪽.

_____. 2013b. 「북한 핵실험에 대한 한국사회의 인식: 수행적 분단과 핵무기의 코스모폴리틱스」. "남북관계, 위기 속에서 전환을 모색하다", 2013년 북한연구학회 춘계학술회의 발표논문집(2013.4.25), 36~56쪽.

_____. 2013c. 「분단의 사회-기술적 네트워크와 수행적 분단」. ≪북한연구학회보≫, 제17권 제1호, 283~316쪽.

국외 자료

Kim, Y. 2013. "North Korea's Threat Perception and Provocation Under Kim Jong-un: The Security Dilemma and the Obsession with Political Survival." *North Korean Review*, Vol. 9, No. 1, pp. 6~19.

기타

≪내일신문≫. 2013년 8월 26일.

≪로동신문≫. 2012년 12월 28일; 2013년 2월 28일; 4월 14일; 5월 16일, 21일, 23일, 12월 28일.

≪서울신문≫. 2013년 4월 12일.

연합뉴스. 2013년 4월 12일, 13일, 17일, 18일, 19일; 5월 23일; 6월 9일; 7월 10일; 9월 24일; 10월1일; 11월 20일.

≪조선신보≫. 2013년 1월 23일, 24일; 2월 4일, 12일, 13일; 5월 10일, 25일; 6월 4일, 7일.

조선중앙통신. 2012년 12월 12일; 2013년 1월 23일; 2월 12일; 4월 16일.

≪조선일보≫. 2013년 3월 15일; 4월 22일; 5월 27일.

≪한겨레신문≫. 2013년 2월 2일; 3월 9일; 4월 8일; 5월 24일, 25일; 11월 16일.

제8장

행위자-네트워크로 본 간첩 사건

김병선

1. 간첩을 찾아서

2011년 6월 23일, MBC 창사 50주년 특집 다큐멘터리 〈타임〉의 네 번째 편으로 〈애타게 간첩을 찾아서〉가 방송되었다. '메이킹 다큐멘터리' 형식으로 ≪시사IN≫의 주진우 기자와 〈부당거래〉의 류승완 감독이 현재 남한 땅에 살고 있는 간첩을 말 그대로 애타게 찾아다니는 이 프로그램에서는 결국 현직 간첩들을 단 한 명도 찾을 수 없었다. 다만 '통영의 딸'로 유명한 신숙자 씨의 남편 오길남 씨만이 아련한 전직 간첩의 추억을 가지고 등장했다. 그런데 이상스럽게도 이 간첩들은 다른 곳에서는 자주 출몰한다.

2011년의 한 보도에 따르면 검찰에 간첩 혐의로 적발된 검거 인원은 2008년 40명, 2009년 70명, 2010년 10월까지 130명이고 이 중 기소된 인원은 2008년 2명, 2009년 2명, 2010년 10명이라고 한다.[1] 이 기사를 보도한 기자

1) ≪아시아경제≫, 2011년 8월 13일 자.

는 이 수치가 대한민국 안보에 빨간불이 켜졌음을 보여주는 것이라고 주장했다. 그러나 실제로 검거 인원수에 한참 못 미치는(대략 5~7%) 기소 건수가 보여주고 있는 것은 그 이전에 비해 "간첩을 잡았다"라는 보고가 점점 늘어나고 있다는 것뿐이다. 검거한 이들 중 대다수는 실제 간첩이 아니었던 것이다. 아마 이 수치는 경찰청의 보안 관련 수사 인력 증가[2]나 간첩 신고 포상금 인상[3] 등과도 관련이 있을 것이다.

2011년 8월 25일, 이른바 '왕재산 간첩단' 사건의 관련자들이 구속 기소되었다는 검찰의 발표가 있었다. 이 사건은 조직도, 지령, 연락책, 총책, 소조책, 침투, 포섭, 특수 잠입, 찬양 고무, 회합 통신 등 전통적인 간첩 사건에서 볼 수 있었던 용어들과 그림으로 서술되었다. 2011년 10월 6일에도 탈북자 출신의 간첩이 대북 전단을 살포해온 보수 단체 대표를 '독침'으로 살해하려고 한 혐의로 구속 기소되었다. 이날 뉴스에서는 1997년 최정남, 강연정 부부 간첩 사건에서 등장한 이후 14년 만에 다시 나타난 개량된 '독침'과 '독총'이 사진과 함께 매우 자세히 설명되었다. 2011년 11월 20일에도 탈북자로 위장해 입국한 북한 보위부 소속 간첩이 탈북자 합동 심문 센터에서 탈북 경위에 대한 정밀 조사를 받던 도중에 발각되었다는 기사가 실렸다. 2013년 1월, 탈북자 출신의 서울시 공무원이 국내 탈북자의 정보를 북한에 넘긴 사건

---

2) '경찰청의 보안국 수사 인력은 행정 인력을 제외하고 2008년 349명, 2009년 381명, 지난해 482명으로 늘어났다. 서울 경찰청에 배정된 인원만 131명이다. 같은 글.

3) 2011년 10월 4일 '국가보안유공자 상금지급 등에 관한 규정' 개정안이 국무회의를 통과했다. 개정안에 따르면 간첩 신고 포상금은 현행 최대 1억 원에서 5억 원으로, 간첩선 신고의 경우 최대 1억 5000만 원에서 7억 5000만 원으로 각각 상향 조정되었다. 어로작업 종사자로 제한되었던 간첩선 신고 포상금 주체 문구는 삭제되었다. 간첩 등에게 압수물이 있는 경우 상금과 함께 지급되는 보로금의 상한도 종전 500만 원에서 3000만 원으로 늘었다.

이 발생한다. '서울시 공무원 간첩', '위장 간첩', '탈북자 간첩' 등의 단어와 함께 간첩이 다시 출몰하고 있다. 그리고 우연히도 이는 대한민국의 선거 시기와 겹친다.

간첩 사건을 대하는 한국 사회 일반 대중의 태도에는 '정치적 조작 가능성에 대한 의심'과 '북한에 대한 분노', '일상의 위협과 관련된 공포', '간첩 포상금의 매혹' 등 다양한 감정이 혼재되어 있다. 탈북자 수가 2만 6000명[4]을 넘어서고 있는 현재, 북한 사람에게 일방적으로 '포섭'되고, '단파 라디오'로 '난수표'를 통해 '지령'을 받고, '공작금'이 오가며, '독침'으로 '암살'당하는 이야기 구조는 매우 설득력이 떨어지는 상투적 표현(cliché)에 가깝다. 하지만 여전히 언론에 등장하는 간첩 사건의 스토리텔링 방식은 탈북자로 위장한 간첩이 '잠입'하고, '독침 테러'를 기도하거나, '255국'(이 숫자는 매번 바뀐다)의 '지령'을 ('단파 라디오'나 '인터넷'으로) 받아 관계자를 '포섭'하고, '주요 시설을 폭파'할 준비를 하고, 주요한 정치적 이슈들을 '사주'하며, '충성 서약문'으로 '맹세'를 하는 것으로 그려지고 있다.

1967년 동백림 사건, 1969년 간첩 이수근 사건, 1975년 2차 인혁당 사건, 1982년 송씨 일가 간첩단 사건, 1997년 고영복 교수 간첩 사건 등과 가장 최근의 여러 간첩 사건에서 드러나는 서술의 구성 방식은 왜 이처럼 깊은 유사성을 보여줄까? 최근의 간첩 사건과 오래전의 간첩 사건들이 유사한 스토리텔링의 패턴을 지니고, 이것이 특정 정치적 시기와 시간에 따라 변화하고 있다는 것은 무엇을 의미하는 것일까?

우리가 가장 익숙하게 알고 있는 간첩 사건의 사건 개요도 혹은 사건 체계도는 흔히 북한의 조선로동당 조직과 직간접적으로 연관된 남한 내·외부의 사람들로 연결된 조직표로 가시화된다. 이것은 누가 언제 북한 사람 혹

4) 대한민국 통일부, 『통일백서』(2014), 164쪽.

은 북한 관련 조직과 접촉했는가를 보여주는 간첩 사건의 전형적인 도식이다. 이러한 간첩 사건은 본질적으로 이념적 환원주의 경향을 드러낸다. 개별적인 간첩 사건들에는 구체적이고도 다양한 정보와 이야기가 내재되어 있음에도 보안의 이유로 가려진 채 한국의 안전을 위협하는 북한 공산 집단의 간사한 도발로 언급되고 봉인된다. 간첩(間諜)은 간첩(姦諜)이지, 결코 스파이나 첩보 요원, 공작원, 에스피오나지(espionage), 특수 요원, 정보원 등으로 불려서는 안 되는 것이다.[5] 간첩 사건의 이 같은 서술 방식을 바탕으로 간첩 사건 혐의자들은 명백한 확정범으로 언론에 얼굴과 실명이 공개되고, 법원의 긴 공판 과정을 거치면서 당사자들의 간첩 혐의가 무죄로 밝혀진 이후에도 다시 복구되지 않는다. 한 번 간첩 혐의로 검거되었던 사람들은 대중에게 확정적인 간첩으로 오랫동안 남게 되는 것이다.

간첩 사건은 오랜 분단의 블랙박스(black-box)이다. 이 글에서는 간첩 사건이 서술되는 방식을 들여다보면서 간첩 사건의 행위자-네트워크(actor-network)가 구성되는 번역의 과정을 찾아보고자 한다. 우리에게 간첩과 관련된 비인간 행위자들[예를 들면, 독침, 드보크(dvoke), 공작금, 난수표, 단파 방송 등]이 주는 근원적 공포나 위협은 이들이 행위자-네트워크 이론(Actor-Network Theory: ANT)에서 말하는 불변의 가동물(immutable mobiles)로 기능하기 때문일 수 있다. 이것들은 멀리 떨어진 다른 행위자에 장거리 지배력을 행사할 수 있다. 다른 행위자에게 전쟁의 참혹한 기억과 공산주의자에 대한 근원적 불안을 불러일으켜 진보적인 사고와 행위를 방해한다. 네트워크가 블랙박스로 접혀 있는 상태에서 이 같은 구체적인 불변의 가동물들은 일반 대중의 정치적 입장과 투표 행위에 직접적인 영향을 미칠 수 있다. 따

5) 이성욱, 「내마음의 '간첩': 김수임, 이수근, 리철진, 쉬리, 그리고 기타 간첩들」, ≪문화과학≫, 제19호(1999), 301쪽.

라서 이 글은 ANT의 관점에서 간첩 사건의 번역 과정을 구체적으로 분석하고자 한다.

2. 블랙박스와 행위자-네트워크

1) 분단의 블랙박스로서의 간첩 사건

다양한 유형과 형태의 간첩 사건을 ANT 관점에서 접근하고자 할 때 먼저 기억해야 하는 사실은 지금까지 발생해온 다양한 간첩 사건에는 남한과 북한 간의 실체적인 첩보전 양상으로 드러난 '진짜 간첩 사건'과 남한 정치권력의 의도에서 비롯된 '가짜 간첩 사건'이 뒤섞여 있다는 것이다. 특히, '가짜 간첩 사건' 중에는 해외에서 자신의 아내를 살해한 후 그녀를 고정 간첩으로 몰고 자신은 북한에 납치될 뻔 했다고 주장한 윤태식의 거짓말을 안기부가 의도적으로 은폐했던 일명 수지킴 살해 사건(1987)과 같이 실체적인 사실은 전혀 없이 처음부터 끝까지 조작된 사건도 있고, 진짜 간첩이 등장하고 있는 공안 사건을 의도적으로 정치적인 사건으로 증폭시키고 있는 조작 사건도 있다. 이처럼 '진짜 간첩'과 '가짜 간첩'들이 혼재되어 있는 이유는 간첩 사건 그 자체가 분단의 현실이 중첩되어 접혀 있는 블랙박스이기 때문이다.

ANT에서 블랙박스란 다양한 행위자가 하나의 대상으로 결절(punctualization)된 네트워크를 말한다. 결절이란 서로 다른 네트워크가 하나의 행위자나 대상으로 축약되는 것을 의미하는 용어이다. 예를 들어 자동차는 엄청나게 복잡한 기술들을 바탕으로 하는 다양한 부품(행위소)이 단일한 대상으로 축약된 것이라고 할 수 있다. 이런 의미에서 자동차는 일종의 블랙박스이다. 잘 작동하는 자동차를 운전하는 사람들은 그 속에 축약된 원래의 네트워크를 보지 못하고 동일체로 파악하게 된다. 블랙박스의 내용 속에 결절된 원래 네트워크를 보지 못하고, 이것을 외부의 입출력에만 의존하는 대상으로 취급하는 것이다. 블랙박스가 더 닫힌 것이 될수록, 즉 사람들이 그것에 축약된 네트워크에 더 무관심해질수록 더 많은 사람이 손쉽게 그 네트워크를 사용할 수 있게 된다.[6]

마찬가지로 누구나 간첩 사건이라는 블랙박스에 접촉하게 되면 그대로 그 네트워크의 작동 방식에 포섭되어버린다. 특히, 그러한 블랙박스를 구성하는 번역의 과정에서 가장 강력한 공권력을 지닌 정보기관이 '번역의 중심'을 자처하는 경우라면 블랙박스는 더욱 단단하게 닫히고 정치권력의 의도대로 자유롭게 활용될 수 있다. 예를 들어, 간첩이라는 혐의는 '간첩 식별 요령'이라는 정보기관이 배포한 구체적인 매뉴얼에 적시되어 있는 바대로(〈그림 8-1〉 참조) 일상에서 타인에게 느낄 수 있는 사소한 시기와 질투, 의심 등에 모두 적용될 수 있다. 즉, "새벽에 등산복 차림으로 출현하거나, 갑자기 생활수준이 높아지거나, 담뱃값을 잘 모르거나, 군부대 주변을 배회하거나, 현 정부에 불평불만이 많거나, 직업 없이 사치 생활을 영위하거나, 연고자 없이 외국 여행이 잦아도" 간첩으로 의심받을 수 있다. 오랫동안 일반 대중은 주변에 있는 이웃에게 그러한 의심이 드는 순간 지체 없이 신고해야만 했다. 신고는 선택이 아니라 국민의 필수적인 의무였고, 만약 신고를 하지 않으면 국가보안법상의 불고지죄(不告知罪)로 처벌되었다. 간첩단 구속 기사에는 불고지자의 얼굴 사진이 간첩들과 함께 조직원으로 명확하게 표시되어 있었다. 이처럼 간첩 사건은 효과적으로 대중이 서로를 감시하고, 일상생활에서 권력에 대한 공포를 유지하며, 이를 통해 통제와 지시에 잘 따르도

---

6) 브뤼노 라투르 외, 『인간·사물·동맹: 행위자네트워크 이론과 테크노사이언스』, 홍성욱 엮음(이음, 2010), 23쪽.

〈그림 8-1〉 간첩 식별 요령 매뉴얼 중 일부

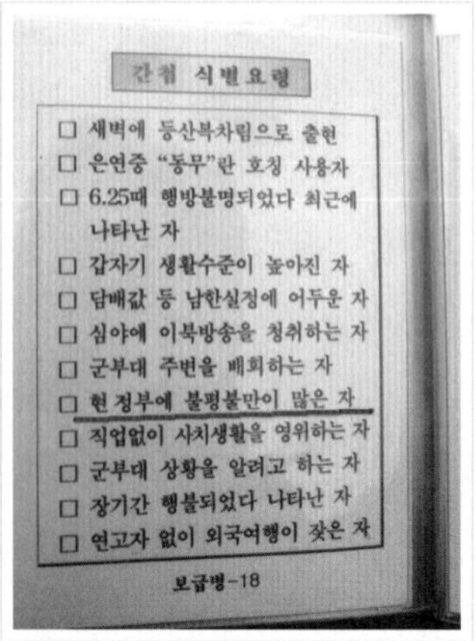

록 만들 수 있을 만큼 잘 닫힌 블랙박스였다.

닫힌 블랙박스는 물론 다시 원래의 네트워크로 해체될 수도 있다. 길 한가운데서 달리던 자동차가 고장 나서 보닛을 열면 우리는 이 '단일한 대상'인 자동차가 사실은 수많은 알 수 없는 부품과 기술의 네트워크로 구성된 것이라는 것을 알게 된다. 이처럼 블랙박스가 된 대상이 다시 원래의 네트워크로 펼쳐지는(unfolding) 속성을 네트워크의 가역성(reversibility)이라고 하고, 이것이 원래 네트워크로 펼쳐지지 않을 때의 속성을 비가역성(irreversibility)이라고 한다. 간첩 사건이라는 블랙박스는 어떻게 다시 네트워크로 펼쳐질 수 있을까? 이에 답하기 위해서는 우선 간첩 사건이 어떠한 과정을 거쳐서 네트워크를 쳐나갔는지에 대한 번역의 과정을 살펴봐야 한다.

2) 행위자-네트워크의 번역 과정

행위자-네트워크 이론에서 다양한 행위자(행위소) 간에 네트워크를 쳐나가는 과정을 번역(translation)이라고 한다. ANT 이론가 미셸 칼롱(Michel Callon)은 프랑스 생브리외(Saint-Brieuc) 만(灣)의 가리비 양식 과정에서 일어나는 네트워크 구축 과정을 분석하면서 번역이 크게 네 단계로 이뤄진다고 보고 있다.[7] 이는 한 행위자가 다른 행위자들을 정의하고 이들의 문제를 떠맡으며 기존의 네트워크를 교란시키는 문제화(problematization), 다른 행위자를 기존의 네트워크에서 분리하고 이들의 관심을 끌면서 새로운 협상을 진행하는 이해관계 부여(interessement), 다른 행위자로 하여금 새롭게 주어진 역할을 맡게 하는 역할 부여하기(enrollment), 이들을 대변하면서 자신의 네트워크로 포함시키는 동원하기(mobilization)의 과정이다.

먼저 문제화 과정에서는 행위자들이 정의되고 그들이 의무통과지점(Obligatory Passage Point: OPP)[8]으로 수렴되면서 동맹 혹은 연합의 체계로 이끌린다. 쉽게 말해 이 단계에서는 관련된 행위자들이 모두 네트워크로 끌려나와 그들의 정체성과 원하는 것들이 정의된다.

문제화로 징병된(enlisted) 각각의 실체는 처음의 계획에 따라 통합될 수도 있고, 또는 반대로 자신의 정체성이나 목적, 계획, 지향, 동기 또는 이해관계를 다른 방식으로 정의해 거래를 거절할 수도 있다.[9] 네트워크의 번역 과정에서 가장 강력한 힘을 지니고 네트워크 번역 과정에서 행위자 간의 협상과 대결을 주도하는 행위자를 '번역의 중심'이라고 한다. 이해관계 부여 과정은 이 번역의 중심이 문제화를 통해 정의된 다른 행위자의 정체성을 강제하고, 안정화시키려는 행동들의 집합이라 할 수 있다. 말하자면 이 과정에서 행위자들은 다른 행위자와의 네트워크 혹은 다른 번역의 중심에 의해 징병된 관계를 끊고, 번역의 중심이 이끄는 네트워크에 편입된다.

---

7) 미셸 칼롱, 「번역의 사회학의 몇 가지 요소들: 가리비와 생브리외 만의 어부들 길들이기」, 브뤼노 라투르 외, 『인간·사물·동맹』.

8) 한 행위자, 특히 의도를 지닌 행위자가 기존의 네트워크를 교란시키고 다른 행위자를 자신의 네트워크로 끌어들이기 위해서는 이들이 의존할 수밖에 없는 존재를 만드는 것이 중요한데, 이렇게 "다른 행위자들이 네트워크상에서 반드시 거쳐 가게 함으로써 행위자들을 자신의 편으로 끌어들이는 존재"가 바로 의무통과지점이다(브뤼노 라투르 외, 『인간·사물·동맹, 26쪽).

9) 미셸 칼롱, 「번역의 사회학의 몇 가지 요소들」, 73쪽.

이렇게 연결된 실체들에 대한 역할 부여하기는 밀접한 관계를 가진 역할들을 정의하고, 이를 수락하는 행위자들이 이 역할을 속성으로 갖게끔 만드는 장치이다. 만약 이해관계 부여가 성공적이었다면 일단 역할 부여하기를 달성한다. 그러므로 역할 부여하기를 묘사하는 것은 이해관계 부여 과정에 수반되고, 이해관계 부여를 성공할 수 있게 해주는 다각적인 협상, 힘의 대결과 책략의 집합을 묘사하는 것이다.[10]

마지막으로 번역의 중심은 또 다른 행위자들에 대한 계속적인 대변인 임명과 일련의 등가물 정착을 통해 모든 행위자를 치환하고, 특정한 장소와 시간에 다시 모은다. 이를 동원하기라고 하는데, 이 과정에서는 비인간 행위자를 포함한 모든 행위자는 일련의 치환을 통해 명확한 물리적 실체로 체현된다. 번역의 중심에 위치한 행위자는 멀리 떨어진 행위자들에게 장거리 지배력을 행사한다. 이럴 때 지리적으로 먼 거리를 쉽게 돌아다니면서 번역의 중심적 지배력을 유지시키는 데 사용할 수 있는 물건들을 '불변의 가동물'이라고 한다.[11] 이는 치환 운동과 그에 따른 모순적 요구들을 표현하기 위한 용어이다.[12]

다소 기계적이라는 문제가 있지만, 이 글에서는 칼롱이 시도했던 이와 같은 번역의 단계를 그대로 적용해 간첩 사건에 기입된(inscribe) 번역 과정을 기술(describe)해보기로 했다.[13] 이러한 네 단계의 번역 과정을 통해 간첩

10) 같은 글, 78쪽.

11) 브뤼노 라투르 외, 『인간·사물·동맹』, 26쪽.

12) 김환석, 「행위자-연결망 이론(Actor-Network Theory)에 대한 이해」, 2005년 과학기술과 사회 윈터스쿨 자료집, 145쪽.

13) 기입이란 말 그대로 네트워크 안(in)에 새겨진 것을 말하고, 기술은 새겨진 것을 풀어(de)내는 것을 말한다. ANT에서는 이처럼 쓰기의 은유가 포함된 개념들이 많이 동원된다.

사건의 행위자-네트워크로 구성되는 의미를 찾아볼 수 있을 것으로 판단했기 때문이다.

그런데 한국의 역사적인 간첩 사건의 형성 과정에는 분명한 패턴상의 단절이 발견된다. 이는 쿠데타를 통해 정권을 획득한 군부독재 시기와 직접투표를 통해 대통령을 선출한 1990년대 이후 시기 사이의 단절이다. 군부독재 시기에 발생한 간첩 사건은 '직파 간첩 사건'처럼 북에서 보낸 명백한 간첩을 검거한 사건, '제3국 우회 간첩 사건'과 같이 북한 공작원과의 실제 접촉 사실을 확인할 수 없거나 이를 확대해 반정부적 인사들을 간첩으로 만드는 사건, 혹은 '납북 어부 사건'처럼 일반 국민의 안보 의식 고취 혹은 국가안전에 대한 위협을 강조하는 사건들이 대부분이었다. 하지만 1990년대 이후, 좀 더 정확하게는 14대 대통령 선거 전후 시기인 1992년 이후 간첩 사건들은 명백한 남파 간첩 관련 사건을 다른 정치적인 사안들과 복잡하게 엮어 사건 그 자체를 확대시키는 경향을 보인다. 이는 2015년 현재 등장하고 있는 간첩 사건의 스토리텔링 구성 방식들과 밀접하게 연관되어 있다. 이에 따라 필자는 간첩 사건의 행위자-네트워크를 제대로 기술하기 위해서는 특히 1970~1990년대에 발생한 주요 간첩 사건에 대해, '간첩 사건의 네트워크 구성 과정'을 크게 두 가지로 구분해서 살펴보아야 할 것으로 판단했다. 이에 따라 군부독재 시기에 발생한 간첩 사건은 '간첩-만들기' 사건으로, 1992년 이후의 간첩 사건은 '간첩-되기' 사건으로 구분했다. '간첩-만들기' 사건은 군부 독재 권력 유지의 핵심인 중앙정보부 혹은 안전기획부가 부인할 수 없는 번역의 중심이 되어 간첩 사건 그 자체에서 '북한인과 접촉의 배제'라는 의무통과지점을 중심으로 네트워크를 '의도적으로' 쳐나간 사건이라 할 수 있다. 한편, '간첩-되기' 사건은 명백한 남파 간첩 사건과 앞선 시대에 이미 단일한 네트워크로 접힌 간첩 사건이라는 블랙박스를 중심으로 이를 좀 더 정치적으로 다양하게 활용하고자 했던 네트워크 확장 과정이다. 이는 간첩 혐의자와 직접적인 연관성이 적은 정치적인 인사들이 조사 과정에서 간첩과의 연관성을 띄게 된다는 점에서 '간첩-되기' 사건이라고 부를 수 있을 것이다. 우선, '간첩-만들기' 사건의 번역 과정을 살펴보자.

3. '간첩-만들기' 사건에서 번역의 네 단계

1) '간첩-만들기' 사건의 문제화: 누구를 어떻게 끌어들일 것인가?

먼저, '간첩-만들기' 사건에 징병된 행위자는 누굴까? 국가정보원의 과거사건 진실규명을 통한 발전위원회가 2007년 공개한 『과거와 대화, 미래의 성찰: 학원·간첩 편(VI)』에 실린 「월북자 및 행불자 가족 간첩 사건」, 「납북귀환 어부 간첩 사건」, 「우회 간첩 사건」의 기록들을 살펴보면 중앙정보부 혹은 안기부의 수사관, 월북자 및 행불자 가족, 납북 귀환 어부, 독일 유학생 혹은 재일 교포라는 대표적인 네 행위자가 '간첩-만들기'라는 이야기에 직접적으로 연관된다. 이들 행위자에 대한 정의는 다음과 같은 방식으로 종합될 수 있다.

① 정보기관 수사관: 간첩 혐의자들이 북한과 직접 접촉했음을 증명하고, 이를 통해 접촉한 이들이 북한에 포섭되었으며, 이에 따라 간첩이 되었다는 것을 보여줘야 하는 책임이 있다. 북한인과의 접촉은 안기부 수사관에게만 허용된 유일무이한 권리이기에 이를 위반한 다른 이들과 그 위반 사실을 알리지 않은 주변의 모든 이들은 그에 대한 동조자라는 것을 밝혀야 한다.

② 월북자 및 행불자 가족: 이들은 어떤 이유로든 가족 중의 누군가가 월북했거나 행방불명된 가족이다. 특히 '송씨 일가 간첩단 사건'처럼 월북자는 일반적으로 북한 고위층에 속한 사람이고, 실제로 남파되어 가족 중 일부와

남한에서 한 번 이상 만난 경험이 있다.

③ 납북 귀환 어부: 이들은 어로작업 중 납북되어 귀환한 어부들로, 북한의 실정과 체제를 실제로 보고 온 이들이다. 이들은 물고기를 잡기 위해 북한과 접촉할 수밖에 없었다. 납북 이후의 억류 상태가 길어질수록 이들의 북한 접촉은 '오염'으로 간주될 가능성이 높아졌다. 실제로 납북 어부 중 일부는 남파 간첩 교육을 받았거나, 결혼을 통해 북한에 가족을 만들기도 했다.

④ 독일 유학생 혹은 재일 교포: 독일과 북한은 당시 남북한이 함께 머물 수 있고, 접촉이 상대적으로 자연스러운 곳이었다. 일부 독일 유학생들은 군부독재에 대한 반발과 북한에 대한 호기심, 혹은 북에 두고 온 가족에 대한 그리움 때문에 자발적으로 북과 접촉하기도 했다. 또한 일본에서 민단 소속 재일 동포들과 조총련 소속 동포들이 서로 연결되는 것은 너무나 자연스러운 일이었다. 물론 그중에서 역시 남한 정부에 대한 반발심을 지니고 의도적으로 북한과 접촉한 이들 역시 존재하고 있었다.

그렇다면 네트워크에 징병된 모든 행위자가 반드시 통과해야 하는 수렴 지점은 어디일까? 6·25를 거치면서 남북한 사람들은 직접적인 가해자와 피해자 관계로 엮이게 되었다. 남한 사회에서 북한인, 특히 군대의 물리적인 폭력으로 가족을 잃거나 스스로 피해를 입은 사람들에게 북한인 전체는 용서하기 쉽지 않은 가해자였다. 한편으로 불가피한 이유로 가족이 북한군에 입대했거나 월북한 사람들 역시 많았다. 또한 전쟁의 피해자 중에서는 가해자가 북한군이 아닌 국군, 경찰 혹은 미군인 경우도 적지 않았다. 하지만 군부독재와 냉전의 시기를 겪으면서 전 세계적인 이념적 경쟁 과정에서 남한 사회에서는 피아(彼我)를 구분할 이념 전쟁이 가장 치열하게 전개되었는데, 이는 결국 '반공(反共)'을 국시로 하고 '승공(勝共)'을 넘어 '멸공(滅共)'으로 이어지는 반공 정책의 일상화로 이어졌다.

이런 상황에서 북한과의 접촉은 즉각적으로 '오염'을 의미하게 되었다. 그 오염은 이념적 오염일 뿐 아니라 물리적 오염이기도 했다. 해외여행이 쉽지 않은 상황에서 어떠한 상태로든 일반인이 북한인과 접촉한다는 것은 간첩과의 접선을 의미했고, 이는 곧 '포섭', '납치' 혹은 '세뇌'로 이어질 수 있는 무시무시한 경험이었던 것이다. '국민학교' 운동장에 동상으로 서 있던 이승복 어린이가 입이 찢어지면서도 "공산당이 싫어요"를 외쳤다는 이야기에서 느낄 수 있었던 것은 실체적인 두려움과 공포였다. 그것은 순식간에 전쟁의 기억을 떠올리게 만들었던 것이다. 이런 맥락에서 북한과의 접촉은 바로 이 시기 '간첩-만들기' 사건의 의무통과지점이라고 말할 수 있다.

이처럼 징병된 행위자가 '북한과의 접촉'이라는 의무통과지점을 거치는 동적인 과정은 〈그림 8-2〉와 같이 그려질 수 있다. 원하는 것을 스스로 쟁취할 수 없다는 점에서 볼 때 모든 행위자는 여기에 속박되었다.[14]

2) '간첩-만들기' 사건의 이해관계 부여 장치

'간첩-만들기' 사건에서는 번역의 중심을 자처하는 정보기관의 수사관은 혐의자를 간첩으로 만들기 위한 가장 강력하고 직접적인 이해관계 부여 장치를 사용한다. 많은 기록에서 보듯이 대부분의 사건에서 가장 널리 활용되는 거의 유일한 증거는 피의자의 자백이다. 대부분의 간첩 혐의자들은 '눈이 가려진 채' 중앙정보부나 안기부 수사실로 끌려갔고, 장기간 구금과 다양한 고문, 폭행을 당했다. 송씨 일가 간첩단 사건에서 북한에 있는 간첩 '송창섭'의 딸로 발표된 피의자 송기복 씨는 1982년 3월 10일 두 번째로 안기부로 끌려간 뒤 청주 분실에서 남산 안기부 조사실로 옮겨가며 118일 동안 구금된 상태에서 가혹한 조사를 받았다.[15] 이 조사 과정에서 반인권적인 여러 종류

14) 미셸 칼롱, 「번역의 사회학의 몇 가지 요소들」, 72쪽.

〈그림 8-2〉 '간첩-만들기' 사건 문제화에 연루된 행위자들과 그들의 목표

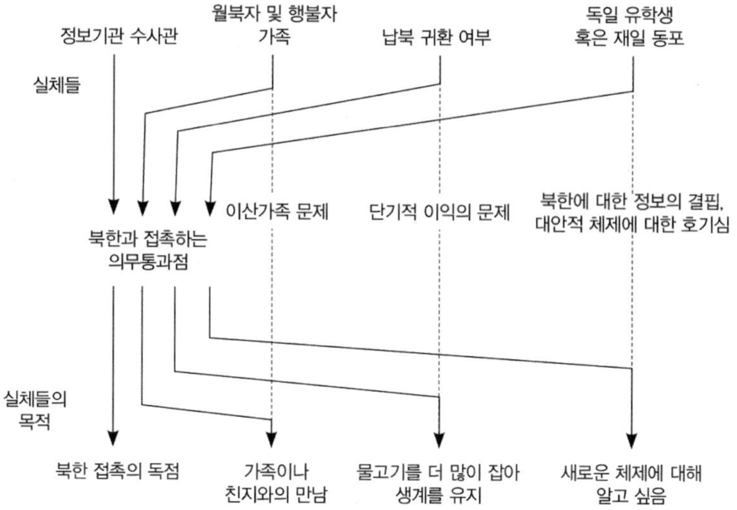

의 고문과 폭행 등이 행해졌다는 것은 이미 널리 알려져 있다.

정보기관 수사관 입장에서는 북한인과의 접촉이 사실이고, 그 접촉의 종류가 북한 공작원에 의한 포섭이라는 것을 증명하기만 하면 접촉한 이들을 간첩으로 만들 수 있었다. 따라서 이들이 피의자들에게 원하는 자백은 첫째, 월북자 및 행불자 가족 사건에서는 가족 중 일부가 명백한 북한 공작원이고 이들과 접촉한 사실이 있다는 내용이었다. 둘째, 납북 귀환 어부 사건에서는 이들이 북한인과 접촉한 것은 이미 밝혀진 사실이기 때문에 북한에 억류되는 동안 남파 간첩 교육을 받았다는 것을 어부들의 자백을 통해 증명해야 했다. 마지막으로, 독일 유학생과 재일 동포에게는 그들이 해외에서 만난

15) 송기복, 「'인간은 무엇인가' 끝없는 질문을 던지게 된 안기부 고문 118일」, 2008 UN 고문피해자 지원의 날 기념대회 자료집(국가인권위원회, 2008.6.26), 9쪽.

사람이 다름 아닌 북한 공작원이었고, 나아가 그들과 함께 월북해 공작원 교육을 받았다는 증거를 찾아야 했다. 하지만 앞서 언급한 대로, 그들이 만난 이들이 북한 공작원이었다는 사실은 번거로운 자백 과정 없이 해외 안기부 직원의 '영사 증명서'로 충분히 해결될 수 있었다.

조사관들의 목적을 달성하기 위해 활용된 중앙정보부와 안기부의 조사실은 혐의자들과 다른 공범들과의 접촉을 완벽하게 차단시키는 공간이었고, 따라서 혐의자들끼리의 사전 모의 혹은 상호 의사소통은 불가능했다. 이 공간에서 다른 모든 네트워크와 차단되어 끌려온 간첩 혐의자라는 행위자들은 고문과 폭행으로 그들이 원래 북한과의 접촉을 통해 이루고자 했던 목적이었을 가족과의 만남, 비자발적 납치와 억류, 체제에 대한 호기심 해결 등과의 연결은 차단당한 채 북한에 포섭되어 이적 행위를 한 간첩이라는 새로운 네트워크에 강제로 연결되었다. 특히 이 과정에서 혐의자들의 주변인들은 자연스럽게 간첩이 되어가는 과정을 방치했다는 혐의, 혹은 이들 역시 간첩이 된 사람과 접촉해 오염되었다는 혐의로 처벌받았다. 이 시기 간첩 사건들이 단독자에 의한 사건보다는 가족 혹은 마을 전체가 포함되는 대규모 간첩단 사건으로 발표되는 이유가 바로 여기에 있다. 4·19혁명 이후인 1960년 6월, '국가보안법' 개정에서 새롭게 신설된 불고지죄[16]로 인해 전 국민은 간첩을 비롯한 '국가보안법' 위반자에 대한 신고를 법적인 의무로 부과받았다.[17] 북한인과의 접촉은 필연적으로 신고로 이어져야만 했다. 이러한 '간

---

16) '국가보안법' 제10조(불고지), 제3조(반국가단체의 구성 등), 제4조(목적수행), 제5조 제1항·제3항(제1항의 미수범에 한한다)·제4항의 죄를 범한 자라는 점을 알면서 수사기관 또는 정보기관에 고지하지 아니한 자는 5년 이하의 징역 또는 200만 원 이하의 벌금에 처한다. 다만 본범과 친족 관계가 있는 때는 그 형을 감경 또는 면제한다.

17) 국가정보원, 「한국현대사와 간첩 사건」, 『과거와 대화, 미래의 성찰: 학원·간첩 편 (VI)』(국정원 과거사건 진실규명을 통한 발전위원회, 2007).

〈그림 8-3〉 '간첩-만들기' 사건에서 이해관계 부여의 삼각형

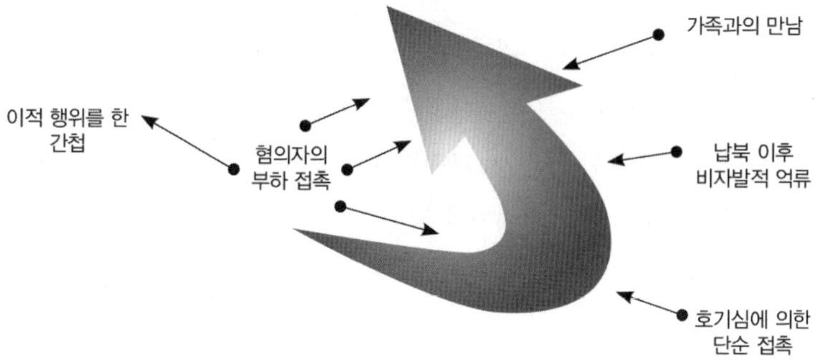

첩-만들기' 사건에서 이해관계 부여의 삼각형은 〈그림 8-3〉과 같은 과정으로 이루어졌다. 이 그림에서의 화살표는 번역의 중심이 자백을 통한 증거 획득을 위해 행해졌던 강제적인 이해관계 부여 과정을 의미한다.

3) '간첩-만들기' 사건에서 역할 부여하기

군부독재 시절에 일어났던 '간첩-만들기' 사건에서 사실상 행위자 간 협상은 없었다. 강력한 이해관계 부여 장치인 안기부 및 중정의 대공 수사실에 모든 네트워크가 차단된 상태로 끌려간 행위자들은 명백한 간첩이 되어서, 그리고 그들 주변 대부분의 사람들을 또 다른 간첩 혐의자로 만들어둔 채 밖으로 나왔다. 언론은 정보기관의 발표를 가감 없이 실었고, 정보기관의 조사 결과에 이의를 제기하는 이들은 극히 드물었다. 이의를 제기하는 순간 그들 역시 간첩단 일원으로 체포될 수도 있었다.

사실상 정보기관이 가장 중요하게 여기는 행위자는 현재의 네트워크에서는 나타나지 않은 일반 대중이다. 수사관들은 일반 대중이 혹시 지닐지도

모르는 북한 접촉에의 욕망, 혹은 북한체제의 우수성에 대한 믿음 등을 차단하기 위해 간첩-만들기 사건을 통해 위협과 공포를 만들어내고자 했다. 이에 따라 일반 대중은 간첩 혐의자들과의 관련성을 부인하기에 바빴고, 간첩이 된 이들은 금지된 접촉을 통해 오염된 사람들이며, 북한과의 접촉은 오직 정보기관의 독점으로 두는 것이 안전하다고 느끼게 되었다. 동맹은 체결되었고, 이 동맹에서 유일한 대변인인 정보기관의 수사관만이 목소리를 낼 수 있게 되었다.

4) '간첩-만들기' 사건에서 동원하기: 대변인이 대표성을 갖게 되는가?

번역의 중심, 유일한 대변인인 정보기관 수사관들은 간첩 혐의자와 혐의자 주변인들에 대한 계속적인 대변인 임명과 일련의 등가물 정착을 통해 모든 행위자를 치환하고, 특정한 장소와 시간에 다시 모은다. 동원하기 혹은 집결은 일련의 치환을 통해 명확한 물리적 실체로 체현된다.

간첩 혐의자들은 계속적인 치환 과정을 통해 조직도, 증거품(독침, 난수표, 단파 라디오, 공작금, 문건, 책, 서류 가방) 등의 비인간 행위자들로 대체된다. 간첩 혐의자들의 주변인들 역시 불고지죄 혐의자에서 조직도의 행동 대원, 혹은 (범죄자의 전형인) 신문의 원형 사진 등으로 치환된다. 〈그림 8-4〉는 그렇게 치환된 간첩들의 물리적 실체들을 보여주고 있다.

간첩 사건의 성공적인 동원하기 과정을 통해 개별적인 혐의자들은 명백한 간첩이 되고, 그 주변인들 역시 조직도에서 특정한 위치를 점하는 범죄자로 치환된다. 언론에 등장한 증거물들 중 일부는 책, 서류 가방, 카메라 등 대단히 일상적인 물건들인데, 이들은 간첩 사건의 움직일 수 없는 물적 증거들로 동원된다. 간첩 사건에서 조직도, 증거품 사진에 등장하는 다양한 비인간 행위자, 언론 보도에 등장하는 범죄자 얼굴 사진 등은 불변의 가동물로

〈그림 8-4〉 송씨 일가 간첩단 사건의 조직도

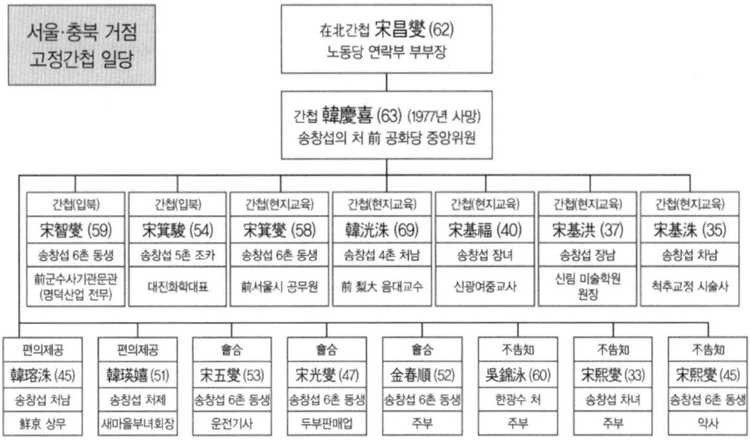

동원되었다. 〈그림 8-5〉는 '간첩-만들기' 사건의 대변인과 불변의 가동물들이 치환되는 과정을 나타낸 것이다.

누구나 북한과의 접촉을 당국의 허가 없이 실행하고자 하는 순간 간첩 혐의를 받을 수 있고, 간첩과 관련된 증거들을 보고도 신고하지 않는다면 그 역시 간첩단에 포함되게 된다. 반정부적 문건의 소유, 수상한 라디오의 청취, 갑작스럽게 생긴 금전, 카메라 등 일상의 많은 부분은 간첩 혐의자의 증거로 의심되었다. 간첩 신고는 엄청난 현상금 사냥으로 다시 치환되고, 주변에 대한 의심과 신고는 국가를 지키는 애국적인 행위로 격상되었다. '간첩-만들기' 사건은 이제 정치적인 목적으로 다양하게 활용하기 적합할 정도로 단단하게 접힌 블랙박스가 되었다. 이 블랙박스는 정권의 목적에 맞게 매우 효과적으로 활용될 수 있었다.

〈그림 8-5〉 '간첩-만들기' 사건의 대변인과 불변의 가동물들

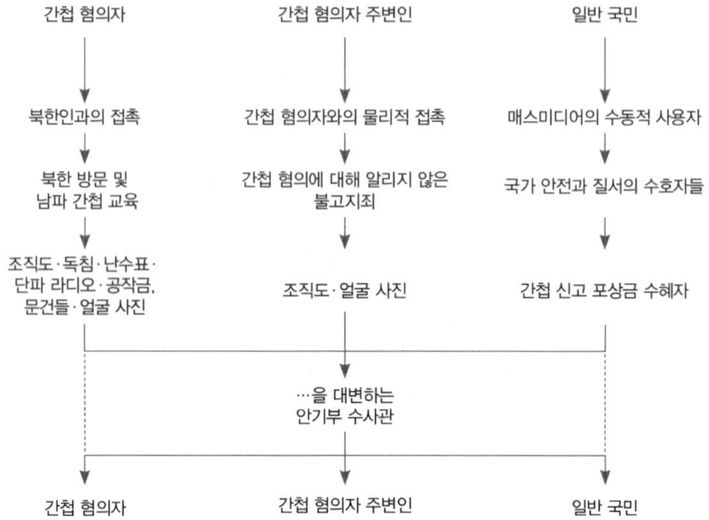

4. '간첩-되기' 사건의 번역 과정: 간첩 사건 확대시키기

1) '간첩-되기' 사건의 문제화

1990년대 들어 간첩 사건은 새로운 국면을 맞이한다. 오랜 군부독재 시기에 앞서 기술한 '간첩-만들기' 네트워크는 실질적인 반공 정책 등과 결합해 더욱 단단한 블랙박스로 접혀졌다. 이제 '간첩-만들기' 사건이라는 블랙박스는 다른 행위자를 끌어들이기에 적합한 의무통과지점으로의 기능을 수행하는 행위자 그 자체가 되었다. 오랜 군부독재가 끝난 이후에도 군부독재와 여전히 연합하고 있는 보수적 정부는 통치에 유용한 이 블랙박스와 번역의 중심을 자처하는 정보기관을 변화시키려 하지 않았고, 오히려 검거된 명백

한 간첩 사건을 다른 정치적인 사건으로 확대시켜서 적용하고자 했다.

1992년 선거 과정을 거치면서 학생 운동권 세력 내부에서는 북한 정권과의 실질적인 연계를 통해 사회변혁을 꿈꾸는 소수의 세력들이 등장하기 시작했다. 그들은 이전 간첩 사건의 행위자들보다 더 명확한 목적을 지니고 북한과의 접촉을 시도했고, 북한 정권의 수뇌부 및 북한 공작원과의 네트워크를 만들어내고자 희망했다. 그러나 최근 알려진 바대로 그들은 매우 아마추어적이었고, 북한체제에 대해 매우 낮은 수준의 정보를 가진 낭만적이고 감성적 희망을 품고 있는 미성숙한 민족주의 운동 조직이었다.

이 단계에서 징집된 행위자들은 여전한 대변인이자 번역의 중심인 안기부 수사관과 실제로 북한과의 연계를 꿈꾸는 간첩 혐의자, 간첩 혐의자 주변의 유력 정치 인사 그리고 일반 대중이다. '간첩-되기' 사건의 문제화 과정에서 실체 간의 동맹 또는 연합의 체계, 그리고 각 행위자가 원하는 것들을 〈그림 8-6〉과 같이 묘사할 수 있다.

여전히 행위자들이 '실제 간첩 사건'이라는 의무통과지점으로 징집될 수밖에 없는 이질적인 목적이 있었다. 따라서 번역의 중심을 자처하는 안기부 수사관은 이들의 네트워크를 효과적으로 연결해 새로운 방식의 동맹을 구성하기 시작했다.

2) '간첩-되기' 사건의 이해관계 부여

마치 이전 시기 '간첩-만들기' 사건에서 혐의자의 주변인들처럼 실체적인 간첩 사건에서 간첩 혐의자들과 접촉한 이들은 간첩으로 구성되었다. 문제가 되는 것은 이러한 간첩 사건의 동맹 과정에서 이해관계 부여는 '간첩-만들기'와는 조금 다른 과정으로 진행되었다는 것이다. 번역의 중심인 안기부 수사관들의 주된 목적은 이전과 같이 '간첩-만들기'를 통해 체제 및 안보를

〈그림 8-6〉 '간첩-되기' 사건 문제화에 연루된 존재자들과 그들의 목표

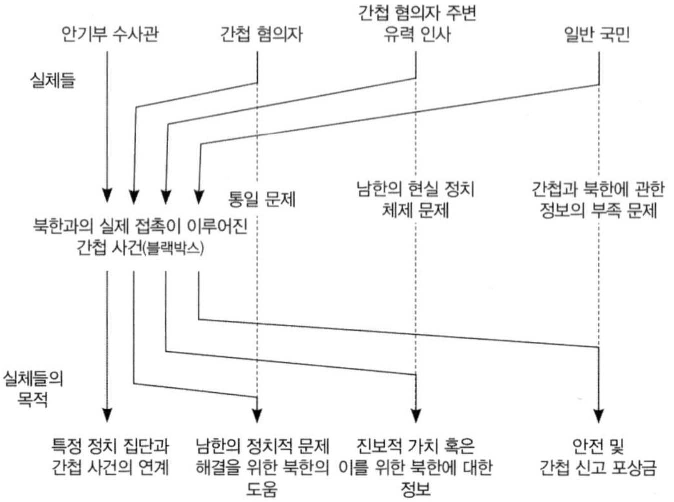

유지하기 위한 대중의 공포와 긴장감을 형성하는 것이 아니라, 특정한 정치적 집단 혹은 유력 인사와 해당 간첩 간의 실체적이고 긴밀한 동맹을 증명하는 것이다. 말하자면 실체적인 간첩 사건이라는 블랙박스와 동맹하게 된 여러 행위자와의 연결을 통해 이들의 원래 목적이 단순하게 이산가족 상봉이나 북한체제에 대한 정보 획득, 혹은 남한체제에 대한 비판이 아니라 남한사회의 전복을 획책하려는 시도를 증명하는 것을 목적으로 삼았던 것이다. 이를 통해 궁극적으로는 야권 세력에 대한 불신과 비난 여론을 조장하고자 했다. 행위자들의 가능한 다른 연결을 끊고, 원하는 방향으로의 연결을 시도한다는 점에서 이는 매우 강력한 이해관계 부여 과정이다. 또한 그 중심에는 특정 간첩 사건의 혐의자가 아니라 유력한 정치적 인사가 가장 강력한 네트워크로 연결되어야만 했다. 〈그림 8-7〉에서 화살표는 그러한 네트워킹을 달성하기 위한 이해관계 부여 전략을 나타내고 있다.

〈그림 8-7〉 '간첩-되기' 사건의 이해관계 부여의 삼각형

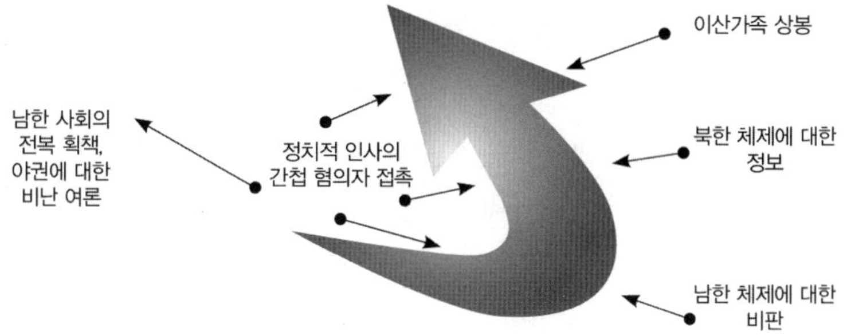

예를 들어, 1992년 남한 조선노동당 사건에서는 민중당과 연관된 많은 이가 연루되었고, 이들은 남파된 고정 간첩 이선실과 무장 간첩 김동식 등에게 포섭되어 명백하게 북한의 지령을 받고 간첩으로 활동했다는 간첩 혐의를 받았다. 이 사건으로 중부 지역당 총책인 황인오와 민중당 내 지하 지도부를 구축 간첩 활동을 한 손병선, 민중당 전 공동 대표 김낙중, 전 민중당 정책위 의장 장기표 등 62명이 '국가보안법' 위반 혐의로 구속되었다. 수배자만 해도 300여 명에 달하는 대규모 사건이었다. 또 당시 여당인 민자당과 국민당은 국회에서 민주당 김대중 대표의 비서 이근희가 군사 기밀문서를 유출하고 구속된 등의 사실을 바탕으로 일부 현역 정치인들의 간첩단 연루 의혹을 지속적으로 언론에 제기했다. 대통령 선거운동 기간에 민주당 부대변인 김부겸이 간첩 이선실과 접촉해 500여만 원을 건네받은 혐의로 안기부에 구속되기도 했다. 이 사건은 대학생들의 통일 운동과 연관된 민족해방애국전선(민애전) 사건, 한국민족민주전선 사건 등 당시 발생했던 다양한 시국 관련 사건과 연결되어 대통령 선거 시기에 야당 정치인들과 북한 공작원의 관련성을 가장 중요하게 부각시키고자 했다. 결국 이 시도는 성공했다. 1992

년 대통령 선거에서 3당 합당을 통해 거대 여당이 된 민자당 김영삼 후보가 당선되었다.

다시 대통령 선거가 진행된 1997년에 발생한 부부 간첩단 사건에서는 서울대학교 고영복 교수가 중심적 행위자로 동원되었다. 직파된 부부 간첩의 체포를 통해 이들과 남한 고정 간첩 간의 접촉과 관련된 사건이 이른바 서울대학교 교수 간첩 사건으로 확대되었던 것이다.

앞서 언급한 바와 같이 이후 법원에서 고영복 교수는 북한에 있는 가족에 대한 정보를 얻기 위해 북한인과 접촉했다는 회합·통신죄에 대해서만 유죄가 인정되었다. 하지만 고영복 교수가 세상을 떠난 2011년 이후에도 그는 많은 일반 대중에게 '서울대학교 교수 간첩'으로 남아 있다. 정보기관의 네트워크 구축은 강력하고도 끈질긴 것이었다.

3) '간첩 - 되기' 사건에서 역할 부여하기

'간첩 - 되기' 사건의 역할 부여 과정에서는 이전 시대와 같은 고문과 폭행보다는 언론을 통한 위치시키기 과정이 일반화되었다. 여전히 당사자들은 수사기관에 의한 조작 의혹을 제기하고 있고 사건의 진상은 지금까지도 논란이 되고 있지만, 이전 시대에 비해 강압적인 네트워크 끊기와 일방적 네트워크 체결을 통한 역할 부여하기는 상대적으로 약해진 듯 보인다. 대신 언론을 통한 스토리텔링은 새롭게 도입된 역할 부여하기의 방법이다. 안기부는 사건의 스토리텔링을 완성해 언론에 공개했다. 〈그림 8-8〉에서 제시된 사건 체계도나 서울대학교 교수 간첩 사건이라는 제하에 몇 일간 지속된 부부 간첩 사건의 사건 서술 방식 등에서 안기부는 이 사건 행위자들에게 새로운 역할들을 부여했다. 당시 언론은 사건의 세부적인 내용을 부부 간첩의 일상적인 사진과 구체적인 증거 자료(인식표, 독약 앰플, 권총 등)에 대한 매우

〈그림 8-8〉 부부 간첩단 사건의 사건 체계도

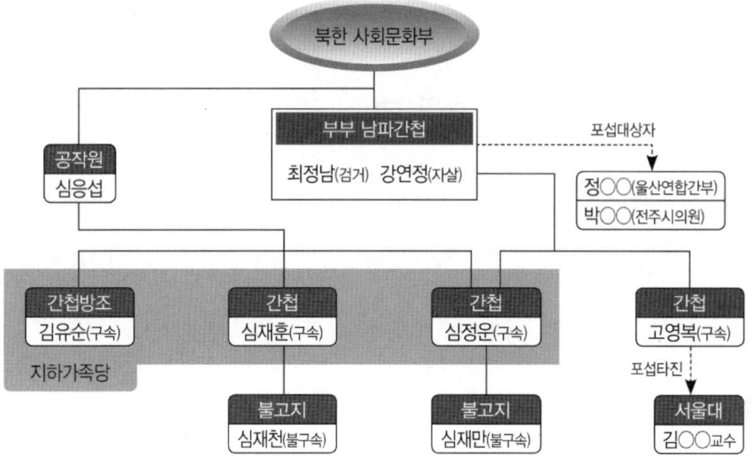

자세한 서술을 바탕으로 그려내고 있었다.

결국 역할 부여하기 과정에 당시 언론은 새로운 행위자로 동원된다. 이들은 간첩 사건에서 안기부의 스토리텔러로 호출되어 정치적인 목적으로 간첩 사건의 행위자들을 매핑(mapping)[18]시키는 데 중요한 번역의 중심으로 치환되었다. 안기부로 일원화되어 있는 사건 관련 정보 이외의 다른 정보 소스를 찾을 수 없었던 당시 언론 입장에서 이는 유일한 선택일 수도 있다.

---

18) 라투르에 따르면 매핑이란 다양하고 이종적인 사건들이나 사물들을 관리 가능한 단일 지평 위에 위치시키는 방식이라고 할 수 있다. 이를 라투르는 "이성의 사회학(sociologics of reason)"으로 지칭하는데, 구체적으로 이는 과학기술 영역에서 이루어지는 구체적인 실천들에 대한 라투르의 독특한 특징화라고 할 수 있다. B. Latour, *Science in Action: How to follow scientists and engineers through society* (Milton Keynes: Open Univ. Press, 1987), p. 205. 김수철, 「과학적 증거물로서 디지털 이미지: 위험의 시각화에서 디지털 영상기술의 역할과 위치」, ≪한국언론정보학보≫, 통권 54호(2011), 105쪽 재인용.

예컨대, 당시 언론 보도를 보면 보수와 진보 언론의 구분 없이 안기부에서 제공한 보도 자료를 바탕으로 사건을 서술했다는 것을 알 수 있다.

4) '간첩-되기' 사건에서 동원하기

이 사건에서도 안기부 수사관은 번역의 중심이자 유일한 대변인이 되고, 간첩 혐의자와 혐의자 주변인들에 대한 계속적인 등가물 정착을 통해 모든 행위자를 치환해 특정 장소와 시간에 다시 모은다. 다양한 방식의 조직도, 사건 체계도, 증거품(독침, 난수표, 단파 라디오, 공작금, 문건, 책, 서류 가방) 등의 비인간 행위자들은 '간첩-만들기' 사건과 마찬가지로 중요한 불변의 가동물로 기능하고, 간첩 혐의자들의 주변인들 역시 불고지죄 혐의자에서 조직도의 행동 대원, 혹은 (범죄자의 전형인) 신문의 원형 사진 등으로 치환된다. 이 네트워크의 동원 과정은 변하지 않았다. 〈그림 8-9〉는 '간첩-되기' 사건의 대변인과 불변의 가동물들을 보여주고 있다.

그 이전 시기의 '간첩-만들기' 사건에서 네트워크로 동원된 비인간 행위자인 불변의 가동물들은 여전히 강력한 힘을 지니고 있다. 간첩 혐의자 주변 유력 인사의 모든 저작과 일상 용품들은 이적 행위의 결과물로 다시 치환된다. 생활인으로서 그의 행위 전체는 접촉 금지의 블랙박스로 접힌다. 또한 네트워크에 징집된 간첩 혐의자 주변 유력 인사는 그 핵심적인 혐의가 실체적인 간첩 혐의자와 동일한 것으로 그려진다. 이는 마치 불고지죄로 구속된 간첩 혐의자의 주변인이 조직도의 행동 대원으로 그려지는 것과 마찬가지이다. 1997년 고영복 교수 사건에서는 남파된 부부 간첩의 모든 증거품(독약 앰플, 권총, 난수표, 독침 등)은 같은 조직도에 속한 고영복 교수까지도 공유하고 있는 것처럼 그려졌다. 또한 이 사건의 흔적들은 다양한 방식의 전시(展示), 기록물 등에 기입되어 현재까지도 전해지고 있다. 〈그림 8-10〉과 〈그림

〈그림 8-9〉 '간첩-되기' 사건의 대변인과 불변의 가동물들

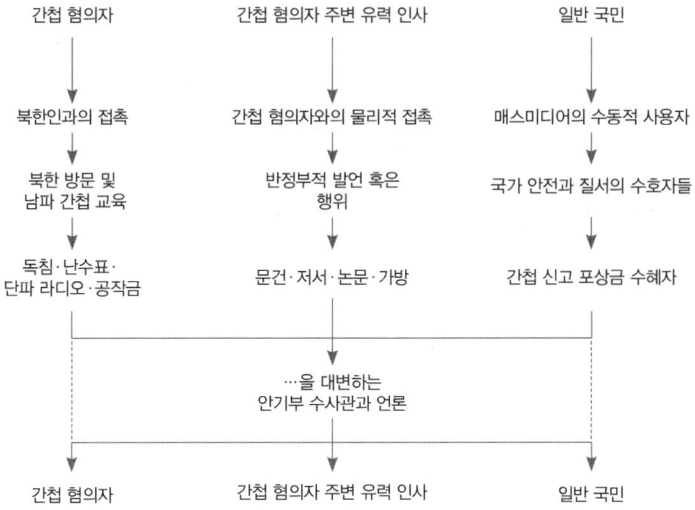

〈그림 8-10〉 관악산 등산로에 설치되어 있는 부부 간첩 장비 은닉 장소 안내판

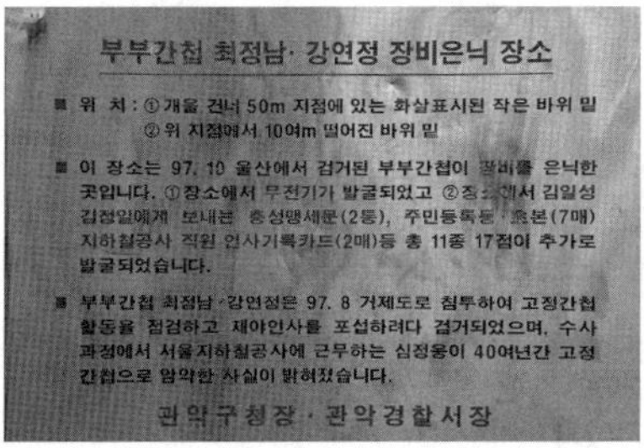

〈그림 8-11〉 부부 간첩 침투 경로 및 노획무기 전시회

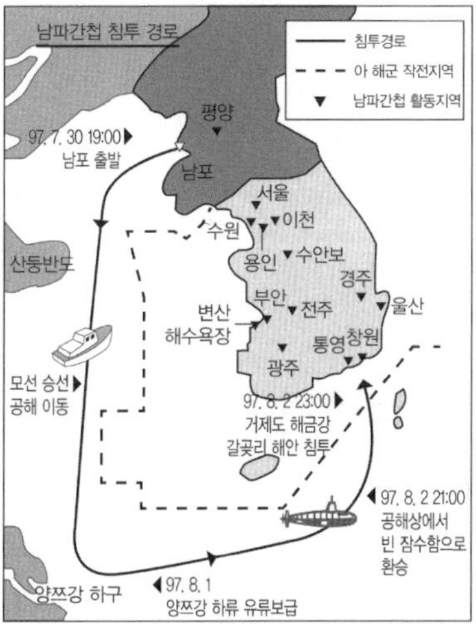

8-11〉은 그러한 전시의 사례들을 보여주고 있다.

5. 새로운 동맹 형성: 간첩 사건 블랙박스는 어떻게 열리게 되었나?

1) 북한 접촉 환경의 변화와 블랙박스의 펼쳐짐

1998년 이후, 최초로 여야의 정권 교체가 이루어지고, 두 국가로 분단된 1948년 이래 남북 정상회담이 두 차례 열리게 되었다. 2000년 최초의 남북 정상회담 이후 그동안 정보기관이 독점하고 있었던 대북 접촉면은 다양화되었다. 남한 대통령이 북한 지도자와 물리적으로 접촉하는 이 상징적인 사건에서 우연적인 북한인과의 접촉을 간첩 혐의로 동원하기는 이제 불가능해졌던 것이다. 이는 2007년 참여정부의 제2차 남북 정상회담을 거쳐 2008년까지 이어진 분위기였다.

이전 정권의 맥을 잇는 보수적 정당과 보수 언론들은 이것이 반공을 중심으로 구성되어온 대한민국의 자유민주주의 체제를 부정하고, (황장엽이 주장한 바와 같이) 남한 내의 5만 명이 넘는 고정 간첩들의 불순적인 책동에 놀아나는 것이라고 반발했지만, 이 시기에 북한과의 접촉면은 실질적으로 대단히 넓어질 수 있었다. 게다가 금강산 관광, 개성공단 등 정부와 민간을 중심으로 이뤄진 남북 화해와 교류 사업 실행, 해외여행 자유화에 따른 출국 기회의 확대, IT 기술의 발전에 따른 정보 수집 방식의 다양화 등도 북한과의 접촉 방식을 다양한 형태로 확대시킬 수 있는 계기로 작용했다.

또 다른 한편으로 1995년, 1996년 대홍수와 1997년 극심한 가뭄 등의 자연재해를 거치면서 축적된 북한의 식량난과 경제적 어려움으로 인해 탈북자가 늘면서 북한인과의 접촉이라는 금단의 경험은 일반 대중의 일상 경험으로까지 이어지게 된다. 정보기관의 발표에 의지하지 않더라도 탈북자들이 제공하는 인터넷 자료나 이웃의 탈북자들을 통해 북한에 대한 일상적인 정보를 접할 수 있게 된 것이다. 이러한 변화된 상황에서 번역의 중심인 정보기관은 이제 그 역할을 수행할 수 없게 되었다. 행위자들을 대표해 목소리를 내는 대변인의 위상은 이로 인해 박탈되었다.

더 이상 북한인과의 접촉은 비밀스럽고, 무섭고, 반민족이며, 불법적인 일이 아니라 식량난에 허덕이는 가난한 동포에게 관심을 기울이는 긍정적인 일로 치환되었다. 어느 순간 북한인의 이미지가 공포의 대상이 아니라 연민의 대상으로 바뀌어 버린 것이다. 이와 관련해 이 시기 영화에 등장한 간첩 이미지 변화는 매우 흥미롭다. 〈쉬리〉(1999)의 남파간첩 박무영과 동료 무장 간첩단들만이 이전 시기의 공포스러운 간첩 이미지를 상징적으로 지니고 있을 뿐 이 영화에 등장하는 또 다른 여간첩은 주인공의 연민에 찬 연인이었다. 〈간첩 리철진〉(1999)에서는 매우 어수룩한 남파 간첩과 일상에 찌든 고정 간첩이 등장한다. 2003년 개봉된 〈이중간첩〉에는 거의 최초로 간첩이 아니라 '스파이'로서의 북한 공작원이 그려지고, 2004년 개봉된 〈그녀를 모르면 간첩〉의 여주인공은 오로지 남한 청년의 로맨틱한 연애 대상일 뿐이었다.

이처럼 북한 접촉이라는 의무통과지점의 실질적인 접촉면이 다양해지고, 번역의 중심이 해체되면서 접혔던 블랙박스는 다시 네트워크로 펼쳐졌다. 동원되었던 불변의 가동물들은 연결점을 잃었다. 더 이상 그것은 장거리 지배력을 행사하지 못한다. 대중은 주변에 숨어든 간첩들의 흔적들에 공포를 느낄 필요가 없게 되었다. 두 시기를 정확하게 구분하는 안기부와 국정원의 안보 포스터는 이러한 네트워크의 펼쳐짐을 뚜렷하게 보여주고 있다.

2) 다시 네트워크의 접힘과 그 한계

2008년 이후 상황은 다시 변하고 있다. 2006년 북한의 핵 위협에 대한 세계적인 위기 의식과 이와 연결해 대북 포용 정책의 한계점을 좀 더 크게 인식한 이명박 정부의 출범 이후, 대북 지원은 큰 폭으로 줄고 이전 정권에서 실행했던 다양한 북한과의 접촉면은 체계적으로 폐쇄되었다. 하지만 2010년 천안함 사건과 연평도 포격 사건을 거치면서 남북한의 접촉면은 다시 2000년 이전 시기로 되돌아갔다. 현 정부의 국정원은 지난 10년간의 국정원과는 전혀 다른 행위자로 기능한다. 이들은 다시 대변인의 기능과 번역의 중심 기능을 자처하는 것처럼 보인다. 2011년 발생한 왕재산 간첩단 사건, 탈북자 독침 테러 사건의 네트워크 구성 방식은 1990년대 '간첩-되기' 사건의 그것과 매우 유사하다. 다시 보수 언론을 중심으로 조직도와 접선 경로도, 사건 체계도, 독침이 등장하고, 무시무시한 간첩단과 접촉한 야권 정치인사에 대한 스토리, 야권 통합의 사주를 목적으로 접근한 간첩에 대한 괴담 등이 유포되었다. 보수 언론이라는 행위자의 동원을 통한 역할 부여하기가 진행되었던 것이다.

그러나 한 번 펼쳐진 블랙박스는 대변인을 스스로 자처하는 행위자의 의도만으로는 다시 접히기 힘들다. 네트워크에 징집당한 행위자들은 더 이상 그를 대변인으로 인정하지 못하고, 번역의 중심 행위자가 시도하는 이해관계 부여 장치들도 실패하게 된다. 개성공단, 금강산, 남북 회담, 대북 교류 등 실체하는 북한과의 접촉면은 차단되었지만 새로운 정보 기술 환경에서는 이미 차단할 수 없는 새로운 접촉면이 구성되었기 때문이다.

3) 새로운 정보 기술 환경에서의 정보 생산자와 대변인의 실각

주지하는 바와 같이 인터넷, 소셜 네트워크 서비스(Social Network Service: SNS)와 같은 새로운 매체의 등장으로 인해 정보의 소스와 그에 대한 접근 가능성은 거의 무한해졌다. 일반 대중은 더 이상 수동적인 수용자에 머무르지 않고 적극적으로 정보를 찾아 가공하는 정보의 생산자이자 소비자 단계로 진화하고 있다. 정보 통신 기술을 기반으로 획득한 정보로 기존 언론의 입장과는 전혀 다르게 독자적인 판단을 내릴 수도 있고, 그렇게 구성된 뉴스를 대규모 수용자에게 즉시 전달할 수 있다.

전통적이고 보수적인 언론의 입장에서 이와 같은 정보의 가공과 유포는 그들이 지닌 전문성과 네트워크 행위자로서의 역할을 훼손하는 것이고, 따라서 이는 정권에 대한 적의를 지닌 아마추어들의 불순한 괴담 유포 행위로 치부된다. 하지만 특정 사건이 그려내는 전체적인 그림에서 보면 다소간 부정확한 사실에 기반을 둔 정보 역시 전체 사건의 모습을 좀 더 실제적 진실에 가깝게 재현하는 데 도움을 줄 수 있다. 따라서 괴담으로 치부하고 입을 틀어막는 통제는 현재의 정보 기술 환경에서 사실상 불가능할 뿐 아니라 사실을 기반으로 전체 사건을 제대로 조망하는 데도 적합하지 않다.

오늘날 정보 기술 환경에서 일반 대중은 정보기관이나 언론에서 일방적으로 제공하는 간첩 관련 정보들을 전적으로 신뢰하지 못할 뿐 아니라 정보에 대한 불신으로 인해 그들에게 주어졌던 대변인 자격을 박탈하고 있다. 예를 들어, 수많은 네트워크 전문가는 2011년 4월 한 달 동안의 치명적인 농협 전산망 사태의 배후에 북한 해커 부대가 있다는 검찰의 발표를 체계적으로 반박한다. 일반 대중은 정보기관과 검찰의 발표를 신뢰하지 않고, 이에 따라 그들은 일반 대중을 네트워크로 징집하는 데 실패하고 만다. 이해관계 부여 장치는 제대로 작동하지 않는다.

또한 위키리크스(Wikileaks)의 자료들은 일반 대중이 국가 기관의 기밀 정보에 접근할 수 있는 가능성을 열어주었다. 행위자들은 이제 강압적인 대변인의 도움 없이도 스스로의 목소리로 말할 수 있게 되었고, 스스로를 대변할 수 있는 또 다른 대변인들을 찾을 수 있다. SNS 기술의 발전은 새로운 대변인의 탐색에 도움을 주고 있다. 자발적인 행위자들의 위임을 바탕으로 그들을 대변할 수 있게 된 새로운 대변인들은 기존 대변인들의 징집에 거부한다. 또한 기존 대변인이 치환시킨 비인간 행위자들을 네트워크의 다른 위치로 옮겨놓고, 새로운 이해관계 부여 장치들을 통해 완전히 새로운 네트워크로 행위자들을 이끌어내고 있다.

2012년, 다시 총선과 대선이 시작되었다. 한국 사회에서는 팟캐스트(Podcast) 언론의 등장이나 SNS를 통한 여론 형성 등과 같은 대중 커뮤니케이션의 몇 가지 의미 있는 변화가 목격되고 있다. 이러한 변화들은 기존 네트워크의 작동 방식, 그것도 이미 한 번 블랙박스가 해체되어 그 네트워크가 어떻게 작동하는지를 알게 된 이후에 다시 블랙박스가 접히려고 하는 데 대한 일반 대중 행위자들의 체계적인 반발이다. 한 번 펼쳐진 네트워크는 원래의 블랙박스로 전환되기 어렵다. 더구나 그것이 대단히 위험한 블랙박스라는 것을 알게 된 이후에는 더욱 그러하다. 그래서 새로운 네트워크는 새로운 번역의 과정으로 행위자들을 동원하게 될 것이다. 그것은 기존의 네트워크가 작동하던 방식과는 전혀 다른 방식이다. 분단의 행위자-네트워크는 그렇게 진화한다.

이 글에서는 ANT의 관점을 통해 우리의 근·현대사에 남겨져 있는 분단-탈분단의 흔적을 탐색하기 위해 시도되었다. 필자는 처음에 여러 간첩 사건에서 간첩이 만들어지는 네트워크 구축 과정에서 여러 행위자의 대결, 협상, 상호작용 등의 역동적인 과정이 드러날 것으로 기대했다. 하지만 대단히 강력한 번역의 중심이 주도하는 이해관계 부여 과정에서 그러한 가시적인 힘의 대결을 발견하기는 쉽지 않았다. 간첩 피의자들은 정치권력이 주도하는 네트워크에 대단히 일방적으로 연결되고 있었던 것이다. 이 때문에 이 글은 행위자-네트워크 구축 과정에서 자주 드러나는 행위자 간의 상호 정의, 협상, 힘의 대결, 책략 등을 제대로 분석하지 못했다. 대신 간첩 사건의 행위자-네트워크가 변화되어가는 역사적 과정에 주목했다. 즉, 번역의 중심을 자처하는 대변인이 어떻게 실각(失脚)되고, 네트워크가 어떻게 결절되어 블랙박스가 되는지, 그리고 그것은 어떻게 다시 열리게 되었는지의 과정을 기술하면서 네트워크 구축의 역동성을 살펴보고자 했다. 이를 통해 네트워크 구축 과정에서 드러나는 행위자 간의 역동적 대결, 교섭, 협상 등은 보여주기 어렵더라도, 역사적 맥락에서 네트워크의 역동적 변화 과정을 번역할 수는 있을 것으로 기대했다. 이러한 맥락에서 필자는 간첩 사건을 ANT로 접근하는 것은 여전히 유용하다고 판단했다.

한편, 이 글에서 적용한 번역의 4단계 과정은 칼롱의「번역의 사회학의 몇 가지 요소들」연구의 매우 기계적인 적용이다. 이 방식이 명확하게 번역의 단계적 과정을 구분하는 데는 도움이 될 수 있을지 몰라도, 행위자-네트워크가 구축되는 과정을 정교하게 기술하는 데는 한계를 지니고 있다. 최근 ANT의 이러한 초기 모델을 심화하고 확장한 일반적 모델로서 번역의 3단계 등이 제시되고 있다.[19] 향후 ANT의 최근 연구들을 기반으로 이 글에서 적용된 네트워크 번역 과정의 문제점들을 보완할 수 있기를 기대한다. 또한 천안함 사건, 비무장지대(DMZ), 군대 병영 문화, 탈북자 인권, 북핵 등 오늘날의 다양한 사건과 사물에 기입된 또 다른 분단-탈분단의 흔적들을 ANT의 입장으로 좀 더 두텁게 기술할 수 있는 다른 연구들을 시도할 수 있을 것이다.

---

19) M. Callon, *Acting in an Uncertain World: An Essay on Technical Democracy* (Cambridge, Mass.: The MIT Press, 2009).

참고문헌

국내 자료

국가정보원. 2006.『'98년 이후 연도별 간첩 검거실적』.

_____. 2007.「한국현대사와 간첩 사건」. 국정원 과거사건 진실규명을 통한 발전위원회.『과거와 대화, 미래의 성찰: 학원·간첩 편 VI』, 240~670쪽.

김수철. 2011.「과학적 증거물로서 디지털 이미지: 위험의 시각화에서 디지털 영상기술의 역할과 위치」. ≪한국언론정보학보≫, 통권 54호.

김환석. 2005.「행위자-연결망 이론(Actor-Network Theory)에 대한 이해」. 2005년 과학기술과 사회 윈터스쿨 자료집, 137~157쪽.

대한민국 통일부. 2014.『통일백서』.

라투르, 브루노[라투르, 브뤼노(Bruno Latour)] 외. 2010.『인간·사물·동맹: 행위자네트워크 이론과 테크코사이언스』. 홍성욱 옮김. 이음.

서준식. 1989.「간첩조작이란 무엇인가」. 민가협 장기수가족협의회. 간첩조작, 이제는 그만!: 간첩사건 조작증언자료집(1989.12).

송기복. 2008.「'인간은 무엇인가' 끝없는 질문을 던지게 된 안기부 고문 118일」. 국가인권위원회. 2008 UN 고문피해자 지원의 날 기념대회 자료집(2008.6.26).

이성욱. 1999.「내마음의 '간첩': 김수임, 이수근, 리철진, 쉬리, 그리고 기타 간첩들」. ≪문화과학≫, 제19호, 296~311쪽.

칼롱, 미셸(Michel Callon). 2010.「번역의 사회학의 몇 가지 요소들: 가리비와 생브리외 만의 어부들 길들이기」. 브뤼노 라투르[브루노 라투르(Bruno Latour)] 외 지음. 홍성욱 엮음.『인간·사물·동맹: 행위자네트워크 이론과 테크코사이언스』. 이음.

국외 자료

Callon, M. 1986. "Éléments pour une sociologie de la traduction: La domestication des coquilles Saint-Jacques et des marins-pêcheurs dans la baie de Saint-Brieuc". *L'Année sociologique*, 36, pp. 169~208.

_____. 2009. *Acting in an Uncertain World: An Essay on Technical Democracy*.

Cambridge, Mass.: The MIT Press.

Latour, B. 1987. *Science in Action: How to follow scientists and engineers through society*. Milton Keynes: Open University Press.

기타

≪아시아경제≫. 2011년 8월 13일.

제9장

냉전의 '이종적 네트워크'로서 '평화의 댐' 사건

ANT 이론을 통한 경험적 추적

김종욱

1. 서론

냉전은 무기 없는 전쟁이지만 군사동맹, 재래식 군대의 배치, 핵무기, 군비경쟁, 첩보전, 대리전, 선전, 기술 개발 등 다양한 인간과 비인간의 '이종적(heterogeneous) 네트워크'의 결과물로서 근 50년간 세계 질서를 지배했다. 다양한 자원을 동원해 동맹을 맺음으로써 냉전은 다른 모든 것을 압도하는 '블랙박스(black box)'가 된 것이다. 이 냉전은 동아시아 지역에서도 다른 방식의 냉전 질서로 구축되었다.

> 중국의 대내전에서 중국공산당의 승리, 소련이 아닌 중국의 한국전 참전, 네루의 중립노선, 그것은 자유주의와 사회주의라는 냉전의 양대 이념적 기초가 아시아에서는 그 원상으로 유지·강화되지 않는다는 문제를 제기한다.[1)]

1) 백원담, 「냉전기 아시아에서 아시아주의의 형성과 재편 I」, ≪중국현대문학≫, 제42호

동아시아의 냉전 질서는 냉전이라는 그 용어의 동일성과 무관하게 동아시아적 맥락에서 구축된 이종적 네트워크의 산물이고, 이와 동일하게 한반도의 냉전 질서도 한반도적 맥락에서 구축된 이종적 네트워크의 산물이다. 이 글이 기술하고자 하는 것은 첫째, 냉전의 원인에 대한 연구가 아니라 냉전 질서 속에서 발생한 '평화의 댐' 사건의 전개 과정에서 만들어진 네트워크를 추적하는 것이다. 그 이유는 평화의 댐 사건이 인간과 비인간의 이종적 네트워크이고, 그 사건의 전개 과정이 항상 조합되며, 결코 인간으로만 한정되지 않기 때문이다.[2] 둘째, 냉전, 냉전 질서, 냉전체제 등의 거시적 틀로 접근하려는 것이 아니라 사건이 전개되면서 네트워크되는 미시적 수준에서 평화의 댐 사건을 접근할 것이다. 브뤼노 라투르(Bruno Latour)의 지적처럼 "사회, 규범, 가치, 문화 등등 … 그러한 단어들의 추상성은 너무 커 보이"며, "따라서 우리의 관심은 생생한 실천 속에서 구체화되는 미시 수준(micro level)으로 이동"하는 것이다. 따라서 "거대하다는 것은 정말로 거대하다는 것을 의미하는 것이 아니라 연결되어 있고, 잘 보이지 않고, 국부적이고, 중재적이고, 관련되어 있다는 것이다".[3] 셋째, 평화의 댐 사건을 통해 냉전 질서를 유지·강화시키기 위해 인간과 비인간을 어떻게 조직하고 통제했는가를 통해 권력의 확장 과정을 추적하려는 것이고, 이는 동시에 '번역(translation)'의 과정을 연구하는 것이다.

따라서 이 글은 '평화의 댐' 사건을 주제로 이종적 네트워크 구성 과정, 미시적 수준의 접근, 번역의 과정에 대한 추적을 통해 냉전 질서가 여전히 '결

(2007), 55쪽.

2) B. Latour, "Whose Cosmos, Which Cosmopolitics?: Comments on the Peace Term of Ulich Beck," *Common Knowledge*, Vol. 10, Iss. 3(2004), p. 451.

3) B. Latour, *On Recalling ANT*, http://www.lancaster.ac.uk/sociology/research/publications/papers/ latour-recalling-ant.pdf, pp. 2~3(검색일: 2015.6.18)

절(punctualization)'되어 블랙박스로 남아 있게 된 것을 추적하는 것이고, 그와 동시에 냉전의 이종적 네트워크가 해체되면서 '펼쳐지는(unfolding)' 과정을 추적하는 것이다. 이 사건을 추적하기 위해 미셸 칼롱(Michel Callon)의 번역의 네 단계를 적용한다. 번역의 네 단계는 '문제제기(probematization)', '이해관계 부여하기(interessement)', '역할 부여하기(enrollment)', '동맹군 동원하기(mobilization)'이다.[4] 또한 존 로(John Law)와 칼롱의 '광역 네트워크(global network)', '국지 네트워크(local network)', '협상 공간(negotiation space)'을 통해 평화의 댐 사건이 어떻게 관리되었고, 궁극적으로 어떻게 붕괴되었는지 추적할 것이다.[5]

2. '평화의 댐' 사건을 추적하는 문제의식

1986년은 '호헌 철폐, 독재 타도'로 상징되는 민주 대 반민주의 대립 구도가 격화된 정국이었다. 이 국면 속에서 평화의 댐 사건이 발생했다. 이 글의 접근 방법이 어떤 원인을 추적하는 것이 아니라 과정에 대한 기술임에도 정부가 북한의 금강산댐 건설을 매개로 '북한위협론'을 전파한 것은 정권적 차원의 정치적 의도가 개입되었음을 전제한다.

그러나 역사적으로 이 사건이 군부 권력에 의해 조작된 사건이라는 규정

4) 미셸 칼롱, 「번역의 사회학의 몇 가지 요소들: 가리비와 생브리외 만의 어부들 길들이기」, 브뤼노 라투르 외, 『인간·사물·동맹: 행위자네트워크 이론과 테크노사이언스』, 홍성욱 엮음(이음, 2010), 68~87쪽.

5) J. Law and M. Callon, "Engineering and Sociology in a Military Aircraft Project: A Network Analysis of Technological Change," *Social Problem*, Vol. 35, No. 3(1988), pp. 284~297.

과 이를 근거로 단지 냉전 시대의 유산이라는 규정에서 멈추는 것이 아니라, 그 냉전적 질서 또는 네트워크가 어떻게 기능했는지를 경험적 접근으로 추적함으로써 새로운 대안 네트워크의 가능성을 모색하려는 것이다. 즉, 평화의 댐 사건의 전개 과정에 대한 경험적 추적을 통해 탈분단의 새로운 가능성을 탐색하자는 것이다. 이는 "관련된 행위자 모두를 참여시키거나 대변할 수 있는 구조를 만들고", "이러한 실천에서 대안 네트워크의 가능성"을 찾기 위한 것이다.[6] 이러한 대안 네트워크를 모색하는 것은 "권력이 어떻게 만들어지는가를 이해하면 그것을 어떻게 민주적으로 재분배할 것인가를 꾀하는 데 도움"이 될 것이기 때문이다.[7] 만약 군부독재 정권 시절의 사건들을 냉전의 산물이었다고 선험적·이데올로기적으로만 규정한다면 분단 행위자-네트워크의 이종적 결합 과정은 묻히게 된다. 따라서 분단을 극복하기 위해서는 독재 정권의 붕괴 또는 비대칭적 권력의 조정·역전이라는 이원론적 결론에 도달하게 되는 문제가 발생한다.

1986년 민주와 반민주의 대립 구도에 균열이 발생했고 각종 시위가 촉발했음에도, 남한의 냉전적 구조를 명료하게 보여주는 평화의 댐 사건이 어떻게 거대한 네트워크를 구성할 수 있었는지 추적할 필요가 있다. 즉, 일상적 상황을 벗어나는 비일상적 예외로서의 조작된 평화의 댐 사건이 더 많은 행위자(actor)를 동원해 더 튼튼하게 연결되는 네트워크가 되었는지를 살펴보자는 것이다. "행위자-네트워크 이론(Actor-Network Theory: ANT)이 묘사하는 세상은 복잡하고, 항상 요동치며, 서로 얽혀 있고, 서로가 서로를 구성하면서 변화하는 잡종적인 세상"이고, "끊임없이 경계를 넘나드는 잡종적인 존재들에 힘입어 자연, 사회, 문화는 서로가 서로를 만들면서 동시에 구성"

6) 홍성욱, 「7가지 테제로 이해하는 ANT」, 브뤼노 라투르 외, 『인간·사물·동맹』, 33쪽.
7) 같은 글, 30쪽.

되는 것이다.[8] 즉, 냉전 질서와 결합된 군부독재의 강력한 공권력과 감시 시스템에 의해 사건이 조작되었다는 단순 논법을 넘어서서, 평화의 댐 사건이 진행되는 과정에서의 복잡하고, 요동치며, 얽히면서 상호 구성하는 네트워크를 드러내보자는 것이다. 그리고 기존의 냉전적 사건과 달리 비인간 행위자로서 '금강산댐'의 위협이 어떻게 이렇게 이종적 네트워크를 통해 사실로서 국민들에게 인식될 수 있었는지를 살펴보려는 것이다.

따라서 집중해야 할 것은 행위자가 이 사건 과정에서 다양한 네트워크를 동원하고 확장하는 구성 과정이다. 즉, 민주 대 반민주 대립의 격화 속에서 나타난 권력 네트워크의 균열 현상, 즉 펼침을 방지하기 위한 새로운 네트워크로서 금강산댐이라는 행위자가 동원되었고, 금강산댐을 필두로 다양한 이종적 질료들이 결합되어 네트워크를 확장시켰다. 이제 구체적인 네트워크의 과정으로 접근해보자.

금강산댐에 대한 대응은 1986년 7월부터 준비되었다. 그러나 그것이 언론에 공개된 것은 그해 10월부터였다. 이렇게 금강산댐에 대한 대응으로서 평화의 댐 사건이 시작되었고, 무수한 인간·비인간의 질료가 이종적으로 네트워크되면서 거대한 사건으로 발전되었다. 그리고 냉전의 질서는 더욱 공고화되어 강고한 블랙박스로 유지되었다. 이 과정을 추적하려는 첫 번째 문제의식은 이 사건을 계기로 네트워크가 어떻게 구성되면서 번역되었는가이다.[9] 평화의 댐 사건의 맥락에서 이종적 네트워크가 어떻게 구성되었는

---

8) 같은 글, 20쪽.

9) 칼롱은 첫째, 관찰자의 불가지론이 사회과학도 포함하도록 확장되어야 하고, 둘째, 일반화된 대칭성 법칙으로서 사회와 자연 둘 다에 관한 생각이 혼합되어 구성되었으며, 셋째, 자유로운 연합으로서 관찰자는 행위자들이 상이한 요소들을 정의하고 결합시키는 방식, 사회적 세계이든 자연적 세계이든 행위자들이 그들의 세계를 형성하고 설명하는 방식을 밝히기 위해 행위자들을 추적해야 한다고 주장한다. 미셸 칼롱, 「번역의

지 기술함과 동시에, 그 구성 과정에서 번역은 어떻게 진행되었는가를 추적하려는 것이다. "어떻게 행위자와 조직이 그들을 이루는 부분과 조각들을 동원하고, 배열하며, 하나로 유지할 수 있는지 또한 어떻게 부분과 조각들이 자신의 선호를 따라가다가 결국 행위자와 조직이 해체, 소멸되는 것으로부터 스스로를 막을 수 있는지, 따라서 어떻게 그들이 번역의 과정을 숨기고, 다양한 부분과 조직들로 구성되어 있는 이종적 네트워크 대신 규칙화된 행위자로 보이게 할 수 있는지"를 추적하는 것이다.[10)]

즉, "이러한 조직을 만들기 위해 동원되고 나열된 다양한 이종적인 부분과 조각은 과연 어떤 것인가? 어떤 방식으로 그것들은 나열되었는가? 어떻게 저항을 이겨냈는가? 사회적 관계가 조직화되기 위해 필요한 물질의 연속성과 이동성을 어떻게 갖추게 되었는가? 이를 위해 어떠한 종류의 전략이 사용되었는가? 이러한 전략들은 어떻게 서로 교류하는가? 조직의 계산은 어떻게 시도되는가? 어떻게 그러한 계산의 결과가 행위로 이어지는가?(혹은 번역되는가?) 조직을 이루는 이종적인 부분과 조각들이 중심과 주변이라는 비대칭적 관계를 어떻게 생성하게 되는가? 다시 말해, 어떻게 중심이 주변을 대표하게 되고 주변으로부터 이익을 얻게 되었는가?"를 추적하는 것이다.[11)] 또한 '불변의 가동물(immutable mobiles)'[12)]로서 '서울시 예상 침수도(이하

사회학의 몇 가지 요소들」, 64~65쪽.

10) 존 로, 「ANT에 대한 노트: 질서 짓기, 전략, 이질성에 대하여」, 브뤼노 라투르 외, 『인간·사물·동맹』, 49~50쪽.

11) 같은 글, 55쪽.

12) "번역의 중심에 위치한 행위자는 멀리 떨어져 있는 행위자들에 대해 장거리 지배력을 행사하는데, 이럴 때 지리적으로 먼 거리를 쉽게 돌아다니면서 번역의 중심의 지배력을 유지시키는 데 사용할 수 있는 물건들"을 의미한다. 홍성욱, 「7가지 테제로 이해하는 ANT」, 26쪽.

침수도)'를 통해 번역의 중심 지배력을 유지하는 과정을 기술하는 것이다.

두 번째 문제의식은 이 사건의 추적을 통해 냉전의 이종적 네트워크가 블랙박스로 어떻게 접혔는지(folding) 기술(description)할 수 있을까 여부이다. ANT는 네트워크가 어떻게 주체, 대상, 영역 그리고 장소를 연결하는 동원, 축적, 재조합을 통해 시공간에서 접히거나 주름이 잡히는지를 설명하는 것이다. 이 네트워크는 결합된 관계의 지속성을 확보하기 위해 모으고 엮인 다양한 물질로 구성되어 있어서 이종적이고, 따라서 냉전 네트워크의 계속성을 확보하기 위해 어떤 계기를 활용해 인간 또는 비인간 행위자[행위소(actant)]를 동원하고, 축적하며, 새롭게 결합해 시공간에 배치하는 다양한 물질(행위자, 행위소)의 이종성을 묘사하는 것이다.[13] 즉, 평화의 댐 사건 연구는 질서를 생성하는 번역의 과정을 통해 북한이 금강산댐을 통해 수공을 할 것이라는 이종적 네트워크의 구성이 어떻게 심각한 안보 위기로 인식되었는지, 즉 네트워크로서 '블랙박스'화되었는지를 추적하는 것이다.

3. '평화의 댐' 사건을 통해 냉전 블랙박스 만들기: 번역의 단계와 블랙박스

평화의 댐 건설 사업의 시초는 당시 국가안전기획부 부장이었던 장세동이 1986년 2월 4일 전두환 대통령에게 보고한 「북괴 전방의 댐 건설에 따른 군 재배치 징후」라는 보고서였다.[14] 그리고 동년 8월 20일 대통령에게 북

13) J. Murdoch, "The Space of Actor-Network Theory," *Geoforum*, Vol. 29. No. 4 (1998), pp. 360~361.

14) 최재승, 『물밑의 하늘』(최재승 의원실, 1994), 4~5쪽. 그 내용은 다음과 같다. "북한은 86년 초부터 북한강 상류의 창도군에 수력발전소를 건설하기 위해 남포 갑문공사

한 금강산 발전소 건설이 남북한에 미치는 영향과 그 대비책(이하 「820 보고서」)이 보고되었다. 이 보고서의 핵심 내용은 만수 시기인 2001년 금강산댐 파괴 및 자연 붕괴 시 총 저수량 199.7억 톤이 방류되어 남한의 수도권이 수몰할 가능성이 있다는 내용이다. 이 보고서를 계기로 금강산댐은 정보 사항에서 남한을 공격하기 위한 침공용 목적의 건설 사업으로 둔갑되었다. 이것이 바로 평화의 댐 사건을 통해 새로운 네트워크가 구성되어 블랙박스가 되는 출발점이었다.

1) 문제제기

핵심적 문제는 왜 1986년 북한의 금강산댐 건설 사업이 남한에 대한 공격용으로 전환되었을까이다. 금강산댐 건설에 대한 기술적 분석에 의하면 근거가 희박한데도, 어떻게 금강산댐의 거짓·과장이 가능했는가? 금강산댐의 후속조치로서 평화의 댐 건설이 어떻게 필수불가결한 요소가 되었는가를 추적하는 것이다.

실제 「820 보고서」는 댐의 규모(담수 능력)와 발전 능력의 추산에 상당한 문제점이 내포되어 있었다. 이 규모와 능력을 추산하기 위해서는 댐의 발전

에 동원되었던 군인, 노동자들을 재동원하는 한편 창도군 부근 주둔부대를 철거, 재배치/댐 높이는 60~70m로서 북한강 상류 해발 300m까지 수몰 예상/완공 시 우리에게 미치는 영향은 (1) 군사작전 면에서 북괴에 의한 물의 동시 대량 방류 또는 댐 폭파의 경우, 아군의 기동에 불리할 것이며, (2) 경제면에서 화천댐에 유입되는 수량이 북한강 전체의 2/3인 점에서 볼 때 파로호의 저수량 확보에 지장을 줄 것으로 판단합니다." 이하 평화의 댐 사건에 대한 내용은 최재승의 책을 중심으로 기술한다. 단, 이 책에서 평화의 댐 사건에 대해 수집한 사실 자료를 활용했다. 그리고 주요한 사실관계에 대해 각주를 표시하지 않은 내용은 이 책을 주로 인용했다.

〈그림 9-1〉 대책 본부 조직도

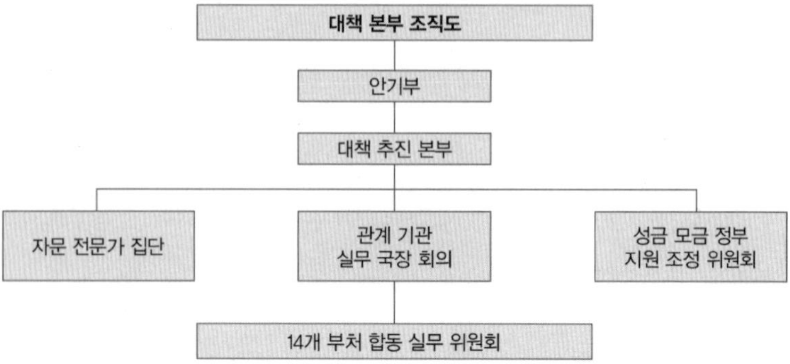

자료: MBC, 〈이제는 말할 수 있다〉(2001.7.20) 방송 내용 참고해 필자 작성.

방식, 댐이 축조될 위치의 지형, 댐의 저폭을 미리 알아야 하는데도 이런 기초 자료 없이 계산되었다. 실제 이 계산은 한국전력공사 4급 직원 1명이 8시간 만에 도출한 것이었다. 이 직원은 인터뷰에서 "거기서 주어지는 몇 가지 자료들을 저는 이제 … 그 자료를 가지고, 그러니까 북쪽에서 지금 계획하고 있는 댐의 규모를 검토해내는 거죠, 추정해내는 거죠. 그러니까 아주 제한된 몇 개의 자료를 가지고 그림을 그려내는 거죠"라고 말했다. 즉, 공식에 의한 간단한 산수로서 1:5만 지도에서 추정한 높이와 유역 면적을 가지고 예상 발전 용량 81만Kw에서 역산, 담수량 200억 톤이란 규모를 계산해냈다.[15)]

이것이 수공의 시작을 알리는 지표가 되었다. 이 지표가 대통령에게 보고되고 몇 개월 후인 10월 말, 당시 건설부 장관 이규효의 대국민 성명을 통해

15) MBC, 〈이제는 말할 수 있다: 200억 톤 물 폭탄의 진실, 금강산댐 사건〉(2001.7.20), http://blog.naver.com/lucas0213?Redirect=Log&logNo=40111531435(검색일: 2011.5.20). 본 영상자료를 확보하지 못해 이 내용을 발췌한 블로그의 내용에서 인용한다.

국민들에게 공표되었다. 이를 기점으로 금강산댐의 위협은 평화의 댐 건설을 위한 다양한 네트워크 구성으로 나타났다.

평화의 댐 사건의 행위자(행위소)는 '대책 추진 본부(정부)', '침수도', '평화의 댐', '국민'이라고 할 수 있다. 이 네 행위자의 관계는 다양한 질료로 구성되어 있었다. 우선 '대책 추진 본부'는 ① 전문가 집단(한전 실무자 2명, 건설자원부·동력자원부 각 1명, 삼안건설 부회장, 한국종합개발공사 이사, 한국동력자원연구소 원격연구실장, 산업기지개발공사 설계부장, 고려대 교수 등으로 구성), ② 관계 기관 실무 국장 회의와 그 하위에 14개 부처 합동 실무 위원회, ③ 성금 모금 정부 지원 조정 위원회 등으로 구성되었다. 둘째, '침수도'는 1 : 5만 지도와 한전 4급 직원의 단순 계산, 「820 보고서」(1차 분석 자료)와 안기부의 2차 분석자료(1986.10.25)의 비교 및 정치적 결정(실제 2차 분석 자료는 「820 보고서」에 비해 위험수위를 낮게 평가해서 작성되었으나 결론은 「820 보고서」의 선택으로 귀결), 방송 매체(KBS, MBC) 화면 등의 조합으로 구성되었다. 셋째, 평화의 댐은 평화의 댐 건설 지원 범국민추진위원회(이하 범추위), 금강산댐, 각종 방송과 신문, 시민들의 반공 시위와 내러티브(narrative), 화폐와 동전 등으로 구성되었다. 넷째, 국민은 침수도를 통해 위협을 느껴 이 위협을 방지하기 위한 방법은 대응 댐의 건설이라는 점에 동의했고, 이를 위해 시위, 성금, 동원 등에 동참하게 된다.

금강산댐의 건설 첩보가 국가안전기획부에 입수되면서 이에 대한 대응으로 대책 추진 본부가 결성되었고, 이 대책 추진 본부는 관료와 전문가들을 통해 침수도를 만들었고, 이 침수도를 통과해야만 평화의 댐은 현실로 나타날 수 있었으며, 국민들의 전폭적인 지지와 동원도 침수도의 현시(顯示)로 유발된 공포에 의해 가능했다. 침수도는 평화의 댐 사건을 구성하는 행위자임과 동시에 네트워크의 '의무통과지점(Obligatory Passage Point: OPP)'[16]이었고, 동시에 '불변의 가동물'이었다. 침수도의 현시로 대책 추진 본부의 정

〈그림 9-2〉 서울시 예상 침수도

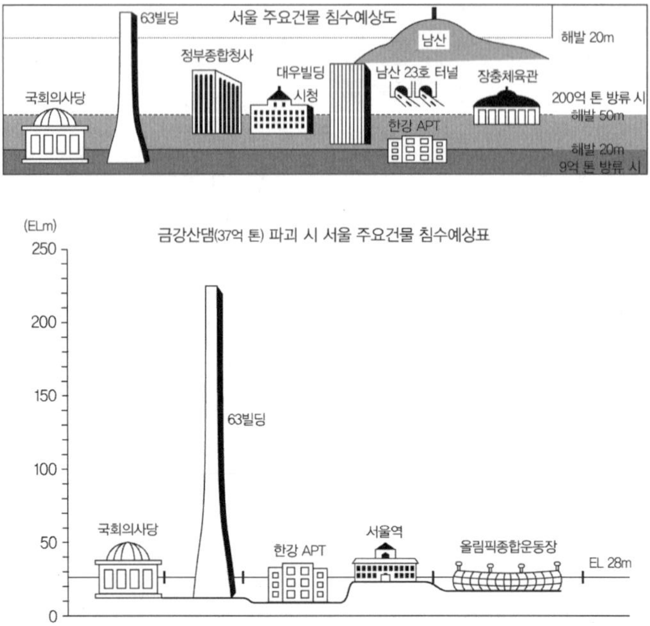

자료: 최재승, 『물밑의 하늘』, 24쪽 내용을 바탕으로 필자 재구성.

당성과 평화의 댐 건설의 타당성이 관철될 수 있었다. 즉, 대책 추진 본부는 그 의도가 무엇이든지 간에 조직을 유지하고 '북한의 수공 위협에 대응하기 위한' 평화의 댐 건설을 원한다면, 또한 침수도의 정당성이 계속 유지되기를 원한다면, 침수도의 정당성과 금강산댐의 위협이 사실임을 전문가들의 입

---

16) "한 행위자가 기존의 네트워크를 교란시키고 다른 행위자들을 자신의 네트워크로 끌어들이기 위해서는 이들이 의존할 수밖에 없는 존재를 만드는 것이 중요한데, 이렇게 다른 행위자들이 네트워크상에서 반드시 거쳐 가게 함으로써 행위자들을 자신의 편으로 끌어들이는 존재"를 뜻한다. 홍성욱, 「7가지 테제로 이해하는 ANT」, 26쪽.

과 각종 매체를 통해 입증해야 하고, 국민들의 참여와 동원을 통해 대책 추진 본부 행위자들의 의도가 관철되어야 했다. 대책 추진 본부의 의도는 범추위의 규정에 나와 있는 것처럼 평화의 댐 건립에 대한 국민의 지지 확산 및 건립 기금 모금 운동 전개, 국민의 반공 의식 함양을 위한 국민 계도 활동, 시국 인식과 범국민적 총화 결집을 위한 국론 선도 활동 등이었다. 이와 같은 의도를 관철시키기 위해서는 다양한 네트워크를 동원해야만 했다.

즉, 금강산댐 위협이 사실로 동의된 것은 다양한 이종적 네트워크의 결합이었지만, 핵심은 냉전 질서 및 적으로서의 북한과 결합된 위협·공포이고, 그것의 사물은 침수도였다. 금강산댐 건설이 실제적인 위협으로 유지되고 국민들에게 완벽한 사실로 동의되기를 원한다면, ① 위협을 사실로 인정되도록 하는 침수도(〈그림 9-2〉 참조), ② 평화의 댐 건설을 위한 성금 모금 네트워크 구성, ③ 금강산댐을 막기 위한 평화의 댐 등을 동원해 정권 위기를 극복할 수 있도록 이 사건을 냉전 질서에 기입하는 것이다.

2) 이해관계 부여의 장치

이 이해관계 부여[17]의 장치는 일종의 수많은 중재자를 의미하고, 동맹들에 관한 탐색의 과정이며, 이를 통해 모든 대상을 결합하는 연결 다발의 존

17) 'interessement'는 '관심끌기'라는 용어로 번역하기 어려운 측면이 있다. 따라서 이 용어의 구체적인 내용을 알기 위해서는 칼롱의 원문을 볼 필요가 있다. M. Callon, "Some elements of a sociology of translation: domestication of the scallops and the fishermen of St Brieuc Bay," First published in John Law, *Power, action and belief: a new sociology of knowledge?*(London: Routledge, 1986), pp. 8~10. 또한 ANT 연구자들 중에는 칼롱의 번역의 네 단계에 대해 도식적이어서 이론의 강점을 잘 드러내지 못한다는 비판이 있다.

재를 강조한다. 따라서 이해관계 부여의 장치를 통해 동맹을 형성하는 것이 중요하고, 이는 관심의 집합으로서 동맹들의 수의 점증을 의미한다.[18] 즉, 어떻게 동맹들을 적당한 자리에 고정시킬 것인가의 문제로서, 네트워크를 형성하는 과정에서 문제제기로 징병된(enlisted) 각각의 실체가 행위자의 계획에 맞게 통합되어 강력하게 전환될 수도 있고, 역으로 다른 방식으로 정의해 네트워크에서 떨어져나갈 수도 있다. 이해관계 부여는 "한 실체가 문제화를 통해 정의된 다른 행위자들의 정체성을 강제하고, 안정화시키려는 행동들의 집합"이며, 사이에 끼워지는 것이다. 또한 이해관계 부여는 동맹들의 정체성, 목표, 경향을 정의하는 것이고, 이를 위해 행위자 사이에 장치를 조립하는 것이다.[19]

대책 추진 본부는 사전 정지 작업을 통해 어떻게 동맹들을 적당한 자리에 고정시킬 것인지에 착수했다. 국방정보본부 명의(실제 안기부 작성으로 판단됨)의 '금강산 발전소 댐 대비 추진 계획'을 보면 〈표 9-1〉과 같이 추진 일정을 제시했고, 이 일정대로 작업이 추진되었다.

평화의 댐 사건 초기에 이해관계 부여 장치는 국방부가 준비한 '증명 보조물'로서 지도판(1:10만 지도, 남북한 종단), 공사 개요(1:25만 지도), 공사 단면도, 강원도 지역 지형 단면도, 한강 교량과 홍수 수위 비교(예상 침수 요도), 침수도, 수공전 사례, 군사적 평가 등이었다.[20] 이 장치들은 북한이 금강산 댐을 건설해 남한을 대상으로 수공(남침)하겠다는 점을 사실로 전환시키고, 정부의 발표가 사실임을 입증시키며, 이에 대한 어떠한 형태의 대응이 절실

18) M. Akrich, M. Callon and B. Latour, "The Key to Success in Innovation Part I: The Art of Interessment," *International Journal of Innovation Management*, Vol. 6, No. 2 (2002).

19) 미셸 칼롱, 「번역의 사회학의 몇 가지 요소들」, 73~75쪽.

20) 최재승, 『물밑의 하늘』, 179~180쪽.

〈표 9-1〉 **금강산 발전소 댐 대비 추진 계획(1986.10.29, 국방정보본부)**

시기	내용	부서
D-3	· 국정자문회의, 통일고문회의, 경제 4단체 사전 브리핑	안기부
D-2	· 민정, 신한, 국민당 사전 브리핑 · 언론사 대표 사전 브리핑	건설부
D-1	· 언론사 편집, 보도국장 사전 브리핑 · 주한 외교단 사전 브리핑	문공부, 외교부
D-day (10.30, 10:00, 목)	· 건설부 장관 성명 발표, 기자회견	건설부
D+7 (D+2부터 시행 대비)	· 국방부 장관 성명 발표, 기자회견 · 주한 외국 무관단 성명	국방부
D+7~13	· 정당 사회단체 북괴 규탄 성명	문공부(각 부서)
D+14	· 문공부 장관 성명 발표, 기자회견	문공부
D+	· 3부 장관 공동성명, 기자회견(대응조치 발표)	국방부, 건설부, 문공부

자료: 최재승, 『물밑의 하늘』, 179쪽 내용을 바탕으로 필자 재구성.

하다는 점을 공고하게 했다. 이해관계 부여의 장치는 위협과 공포의 확인을 가능케 했고, 동맹을 형성할 수 있는 타당성을 제공해주었다. 특히 핵심적인 역할을 한 장치는 '의무통과지점'과 '불변의 가동물'로서 침수도였다.

침수도가 끼워지지 않은 '북한위협론'은 동맹을 형성하기에 부족한 것이었고, 행위자인 대책 추진 본부가 의도한 정체성이나 목적, 계획, 지향, 동기 또는 이해관계에 의한 네트워크에 동맹으로 참여하는 것을 거절할 수도 있게 했을 것이다. 즉, 대책 추진 본부가 침수도를 통해 수공의 위협을 입증하면(그것이 사실이건 거짓이건 상관없이) 대책 추진 본부, 침수도, 평화의 댐, 국민의 동맹은 연결의 강도가 견고해진다. 연결의 강도가 견고하다는 것은 동맹을 네트워크로 끌어들이는 데 상당히 유리한 환경의 조성을 의미한다. 이제 간단한 연결을 통해서도 네트워크는 강화되고 동맹을 적당한 자리에 고정시키는 것이 용이해진다. 침수도를 통해 잠재적 공포는 실질적 공포로 나타나게 되고, 이를 해결하기 위한 다양한 동맹이 네트워크에 참여할 수 있는 조건이 단순해지고, 이 공포를 소멸하기 위한 평화의 댐 건설은 당연한 진리로 수용되며, 평화의 댐 건설을 위한 전국적 차원의 성금 모금 동원은 네트워크 보존의 원동력이 된다.

대책 추진 본부는 추진 계획을 통해 이해관계 부여의 장치와 동맹을 어떻게 적당한 자리에 고정시킬 것인지에 착수했다. 최초의 이해관계 부여 장치는 일련의 성명서와 결합된 침수도였다. 이규효 건설부 장관(1986.10.30)은 '200억 톤의 물을 통한 수해'를 강조했고, 이기백 국방부 장관(1986.11.6)은 '침수도와 결합된 북한위협론(6·25 남침과 땅굴, 무장 공비, 랑군 테러 등)'을 강조했고, 이웅희 문공부 장관(1986.11.21)은 ''88 서울올림픽의 무산 가능성(올림픽 경기장의 2/3 침수)'과 '경제적 혼란'을 강조했고, 관계장관합동회의(1986.11.26)는 '평화의 댐 건설의 당위성'을 제시했다. 이 일련의 발표 과정에서 최상의 장치는 침수도였다. 이해관계 부여 장치로서 침수도는 방송과 신문 매체를 통한 위협의 가시화였다. 그것은 일종의 텍스트이고 영상이다. 평화의 댐의 이해관계 부여 장치는 금강산댐 건설이었다. 금강산댐의 건설 착수는 이에 대한 대응으로서 평화의 댐 건설을 의미하는 것이기 때문이다.

마지막으로 국민들에게 이해관계 부여 장치는 앞의 장치들인 성명서, 침수도, 금강산댐 등이었다. 국민은 이 사건을 해결하기 위해 어떤 네트워크에 등록되어야 했다. 이처럼 평화의 댐 사건의 맥락에서 이 사건이 단지 독재 정권의 냉전 질서 유지를 위한 이데올로기적 의도만으로 해석되는 것이 아니라, 사회적인 의미로서의 냉전 질서가 자연적 실재 또는 인공물을 포함하는 네트워크 속에서 구성되고 행위했다는 점을 상기할 필요가 있다. 즉, 냉전은 인간의 의식구조에만 있는 것이 아니라 사회적·자연적 실재 모두를 포함해 형성·강화되었다는 것이다.[21]

---

21) 관련된 모든 집단의 관점에서 이해관계 부여는 실체들을 구석으로 몰아넣어 등록되는 것을 돕는다. 게다가 이해관계 부여는 잠재적으로 경쟁하는 모든 연합을 가로막

3) 역할 부여하기

역할 부여하기의 의미는 무엇인가? 역할을 어떻게 정의하고 조정한다는 것은 무엇인가? 칼롱은 다음과 같이 기술한다.

> 관심끌기 장치가 필연적으로 동맹, 즉 사실상의 등록으로 이어지는 것은 아니다. 여기서의 요점은 질문을 더욱 정확한 일련의 진술로 변형시키는 것이다.… 등록하기는 일군의 밀접한 관계를 가진 역할들을 정의하고, 이를 수락하는 행위자들의 속성으로 만드는 장치를 가리킨다. 만약 관심끌기가 성공적이었다면 등록하기를 달성한다. 그러므로 등록하기를 묘사하는 것은 관심끌기에 수반되며 관심끌기를 성공할 수 있게 해주는 다각적인 협상, 힘의 대결과 책략의 집합을 묘사하는 것이다.[22]

대책 추진 본부는 금강산댐의 위협을 예방하기 위해 평화의 댐을 건설하는 것이 최종 계획이었다. 단, 평화의 댐 건설 계획은 댐 건설과 동시에 행위자인 정부의 의도를 관철시키는 것이었다. 그것은 대북 규탄 및 안보 수호 의지의 공고화와 국민의 성금 모금 과정을 통해서 결집되는 국민의 참여를 사회 안정과 좌경 용공 세력의 척결 추방으로 전환하는 것이었다.[23] 이미 이해관계 부여는 성공적으로 진행되었다. 대책 추진 본부는 북한의 의도를 막기 위한 중심적 행위자로서 인정되었고, 침수도는 국민에게 진리로 받아

고, 자신만의 동맹 체계를 건설하려 한다. 이를 통해서 사회적·자연적 실재 둘 다를 포함하는 사회적 구조가 형성되고 강화되는 것이다. 미셸 칼롱, 「번역의 사회학의 몇 가지 요소들」, 77쪽.

22) 같은 글, 77~78쪽.

23) 최재승, 『물밑의 하늘』, 116쪽.

들여졌고, 평화의 댐은 건설되어야만 할 행위자가 되었으며, 국민은 언제든지 동원될 준비가 되어 있었다.

대책 추진 본부는 '북한위협론'이 행위자인 국민에게 쉽게 동의를 획득할 수 있는 것임을 인지하고 있었다. 문제는 이것을 더욱 확실하게 위협으로 진술하는 것이다. 대책 추진 본부는 금강산댐의 수치 조작, 수도권 및 강원도 지역의 수몰 가능성, '88 서울올림픽 개최 무산 가능성 등의 다양한 요인을 동원했고, 그것의 집약 판으로 침수도를 방송을 통해 전달했다. 행위자인 국민들은 대책 추진 본부의 설명을 대부분 수용했다. 1986년 11월 13일 서울 동대문운동장에 10만 명의 인파가 몰려 북한의 금강산댐 건설을 규탄했고, 11월 한 달 동안 전국에서 1000만 명이 넘는 국민이 규탄 대회에 참가했다. 이해관계 부여를 넘어 이제 행위자인 국민은 역할 부여하기와 동원하기에 대한 준비가 되어 있었다.

단, 이에 대한 저항이 부분적으로 있었다. 그 저항은 국방부에서 입수한 미(美) 공병수로국 '금강산댐 공사 분석 자료', 한미 공동 연구단의 연구 결과, 북한 전력 공업 위원회, 안수한 교수, 시스템 공학 연구소 등이었다. 공사 분석 자료에 의하면 '올림픽에 지장 없음'이라는 평가를 내렸다. 한미 공동 연구단의 연구 결과에 의하면 댐 높이가 120m를 초과하면 경제성이 없다고 분석했다. 안수한 교수에 의하면 200억 톤 댐을 짓자면 20톤 트럭 1000대가 13년 동안 흙을 퍼 날라야 하고 댐을 지은 후에 물을 채우는 데만 14년이 걸린다는 결과를 냈다. 시스템 공학 연구소는 금강산댐이 들어선다는 지역의 지형상 최대 저수량은 160억 톤으로, 그 이상이 되면 도리어 북쪽으로 물이 넘칠 것이라는 결과를 냈다.

그러나 이 모든 의견은 대책 추진 본부에 의해 묵살되었다. 아니 묵살이라기보다는 강권에 의해 말할 수 없도록 했다. 증명할 행위소는 있었지만 그 사물은 말할 수 없었다. 단, 그것을 증명할 사물이 우연치 않게 신문에 보도되었다. 그러나 그것은 일회성으로 끝나고 말았다. 당시 상황을 회고한 인터뷰 내용을 보면 다음과 같다.

> 안수한 교수: 그땐 무서워서 (말을) 못하죠. 우린 공무원인데 … 내 자식이 있는데, 당장 그만두면 어떡합니까. 그런 분위기가 아니었어요. 그땐 … 그땐 뭐 공포 분위기죠.
>
> 김의홍 연구원: 연구하는 사람의 입장에서 국가의 예산을 지원받아서 그것을 낭비하지 않고 제대로 된 연구 결과를 내겠다고 생각을 하고 열심히 애써서 만든 결과가 이것은 어떤 … 그 … 정치적인 논리에 의해서 부당하다는 판정을 받을 때 … 흐음 … .[24]

평화의 댐 건설을 위한 네트워크에 대한 '저항 네트워크'는 아예 구축되지도 못했다. 이들의 진술은 부정확한 것으로 치부되었고, 기존 네트워크에 의해 분쇄되었다. 즉, 다각적인 협상 능력도 없었고 힘의 대결에서 완벽하게 밀렸다. 저항의 행위자들은 네트워크를 동원하거나 대변할 수 있는 힘도, 대변인도 갖추지 못하고 사멸했다. 너무 쉽게 평화의 댐 건설 네트워크에 의해 배제된 것이다.

이제 첫 번째 행위자인 대책 추진 본부는 역할 부여하기에 손쉽게 착수할 수 있게 되었다. 모든 자원은 대책 추진 본부의 역할 부여하기 요청에 준비되어 있었다. 즉, 대책 추진 본부가 제시한 금강산댐의 실체는 다른 행위자들에게 공포에 의한 수용을 가능하게 했기 때문에 질문을 진술로 변형시키는 것은 손쉬운 것이었다. 북한에 의한 금강산댐 건설과 그것의 숨은 의도로서 200억 톤의 물에 의한 수공, 그리고 이에 따른 죽음·공포, 이것을 막기

---

24) MBC, 〈이제는 말할 수 있다〉 녹취.

위한 대응으로서 평화의 댐 건설 네트워크의 구축이라는 진술로 변형된 것이다.[25] 두 번째 행위자인 침수도는 불변의 가동물로 존재하며 행위자들에 대해 장기적 지배력을 유지하는 사물로 작동했고, 세 번째 행위자인 평화의 댐은 모든 행위자-네트워크를 작동시키는 번역의 중심이 되었다. 마지막 행위자인 국민은 정부 행위자의 행위를 협상 없이 적극적으로 수용했다.

> 어부들과의 거래, 더 정확히 어부 대표들과의 거래는 존재하지 않았다. 어부들은 구경꾼처럼 관망하면서 최종 판결을 기다렸다. 그들은 전문가들이 이끌어낼 결론을 단순히 받아들일 준비가 되어 있었다. 그들의 동의는 어떠한 토론도 없이 (사전에) 얻어졌다.[26]

마지막 행위자인 국민은 어떤 저항도 없이 역할 부여하기가 되었다. 따라서 국민은 고려 대상이 아니라 역할 부여 대상이자 동원 대상이었다. 모든 협상과 책략은 세 행위자인 대책 추진 본부, 침수도, 평화의 댐 사이에서 이루어졌다.

4) 동맹군 동원하기

칼롱의 질문처럼 "누가 누구의 이름으로 말하는가? 누가 누구를 대표하는

---

25) "'88년에 1단계 공사 완공 시 저수량은 약 13억 톤 그리고 2001년에는 최대 저수량인 200억 톤이 될 것으로 예상된다. … 수도 서울은 물론이고 인천, 수원, 의정부 일대까지 완전히 수몰시킴으로써 우리의 생존 자체를 위협함과 동시에 군사적으로 최소의 군사작전으로 야전군을 분리, 고립화시켜 조기에 전쟁을 종결지으려 할 것이다." 대한민국정부, 『행정백서』(1987), 32쪽.

26) 미셸 칼롱, 「번역의 사회학의 몇 가지 요소들」, 81쪽.

가?"의 질문에 답해야 한다.[27] 행위자가 자체 계획을 성공시키기 위해 계획 내용을 변형시키고 또한 계획을 더욱 구체화하기 위해 상호작용과 협상을 하는 것은 대변인(spokespersons)의 선택에 전적으로 의존한다. 따라서 계획의 성공은 좋은 대변인을 선택함으로써 달성될 수 있는 것이고, 대변인을 선택하는 것은 전략적 방향을 정의하거나 실행하는 것이다.[28]

평화의 댐 사건의 대변인은 대책 추진 본부이다. 대책 추진 본부는 이전에는 움직일 수 없었던 실체들을 이동할 수 있게 하는 동원을 가능하게 했다. 말을 할 수 없는 침수도와 평화의 댐을 대변했고, 정부의 이름으로 국민을 대변했다. 침수도는 도처를 돌아다니며 동원의 매개로 활용되었고, 건설되지 않은 평화의 댐은 성금 네트워크와 국민 동원 네트워크를 통해 서서히 현실화되었다. 그러나 이것 모두는 대변인인 대책 추진 본부에 의해 침수도가 무엇을 원하는지, 평화의 댐이 무엇을 원하는지가 알려졌다. 그리고 대책 추진 본부는 서서히 움직일 수 없던 실체를 동원하기 시작했다. 평화의 댐 건설 네트워크에 다양한 이질적 행위자를 동맹으로 동원했던 것이다.

1986년 11월 22일 문화공보부가 '국민성금모금계획(안)'을 수립하고, '국민성금모금 정부실무대책반'과 '정부지원조정위원회'가 구성되었다. 그리고 12월 11일 세종문화회관에서 36명의 발기로 '평화의 댐 건설 지원 범국민추진위원회(이하 범추위)'가 결성되었다. 범추위는 광범위한 네트워크 그 자체였다. 모금 추진 계획에 따르면 범추위 위원은 약 150여 명으로 정치·사회·종교·문화·예술·반공 단체장, 언론사 사장, 경제 4단체장, 노총 위원장, 청년 운동 단체장, 교련 회장 등으로 구성되었다. 목표액은 400억 원으로 국민

---

27) 같은 글.

28) M. Akrich, M. Callon and B. Latour, "The Key to Success in Innovation Part II: The Art of Choosing Good Spokespersons," *International Journal of Innovation Management*, Vol. 6, No. 2(2002).

〈표 9-2〉 성금 모금 분위기 조성을 위한 단기 홍보 계획

일자	언론매체	주요내용
12.4(목)	≪동아일보≫	· 현대 그룹 성금 기탁 및 정주영 회장 인터뷰
12.5(금)	KBS ≪조선일보≫	· 신동아 그룹 성금 기탁 및 최순영 회장 인터뷰 · 태평양 화학 성금 기탁 및 서성환 회장 인터뷰
12.6(토)	KBS, MBC KBS, MBC ≪중앙일보≫	· 성금 모금 생방송(07:40~18:40) - 국무총리, 국회의원 등 댐 건설 현장 방문 성금 - 성금 기탁 시민 인터뷰 및 반응 부각 보도 - 성금의 노래 및 시 방영 - 저축왕, '86 대회 메달리스트, 연예인, 농어민 후계자 등 등장 * 초등학교 및 중·고교생의 참여 권장(문교부) · 특집 프로그램 구성 - 모금 특별 생방송 관련 〈인간 드라마〉 프로 구성 · 삼성 그룹 성금 기탁 및 인터뷰
12.7(일)	KBS, MBC ≪한국일보≫ 연합통신 MBC	· 일요 종합 뉴스를 통한 성금 관련 미담 특집 · 대우 그룹 성금 기탁 및 김우중 회장 인터뷰 · 초·중·고 웅변 대회 취재 · 순복음 교회 조용기 목사 설교 내용
매일 정기 홍보 (일반 홍보)	KBS, MBC 4대 일간지 기타	· 모금 운동 관련 매일 1시간 생방송 특집 방영(1차 수몰 대상 지역인 강원·경기 지역 모금 운동 관련 행사 위주) · 사설, 칼럼, 저명인사 기고 게재 · 각계 주요 인물 인터뷰, 관련 기사 확대 보도, 감동적 인간 드라마 소개 기사화 · 자가용 차량 홍보 스티커 제작 활용 · 언론사(TV, 신문) 출연 대상자 매일 각 사 배정

자료: 최재승, 『물밑의 하늘』, 183쪽 내용을 바탕으로 필자 재구성.

1인당 1000원 기준이었고, 모금 방법은 일반 각계각층의 국민 성금, 직능단체 성금, 평화의 댐 건설 선정 지정 업체 성금, 기업 성금, 재외 동포 특별 성금, 모금 행사, 모금함 등이었다.

또한 대책 추진 본부에 의해 영향력이 높은 방송과 신문에 대한 홍보 계획이 세워지고 실행되었다(〈표 9-2〉 참조).[29] 당시 주요 일간지 사설과 외신

29) "북괴의 천인공노할 금강산댐 흉계가 폭로되면서 이를 무력화할 대응 댐인 평화의 댐 건설에 전 국민이 호응하고 나섰다. 문화방송은 전 국민이 참여하기 시작한 12월

및 해외 전문가 기고 등은 금강산댐 위협을 기정사실화하는 데 동원되었다. 국내 주요 신문은 거의 정부 입장을 대변하면서 이 문제를 중대하게 다뤘다. 감사원 자료에 따르면 안기부는 학술 단체 및 전문가를 사전에 지정해 매스컴에 기고하도록 유도하고, 보도 내용 및 형식을 조정해 신문 1면 톱 기사화와 별도 사설 및 해설을 게재하도록 유도하고 그 자료를 제공했다.[30]

또한 하나의 동맹으로서 행위자인 미국도 동원되었다. 당시 한미 안보 회의 공동성명에서 "양측은 북한의 금강산댐 건설이 대한민국의 안보 이익에 미칠 심각한 위협은 매우 중요한 문제이며, 예의 감시하여야 한다는 데 합의했다"라는 결론이 도출되었다.[31] 그러나 한국 정부는 미국 정부를 동원하기 위해 협상에 착수했고, 그 협상의 결과로 동맹에 참여하게 된 것이다. 그 협상 내용은 미국이 금강산댐 위험론에 힘을 실어주는 대신 한국이 수출을 양보하고 손해를 감수한다는 것이었다.[32]

그리고 성금 모금 운동은 국민들을 동맹에 동원하는 가장 유력한 방법이었다. 범추위의 지역 조직은 14개 지부에 추진원 741명, 시·군·구 238개 지회에 1만 27명의 추진위원으로 구성되었다. 1986년 12월 1일 모금을 시작해

초부터 마이크와 카메라를 총출동시켜 이 같은 전국의 표정을 있는 그대로 생방송하였는데, 특히 12월 6일에는 오전 7시부터 오후 6시까지의 11시간 동안 1차 방송을, 그리고 13일에도 오전 10시부터 오후 6시 20분까지 2차 방송을 실시하였다." 문화방송, 『1987 문화방송 年紙』(1987), 35쪽.

30) 감사원, 『감사백서(1993)』(1993), 94쪽.

31) 최재승, 『물밑의 하늘』, 221쪽.

32) 당시 외무부 1차관보인 박수길의 인터뷰 내용, "'코콤리스트'라고 아주 높은 수준의 테크놀로지, 기술이 담긴 무기, 방산품 수출을 동구권에, 또는 러시아 즉 공산권에 수출을 못하도록 우리로 하여금 코콤체제를 받도록 하는 그런 강력한 요구를 그쪽에서 제의했던 겁니다. 그걸 이 사람들은 공동성명서에 넣자 …". MBC, 〈이제는 말할 수 있다〉.

한 달 만에 목표액 400억 원을 넘어서 542억 원이 모금되었고, 1987년 2월 28일까지 총 615억 4697만 662원이 모금되었다. 1987년 11월 30일까지 성금 모금 운동에 성금을 기탁한 사람은 총 22만 6429명으로 추정되었다(이상은 범추위가 모금한 금액만을 대상으로 함).

대변인으로서 대책 추진 본부는 불변의 가동물인 침수도를 통해 다양한 행위자를 동원하는 데 성공했다. 대책 추진 본부는 전문가를 동원해 거짓을 사실화하고, 이 사실을 침수도로 재현해 언론을 통해 지속적으로 알림으로써 행위자인 국민에게 공포와 분노를 유발시켰다. 이제 대책 추진 본부는 침수도와 평화의 댐을 대변하는 행위자가 되었고, 이를 통해 국민을 동원할 수 있었다. 이 과정에 다양한 매개물이 동원되었다. 북한의 위협적 이야기, 전국적 규탄 시위, 평화의 댐 모델 및 건축 공모, 평화의 댐 성금 모금, 평화의 댐 상징 홍보물, 국내 및 해외 전문가 동원, 국내 및 해외 언론의 재등록하기 등이 그것이다. 이러한 행위자들은 금강산댐의 내러티브를 구성했다.

> 연간 18억 톤의 수자원의 상실 … 우리나라의 발전량이 감소된다. … 자연생태계가 파괴된다. … 고랭지 채소의 작황에 막대한 피해가 예상 … 댐의 총저수량이 9만 톤이 됐을 때 초당 33만 톤씩 방류할 경우 20시간이 지난 후에는 강원도와 경기도 일부 그리고 서울을 비롯한 수도권 전 지역의 도로와 교량 39개소가 파괴될 수 있다. 만일 북한이 총저수량 200억 톤이 됐을 때 고의적으로 댐을 완전 폭파하고 수공작전을 전개할 경우에는 2시간 안에 167억 톤(84%)이 방류되어 화천댐을 비롯한 하류의 의암, 춘천, 청평, 팔당 등 5개 댐이 파손 또는 유실되는 동시에 12시간 내지 16시간 후에는 수도권이 완전히 물에 잠기는 최악의 현상이 초래되어 1500여만 한강 유역 주민의 생존과 안보에 커다란 위험을 줄 것이다. … 이기백 국방부 장관은 … 내외신 기자회견을 갖고 '북한의 금강산댐 건설 의도는 가공할 수공 작전수단을 확보하려는 군사전략적 저

의가 분명하다'고 단정 … 핵무기에 버금가는 위력으로 한강 유역을 휩쓸고 수도권을 완전히 수몰시킬 것이라고 지적했다. … 북한은 현재 소위 인민무력부의 지휘 아래 15만 명의 현역병이 댐 공사와 관련된 건설장에 투입된 것으로 알려졌다.[33)]

금강산댐 건설에 의한 '북한위협론'으로 촉발된 평화의 댐 건설 행위자-네트워크 구성은 블랙박스가 되었다. 어떤 행위자나 관계가 탄탄한 안정성을 보이며 잘 작동할 때 그것을 블랙박스가 되었다고 하고, 이종적 네트워크가 접혀 있는, 즉 하나의 행위자나 대상으로 축약되는 것을 결절이라 한다. 따라서 개별 행위자가 자신의 목적 실현을 위한 정치적 설득 과정이 성공하면 그 네트워크는 블랙박스가 되는 것이다. 이와 같은 설득 과정이 곧 번역이다. 대책 추진 본부가 착수한 정치적 설득 과정은 네 단계 번역의 과정을 거쳐 블랙박스가 된 것이다. 평화의 댐 건설 행위자-네트워크가 출현해 정치적 설득 과정을 거쳐 발전하고 번역을 통해 안정화되었음을 의미한다.

우리는 이 번역 과정을 보면서 평화의 댐 건설이 단지 정부의 정치적 의도로 시종일관 성공한 과정이 아니라, 다양한 행위자(침수도, 평화의 댐, 국민)와 잡종적 매개자 또는 매개물들이 결합된 이종적 네트워크의 번역 결과임을 알 수 있다. 만약 침수도의 정치적 설득이 없었다면, 위협을 방지하기 위한 상징으로서 평화의 댐이 없었다면 행위자인 대책 추진 본부의 의도는 관철되지 못했을 것이다. 따라서 "'번역의 중심'이라고 부르는 것을 관계적인 결과로 이해하고, 그러한 결과들이 생기고 다양한 저항들이 효율적으로 제지하는 조건과 물체들에 관한 연구"에 집중해야 하는 것이다.[34)]

---

33) 이후재, 「금강산댐 건설과 북한」, ≪통일한국≫, 통권 36호(1986), 16~20쪽.

34) 존 로, 「ANT에 대한 노트」, 52쪽.

4. 평화의 댐 사건의 블랙박스 해체: '국지 네트워크'와 '광역 네트워크'

'대중의 냉전 이해'라는 환경 속에서 각종 사건들은 냉전 네트워크에 '기입(inscription)'된다.[35] 평화의 댐도 일종의 냉전 네트워크에 기입된 사건이라고 할 수 있다. 평화의 댐 건설 행위자-네트워크는 단기적으로 블랙박스화에 성공했지만, 그 이후 완벽히 실패해 펼쳐졌다. 즉, 블랙박스가 해체된 것이다. "ANT의 관점에서 사회 권력은 다양한 행위자를 네트워크에 효과적으로 포섭했는지에 따라 결정"되고, "어떤 행위자가 기존 네트워크에서 더 많은 행위자들을 자신의 네트워크에 끌어들이기 위해서는 다른 행위자들을 자신이 만든 어떤 것에 의존하게끔 하는 것이 중요"하며 "그렇지 못하면 네트워크는 지속하지 못하고 와해된다".[36] 평화의 댐 사건은 의무통과지점을 통해 네트워크를 더욱 공고하게 확장했다. 그러나 그 이후 평화의 댐 건설 행위자-네트워크가 급격하게 해체되었는데, 그 과정을 광역과 국지 네트워크로 설명하려는 것이다.

칼롱과 로가 TSR2 군용기 개발 프로젝트를 ANT의 관점으로 분석한 글에서 '국지 네트워크'는 전문가, 동체, 매뉴얼 등으로 이뤄진 기술적 네트워크를 의미하고, '광역 네트워크'는 정치적·경제적으로 지원한 국방부, 재정부, 해군, 공군 같은 정치적 네트워크를 의미한다. 즉, 개발 프로젝트 추진을 국

---

35) "네트워크를 건설하는 행위자는 다른 행위자들에게 이렇게 하라, 저렇게 하라고 역할을 부여한다. 이렇게 한 행위자가 다른 행위자에게 시키는 일의 목록은 문서로 기록될 수도 있고, 기계의 구조 속에 체화될 수도 있고 네트워크의 배열에 숨겨질 수도 있다. 이러한 일의 목록을 ANT에서는 기입이라고 한다." 홍성욱, 「7가지 테제로 이해하는 ANT」, 27쪽.

36) 안형준, 「ANT관점에서 본 한국 최초 우주인 논쟁: PUS와의 만남」, 브뤼노 라투르 외, 『인간·사물·동맹』, 234쪽.

지와 광역 네트워크의 이중 네트워크로 파악했다.[37)]

금강산댐 위협 이후 전개된 평화의 댐 건설은 광역 네트워크와 국지 네트워크가 확장력을 가지며 작동했으나, 그 이후 광역 네트워크의 변동으로 국지 네트워크가 해체되었다. 광역 네트워크의 중심으로 작동하는 정부의 변화로 인해 국지 네트워크는 위기를 극복하지 못했고 네트워크를 공고히 지킬 수 없었다. 이 해체 과정은 분단에 의한 냉전적 질서를 탈분단의 새로운 동학으로 전환시키는 것에 일정한 힌트를 제공할 수 있을 것으로 판단된다.

광역 네트워크는 계획의 세부적 발전에 관심을 기울이지도 않고, 내부 실행에 개입하지도 않는다. 중요한 것은 광역 네트워크가 의도한 것을 확보하는 것이다. 따라서 대책 추진 본부는 국지 네트워크 구성에 있어 상대적 자율성을 보장받고, 이것을 구축하기 위한 '협상 공간(negotiation spaces)'이 허용된다. 그리고 국지 네트워크는 동시에 사회적이고 기술적인 네트워크가 된다.[38)] 칼롱과 로는 행위자가 어떻게 그 시나리오를 현실화시키기 위해 네트워크를 구성하고 동원하는지를 추적하고, 특히 프로젝트 구성 요소들이 어떻게 광역 네트워크에서 행위자를 동원하는지, 국지 사회 기술적 네트워크가 외부로부터 간섭 없이 고안될 수 있는 상대적으로 자율적인 협상 공간을 어떻게 추구하는지를 설명하며, 국지 네트워크와 광역 네트워크, 프로젝트와 외부자 간의 모든 상호작용이 프로젝트 관리, 즉 의무통과지점을 통해 계약을 체결한다는 점을 제시했다.[39)]

광역 네트워크는 정부로 지칭되는 대책 추진 본부와 청와대를 비롯한 정부기관 등의 정치적 네트워크(청와대, 민정당, 안기부, 건설부, 문공부, 국방부,

---

37) J. Law and M. Callon, "Engineering and Sociology in a Military Aircraft Project."

38) 같은 글, p. 289.

39) 같은 글, p. 290.

국토통일원, 경제 4단체, 보수 단체 등)를 의미하고, 실질적인 핵심 행위자는 안기부였다. 대책 추진 본부는 금강산댐 위협을 수치화해 재현하고, 이를 예방할 행위자로서 평화의 댐 건설을 위한 기술적·사회적 요소를 동원할 국지 네트워크를 만들었으며, 상대적으로 자율적인 협상 공간을 확보할 수 있었다. 이에 따라 전문가 집단을 통해서는 금강산댐 위협을 수치화해 기술적 문제를 동원했고, 방송과 언론을 동원해 반복적으로 재현함으로써 공포와 위협의 환경을 만들어냈다. 대책 추진 본부는 방대한 행위자-네트워크의 복잡한 요소들을 통제하는 것이 사활적이었고, 핵심적으로 국민들을 성금 모금 네트워크로 동원하는 것과 반공적 사회 흐름 조성을 위해 동원해 평화의 댐 건설을 착공하는 것이 가장 중요한 문제였다.

그러나 역으로 광역 네트워크는 국지 네트워크의 각종 기술적·사회적 동원 문제에 관심을 갖는 것이 아니라 반공적 분위기 조성을 통한 정치적 의도를 관철하는 실행과 비용, 시간 문제에 집중되었다. 광역 네트워크의 중심인 정부 입장에서 가장 중요한 것은 직선제 개헌 국면의 전환과 사회적 혼란 상황을 반공 분위기 조성을 통해 통제하는 것이다. 감사원 자료에 의하면, 이 사건은 북괴 음모 규탄 및 국내 급진 좌경 분자 척결 분위기 조성으로 국민 단합과 시국 안정을 유도하는 것이 목적이라고 밝히고 있다.[40] 따라서 금강산댐의 위협성, 평화의 댐 건설 등의 문제는 중요한 것이 아니었다. 정부가 의도한 것을 관철할 수만 있다면 국지 네트워크가 무엇을 하든 그것은 관심 밖의 문제였다.

역으로 국지 네트워크는 상대적으로 자율적인 협상 공간을 확보하기 위해 광역 네트워크의 이해관계 부여에 성공해야 한다. 그 이해관계 부여는 '금강산댐 폭파 가상 실험 미니어처'로서 침수도의 개발과 확산을 통해 허위

---

40) 감사원, 『감사백서(1993)』, 93쪽.

를 사실로 현실화시키는 것이고, 동시에 공포에 의한 동원이 가능토록 기술적·사회적 자원을 동원하는 것이었다. 이 이해관계 부여 과정은 성공적으로 수행되었다. 광역 네트워크의 의도인 정권 안정화와 정부, 보수 세력, 기업의 네트워크 공고화와 국지 네트워크의 다양한 매개물의 동원을 통한 이중 네트워크는 원활하게 확장·공고화되었다. 그러나 문제는 광역 네트워크에서 발생했다. 1987년 1월 박종철 고문 치사 사건이 발생했고, 이 문제는 '6월 항쟁'의 도화선이 되었다. 그 해 5월 26일 단행된 개각에서 평화의 댐 사건의 핵심 역할을 담당했던 안기부 장세동 부장이 실각했다. 국지 네트워크의 자율성을 보장하고, 광역 네트워크의 중심 행위자였던 안기부의 힘이 약화됨에 따라 국지 네트워크는 와해되기 시작했다. '6월 항쟁'의 진행은 광역 네트워크의 변동으로 직결되었다. 이 사건의 총괄 결정자인 전두환 전 대통령은 직선제를 수용함으로써 광역 네트워크의 유지 가능성은 유동적으로 변화되었다.[41] 또한 정권에 대한 국민의 신뢰 저하는 광역 네트워크를 유지하는 것도 어렵게 만들었다. 1987년 3월부터 성금은 거의 모이지 않았고 행위자인 국민의 관심도 금강산댐 위협에서 사회의 민주화 문제로 옮겨갔다.

이 문제를 지속적으로 추진해야 할 광역 네트워크도 와해 과정에 있었다. 따라서 궁극적으로 평화의 댐은 실패한 계획으로 정화(purification)되었다.[42]

---

41) 전두환 전 대통령은 1993년 8월 26일 대국민 성명에서 "'평화의 댐'과 관련한 사항도, 모든 정보 보고와 판단 자료를 제가 검토하고 심사숙고해서 최종적으로 결정하고 지시한 것임을 다시 한 번 분명히 밝혀두고자 합니다"라며, 평화의 댐 건설 과정의 모든 결정을 자신이 했음을 밝히고 있다. 최재승, 『물밑의 하늘』, 338쪽.

42) 매개와 반대 방향으로 작용하는 과정. 이 과정을 통해 연결망으로서 존재하는 하이브리드, 즉 인간 행위자와 비인간 행위자의 결합체가 분할되고 절단되며 순수한 주체와 대상, 사회(혹은 문화)와 자연이 추출된다. 브뤼노 라투르, 『우리는 결코 근대인이었던 적이 없다』, 홍철기 옮김(갈무리, 2009), 374쪽 용어 해설 부분.

1993년 문민정부에 들어서 평화의 댐은 전두환 정부가 조작했음이 지적되고 여러 매체를 통해 사실 확인이 요청되었다. 이런 흐름에 따라 감사원이 감사에 착수했고, 19건의 문제점 지적, 관계자 또는 기관에 주의 촉구, 시정, 개선 방안 강구를 통보함으로써 매듭지어졌다. 이것이 가능했던 것은 광역 네트워크로서 정치적 네트워크의 변동, 즉 '문민정부'의 등장 때문이었다.

> 중요한 지점은 과정의 우연성이 만약 우리가 사회적 그리고 기술적인 것 양자를 공평하게 다룰 준비가 되어 있을 때만 보여줄 수 있다는 것이다. 우리가 관심을 갖는 사회 기술적 과정들은 상호작용하며 불시에 나타난다. 그러한 과정과 운명은 쉽게 예견될 수 있는 것이 아니다. 그러나 그것이 결정적으로 중요한데, 왜냐하면 그것들이 현대세계를 형성하고 재형성했기 때문이다.[43]

평화의 댐 사건은 우리의 사고 속에 냉전 질서의 산물이라고 주장될 수 있을 것이다. 그러나 북한의 금강산댐 건설은 북한의 전력난 해결을 위한 사업이었고, 남한에 첩보로 입수되어 의도했건 아니건 상관없이 새롭게 재해독되어 금강산댐 위협으로 전환되었다. 여기에서 금강산댐 위협은 기술적 요소(댐 위치, 높이, 담수량, 지도, 하천 흐름, 지대 높이 등의 수치적 계산과 결합된 침수도)와 사회적 요소(분단에 의한 냉전적 질서와 심성)의 네트워크에 의해 블랙박스가 될 수 있었던 것이다. 따라서 분단 질서에서 냉전적 사건을 접근할 때, 우리는 사회적·기술적 문제 모두를 공평하게 다뤄야 한다. 사회적 과정과 기술적 과정은 상호작용하면서 우리가 예견하지 못하는 방향으로 불시에 돌출될 수 있다. 따라서 그런 우연성들의 중첩이 분단 질서를 형성하고 갱신하는 과정 그 자체라고 할 수 있다.

---

43) J. Law and M. Callon, "Engineering and Sociology in a Military Aircraft Project," p. 285.

5. 결론: 탈분단의 새로운 사회동학 모색

> … 사회적 환원주의, 즉 상대적으로 안정적 사회 범주들이 기술적 변화를 설명할 수 있다는 강령 그리고 반대 관점으로서 기술적 환원주의, 즉 기술적 변화는 자동적으로 사회를 형성한다는 관점 두 관점 모두는 일면적이고 불완전하며 잘못 인도하는 것이다. … 역으로 우리의 목표는 사회와 기술적인 것 양자는 단일한 과정에서 공동으로 창출된다고 주장한다. 이것이 우리가 한편으로 기술적 내용과 다른 한편으로 사회적 맥락 간을 구별 짓지 않는 이유이다.[44]

우리를 둘러싼 분단의 사물들과 인간들의 이종적 네트워크, 그리고 그 네트워크 과정에서 수많은 잡종과 연결망들이 만들어진다. "라투르가 지적하듯이, 우리는 의식적으로는 '정화'에 몰두(자연/ 사회, 과학/ 인문학의 구분)하고 있으면서도 행위로는 '번역'을 통해 수많은 잡종들과 연결망들을 양산"[45] 하고 있는 것이다. 지금까지 우리의 사고는 냉전은 전쟁이라는 비극과 이데올로기적 대립으로, 새로운 두 개의 국가의 다른 발전으로, 그리고 여전히 종결되지 않은 휴전 상태로서 일상적인 대립과 분쟁의 지속으로 이해되었다. 그렇다면 전쟁, 이데올로기, 서로 다른 국가의 길, 분단에 의한 일상적인 대립과 분쟁은 어떻게 구성되는가를 물어야 한다. 전쟁은 인간과 인간의 육박전만이 아니라 다양한 사물의 네트워크에 의한 과정이고, 이데올로기는 단지 흡수·내장되어지는 선험적인 것이 아니라 텍스트, 영상, 내러티브, 냉전 사물, 냉전 공간 등의 네트워크에 의해 경험적으로 구성되는 것이며, 일

44) 같은 글, pp. 295~296.

45) 김환석, 「'두 문화'와 ANT의 관계적 존재론」, 브뤼노 라투르 외, 『인간·사물·동맹』, 328쪽.

상적인 대립과 분쟁은 사건사(事件史)로서 다양한 사물의 복합적인 네트워크에 의해서 작동되는 것이다.

분단의 행위자-네트워크를 통해 탈분단의 사회동학의 길을 찾는다는 것은 지금까지 비대칭적으로 분절되어 있었던 사물을 대칭적으로 바라보는 것이다. 그리고 냉전적 사건을 다루는 것은 냉전 질서를 지속적으로 유지 또는 갱신하는 과정을 추적하는 것이다. 따라서 냉전적 사건의 이종적 네트워크 구성 과정을 들여다보고, 이 번역의 과정을 추적함으로써 '냉전 권력'의 효과를 알아보려는 것이다. "권력이 나오는 네트워크는 인간-비인간의 네트워크이고, 어떤 의미로는 인간은 다양한 비인간을 어떻게 조직하고 통제하는가에 따라서 더 큰 권력을 가질 수 있다."[46] 즉, 냉전적 사건을 통해 그 사건이 인간의 의도성에 의해 전적으로 전개되는 것이 아니라 인간과 비인간의 네트워크이고, 행위자인 인간이 냉전 사건을 통해 냉전 질서를 강화하기 위해 다양한 비인간을 어떻게 조직하고 통제하는가를 보려는 것이다. 역으로 이것은 분단 질서에서 탈분단의 새로운 사회동학을 모색함에서도 인간이 다양한 비인간을 어떻게 조직·통제하느냐에 의해 탈분단 권력을 더욱 확장·강화할 수 있는 길을 찾을 수도 있을 것이다.

평화의 댐 사건에서 침수도가 없었다면 그와 같은 강력한 네트워크가 구성될 수 있었을까? 단지 북한의 호전성에 그 근원을 두었다면 우리의 일상은 끊임없는 '비일상의 일상화'가 되었을 것이다. 침수도가 사실이든 허위에 의해 날조된 것이든 각종 인간-비인간의 이종적 네트워크에 의해 '불변의 가동물'로 모든 행위자를 조정·통제할 수 있었다. 만약 침수도의 기술적 문제점이 다른 사물을 통해 허위로 판명되었다면 침수도의 영향력은 극소화되었을 것이다. 우리는 탈분단의 사회동학이라는 측면에서 비인간인 기술의

---

46) 홍성욱, 「7가지 테제로 이해하는 ANT」, 30쪽.

민주주의 문제를 적극적으로 고민해야 하고, 또한 사물을 어떻게 대변할 것인지에 주목해야 한다.

> 그들의 말들은 이런 말들로 시작된다. "친애하는 여러분들께. 오늘 발표된 모든 사안들은 매우 구체적인 증거에 근거한 사실들입니다. 이것은 주장이 아닙니다. 우리가 여러분들께 전하려고 하는 것은 정확한 정보에 근거한 사실과 결론입니다." 사실과 주장의 차이가 이때처럼 오용되었던 적은 없었다.[47]

2010년 '천안함 사건'을 통한 '반북 네트워크' 형성의 힘은 폭침되어 들어올려진 천안함의 비참한 몰골이었고, 희생된 군인들의 모습이었다. '연평도 포격 사건'도 마찬가지로 포격당한 연평도 마을의 전경, 피어오르는 연기와 불, 방공호, 군사 장비 등이었다. 평화의 댐 사건도 침수도라는 사물에 의해 네트워크가 더욱 강화되었다. 우리는 사물의 목소리에 귀 기울여야 한다. 평화의 댐 건설은 금강산댐 위협이라는 '정확한 정보'에 근거한 사실로 제시되었으나, 광역 네트워크의 변동에 의해 1993년 감사원 감사 결과 거짓으로 판명되었다.

이 글은 분단의 행위자-네트워크에 의해 구성된 블랙박스로서 냉전 질서를 탈분단의 새로운 사회동학으로 해체하는 '입구 찾기'이다. 냉전적 사건을 접근할 때, 인간과 비인간, 사회와 기술 모두를 대칭적으로 바라보는 접근이 필요하고, 냉전의 사물들과 그것의 네트워크 구성을 추적함으로써 탈분단의 행위자-네트워크를 구성하기 위한 경로를 모색해야 한다. 또한 당대 결절되어 블랙박스가 되었던 것을 당연한 것으로 여기는 것이 아니라, 그것을

---

47) 브뤼노 라투르, 「현실정치(Realpolitik)에서 물정치(Dingpolitik)로: 혹은 어떻게 사물을 공공적인 것으로 만드는가?」, 브뤼노 라투르 외, 『인간·사물·동맹』, 269쪽.

가능하게 했던 인간-비인간의 이종적 네트워크를 추적해야 한다. 즉, "오랜 기간 인간들 간의 새로운 연합은 다른 동맹들(단어들, 관습들, 철, 나무들, 씨앗들, 비)을 통해 확장되고 확대되었[48]"던 것처럼 분단의 행위자-네트워크가 어떻게 새로운 연합을 구성해왔는지를 알기 위해서는 인간과 비인간의 네트워크를 추적해야 한다. 반대로 향후 탈분단의 사회동학을 발견하기 위해서는 새로운 연합을 구성하기 위한 인간과 비인간의 네트워크 구성을 고민해야 한다. 분단구조 환원론으로는 탈분단의 새로운 사회동학의 출구를 찾을 수 없기 때문이다.

> 과학자는 자신의 이익을 위해서 로비를 하는 것이 아니라 바로 이산화탄소, 멸종 위기에 처한 생물과 같은 '사물'의 대변인이다. 인간을 주체(subject)로 비인간(사물)을 대상(object)으로 구별을 하는 인식 속에서는 이런 접근이 낯설어 보이겠지만, 사실 이런 인간/비인간의 구분이야말로 인위적인 것이다.[49]

그리고 탈분단의 새로운 사회동학을 찾기 위해서는 경험적 접근으로서 어떻게 인간-비인간의 목소리를 대변할 것인가에 대해 고민해야 한다. 이것은 말할 수 없는 사물을 대변하는 것, 말할 수 있지만 말하지 못하는 인간의 목소리를 대변하는 문제이다.

---

48) M. Callon and B. Latour, "Unscrewing the big Leviathan: how actors macro-structure reality and how sociologists help them to do so," in K. Knorr-Cetina and A. V. Cicourel(eds.), *Advances in social theory and methodology* (Boston: Routledge & Kegan Paul), p. 300.

49) 강양구, "세균, 쇠고기, CO_2를 국회로 보내자!: [인터뷰] '백남준 국제예술상' 브뤼노 라투르 교수", ≪프레시안≫, 2010년 12월 17일 자. http://www.pressian.com/article/article.asp?article_num=50101217162724&sectio n=04(검색일: 2010.7.1)

참고문헌

국내 자료

감사원. 1993.『감사백서(1993)』.

김환석. 2010.「'두 문화'와 ANT의 관계적 존재론」. 브뤼노 라투르[브루노 라투르(Bruno Latour)] 외 지음. 홍성욱 엮음.『인간·사물·동맹: 행위자네트워크 이론과 테크노사이언스』. 이음.

내무부 민방위본부. 1993.『바른 정보 옳은 판단』.

대한민국정부. 1987.『행정백서』.

라투르, 브뤼노[라투르, 브루노(Bruno Latour)]. 2009.『우리는 결코 근대인이었던 적이 없다』. 홍철기 옮김. 갈무리.

_____. 2010.「현실정치(Realpolitik)에서 물정치(Dingpolitik)로: 혹은 어떻게 사물을 공공적인 것으로 만드는가?」. 브루노 라투르(브뤼노 라투르) 외.『인간·사물·동맹: 행위자네트워크 이론과 테크노사이언스』. 홍성욱 엮음. 이음.

로, 존(John Law). 2010.「ANT에 대한 노트: 질서 짓기, 전략, 이질성에 대하여」. 브루노 라투르(브뤼노 라투르) 외.『인간·사물·동맹: 행위자네트워크 이론과 테크노사이언스』. 홍성욱 엮음. 이음.

문화방송. 1987.『1987 문화방송 年紙』.

백원담. 2007.「냉전기 아시아에서 아시아주의의 형성과 재편 I」. ≪중국현대문학≫, 제42호, 31~84쪽.

안형준. 2010.「ANT관점에서 본 한국 최초 우주인 논쟁」. 브루노 라투르(브뤼노 라투르) 외.『인간·사물·동맹: 행위자네트워크 이론과 테크노사이언스』. 홍성욱 엮음. 이음.

이후재. 1986.「금강산댐 건설과 북한」.『통일한국』, 통권 36호.

최재승. 1994.『물밑의 하늘』. 최재승 의원실.

칼롱, 미셸(Michel Callon). 2010.「번역의 사회학의 몇 가지 요소들: 가리비와 생브리외만의 어부들 길들이기」. 브루노 라투르(브뤼노 라투르) 외.『인간·사물·동맹: 행위자네트워크 이론과 테크노사이언스』. 홍성욱 엮음. 이음.

홍성욱. 2010. 「7가지 테제로 이해하는 ANT」. 브루노 라투르(브뤼노 라투르) 외. 『인간·사물·동맹: 행위자네트워크 이론과 테크노사이언스』. 홍성욱 엮음. 이음.

국외 자료

Akrich, M., M. Callon and B. Latour. 2002a. "The Key to Success in Innovation Part I: The Art of Interessment." *International Journal of Innovation Management*, Vol. 6, No. 2, pp. 187~206.

_____. 2002b. "The Key to Success in Innovation Part II: The Art of Choosing Good Spokespersons." *International Journal of Innovation Management*, Vol. 6, No. 2, pp. 207~225.

Callon, M. 1986. "Some elements of a sociology of translation: domestication of the scallops and the fishermen of St Brieuc Bay." First published in John Law, *Power, action and belief: a new sociology of knowledge?*. London: Routledge, pp. 196~223.

Callon, M. and B. Latour. 1981. "Unscrewing the big Leviathan: how actors macro-structure reality and how sociologists help them to do so." in K. Knorr-Cetina and A. V. Cicourel(eds.). *Advances in social theory and methodology*. Boston: Routledge & Kegan Paul.

Latour, B. 1998. *On Recalling ANT*. Available at http://www.lancaster.ac.uk/sociology/research/publications/papers/latour-recalling-ant.pdf, pp. 2~3(검색일: 2015. 6.18)

_____. 2004. "Whose Cosmos, Which Cosmopolitics?: Comments on the Peace Term of Ulich Beck." *Common Knowledge*, Vol. 10, Iss. 3, pp. 450~462.

Law, J. and M. Callon. 1988. "Engineering and Sociology in a Military Aircraft Project: A Network Analysis of Technological Change." *Social Problem*, Vol. 35, No. 3, pp. 284~297.

Murdoch, J. 1998. "The Space of Actor-Network Theory." *Geoforum*, Vol. 29, No. 4, pp. 357~374.

기타

강양구. 2010.12.17. "세균, 쇠고기, CO_2를 국회로 보내자!: [인터뷰] '백남준 국제예술상' 브뤼노 라투르 교수". ≪프레시안≫. http://www.pressian.com/article/article.asp?article_num=50101217162724&section=04(검색일: 2010.7.1)

MBC. 2001.7.20. 〈이제는 말할 수 있다: 200억 톤 물 폭탄의 진실, 금강산댐 사건〉. http://blog.naver.com/lucas0213?Redirect=Log&logNo=40111531435(검색일: 2011.5.20)

제10장

북한 인권 문제와 한반도 분단체제

「2014 유엔 인권이사회 북한인권조사위원회 보고서」에 대한 비판적 독해를 중심으로

박순성

1. 북한 인권 문제에 대한 두 가지 접근: '인권 우선'과 '국가주권 수호'

유엔 인권이사회는 2013년 3월 21일 북한의 인권 상황과 관련한 결의안을 '표결 없이' 채택했다.[1] 결의안 4항에는 3인으로 구성되고 1년 동안 활동할 북한인권조사위원회의 설립에 대한 결정이 담겨 있다. 결의안에 따라 설립된 북한인권조사위원회는 2014년 2월 7일 두 개의 보고서를 인권이사회에 제출했다. 보고서 중 하나는 상세 보고서로서 북한 인권 상황에 대한 자세한 조사 결과와 인권침해의 맥락, 권고 사항 등을 담고 있고(A/HRC/25/

---

1) 이 결의안의 공식 문서번호는 A/HRC/RES/22/13이다. 2013년 3월 당시 47개 인권이사국(임기 3년, 매년 약 1/3 교체)에는 중국과 러시아가 포함되지 않았다. 중국과 러시아는 2013년 11월 12일 유엔 총회에서 새로 선출된 14개 인권이사국에 포함되었다. 북한인권조사위원회의 공식 명칭은 'the Commission of Inquiry on Human Rights in the Democratic People's Republic of Korea'이다.

CRP.1), 다른 하나는 요약된 주요 조사 결과와 권고 사항, 북한 및 중국 정부와 교환한 서신 등을 담고 있다(A/HRC/26/63).[2)]

통상적으로 유엔 조사위원회는 위임된 권한에 따라 조사하고 권고하는 범위와 성격이 달라질 수밖에 없는데, 2000년대 이후 국제사회에서 '보호책임(responsibility to protect: R2P)'이 강조되기 시작하면서 인권이사회가 설립을 주도한 조사위원회의 경우 조사 대상국의 인권침해가 '국제법 위반'에 해당하는지 확인하고 '인권침해 가해자'를 분명하게 밝히는 임무가 강조된다.[3)] 실제 북한인권조사위원회 설립을 결정한 2013년 3월 유엔 인권이사회의 북한인권결의안(5항)은 북한 내 인권침해가 '인도에 반하는 범죄(crimes against humanity)'에 해당하는지를 분명하게 밝힐 것을 요구하고 있다.[4)]

---

2) 두 보고서의 정확한 명칭은 "Report of the detailed findings of the commission of inquiry on human rights in the Democratic People's Republic of Korea"(A/HRC/25/CRP.1)와 "Report of the commission of inquiry on human rights in the Democratic People's Republic of Korea"(A/HRC/25/63)이다. 통일연구원은 두 보고서를 유엔 북한인권조사위원회의 요청으로 번역해 2014년 7월 「2014 유엔 인권이사회 북한인권조사위원회 보고서」(2014, 이하 '북한인권조사위원회 보고서' 또는 '조사위원회 보고서' 등으로 표기)라는 제목으로 발간했다.

3) "통상 유엔 조사위원회의 보고서는 관련 사실관계를 적시하고, 국제법 위반 여부를 명시하며, 관련국 및 개인의 책임성을 확인하고 추가적 필요 조치에 대한 권고 및 입증 기준(standard of proof)에 대한 설명이 포함되어야 한다." 김수암 외, 「유엔 조사위원회(COI) 운영 사례 연구」(통일연구원, 2013), 26쪽. 유엔 차원에서 '보호책임'의 기본 개념과 구상을 밝히고 있는 가장 기초적인 문건은 2009년 1월 유엔 총회에 제출된 유엔 사무총장의 보고서("Implementing the responsibility to protect: Report of the Secretary-General," 문서번호 A/63/677)이다.

4) 결의안 5항의 영어 원문은 다음과 같다. "the commission of inquiry will investigate the systematic, widespread and grave violations of human rights in the Democratic People's Republic of Korea … with a view to ensuring full accountability, in particular

결의안에 따라 북한인권조사위원회는 보고서에서 북한의 인권침해가 '인도에 반하는 범죄'에 해당하는지를 판단했다. 보고서에 따르면 "조사위원회가 수집한 증언 및 기타 정보에 근거해 판단한 결과, 북한 내에서 반인도 범죄가 저질러졌으며 이는 북한의 최고위층이 수립한 정책에 따른 것이다".[5] 자연히 조사위원회의 보고서에는 "유엔 안전보장이사회는 북한의 인권 실태를 국제형사재판소에 회부하여야 한다"(94조 a항)라는 권고가 담겼으며,[6] 북한 내 인권침해 가해자들이 국제사회에서 형사적으로 처벌될 길이 열렸다는 전망도 제기되었다.

유엔 인권이사회는 2014년 3월 28일 북한인권조사위원회의 권고 사항을 담은 결의안을 표결(찬성 30, 반대 6, 기권 11)로 통과시켰다.[7] 그런데 유엔 안전보장이사회의 상임이사국인 중국과 러시아가 결의안에 반대함에 따라, 유엔 안전보장이사회가 북한 인권 문제를 국제형사재판소에 회부할 가능성은 현실적으로 사라지고 말았다. 북한 인권 문제에 대한 국제사회의 태도가

---

where these violations may amount to crimes against humanity." A/HRC/RES/2 2/13, p. 3.

5) 통일연구원, 「북한인권조사위원회 보고서」, 20쪽.

6) 같은 글, 30쪽.

7) 이 결의안의 공식 문서번호는 A/HRC/25/L.17이다. 반대한 국가는 중국, 쿠바, 파키스탄, 러시아, 베네수엘라, 베트남 등이다. 국제형사재판소 회부와 반인도 범죄 책임자에 대한 제재와 관련한 내용은 결의안 7항에 담겨 있다. 제69차 유엔 총회 3위원회는 2014년 11월 18일 유럽연합 국가들이 주도한 북한인권결의안(A/C.3/69/L.28/ Rev.1)을 통과시켰다(찬성 111, 반대 19, 기권 55). 중국은 이 결의안에 대해서도 분명하게 반대 의견을 표명했다. 결의안을 논의하고 투표했던 3위원회 회의의 분위기와 각국의 발언에 대해서는 "Intensely Debating Targeted Country Reviews, Third Committee Approves Draft Texts on Iran, Syria, Democratic People's Republic of Korea"을 참조할 수 있다. http://www.un.org/press/en/2014/gashc4122.doc.htm(검색일: 2014. 12.1)

유엔 인권이사회와 총회의 결의안을 통해 대체로 수렴되는 것처럼 보이는 상황에서[8] 중국과 러시아 등의 반대는 북한 인권 문제를 둘러싸고 국가들 사이에 분명한 의견 차와 긴장이 존재함을 확인시켜준 것이다.

사실 제네바 주재 중국 대표부 대사는 이미 2013년 12월 30일 북한인권조사위원장에게 보내는 편지에서 "중국은 유엔 인권이사회에 의한 조선민주주의인민공화국 인권조사위원회 설립을 지지하지 않는다는 것을 다시 강조하고 싶습니다"라고 분명히 밝히면서 "국가의 주권 및 근본 이익을 수호한다는 전제 위에" 북한 인권 문제를 다루겠다고 강조한다. 또한 2014년 1월 24일 유엔 인권최고대표사무소에 보낸 문서에서 중국은 "건설적인 대화 및 협력을 통해 인권을 보호하고 증진할 확고한 의지"를 가지고 있음을 밝히면서 "국별 인권 사안을 포함한 인권 문제의 정치화를 반대"한다고 주장했다. 오히려 중국은 "인권이사회의 활동이 한반도의 평화와 안정에 도움이 되어야 한다"라고 밝히고 있다.[9]

유엔 인권이사회의 결의안이 보여주는 인권 원리 또는 인권 우선 전략과 중국이 보여주는 주권 원리 또는 국가주권 수호 전략 사이의 충돌은 국제사회에서 인권과 관련해 존재하는 주요한 관점 차이를 보여주는 현상인데,[10]

---

8) 유엔은 인권이사회(2006년 이전 인권위원회)와 총회 등에서 2003년부터 북한의 인권 상황에 관한 결의안을 표결을 통해 통과시켜왔으나, 2012년과 2013년 유엔 총회와 인권이사회는 표결 없이 결의안을 통과시켰다. 유엔 총회는 1991년 9월 남북한의 유엔 동시 가입을 가결했다. 결의안 채택 결과에서 나타나는 인권과 관련한 태도의 현상적 수렴에도 불구하고, 인권 문제의 정치화(politicization)와 이중 잣대(double standards)는 여전히 주요한 쟁점이 되고 있다.

9) 통일연구원, 「북한인권조사위원회 보고서」, 45~47쪽.

10) 이는 조사위원회 보고서의 '인권 우선 전략(a Rights up Front strategy)'과 중국 정부의 '주권과 근본 이익의 수호라는 전제(the premise of safeguarding national sovereignty and fundamental interests)' 사이의 충돌이다. "R2P는 국가주권과는 완전히 다른 비

이러한 관점 충돌은 남한 사회에서 더욱 첨예화된 형태로 나타난다. 무엇보다도 남한 사회에서 나타나는 북한 인권과 관련한 관점의 충돌은 남북한이 분단국이라는 점에서 더욱 복잡한 의미를 지닌다.

남북한은 1991년 9월 유엔에 동시 가입한 지 3개월도 되지 않아서 "쌍방 사이의 관계가 나라와 나라 사이의 관계가 아닌 통일을 지향하는 과정에서 잠정적으로 형성되는 특수관계라는 것을 인정하"는 「남북기본합의서」를 채택한다.[11] 이러한 합의에 따르면 남북한 사이에서 북한 인권 문제는 '조선민주주의인민공화국의 주권'을 강조하는 국가주권 수호 관점이 아니라 '한 민족의 통일되고 단일한 주권국가'라는 미래지향하에서 민족 구성원들의 인권을 보호한다는 인권 우선 관점에서 다뤄져야만 하는 것이 당연하다.

그러나 남북한은 국제사회에서 공식적으로 두 개의 국가일 뿐 아니라 '1민족 2국가'의 분단국으로서 국가 차원의 갈등과 대립을 지속하고 있기 때문에, 남한이 잠정적인 특수관계를 강조하면서 북한 인권 문제에 현실적으로 개입하기는 쉽지 않다. 오히려 북한 인권 문제에 대한 남한의 직접적 개입은 남북한이 합의한 체제 인정과 존중, 내부 문제에 대한 불간섭이라는 「남북기본합의서」의 근본정신을 부정하고 남북 사이의 화해와 협력을 거부하는 행동으로 해석될 수도 있다.[12] 분단체제의 특성 때문에 본질적으로 적

전에 근거한다. R2P 아래에서 주권은 보호 책임이다. 그리고 만약에 한 개별 국가가 시민에게 보호를 제공해주지 못한다면, 국제 공동체가 이 책임을 떠맡을 것이다." S. C. Carey, M. Gibney and S. C. Poe, 『인권의 정치학: 국가권력과 인권』, 임상순 옮김(북스힐, 2013), 180쪽.

11) 「남북 사이의 화해와 불가침 및 교류·협력에 관한 합의서」(1991.12.13, 이하 「남북기본합의서」)의 전문. http://dialogue.unikorea.go.kr/home/agreement/southnorth/35(검색일: 2014.10.25)

12) 「남북기본합의서」 제1장 남북화해, 제1조 "남과 북은 서로 상대방의 체제를 인정하고 존중한다", 제2조 "남과 북은 상대방의 내부문제에 간섭하지 아니한다."

대적일 수밖에 없는 상태에서 남북한이 화해와 협력을 의도적으로 추구하지 않는다면 남북한의 갈등과 대립은 한반도 전체의 안보 불안으로, 그리고 남북한 인권의 악화로 이어질 것이다.

'분단국가' 남북한이 합의한 특수관계의 기본 내용은 한편으로는 인권 우선의 관점을 정당화하는 근거가 될 수도 있지만, 다른 한편으로는 국가주권 수호의 관점을 정당화하는 근거가 될 수도 있다. 바로 이러한 매우 특수한 이유 때문에 현재 남한 사회 내부에서는 '인권 우선' 관점과 '국가주권 수호' 관점이 북한 인권 문제와 관련해, 특히 이른바 '북한인권법' 제정 및 북한 인권 개선 방법을 둘러싸고 '인권근본주의'와 '정치현실주의'라는 변형된 형태로 충돌하고 있기도 하다.

북한 인권 문제를 둘러싸고 국제사회뿐 아니라 남한 사회 내부에서 나타나는 이러한 관점의 충돌을 고려할 때 북한 인권 상황을 효과적으로 개선할 수 있는 단순하고 일관된 접근법을 찾기란 어려울 수밖에 없다. 실제로 유엔 북한인권조사위원회 보고서는 인권 우선 관점에서 북한 주민 인권을 체계적으로 침해하는 북한 당국의 행위에 대한 엄정하고 신랄한 고발을 담고 있으면서도, 인권침해 요인과 인권 개선 과정의 복잡성에 대한 인식을 바탕으로 여러 행위 주체에 대해 다양하면서도 복합적인 권고를 제시하고 있다.

이 글은 이러한 문제의식에서 출발해 유엔 북한인권조사위원회의 보고서를 비판적으로 검토한 후[13] 북한 인권을 개선할 수 있는 정책 대안을 제시

---

13) 여기에서 '비판적 검토'는 보고서의 분석이나 주장을 '전면적으로 부정하고 반대하는 관점'에서의 검토를 의미하기보다는 보고서의 의미와 가치, 한계를 충분히 따져서 밝혀내기 위한 작업을 의미한다. 인권 문제 자체의 복잡성, 인권 개선의 실질적 난관과 장기적 성격, 그리고 특히 분단체제로 인한 북한 인권 문제의 특수성 등을 고려할 때 북한 인권을 개선할 수 있는 '단순하고 효과적인 방안'은 구상하기도 힘들 뿐 아니라 추진·집행하기도 쉽지 않다. 이런 점에서 이 글은 북한인권조사위원회 보고서 자체

하려고 한다. 2~4절에서는 조사위원회 보고서에서 제시된 북한 인권의 실태와 원인에 대한 분석, 인권 개선을 위한 권고 사항 등을 검토할 것이다. 5절에서는 한반도 분단체제의 특성과 남북한의 특수관계를 고려할 때 도출될 수 있는 북한 인권 개선 방안을 제시할 것이다.

2. 북한 인권침해의 실태와 조사·평가 방법

북한인권조사위원회 보고서는 북한 주민들이 겪고 있는 '조직적이고 광범위하며 심각한 인권침해'의 사례들을 담고 있다. 인권침해의 목록을 나열하는 것만으로는 인권침해의 실상을 구체적으로 보여주지 못하겠지만, 유엔 북한인권조사위원회가 제시한 인권침해의 목록은 북한에서 일어나고 있는 인권침해의 심각성을 충분히 보여준다. 목록은 아래와 같다.[14]

- 사상, 양심, 종교의 자유 및 언론, 표현, 정보, 결사의 자유에 대한 완전한 부정
- 국가가 지정한 성분 제도에 따른 차별, 여성에 대한 차별, 장애인에 대한 차별
- 이동과 거주의 자유 침해, 특히 국내 일부 지역에서의 추방, 해외여행 금지 및 강제 송환
- 식량권, 생명권 및 굶주림으로부터 자유로울 권리 등의 침해
- 자의적 구금, 고문, 사형, 정치범수용소로의 감금 및 정치범수용소 내의

를 부정하지 않고, 북한 인권 문제를 더 잘 이해하고 북한 인권 개선을 더 효과적으로 할 수 있는 방안을 찾기 위한 노력의 하나로 북한인권조사위원회 보고서를 '말 그대로' 비판적으로 검토한다.

14) 통일연구원, 「북한인권조사위원회 보고서」, 7~21쪽. 더 자세한 내용은 상세 보고서의 4장과 5장 참조.

인권침해[15]

· 외국인의 납치와 강제실종

조사위원회에 따르면 북한 내에서 일어났고 또 일어나는 인권침해 중 상당수는 반인도 범죄에 해당되고, "이는 북한의 최고위층이 수립한 정책에 따른 것이다". 자연히 "북한 내에서 반인도 범죄가 지속되고 있는 이유는 그러한 반인도 범죄의 핵심에 자리(하)고 있는 북한의 정책, 제도 및 불처벌(impunity) 양태가 여전히 남아 있기 때문"이다. 또한 "조사위원회는 특히 1990년대 당시 굶주리는 주민들에 대해 반인도 범죄가 이뤄졌다고 판단한다".[16] 조사위원회는 북한에서 벌어진 반인도 범죄의 직접적 피해자들을 아래와 같이 제시한다.[17]

· 북한 내 정치범수용소에 구금된 약 8만 명에서 12만 명에 이르는 수감자들
· 통상적인 구금 시설에 수용된 (정치범을 포함한) 수감자들
· 북한을 탈출하려고 한 사람들, 특히 중국에서 강제로 북한에 송환된 사람들
· 기아로 죽은 사람들
· 기독교인을 포함한 다른 종교의 교인들
· 체제에 유해한 영향을 가져온다고 생각되는 사람들(예를 들면, 외국 영화를 들여오는 사람들, 혹은 남한 국민들과 접촉한 북한 주민들)

---

15) "북한의 정치범수용소에서는 고의적 굶주림, 강제노동, 처형, 고문, 성폭행, 처벌에 의해 부과되는 생식권 박탈, 강제 낙태 및 영아 살해 등으로 인해 수감자의 수가 점차 감소해왔다." 같은 글, 16쪽.

16) 같은 글, 20~21쪽.

17) UN Commission of Inquiry on Human Rights in the DPRK, "Questions and Answers on the Report of the UN COI on HR in the DPRK(17 February 2014)," p. 3.

유엔 조사위원회의 성실성과 헌신성에 비추어볼 때 북한 내 인권침해의 범주와 피해자에 대한 조사 결과는 북한 인권의 실상에서 크게 벗어나지 않을 것이다. 실제 북한인권조사위원회 보고서의 핵심 내용은 지난 20여 년간 국내에서 수집, 축적되어 검증된 자료들의 내용과도 크게 다르지 않다.[18)]

이러한 전제에서, 아래에서는 조사위원회가 발표한 북한의 인권침해 실태 및 조사·평가 방법과 관련해 네 가지 정도의 의견 또는 단서를 제시하고자 한다. 첫째, 북한 내 인권 실태에 대한 사실 확인과 검증이 더욱 엄밀하게 이루어져야 한다. 북한과 같이 철저하게 통제되고 단절된 국가에서 일어나는 인권침해의 경우에는 피해자들과 피해자들 주변의 증언이 가장 일차적인 정보일 수밖에 없으므로 그러한 증언은 최대한 존중되고 증언자들은 보호되어야 한다. 그러나 다양한 방법을 사용해 증언의 신빙성과 '합리적 근거'를 검증하고 새로운 정보를 발견하려는 노력이 지속되어야 한다.[19)] 최근 북한의 인권침해 사례에 관한 보고서들이 보여주는 기존 주장을 반복해서 언급하거나 자가 인용 또는 자기 참조(self-reference)를 하는 경향, 그리고 다양한 경험적·실증적 자료를 활용해 인권침해와 관련한 전언이나 간접 증언을 검증하려는 노력을 충분히 기울이지 않는 경향 등은 자칫 북한의 심각한 인권 실태와 관련한 공유 인식의 기반이나 인권침해의 사례에 대한 신뢰

---

18) 한국 통일연구원은 1996년부터 매년 『북한인권백서』를 발간해 북한의 인권 실태를 시민적·정치적 권리 실태, 경제적·사회적·문화적 권리 실태, 취약 계층 인권 실태, 탈북자 인권 실태, 인도주의 사안 등으로 나눠 발표하고 있다.

19) 국제엠네스티(Amnesty International)의 라지브 나라얀(Rajiv Narayan)은 북한인권조사위원회가 부딪치게 될 도전으로 "북한에서 일어나는 행위를 검증·확인시켜줄 정보를 구하는 데(에서의) 어려움"과 "인권침해에 대한 정보의 시점"의 문제를 들고 있다. 라지브 나라얀, 「유엔 인권메커니즘, 조사위원회, 그리고 북한의 인권침해 실태」, 통일연구원 KINU 학술회의총서 13-01, 『유엔 인권메커니즘과 북한인권 증진방안: 제3회 통일연구원 샤이오 인권포럼』(통일연구원, 2013), 69쪽.

도를 무너뜨릴 수 있다.[20]

둘째, 인권침해 실태에 대한 보고나 평가가 북한체제 자체를 '악마화'하고 '예외화'함으로써 체제 자체의 변화 가능성을 부정하거나 외부의 힘에 의한 체제 전환을 정당화하는 근거가 되어서는 위험하다. "북한에서 벌어지는 인권침해의 심각성과 규모, 그리고 본질은 현대사회의 어떤 국가에서도 찾아볼 수 없다"[21]라는 주장은 명제의 극단적 성격 때문에 보고서 자체의 신뢰

---

20) 헤이즐 스미스(Hazel Smith)는 군사·안보 패러다임에 매몰되어 북한 인권 문제조차 북한 핵무기 개발 문제에 연결시켜 다루려고 하는 '안보중심화' 경향의 근본적 문제점을 비판하면서 북한 인권과 관련된 국가기관이나 국제기구의 보고서들이 "기존의 주장들을 반복적으로 언급하고 있을 뿐이지 비판적으로 분석되거나 조사된 자료를 언급하는 것이 아니다"라고 주장한다. 헤이즐 스미스, 「북한은 반인도적 범죄국가인가: 식량권 침해에 대한 '상식'화된 가설 분석」, ≪창작과 비평≫, 통권 161호(2013), 499쪽. 이러한 '안보중심화' 경향은 자칫 '인권 우선 관점'의 진정성을 의심받도록 할 수 있다.

21) 통일연구원, 「북한인권조사위원회 보고서」, 22쪽. 북한인권조사위원회 상세 보고서("Detailed Report," pp. 349~351)는 5장 H절[정치적 집단살해죄(political genocide)의 해당 여부]에서 지난 50여 년간 북한의 정치범 수용소 및 기타 구금 시설에서 수십만 명이 절멸되었다(exterminated)고 주장하면서, 이는 '계획적 집단 학살(genocide)'에 버금가거나 또는 '정치 학살(politicide)'로 기술될 수 있다고 언급한다. 이러한 주장은 북한의 인권침해가 제2차 세계대전 당시의 유대인 학살이나 제2차 세계대전 이후 여러 곳에서 벌어진 다른 제노사이드(genocide)에 버금가는 반인도 범죄라고 말하는 것이고, 자연히 북한 정권을 '악마화', '예외화'하는 근거로 활용된다. 그런데 정치범 수용소 등에서 수십만 명이 절멸되었다는 주장의 근거로 상세 보고서("Detailed Report", 각주 1169; 「북한인권조사위원회 보고서」 후반부, 410쪽)에서 제시되는 정치범 수용소의 추정 연간 평균 사망률(10%)과 사망자수(31년간 39만 5500명)는 여전히 검증·확인되지 못하고 추정되고 있을 뿐이다. 한편, 기아로 죽은 사람들이 과연 반인도 범죄의 희생자인지에 대해서는 논란이 여전히 남아 있다. 로베르타 코헨(Roberta Cohen)이 적절히 지적하고 있듯이 "기아로 죽어가는 사람들이 오로지 심각한 인권침해 행위의 결과인지에 대한 '논의는 아직 열려' 있다". 로베르타 코헨, 「북한

도를 떨어뜨릴 뿐 아니라 나아가 자칫 북한 체제 자체를 '변화가 불가능한 악의 축'으로 규정함으로써 북한의 인권 상황을 개선할 수 있는 현실성 있는 정책 대안들을 원천적으로 배제하고 북한 체제에 대한 비/반인권적이고 비/반평화적인 개입 정책을 정당화하는 데 악용될 수 있다.[22] 항상 염두에 두어야 할 점은 북한에서 일어나는 조직적이고 광범위한 인권침해가 인류사에서 결코 특수하고 유일한 현상이 아니라는 사실이다.

셋째, 북한의 인권침해와 관련해 인권의 다양한 범주와 항목에 대한 포괄적이고 균형 잡힌 평가가 필요하다. '시민적·정치적 권리 규약(규약 B)'이나 '경제적·사회적·문화적 권리 규약(규약 A)' 중 하나에 지나치게 비중을 부여하는 태도는 적절하지 않다.[23] 북한인권조사위원회는 두 규약에 실린 권리들에 대해 비교적 자세한 논의를 시도하고 있으나, 여전히 경제적·사회적·문화적 권리와 관련해서 식량권을 제외하고는 충분한 논의가 부족하고, 또한 식량권에 관한 논의가 시민적·정치적 권리로 환원되는 경향을 보인다.

과 유엔 조사위원회」, 통일연구원 KINU 학술회의총서 13-01, 『유엔 인권메커니즘과 북한인권 증진방안: 제3회 통일연구원 샤이오 인권 포럼』(2013), 185쪽. 북한의 기근을 반인도 범죄로 보는 관점에 대한 비판은 헤이즐 스미스, 「북한은 반인도적 범죄국가인가」를 참조할 수 있다.

22) "북한 인권에 대한 면밀한 분석의 부재가 정책대안이 전쟁뿐이라는 결과로까지 좁혀지는 과열된 정책 환경을 만들어내고 유지하는 데 기여한다." 헤이즐 스미스, 「북한은 반인도적 범죄국가인가」, 515쪽. 원문을 평이하게 해석하면 다음과 같다. "북한 인권에 대한 면밀한 분석이 이뤄지지 않는다면 과열된 정책 환경이 만들어지고 유지된다. 이러한 정책 환경하에서는 정책 선택의 폭이 좁아져서 결국 전쟁이 일어나는 지점에까지 이르게 된다." 스미스 글의 영어본은 통일연구원, 『유엔 인권메커니즘과 북한인권 증진방안』, 299~325쪽에 실려 있다.

23) 북한 인권침해와 관련해 남한 사회 내부에서 보수진영은 시민적·정치적 권리를, 진보진영은 경제적·사회적·문화적 권리를 강조하는 경향을 보이고 있다.

인권의 다양한 범주와 항목에 대한 포괄적인 논의와 인권침해 원인에 대한 균형 잡힌 분석이 필요한 것은 단순히 인권의 보편성, 불가분성, 상호의존성이라는 특성 때문만이 아니라 인권 개선의 현실적 대안 발견이나 정책 우선순위 결정에서도 포괄적이고 균형 잡힌 평가가 결정적 역할을 하기 때문이다. 나아가 북한의 인권 상황이 북한의 사회·경제적 발전, 한반도 평화 등과 관련이 있다는 측면에서 발전권과 평화권에 대한 고려도 반드시 필요하다.[24]

넷째, 인권과 관련해 최근에 나타난 북한의 법·제도 및 정책 변화에 주목해야 한다. 북한 정부가 인권 문제와 관련한 국제사회의 압력에 대응해 법·제도나 정책을 변화시켰을 때[25] 이는 몇 가지 점에서 중요하다. 무엇보다도 이러한 변화는 국제사회의 압력이 실제로 상당 정도 작동하고 있다는 사실을 확인시켜준다. 일단 북한 지도부가 국제사회의 압력에 반응을 보이기 시

24) 북한 인권과 관련해 새롭고 포괄적인 접근을 모색하는 연구로는 통일연구원 북한인권연구센터 편, 『북한인권 이해의 새로운 지평』(2012), 2부; 서보혁 엮음, 『인간안보와 남북한 협력』(아카넷, 2013) 참조.

25) 인권과 관련한 북한의 법·제도 및 정책 변화와 관련해서는 통일연구원, 『북한인권백서 2014』; 이규창, 「북한인권법제 동향과 분석 및 평가」, 통일연구원 북한인권연구센터 편, 『북한인권 이해의 새로운 지평』 참조. 최근 북한이 국제사회의 인권 개선 압력에 대해 보여준 주요 대응들은 유엔 인권이사회의 보편적 정례 검토 참여(2014.5.1), 유엔 아동권리협력 선택의정서 서명(2014.7.9), 자신들의 인권 보장 제도와 인권 향유 실태, 인권 개선 노력, 인권 보장과 관련한 주요 난관 등을 담은 보고서 「조선인권연구협회 보고서」(2014.9.13) 발행 등이 있다. 한편, 2014년 9월 27일 "유엔 총회 연설에서 리수용 북한 외무상은 '공화국 정부는 우리를 적대시하지 않는 나라들과 평등한 기초 위에서 인권 대화와 협력을 해나갈 용의가 있으며, 유엔을 비롯한 해당 국제기구들과 인권 분야에서 기술 협조와 접촉, 의사소통을 도모해나갈 용의가 있다'라고 밝혔다". 이광길, "리수용 북 외무상, 반기문 유엔사무총장 만나 '김정은 친서' 전달", ≪통일뉴스≫, 2014년 9월 28일 자. http://www.tongilnews.com/news/articleView.html?idxno=109142(검색일: 2014.10.26)

작한다면 그때부터 북한 인권 개선을 위한 핵심적 과제는 국제사회가 더 효과적이고 또 더 적절한 압력을, 때로는 유인책을 발견하고 시행하는가 하는 것이다. 한편 이러한 법·제도 차원의 변화는 북한 지도부의 인식 변화를 반영하고 있고, 아울러 북한 주민들의 의식이나 행동의 변화를 가져올 것이다. 북한 정부가 보여주는 법·제도 차원의 미세한 변화가, 그리고 그에 따른 북한 주민들 사이에서 나타나는 의식과 행동 차원의 작은 변화가 큰 변화를 가져온다. 국가는 인권침해의 당사자이기도 하지만, 인권 존중-보호-증진의 1차적 책임자이기도 하다.[26] 자연히 국가의 정책 변화는 주민들에게 영향을 미치지 않을 수 없다. 또한 어느 곳에서나 인권 신장은 궁극적으로 사회 구성원들의 의식과 행동, 그리고 사회 전체의 문화에 달려 있다.

3. 북한 인권침해의 원인: 전체주의국가, 실패국가, 분단체제

인권침해 피해자의 권리를 회복하고 보호하기 위해서는, 또한 중·장기적으로 인권을 존중하고 증진시키는 법·제도와 정책을 수립하기 위해서는 일차적으로 인권침해의 원인 또는 맥락을 파악하고 인권침해의 책임 소재나 가해자를 밝혀내야 한다. 북한인권조사위원회의 상세 보고서는 북한 내 인권침해의 역사적·정치적 맥락과 제도적·개인적·국제적 책임 소재를 자세히 밝히고 있다.[27] 여기에서는 인권침해의 역사적·정치적 맥락과 관련한 상세

---

26) 또한 바로 이러한 인권의 특성 때문에 인권침해 국가의 무력화나 해체를 야기할 섣부른 개입은 언제나 신중해야 한다.

27) 통일연구원, 「북한인권조사위원회 보고서」, 후반부 3장("북한 내 인권침해의 역사적·정치적 배경") 참조. 상세 보고서는 북한 인권침해의 역사적·정치적 맥락을 식민지배 이전의 역사, 일본의 식민 지배, 한반도 분단과 한국전쟁, 수령 체제의 수립, 김

보고서의 내용 중 요약 보고서에서도 다시 언급되는 내용을 다소 길게 인용하고자 한다.[28)]

> 조사위원회는 북한의 현재 인권 상황이 한반도의 역사적 경험으로 인해 형성된 것임을 강조한다. 유교적 사회 구조와 일제 강점기의 경험은 오늘날 북한의 지배적인 정치구조와 문화에 일정 부분 영향을 미쳤다. 한반도의 분단과 6·25 전쟁의 엄청난 참상, 그리고 냉전의 여파는 북한이 내부의 억압을 정당화하는 데 사용하는 고립주의적 태도와 외부 세력에 대한 혐오감을 낳았다. 북한에서 자행되고 있는 인권침해의 특수성 및 전반적인 규모는 유일 최고지도자, 정교한 지도 이념, 그리고 중앙 계획 경제에 기초하고 있는 유일 정당 정치 체제의 본질을 분석함으로써 더욱 쉽게 이해될 수 있다.
> 조직적이고 광범위하며 중대한 인권침해 … 는 단순히 국가의 월권 수준이 아니라 정치 체제의 필수 요소로서, 북한이 주장하는 설립 이상(ideals)과는 너무나도 동떨어져 있다. … 20세기의 정치학자들은 이러한 종류의 정치 조직을 전체주의국가라고 분류하였다. 이러한 국가는 소수의 권력 집단이 권위적인 지배를 하는 것으로 만족하지 않고 주민들의 생활의 모든 부문을 장악하며 정권에 대한 공포심을 주입시킨다. 북한은 전체주의국가의 많은 특성을 보인다. 한 개인이 이끄는 일당 통치는 현 최고지도자가 "김일성주의-김정일주의"라고 일컫는 정교한 지도 이념에 기반을 두고 있다.

조사위원회가 북한에서 역사적으로 형성된 정치문화, 전체주의적 정치체제와 지배 이데올로기 등을 인권침해의 주요 원인으로 지목하는 것은 적절

씨 왕조하의 권력 강화, 외부적 환경과 동학 등으로 나누어 설명하고 있다.

28) 통일연구원, 「북한인권조사위원회 보고서」, 7, 22쪽.

하다. 특히, 조사위원회가 정확하게 지적하고 있듯이, 전체주의국가에서 인권침해는 '정치체제의 필수 요소'이며, 일종의 체제 특수적(system-specific) 현상이다.[29] 자연히 전체주의국가에서 인권침해의 책임은 특정한 인권침해를 일으켰던 1차 행위자보다 국가체제와 법·제도에, 국가기구에, 권력 엘리트 전체에, 특정 권력 집단과 최고 권력자에게 귀속되는 경우가 대부분이다.

그런데 북한에서 일어나는 인권침해의 원인과 관련해 역사적 맥락과 전체주의국가의 특성을 강조하는 것만으로는 충분하지 않다. 역사적 맥락을 지나치게 강조하는 태도는 자칫 역사결정론 또는 역사숙명론으로 빠질 수 있다. 현재 인권이 잘 보호되는 사회도 인권의 개념과 인권을 보장하는 법·제도가 충분히 발전되지 않았던 과거를 가지고 있고, 또한 인권을 더 발전시켜야 할 과제를 안고 있다. 인권은 오랜 기간에 걸쳐 사회 구성원들의 정치·사회적 투쟁을 통해 민주주의가 발전하면서 '획득'되고 '구성'되었다. '인권을 침해하는 전근대적 사회 구조와 문화는 무엇인가'라는 질문과 함께 '어떤 환경과 조건하에서 인권을 향한 정치적 투쟁이 일어날 수 있는가'라는 질문이, 또는 '어떤 과정을 통해 하나의 정치공동체가 인권을 받아들이는 인식, 문화, 제도의 전환을 겪게 되는가'라는 질문이 중요하고 또 긴급하다.

북한체제의 전체주의적 특성만으로 북한의 인권침해를 설명하는 태도 역시 자칫 정치결정론이나 정치만능론으로 해석될 수 있다. 전체주의적 특성 못지않게 경제적·사회적 권리와 관련된 국가의 실패에 주목해야 한다. 북한

29) 야노스 코르나이(Janós Kornai)는 공산주의 체제의 국가 권력이 유지하는 전체주의적 관료제의 본질을 세 가지로 간결하게 요약한다. 첫째, 관료 기구의 영향력은 삶의 모든 영역으로 확장된다. 둘째, 관료 기구의 권력은 사회 전체에 침투하고 모든 시민에게 영향력을 행사한다. 셋째, 관료 기구는 어떠한 안정적인 법적 체계에도 종속되지 않는다. J. Kornai, *The Socialist System: The Political Economy of Communism* (Princeton University Press, 1992) 참조.

이 전체주의국가와 실패국가의 특성을 동시에 지니고 있긴 하지만, 선정(善政, good governance)이나 역량 강화, 발전 등의 문제는 전체주의국가를 무너뜨린다고 곧바로 해결되지 않는다. 전체주의체제가 종식된다고 해서, 곧바로 인권을 존중하고 보호하는 국가가 수립되지 않는다. 실패국가의 특성을 지닌 북한체제에서 드러나는 국가와 사회, 주민들의 주체적 역량의 한계에 대한 엄밀한 분석을 통해 북한의 주민과 국가기구가 자체의 역량을 강화할 수 있도록 하는 방안을 모색하고, 그러한 북한의 노력을 뒷받침할 국제적 지원 방안을 강구해야 한다.[30] 이런 점에서 현실적인 인권 개선 방안을 마련하기 위해서는 '인권 우선 관점'이 '국가주권 수호 관점' 또는 현실에 존재하는 국가의 문제와 결합되어야만 한다.

한편 조사위원회가 역사적 맥락을 강조하고 있기는 하지만, 한반도 분단의 형성과 작동 방식이 북한체제에, 그리고 북한의 인권 상황에 어떤 영향을 미치는지에 대해서는 충분한 분석이 이뤄지지 않았다.[31] 단순하게 요약한다면 미군과 소련군이 한반도 남북을 분할해 점령한 상황에서 통일되고 독립적인 국민국가를 수립하려는 민족 구성원들의 일반적 열망에 반해 각각 친미적인 대한민국(남한)과 친소적인 조선민주주의인민공화국(북한)을 세운

30) 한 예로 통일연구원 연구에 따르면 북한에서 국가 실패의 한 형태라고 할 수 있는 부패는 북한 주민의 인권에 긍정적이기보다 압도적으로 부정적인 영향을 미친다. 부패는 일종의 제도의 실패, 국가의 실패, 의식과 문화 차원에서 사회의 실패이다. 부패로 형성되는 '부적절한 거버넌스', '반사회적 개인주의', '인권 의식에 대한 무관심' 등을 극복하기 위해서는 '역량 강화를 통한 인권 개선'이라는 전략이 필요하다. 김수암·이금순·김국신·홍민, 『북한부패와 인권의 상관성』(통일연구원, 2012) 참조.

31) 조사위원회의 상세 보고서는 냉전의 영향, 남한 사회 내 국가보안법의 존재, 한국전쟁의 미-종식 등을 강조하고 있지만(통일연구원, 「북한인권조사위원회 보고서」 후반부, 79~81쪽), 한반도 분단 자체가 한반도 전체에 걸친 억압체제 형성의 구조적 원인이 되고 있다는 인식을 보여주고 있지는 않다.

행위 자체는 이미 반민족적이고 반민중적이었다. 한반도 분단 이후 세워진 두 개의 국가는 본질적으로 비민주적이고 억압적인 경향을 지닐 수밖에 없었다. 한반도에서 분단과 억압체제는 동시-구성되었다. 분단된 한반도 남북에서 비민주적인 정치체제가 형성되고 인권침해가 일어나는 것은 분단의 당연한 귀결이라고 해도 과언이 아니다.

더욱이 제2차 세계대전이 종식된 이후 미국과 소련이라는 두 강대국의 지원을 받는 정치 세력이 한반도에서 각각 국가를 수립하고 또한 두 국가 모두가 통일을 국가 목표로 내세운 것은 그 자체로 인권침해일 뿐 아니라 인권침해의 최악의 형태인 학살을 불러올 전쟁을 피할 수 없었다. 단지 '언제, 어떤 방식으로 전쟁이 일어날 것인가?'라는 질문만이 의미가 있었다.[32] 국제전으로 비화된 한국전쟁은 그 자체로 인간 존엄성을 파괴하는 비극이었을 뿐 아니라 정전협정으로 전쟁이 멈춘 뒤에도 여전히 비극으로 남아 있다. 무엇보다 완전한 종전이 이뤄지지 않고 평화협정이 체결되지 않은 상태에서 한반도는 냉전체제의 최전선이 되었다. 남북한의 지배 권력에게 체제경쟁과 군비 경쟁은 필수 불가결이었다. 한반도 남북에서 시민적·정치적 권리뿐만 아니라 경제적·사회적·문화적 권리는 제대로 보호되기 힘든 상황이었다.

분단과 억압체제의 동시-구성, 체제 경쟁과 군비 경쟁의 동시-작동은 남북한 모두에서 국가주의, 안보중심주의, 경제성장우선주의가 지배 논리로 자리 잡게 만들었고, 이러한 지배 논리는 남북한 모두에서 인권침해를 정당화하는 주요한 구성 요소로 작동했다. 사실 적대관계는 본질적으로 상호 의

---

32) "1948년의 역사 현장에 서 있던 한국인들은 평화적인 통일이 무산되면 한반도에서 무력 충돌, 즉 전쟁이 불가피할 것이며, 이 전쟁은 내부적 갈등과 외부적 개입의 결과일 것이라고 보았다." 이미 한국 사회의 당대 문화인들은 당시 일어나게 될 전쟁이 "내쟁 같은 국제전쟁이요 외전 같은 동족전쟁"이 될 것이라고 보았다. 정병준, 『한국전쟁: 38선 충돌과 전쟁의 형성』(돌베개, 2006), 81쪽.

존관계이기도 하다. 상호 의존적이고 적대적인 두 국가는 하나의 체제처럼 작동한다. 한반도에서 분단은 끊임없이 재생산되고 사회 전 영역에 영향을 미치는 분단체제로서 작동한다. 분단체제의 하위 체제인 남북한 모두에서 동일한 지배 논리가 작동하는 것은 당연하다. 따라서 이러한 분단체제는 본질적으로 억압체제일 수밖에 없다.[33] 근본적으로 분단체제의 남북한에서 작동하는 분단 권력, 분단체제 자체는 반-인권적 속성을 지니게 된다. 이런 점에서 1980년대 말 남한이 민주화되기 이전까지 억압체제와 인권침해는 남북한에 공통적이었다.[34]

분단체제의 작동 원리를 이해한다면 이제 북한의 인권침해 문제도 전체주의국가와 실패국가로 규정될 수 있는 북한의 국가적 특성에 초점을 맞추는 관점을 넘어서서 한반도 전체의 관점에서 바라볼 필요가 있다.[35] 인권

---

33) 분단체제의 개념에 관해 백낙청은 다음과 같이 말하고 있다. "남과 북이 서로 다른 사회를 만들어서 대립하고 있지만 사실 남과 북의 기득권세력은 다 같이 분단을 유지함으로써 이득을 보기 때문에 자기들이 입으로 뭐라 그러고 머리로 뭐라고 생각할지 몰라도 현실적으로는 공생관계에 있다. … 그런 의미에서 남과 북의 기득권세력이 한편에 있고 그 기득권세력이 유지하는 분단구조에서 손해를 보는 대다수 남쪽의 국민과 북쪽의 인민 들이 다른 한편에 있는, 이런 이해관계의 상충이 더 기본적인 사회구조, 엄밀한 씨스템은 아니더라도 체제 비슷한 것이 작동하고 있지 않느냐, 이게 분단체제론의 문제제기예요." 백낙청, 『2013년체제 만들기』(창비, 2012), 139~140쪽.

34) 민주화가 본격적으로 추진된 지 거의 30년에 이르고, 10년에 걸쳐 두 번의 진보 정부가 들어섰음에도 남북관계가 대립과 적대의 상황에 빠져들면서 분단체제의 하위 체제인 남한에서는 '국가보안법'이 다시 실질적 효력을 갖게 되고, 이른바 '친북한 세력'이라고 의심받는 집단에 대한 사상적 억압이 다시 살아난다.

35) '한반도 인권'의 관점을 특별히 강조하는 연구자는 서보혁이다. "국제사회의 일원이면서도 북한과 특수관계에 있는 남한의 입장은 북한인권을 '한반도 인권'의 관점에서 접근할 것을 제안한다. 국제사회가 북한인권을 상호존중의 자세에서 접근한다고 할 때, 남한의 입장에서 그것은 남북한이 다 함께 인권개선을 추구하고 그 과정에서 상

보호와 증진의 일차적 책임 주체가 국가임에도 불구하고, 지역적 차원이나 세계적 차원의 인권 체제는 개별 국가 차원의 인권 증진에 효과적으로 기여한다. 남북한의 인권 문제와 관련해서도 국가 중심의 접근이나 국가주권 차원의 접근이 아니라 한반도 차원의 접근이 필요하다. 한반도에 존재하는 분단체제를 극복하기 위한 노력, 곧 남북한의 화해와 협력을 통한 평화 정착과 자유로운 교류가 이뤄지는 '실질적 통일'의 달성은 북한에서의, 또한 남한에서의 인권 증진에 필수적이다. 분단체제는 북한뿐만 아니라 남한에서도 인권 의식의 강화를 막고 있다. 분단체제하에서 국가의 안보가, 체제 경쟁력의 강화가 여전히 분단 권력의, 다양한 권력 엘리트들의 반-인권적 태도를 정당화하는 수단이 되고 있고, 사회 구성원 전체의 인권 의식을 억누르고 있다. 당연히 분단체제 극복은, 한반도의 평화와 통일은 한반도 전체와 동북아 지역에서의 인권 증진에도 기여할 것이다.

4. 국제사회의 북한 인권 개선 노력과 조사위원회의 권고 사항

북한의 심각한 인권침해에 대한 국제사회의 관심과 조사는 1980년대 말부터 국제적으로 인권침해를 감시하는 비정부 국제기구들에 의해 시작되었고, 1990년대 초부터는 유엔에서도 관심을 받기 시작했다.[36] 유엔 인권위원

호협력한다는 의미를 갖는다." 서보혁, 『북한인권: 이론·실제·정책』(한울, 2007), 405쪽. 한편, 분단체제의 관점은 결코 북한체제의 고유한 특성(전체주의국가이자 실패국가)을 부정하지 않는다. 오히려 분단체제론은 전체주의국가이자 실패국가인 북한체제가 다른 유사한 국가들과 달리 붕괴되지 않고 존속하면서 인권침해를 계속하는 이유를 더 체계적으로 설명하려는 것이다.

36) 1990년대 초반~2000년대 중반까지 나타난 북한 인권과 관련한 국제사회의 동향은

회는 2003년에 처음으로 북한인권결의안을 채택했고, 2004년에는 북한인권 특별조사관의 임명을 결정했다. 이후 유엔 총회에서 2005년부터, 또한 인권위원회가 확대되어 출범한 인권이사회에서 2008년부터 지속적으로 대북인권결의안이 채택되었다.

개별 국가 차원에서는 미국이 '북한인권법'을 2004년 10월 제정했고, 현재까지도 4년마다 연장하고 있다. 미국의 '북한인권법'은 북한 주민의 인권 신장을 위한 프로그램, 북한 주민에 대한 인도적 지원을 위한 프로그램, 북한 난민을 보호하기 위한 프로그램 등을 담고 있다. 일본은 북한에 의해 일어났던 자국민들의 납치 문제를 해결하고 북한 내 인권침해 상황을 개선하기 위한 조치를 담은 '북한인권법'을 2006년 6월 제정했다.

남한 사회에서는 이미 1950년대부터 정부가 중심이 되어 체제 경쟁과 이념 대결 차원에서 북한 인권 상황에 대해 문제를 제기해왔으나, 남한 내부의 인권침해 문제로 큰 호응이나 성과를 얻지 못했다. 1980년대 말 이후부터 남한 사회에서 민주화가 진척되면서 상황은 바뀌기 시작했다. 1990년대 중반 북한에서 대규모 식량 위기가 발생하자 남한의 시민사회는 한편으로는 북한에 대한 식량 지원 사업을 추진하고, 다른 한편으로는 북한 내 열악한 인권 상황에 대해 비판하기 시작했다. 이 시기 남한 사회에서는 북한 인권 문제만을 다루는 시민단체들이 만들어졌고(대표적으로 1996년 5월 북한인권시민연합 설립), 북한의 인권 실태를 조사한 보고서들이 발간되기 시작했다.[37)]

같은 책, 5장 2절 참조. 또한 2006년 8월부터 연 2회 발간되는 통일연구원, 『북한인권: 국제사회 동향과 북한의 대응』 각 호; 통일연구원, 『북한인권백서』 각 연도 참조.

37) 북한 인권 개선을 위해 활동하는 국내외 NGOs에 대해서는 이원웅, 「북한인권 NGO 네트워크 연구: 이념, 조직, 전략」, 통일연구원 북한인권연구센터 편, 『북한인권 이해의 새로운 지평』(2012); Soh C. & Y. E. Kim, "Regional Governance of North Korean Human Rights," ≪국제관계연구≫, 제19권 제1호(2014) 참조. 국내에서 발

2001년 11월 독립적 국가기구로 출범한 남한의 국가인권위원회도 북한 인권 문제에 대한 관심을 기울이기 시작했다.[38] 또한 2005년 6월부터 대한민국 국회에서 북한 인권 개선과 관련한 법률안이 발의되기 시작했다.[39] 그리고 한국 정부는 2006년 11월 제61차 유엔 총회에서 처음으로 북한인권결의안에 찬성했다.

지금까지 남한을 포함해 국제사회는 북한의 인권침해 상황에 대해 지속적으로 조사, 감시, 고발해왔지만, 북한 내 인권침해가 여전히 심각함에 따라 인권 개선에 큰 기여를 하지 못한 것으로 통상 평가되고 있다. 이러한 평가 때문에 유엔 북한인권조사위원회는 보고서에서 "북한이 유엔 회원국으로서 인류의 양심에 충격을 주는 범죄를 포함하는 정책을 수십 년간 추구해왔다는 사실은 국제 공동체의 대응이 부적절하지 않았는지 의문을 제기한다"라고 언급하고 있다.[40] 이러한 조사위원회 평가가 사실에 크게 어긋나지 않는다고 할 수도 있겠지만, 그동안 북한 인권 개선을 위해 국제사회가 추진해왔던 활동과 정책의 성과나 내용에 대해서는 몇 가지 조심스러운 재평가

간된 북한 인권에 대한 백서 또는 보고서에 대해서는 윤여상, 「북한인권의 실질적 개선방안은 무엇인가?」, 한국외교와동북아평화연구회· 국회입법조사처, "왜 북한인권결의안인가?" 토론회 자료집(2011.6.9), 27쪽 참조.

38) 국가인권위원회는 2006년 12월 11일 "북한인권에 대한 국가인권위원회의 입장"을 발표했다. http://www.humanrights.go.kr/04_sub/body02.jsp?m_link_url=04_sub/body02.jsp&m_id1=72&m_id2=75&m_id3=&m_id4=&flag=VIEW&SEQ_ID=555184(검색일: 2014.10.27)

39) 남한 사회에서 북한인권법과 관련한 논의 과정과 입장 차이에 대해서는 윤여상, 「북한인권법 제정과 북한인권정책의 추진방향」, ≪시대정신≫, 제51호(2011); 통일연구원, 「북한인권 개선을 위한 입법 추진방향」, 북한인권법 제정 관련 국회정책토론회 자료집(2014.2.6) 참조.

40) 통일연구원, 「북한인권조사위원회 보고서」, 23쪽.

가 필요하다.

첫째, 조사위원회의 소극적이고 비관적인 평가에도 불구하고 국제사회의 관심과 압박이 전혀 효과가 없었던 것은 아니다. 앞에서도 언급했듯이 북한 정부는 국내적으로 또 국제적으로 인권 문제와 관련한 정책적 대응을 해왔다. 무엇보다도 "북한은 2009년 4월 헌법 개정 시 인권 조항을 명시한 후 인권 법제를 지속적으로 정비해오고 있다. … 북한은 이를 통해 외부의 비판에 대응하는 모습을 보여주고 있다".[41] 또한 북한은 유엔 인권기구에 국가정기보고서를 제출하기도 했다.[42] 2014년 중반부터는 국제사회의 인권 압력에 대해 더욱 적극적으로 대응하고 있다.[43] 북한은 국제사회의 압력에 대해 한편으로는 거부와 역공 등의 방식으로 반발하기도 하지만, 다른 한편으로는 선택적 협조와 국내법 개정 등의 방식으로 민감하게 대응하기도 한다.[44]

둘째, '국제사회의 대응이 부적절하였을지도 모른다'라는 조사위원회의 문제제기와 관련해서 단순히 북한에 대한 압박의 부족이라는 관점이 아니라 북한에 대한 정책의 적절한 방향과 수준이라는 두 관점에서의 반성이 필요하다. 분단체제하에서 자신의 국가와 정권이 끊임없는 안보 위협에 직면

---

41) 통일연구원, 「북한인권백서 2013」, 12~13쪽. 2009년부터 2013년 말까지 북한이 정비한 인권 법제의 목록은 통일연구원, 「북한인권백서 2014」, 84~85쪽 참조. 물론, 「북한인권백서」가 적절히 지적하고 있듯이 이러한 대응의 진정성이나 실질적 효과는 여전히 부족하다.

42) "북한은 실제로 사회권위원회에 3차례(1984, 1989, 2002년), 자유권위원회에 2차례(1984, 2000년), 여성차별철폐위원회에 1차례(2002년), 그리고 아동권리위원회에 3차례(1996, 2002, 2007년)의 국가정기보고서를 제출하여 관련 조약감시기구의 검토를 받은 바 있다." 통일연구원, 「북한인권백서 2014」, 68쪽, 각주 3).

43) 각주 25) 참조.

44) 이원웅, 「국제사회 인권압력에 대한 북한의 인식과 대응: 비판적 평가」, 한국국제정치학회, ≪국제정치논총≫, 제47집 제1호(2007) 참조.

해 있다는 인식을 가지고 있는 북한 권력 집단에게는 인권 문제와 관련한 압박이 곧 체제 위협으로 다가올 것이다.[45] 더욱이 강한 압박은 강한 위협으로 평가될 것이고, 이는 강한 반발을 불러올 가능성이 높다. 더구나 1993년부터 시작된 북한의 핵무기 개발과 관련한 미국과 국제사회의 압력이 상존하는 상황에서 인권 문제와 관련한 국제사회의 감시와 고발은 북한 지도부에게 안보 위협으로 해석된다.[46] 이런 점에서 북한과의 협상에서 인권 문제와 안보 문제를 분리해서 접근하는 방안(탈-안보중심화)에 대한 실천적 고민, 또는 인권 문제 개선에 유리한 외교·안보 환경을 조성하려는 전략적 모색이 필요하다.[47]

셋째, 앞의 논의와 연결해서 말하면 북한처럼 인권침해가 체제의 특성 자체에서 나오는 경우에는 실질적인 인권 개선을 정책 목표로 분명하게 설정한다는 전제 위에서, 거시적 접근보다 미시적 접근을, 단기적 접근보다 중·장기적 접근을, 부분적 접근보다 포괄적 접근을, 근본주의적 접근보다 현실

---

45) 이런 관점에서 다음과 같은 지적은 매우 적절하다. "인권 문제를 북한체제 변화의 종속변수로 간주하고 체제 변화나 국제인권규범의 전면적 수용을 강요하는 접근 방법은 현 단계에서 실현가능성이 매우 희박하다." 같은 글, 229~230쪽. 북한 정권을 직접적으로 부정하거나 북한 체제의 전복을 전면에 내세우는 전략이나 운동은 이런 점에서 오히려 역효과를 가져올 수 있다.

46) 조사위원회 보고서가 언급하고 있듯이 인권침해가 북한체제의 특성이자 필수 요소라고 한다면 북한 권력 집단의 이러한 인식은 '합리적 반응'이라고 할 수 있다. 실제로 북한 정부는 인권 문제와 관련한 국제사회의 압박을 '전쟁 선포'로 간주하겠다는 태도를 보이고 있다.

47) 서창록과 김윤의는 '인권의 정치화(the politicization of human rights)'를 도모하는 대북인권정책에 대해 비판하면서 '원칙에 기반을 둔 인권정치(the principled politics of human rights)'를 제안한다. Soh & Kim, "Regional Governance of North Korean Human Rights" 참조.

주의적 접근을 추진하는 것이 더 효과적일 수 있다. 이와 관련해 이원웅의 주장을 직접 인용할 필요가 있다. 무엇보다도 "대북인권정책은 거시적 차원에서 북한체제를 비판하고 정치적으로 압박하는 접근방법보다 구체적인 인권 문제 해결을 촉구하고 협의하는 작은 틀로부터 북한의 협조를 얻어내는 협상전략이 바람직하다".[48] 또한 "북한인권운동이 지향하는 실질적 인권개선은 장기적인 목표로 추진되어야 하며 다양한 구조적 변수들을 고려하여야 할 것이다".[49] 이러한 관점에 기초해 현재까지 국제사회에서 추진되었던 다양한 형태의 북한 인권 개선 운동에 대한 재평가가 필요하다.[50]

넷째, 북한의 인권침해에 대한 국제사회의 대응과 관련해 한국 사회 내부의 논쟁으로부터 참조할 점이 있다. 북한 인권 문제가 한창 국제사회의 주목을 받던 시기인 1990년대 말부터 2000년대 중반까지 한국 정부는 한편으로는 대북포용정책을 통해 남북관계를 개선하고, 다른 한편으로는 '조용한 외교'를 통해 탈북 주민들을 보호하고 또 대북 지원을 통해 북한 내 인도적 위기를 해결하는 노력을 기울였다. '조용한 외교'와 정부 차원의 대규모 대북 지원에 대한 많은 비판이 있긴 했지만 이 시기에 북한의 인도적 상황은 개선되었다. 또한 북한은 국제기구들(유엔 산하 기구들, 비정부 기구들 등)과 다양한 관계를 맺게 되었다. 당시 북한에 들어갈 수 있었던 정부 또는 비정부 차원의 국제기구들은 북한과 국제사회 사이에서 서로를 이해하고 바라

---

48) 이원웅, 「국제사회 인권압력에 대한 북한의 인식과 대응」, 230쪽.

49) 이원웅, 「북한인권 NGO네트워크 연구」, 104쪽. 인권에 대한 보편주의적 관점이나 근본주의적 관점에 따른 대북 인권 정책이 갖는 한계에 대해서는 정영철·손호철, 「'보편적' 인권의 역사와 북한 인권 문제」, ≪현대정치연구≫, 제7권 제1호(2014) 참조.

50) 서청록과 김윤의가 제시하고 있는 북한 인권 개선을 위해 활동하는 행위자들의 분류는 유익한 참조가 된다. Soh & Kim, "Regional Governance of North Korean Human Rights," p. 261.

볼 수 있도록 해주는 주요한 통로이자 창이 되었다. 그리고 이를 통한 소통은 북한 당국뿐 아니라 궁극적으로는 북한 주민의 의식 변화를 가져오게 될 것이다.

북한 인권 개선을 위한 국제사회의 노력과 그러한 노력의 실질적 성과에 대한 재평가가 크게 틀리지 않았다면 '북한인권조사위원회 보고서'가 제시하고 있는 권고 사항들에 대한 평가는 조심스러울 수밖에 없다. 무엇보다도 보고서의 권고 사항들은 매우 다양하고 포괄적이지만, 동시에 체계적이지 못하고 정합적이지도 않다. 당연히 권고 사항들이 실질적인 효과를 거두기란 쉽지 않다고 판단된다. 조사위원회는 한편으로는 남북한 사이의 대화와 교류·협력 장려, 북한과 국제사회 사이의 접촉을 방해하는 장애물 제거, 북한 주민이나 북한 경제 전체에 대한 제재 거부, 인권과 관련한 대북 협력 및 기술적 지원 등을 권고하고 있으면서도,[51] 다른 한편으로는 매우 근본주의적이면서도 북한 체제 자체를 부정하는 권고 사항들을 제시하고 있다.

예를 들면 조사위원회가 북한에 대한 첫 번째 권고로서 "북한의 최고 지도자와 조선 노동당의 권력에 견제와 균형을 도입하도록 지체 없이 근본적인 정치적·제도적 개혁을 실행"[52]하라고 요구하는 것은 '선언적 의미'를 가지거나 '도덕적 자족감'을 충족시켜줄 수 있을지는 모르지만 결코 실질적 효과를 거두기는 힘들 것이다. 더욱이 이러한 첫 번째 권고가 "북한의 인권 실태를 국제형사재판소에 회부"하라는 유엔 안전보장이사회에 대한 권고와 결합될 경우에 인권조사위원회가 권고에 앞서서 강조하는 "북한과 인권에 대한 대화를 강화"하고 또한 "시민 간 교류를 통해 더 많은 변화를 모색"하며 "남북한 화해 의제(를) 수립"하는 일이 가능할지 의문이다.[53]

---

51) 통일연구원, 「북한인권조사위원회 보고서」, 29~31쪽.

52) 같은 글, 24쪽.

5. 북한 인권의 개선과 한반도의 탈-분단 전략

이제 두 가지 논의로 이 글을 마무리하려고 한다. 첫 번째는 지금까지의 논의를 바탕으로 북한 인권 개선을 위한 국제사회의 접근 방안을 제시하려고 한다. 두 번째는 한국 사회 내 북한 인권과 관련한 갈등을 검토하고 북한 인권 개선을 위해 한국 사회가 나아가야 할 방향을 간단히 제시하려고 한다.

북한의 인권침해는 지속되고 있고, 국제사회의 대응은 큰 성과를 거두지 못하고 있는 상황에서 북한 주민의 인권 상황을 개선할 수 있는 방안은 무엇인가? 과연 국제사회는 어떠한 접근을 해야 하는가?

'인권침해국가'를 '인권국가'로 전환시키기 위해서는 두 가지 방향의 노력이 필요하다.[54] 한편으로는 인권침해를 용인하거나 정당화하는 내적·외적 요인이나 환경을 제거해야 한다. 국가 안보에 대한 위협, 인권침해를 주도하는 사회 구성원들(예를 들면 강압적 국가기구의 관리들이나 경제 엘리트들), 예외의 규칙들(즉, 인권침해를 정당화하는 특정한 사법 체계나 가치·신념 체계) 등은 인권침해를 만연하게 하는 조건들이다. 이런 조건들을 없애는 작업이 필요하고, 이것은 바로 한반도 분단체제를 벗어나기 위한 탈-분단의 노력이기도 하다. 다른 한편으로는 인권침해 국가나 권력자들이 인권과 관련한 국제법이나 국제체제를 준수하도록 하는 조건들을 만들어야 한다. 적절한 국제 규범의 형성, 강대국의 국가이익, 국제화된 인권 운동, 인권침해 국가 내부의 인권 운동, 국제적 평판이나 영향력에 취약한 정치 엘리트 등이 국제 인권체제를 준수하도록 유도하는 조건들이다.

---

53) 같은 글, 24, 30쪽.

54) Park S., "Human Rights in North Korea and U.S. Policy," ≪북한연구학회보≫, 제9권 제1호(2005), 355~359쪽 참조.

이러한 두 방향의 노력 중에서도 '인권침해를 밀어내는 정책', 곧 분단체제를 해체하기 위한 한국의 노력, 무엇보다도 남북관계를 대립과 갈등이 아니라 대화와 협력의 방향으로 나아가도록 하는 정책이, '국제 인권체제의 준수를 끌어내는 정책'보다 단기적으로는 더 긴급하고 효과적이라고 할 수 있다. 사실 분단체제, 특히 남북한 사이의 적대적 관계와 군사·안보 차원의 충돌은 종종 북한체제의 전체주의적 성격과 국가 실패를 합리화할 수 있는 논리나 근거를 북한 지도부에게 제공했고, 지금도 제공하고 있다.

이러한 기본 정책 방향을 전제로 한 뒤, 다음에서는 북한의 인권침해를 최소한으로 억제하고 또한 중·장기적으로 북한을 인권 국가로 전환시키기 위한 국제사회의 대응 방안을 제시하려고 한다.[55]

첫째, 북한의 인권침해를 억제하고 궁극적으로는 완전히 사라지도록 만들기 위해서는 단기적인 정책과 중·장기적인 정책을 체계적으로 또한 구분해서 사용해야만 한다. 단기적으로 인권침해에 대한 감시와 고발, 때로는 개별 사안에 대한 국제적 캠페인이 인권침해를 억제하는 데 분명한 효과를 거둘 수 있다.[56] 이와 함께 중·장기적으로 북한체제를 변화시키는 노력을 기울여야 한다. 권력 엘리트의 의식과 법·제도를 변화시키기 위한 대화와

---

55) 세 가지 제안은 2~4절에서 제시된 「북한인권조사위원회 보고서」에 대한 비판적 독해의 결과를 '적극적 형태'로 정리한 것이다. 따라서 2~4절의 논의 중 일부가 반복되는 경향을 피할 수 없었다.

56) 통일연구원의 보고서에 따르면 "실용적 인권정책은 대결적 인권 개념에서 탈피하여 동독 주민들의 인권개선과 분단의 고통을 줄이기 위한 일종의 대안 모델로 볼 수 있다. 그러나 실용적 인권정책을 통해 동독의 인권상황이 개선되었는지는 의문이다. 이는 인도적 문제 해결이 동독의 인권개선을 실질적으로 보장하지 않는다는 것을 의미한다. 따라서 우리 정부는 북한 인권에 대한 규범적 비판과 인권침해를 개선할 수 있는 압박 수단들이 필요하다". 안지호 외, 『서독의 대동독 인권정책』(통일연구원, 2013), 140~141쪽. 문제는 '어떤 현실적인 압박 수단들이 존재하는가'이다.

협력이 필요하다. 유엔 인권기구뿐만 아니라, 비정부 국제기구들과 개별 국가들이 북한과의 인권 대화와 협력(예를 들면 기술적 지원)에 적극 나서야 한다.[57] 북한 주민들의 인권 의식과 역량을 강화하는 지원 프로그램이 체계적으로 구축되고 지속적으로 운영되어야 한다. 인권이 개선되고 난 뒤에 국제사회로 들어올 수 있도록 하는 것이 아니라, 국제사회에 들어옴으로써 인권과 관련한 국제 규범이 북한에 스며들고 또 북한 권력 엘리트들이 스스로 국제적 감시와 고발에 취약해지도록 만들어야 한다. 이러한 단기적 정책과 중·장기적 정책의 결합을 통해 국제사회는 북한 인권 문제와 둘러싼 '인권 우선' 관점과 '국가주권 수호' 관점의 충돌을 피할 수 있을 것이다.

둘째, 북한에 대한 국제사회의 대응이 체계적이고 포괄적일 수 있도록 북한 인권 개선을 위한 국제적 네트워크 형성과 국제적 활동 조정이 필요하다. 조사위원회 보고서에서 권고하는 "북한의 인권 상황에 대한 우려를 제기하고 인권 상황 개선을 주도할 인권협의체"를 만드는 노력을 국제사회가 해야 한다.[58] 인권협의체는 무엇보다도 정부 차원과 비정부 차원의 역할 분담, 국가 사이의 역할 분담, 특히 남한 정부의 특별한 역할 등에 대해 논의하고 효과적인 방안을 마련해야 한다. 예를 들면 단기적 차원에서 북한 인권침해에 대한 감시와 고발은 국제비정부단체들이 추진한다면, 중·장기적 차원에

57) 이러한 관점에서 최근 북한이 발표한 주장을 적절하게 활용하려는 노력이 필요하다. "우리는 인권대화를 반대한 적이 없다. 우리가 반대하는 것은 인권대화를 다른 나라들의 자주권을 유린하고 내정에 간섭하기 위한 도구로, 정권교체를 위한 범죄행위에 ≪합법≫의 외피를 씌우기 위한 수단으로 악용하는 것이다. 공화국은 앞으로도 국제인권분야에서 지닌 자기의 의무를 성실히 리행할것이며 공화국의 자주권을 존중하고 우호적으로 대하는 나라들과의 친선협조관계를 계속 발전시켜나갈 것이다." 「조선인권연구협회 보고서」 '맺는말' 직전에서 한 말.

58) 통일연구원, 「북한인권조사위원회 보고서」, 32쪽.

서 북한체제가 변화할 수 있도록 북한이 국제사회로 나올 수 있도록 환경을 조성하는 역할은 각국 정부가 협력 관계를 통해 맡아야 할 것이다. 단순히 북한에 압력을 넣기 위해 더 강한 국제인권협의체나 국제인권네트워크를 만드는 노력은 오히려 부정적 결과를 가져올 수도 있다.

셋째, 북한 인권 상황의 개선을 위해서 한반도 차원, 나아가 동북아시아 차원의 다차원적인 공동 노력이 필요하다. 한반도 인권체제나 동북아 인권체제의 형성은 북한의 인권침해 문제가 북한이 야기하는 안보 위협 문제로 환원되는 것을 막아준다. 이제는 인권 개선과 평화 구축을 동시에 진행할 수 있는 지역 차원의 방안을 본격적으로 고민할 때가 되었다. 바로 이러한 노력이 한반도 분단체제를 벗어나기 위한 지역 차원에서의 한반도 '탈-분단' 전략이다.[59] 또한 인권 문제와 안보 문제를 완전히 분리할 수는 없겠지만, 인권 정치가 안보중심화의 경향으로 나아가거나 안보 위협을 인권 대화를 거부하는 명분으로 삼지 않아야 한다.[60] 사실, 유엔 북한인권조사위원회의 보고서가 강조하고 있듯이, "북한의 인권 실태를 국제형사재판소에 회부"하

---

59) 흔히 한국 사회에서 많이 강조되고 있는 '동북아판 헬싱키 프로세스'가 바로 이것이다. 북한인권조사위원회의 보고서도 권고 사항의 마지막에 "역내 국가들은 협력을 강화해야 하고, 헬싱키 프로세스의 선례를 따르는 방안을 고려해야 한다"라고 제안하고 있다. 통일연구원, 「북한인권조사위원회 보고서」, 32쪽. 헬싱키 프로세스 방식의 한반도-동북아 적용 가능성에 대해서는 박경서·서보혁 외 지음, 『헬싱키 프로세스와 동북아 안보협력』(한국학술정보, 2012) 참조. 그러나 과연 헬싱키 프로세스가 동구 사회주의권의 인권 개선에 직접적이고 긍정적인 영향을 주었는가에 대해서는 비판적 연구가 필요하다. 이와 관련한 주요 연구로 고가영, 「헬싱키 협정의 이행과 소련의 인권운동」, 같은 책, 7장 참조.

60) 미국이 북한에 대해 실시하고 있는 위선적인 인권 압박 또는 인권의 정치화에 대한 비판은 H. Smith, "Brownback bill will not solve North Korea's problems," *Jane's Intelligence Review*(February 2004) 참조.

라는 권고에도 불구하고, “조사위원회는 북한 일반 주민들이나 북한의 경제 전체를 겨냥한 안보리 또는 양자 차원의 제재는 지지하지 않는다”.[61] 인권 문제에 대한 인권 원칙에 기초한 접근, 인도적 문제에 대한 인도적 원칙에 기초한 접근, 바로 이것이 궁극적으로 인권 문제를 근본적으로 해결하는 길이다.[62]

북한 인권 개선을 위한 국제사회의 올바른 접근 방향에 대한 논의는 남한 사회 내부의 북한 인권 논란에도 많은 시사점을 제공한다. 남한 사회 내 북한 인권 논란을 다소 단순하게 정리한다면, 인권 개선을 다른 어떠한 정책 목표보다 우선시하는 ‘인권근본주의’와 한반도 분단의 현실적 상황을 고려해 조절된 대북 정책을 통해 인권 개선을 점진적으로 실현하자는 ‘정치현실주의’가 대립하고 있다. ‘인권 우선’과 ‘국가주권 수호’라는 두 관점의 대립이 인권 개선 전략을 둘러싸고 인권근본주의와 정치현실주의 사이의 정책적 대립으로 변형되어 나타나고 있는 것이다.

보수 정당과 보수적 시민단체들은 한국이 정부와 국가 차원에서 북한 인권 문제에 더 적극적으로 개입할 것(더욱더 강경한 압박 정책)을 요구하면서 ‘북한인권법’의 제정을 주장한다. 남한 정부의 대북 정책은 인권 우선 원칙을 근본으로 삼아야만 한다는 것이다. 진보 정당과 진보적 시민단체들은 북한인권법의 제정이나 인권 문제와 관련한 대북 압박 정책이 남북관계와 한반도 안보 환경을 악화시킴으로써 북한 주민의 인권 상황을 실제로 개선시키기보다는 오히려 악화시킬 것이라는 우려를 가지고 있다. 인권의 실질적 개선을 위해서는 정치현실주의적 접근이, 특히 남북 대화와 남북관계 개선

61) 통일연구원, 「북한인권조사위원회 보고서」, 30쪽.

62) 이 점과 관련해 인간 안보에 대한 유엔 개발계획의 1994년 보고서를 참조할 필요가 있다. UNDP, *Human Development Report 1994*(Oxford University Press, 1994).

이 필요하다는 것이다.

이러한 대립 현상은 인권 정치의 세계사에서 볼 때, 특히 독재 정권에 저항하는 민주화 운동의 전통이 강한 남한 역사의 맥락에서 볼 때 매우 이례적이다. 반체제운동을 통해 민주주의를 실현하고 인권을 신장시켜온 진보 세력과 전통적으로 민주화 운동과 인권 운동에 적대적인 보수 세력 사이에 나타나는 북한 인권 문제를 둘러싼 태도의 전도 또는 비일관성을 설명할 수 있는 하나의 요소는 분단체제하에서 진보와 보수 사이에 나타나는 민족 문제와 평화 문제에 대한 태도의 차이이다. 대화와 협력을 통한 점진적 통일을 지향하는 진보가 북한 지도부를 대화와 협력의 상대로 생각한다면, 북한체제의 붕괴를 통한 흡수통일을 지향하는 보수는 북한체제를 무너뜨릴 명분과 수단을 필요로 한다. 민족 문제에 대한 태도의 차이는 한반도 평화에 대한 태도의 차이와 결합된다. 진보가 한반도 평화의 실현과 평화적 방법에 의한 통일을 지향한다면, 보수는 군사주의적인 안보관과 반공주의적인 통일관에 치우쳐 있다.

1998년 초 진보 정권의 출범 이후 남북한 사이에 대화와 협력이 본격화되면서, 남한 사회에서는 대북·통일 정책을 둘러싼 이념적·정치적 대립이 본격화되었다. 이 과정에서 북한 인권 문제와 관련한 진보진영의 정치현실주의는 '친-북한 정책'으로 비판을 받았고, 보수진영의 인권근본주의는 '인권 정치의 안보중심화' 또는 '안보 전략의 도구로 전락한 인권 정치'로 비판을 받았다. 대북 정책, 통일 정책, 인권 정치 등에서의 차이가 결합되고 증폭되어 남한 사회에서는 2000년대 이후 진보와 보수 사이에 격렬한 이념적·정치적 남남갈등이 일어났다.

남한 사회에서 나타나고 있는 대북·통일 정책을 둘러싼 갈등은 분단체제가 해체되는 과정에서 나타나는 자연스러운 현상이긴 하지만, 최근 남남갈등이 심화되면서 오히려 남남갈등이 남한 사회의 대북 정책을 경직화시킴으로써 남북관계를 악화시키고 북한 인권 문제에 대한 남한 국가·사회의 개입 역량을 떨어뜨리는 경향을 야기한다. 이런 관점에서 볼 때 북한 인권 문제에 대한 효과적 접근에 앞서 남남갈등의 밑에 깔려 있는 분단체제의 모순을 인식하고 극복하려는 한국 사회의 성찰이 필요하다. 분단체제의 모순을 인식하고 극복하려는 다양한 탈-분단의 노력, 특히 이러한 노력의 일환으로서 추진할 수 있는 보수와 진보 세력들의 역할 분담은 북한의 인권 개선에 남한 사회가 효과적으로 기여할 수 있는 출발점이 될 것이다.[63]

---

63) 이러한 남남갈등을 평가하는 데서 「남북기본합의서」의 기본 정신은 좋은 준거가 될 수 있다. 한반도에서 북한 인권 문제와 관련한 인권 원리와 주권 원리 사이의 갈등, 인권 우선 관점과 국가주권 수호 관점 사이의 갈등, 인권근본주의와 정치현실주의 사이의 갈등을 넘어서기 위해서는 「남북기본합의서」에서 강조하는 '특수관계'의 실천적 의미를 잘 살리는 정책 방안을 찾아야 한다.

참고문헌

국내 자료

고가영. 2012.「헬싱키 협정의 이행과 소련의 인권운동」. 박경서·서보혁 외.『헬싱키 프로세스와 동북아 안보협력』. 한국학술정보.

국가인권위원회. 2006. "북한인권에 대한 국가인권위원회의 입장"(2006.12.11). http://www.humanrights.go.kr/04_sub/body02.jsp?m_link_url=04_sub/body02.jsp&m_id1=72&m_id2=75&m_id3=&m_id4=&flag=VIEW&SEQ_ID=555184(검색일: 2014.10.27)

김수암 외. 2012.『북한부패와 인권의 상관성』. 통일연구원.

김수암 외. 2013.「유엔 조사위원회(COI) 운영 사례 연구」. 통일연구원.

나라얀, 라지브(Rajiv Narayan). 2013.「유엔 인권메커니즘, 조사위원회, 그리고 북한의 인권 침해 실태」.『유엔 인권메커니즘과 북한인권 증진방안: 제3회 통일연구원 샤이오 인권포럼』. 통일연구원.

박경서·서보혁 외. 2012.『헬싱키 프로세스와 동북아 안보협력』. 한국학술정보.

백낙청. 2012.『2013년체제 만들기』. 창비.

서보혁. 2007.『북한인권: 이론·실제·정책』. 한울.

서보혁 엮음. 2013.『인간안보와 남북한 협력』. 아카넷.

스미스, 헤이즐(Hazel Smith). 2013.「북한은 반인도적 범죄국가인가: 식량권 침해에 대한 '상식'화된 가설 분석」. ≪창작과 비평≫, 통권 161호.

안지호 외. 2013.『서독의 대동독 인권정책』. 통일연구원.

윤여상. 2011.「북한인권의 실질적 개선방안은 무엇인가?」. 한국외교와동북아평화연구회·국회입법조사처. "왜 북한인권 결의안인가?" 토론회 자료집(2011.6.9).

_____. 2011.「북한인권법 제정과 북한인권정책의 추진방향」. ≪시대정신≫, 제51호.

이규창. 2012.「북한인권법제 동향과 분석 및 평가」. 통일연구원 북한인권연구센터 편.『북한인권 이해의 새로운 지평』. 통일연구원.

이원웅. 2007.「국제사회 인권압력에 대한 북한의 인식과 대응: 비판적 평가」. 한국국제정치학회. ≪국제정치논총≫, 제47집 제1호.

_____. 2012.「북한인권 NGO네트워크 연구: 이념, 조직, 전략」. 통일연구원 북한인권연구센터 편.『북한인권 이해의 새로운 지평』. 통일연구원.

정병준. 2006.『한국전쟁: 38선 충돌과 전쟁의 형성』. 돌베개.

코헨, 로베르타(Roberta Cohen). 2013.「북한과 유엔 조사위원회」.『유엔 인권메커니즘과 북한인권 증진방안: 제3회 통일연구원 샤이오 인권포럼』. 통일연구원.

통일연구원. 2014.「북한인권 개선을 위한 입법 추진방향」. 북한인권법 제정 관련 국회정책토론회 자료집(2014.2.6).

_____.『북한인권: 국제사회 동향과 북한의 대응』각 호.

_____.『북한인권백서』각년도.

통일연구원 북한인권연구센터 편. 2012.『북한인권 이해의 새로운 지평』.

Carey, S. C., M. Gibney, S. C. Poe. 2013.『인권의 정치학: 국가권력과 인권』. 임상순 옮김. 북스힐.

Park, S. 2005. "Human Rights in North Korea and U.S. Policy." ≪북한연구학회보≫, 제9권 제1호.

Soh, C. & Kim, Y. E. 2014. "Regional Governance of North Korean Human Rights." ≪국제관계연구≫, 제19권 제1호.

UN Commission of Inquiry on Human Rights in the Democratic People's Republic of Korea. 2014. "Report of the detailed findings of the commission of inquiry on human rights in the Democratic People's Republic of Korea"(2014.2.7. A/HRC/25/CRP.1).통일연구원. 2014.「2014 유엔 인권이사회 북한인권조사위원회 보고서」후반부.

_____. 2014. "Report of the commission of inquiry on human rights in the Democratic People's Republic of Korea"(2014.2.7. A/HRC/25/63). 통일연구원. 2014.「2014 유엔 인권이사회 북한인권조사위원회 보고서」전반부. 통일연구원.

북한 자료

조선인권연구협회. 2014.「조선인권연구협회 보고서」(2014.9.13).

국외 자료

Kornai, J. 1992. *The Socialist System: The Political Economy of Communism*. Princeton University Press.

Smith, H. 2004. "Brownback bill will not solve North Korea's problems." *Jane's Intelligence Review*, February 2004, p. 45.

UN Commission of Inquiry on Human Rights in the DPRK. 2014. "Questions and Answers on the Report of the UN COI on HR in the DPRK(17 February 2014)."

UN General Assembly. 2014. "Intensely Debating Targeted Country Reviews, Third Committee Approves Draft Texts on Iran, Syria, Democratic People's Republic of Korea"(GA/SHC/4122). http://www.un.org/press/en/2014/gashc4122.doc.htm(검색일: 2014.12.5)

UN Human Rights Council. 2013. "Human rights situations that require the Council's attention: Situation of human rights in the Democratic People's Republic of Korea"(2013.4.9. A/HRC/RES/22/13).

_____. 2014. "Human rights situations that require the Council's attention: Situation of human rights in the Democratic People's Republic of Korea"(2014.3.26.A/HRC/25/L.17).

UN Secretary-General. 2009. "Implementing the responsibility to protect: Report of the Secretary-General"(2009.1.12. 20A/63/677).

UNDP. 1994. *Human Development Report 1994*. Oxford University Press.

기타

「남북 사이의 화해와 불가침 및 교류·협력에 관한 합의서」. http://dialogue.unikorea.go.kr/home/agreement/southnorth/35(검색일: 2014.10.25)

이광길. 2014.9.28. "리수용 북 외무상, 반기문 유엔사무총장 만나 '김정은 친서' 전달". ≪통일뉴스≫. http://www.tongilnews.com/news/articleView.html?idxno=109142 (검색일: 2014.10.26)

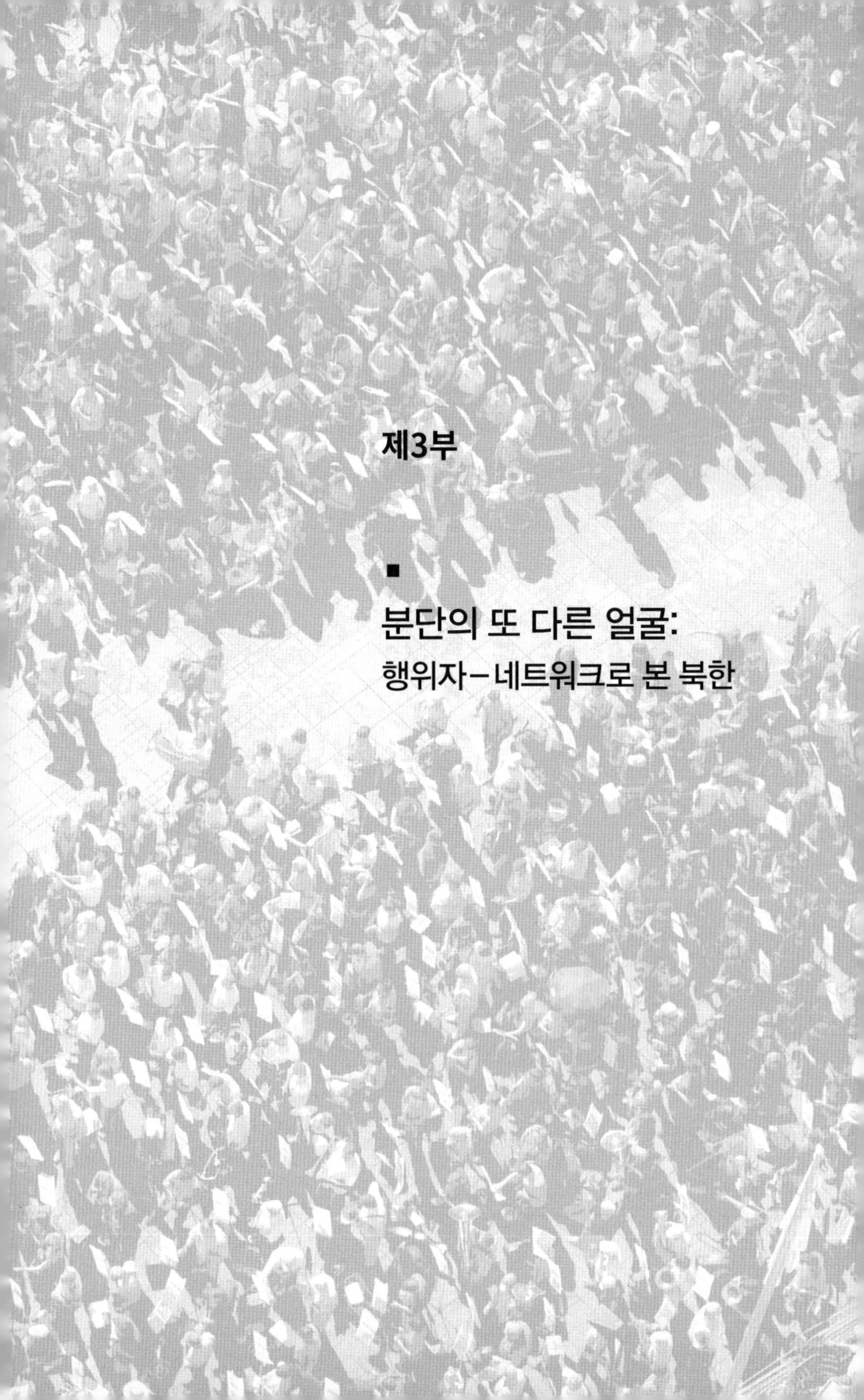

제3부

■

분단의 또 다른 얼굴:
행위자–네트워크로 본 북한

제11장

아날로그의 반란과 분단의 번역자들

남한 드라마 시청의 행위자-네트워크를 중심으로

이희영

1. 문제제기

이 글은 21세기 정보 통신 기술의 발달 등으로 급속히 재구성되고 있는 한반도의 분단 현실에 주목한다. 1990년대 중반 북한의 식량난을 계기로 중국을 거쳐 남한 사회에 정착하기 시작한 북한 주민들이[1] 2만 명을 넘어섰다. 더불어 2012년 현재 남한 및 제3국에 거주하는 북한 주민들이 핸드폰으로 북한에 거주하는 가족과 실시간 통화를 하고, 이들 사이에 각종 물품과 돈이 오가는 것은 묵인되는 사실이다. 최근에는 소녀시대를 비롯한 남한 가

---

1) '북한이탈주민의 정착 및 지원에 관한 법률'(1997년 제정)에 따라 현재 공식 용어로 사용되는 '북한이탈주민'은 '북한에 주소, 직계가족, 배우자, 직장 등을 두고 있는 자로서 북한을 벗어난 후 외국의 국적을 취득하지 아니한 자'로 정의된다. 2005년 1월 노무현 정부가 제안했던 새터민(새로운 터전에서 삶의 희망을 갖고 사는 사람)이라는 용어는 2009년 정권 교체 이후 점차 사용 빈도가 줄고 있다. 이 글에서는 맥락에 따라 탈북자, 북한이탈주민, 새터민, 북한이주민 등의 용어를 사용할 것이다.

수들의 댄스가 북한의 10~20대 사이에 유행하고 있다는 보도가 있다.[2] 그뿐만 아니라 목선을 타고 북한을 탈출해 일본 해상보안청에 발견된 북한 주민 9명이 "북한에서 한국 드라마와 영화를 보고 탈북을 결심했다"라고 ≪아사히신문(朝日新聞)≫이 전했다.[3] 이와 같은 현상은 분단의 물리적 상징인 비무장지대(DMZ)를 경계로 접촉 자체가 법적으로 금지된 남과 북의 물류와 사회 구성원들이 복합적인 방식으로 연결됨으로써 보이지 않게 (탈)분단의 네트워크가 재구성되고 있고, 여기에 새로운 정보 통신 기술 및 장비들이 중요한 역할을 하고 있음을 단적으로 시사한다. 그러나 남과 북의 개인 및 조직 사이에서 형성되는 비공식적인 접촉을 다룬 한국 매체의 보도는 여전히 '간첩 사건의 도식'에 머물러 있다.[4] 이것은 한국 사회에서 북한과 연계된 '사건'의 경우 구체적인 과정에 대한 분석이나 소개 없이 정치적 환원주의의 관점에서 '북한의 음모'로 해석되는 경향과 관련된다. 따라서 한국 사회에서 북한과 연관된 복합적인 사실과 경험들은 기존의 간첩 사건류의 '도식'으로 재현되고, 이 도식에 의해 사건과 관련된 남북한의 무수히 복합적인 인간/비인간 행위자의 하이브리드들은 드러나지 않은 채 순수히 정치적인 사건

---

2) ≪문화일보≫, 2011년 8월 16일 자; 자유아시아방송(RFA), 2011.8.15.

3) ≪한겨레신문≫, 2011년 9월 21일 자.

4) 최근의 대표적인 예로 남한의 온라인 게임 사업가들이 북한 최고의 정보 통신 조직에 소속된 컴퓨터 전문가들에게 자동 프로그램 제작을 의뢰하고 이를 중국과 남한의 작업장 등에 판매해 대규모 수익을 얻은 사건에 대한 보도들이 있다. ≪한겨레신문≫, 2011년 8월 4일 자; ≪경향신문≫, 2011년 8월 4일 자; ≪동아일보≫, 2011년 8월 5일 자. 이 사건은 기존의 간첩 사건과 달리 한국의 사업가들이 경제적 이익을 위해 북한 컴퓨터 전문가들과 공모했고, 북한 당국이 이를 알고도 묵인했다는 점에서 새로운 측면을 보여준다. 그러나 공식 매체에 보도된 사건 개요도는 누가 언제 북한 사람 혹은 북한 관련 조직과 접촉했는가를 보여주는 화살표로 연결된 간첩 사건의 전형화된 도식과 매우 흡사하다.

으로 '정화(purification)'[5]되고 있다. 한편, 앞에서 언급한 핸드폰, TV, 남한 드라마 등의 정보 통신 기술이 관련된 북한 주민 혹은 탈북자들의 일상은 기술결정론적 관점에서 이해되는 경향이 있다. 다시 말해 새로운 정보 통신 기술의 발달이 낳은 '객관적인' 결과일 뿐이라는 것이다. 이러한 태도의 근저에는 기본적으로 정치·사회적 이해관계가 얽힌 사건과 '객관적'인 기술 과학적 사실을 서로 다른 관점에서 분리해 바라보는 근대적 사고방식이 자리 잡고 있다.[6] 예를 들어 남한과 북한 사이에서 발생하는 '정치적인 사건'들은 대부분의 경우 국내외를 포괄하는 상호적 첩보 활동, 각종 군사전략의 수행과 긴밀히 연관되고, 따라서 인간 행위자와 최첨단의 기술 과학이라는 비인간 행위자들이 긴밀히 연관된 것임에도 불구하고 단지 '북한공산집단'의 도발과 대응이라는 정치적 '블랙박스(black box)'[7]로 묵인된다. 즉, 최첨단의

5) 행위자-네트워크 이론(Actor-Network Theory: ANT)에서 정화는 언제나 잡종적인 특성을 갖는 현실을 인위적으로 인간들의 영역인 사회와 비인간들의 순수한 영역인 자연으로 구분하고 이를 끊임없이 (재)생산하는 행위를 지칭하고, 근대적 세계관의 대표적 징표로 비판된다. 즉, 정화는 자연과 사회의 행위자들이 잡종적인 연결망 구축을 통해 전혀 새로운 유형의 존재를 창출하는 행위를 지칭하는 번역(translation) 혹은 매개(mediation)와 반대로 작용하는 행위를 뜻한다. 브뤼노 라투르, 『우리는 결코 근대인이었던 적이 없다』, 홍철기 옮김(갈무리, 2009).

6) 같은 책.

7) ANT에서 블랙박스는 이종적 네트워크가 하나의 행위자나 대상으로 축약되어 단순화된 대상으로 접힌(folding) 상태를 지칭한다. 따라서 사람들은 블랙박스 속의 이종적 행위자-네트워크는 보지 못하고 외부의 입출력에만 의존하는 대상으로 취급하게 된다. 최근 분단과 관련된 블랙박스의 대표적인 사례가 천안함 사건이다. 이후 사건에 대한 정부 차원의 합동 수사단 발표와 이에 대한 군사 전문가, 과학기술 전문가들의 논쟁은 블랙박스로서의 천안함 사건이 갖는 이종적 특성을 부분적으로 드러낸 것이다. 이를 통해 특정한 군사적 사건 혹은 행위가 객관적인 사실(matter of fact)이 아니라 각종 이해관계가 얽힌 이해물(matter of concern)이라는 점을 보여주었다. 이와 같

과학기술 및 장비들은 남한과 북한 사이의 분단 행위자-네트워크를 끊임없이 재구성하고 있으나, 공론장에서 이 모든 것들이 이념적·정치적 프레임으로만 설명되는 것이다. 필자는 이러한 학술 영역 안팎에서의 이분법적 세계 이해의 경향에서 벗어나 새로운 관점에서 한반도 (탈)분단 현실을 이해하기 위해 일상 문화와 소통 양식의 변화를 주도하는 정보 통신 기술과 장비들이 인간 행위자와 함께 형성하는 인간-비인간 행위자-네트워크에 대한 고찰이 중요한 의제라고 생각한다. 인간들만으로 구성된 사회와 인간의 의지와 무관한 과학기술 및 자연이라는 근대적인 이분법적 도식을 넘어, 인간과 사물의 일상적인 관계와 관계의 치환, 끊임없는 번역(translation)[8]의 과정들로 형성되는 현실 그 자체를 고찰하기 위한 노력이 필요하다. 이러한 과제를 위해 인간 행위자의 의도로 환원될 수 없는 과학적 지식과 기술을 현실 구성의 비인간 행위자로 고찰할 것을 요청하는 행위자-네트워크 이론의 문제제기가 인식론적·방법론적 관점에서 새로운 가능성을 제기한다.[9]

지금까지 소개한 문제의식에 기초해 이 논문에서는 한반도의 (탈)분단 현실을 인간과 비인간 행위자 사이의 역동적인 네트워크라는 관점을 통해 고찰하고자 한다. 구체적으로 1990년대 중반 식량난을 계기로 형성된 탈북의 행위자-네트워크가 북한 사회 내에서 '남한 드라마 시청의 행위자-네트워크'

은 관점에서 '평화의 댐' 사건을 분석한 연구로 다음을 참고하라. 김종욱, 「냉전의 '이종적 연결망'으로서 '평화의 댐' 사건: 행위자-연결망 이론을 통한 경험적 추적」, ≪동향과 전망≫, 통권 83호(2011), 79~112쪽.

8) ANT에서 번역이란 이종적 행위자 사이에서 네트워크가 건설되는 과정 그 자체를 뜻한다. 따라서 네트워크의 건설이란 수없이 다양한 인간과 비인간 행위자 사이에서 한 행위자의 이해와 의도가 다른 행위자의 언어로 치환되도록 하는 프레임의 형성 과정, 즉 번역이 발생하는 과정이라고 할 수 있다. 브뤼노 라투르 외, 『인간·사물·동맹: 행위자네트워크 이론과 테크노 사이언스』, 홍성욱 엮음(이음, 2010), 25쪽.

9) 이에 대해서는 2절 2) 기존 연구 검토와 ANT에서 본격적으로 논의할 것이다.

로 재구성되는 과정에 주목하고자 한다. 이를 위해 다음에서는 첫째, 탈북자와 영상 매체에 대한 기존 연구를 비판적으로 검토하고, ANT의 문제제기가 갖는 함의를 탈북 연구의 지평 속에서 검토할 것이다. 둘째, 사물 행위자로 확장된 구술 연구의 방법론에 기초해 '남한 드라마 시청의 행위자-네트워크'에 대한 사례연구 결과를 소개할 것이다. 셋째, 연구 결과의 함의를 (탈)분단 연구의 지평에서 정리할 것이다.

2. 탈북(자) 연구와 ANT

1) 탈북자는 누구인가?

'탈북자'란 보통 1990년대 중반 북한의 식량난을 계기로 북한의 국경을 넘어 중국 및 제3국으로 이주한 사람들을 뜻한다.[10] 즉, 이들은 북한의 국경을 불법으로 이탈한 행위로 정의된다. 특히 남한 사회에서 탈북자란 북한 국경을 넘어 제3국을 통해 남한 사회에 정착한 북한 주민을 뜻한다. 또한 이러한 상식의 바탕에는 탈북자가 북한 국경을 이탈함으로써 북한의 정치적 이념 및 사회적 관계를 단절한 사람들일 것이라는 생각이 놓여 있다. 그러나 여러 자료에 의하면 북한의 식량 위기가 극심했던 1990년대 중반 이후

---

10) 1990년대 중반 이전에 북한을 이탈해 남한으로 온 사람들은 '귀순자'로 불렸고, 이 시기(1949~1990년) 남한으로 온 '귀순자'는 총 482명이다. 1990년 이후 식량난을 계기로 북한을 탈출해 남한 및 제3국으로 이주한 북한 주민의 수는 급증했다. 박종철 외, 「북한이탈 주민의 사회적응에 관한 연구: 실태조사 및 개선방안」(민족통일연구원, 1996), 6쪽. 2012년 현재 한국 사회에 거주하는 2만여 명의 북한이탈주민 중 절대 다수는 2000년대에 탈북한 북한주민들이다.

현재까지 북한과 중국 사이의 국경을 넘었던 이른바 탈북자 중 다수가 북한으로 돌아갔고, 이들 중 다수는 탈북 경험을 토대로 북한-중국을 오가며 (밀)무역을 하고 있는 현실이다. 그뿐 아니라 남한 및 제3국에서 생활하는 탈북자들은 북한에 거주하는 친, 인척과 유형무형의 관계를 형성하고 있는 것으로 짐작된다. 즉, 북한과 중국 사이의 국경을 넘어 북한의 정치적 영토를 이탈한 후 북한과 관계를 단절하기보다는 새로운 관계를 구성하고 있다고 할 수 있다. 최근 남한 사회에 정착한 탈북자들에 대한 연구에서는 이들이 북한에 두고 온 가족과의 재결합 및 직간접적인 지원을 위해 다양한 형태의 노력을 경주하고 있음을 보여준다.[11] 이처럼 북한의 식량난을 계기로 남한과 북한 사이에 등장한 '탈북자'는 탈북 행위라는 단일한 방식으로 정의될 수 없다. 또한 한반도의 분단은 급속히 늘어난 탈북자들과 이들이 국경을 오가며 접속하는 무수히 많은 인간, 비인간 행위자와의 관계를 통해 지속적으로 '번역'되고 있는 것으로 이해된다.

앞의 문제의식에 기초해 이 연구에서 주목하는 것은 북한 국적을 가진 개인의 탈북/월경 행위만이 아니라, 그들이 어떤 사회적 배경 속에서 이주를 시작하고, 그 과정에서 누구/무엇과 만나 어떤 상호작용을 하는지, 또한 이러한 과정을 통해 무엇이 새롭게 생산되고, 각각의 행위자는 어떻게 변화하는가라는 질문들이다. 즉, 탈북 행위 혹은 탈북한 개인 그 자체만이 아니라 탈북의 과정을 둘러싼 인간과 사물의 행위자-네트워크를 추적해 그것이 갖는 특성과 의미를 고찰하고자 했다. 이러한 연구 과정에서 남한 드라마 혹은 남한에서 생산된 영상 매체와 탈북자들의 접촉 및 경험이[12] 인상적인 현

---

11) 이희영, 「남한 내 탈북여성의 인권상황: '국민만들기'와 '여성소수자'로 살아가기」, 국가인권위원회, 『탈북 여성의 탈북 및 정착 과정에서의 인권침해 실태조사』(2009), 103~155쪽.

12) 조정아 외, 『북한 주민의 일상생활』(통일연구원, 2008), 285~288쪽; 이희영, 「북한

상으로 등장했고, 이를 둘러싼 관계에 주목하게 되었다.[13] 요컨대 이 연구는 '탈북자'를 단순히 북한 국경을 불법으로 이탈한 사람으로 정의하는 한계를 벗어나 탈북 현상을 구성하는 역동적 행위자들 중의 하나로 이해하고, 나아가 탈북 현상을 둘러싼 인간과 비인간 사이의 잡종적 행위 과정을 고찰하고자 했다. 특히 사례연구에서는 이들이 북한과 중국 그리고 제3국을 오가는 과정에서 비인간 행위자인 한국의 영상 매체와 역동적으로 구성하는 상호작용의 네트워크에 주목하게 되었다. 즉, '북한 주민의 남한 드라마 시청'이라는 행위자-네트워크의 형성 과정을 가능한 자료를 통해 추적함으로써 주요한 인간과 사물 행위자의 형성과 변화, 한국 드라마 시청 행위의 번역 과정에서 누가 무엇을 역할 부여하고 동원하는지, 혹은 무엇이 버려지고 재번역되는지를 기술(description)하고자 했다.

2) 기존 연구 검토와 ANT

남한 드라마를 비롯한 각종 영상물과 탈북자, 혹은 북한 주민들 사이의 관계에 주목한 소수의 기존 연구는 언론 방송학의 영역에서 시작되었다. 대표적으로 탈북자 혹은 북한 주민들 사이에서 라디오를 통해 어느 정도 남한

의 사회변동과 섹슈얼리티」, 『북한 주민의 의식과 정체성: 자아의 독립, 국가의 그늘, 욕망의 부상』(통일연구원, 2010).

13) 대다수의 구술자들이 이미 북한 또는 중국에서 남한 텔레비전 드라마를 시청한 경험이 있었고, 북한 내부에 남한 드라마를 복제한 비디오 테이프 혹은 DVD를 중개하는 사람들이 있는 것으로 추정되었다. 2010년 북한 이탈 청소년들을 대상으로 한 중등교육기관인 A 중, 고등학교 학생(141명)에게 실시된 설문 조사에서도 전체의 60%에 해당하는 71명의 학생이 북한에 있을 때 남한 미디어를 시청한 경험이 있다고 응답했다. 윤선희, 「북한 청소년의 한류읽기: 미디어 수용에 나타난 문화정체성과 사회변화」, ≪한국언론학보≫, 제55권 제1호(2011), 443쪽.

의 KBS 사회교육 방송[14]이 청취되는지, 혹은 북한에 보급된 텔레비전을 통해 북한 주민들이 얼마나 남한 드라마를 시청하고 있는지에 대한 현황을 파악한 연구[15] 및 남한 드라마 및 각종 방송 매체가 남한 사회에 거주하는 탈북자들에게 미치는 영향을 고찰한 선구적인 연구[16]를 들 수 있다. 전자의 연구가 주로 북한 사회 내에서 각종 영상 매체가 확산되는 정도에 초점을 두고 있다면, 후자의 연구는 이것이 탈북자들에게 미치는 영향에 주목하고 있다. 또한 2000년대 이후 남한 영상 매체의 북한 유통 구조와 그것이 미치는 영향에 대해 고찰한 연구[17]는 북한으로 유입된 텔레비전이나 DVD 플레이어의 대수 등에 대한 현황 파악을 넘어서, 이와 같은 영상 매체가 북한 사회 전역에서 구체적으로 유통되는 과정을 사회 연결망의 관점에서 고찰하고 있다. 고난의 행군을 경험하면서 자력갱생의 주체가 된 북한 주민들이 중개 이익을 위해 녹화기와 재생기, DVD 및 CD를 판매하고 중계하는 과정, 그리고 소비자인 북한 주민들이 일상적으로 CD와 DVD를 구매하고 시청하는 과정에서 형성되는 사회적 연결망을 보여주고 있다. 이러한 연구들은 1990

---

14) 이주철, 「북한주민의 남한 방송 수용 실태와 의식 변화」, ≪통일문제연구≫, 통권 40호(2003), 315~338쪽.

15) 이주철, 「북한주민의 외부정보 수용 태도 변화」, ≪한국동북아논총≫, 통권 46집(2008), 233~252쪽.

16) 성숙희, 『북한이탈주민의 남한방송 수용』(커뮤니케이션북스, 2005); 이민규·우형진, 「탈북자들의 텔레비전 드라마 시청에 따른 남한사회 현실 인식에 관한 연구: 문화 계발 효과와 문화 동화 이론을 중심으로」, ≪한국언론학보≫, 제48권 제6호(2004), 248~273쪽; 우형진, 「남한 사회문화 현실인식 도구로서의 탈북자 텔레비전 시청연구: 탈북자와 남한 대학생간 문화계발효과 비교를 중심으로」, 한국스피치커뮤니케이션학회, 2005년 가을철 정기학술대회 발표집(2005.12.3), 232~247쪽.

17) 강동완·박정란, 「남한 영상매체에 북한 유통경로와 영향: 지역간·대인간 연결 구조 분석을 중심으로」, ≪통일정책연구≫, 제19권 제2호(2010), 107~140쪽.

년대 중·후반을 전후해 북한 사회에 남한의 방송과 영상 매체가 어느 정도 확산되고 있고, 어떤 사회적 연결망을 형성하고 있는지, 나아가 남한 영상 매체를 시청한 탈북자들의 남한 사회에 대한 이해 정도를 파악할 수 있는 중요한 자료를 제공하고 있다는 점에서 의의가 있다.

그러나 앞의 기존 연구에서는 공통적으로 남한의 라디오 방송 혹은 영상물이 단일한 실체로서, 확정적인 영향력을 가질 것으로 전제되고 있다. 즉, 남한의 방송 혹은 영상물은 자본주의 사회의 산물로 북한 주민들과 접촉하는 순간 특정한 영향을 미칠 것으로 전제되는 반면, 북한 주민은 남한의 방송 혹은 영상물을 수용함으로써 직접 영향을 받게 되는 대상일 뿐 이에 대해서 영향을 미치는 상호적 존재가 아닌 것으로 그려지고 있다.[18] 따라서 영상물의 확산 정도에 대한 고찰과 이러한 영상물과 북한 주민의 '접촉' 정도에 초점을 두고 있는 연구는 남한의 문화/매체와 북한 주민의 접촉 그 자체가 곧 의식 변화라는 결과로 이어질 것으로 기대하는 기술/매체 결정론적 관점을 암묵적으로 수용하는 것으로 보인다. 이에 비해 북한 청소년들의 한국 미디어 수용과 문화 정체성을 고찰한 연구[19]는 '새로운 민속지학'의 연구

18) 이와 같은 언론 방송 분야의 연구가 전제하는 것은 구서독의 방송 매체가 동독 주민의 의식에 미친 영향에 관한 연구 결과이다. 클리멘트 티보, 「구동독 청소년층의 TV 수용과 가치관」, 이우승 편역, 통일전후 독일방송 자료집(문화방송, 1996), 117~145쪽. 독일 통일 후 수행된 이 연구는 동독 주민들 중에서 서독 방송에 노출된 정도가 클수록, 서독 지역에 거주한 기간이 길수록, 방송 매체를 접한 시간이 많을수록 서독 및 통일 독일 사회에 대한 긍정적 인식이 높아진다는 결론을 제시하고 있는데, 북한 및 탈북자에 대한 언론 방송 분야의 연구가 대부분 기술/문화 결정론적인 이 가설을 무비판적으로 수용하고 있다. 또한 동·서독과 남북한의 서로 다른 사회적·정치적 조건 등을 고려할 때 이와 같은 단순 비교에 의한 결론은 좀 더 조심스럽게 이해되어야 할 것으로 생각된다.

19) 윤선희, 「북한 청소년의 한류읽기: 미디어 수용에 나타난 문화정체성과 사회변화」,

방법을 통해 이들의 '한국 미디어 보기'가 단순한 심취 혹은 현실도피가 아니라 자신들이 당면한 북한의 억압적 권력에 대한 문화적 저항의 성격을 포함한 다중적 의미를 가지고 있음을 보여준다. 이 연구는 앞에서 살펴본 일련의 기존 연구와 달리 남한의 영상물에 대한 북한 청소년들의 주체적 행위성에 주목해 그 의미를 해석하고 있다는 측면에서 큰 의의를 갖는다. 다만 인간과 사물의 상호적 행위성이라는 ANT의 관점에서 본다면 상대적으로 사물의 행위성을 적극적으로 고려하지 않는다는 기존의 현상학, 해석학적 연구의 한계를 보인다.

요컨대 북한 주민과 남한의 방송 및 영상물에 대한 소수의 기존 연구는 외부 세계의 영상 자료에 대한 경험을 부수적으로 언급하거나 혹은 이것을 하나의 단일한 실체로 보고 그것의 사회적 영향에만 초점을 두었다. 즉, 자본주의의 산물인 영상물과 접촉하면 즉각적으로 반(反)사회주의적 계몽 효과를 일으킨다는 기술결정론적 경향 또는 이를 둘러싼 인간 집단의 문화적 기획 혹은 의도에 주목하는 사회환원론적 경향을 보여준다. 본 연구는 이와 같이 기술결정론적 시각 또는 사회환원론적 경향에 기초해 이뤄진 기존 연구의 이원론적 관점을 넘어서는 연구의 가능성을 타진하고자 한다. 이를 위해 정보 통신 기술 및 장비 등을 인간 행위자와 동일한 위치를 갖는 비인간 행위자로 고찰하고자 하는 행위자-네트워크 이론의 관점을 적극적으로 수용하고자 한다.

1980년대에 브뤼노 라투르(Bruno Latour)를 비롯한 학자들에 의해 제기된 행위자-네트워크 이론이 갖는 중요한 의의는 비인간 사물에게도 행위성(agency)[20]을 부여하는 것이라고 할 수 있다. ANT는 사회과학이 그동안 인

≪한국언론학보≫, 제55권 제1호(2011), 436~460쪽.

20) ANT의 주요 내용과 함의에 대해서는 1990년대부터 ANT의 문제의식과 연구 성과를

간의 행위에만 주목해 사회적인 것(the social)을 인간 행위의 산물로만 이해해온 인식 체계를 비판하고, 인간과 비인간 행위자가 구성하는 이질적 합종연횡에 대한 고찰이 복합적인 현실을 이해하는 데 새로운 지평을 제공할 것임을 강조한다.[21] 즉, 자연에 경도된 실증주의적 태도와 인간 고유의 세계를 전제하는 해석주의적 태도를 넘어 인간과 비인간의 대칭적 관계에 의해 구성되는 사회 현실에 대한 주목이 사회과학을 혁신하는 길임을 주장한다.[22] 이러한 세계 인식에서 자연은 단지 변함없는 객관적 사실이 아니라 사회 문화적 요소를 포함한 이해물로 파악된다. 구체적인 현실 속에서 자연과 인간들의 이질적 요소로 형성된 잡종적 네트워크인 '자연 현상'이 근대적 세계관 속에서 '순수하게 객관적인' 자연적 사실로만 이해되는 이유는 자연적 요소가 주변의 행위자들을 적극적인 동맹자로 연결함으로써 대부분 의심하지 않고 자연적 사실로 받아들일 수 있는 안정적인 동맹 관계를 형성했기 때문이다. 즉, 이질적 합종연횡을 통해 구성된 어떤 현상이 특정한 행위자 또는

한국의 학술계에 소개해온 다음의 연구들을 참고하라. 김환석, 「STS(과학기술학)와 사회학의 혁신: 행위자-연결망이론(ANT)을 중심으로」, ≪과학기술학연구≫, 제1권 제1호(2001), 201~234쪽; 김환석, 「행위자-연결망 이론(Actor-Network Theory)에 대한 이해」, 2005년 과학기술과 사회 윈터스쿨 자료집, 137~157쪽; 김환석, 「행위자-연결망이론과 사회학」, 한국사회학회 전기사회학대회 자료집(2009.6.20), 873~886쪽. ANT에서 행위성이란 인간이 가지고 있는 '합리적 의도'가 실천되는 것을 지칭하는 행위와 그 결과가 아니다. ANT에서 말하는 행위성이란 인간이든 사물이든 그것이 현실의 구성에 미치는 영향력을 뜻한다. 예를 들어 온라인 통신망은 21세기 지구촌 사회의 일상을 근본적으로 변화시켰다는 점에서 특정한 행위성을 가지고 있다.

21) J. Law(ed.), *A Sociology of Monsters: Essay on Power, Technology, and Domination* (London: Routledge, 1991).

22) M. Callon and B. Latour, "Don't Throw the Baby Out with the Bath School! A Reply to Collins and Yearley," in Andrew Pickering(ed.), *Science as Practice and Culture* (Chicago: Chicago University Press, 1992), pp. 343~368.

특성을 중심으로 결절화(punctualisation)의 과정을 거치면서 블랙박스화됨으로써 우리는 자연현상을 마치 객관적 사실로 받아들이게 되는 것이다.[23] ANT는 이처럼 블랙박스화된 '자연' 또는 '사회'를 추적해 그것의 잡종적 구성 과정을 기술하고자 한다.[24]

연구 방법론의 관점에서 ANT는 보편적이고 일반화된 규칙과 이론에서 국지적 특수성을 파악하고 설명하는 기존의 과학 연구 방법을 전복하고자 한다. ANT가 추구하는 방법론은 환원하거나 비교할 수 없는 구체적 행위자에게서 출발해, 특정한 과정을 통해 일시적으로 비교 가능한 결합으로 드러나는 행위자-네트워크를 기술하는 민속방법론(ethnomethodology)의 문제의식을 공유한다.[25] '행위자-네트워크'는 산술적인 거리 혹은 크기, 내부와 외부의 경계 등을 통해 정적이고 위상학적인 것으로 그려지는 기술적 네트워크(전화 혹은 컴퓨터 네트워크 등)와 달리 존재론적 '관계'를 의미한다. 따라서 행위자-네트워크 이론의 방법론은 이질적 행위자들의 연합이 전개되는 과정을 묘사하고 기술함으로써 존재론적 관계를 드러내는 것이다. 라투르에

23) M. Callon and B. Latour, "Unscrewing the Big Leviathan: how actors macrostructure reality and how sociologists help them to do so," in K. D. Knorr-Cetina and A. V. Cicourel(eds.), *Advances in Social Theory and Methodology: Toward an Integration of Micro- and Macro-Sociologies*(Boston, Mass.: Routledge and Kegan Paul, 1981), pp. 277~303.

24) 브뤼노 라투르, 『우리는 결코 근대인이었던 적이 없다』; John Law, "Actor Network Theory and Material Semiotics." Version of 25th April 2007. http://www.heterogeneities.net/publications/Law2007ANTandMaterialSemiotics.pdf(검색일: 2007.5.18), p. 1.

25) B. Latour, 2007b. "On Actor-network Theory: A Few Clarifications plus more than a few Complications." http://www.bruno-latour.fr/sites/default/files/P-67%20ACTOR-NETWORK.pdf(검색일: 2007.5.18)

의하면 현실에 대한 설명(explanation)이란 "연관되지 않았던 요소들을 연결하거나, 한 요소가 다른 요소들을 구속하게 되는 것을 보이는 것"이다. 따라서 서로 다른 행위자들이 상호 연관되거나 구속 혹은 분리되는 과정을 심층적으로 기술하는 것 이외에 연구자가 새롭게 부가해야 할 '설명'이란 없는 것이다. 이에 따르면 새롭게 형성되는 행위자-네트워크를 기술하는 것 자체가 곧 잡종적 현실에 대한 설명이다. 즉, ANT는 다양하고 이질적인 행위자들의 네트워크가 형성되는 과정에 대한 추적과 그에 대한 두꺼운 기술 자체가 하나의 잡종적 현실에 대한 설명이라고 본다.[26]

이 연구는 ANT의 이러한 방법론적 문제의식을 적극 수용해 인간과 사물이 구성하는 광의의 텍스트에 대한 추적과 기술을 시도한다. 즉, 기존의 텍스트 해석 방법론[27]이 인간의 행위가 갖는 의미에 주요한 초점을 두고 분석 및 해석을 시도했다면, 이 연구에서는 인간과 사물이 역동적으로 구성하는 광의의 텍스트를 기술하고 재구성하고자 한다. 이러한 연구 방법론은 기존의 연구가 탈북을 경험한 북한 주민의 상처와 고통에 주목하면서 무의식적으로 이들을 '희생자'로 바라보았던 관점을 탈피하게 하고, 나아가 그들이 이주의 과정에서 조우하고 전유한 사물들, 특히 전자 행위자들(핸드폰, TV, 비디오 플레이어, 컴퓨터 등)에게 동등한 행위성을 인정함으로써, 탈북 연구의 패러다임을 확장시킬 것이다. 이러한 연구 방법에 기초해 이 연구는 사물을 갖지 않았던 북한 주민들이 사물과 조우하며 무엇을 이해하고, 무엇을 새롭게 생산하는지에 주목할 것이다. 그와 동시에 북한 주민과 사물들의 관계 속에서 인간과 사물의 행위성이 어떻게 변화하는지, 이 과정에서 일시적으

26) 같은 글, p. 12.

27) 이희영, 「텍스트의 '세계' 해석과 비판사회과학적 함의: 구술자료의 채록에서 텍스트의 해석으로」, ≪경제와 사회≫, 통권 91호(2011), 103~142쪽.

로 생성, 강화되는 행위자-네트워크의 특성이 무엇인지 고찰할 것이다.

3. 남한 드라마 시청의 행위자-네트워크

1) 연구 과정

이 연구의 토대가 된 것은 필자가 2009~2012년 사이에 수행한 탈북자들의 생애 경험에 대한 질적 연구이다. 탈북자들과의 구술 인터뷰를 통해 생산된 구술 텍스트와 기타 문헌 자료에 대한 분석을 토대로 북한 사회에서 새롭게 형성된 행위자-네트워크를 재구성하고자 했다. 특히 탈북 전후의 생애 경험에 대한 구술 속에서 인상적인 경험으로 등장하는 '도강자'[28]들과 각종 영상 매체 사이의 동맹 및 연합의 관계를 추적했다. 이 글에서 소개되는 심층 텍스트 분석의 내용을 제공한 구술자는 모두 7명이다.

〈표 11-1〉에서 소개되는 7명의 구술자는 모두 2000년대에 북한을 탈출한 30대의 주민들이고 남성이 3명, 여성이 4명이다. 주로 함경도에 생활 터전을 두고 있었고, 탈북을 하기 전 사례 2, 3, 7의 경우는 직접 중국을 오가며 밀무역을 했다. 사례 1은 밀무역 중간 상인으로 함북 지역의 고향에서 평양을 포함한 주요 대도시를 오가며 밀수된 비디오, 담배, 술, 옷, 달러 등을 북한 고위층 부인들에게 판매했다. 사례 4의 구술자는 정치적 박해를 피해 오랫동안 산골에서 농업 노동을 하며 탈북을 준비했고, 사례 5, 6의 부부는 남한 비디오를 보다가 적발되어 노동 교화를 받은 후 탈북했다. 구술자들의

---

28) 이 글에서 북한 국경을 이탈해 중국으로 갔으나 북한으로 돌아간 주민들을 도강자, 또는 밀수 무역자 등으로 표현할 것이다.

〈표 11-1〉 구술자 약력

사례 번호	이름(성별)	출생년도 (현재 나이)*	고향/ 현거주지	북한에서의 직업/ 활동	북한 탈출(년)	남한 도착(년)	현재 활동
1	송미순(여)	1970(39세)	함남/ 서울	노동/ 장사	2007 (37세)	2008	섬유 노동자
2	이강주(남)	1969(42세)	함북/ 경남	노동/ 장사	2007 (38세)	2007	용접/ 양봉
3	도진아(여)	1970(40세)	함북/ 경남	방송/ 호텔관리원	2006 (36세)	2008	학원 수강/ 양봉
4	노호철(남)	1968(42세)	함북/ 서울	농업 노동	2008 (40세)	2008	회사원
5	진남수(남)	1969(41세)	함북/ 서울	교수	2008 (39세)	2008	방송/ 대학원 재학
6	이옥순(여)	1974(36세)	함북/ 서울	교사	2007 (33세)	2007	문화 강사
7	홍희숙(여)	1975(37세)	양강도/ 경북	물자관리원	2008 (33세)	2008	대학생

주: 구술자들의 신변 보호를 위해 모든 인명과 지명을 가능한 익명으로 처리했고, 구술자에 따라 특정 사실을 부분 생략하거나 수정했다. 괄호 안의 나이는 인터뷰 당시의 만 나이를 계산한 것이다.

학력은 고등중학교 졸업에서 대학 졸업까지 다양하고, 북한에서의 직업 또한 노동자, 방송인, 교수, 상인 등 상이하다.

2) 도강자들, 남한 노래와 접속하다: "아랫(동네) 문화"의 탄생

북한 당국은 1970~1980년대부터 남한 및 외부 라디오 방송의 수신을 금지했다.[29] 개인이 소장한 텔레비전의 채널도 고정되었다.[30] 그러나 탈북자

29) 조선중앙방송만을 수신하도록 주파수를 고정시켜 납땜 봉인을 하고, 주기적으로 봉인 상태를 점검하고 있다.

30) 북한의 대표적인 TV 방송인 조선중앙TV의 경우 북한 전체를 시청권으로 하는 반면 1983년 12월 개국한 만수대텔레비전 방송은 평양과 평안남도 지역을 가시청권으로 해 소련, 중국, 동유럽 등 사회주의국가에서 제작된 외국 영화를 방영하고 있다. 이

들의 경험에 대한 연구들에 의하면 많은 북한 주민이 남한과 미국 등에서 보내는 대북 라디오 방송을 청취하고 있고, 이에 대한 신뢰도가 상당한 것으로 추정된다.[31] 구술자 노호철 씨의 경우 어릴 때 정치범 수용소에 잡혀간 아버지의 자식으로 겪었던 '상처' 속에서 대북 라디오 방송을 듣기 시작했다고 한다.

> 그거 중국산으로 들어온 거 개조해가지고 라디오를 듣기 시작했습니다. 또 산골에 들어가 있다나니까 통제가 그 쉬웠고, 또 그래서 그 통제 속에서 또 이불 안에 듣기도 하면서 그다음부턴 거기 확 미치니까 … 근데 다행히도 제 친구들이나 우리 그 회사, 북에 그런 말로 회사지, 기업소 지배인과도 다 관계가 좋았고 뜻이 맞았습니다. 그래서 이, 이남 사회라든가 세계 바깥에 대한 정세를 많이 이야기도 잘해주고 잘 나눌 수 있었고 내가 사람들한테 알려줄 수도 있었고, 또 그 기쁨 속에서 또 든든하게 '아 우린 미래가 있구나 자유가 있구나, 인권이라는 게 우리한테 있구나. 이렇게 태어난 존재가 아니구나' 하는 거 느끼니까 신심이 납디다 … 그래 이 탈북, 이 땅을 벗어나야 되겠다는 생각을, 벗어나야 되겠다고 결심한 게 한 99년도, 98, 9년도 경이었습니다. '아, 여기서 내가 버티는 게, 버티는 게 아니라 아이들을 위해서래도 이거 탈출해야 되겠다'

주철, 「북한주민의 외부정보 수용 태도 변화」, ≪한국동북아논총≫, 통권 46집(2008), 236쪽. 이에 비해 독일의 경우 통일 전인 1972년에 '기본조약'이 체결되었고 이에 따라 원칙적으로 동·서독 사이의 방송 교류가 이뤄졌다. 이런 조치에 의해 동독의 경우는 통일이 되기 전 대략 전체 가구의 2/3 정도가 대형 공동 안테나를 통해 서독 방송을 시청한 것으로 보고된다. 손기웅, 『독일통일 20년의 쟁점과 과제2』(늘품플러스, 2009), 66쪽.

31) 이주철, 「북한주민의 남한 방송 수용 실태와 의식 변화」; 성숙희, 『북한이탈주민의 남한방송 수용』.

고 생각한 게 그때부터였고, 그다음부터 라디오를 딱 심취해 들으면서 이 바깥 사회를 연구했지요.[32)]

앞의 인용문에 의하면 함경북도 산골의 임업 노동자인 구술자와 주변의 '뜻 맞는 친구들', 그리고 라디오를 통해 수신되는 남한의 KBS 대북 방송 사이에 동맹이 형성되고 있다. 분단의 지리적 경계를 넘어 구술자와 친구들에게 남한의 대북 방송은 금기의 소리이자 '바깥 세계'에 대한 정보를 제공하는 소중한 정치적 자원이다. 즉, KBS 대북 방송은 이들에게 남한 및 바깥 사회를 대변하는 매개체이다. 텍스트 분석에 의하면 구술자는 방송을 통해 스스로의 인권과 자유에 대해서 생각하고 새로운 삶을 기획하게 되는데, 이런 관점에서 대북 라디오 방송은 구술자의 정체성 구성에 개입하는 적극적 행위자라고 할 수 있다. '정치범의 가족'이라는 조건 때문에 북한 사회의 중심에서 상대적인 거리를 두게 된 구술자에게 대북 라디오 방송은 분단의 경계를 넘어 금단의 소식을 전달하는 '차가운 매체'이다.[33)] 각종 잡음 속에서 들려오는 소리를 집중해 기록하고, 이를 해석하는 구술자에게 라디오 방송은 엄청난 상상의 가능성을 제공하는 매체인 것이다.

1990년대 말 탈북한 북한 주민을 대상으로 한 조사에 의하면, 남한의 라디오 방송을 청취한 것이 알려질 경우 엄한 처벌을 받았던 상황에도 불구하

---

32) 「노호철 구술녹취록」(2010), 7쪽.

33) 마셜 매클루언(Marshall McLuhan)에 의하면 차가운(cool) 미디어는 주어진 정보량이 적어서 듣는 사람이 보충해야 할 내용이 많은 반면, 뜨거운(hot) 미디어는 단일한 감각을 고밀도로 확장시켜 이용자가 채워 넣거나 완성해야 할 것이 별로 없는 특성을 갖는다. 따라서 뜨거운 미디어는 이용자의 참여가 낮고, 차가운 미디어는 참여도가 높다. 마셜 매클루언, 『미디어의 이해: 인간의 확장』, 김성기 옮김(민음사, 2002), 56~57쪽.

고 앞에서 살펴본 노호철 씨뿐만 아니라 수신이 가능한 평양, 평안도, 강원도 지역 주민들 중 적지 않은 수가 KBS 사회교육 방송(현재 한민족 방송)을 청취하고 있었던 것으로 추정된다.[34] 그 외 소수는 미국의 소리(VOA), 자유아시아방송(RFA) 등을 수신하는 것으로 전해진다.[35] 이러한 자료들에 비추어 볼 때 북한 주민과 대북 방송의 행위자-네트워크가 북한 사회에 산발적으로 형성되어 있는 것으로 짐작할 수 있다. 적대국인 남한의 방송에 대한 공식적인 금지 조치 속에서 남한의 라디오 프로그램만이 아니라, 다양한 문화가 북한 주민들의 일상 속에 본격적으로 등장하게 된 것은 탈북의 행렬이 시작되는 것과 대체로 일치한다.[36] 식량난이 극심했던 1990년대 중반 먹을 것을 구하기 위해 두만강을 건넜던 북한 주민들 중 일부는 상설 '도강자'가 되기도 했다.

> 북한에서 우리 친구들 중에서 못살긴 제일 못살았거든요. 한때 잘 살다가 그 그집 어무이가 도청 누명쓰고 감옥 갔다 왔거든요. 한 2년 동안. 그러니까 집안에 뭐 어쩔 사람이 없으니까 그 아(이)는 망했거든요 집이, … 그러다가 95년도에 이 친구가 지내다 보니까 중국 갔다 왔더라고. 우리도 몰랐습니다, 갔다 왔는지도. 하루 저녁에 우리 동생이 왔더라고, 저녁에, 오라는 거죠. "왜" "아, 좀 집에 좀 오라는데요" 그래 딱~ 가니까 지금 중국에서 뭐 싸온 먹을 걸

---

34) 이주철, 「북한주민의 남한 방송 수용 실태와 의식 변화」; 성숙희, 『북한이탈주민의 남한방송 수용』.

35) 이주철, 「북한주민의 외부정보 수용 태도 변화」, 240쪽.

36) 심층 면접 결과에 의하면 탈북이 본격화된 1997~1998년 이전에도 국경 지역 주민들 중에는 조선족 자치주의 라디오 방송뿐만 아니라 연변1텔레비전 방송을 수신해 한국 드라마를 몰래 시청한 사람들도 있었다고 한다. 이러한 상황에 대해서는 다른 연구에서도 동일하게 언급되고 있다. 성숙희, 『북한이탈주민의 남한방송 수용』, 53쪽.

까~득, 처음에는 고저 먹을 거 도강자들 뇌물 아닙니까. 거 중국 음식이란 거 쌓아놓고 나를 지금 이거 대접한다는 거죠 지금. "야 너 이거 어디서 났나", "야 임마 고저 그냥 먹어라" 중국 술이랑 해서 … "야~ 그래도 한잔 먹자" 그 뭐 다 먹고 얘기하자, '자기 중국 어디 갔다 오늘 왔다'라는 거죠. "야~ 대단하다. 전방(?)가이 군대 없든?" 없다는 거지. "그 얘기 한번, 내 얘기 들어봐라" 요만한 록음기 하나에다가 한국노래 이 몇 개 가져왔더라고. 그래 딱 들어봤어. "야~ 이거 무슨 노래가" 전혀 모르니까. "야 임마 계속 들어봐" (XXX) 이 한국 노래라는 것이, 그래 그 친구한테서 처음 한국 노래를 접하게 됐거든요.[37]

구술자 이강주 씨는 1969년 북한에서 둘째 아들로 출생했다. 부모님은 오랫동안 중국에 거주하다 북한으로 이주했다고 한다. 어린 시절 아버지가 정치범으로 몰려 사망한 후 구술자와 가족은 각종 정치적 탄압 속에서 생활했던 것으로 보인다. 1986년 구술자의 어머니가 재혼한 후 구술자는 중국의 친척과 계부의 도움으로 물질적으로는 넉넉한 생활을 했으나, 상급 학교에 진학하거나 당원이 되지 못한 채 각종 지역 동원 사업에 참여하다가 1995년 상대적으로 늦은 나이에 결혼했다. 앞의 인용문에서 구술자는 자신처럼 '정치범' 집안의 아들로 친하게 지냈던 친구가 자신이 결혼하던 해인 1995년 겨울, 아무도 몰래 두만강을 건너 중국에 다녀왔던 당시 상황을 생생히 이야기하고 있다. 평소에도 끼니를 때우기 어려웠던 구술자의 친구는 중국 연변 지역에 사는 친척을 찾아가서 식량을 구해온 것이다. 평소 신세졌던 서너 명의 친구들을 초대해 밥을 배불리 먹는 이 장면에서 주목할 점은 식량을 찾아 중국 국경을 몰래 넘어갔다온 구술자의 친구가 먹을 것과 함께 남한의 대중가요를 복사한 아날로그 오디오 테이프를 가져온 것이다. 즉, 북한 주민

37) 「이강주 구술녹취록」(2011), 27쪽.

의 일상 속에 남한 대중가요 테이프라는 비인간 행위자가 등장한 것이다. 앞의 인용문에서 기술하고 있는 1995년 어느 날 밤의 장면은 북한의 20대 청년들이 중국 음식과 함께 처음으로 한국의 대중가요와 접속하게 되는 경로를 가시화하고 있다.

1990년대 중반 처음으로 두만강을 건너간 도강자들은 국경 주변의 주민들 중 극심한 생존의 위협에 처한 사람들이었다. 이들 중 다수의 여성과 남성은 연속적인 인신매매 등을 경험하면서 중·장기적으로 중국에 머물게 되었고, 나머지 일부는 남한 및 제3국으로 이동했다. 그와 동시에 중국에 친척을 두었던 북한 주민들 중에는 앞의 사례와 같이 당장의 생계를 해결할 수 있는 식량과 '남한의 문화'를 가지고 북한으로 돌아갔다. 그런데 1990년대 중반 두만강 건너편 조선족 자치구인 연변 지역에는 한국 노래와 드라마, 영화가 널리 퍼져 있었다.[38] 이것은 1980년대 말부터 조선족 출신의 이주자들이 일자리와 결혼 등을 목적으로 남한 사회에 등장하는 조선족 이주의 역사와 긴밀히 관련된다.[39] 외부 세계와의 소통이 막혀 있던 북한 주민들이 국

---

38) 1980년대 중반 '88 서울올림픽을 거치며 한국으로 이주하는 조선족의 수가 증가했고, 1990년대 국제결혼의 흐름을 통해 더욱 증가했다. 이러한 이주의 네트워크를 통해 남한 문화가 급속히 조선족 자치구에 퍼진 것으로 짐작된다. 나아가 중국 사회에 이른바 '한류' 현상이 나타나기 시작한 것은 1997년 중국어 방송인 봉황TV가 MBC 드라마 〈별은 내 가슴에〉와 〈사랑이 뭐길래〉를 방영해 예상 밖의 호응을 일으킨 것이 계기였다고 한다. 즉, 한국 TV 드라마의 중국 내 방영이 한류 현상의 구체적 출발점이었다. 허진, 「중국의 '한류' 현상과 한국 TV 드라마 수용에 관한 연구」, ≪한국방송학보≫, 통권 제16-1호(2002), 498~499쪽. 이러한 점에 비추어 중국의 조선족 자치구인 연변에서도 이 시기부터 남한 드라마 상영이 본격화된 것으로 짐작할 수 있다.

39) 일제하에서 중국으로 이주했던 조선인들은 조선과 중국의 국경 지역인 연변과 더 멀리 흑룡강 근처에 터를 잡았다. 중국 동북3성(길림성, 흑룡강성, 요령성) 주변에 정착했던 이들 조선족 190만 명은 중국과 한반도의 현대사 속에서 북한, 한국, 일본, 미

경을 넘어 중국 사회로 이주하면서 당시 중국과 남한 사이의 초국적 이주의 네트워크를 통해 퍼져 있던 중국 연변 지역의 남한 문화와 만나게 된 것이다.

당시 도강자들은 연변 지역에 번성하던 비디오방 등을 통해 남한의 드라마와 영화를 담은 아날로그식 녹화 테이프 등을 보게 되지만, 이들이 가장 먼저 북한 사회로 가져간 것은 노래 테이프였다고 한다. 크기가 작아 휴대가 용이하고, 무엇보다 노래 테이프는 당시 북한 사회에서도 널리 공유되고 있었기 때문이다. 1980년대부터 북한 사회에서는 일본산 혹은 중국산 전자기기를 수입해 이름을 바꾸는 등 재가공해 사용하고 있었다. 특히 일본산 녹음기는 학교, 공장 등의 선전 활동에 널리 사용되었고, 일반 가정에서도 합법적으로 구입하고 소유할 수 있었으므로 남한의 대중가요는 손바닥 크기의 노래 테이프를 통해 쉽게 북한 사회의 일상에 결합될 수 있었던 것으로 보인다. 단조로운 음률의 북한 가요와 달리 반주가 요란하면서 '사상'이 없는 남한 가요는 북한 주민들 사이에서 급속히 파급되어 각 지역이나 직장 단위에서 노래를 부를 때 남한 가요를 부르지 않으면 "위축될 정도"의 문화적 힘을 형성하게 되었다고 한다.[40] 이와 같은 남한 대중가요는 북한 주민들뿐만 아니라 보위부와 군대 간부들 사이에서도 유행해 일상적으로는 대중문화로 작동하다가, 주기적으로 실시되는 북한 주민들에 대한 단속 시기에는

국, 중국 연해, 내륙의 대도시로 이주를 거듭했다. 1980년 중국의 개혁·개방과 한·중 수교, 국제결혼 등을 계기로 한국으로 이주한 조선족은 현재까지 50만 명으로 추산된다. "조선족 대이주 100년", ≪한겨레신문≫, 2011년 11월 4일 자; 김현선, 「한국체류 조선족의 밀집거주 지역과 정주의식: 서울시 구로·영등포구를 중심으로」, ≪사회와 역사≫, 제87집(2010), 231~264쪽.

40) 김대중(1998~2003) 정권 시절 진행된 남과 북의 공식, 비공식 접촉 과정에서 북한 당국자들이 간혹 남한의 대중가요를 언급하거나 불렀던 것은 이와 같은 북한 사회의 변화를 배경으로 한다.

〈그림 11-1〉 남한 문화와 북한 주민의 동맹

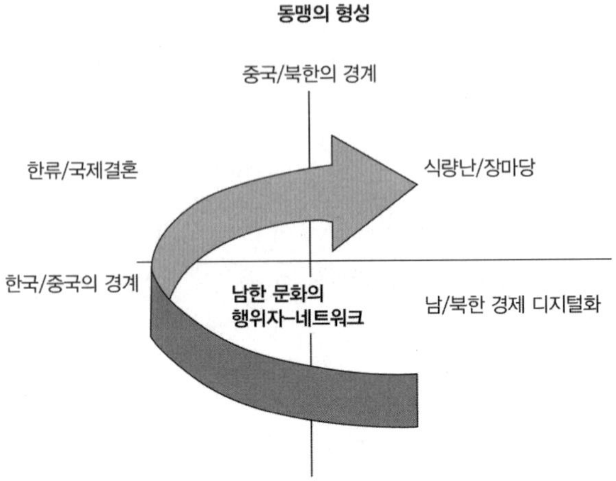

통제 도구가 되기도 했다.

〈그림 11-1〉에서와 같이 1990년대 중반 식량을 구하기 위해 국경을 넘어간 도강자들이 가지고 들어온 남한의 대중가요와 고난의 행군을 겪고 있던 북한 주민들이 접속하게 된 경험은 동아시아(남한, 일본, 중국, 연변 자치주, 북한 등)에 형성된 초국적 이주의 네트워크를 배경으로 분단국가 수립 이후 북한 주민과 남한 대중문화 사이에 원초적 동맹이 형성된 것을 의미한다. 이후 이들의 동맹 관계는 비인간 행위자인 대중매체의 진화와 함께 더욱 큰 힘을 형성하게 된 것으로 보인다.

3) 식량 구하러 갔다가 녹화기를 지고 오다

사례 분석에 의하면 식량을 구하기 위해 중국 국경 지대에서 반복적으로 도강을 감행하던 북한 주민들 중 일부는 중국 현지에서 발견한 각종 영상 매체와 결합하면서 식량 난민에서 국경 무역인으로 전환하게 되었다.

> 처음에 도강한 사람들이 제일 많은 시기가 97년도거든요? 시작은 95년부터 살살살 한두 집씩 다니기 시작했거든요? 그래 중국에 처음에 친척들이 있으면 친척한테 가서 도움 청하고. 그때 당시 돈도 가져오고 이랬는데, 자주 가면, 자주 가면은 저기도 바로 알아보거든요. … 그러니까 가면은 처음에 갔을 때는 돈 주고, 두 번째 가니까 1000원 줬다면 한 300원으로 졸아들거든요. 아 이 300원 가지고 조선 가서 먹고 살기 힘들거든요. "하~ 그럼 난알이라도 주시오" 이러면 난알 주거든요. 기껏해야 사람들이 약 50키로 이상 못 지고 오거든요. 그니까 생각해낸 게 텔레비전, 제일 처음에 넘어온 게 텔레비전이 넘어왔을 겁니다, 천연색 텔레비전 … 갔던 사람들이 처음에 텔레비전 들고 넘어와, 야~ 힘들거든요. 그래 보니까 "야~ 녹화기 가져오라우. 거 돈이 된다" 하니까 녹화기는 뭐 요만한 게 텔레비전 한 대보다 녹화기 열 대 찝는 게 오히려 많지 않습니까? 그래서 그 사람부터 녹화기가 도강하면서 넘어오기 시작하는 거죠. 그래 록화기가 돈이 된다하니까 무역하던 사람들이 중국 자기 대상한테다가 "야 녹화기도 건너보내라" 이래가지고 그 합법적으로 또 넘어오게 되고.[41]

중국과 북한을 오가며 장사를 했던 이강주 씨의 구술 자료 분석에 의하면 식량을 구하기 위해 중국으로 갔던 도강자들이 지속적인 생계와 벌이를 위해 중국과 북한 사이의 가격 격차를 이용해 장사를 시작하게 되었고, 이 시기 대표적인 상품들 중의 하나가 중국 시장에 넘쳐나는 한국 및 일본산 아날로그 전자 기기들이었다.[42] 한국과 일본 시장에서 밀려난 아날로그 컬러텔

---

41) 「이강주 구술녹취록」, 11~12쪽.

42) 한국과 일본은 이미 1980년대 말부터 정보산업 정책을 준비해 1990년대 중반부터 디

레비전이 중국으로 수입되었고, 그중에서도 상태가 좋은 중고 또는 신형 컬러텔레비전은 도강자들의 중요한 '상품'으로 선택되었다. 1990년대 말 당시 북한에서는 일본산 흑백 텔레비전을 수입, 가공한 '소나무 텔레비전'이 일반 가정에 보급되었고, 당 간부나 소수의 부유한 사람들만이 컬러텔레비전을 소유하고 있었다. 도강자들이 쌀 대신 돈을 만들기 위해 중국 상인들을 통해 구입해 지고 돌아간 중고 또는 신제품 컬러텔레비전이 북한 사회에서 대중적인 '컬러텔레비전 시대'를 열게 된 계기가 된 것으로 추정된다.

북한의 일반 가정에 컬러텔레비전이 다수 보급되기 시작한 1990년대 말 이전에 절대 다수의 주민들은 중앙TV 채널만을 공식적으로 시청할 수 있었다. 다만 회령, 무산 등의 중국 국경 지역에 살던 주민들의 경우 북한의 고정 방송 외에 수신이 가능한 연변1텔레비전 방송을 통해 방영되는 한국 영화나 드라마를 몰래 시청했고, 황해도, 평양 등의 지역에 살던 북한 주민들 중에서 일부는 수신되는 남한의 텔레비전 방송을 몰래 시청하고 있었다고 한다.[43] 또한 평양에서는 동유럽 사회주의 사회나 기타 연관 국가의 영상물을

지털 방식의 전자 기기가 아날로그식 전자 기기를 대체하며 대중적으로 확산되었다. 구체적으로 남한 시장에서 DVD의 통일 규격이 합의된 것은 1995년이고 실제 시장 출하가 이뤄진 것은 1996년부터이다. 김재영, 「DVD의 현황과 전망」, 한국자기협회, 1996년도 추계연구발표회 논문개요집, 제6권 제2호(1996), 7쪽. 한국의 텔레비전 방송 분야에서는 1980년 컬러텔레비전 방송을 시작했고, 1990년 8월부터는 디지털 신호로 바꾼 문자나 그림 정보를 삽입해서 전달하는 방송이 실시되었다. 또한 브라운관 방식의 텔레비전이 1990년대를 경과하며 화질이 선명한 디지털 방식으로 변화하고 각종 디지털 주변기기와 결합하기 시작했다.

43) 북한 텔레비전 방송의 주사선 방식은 'PAL-D' 방식이고 남한의 경우 'NTSC' 방식이라서 북한 주민들의 경우 일반 텔레비전으로 남한 방송을 수신할 수 없다. 일부 주민들의 경우 일본이나 중국에서 수입한 PAL 방식과 NTSC 겸용 텔레비전으로 남한 방송을 시청하는 것으로 보인다. 이주철, 「북한주민의 외부정보 수용 태도 변화」, 243쪽.

텔레비전을 통해 방송하기도 했는데, 이 영화를 시청하는 것이 큰 특권처럼 여겨지기도 했다고 한다.[44] 그런데 1990년대 말부터 다양한 경로를 통해 컬러텔레비전이 들어오면서 북한 주민 중 일부는 남한 혹은 동구권 나라의 드라마나 영화에 등장하는 영상 이미지를 좀 더 가깝게 경험하게 되었을 것으로 보인다. 오직 흰색과 검은색으로만 구분되던 영상의 세계가 무지개 색깔로 구성됨으로써 외부 세계의 물질문화가 갖는 '섬세한 차이'를 좀 더 직접적으로 접하게 된 것이다. 이런 관점에서 컬러텔레비전은 '뜨거운 매체'라고 할 수 있다. 나쁜 화질의 흑백 텔레비전이 가졌던 시청자들의 '해석 가능성'이 고화질의 컬러텔레비전에 의해 훨씬 줄어들었다는 점에서 그렇다. 그와 동시에 강력한 메시지를 가진 행위자로 북한 주민들과 결합하게 되었다.

중국 쪽의 세관 통계를 이용해 북한의 공식적인 텔레비전 수입 실태를 추정한 연구 결과에 의하면 1999~2004년까지 흑백 및 컬러텔레비전의 총 수입 금액은 6753만 달러이다. 이 중 흑백 텔레비전의 수입 금액은 대략 1/3 정도이다. 다른 통계에 근거해 1999~2006년 사이 북한의 컬러텔레비전 수입 대수는 대략 92만 대이고, 흑백 텔레비전의 경우도 상당할 것으로 추정된다. 요컨대 중국으로부터의 공식적인 수입, 북한 내부의 생산, 그리고 세관을 거치지 않은 도강자들의 거래 등을 포함하면 1999년 이후 북한에는 대략 100~200만 대에 달하는 텔레비전이 보급된 것으로 추정된다.[45] 그런데 극심한 식량난을 겪었다고 하는 북한의 고난의 행군을 생각하면 이 시기 북한 사회에서 적지 않은 가격의 텔레비전이 급속히 보급된 것은 이례적이다.

사례 조사에 의하면 도강자들과 컬러텔레비전의 독점적 동맹은 오래가지 않았다. 짧은 기간 내에 도강자들은 기존의 아날로그 텔레비전보다 크기가

---

44) 「이강주 구술녹취록」; ≪통일≫, 2011년 1월 2일 자.

45) 이주철, 「북한주민의 외부정보 수용 태도 변화」, 242쪽.

작고 가벼우면서 더 많은 돈이 되는 아날로그 '록화기'를 운반하기 시작했다. 부피가 적어서 단속을 피하기에 좀 더 용이할 뿐 아니라 한 번에 좀 더 많은 수를 운반할 수 있어 이윤이 커지는 이점 때문이었다. 그뿐 아니라 컬러텔레비전이 단가가 비싸 대량 판매가 어려운 반면, 녹화기는 상대적으로 값이 싸기 때문에 폭넓은 구매층을 형성할 수 있다는 점에서 도강자와 녹화기의 동맹이 급속히 강화되었다. 1990년대 말을 거치면서 북한 사회의 곳곳에는 중국 밀무역을 통해 수입되는 옷, 신발, 전자 기기 등의 소비재 거래선이 품목별로 전문화되어 구축되었다고 한다. 이강주 씨의 구술에 의하면 전자 기기 전문 도강자들이 중국의 '대상'을 통해 후불로 들여온 녹화기는 회령, 청진 등의 국경 지역에서 소비되거나, 중간상들을 통해 각 지역의 소비자 및 소매상들에게 조직적으로 전달되었다.

이처럼 새롭게 등장한 녹화기가 컬러텔레비전과 비교해 갖는 용도의 차이는 첫째, 공중파 방송을 시간적·공간적으로 분리해 소비할 수 있게 한 점이다. 즉, 특정 프로그램을 녹화해 다른 시간대에 시청할 수 있고 다른 지역으로 이동해 시청할 수 있는 가능성을 제공했다. 나아가 녹화기는 공중파 방송 프로그램만이 아니라 아날로그 비디오용으로 제작된 영화를 영화관이 아닌 다양한 사적인 공간에서 시청할 수 있게 했다. 이런 관점에서 흥미로운 점은 자본주의 국가와 비교해 상대적으로 영상물의 제작과 시청이 제한된 북한 사회에서 녹화기가 대중적으로 팔려나가기 시작한 점이다. 사례 분석에 의하면 이 시기 북한에서는 녹화기와 함께 중국에서 유입된 한국 드라마와 영화 비디오 테이프가 엄청난 이익을 남기면서 팔리기 시작했다. 처음 녹화기를 구입한 북한 주민은 함께 구입한 한국 드라마를 몰래 시청하다가, 자신의 가족과 친척들을 비롯해 믿을만한 몇몇 사람들과 삼삼오오 모여 소리와 화면의 빛이 새어나오지 않게 단속한 방 안에서 남한 영상물을 시청하기 시작했다.[46] 또 자신이 가지고 있는 녹화기와 친구의 녹화기를 연결해

〈표 11-2〉 남한 드라마 시청의 행위자-네트워크 형성 과정

단계	행위자-네트워크	배경
1	도강자-남한의 아날로그 노래 테이프-북한 주민	식량난, 일본산 녹음기, 집단적 선전 활동
2	도강자-아날로그 컬러텔레비전-중간 상인-북한 주민	일본, 한국, 타이완 등 디지털 산업으로의 전환, 북한의 장마당 형성
3	도강자/무역상-아날로그 록화기(비디오 플레이어) -중간 상인-북한 주민	크기가 작음, 복제 가능성, 시청 시간과 공간의 자유
4	상인들-디지털 록화기(CD/DVD 플레이어)-중간 상인 조직-북한 주민	중국의 디지털 산업과 북한 시장경제의 확장
5	상인들-디지털 소프트웨어(CDR)-중간 상인-북한 주민	원본 없는 무한 복제

구입한 새 비디오 테이프를 복사해 보거나 전달하기도 했다. 그야말로 북한의 가정집에 자발적으로 '비디오방'이 조직되기 시작한 것이다.

결국 도강자와 컬러텔레비전의 동맹을 녹화기가 대체할 수 있었던 것은 녹화기 자체가 갖는 '규모의 경제적' 요소뿐만 아니라, 남한 드라마 시청에 대한 북한 주민들의 광범한 수요가 복합적으로 결합되었기 때문이다. 또한 녹화기에서 재생되는 영상 이미지를 시청하기 위해 도강자와 텔레비전, 녹화기의 복합적 동맹이 형성되었다고 할 수도 있다.

또한 일본과 한국, 그리고 후발 주자로서 중국, 타이완, 싱가폴 등의 동남아 국가들이 1990년대에 들어서면서 본격적으로 정보산업의 확대 정책을 실시하고, 이를 통해 아날로그 방식의 전자 기기가 전(前) 시대의 유물로 평가되기 시작하는 사회·경제적 조건이 고난의 행군을 겪고 있던 북한 주민들, 특히 도강자들에게 하나의 '경제적 기회'를 제공했다는 점이 흥미롭다. 도강자들과 상대적으로 값이 싼 아날로그 전자 기기의 동맹이 미지급 상태

46) 이러한 상황에 대해서는 탈북자에 대한 다른 심층 인터뷰 결과에서도 확인된다. 성숙희, 『북한이탈주민의 남한방송 수용』, 33쪽.

의 북한 사회 내에 비공식적으로 형성된 장마당에서 경쟁력을 가지게 되면서 일종의 '반란'을 일으킨 것이다. 아날로그 전자 기기의 반란은 상대적으로 정보산업이 지체된 북한의 경제 상황과 남한 드라마에 대한 북한 주민의 수요라는 행위자들의 네트워크 형성이자 그것이 만들어낸 결과이기도 하다. 나아가 도강자, 북한 주민 그리고 녹화기 사이의 동맹은 더욱 공고해지게 되었는데, 녹화기가 '돈'이 되기 시작하자 북한의 무역업자들이 중국 거래처에 녹화기를 주문하기 시작했기 때문이다. 이제 북한 사회에서 녹화기는 합법적인 전자 기기로 기입되었고, 동맹은 안정되고 확대되었다.

4) 의무통과지점으로서의 남한 드라마 시청: 새로운 토템의 탄생

행위자-네트워크는 기본적으로 행위자들의 번역 과정을 통해 형성된다. ANT의 주요 이론가인 미셸 칼롱(Michel Callon)은 행위자-네트워크가 형성되는 과정인 번역의 4단계를 설명하면서 특정한 행위자가 수사적·담론적 수단을 통해 전략적 위치를 차지하게 될 때 이를 의무통과지점(Obligatory Passage Point: OPP)이라고 정의했다. 즉, 의무통과지점은 동맹의 형성을 가능하게 하고, 행위자들이 자신의 목표를 성취하는 데 필요한 자원에 대해 통제권을 갖는다.[47] 이 글의 사례 분석에 의하면 도강자들이 컬러텔레비전 대신 녹화기를 지고 오는 등 다양한 동맹이 형성되는 과정에서 '남한 드라마'가 북한 주민들 사이에서 급속히 공감대를 형성함으로써 의무통과지점으로서의 위치를 갖게 되는 것이다. 중국과 북한 사이의 국경 지대에서 작동하

47) M. Callon, "Some elements of a sociology of translation: Domestication of the scallops and fishermen of St. Brieuc Bay," in J. Law(ed.), *Power, action and belief: a new sociology of knowledge?*(London: Routledge, 1986), pp. 196~233; 김환석, 「행위자-연결망이론과 사회학」, 882쪽.

〈그림 11-2〉 북한 주민의 남한 드라마 시청의 행위자-네트워크

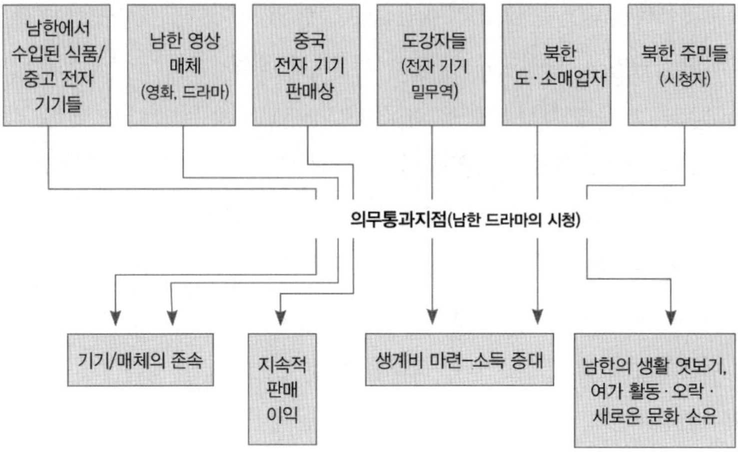

는 다양한 초국적 인간 및 비인간 행위자들이 남한 드라마 시청을 매개로 동맹 관계를 형성하게 되고, 이를 둘러싼 자원의 배분이 행위자-네트워크의 권력으로 작동하는 것으로 보인다. 이를 정리하면 〈그림 11-2〉와 같다.

국경 도시에서 자신의 형과 친척이 텔레비전 중개상을 했던 구술자 이강주 씨가 처음 남한 드라마를 시청한 것은 1997년 도강해 중국의 친척집에 머물렀을 때이다. 도착 후 구술자는 사촌 형과 함께 연변의 휘황찬란한 거리를 걷고 배부르게 음식을 먹은 후 사촌이 안내한 비디오방에서 처음으로 남한 드라마 비디오 테이프 3개 시리즈를 빌려와 2박 3일 동안 연속으로 시청했다고 한다. 구술자가 잠을 설치며 몰입한 것은 북한 사회에서 볼 수 없었던 멋진 집들과 자가용이 등장하고, 잘 차려입은 주인공들이 "정치색이 없는" 사랑, 연애, 증오, 살인, 배신 등의 극적인 내용을 연기하는 남한 텔레비전 드라마였다. 이 과정에서 구술자가 주목한 것은 은연중에 북한이 선전하던 남한과 드라마 속의 남한, 그리고 자신들이 생활하는 북한과 남한 사회

의 일상이 갖는 작은 차이들이었다고 한다.[48] 드라마의 배경으로 등장하는 각종 일상의 모습을 통해 '거지가 들끓는 남한'과 '여자들도 자가용을 운전하는 남한', '김일성, 김정일 수령 체제에 절대 복종하는 북한'과 '정부를 비판할 수 있는 자유를 가진 남한'을 암묵적으로 비교하게 된 것이다. 물론 구술자가 드라마에 등장하는 내용과 남한 사회를 직접 일치시키지는 않았지만, 중요한 것은 구술자에게 북한 사회의 공식적인 담론과 함께 자본주의 남한 드라마에 내포된 의미 해석의 틀(frame)이 공존하게 된 것이다.

또한 북한 사회 곳곳에 자발적으로 형성된 비디오방은 북한 가족의 일상을 재구성했을 것으로 보인다. 지금까지 각 가정의 안방 정중앙에 걸린 김일성 수령과 김정일 위원장의 사진 아래 놓인 텔레비전은 사진 속 수령들을 재현하는 장치였다. 곧 텔레비전은 북한 사회의 토템인 수령들의 일상적 강림이었다고 할 수 있다. 그러나 디지털 녹화기를 장착한 텔레비전이 등장하면서 따분하고 뻔한 내용의 수령들 이야기가 아니라 남한 드라마를 시청하게 된 것이다. 미디어는 특정한 메시지를 실어 나르는 투명한 매체가 아니라 스스로 문화 양식을 창출하는 메시지이다.[49] 남한 드라마는 남한 자본주의 사회의 문화를 전달하는 영상 매체에 불과한 것이 아니라 바로 북한 사회에 등장한 새로운 생활양식이다. 남한 드라마와 북한 주민의 동맹, 즉 일상적인 시청을 통해 이들의 감각 배율과 지각적 패턴이 새롭게 구성되기 때문이다. 이런 관점에서 식량난을 계기로 북한 사회에 등장한 남한 드라마는 단순히 남한 자본주의 문화의 매개체가 아니라 그 자체로 새로운 북한 주민의 생활양식이라고 할 수 있다. 이제 밤마다 열리는 가족 비디오방을 통해 북한 주민과 남한 드라마 사이의 동맹은 일상화되고 확대된다. 이와 같은

---

48) 「이강주 구술녹취록」, 9~10쪽.

49) 마셜 맥루언, 『미디어의 이해』.

남한 드라마 시청의 행위자-네트워크란 북한 사회주의 체제의 중심 토템인 김일성, 김정일 수령 체제와 경쟁하거나 혹은 동맹 관계를 형성하는 새로운 토템의 탄생을 의미하는 것으로 볼 수 있지 않을까? 북한 주민들은 한편으로 자신들이 신봉하는 사회주의 체제를 크게 위협하지 않으면서, 일상의 거래를 통한 경제적 이득과 문화적 쾌락을 제공하는 새로운 토템을 향유하게 된 것이다. 식량난의 고통 속에서 생존을 위해 도강을 감행했던 북한 주민들이 전유하게 된 것은 쌀 혹은 돈이 되는 자본주의사회의 생필품만이 아니라 개혁·개방된 중국 사회에 존재하던 남한의 문화였다. 제품의 새로움, 세련됨, 기능 등에서 북한의 그것과 비교할 수 없는 남한산 전자 기기 및 문화상품과 결합한 도강자들은 더 이상 식량 난민이 아니라 새로운 문화의 '번역자'가 된 것이다. 즉, 이들은 분단의 산물이자 금기의 대상인 '남한 드라마'가 숨어서라도 볼 만한 '아랫동네 문화'이자, 수익을 창출하는 장마당의 상품으로 치환되는 과정의 매개자였다.

다른 사례로 구술자 홍희숙 씨는 1975년 생으로 1990년대 중반 평양의 한 대학을 졸업했다. 대학교수였던 아버지의 친동생이 중국에 있어서 구술자의 부모는 1980년대 말부터 주기적으로 중국을 방문할 수 있었다고 한다. 구술 자료에 의하면 홍희숙 씨의 부모는 중국을 오가는 동안 몰래 중국 물건을 가져다 팔기도 했으나 큰 이익을 보지는 못했다. 당시 구술자의 부모는 중국의 천을 가져와 북한에서 유행하는 '집체적 옷'을 만드는 사람에게 팔았다. 이후 중국 옷이 북한에서 유행하자 중국 옷을 밀수하기도 했다. 구술자 홍희숙 씨는 1998년 무렵부터 중국을 오가며 애기 옷, 신발 등 각종 생필품을 밀수해 중개하는 역할을 했다. 이전부터 부모들이 형성해놓은 밀수 판매망에 남한에서 생산된 생필품을 전달하고 차익을 얻는 것이었다. 흥미로운 점은 2000년대 초반부터 북한 사회에 '한국 옷'이 유행하게 되고 구술자는 중국 시장에 나와 있던 중고 남한 의류를 구입해 상표를 뗀 후 판매하기 시작한 것이다.

> 드라마를 보면서 더 알게 됐죠. 근데 이쁘고 질도 좋고, 결국은 이렇게 사 입고 보면, 보면 한국 상품이 상표가 다 있으니까 아무리 찢었어도 그 쪼끔 남기거든요. 팔 때는, 그 그러고 산 다음에 '다 없애라' 이렇게 하면서 팔거든요. 팔 때 니가 알아서 '이건 한국 상품이다' 하는 거 알아야 사니까 이거 팔 때는 제가 띠서 주거든요. 내가 사고를 안당하자면, 걔는 인식을 했으니까 그다음에 뭐 인식하면 "이거 한국 옷이다. 이게 진짜 좋다" 하며 지네끼리도, 그다음엔 자기가 사 입었는데 상표는 없잖아요. 내가 인정을 했으니까 "이거 한국 옷이야. 내가 가서 딱 상표보고 샀거든." 이 확실히 중국 옷하고, 중국 옷 입은 애하고 한국 옷 입은 애하고 차이가 나거든요. 모양도 다르고 중국 상품은 진짜 안 이뻐요. 그리고 오래 안가고 벌써 이게 이 바늘 자리도 다 뜯어지고 이러거든요. 한국 옷은 암만 씻어도 천이 째지면 째졌지 바늘 자리가 안 나가거든요. 그러니까 인식 자체가 '한국 옷이 더 좋다' 상품이든지 옷이든지 아무거든지 다 좋거든요 음. 그러니까 이제는 인식도 그 화장품도 이제는 뭐, 화장품도 제가 마지막쯤에는 화장품도 많이 했어요.[50)]

1990년대 말부터 도강자들이 밀수해온 녹화기를 통해 남한 드라마를 접한 북한 주민들은 옷, 신발, 화장품 등을 구매해 입고, 신고, 걸치고, 치장함으로써 새로운 생활양식을 실천하기 시작한 것이다. 이들의 새로운 감각과 취향에 따르면 남한의 생산품들이 훨씬 예쁘고, 질이 좋았기 때문이다. 이제 남한의 드라마는 북한 주민의 생활양식이 된 것이다. 남한 및 자본주의 사회의 소비문화는 더 이상 북한 주민의 적대적 대상이 아니라 일상 문화의

---

50) 「홍희숙 구술녹취록」(2012), 18쪽.

코드가 된 것이다. 달리 말해 남한의 영상 매체가 생활양식 자체로 전유되기 시작한 것이다. 그러나 이것은 공공연하게 자신을 드러내지 않는다. 즉, 북한의 공식적인 사회주의 토템과 경쟁하지 않는 것이다. 단지 상표를 뗀 자리를 통해 짐작할 수 있는 '아랫동네 물건'이라는 암묵적 인정, 스스로 입거나 직접 시청한 사람들만이 짐작할 수 있는 몸짓, 소리, 모양, 색깔, 촉감 등의 '원본성'에 대한 인정의 태도를 교류함으로써 상호 인정으로 나아가게 되는 것이다. 이를 통해 북한 주민과 남한 드라마의 행위자-네트워크는 더욱 강력한 동맹을 형성하게 되는 것이다.

5) 동맹의 강화는 시디알의 혁명으로

2000년대가 되면서 도강자들의 동맹은 디지털 녹화기로 대체, 강화되었다. 아날로그 녹화기에 의해 이미 조직된 북한 주민들 사이의 '비디오방'은 화질이 높아진 디지털 녹화기의 보급로가 되었다. 구술자 이강주 씨가 탈북하던 해인 2007년 무렵 북한의 한 국경 지역 대도시 주민 중 60~70%가 디지털 녹화기를 보유하고 있을 정도였다고 한다. 그와 동시에 디지털 녹화기의 소프트웨어인 시디알(CDR)은 아날로그 비디오 테이프와 달리 원본과 복사본의 구별이 없는 화질을 보장할 뿐만 아니라, 가격과 크기에서 더욱 확실한 시장 경쟁력을 가짐으로써 북한 주민의 일상에 급속히 퍼졌다. 디지털 녹화기라는 하드웨어를 보유한 북한 주민들에게 무한 복제가 가능한 시디의 공급은 새로운 남한 드라마의 안정적인 시청을 가능하게 했을 뿐만 아니라, 조용한 '혁명'을 일으켰다.

> 그 시디알을 가져다가 처음에 장사한 사람들이 보위부나 그 경찰에 안 걸렸으면 엄청 돈 벌었거든요 그걸 중국에서 한 알, 한 알에 아마 1원인가 2원인가 할

겁니다. 그러면은 그 북한 가서 드라마 한 알당 500원씩 팔면은 그때 돈이 1원이면은 북한 돈이 고저 20원 이정도 되는데, 2~30원정도 되는데, 그 백배로 붙여 팔잖아요. 200~300원도 아니고 500원, 1000원씩 이렇게 파는, 재밌는 드라마 같은 건 1000원씩 합니다. 그리고 컴퓨터 있는 집에서도 또 복사하거든요. 빈 시디알 중국에서 내와 가지고. 그 빈 시디알은 교육으로다가 중국, 북한 통과되거든요. 그거 빈 거 아닙니까, 그걸 '교육을 위해 그걸 가져나온다' 이렇게 하면 빈 이거(시디)는 통과시키거든요. 그럼 그걸 가져다가, 그게 아마 2004년도, 3년도 이때부터 이 유행이 됐습니다. … 그래 지금 뭐 우리 북한에서 있을 때 들은 얘기지만 그 어떤 유혹의 바람도 북한군을 뚫지 못했는데 이 시디만은 성공했다고 이런 말이 있더라고요. 뭐 돈도 줘봤다, 쌀도 퍼줘봤다, 이거도 줘봤다, 저것도 줘봤다 해서도 북한의 그걸 깨지 못했는데, 사람들이 머리 상태를 떨구지 못했는데 이 시디 하나가 성공했다고 이런 말이, 제가 북한에 있을 때 들었습니다.[51)]

북한 주민들의 일상에서 광범위하고 지속적인 남한 드라마 시청이 이루어진 것은 앞서 살펴본 남한 드라마 시청의 행위자-네트워크가 광범하고 지속적인 권력을 확보하게 된 것을 의미한다. 아날로그 녹화기와 비디오 테이프가 디지털 녹화기와 시디알로 대체되면서 행위자들 사이의 동맹은 강화되었고, 이것은 북한 주민들의 "머리 상태를 떨구는" 이른바 새로운 정체성을 형성하게 된 것이다. 남한 드라마에 대한 일상적 소비를 통해 북한 주민들은 새로운 생활양식을 전유하게 된 것으로 짐작된다. 이것은 자아의 확장이자 재구성을 의미한다.

구술자 이옥순 씨는 북한군 고위 간부의 딸이다. 학교를 졸업하고 음악

---

51) 「이강주 구술녹취록」, 4, 16쪽.

교사로 활동하다가 2007년 남편을 따라 탈북했다. 이옥순 씨는 식량난으로 모두가 살기 어려워졌을 때 정치적 지위와 경제력을 바탕으로 큰돈을 번 고위 간부들의 자녀들에게 아코디언 개인 교습을 해 경제력을 쌓았다고 한다. 구술자는 스스로 어릴 때부터 북한의 전형적인 교육을 받고 성장해, 남편인 구술자 진남수 씨가 몰래 남한 방송을 듣고 탈북을 종용하지 않았다면 북한 사회에서 잘 나가는 음악 교사로 살았을 것이라고 한다. 구술자 이옥순 씨는 북한에서 남편과 함께 남한 드라마를 시청했던 상황을 인터뷰에서 다음과 같이 전달했다.

> 그니까 이렇게 드라마를 봤을 때 '아, 경제가 완전 장성했구나.' 이거는 완전 그땐 다 사람들이 인정을 했거든요. 근데 여기서 영화를 들여간 게 또 무슨 영화를 많이 들여가냐면 깡패영화, 깡패영화를 또 많이 들여가는 거예요. 그러니까 생활이 높은 거하고 반면에 그니까 뭐 〈겨울연가〉 뭐 〈가을동화〉, 뭐 〈천국의 계단〉, 이런 좋은 영화들이 더 많지 않습니까? 근데 그런 영화 말고 또 모르고 깡패 영화도 있고 뭐 마피아 무슨 이렇게 뭐 그 서로 찔러 죽이고 서로 싸움하고 이런 영화가 또 많은 거예요. 그니까 우리 같은 사람은 대부분 내가 그거 드라마를 쭉 보면서 느낀 게 한 50~60%는 '아, 경제가 성장했다' 그거 다 인식을 했어요. 높은 경제적 장성을 이뤘다. 그러나 북한 사람들은 완전 딱 밀집된 체계 안에서 살은 사람들이에요. 그러다 나니까 턱 보고 '야, 저렇게 깡패 많은 데서 어떻게 살아?' 이게 반반이예요.[52]

앞의 텍스트를 통해 알 수 있는 바와 같이 남한 드라마의 소비를 통해 북한 주민들은 무엇보다 남한 사회의 경제적 성장을 인정하지 않을 수 없었던

52) 「이옥순 구술녹취록」(2010), 14쪽.

것으로 보인다. 한 편의 영화와 달리 텔레비전 드라마는 매일 방송되면서 일상의 소소한 측면들을 보여준다. 이를 통해 생계를 유지하기도 힘든 자신들의 고달프고 거친 일상과 비교할 수 없는 남한의 물질적 풍요와 자본주의 소비문화를 간접 경험하게 된 것이다. 다른 한편, 한국의 액션 영화나 드라마를 보면서 과장된 폭력이 범람하는 사회로 상상하는 경향도 있는 것으로 보인다. 즉, 북한 주민들은 자신의 입장과 관점에 따라 남한 드라마의 내용을 다르게 해석하고 전유하는 것이다.

그런데 여성들의 경우 남한의 영화나 드라마를 통해 북한 사회의 가부장적 젠더 관계보다는 상대적으로 여성들을 존중하는 남한의 남녀 관계를 암묵적으로 부러워하게 되었다고 한다. 고난의 행군 시기 직장에 매이거나 집안에 들어앉은 남성들을 대신해 장마당으로 나선 여성들이 생계를 책임지고 가족들을 부양했으나 여전히 "남자는 하늘이고 여자는 땅"이라는 북한 사회의 봉건적 젠더 관계가 갖는 문제를 남한 드라마 속의 다양한 관계와 비교하며 좀 더 구체적으로 의식하게 된 것으로 짐작된다. 특히 애정 표현과 성행위를 정면으로 다룬 영상물들을 접하며 심한 충격을 받기도 했다고 한다.

> 그 예술인이 우리 저 북한에서 영화를 창작했는데, 〈소궁〉 그다음에 〈철길 따라 천만리〉 이런 뭐 영화를 했을 적에 〈사랑사랑 내사랑〉 이런 데서랑 보게 되면 기껏해야 끌어안고 그저 끌어안는 걸로 이게 그때 당시 대 파문을 일으킨 거예요. 북한에서는, 그렇게 안는 걸로 막 그렇게 파문을 일으켰어요. 근데 … 무슨 그 아주 중심부까지 다 들어가버리잖아요. 어. 여기는 막 자는 것까지 나오고, 북한에서 꿈 못 꿔요, 그런 거, 분명 뭐 남자 여자 만나서 같이 자고 하는 건 뻔한 일인데 자고하는 것도 어디가 그런 영화를 보지 못했으니까는 저는 북한에 있을 적엔 남자하고 같이 자면 흥분하는 것도 몰랐거든요. 흥분이 뭔지도 몰랐어요. 그런 게 무슨 감정인지도 모르고, … 북한은 그런 섹스에 대하든지

뭐 이런 걸 막 이렇게 함부로 할 수도 없고, 그런 영화 돌릴 수도 없고, 그거 돌렸다가는 감옥에 가야 되고, 섹스 표현 봤다 하면 우리 가족 몽땅 감옥에 가야 되는 거예요. '자본주의 날나리 풍이 들어왔다' 이렇거든요.[53]

앞의 인용문은 북한 고위 간부의 딸로 북한에서 방송인으로 활동하기도 했던 도진아 씨의 구술 자료이다. 도진아 씨는 '성분'이 나쁜 남편과 연애 결혼했으나 가족의 완강한 설득으로 이혼한 후 고난의 행군 시기에 중국을 오가며 장사를 했다. 이후 구술자 이강주 씨와 재혼했고, 2006년 탈북해 한국으로 왔다. 앞의 인용문에서 도진아 씨는 남한의 '동영상'을 몰래 본 후의 충격과 경험을 전달하고 있다. 기존 연구에 의하면 북한은 북조선 노동당과 사회주의 체제에 대한 집단적 사랑 외에 개인 사이의 애정을 '자본주의 날라리 풍'으로 배격하고 있다.[54] 따라서 '성(sexuality)'에 대해서 공공연히 말하는 것 자체가 금기인 사회에서 직접적인 성행위를 본다는 것, 그리고 그것을 둘러싼 열려진 애정 관계를 지켜본다는 것 자체가 충격이었던 것으로 보인다. 텍스트 분석에 의하면 구술자 도진아 씨에게 성행위에 관한 동영상은 자신의 삶에서 '성'을 발견하는 매개체이자, 새로운 섹슈얼리티 구성 그 자체였던 것으로 보인다. 출산을 위한 수단 혹은 남편에 대한 아내로서의 의무가 아니라 자신의 쾌락과 욕구를 발견하는 과정이었던 것으로 짐작할 수 있다. 이런 관점에서 남한의 영화와 드라마를 담은 시디가 북한 주민의 "머리를 떨구게 된" 것은 새로운 북한 주민의 탄생을 의미한다. 즉, '거지가 들끓는 남한'이 아니라 경제가 장성한 남한이 존재하는 것을 인지하게 되고, 세련된 소비문화와 남녀 사이의 성적인 쾌락을 선망하는 자아를 가진 개인

53) 「도진아 구술녹취록」(2010), 23~24쪽.

54) 이희영, 「북한의 사회변동과 섹슈얼리티」.

들이 북한 사회에 탄생했음을 의미한다. 다시 말해 북한 주민의 남한 드라마 시청의 행위자-네트워크란 바로 고난의 행군을 통해 새롭게 정체화된 북한 주민의 등장을 뜻한다.

6) 행위자들의 동맹과 반역: 목숨을 건 남한 드라마 시청의 네트워크

연구 결과에 의하면 남한 드라마 시청의 행위자들 중 일부는 네트워크의 형성과 강화에 일조하면서 그와 동시에 '반역의 동맹'에 가담하기도 했다. 북한 주민들의 자발적 비디오방에 참여했던 개인들 중 보위부의 압력 등으로 내부 고발자로 돌아서는 경우가 적지 않았던 것으로 보인다. 북한 정부는 2004년 4월 형법을 개정해 기존에 없던 외부 미디어의 유입에 관한 처벌 조항을 신설했다. 형법 제193조 '퇴폐적인 문화반입 류포죄', 제194조 '퇴폐적인 행위를 한 죄', 195조 '적대방송 청취, 인쇄물, 유인물수집, 보관, 류포죄'를 신설해 위에 해당하는 시디-롬 같은 매체를 허가 없이 들여와 유포하는 경우 2년 이하의 로동단련형에 처하고 정상이 무거운 경우에는 4년 이하의 로동교화형에 처하도록 했다. 또한 이런 매체를 반복해 시청하는 등 정상(情狀)이 무거운 경우는 5년 이하의 로동교화형에 처하도록 하는 등 사회적 단속을 강화했다.[55]

북한에서 대학교수로 재직 중 동료들과 한국 드라마를 보다가 고발된 진남수 씨는 이후 지위가 강등되는 등 사회적 출세가 막히자 2007년 남한으로 탈북했다.

영어강좌 선생님들하고 우리 이제 강좌하고 해서 이제 그 TV 그 〈남자의 향

55) ≪조선일보≫, 2004년 12월 8일 자.

기〉 있지, 이 남한 드라마, 그거를 본거지. 이 딱 닫아 걸고서리 문, 커텐 다 치고 이럭하고 몰래 봤는데, 거기가 이제 그런 이제 내가 이제 군대 때 하던 이런 정보원이가 거기 계속 있은 거지. 그다음날에 바로 이제 호출을 당한 거죠, 그래 가지구 나는 이제 (정보원 활동을) 사회 나와서 안했거든요, 그거를, 거기가 인제 문제제기가 됐죠. 가니까 뭐 통지 다 왔더라구. 우리 여섯 명이 딱 봤는데 영어강좌 세 명하구, 우리 수학강좌 세 명이 봤는데, 그래가지구 완전히 그다음에는 이제 난리가 난거죠. 비판적으로 완전히 진짜 계속 (XXX), 그래가지구 인제 막 출당 출직되는 줄 알았어요, 그래서 이제 여섯 명이 이제 일단 이제 그 교원자격 박탈로.[56]

앞의 인용문에서 대학교수였던 구술자는 신뢰 관계가 돈독한 동료 교수들과 주기적으로 남한 드라마를 시청했던 상황을 기술하고 있다. 앞에서와 같이 가족 단위 혹은 직장에서 창문에 커튼을 치고 문을 잠근 후 소그룹 단위로 남한 드라마를 보는 경우에 각 개인은 고도의 긴장과 집중 속에 놓이게 된다. 남한의 가정에서 이뤄지는 텔레비전 드라마 시청은 일상의 연장이고, 그와 동시에 전화벨 소리, 가족 구성원의 존재, 주변의 다양한 행위와 같은 산만한 흐름 속에 놓인다. 그러나 주변 시선을 의식해 담요로 창문을 가리고 팽팽한 긴장감 속에서 행해지는 북한 주민의 '남한 드라마' 시청은 고도로 집중된 행위이다. 그와 동시에 이를 시청하는 북한 주민들은 오랜 사회화 과정에서 이념적 적대로 알지 못했던 남한 사회의 낯선 지리적 공간과 배치, 화려한 사물과 유행 속에 던져지게 되는 것이다. 이런 관점에서 남한 드라마는 북한 주민들에게 해석 가능성이 상대적으로 큰 '차가운' 미디어로 기능하게 된다. 이와 같은 몰입 속에서 드라마 시청이 반복되고 확산되는 것

56) 「진남수 구술녹취록」(2010), 19쪽.

을 막기 위해 북한 정부는 각 직장 및 지역에 상호 감시를 위해 심어둔 '정보원'들을 활용해 위법 상황을 보고하도록 했다. 사례 분석에 의하면 구술자 진남수 씨도 군대에 있던 시기 '정보원'으로 활동했다. 인터뷰에서 구술자는 자신이 어떻게 수집한 정보를 몰래 상급 기관 담당자에게 전달했는지를 자세히 기술했다. 그런데 자신이 가장 신뢰하며 함께 남한 드라마를 보던 대학 동료 집단 속에 '정보원'이 있었고, 구술자는 형법 195조에 의해 교원 자격을 잃고 노동교화형을 받게 된 것이다. 이처럼 북한 사회의 내부 고발자들은 스스로 남한 드라마 시청의 행위자이자 동시에 반역자이기도 하다. 예를 들어 탈북 전 남한 노래 테이프 혹은 비디오 시청에 대한 단속을 담당했던 이강주 씨는 일상적으로 남한 노래를 즐겨 부르고 드라마를 시청했던 행위자 중 한 명이었다. 그러나 자신이 뭔가를 상부에 보고해야 하는 '상황'이 되면 단속 사항 중 일부를 비법 행위로 고발하기도 했다. 달리 말해 보위부원들을 비롯해 남한 드라마 시청의 네트워크에 대한 단속을 담당했던 사람들은 사적으로는 남한 드라마 시청의 네트워크를 구성하는 행위자로 기여하다가 상부 기관의 보고 압력을 받으면 반역의 동맹자로 전환하곤 했던 것으로 짐작된다. 다음의 인용문을 보자.

> 그리고 그 이 위성안테나 있잖습니까. 이렇게 둥그렇게 생긴 거, 이걸 지금 국가보위부가 2005년도, 4년도, 2004년도네. 이걸 국가보위부가 지금 사겠다고 우리 동무한테 연락이 왔거든요, 한국 걸.[57] 그래 그 부탁해가지고, 거 두만강 넘어와가 두만강, 도강자가 넘어와가지고 우리 동무들한테까지 와서 팔았거

---

57) 2000년대에 들어서 남한 방송을 듣고 보는 북한 주민들이 늘고 있다는 중국 신문의 보도와 함께 중국을 통해 북한으로 수입되는 컬러 위성 텔레비전 수신기 또한 증가하고 있다. 2004년 한해 수입액은 6만 6851달러에 이른다. 이주철, 「북한주민의 외부정보 수용 태도 변화」, 244쪽.

든요. 우리 동무가 그거 가지구 그 청진에 나가서 그 (XXX)에다 거 넘겨주고 팔면 되는데, 그 군부대에 걸려가지고 거 홀라당 다 뺐겼거든요. (XXX) 해도 다행이지요. 근데 뒤에서 요, 요 국가보위부 그, 그 사겠다 한 놈들이 무슨 수작질을 했는지 다른 놈들을 다 수작 해가지고 뺏어, 하(웃음) 돈 주기는 싫고 이렇게 먹어 치워가지고.[58]

앞의 사례에 의하면 국가보위부 관계자가 도강자들에게 '한국 위성안테나'를 사다 달라고 부탁을 해 북한 내 중개상이 여러 선을 거쳐 위성안테나를 들여왔다. 그러자 부탁했던 국가보위부 관계자가 다른 기관에게 해당 중개상을 단속하도록 '작업'을 해서 물건을 압수해 가져가버린 것이다. 사례 분석에 의하면 두 기관의 관련자들이 서로 공모해 중개상에게 한국 위성안테나를 구해오게 한 다음 '공권력'으로 압수해버린 것이다. 위성안테나 가격을 지불하는 대신 자신들이 가진 공적인 지위를 이용해 물건을 '약탈'한 것으로 짐작된다. 즉, 이들은 남한 드라마를 자유롭게 시청하고 싶은 욕구를 실현하기 위해 한국의 위성안테나를 '사적으로' 주문한 것이었고, 이후 물건이 도착하자 공적인 힘을 통해 '약탈'한 것이다. 앞의 사례는 북한 사회의 주요 권력기관 종사자들이 남한 드라마 시청의 행위자-네트워크를 구성하는 행위자임을 단적으로 보여준다. 이들은 자신들의 이해관계에 따라 행위자-네트워크를 강화하는 역할과 약화시키는 역할을 동시에 수행하고 있다. 따라서 남한 드라마 시청의 행위자-네트워크가 북한 사회의 주도적인 규범에 반해 남한 문화를 전유하는 과정이라는 점에서 북한 사회의 '외부'이지만, 이들 행위자들이 동시에 북한 사회의 주요한 구성원이라는 점에서 북한 사회의 '내부'이기도 하다.

58) 「이강주 구술녹취록」, 17쪽.

구술자 송미순 씨의 경우 함북 지역에서 평양에 이르는 대도시를 오가며 밀수품을 중개했다. 1995년 경제적 어려움이 심해지자 구술자는 중국에 있는 아버지의 친척을 찾아가서 큰돈(당시 중국 돈 20만원)을 받아 장사를 시작했다고 한다. 국경의 대도시를 오가며 큰 규모의 장사를 하다가 감시가 심해지자, 탈북 전에는 평양을 오가며 북한 고위층 간부의 부인들을 상대로 '돈(달러)장사'를 했다고 한다. 구술자에 의하면 고위층 간부들은 자신의 집에서 직접 수신하는 남한 드라마 혹은 영화 등을 통해 새로운 유행을 수집하고, 이를 충족하기 위해 국경무역의 수입 품목을 결정하기도 하는 큰손들이었다.[59] 1990년대 중반을 경과하면서 미지급 상태가 계속되자 북한에서 생산, 배급되던 모든 물자가 끊어졌고, 이 자리를 대체한 것이 바로 앞에서 살펴본 도강자들이 수입한 중국산 혹은 남한산 생활용품이었다. 북한 전역으로 거미줄처럼 연결된 장마당 네트워크는 한편으로 생존 위기에 직면한 북한 주민들이 형성한 자급자족의 유통망이었고, 다른 한편으로는 당시 큰 밑천을 가지고 장사할 수 있었던 고위층 사람들에게 엄청난 경제적 이득을 제공하는 조직 체계로 기능했다. 송미순 씨의 구술 자료에 의하면 북한 당국은 이처럼 장마당을 통해 성장하는 경쟁 세력을 주기적으로 제거하고 있는 것으로 보인다.

그게 외화벌이를 하고 외화벌이를 한다든가 하는 기업 사장들을 불러놓고 총살을 했대요. 공개 재판을 했어요, 그 사람들을. 그 재판에 5명들이 돈이 엄청 많은 사람들이예요. 어느 시에서 거래되는 돈을 꺼내두는 재벌들이었어요. 외화벌이를 하면서 돈이 많았죠. 이 사람들이. 이 사람들이 돈이 많다 보니까 여

59) 「송미순 구술녹취록」(2009), 15쪽. 이와 같은 북한 고위층들의 행위는 다음의 연구에서도 확인된다. 강동완·박정란, 「남한 영상매체에 북한 유통경로와 영향」.

자를 몇 명씩 가지고 있고. 집을 별장처럼 해놓고, 밑에 지하에 들어와서 한국 영화를 보고 했다고 그것이 이제 어떻게 고발된 거예요. 그래서 국가보위부 검열 수사가 붙었어요. 그래서 수사를 다한 결과 그 사람들이 아무리 돈이 많아도 국가 수사에 당할 수가 없더라고요. 그 사람들 아무리 돈이 많은 사람들인데도… 근데 김정일이 어디 현지지도 하는데 어떤 사람이 탄 고급 승용차가 착 지나갔어요. 그러니까 김정일이 저게 누구 차냐 저것 좀 알아보라 그랬대요. 하도 좋은 차니까. 그래서 그 사람을 뒤를 캐보니까 알아보기 시작하니 큰 외화벌이 사장인데 돈이 이렇게 많고 이래이래 한 사람이다, 이렇게 해서 정부에서 5명을 그런 사람을 잡았대요. 그래서 공개 총살했단 말이예요. 결국은 돈이 권력 앞에 안되잖아요. 그래 그 사람들 2006년도 제가 온 전 해에 원산에서 총살했어요.[60]

앞의 인용문에서 언급되는 사람들은 이른바 '외화벌이'를 통해 성장한 북한 사회의 큰손들이다. 구술자는 이들을 한국의 '재벌'에 비교하고 있다. 자료 분석에 의하면 북한 사회에서 상대적으로 고위직에 있는 개인들이 자신의 위치를 이용해 '장사'를 하고, 이를 통해 상상할 수 없는 부를 축적한 것으로 짐작된다. 이른바 북한 사회의 보이지 않는 '자본가'층이라고 할 수 있다. 그러나 자본주의적 시장 거래를 극히 제한적으로만 허용하는 북한 사회에서 자신이 확보한 '독점적' 조건을 통해 재산을 축적한 이들은 자본이 일정한 한계를 넘어가는 순간 언제든지 정치적 이해관계에 의해 희생될 수 있는 불안한 위치에 처하게 되는 것으로 짐작된다. 즉, 사회주의 유일사상체계라는 공식적인 '토템'과 비교되는 경쟁력을 가지는 순간 정치적인 생명을 상실하게 되는 것이다. 구술자 송미순 씨는 인터뷰에서 자신이 아무리 돈이 많

60)「송미순 구술녹취록」, 24쪽.

아도 결국 '권력'에 당할 수밖에 없었던 상황을 반복해서 전달했다. 자료 분석에 의하면 송미순 씨도 자신의 장마당 벌이가 많아질수록 주변의 감시가 심해지는 것을 경험했고, 이런 상황에서 일상적인 생존의 불안을 견디지 못하고 '선'을 찾아서 탈북하게 된 것으로 추정된다. 이러한 관점에서 현재 장마당 경제와 남한 드라마로 대변되는 북한 사회의 제2의 토템은 사회주의 유일사상체계라는 제1의 토템의 '정치적 관리' 속에서 공존하고 있다고 할 수 있다.

4. 결론

지금까지 이 글은 ANT의 관점에서 식량난에 직면한 북한 주민들이 이주의 과정에서 접속한 비인간 행위자들과 역동적으로 형성하는 남한 드라마 시청의 행위자-네트워크를 재구성했다. 이 글을 정리하면 다음과 같다.

첫째, 이 연구는 탈북자와 북한 주민 전체를 '식량 난민', 즉 미공급 사태의 피해자로 바라보던 기존 연구의 관점에서 벗어나, 이들을 고난의 행군을 겪으며 역동적으로 새로운 일상을 구축하는 행위자로 이해할 수 있는 가능성을 제시했다. 연구 결과에 의하면 북한 주민들은 지난 10여 년 이상의 경제적 어려움 속에서 자력으로 식량의 길(road for food)을 개척했고, 이 과정에서 북한 주민들과 무수한 비인간 행위자가 조우하며 외부 세계(남한 사회)와 교감하는 행위자-네트워크가 형성된 것이다.

둘째, 이 연구는 인간 행위자뿐만 아니라 아날로그 및 디지털 전자 기기라는 비인간 행위자의 동맹 과정에 대한 고찰로 해석의 범위를 확대함으로써 탈북 연구의 지평을 북한-중국-남한을 포함한 동아시아의 정보 통신, 영상 산업 및 초국적 이주의 네트워크로 확장했다. 기존의 한반도 분단에 대한 연구가 '정치적인 것'과 직접 결합된 체제 및 제도 영역에 국한되었던 반면, 이 연구는 한반도의 정치적 변화가 어떻게 정보 통신 기술 산업과 관련된 새로운 비인간 행위자들과 연관될 수 있는지, 나아가 비인간 행위자들이 어떻게 정치적 행위성을 갖게 되는지를 가시화했다. 즉, 이 연구는 인간과 사물의 관계를 변화시키는 것이 정치이고, 관련된 행위자들의 이해관계를 대변할 수 있는 힘이 바로 권력이라고 이해하는 ANT의 관점이 한반도의 분단 상황 및 남북한의 정치적 관계에 대한 심층적 고찰과 이해 지평의 확대를 위해 기여할 수 있음을 보여주었다.

셋째, 이 연구는 북한 주민들이 21세기 정보 통신 매체와의 동맹을 통해 수동적·적극적으로 '남한 사회'를 훔쳐보고 있고, 이와 같은 남한 드라마에 대한 다양한 전유(동일시, 투사, 동경 등)를 통해 현재 북한 사회에 새로운 삶의 양식을 기획하고 실천하는 계층이 형성되고 있음을 짐작하게 한다. 이것은 DMZ와 정치적 이념에 의해 공간 지리적·정치 문화적으로 남과 북을 분리시켰던 한반도의 분단 장치(dispositive of division)가 역동적으로 재구성되고 있음을 시사한다. 즉, 남한 드라마 시청의 행위자-네트워크의 형성 자체가 남과 북의 일상이 긴밀히 압축·변화되고 있음을 시사한다.

넷째, 이 연구의 결과는 고난의 행군 시기 북한 국경을 불법으로 이탈한 도강자들을 북한 체제를 위협하는 행위자로만 바라보던 기존의 관점을 넘어, 이들이 국경을 오가는 밀무역 활동을 통해 북한 사회의 체질을 내부적으로 재구성하는 역할을 수행하고 있음을 시사하고 있다. 특히 이들은 아날로그/디지털 영상 기기와의 동맹을 통해 북한 사회에 새로운 문화 전유 집단이 형성될 수 있는 매개 역할을 수행하고 있다. 이런 관점에서 이들을 '분단의 번역자들'로 이해할 수 있다.

참고문헌

국내 자료

강동완·박정란. 2010.「남한 영상매체에 북한 유통경로와 영향: 지역간·대인간 연결 구조 분석을 중심으로」. ≪통일정책연구≫, 제19권 제2호, 107~140쪽.

김재영. 1996.「DVD의 현황과 전망」. 한국자기학회. 1996년도 추계연구발표회 논문 개요집, 제6권 제2호, 7~8쪽.

김종욱. 2011.「냉전의 '이종적 연결망'으로서 '평화의 댐' 사건: 행위자-연결망 이론을 통한 경험적 추적」. ≪동향과 전망≫, 통권 83호, 79~112쪽.

김현선. 2010.「한국체류 조선족의 밀집거주 지역과 정주의식: 서울시 구로·영등포구를 중심으로」. ≪사회와 역사≫, 제87집, 231~264쪽.

김환석. 2001.「STS(과학기술학)와 사회학의 혁신: 행위자-연결망이론(ANT)을 중심으로」. ≪과학기술학연구≫, 제1권 제1호, 201~234쪽.

_____. 2005.「행위자-연결망 이론(Actor-Network Theory)에 대한 이해」. 2005 과학기술과 사회 윈터스쿨 자료집, 137~157쪽.

_____. 2009.「행위자-연결망이론과 사회학」. 한국사회학회 2009 전기 사회학대회 자료집(2009.6.20), 873~886쪽.

_____. 2011.「행위자-연결망 이론에서 보는 과학기술과 민주주의」. ≪동향과 전망≫, 통권 83호, 11~46쪽.

라투르, 브뤼노(Bruno Latour). 2009.『우리는 결코 근대인이었던 적이 없다: 대칭적 인류학을 위하여』. 홍철기 옮김. 갈무리.

라투르, 브뤼노[라투르, 브루노(Bruno Latour)] 외. 2010. 홍성욱 엮음.『인간·사물·동맹. 행위자네트워크 이론과 테크노 사이언스』. 이음.

매클루언, 마셜(Marshall McLuhan). 2002.『미디어의 이해: 인간의 확장』. 김성기·이한우 옮김. 민음사.

바이커, 위비(Wiebe Bijker) 외. 1999.『과학기술은 사회적으로 어떻게 구성되는가』. 송성수 편저. 새물결.

박종철 외. 1996.「북한이탈 주민의 사회적응에 관한 연구: 실태조사 및 개선방안」. 민족통일연구원.
성숙희. 2005.『북한이탈주민의 남한방송 수용』. 커뮤니케이션북스.
손기웅. 2009.『독일통일 20년의 쟁점과 과제2』. 늘품플러스.
세르, 미셸(Michel Serres)·브뤼노 라투르[브루노 라투르(Bruno Latour)]. 1994.『해명』. 박동찬 옮김. 솔.
우형진. 2005.「남한 사회문화 현실인식 도구로서의 탈북자 텔레비전 시청연구: 탈북자와 남한 대학생간 문화계발효과 비교를 중심으로」. 한국스피치커뮤니케이션학회 2005년 가을철 정기학술대회 발표집(2005.12.3), 232~247쪽.
윤선희. 2011.「북한 청소년의 한류읽기: 미디어 수용에 나타난 문화정체성과 사회변화」.《한국언론학보》, 제55권 제1호, 436~460쪽.
이민규·우형진. 2004.「탈북자들의 텔레비전 드라마 시청에 따른 남한사회 현실 인식에 관한 연구: 문화 계발 효과와 문화 동화 이론을 중심으로」.《한국언론학보》, 제48권 제6호, 248~273쪽.
이임하. 2009.「중국 및 제3국 내 탈북여성의 인권 상황」. 국가인권위원회,『탈북 여성의 탈북 및 정착 과정에서의 인권침해 실태조사』, 69~104쪽.
이주철. 2003.「북한주민의 남한 방송 수용 실태와 의식 변화」.《통일문제연구》, 통권 40호, 315~338쪽.
_____. 2008.「북한주민의 외부정보 수용 태도 변화」.《한국동북아논총》, 통권 46집, 233~252쪽.
이희영. 2009.「남한 내 탈북여성의 인권상황: '국민만들기'와 '여성소수자'로 살아가기」. 국가인권위원회.『탈북여성의 탈북 및 정착 과정에서의 인권침해 실태조사』, 103~155쪽.
_____. 2010.「북한의 사회변동과 섹슈얼리티」.『북한 주민의 의식과 정체성: 자아의 독립, 국가의 그늘, 욕망의 부상』. 통일연구원.
_____. 2011.「텍스트의 '세계' 해석과 비판사회과학적 함의: 구술자료의 채록에서 텍스트의 해석으로」.《경제와 사회》, 통권 91호, 103~142쪽.
조정아 외. 2008.『북한 주민의 일상생활』. 통일연구원.
_____. 2010.『북한 주민의 의식과 정체성: 자아의 독립, 국가의 그늘, 욕망의 부상』.

통일연구원.
티보, 클리멘트(Tibor Kliment). 1996.「구동독 청소년층의 TV수용과 가치관」. 이우승 편역. 통일전후 독일방송 자료집. 문화방송, 117~145쪽.
허진. 2002.「중국의 '한류' 현상과 한국 TV 드라마 수용에 관한 연구」. ≪한국방송학보≫, 통권 제16-1호, 496~529쪽.
홍민. 2011.「행위자-연결망 이론과 분단 연구: 분단 번역의 정치와 '일상으로의 전환'」. ≪동향과 전망≫, 통권 83호, 46~78쪽.
홍성욱. 1999.『생산력과 문화로서의 과학 기술』. 문학과지성사.
______. 2002.『네트워크 혁명, 그 열림과 닫힘』. 들녘.

국외 자료

Callon, M. 1986. "Some elements of a sociology of translation: Domestication of the scallops and fishermen of St. Brieuc Bay." in J. Law(ed.). *Power, action and belief: a new sociology of knowledge?*. London: Routledge, pp. 196~233.
Callon, M. and B. Latour. 1981. "Unscrewing the Big Leviathan: how actors macro-structure reality and how sociologists help them to do so." in K. D. Knorr-Cetina and A. V. Cicourel(eds.). *Advances in Social Theory and Methodology: Toward an Integration of Micro- and Macro-Sociologies*. Boston, Mass.: Routledge and Kegan Paul, pp. 277~303.
______. 1992. "Don't Throw the Baby Out with the Bath School! A Reply to Collins and Yearley." in A. Pickering(ed.), *Science as Practice and Culture*. Chicago: Chicago University Press, pp. 343~368.
Latour, B. 1983. "Give Me a Laboratory and I Will Raise the World." in K. Knorr-Cetina and M. Mulkay(eds.). *Science Observed*. London: SAGE, pp. 141~170.
______. 2005a. *Reassembling the Social: An Introduction to Actor-Network-Theory*. New York: Oxford University Press.
______. 2005b. *Von der Realpolitik zur Dingpolitik*. Berlin: Merve Verlag.
______. 2007a. *Elend der Kritik: Vom Krieg um Fakten zu Dingen von Belang*.

Zuerich-Berlin: Diaphanes.

_____. 2007b. "On Actor-network Theory: A Few Clarifications plus more than a few Complications." http://www.bruno-latour.fr/sites/default/files/P-67%20ACTOR-NETWORK.pdf(검색일: 2007.5.18)

Law, J.(ed.). 1991. *A Sociology of Monsters: Essay on Power, Technology, and Domination*. London: Routledge.

_____. 2007. "Actor Network Theory and Material Semiotics." Version of 25th April 2007. available at http://www.heterogeneities.net/publications/Law2007ANTandMaterialSemiotics.pdf(검색일: 2007.5.18)

제12장

(탈)분단과 국제 이주의 행위자-네트워크

‘여행하는’ 탈북 난민들의 삶과 인권에 대한 사례연구

이희영

어떤 삶도 망명자들과 도적 떼들의 삶보다 더 ‘정치적’이지 않다.

조르조 아감벤(Giorgio Agamben)

1. 문제제기: 탈남 현상과 배신자들?

이 글은 ‘탈북자’에 대한 한국 사회의 상식에 대해 질문하면서 시작되었다. ‘탈북자’에 대한 한국 사회의 관심은 탈북 과정에서 그들이 경험한 ‘인권침해의 사실’과 한국 사회에서의 ‘적응 정도’에 고정되어 있다. 필자의 초기 연구 또한 이 지점에서 시작되었다. 그러나 필자가 직간접적으로 경험한 북한이탈주민들의 생애 체험들은 인권침해의 피해자 혹은 한국 사회에 적응해야 하는 북한 주민이라는 틀 속으로 환원되지 않았다. 이들은 일상생활 속에서 다양한 인정 투쟁을 수행하고, 분단장치(dispositive of division)[1]의

1) 이 글에서 사용하는 분단장치란 미셸 푸코(Michel Foucault)와 조르조 아감벤의 장치

안팎에서 삶을 기획하는 개인들이었다.

이 연구가 진행되는 동안 사회적으로도 '탈남(脫南)' 현상이 문제가 되었다. 북한을 이탈해 다양한 경로로 남한으로 입국한 후 대한민국 국적을 획득했던 북한 주민들 중 적지 않은 수가 남한을 떠나 제4, 5국으로 이주하고 있다는 것이다.[2] 2012년 12월 현재 남한 사회에 정착한 북한이탈주민은 2만 5000여 명이다. 다양한 매체에 의하면 이들 중 한국을 떠나 영국, 노르웨이, 미국 및 캐나다로 이주하는 사람들이 상당수에 이른다.[3] 북한의 식량난 속에서 생존을 위해 북한 국경을 넘었던 북한 주민들이 다시 국제 이주를 선택하는 배경에는 한국 사회 내의 차별이 주요한 원인이 되고 있는 것으로 보인다. 국제 이주에 대한 전형적인 설명 도식에 의하면, 탈북자에 대한 한국 사회의 직간접적인 차별과 배제가 탈남 현상의 밀어내는 힘(push)으로 작동하고 있는 것이다. 다른 한편, 상대적으로 여유 있는 생활을 보장하는 서북유럽 국가들의 복지 제도가 이들을 끌어당기는 힘(pull)이 되고 있는 것으로

개념에 따라 '한반도의 물리적 분단을 기초로 한 담론, 제도, 법규의 결정, 행정상의 조치, 과학적 언표, 철학적·도덕적·박애적 명제 등의 복합적 네트워크'를 의미한다. 인간 외부의 정치적 레짐을 시사하는 분단체제와 달리 분단장치는 통치 기계로서의 역할뿐 아니라 개인의 주체화 과정을 포함한다. M. Foucault, *Dispositive der Macht: Über Sexualität, Wissen und Wahrheit* (Berlin: Merve Verlag, 1978), p. 119; 조르조 아감벤·양창렬, 『장치란 무엇인가?: 장치학을 위한 서론』(난장, 2010), 41쪽.

2) KBS 2 TV, 〈추적 60분: 탈남의 유혹, 외국 가실래요?〉(2012.8.15)에서 구체적인 사례를 다루었다.

3) 해외 체류 탈북 난민은 영국과 캐나다를 비롯한 서구 사회와 타이 등지에 1500여 명이 거주하는 것으로 추정된다. ≪데일리안≫, 2012년 9월 14일 자. 미국 LA 지역에 60~70여 명이 거주하고 있고, 샌프란시스코, 뉴욕 시카코 등의 한인 커뮤니티가 형성된 곳에 흩어져 있다. 연변통신, 2012.2.26. 영국 출입국관리사무소 추산 영국 거주 북한 난민이 대략 850여 명이고, 캐나다 거주 북한 주민도 1200여 명에 이른다. ≪오마이뉴스≫, 2012년 8월 23일 자.

짐작된다. 그러나 정착한 국가를 버리고 사선을 넘어 재이주를 시도하는 난민으로서의 삶이 '물질적으로 잘살기 위한 시도'로만 환원될 수 있을까?

앞의 문제의식에서 이 글은 탈북, 탈남 그리고 제3국으로 이어지는 북한 주민들의 국제 이주 과정을 추적해 재구성할 것이다.[4] 이를 통해 탈북-탈남-국제 이주의 행위자-네트워크가 갖는 특성을 고찰하고자 한다. 즉, 북한 주민들이 합법적 혹은 비합법적인 신분으로 국가 간 경계를 넘어 이주하는 과정에서 결합하게 되는 주요한 인간 행위자 및 사물 행위자들을 추적하고, 이들에 의해 형성되는 혼종적 행위자-네트워크를 기술할 것이다. 이 과정에서 인권을 침해당한 사람들 혹은 조국이었던 '북한을 배신'했을 뿐만 아니라 새로운 국적과 물질적 혜택을 준 '대한민국을 배신한 자들'이라는 주변의 이중적 질타와 낙인적 호명을 넘어 이들의 존재 양식이 의미하는 바를 그려볼 수 있기를 기대한다. 이 글에서 제기된 기본적인 연구 질문은 다음이다. 북한 주민들이 북한 및 중국 국경을 넘어 제3국으로 이주하는 주요 배경은 무엇인가? 남한 사회에 정착했던 북한 주민들이 서구 사회로 이주하는 과정에서 결합하는 주요 행위자들은 누구/무엇인가? 탈북-탈남-국제 이주의 행위자-네트워크가 갖는 특성은 무엇인가? 새로운 국제 이주 행위자로서 탈북자들의 삶이 현대사회의 우리에게 던지는 윤리적 질문은 무엇인가?

---

4) 탈북한 북한 주민들이 중국에서 남한을 거치지 않고 미국 또는 유럽 국가로 이주한 사례들도 있다. 이들의 경험에 대해서는 다음 자료를 참조하라. 조해진, 『로기완을 만났다』(창비, 2012). 이 글에서는 한국을 거쳐 제3국으로 재이주하는 사례를 중심으로 고찰할 것이다.

2. 이론적 논의와 연구 방법: '벌거벗은 생명'과 행위자-네트워크

1) 국제 이주와 '벌거벗은 생명'의 현시

1990년대 중반 식량난을 피해 월경하기 시작한 탈북자들이 중국 또는 제3, 4국으로 재이주를 하는 현실은 우리에게 무엇을 의미하는 것일까? 이들의 삶에 접근할수록 식량만을 구하기 위해 반복적으로 이동하는 것이 아니라는 점이 분명해진다. 주권의 '정당화된 폭력'이 집중된 국경을 오가면서 이들은 수시로 무(無)권력의 상황을 체험하게 된다. 국민이 아니면서 난민도 될 수 없는 생명체로서 무차별의 폭력에 노출되는 것이다. 왜 이들은 환대받지 못하고, 이들의 인권 보호를 거절하는 주체는 누구인가?[5] 누구에게나 자연적 권리로 보장된 '인권'을 상식으로 여기는 현대사회에서 탈북 이주민들이 폭력에 노출된 상황이 지속되는 현실은 무엇을 뜻하는가?

근대 국가 체제에서 개인의 인권이 근본적으로 위기에 처해 있음을 간파한 사람은 한나 아렌트(Hannah Arendt)라고 할 수 있다. 20세기 초 유대인

---

5) 개별 국가의 정책에 따라 탈북 이주민들은 상이한 지위를 갖게 된다. 대한민국은 북한과의 특수관계를 고려해 '북한이탈주민의 보호 및 정착지원에 관한 법률'(이하 지원법)을 제정했고, 이에 따라 선별한 탈북자들을 국민으로 인정하고 있다. 유사하게 '북한인권법'을 제정한 미국(2004)과 일본(2006)의 경우 공식적으로 탈북자들을 선별해 받아들이고 있다. 그 외 영국, 독일, 프랑스, 캐나다 등의 나라가 각종 국제법에 준해 이들을 망명 또는 난민의 형태로 받아들이고 있다. 엄태완, 「탈북난민의 미국 초기 적응에 관한 사례연구」, ≪한국사회복지질적연구≫, 제6권 제2호(2012), 149쪽; 박선영, 「사회통합을 위한 국민 범위 재설정」, ≪저스티스≫, 통권 134-2호(2013), 411~419쪽. 그러나 이들을 난민으로 받아들인다는 것이 곧 인권을 온전히 보장한다는 것을 의미하지는 않는다. 한국 사회에서 보호 탈북자들은 국민이지만 다양한 인권침해에 노출되어 있다.

망명객으로 전후의 세계 재편 과정을 지켜본 아렌트는 당시 공식적으로 인정된 무국적자가 1000만 명, 실질적인 무국적자가 1000만 명 이상으로 생겨난 현실이 결코 예외적이거나 임시적 상황이 아니라는 점을 지적했다.[6] 20세기 초 민족국가 설립 과정에서 국가를 가진 민족들이 자국의 영토 내에 존재하던 소수민족들을 인정하지 않음으로써 국적을 갖지 못한 개인들은 국적을 가진 '범죄자'들보다 못한 무권리 상황에 직면하게 되었고, 이것을 해결하기 위한 유일한 국제적 조치는 '항구적인' 난민 수용소였다. 나치 독일이나 오스트리아만이 아니라 대부분의 근대 국가들은 자신들의 영토에 들어온 무국적자들에게 망명권을 허용하지 않고, 다른 국가로 밀입국하도록 방치함으로써 이에 대응했고,[7] 정치적 소속을 잃은 '존엄한' 개인들은 모든 종류의 권리 상실을 체험하지 않을 수 없게 된 것이다. 아렌트는 근대사회의 개인이 '국민'으로서의 자격을 갖지 못할 때 출생과 동시에 자연적 권리로 호명된 '인권'을 상실하게 되는 존재임을 간파했다. 즉, 18세기에 양도할 수 없는 자연적 권리로 선언된 인권이 20세기 국민주권에 의해 보호받지 못할 때 한낱 구호에 불과한 것으로 판명된 것이다. 따라서 근대국가의 현실에서 개인은 국적을 가진 국민인 한에서만 '인간'이 될 수 있는 것이다.

이처럼 아렌트가 간파한 '국민 대 난민'의 패러다임은 동유럽의 붕괴로 이념적 대립이라는 구도가 사라진 현재 더욱 구체화되고 있다. 동유럽 국가의 붕괴, 종교적·인종적 분규 등으로 발생한 국제적 난민, 국내 난민, 무국적자,

---

6) H. Arendt, *Elmentare und Ursprünge totaler Herrschaft: Antisemitismus, Imperialismus, totale Herrschaft*(Frankfurt am Main: Europäische Verlagsanstalt, 1955). 『전체주의의 기원 1 & 2』, 이진우·박미애 옮김(한길사, 2006).

7) 무국적자에 대한 근대국가의 공식적인 대응은 본국 송환과 귀화이다. 그러나 무국적자는 돌아갈 국가가 없다. 또한 현대사에서 각국 시민으로 귀화할 수 있는 조건을 가진 개인들은 극소수에 불과했다.

기타 보호를 필요로 하는 사람들이 2005년 현재 2000만 명 이상으로 추정된다. 그러나 서유럽 국가들은 동유럽 사회주의 국가들의 붕괴와 각종 내전으로 발생한 보호 요청자들을 받아들이지 않기 위해 다양한 제도와 정책을 통해 '장벽'을 마련했고, 유럽은 요새화되었다. 이로 인해 수십만 명이 유럽 각국을 순환하는 위험에 빠지게 되었다. 반면 유럽 각국은 유럽연합(EU) 내에서의 경제 활성화를 위해 국제적 자본의 이동을 자유화했다. 결국 유럽 각국은 타국적의 인간 이동은 제한하면서, 국제적 자본의 이동성은 증가시키는 방향으로 정책을 마련해오고 있는 것이다.[8] 이와 같이 국가주권-국적-국민이라는 삼위일체의 바깥에 존재하는 인간을 허용하지 않는 정치는 어디에서 기인한 것일까?

근대국가의 주권자란 '예외 상태를 결정하는 자'이다.[9] 법 안에 있으면서 전쟁을 위해 국민을 동원하고 반역자에게 사형을 선고할 수 있는 사람이다. 따라서 주권자는 법 안에 있으면서 법 바깥에 있는 자이다. 이처럼 주권의 안과 밖은 연결되어 있다.[10] 달리 말해 자연적인 폭력이 난무하는 야만상태에서 진화해 합법적 계약에 근거해서 성립된 것으로 이해되는 근대국가가 사실상 자연적 폭력과 결합되어 있는 것이다. 홉스에게서 시작된 근대국가의 주권에 관한 이해의 계보학 속에서 중요한 점은 근대국가의 법-유지를 위한 폭력이 '단순한 생명(bloßes Leben)'에 기초하고 있다는 사실이다.[11]

---

8) 고기복, 「EU국가의 난민인정제도: 영국, 프랑스, 독일을 중심으로」, ≪한·독 사회과학논총≫, 제17권 제1호(2007), 43~47쪽.

9) 카를 슈미트, 『정치신학: 주권론에 관한 네 개의 장』, 김항 옮김(그린비, 2010), 16쪽.

10) 김항, 『말하는 입과 먹는 입』(새물결, 2009), 35쪽.

11) Walter Benjamin, "Zur Kritik der Gewalt," *Archiv fuer Sozialwissenschaften und Sozialpolitik*, Vol. 47(1921), pp. 809~832. 『(발터 벤야민 선집5)역사의 개념에 대하여/폭력비판을 위하여/초현실주의 외』, 최성만 옮김(길, 2008); 같은 책, 38~39쪽.

근대적 법체계의 근원인 폭력, 즉 법적 폭력은 인간을 법질서 속에 머물도록 함으로써 스스로를 정립한다. 근대국가 체계 속에서 인간은 태어남과 동시에 유죄임을 선고받고 법/주권의 폭력에 의해 면죄되는 존재이다. 출생에 의한 벌거벗은 생명으로서의 인간은 즉시 국민이자 시민이 됨으로써 국민국가의 정치 속으로 기입되는 것이다. 이와 같이 법의 테두리 내에서 자신의 자연 폭력(권)을 국가에 양도한 채 좀비와 같은 상태로 살아가거나, '말할 권리'를 갖고자 할 경우 법 바깥으로 스스로를 내몰아야 하는 존재, 즉 호모 사케르(Homo sacer)[12]는 현대 국가 체제 속에서 살아가는 인간의 존재 양식에 대한 은유이다. 아감벤이 계보학적 형상으로 제시하는 호모 사케르는 "신성한 생명, 즉 살해할 수 있으나 희생물로 바칠 수 없는 생명"으로서, 주권이 항상 현전하고 작동하는 유일한 전제이다. 주권의 추방령하에 있는 존재인 호모 사케르는 주권에서 배제됨으로써 결국 주권의 자비에 의지하게 된다. 신성한 생명을 추방함으로써 국가주권은 모든 영토화(Lokalisierung)를 실현하고, 이것은 곧 영토 구획과 지배의 완성이다. 모든 사람을 잠재적 호모 사케르로 간주하는 자가 바로 주권자이다.[13] 이처럼 아감벤의 이론적 통찰은 근대국가의 주권이 인간을 벌거벗은 생명으로 '배제하면서 포함한다'라는 점을 드러내고 있다. 나아가 그는 푸코의 생명정치의 관점에서 벌거벗은 생명(호모 사케르)과 그것의 현대적 변형물(각종 생명정치의 현상들인 생물학적인 삶, 섹슈얼리티 등)에 내재한 정치적 본성을 이해하고자 한다. 즉, 인간의 자연 생명이 주권자와 법률가, 의사, 과학자, 전문가, 사제 등의 밀접한 공생관계를 통해 점점 국가권력의 통치 방식 속으로 포섭되는 과정(생명의

12) '사케르'는 절대적인 살해 가능성에 노출된 생명으로 법과 근대사회 공동체의 의례와 규범 영역 모두를 초월하는 어떤 폭력의 대상을 뜻한다. 조르조 아감벤, 『호모 사케르: 주권 권력과 벌거벗은 생명』, 박진우 옮김(새물결, 2008), 181쪽.

13) 같은 책, 223~225쪽.

정치화)에 대한 문제를 제기한다.[14)]

지금까지 살핀 국가주권과 벌거벗은 생명에 대한 이론적 고찰은 두 가지 측면에서 중요한 문제를 제기한다. 첫째, 20세기 주권의 추방령에 의해 생성된 국제 난민들이 인간과 시민, 출생과 국적 간의 연속성을 깨뜨림으로써 근대 주권의 근원적 허구성을 드러내는 존재라는 점이다. 둘째, 현대 사회에서 다양한 생명정치의 범람이야말로 끊임없이 주권적 추방령 안팎의 생명을 구분하고 분리하는 경계선의 확장이자 재정의 과정이라는 점이다. '시민이 될 수 없는 인간들'을 끊임없이 새롭게 정의하는 과정이야말로 생명정치의 본질이라고 할 수 있다. 이와 같은 문제의식 속에서 이 글은 북한의 주권으로부터 추방되어 국가 사이의 경계를 오가는 탈북자들의 삶을 인권침해의 피해자, 혹은 분단의 피해자라는 관점을 넘어 고찰하고자 한다. 인권과 분단의 피해자라는 관점을 넘어서서 탈북 이주민들을 사유한다는 것은 인권을 가진 주체를 국가-국적-국민의 틀 속에서 사유하는 것을 중지하는 것이다. 나아가 남한과 북한이라는 서로 다른 체제의 틀 속에서 사유하는 것을 중지하는 것이다. 식량권조차 보장하지 못하는 북한, 북한보다는 낫지만 결국 사회권을 보장하지 못하는 남한을 떠나서 좀 더 나은 복지국가인 북유럽으로 이주하는 북한 주민들을 당연하게 보는 목적-행위론적 사유를 중단하고, 이러한 사태가 갖는 의미를 새롭게 읽어보는 것이다. 이런 관점에서 이 연구에 등장하는 사례는 더 이상 탈북자들의 운명에 머무르지 않는다. 이 글에서 소개되는 탈북 이주민은 지구화된 현대사회의 인간에 대한 은유이다. 이 글에서 필자가 주목하는 지점은 바로 여기이다. 즉, 탈북 이주민의 삶과 필자의 삶이 동일한 존재론적 위치로 파악되는 위상학을 기술하고자 노력했다. 그들이 아닌 '우리 존재'의 현재 위치를 드러내는 것이다.

---

14) 같은 책, 237쪽.

2) 기존 연구 검토와 연구 방법으로서의 행위자-네트워크

한국 사회에 정착했던 보호 탈북자들의 해외 이주에 관한 연구는 현재 진행 중으로, 학술 논문의 성과는 일천하다.[15] 기존 연구에서는 탈북자들의 해외 이주 현황 및 대표적인 사례를 요약해 소개하고 있다. 그러나 보호 탈북자들의 해외 이주에 대한 경험 및 그 의미에 대한 심층 연구는 이뤄지지 않고 있다. 이들의 해외 이주가 본격화된 것이 오래되지 않았을 뿐만 아니라, 이들의 경험에 대한 접근이 용이하지 않기 때문으로 추정된다. 이런 점에서 이 연구는 한국 내 보호 탈북자들의 드러나지 않은 삶의 경험을 이해하기 위한 초기적 시도라고 할 수 있다.

지금까지 이루어진 탈북자들에 대한 연구가 보인 방법론적 관점에서 주목하는 것은 인간으로서의 권리를 침해당해 비통한 눈물을 흘리는 불쌍한 피해자로서의 '탈북자'들이다. 따라서 이들의 탈북 과정에서 우연적·필연적으로 전유하게 되는 공간적·자연적·기계적 동맹군들이 무엇인지, 이러한 결합을 통해 생성되는 삶의 의미와 전망은 무엇인지에 대해 묻는 연구는 극히 소수에 불과하다.[16] 사회 현실의 문제를 인간 중심적 사고에서 벗어나 인간과 사물의 혼종적 네트워크로 바라보고자 하는 행위자-네트워크 이론(Actor

---

15) 공식 출간된 자료로 다음을 들 수 있다. 송영훈, 「해외탈북이주 현상의 현황과 쟁점」, ≪JPi 정책포럼≫, 제107권(2012), 1~24쪽; 박명규 외, 『노스 코리안 디아스포라: 북한주민의 해외탈북이주와 정착사례』(서울대학교 통일평화연구소, 2011).

16) 대표적으로 다음을 들 수 있다. 김성경, 「북한이탈주민의 월경과 북·중 경계지역: '감각'되는 '장소'와 북한이탈여성의 '젠더'화된 장소 감각」, ≪한국사회학≫, 제47집 제1호(2013), 221~253쪽; 이화진, 「탈북여성의 이주경험을 통한 정체성 변화과정: 북한, 중국, 한국에서의 이성관계를 중심으로」, ≪여성학연구≫, 제21권 제3호(2011), 173~211쪽; 이희영, 「아날로그의 반란과 분단의 번역자들: 남한 드라마 시청의 행위자 네트워크를 중심으로」, ≪경제와 사회≫, 통권 94호(2012), 39~79쪽.

Network Theory: ANT)의 문제제기는 이런 맹목의 경향을 벗어날 수 있는 가능성을 제기한다. ANT는 자연과 사회의 이분법적 구조에 기초한 근대적 사고를 비판하며 모든 사회적 현상은 인간 행위자와 사물 행위자들의 끊임없는 번역의 결과, 즉 잡종적 동맹에 의한 것임을 강조한다. 따라서 사회적 실재는 본질적 속성을 갖는 것이 아니라 인간과 사물행위자 사이의 관계적 실천을 통해 형성되는 것으로 이해된다. 나아가 ANT는 방법론적 관점에서 개인과 사회, 행위와 구조, 미시와 거시 등의 이분법적 접근 방식을 넘어 선험적 위계를 갖지 않은 인간과 사물 행위자들에 의해 형성되는 네트워크를 추적하고 기술하고자 한다. 이러한 접근 방식으로 기술되는 특정한 행위자-네트워크는 특정한 행위자들에 의해 형성되는 새로운 존재론적 위상을 드러낸다.[17] 필자는 이러한 문제의식을 구술생애사 연구에 적극 수용해 인간과 '사물의 기호학'이라는 관점에서 사례 분석과 재구성을 시도할 것이다.[19]

---

17) ANT에서 번역이란 잡종적 행위자 사이에서 네트워크가 건설되는 과정 그 자체를 뜻한다. 따라서 네트워크의 건설이란 수없이 다양한 인간과 비인간 행위자 사이에서 특정 행위자의 이해와 의도가 다른 행위자의 언어로 치환되도록 하는 프레임의 형성 과정, 즉 번역이 발생하는 과정이라고 할 수 있다. 브뤼노 라투르 외, 『인간·사물·동맹: 행위자네트워크 이론과 테크노사이언스』, 홍성욱 엮음(이음, 2010). ANT의 주요 내용과 문제의식에 대해서는 다음을 참조하라. 김환석, 「행위자-연결망이론과 사회학」, 전기사회학대회 자료집(2009), 873~886쪽. 북한 및 분단 연구와 관련해 ANT가 갖는 이론적 함의에 대한 최근 논의로는 다음을 참고하라. 홍민, 「행위자-네트워크 이론과 북한연구: 방법론적 성찰과 가능성」, ≪현대북한연구≫, 제16권 제1호(2013), 106~170쪽.

18) 구술자들의 신변 보호를 위해 모든 인명과 지명을 가능한 익명으로 처리했고, 구술자에 따라 특정 사실을 부분 생략하거나 수정했다.

19) 구술생애사 연구 방법에 대해서는 다음을 참고하라. 이희영, 「사회학 방법론으로서의 생애사 재구성」, ≪한국사회학≫, 제39권 제3호(2005), 120~148쪽; 이희영, 「텍스트의 '세계' 해석과 비판사회과학적 함의: 구술자료의 채록에서 텍스트의 해석으로」, ≪경

〈표 12-1〉 구술자 약력[19]

이름	출생(년)	고향	탈북(년)	남한 입국(년)	남한 출국(년)	해외 체류 국가	남한 재입국(년)
황금이	1951	함북	1998	2003	-	-	-
김순남	1958	함북	1998	2003	2010	영국	2011
박은주	1965	강원	2005	2007	2008	노르웨이	2009
이지영	1976	평양	2005	2005	2010	영국	2011

둘째, 다른 분야의 연구와 마찬가지로 탈북자들에 대한 기존 연구 또한 국가적·영토적 경계에 정박한 채로 이루어지고 있다. 탈북자에 대한 연구가 북한, 중국, 남한, 미국[20]이라는 분절적 공간에 갇힌 채로 수행되는 것은 무엇보다 분단장치의 결과라고 할 수 있다. 이념적·정치적 대결이 초래한 정보의 제한과 연구 영역의 분절화가 '인식론적 불구'로 이어지고 있는 것이다. 이런 점에서 공간 연구의 문제의식을 적극적으로 수용할 필요가 있다.[21] 즉, 국민국가라는 영토적 함정과 국민이라는 단일한 정체성에서 벗어

제와 사회≫, 통권 91권(2011), 103~142쪽. 행위자-네트워크 이론의 방법론인 '사물의 기호학'에 대해서는 다음을 참고하라. J. Law, "Actor Network Theory and Material Semiotics," Version of 25th April 2007. available at http://www.heterogeneities.net/publications/Law2007ANTandMaterialSemiotics(downloaded on 18th May, 2007).

20) 기존 연구는 북한 내 탈북 경험자들의 인권침해에 대한 연구, 중국 체류 탈북자들의 상황 및 인권침해에 대한 연구, 대한민국 또는 해외 거주 탈북자들의 사회 적응에 관한 연구라는 공간-주제 연관의 스테레오 타입에 의해 분류될 수 있다. 대표적으로 다음의 최근 연구를 참고하라. 엄태완, 「탈북난민의 미국 초기 적응에 관한 사례연구」, ≪한국사회복지질적연구≫, 제6권 제2호(2012), 29~157쪽.

21) 대표적으로 다음을 참고하라. 데이비드 하비, 『희망의 공간』, 최병두 외 옮김(한울, 2001); 박배균, 「한국학 연구에서 사회-공간론적 관점의 필요성에 대한 소고」, ≪대한지리학회지≫, 제47권 제1호(2012), 37~59쪽; 신지은, 「사회성의 공간적 상상력: 신체-공간론을 통해 본 공간적 실천」, ≪한국사회학≫, 제46권 제5호(2012), 323~351쪽.

난 시선이 요청된다. 따라서 이 글에서는 물리적 공간이라는 절대주의적 공간관을 비판하는 사회-공간적 관점에 서고자 한다.

3) 구술자 소개

황금이 씨는 식량난이 극심했던 1998년 중국으로 간 딸들을 찾아서 탈북했다. 2003년 세 딸들과 함께 베이징 주재 대사관을 통해 한국으로 입국한 후 탈북 과정에서 동고동락했던 친구들의 안부를 묻고 이들의 문제 해결을 위해 발 벗고 나서는 '멘토' 역할을 했다. 이러한 경험을 토대로 현재 탈북자와 관련된 조직에서 전문 상담인으로 활동하고 있다. 2008년과 2009년 평화재단의 소개로 인터뷰를 한 이후 수년 만에 연락한 필자를 황금이 씨는 기억하고 있었고, 흔쾌히 '해외 이주의 경험을 가진 탈북자들'을 만날 수 있는 문을 열어주었다. 김순남, 박은주, 이지영 씨의 공통점은 2000년대 초반, 탈북자로 한국에 들어와 대한민국 국적을 취득했고, 2008~2010년 사이에 대한민국 여권을 가지고 해외여행을 명목으로 출국한 후 영국과 노르웨이에서 '난민' 지위를 인정받은 경험이 있다는 점이다. 현재 이들은 다양한 이유로 한국으로 돌아와 탈북자지원법상의 보호 탈북자로 생활하고 있다. 김순남 씨는 중국에서 잃어버린 둘째 아들을 찾기 위해서는 대한민국에 있어야 한다는 생각으로 돌아왔다. 박은주 씨는 뒤이어 노르웨이에 도착한 탈북자들 중 다수가 대한민국에 정착했던 경험이 있다는 사실을 알게 된 노르웨이 당국의 조사에 의해 추방당했다. 이지영 씨는 남편이 영국 생활에 적응하지 못하자 가족과 함께 귀국했다. 김순남 씨와의 첫 인터뷰는 2009년 국가인권위원회를 통해 이루어졌고, 2012년 2차 인터뷰를 했다. 그리고 박은주 씨와의 인터뷰는 2012년 구술자 황금이 씨를 통해 이뤄졌다. 이어 박은주 씨가 이지영 씨를 소개해주는 눈덩이 굴리기 방식으로 인터뷰가 이뤄졌다.

3. 사례 재구성: 두만강을 건너본 사람은 어디든지 간다

1) 두만강을 건너온 북한 여성들과 남한으로의 이주

(1) 뿌로커[22]가 되는 동네 사람들과 중국의 '거간꾼들'

1998년 6월 세 딸과 함께 함북 지역에서 생활하던 40대의 황금이 씨는 배급이 중단된 직장에서 휴가를 받고 장사하던 24살의 큰 딸이 중국에 돈 벌러 가자는 '동네 삼촌'의 회유를 믿고 두만강을 건너가자, 21살, 16살이던 나머지 두 딸을 데리고 함께 탈북했다. 사례 분석에 의하면 황금이 씨의 큰 딸이 중국으로 가는 데 중요한 역할을 한 '동네 삼촌'은 식량난 속에서 중국으로 간 부인을 찾으러 수차례 중국 국경을 오간 경험이 있었고, 이 과정에서 북한 여성들을 중국으로 데려다주는 '뿌로커'가 된 것으로 보인다.[23] 황금이 씨의 구술 자료에 의하면 구술자가 두 딸과 함께 국경을 넘는 동안 연관된 '뿌로커'는 모두 네 사람 또는 네 가지의 서로 다른 역할을 하는 집단들이었다.[24] 먼저 동네 삼촌의 안내로 두만강을 건너온 구술자 가족을 연철이네 집으로 안내한 중국 쪽 뿌로커, 중간 보호소를 제공하는 연철이네, 연길로 이동하는 역할을 하는 연철이네 여동생, 그리고 북한 여성들을 흑룡강성 지역으로 연결하는 거간꾼들이다. 여기서 두만강을 건너온 북한 여성들을 맞이하는 중국 쪽 뿌로커와 연철이네, 그리고 그 여동생들은 두만강 주변 국경지역에 살던 주민들로, 도강하는 북한 여성들과의 접촉이 늘어나면서 뿌로커가 된 사람들로 짐작된다. 우연히 찾아온 북한 여성들에게 단기간의 거처

22) 브로커(broker)를 뜻하는 말로 중개하고 협상하는 역할을 하는 사람인데, 대부분의 활동이 비공식적인 방식으로 이뤄진다.

23) 「황금이 구술녹취록」(2009), 10쪽.

24) 같은 책, 11쪽.

를 제공할 수는 있지만 장기간 책임질 수 없는 중국인들에게 인신매매 연결망이 부담을 더는 대안이 되었던 것으로 보인다. 특히 불법으로 중국에 온 북한 주민들을 '난민'으로 인정하지 않는 중국 정부의 정책에 의해 이들을 숨겨주다가 발각될 경우에 자신들이 피해를 보게 될지도 모르는 상황이 인신매매 연결망의 동맹을 강화시키는 중요한 조건이 되었을 것이다.[25] 이런 관점에서 어디까지가 단순 정보 제공자이고 어디서부터 전문적인 인신매매 조직과 연결된 뿌로커인지 구분하기는 어렵다. 다만 사슬처럼 연결된 뿌로커 조직은 국가 영토의 배타적 지배, 즉 법적 폭력을 매개로 형성된 집단이다. 합법적인 절차 없이 국경을 통과하고자 하는 개인을 중개하고 경제적 이익을 취하는 '비공식 조직'이다. 다양한 형태의 인간과 비인간이 결합된 이 조직은 인종, 언어, 경제력, 지리적 인지, 젠더적 위계가 적나라하게 작동하는 특성을 가지고 있다고 할 수 있다. 즉, 국민국가의 경계를 오가며 인간과 비인간의 이동을 매개로 이익을 추구하는 이 뿌로커 조직이야말로 국가 간 격차와 단절이라는 구조와 공생하는 집단인 것이다.

(2) 제2의 이주, 한국으로의 길: '재외공관'

두만강을 건너온 북한 주민들은 중국 사회에서 시민권은 물론 아무런 법적인 보호를 받지 못하는 위치에서 생활하게 된다. 중국 정부는 현재까지 북한 정부와의 외교적 관계를 고려해 이들을 정치적 난민으로 수용하지 않고 있다. 중국은 오래된 사회주의 '형제국가'로서의 동맹뿐만 아니라 미국과

---

25) 라스 폰 트리에(Lars Von Trier) 감독의 2003년 영화 〈도그빌(Dogville)〉은 한 산골 마을에서 이와 유사한 사회적 장치가 역동적으로 형성되는 과정을 보여준다. 주인공 그레이스가 '불법(illegal) 행위'를 저질렀을지 모른다는 의심이 생기자 마을 주민들은 차츰 성실한 그레이스의 임금을 깎고, 노동시간을 늘리고, 자신이 하기 싫은 일들을 시키며 결국은 성적 욕망의 대상으로 삼기 시작한다.

경쟁하고 동북아시아에서의 패권을 유지하기 위해 북한과의 우호적 관계를 유지하는 태도를 취하고 있다. 이런 맥락에서 중국은 스스로 협약 당사국인 '국제난민법' 및 국제인권조약 등[26]의 이행보다 북한 정부의 '탈북자 북송 요청'에 응하고 있는 실정이다.[27] 사실상 중국은 자신이 당사국으로 되어 있는 5개 인권조약에 대해서도 구체적인 이행감독장치에 대한 비준을 하지 않음으로써 국제 인권 통보 혹은 진정 제도에 따른 의무 이행 요청을 원천 봉쇄하는 정책을 택하고 있다. 다시 말해 자연권으로 선언된 인권 보장은 개별 국가의 정책으로 구체화되지 않으면 휴지 조각에 불과한 것이다. 탈북자 문제와 관련해서 중국의 태도가 구체적인 사례이다. 따라서 중국 사회의 탈북자들은 비(比)국민이자 비난민, 즉 불법체류자의 신분으로 살아가고 있다. 이들은 불법 월경자에 대한 북한 당국의 처벌 때문에 북한으로 돌아갈 수 없는 처지이면서, 현재 체류국인 중국에서는 언제든지 누군가의 모의나 밀고로 매매되거나, 중국 공안에 체포되어 북한으로 송환될지 모르는 처지인 것이다. 식량난을 피하기 위해 불법 월경한 사실로 인해 국적국인 북한에 돌아갈 경우 정신적·신체적 '속죄(처벌)'를 감수하거나, 아니면 중국 땅에서 발생할 유형무형의 폭력을 감수해야 하는 '벌거벗은 생명'인 것이다.

황금이 씨가 탈북한 시기인 1998년 6월 김순남 씨 또한 먹을 것을 구하기

---

26) 탈북자들의 난민 지위 인정 및 인권 보호와 관련된 국제 법규로 1951년 난민지위협약과 1967년 체결된 난민지위의정서 외에 국제법상 6대 핵심 인권 조약들(사회권규약, 자유권규약, 인종차별철폐협약, 여성차별철폐협약, 고문방지협약, 아동권리협약)을 들 수 있다. 2008년 12월 현재 중국이 당사국인 5개 인권조약의 이행감독위원회가 중국의 국제법 의무 위반에 대해 우려를 표명했다. 조정현, 「국제인권법상 탈북자의 보호가능성 및 그 실행: 중국이 당사국인 국제인권조약 및 동 조약의 이행감독장치를 중심으로」, ≪국제법학회논총≫, 제53권 제1호(2009), 184~188쪽.

27) 같은 글; 조정현, 「국제기구를 통한 탈북자 보호에 대한 국제법적 고찰: UNHCR 및 UN 인권이사회를 중심으로」, ≪통일정책연구≫, 제19권 제2호(2010), 213~235쪽.

위해 중국 국경을 넘었다. 뒤이어 큰아들과 남편이 탈북해 오자 체포의 위험을 피해 동북 지역 산골의 삼막에서 고립된 생활을 했다. 김순남 씨의 가족들이 한국행을 결심하게 된 것은 산속에서 청취하던 KBS 해외 라디오 방송을 통해서이다.[28] 사례 분석에 의하면 손바닥처럼 작은 라디오는 구술자 가족에게 '새로운 땅'으로의 길을 매개하는 중개자였다. 라디오는 구술자 가족이 이해할 수 있는 언어를 구사하고, 매일매일 자신들과 같은 처지의 탈북자들이 어떤 삶을 개척하고 있는지에 대한 정보를 제공했다. 반복되고 증가하는 '대한민국'에 대한 정보는 다른 대안적 정보를 갖지 못한 구술자 가족에게 유일한 '해석'의 자원이 된 것으로 추정된다. 북한으로 돌아가 '희생 제물'이 될 것을 받아들일 수 없는 구술자 가족에게 KBS 라디오 방송은 자신들이 산을 내려가 북한에 있는 남은 가족들을 데려오고, 땀 흘리며 살 수 있는 땅이 있음을 제안한 것이다. 한국으로 갈 길을 생각하며 삼막에서 내려와 국경 지역의 식당에서 일하던 김순녀 씨는 한 '조선족 남자'로부터 한국행 '선'을 제안받았다. 탈북자들의 한국행을 주선하는 뿌로커였던 그 남자는 중국말을 모르는 구술자가 탈북자임을 간파하고 한국행을 권유한 것이다. 조선족 남자는 '한국에 도착하면 800만 원씩을 지불한다'라는 각서를 받은 후 구술자와 구술자의 큰아들을 베이징 주재 한국 대사관이 있는 곳까지 안내했다.[29]

같은 시기 중국으로 건너와 흑룡강성 주변으로 "팔려 갔던" 황금이 씨와 세 딸의 경우 가까운 농촌 마을에 흩어져 살다가 김순남 씨와 마찬가지로 KBS 라디오 방송을 들으며 한국행을 동경하게 된 것으로 보인다. 그러던 중

---

28) 「김순남 구술녹취록」(2012), 19~20쪽.

29) 구술자가 2003년 중순 하나원 교육을 마치고 나오자 또 다른 조선족 남자가 계약서에 썼던 뿌로커 비용 800만 원을 받으러 왔다고 한다. 「김순남 구술녹취록」, 22쪽.

큰딸이 우연히 '스페인 대사관으로 피신한 탈북자들'에 관한 텔레비전 뉴스를 유선방송으로 접하고,[30] 베이징 주재 한국 대사관을 통해 한국으로 오는 계획을 세웠다.[31] 김순남 씨와 달리 황금이 씨 가족은 엔지오 단체나 뿌로커의 주선 없이, 재외공관 진입에 대한 미국 CNN 뉴스를 보고 재외공관 진입을 시도한 것이다. 2003년 10월 중순 베이징 주재 한국 대사관 주변을 맴돌던 김순남 씨와 큰아들은 목숨을 걸고 대사관으로 달려들어갔다. 그리고 3일 뒤 황금이 씨 가족이 같은 방법으로 대사관에 진입해 한국행에 합류했다.

> 그때 당시 북경 영사관이 너:무 경계가 심해서 양쪽에 경찰차가 딱 도로 옆에 있어 가지고, 이제 그게 접근을 못하겠더라고요. … 근데, 그 앞에 가서 이제 뭐 앞에 가니까 한국 사람도 있고 조선족들도 있고 뭐 또 여권 연장하는 사람들 뭐 그게 다 가있더라고요. 그래서 그 앞에서 기다리는데 2시 반에 문 여는 거에요. 거기서 문 여는 순간에 우리 5명이 거기로 쳐들어간거죠. 북경 영사관으로 우리가 쳐들어가니깐 그 문이 자동적으로 막 삐삐삐삑 하면서 닫힌 거에요 그 문이, 그래 우린 들어갔죠. 우리 우리들 여덟 명이 다 들어가 가지고 영사관 통과해서, 그 마당만 들어갔어도 안돼요. 그 짝에 그 집안으로 들어가 그 영사관 (안에) 들어가야지 이 바깥에 그 철문으로 들어간 마당까지는 중국 땅이거든요. 그래 그 담에 그 영사관에, 안에 문을 막 두드리니까 안에서 남자 영사가 나와 가지고 우릴 데리고 들어간 거에요. 그래 들어가서 그때부터 이제 쭉 조사가 시작된 거죠.[32]

30) 2002년 3월 14일 베이징 주재 스페인 대사관에 북한이탈주민 25명이 진입하는 사건이 발생했는데, 이것이 탈북자들의 재외공관 진입의 첫 사례였다. 당시 CNN이 이를 생방송으로 보도해 국제적인 주목을 받았다. ≪데일리안≫, 2012년 10월 17일 자.

31) 「황금이 구술녹취록」, 16~17쪽.

32) 「김순남 구술녹취록」, 4쪽. 이 글에서 소개하는 구술녹취록에서는 구술의 언어적·비언어적 상황과 맥락을 최대한 드러내기 위해 한국의 표준어 맞춤법이나 띄어쓰기 등

앞의 인용문에서 구술자는 10년이 다 되어가는 과거의 절박했던 상황을 '현재의 기억'으로 불러내어 서사적으로 그리고 있다. 2년의 시간을 중국 동북 지역 산속에서 막노동을 하며 숨어 지내던 구술자와 큰아들이 며칠 동안 가슴 조이며 맴돌던 한국 영사관 마당을 가로지르던 순간을 생생하게 재현하고 있는 것이다. 베이징 주재 한국 영사관은 이들에게 국민 혹은 난민의 권리를 부여할 책임과 의무를 거부한 중국의 영토 내에 할애된 외교적 공간이다. 영토적 관점에서 이곳은 근대적 주권과 주권이 각축하는 과정에서 예의바르게 양도된 '예외의 공간'이자, 가장 첨예하게 또 다른 주권이 작동하는 공간이다. 즉, 한반도 분단장치의 주요 행위자이자 자신들의 '조국' 북한의 적대 국가인 남한의 주권적 지배가 보장된 공간이다. 평소에 해당 국가의 보호 아래 있는 개인들이 평화롭게 각종 업무를 보는 공간에 '벌거벗은 생명들'의 출현은 이런 관점에서 새로운 정체성을 형성하는 중요한 의례라고 볼 수 있다. 베이징 주재 한국 영사관 관할인 사무실에서 진행된 110일간의 조사와 공동생활은 새로운 땅인 대한민국으로 가기 위한 1단계 의례이자 새로운 정체성의 형성 과정이라고 할 수 있다. 두 가족이 한국에 도착한 것은 두만강을 건너 중국에서 생활한 지 4년이 지난 2003년 1월 20일이었다.[33]

지금까지 살펴본 두 가족의 사례에서 주목할 점은 이들의 한국행이 첫 번째 이주가 아니라는 점이다. 첫 번째 이주는 식량을 구하기 위해 두만강을 건너 중국으로 온 것이다. 중국 체류 동안 이들은 북한 주민이라는 자신들의 정체성을 숨기거나 위장한 채 생활해야 했다. 앞에서 살펴본 바와 같이 이 두 가족은 4년 동안의 생활을 정리하고 대한민국정부의 재외공관 진입을

을 고려하지 않았다. 녹취록의 강조 표시와 밑줄은 연구 과정의 텍스트 분석과 해석 내용을 전달하기 위해 필자가 입력한 것이다.

33) 「황금이 구술녹취록」, 17쪽; 「김순남 구술녹취록」, 4쪽.

시도함으로써 두 번째 이주를 결행했다. 두 번째 이주에서 구술자들은 북한의 적대 국가인 남한을 선택했다. 처음 중국으로 건너올 때 구술자들은 아사 직전의 북한 땅을 탈출하긴 했으나 식량과 돈을 구해 돌아갈 예정으로, 자신들이 연대할 국민 공동체를 버린 것은 아니었다. 그러나 구술자들이 대한민국의 재외공관 진입을 시도한 것은 이것과 다른 의미를 갖는다. 북한 주민이었던 이들이 수년 동안의 무국적 상태를 중단하고 분단장치의 다른 한쪽인 남한으로의 이주를 결행한 것은 자신들의 국가였던 북한으로 돌아갈 가능성을 포기한 것이다. 나아가 대한민국 주권의 보호를 요청함으로써 대한민국 국민이 될 것을 예상하고 선택한 것이라는 점에서 큰 차이를 갖는다.

2) 차선의 선택: 한국행 네트워크의 조정과 새로운 동맹들

(1) 중국, 제3, 4, 5국을 우회한 한국으로의 길

2002년 베이징 주재 스페인 대사관을 필두로 재외공관에 대한 탈북자들의 진입이 이어지자 중국 정부는 이를 원천 봉쇄하기 위한 대책을 세우기 시작했다. 이에 따라 남한으로 가고자 하는 탈북자들은 중국의 국경에서 수천 km를 걸어서 제3, 4국 사이의 국경을 넘어야 했다. 그중 1997년부터 시작된 타이를 통과하는 경로를 탈북자들이 가장 많이 이용하는 것으로 평가된다. 이후 2011년까지 매년 2000여 명의 탈북자들이 한국으로 입국했다.[34] 두만

34) 탈북자들이 처음 개척한 길은 몽골을 거쳐 울란바토르를 통과하는 길이었다. 그러나 겨울이 길고 여름에는 무더운 악조건이 문제였다. 다음으로는 베트남을 통해 캄보디아를 거치는 길이었다. 그런데 2006~2007년 한국 하나원 3개월 교육 제도로 인해 베트남 체류 탈북자들의 한국행이 지체되자 베트남 정부는 더 이상 탈북자들을 수용하지 않고 있다. 또한 탈북자들이 가장 많이 이용하는 타이를 통한 길 중간에는 미얀마 반군 지역이 있어 이곳에 억류된 탈북자들이 적지 않은 것으로 지적된다. ≪데일리

강을 건너 중국으로 온 구술자들은 온갖 수단을 동원해 중국을 가로질러 미얀마, 베트남, 라오스로 가는 국경을 넘기 시작했다. 탈북자들과 재외공관의 동맹이 불안정해지면서 멀고 험난한 제3, 4, 5국의 재외공관이 우회적 동맹군으로 결합되었던 것이다.

박은주 씨는 1965년 평남 지역에서 셋째 자녀로 출생했다. 당원 집안의 딸이었던 구술자는 화훼 전문 고등학교를 졸업하고 농촌 경영 위원회 경리로 근무하다가 1988년 결혼했다. 사례 분석에 의하면 박은주 씨는 1995년 아들을 출산했다. 그러나 식량난이 장기화되던 2002년 남편이 달기병(간질)으로 사망했고, 이어서 구술자가 파라티푸스 열병에 걸려 부분적으로 기억을 상실했고, 2004년에는 작은오빠가 결핵으로 사망했다. 이처럼 박은주 씨는 자신과 가족의 질병과 사망을 연이어 경험하던 중 2005년 살길을 찾아 친척이 있는 중국으로 넘어온 것으로 보인다. 생계를 위해 구술자는 국경 지역의 식당 주방에서 2년간 일했다. 앞의 1세대 탈북자인 김순남, 황금이 씨와 달리 박은주 씨는 북한에 있을 당시 이미 한국의 텔레비전 드라마를 시청한 경험이 있었다.[35] 이를 통해 한국에 대한 적대감이 상대적으로 적었을 뿐만 아니라, 이미 '남한행'을 새로운 삶을 시작할 수 있는 대안으로 생각했던 것으로 보인다. 박은주 씨가 한국행 선을 잡게 된 것은 같은 동네에 살던 북한 여성의 남편이 자신의 아내를 데려가기 위해 연결한 '뿌로커'를 통해서였다.[36] 먼저 한국으로 갔던 한 남자가 이미 다른 여자와 함께 살면서 중국

안≫, 2012년 10월 17일 자.

35) 북한 사회 내에서 한국 텔레비전 드라마가 유통되는 과정과 의미에 대해서는 다음을 참조하라. 강동완·박정란, 「남한 영상매체에 북한 유통경로와 영향: 지역 간·대인간 연결 구조 분석을 중심으로」, ≪통일정책연구≫, 제19권 제2호(2010), 107~140쪽; 이희영, 「아날로그의 반란과 분단의 번역자들」.

36) 「박은주 구술녹취록」(2012), 7쪽.

에 남아 있던 본처와 다른 북한 여성들을 데려오고자 뿌로커를 연결한 것이다. 이런 사실을 통해 짐작할 수 있는 것은 국경을 건너려는 욕망을 가진 사람들 혹은 그럴 가능성이 있는 사람들을 둘러싸고 온갖 종류의 자본과 상품이 거래되는 것을 경험한 탈북자들이 스스로 다른 사람들의 거래를 매개하는 적극적인 행위자가 되고 있는 것이다. 즉, 탈북자들은 '브로커 조직'을 이용하는 사람들이면서, 그와 동시에 스스로 브로커가 되고 있는 사람들이기도 하다. 한국으로 오기 위해 총 1200만 원의 각서를 쓴 박은주 씨는 브로커가 만들어준 '여권'을 가지고 중국, 미얀마, 라오스, 타이 국경을 비행기 혹은 맨발로 건너서 2007년 한국에 입국했다.

> 오는 도중, 중국 광명까지 오니까나, 막 여기 저 뒤에서 있지 한 15명이 모여 있어요. 15명이 모여 있는데, 음마, 그 중국 브로커가 우리 한 사람 데려오는데 1000만 원씩 받으면서리, 우리를, 위, 위조된 그까나 컴퓨터에 딱 이렇게 뜨는 신분증을 해줘야 되는데, 가짜를 해줬어요. 그래서 광명 공항에서 글쎄, 비행기 타야 되는데, 그 컴퓨터, 떡 뜨니까 하나도 뜨지 않고 다 가짠 거에요. 그런데 난 운이 좋게 글쎄, 15명이 왔는데 2명이 딱 살아왔어요. 내 비슷하게 생긴, 신분증을 빌린 게, 그게 글쎄 살아서 이까지 왔어요. 내 지금도, 어제 그저께도 자다가 막: 군대 애들인데 막 잡혀서 총살당하는 꿈꾸면서 깨요. 지금도 악몽에 시달려요. 너무: 여기 오는 길이, 중국 광명에서, 버마, 라오스, 태국 국경을 거치는데 막 있지, 신발 신으면, 국경을 넘는데 소리가 난다고 맨발로(1) 막 넘어 오는 거에요. 야 어쨌든, 죽지 않으면 산다 이런 각오가 아니고, 어쨌든 죽을 각오를 하고 우리가 여기 왔어 이, 이, 나라 오는 걸 선택했어요.[37]

---

37) 「박은주 구술녹취록」, 8쪽.

앞의 인용문에서 짐작할 수 있는 바와 같이 1990년대 중반 이후 러시아 벌목공으로 일하던 탈북자들의 한국행으로부터 10여 년이 지나면서 탈북자와 한국행 브로커의 동맹이 확장되고 강화되었으나, 한국행 이주의 행위자-네트워크는 여전히 목숨을 담보로 하는 '위험'을 내장하고 있다.[38] 함께 떠난 15명의 탈북자 중 가짜 여권이 발각된 13명은 중국 공안에게 체포된 후 북송되었다고 한다. 미얀마 국경을 통과해 타이로 갈 때까지 구술자는 생사를 오가는 극단의 체험을 했던 것으로 짐작된다. 앞의 인용문에서 주목할 점은 구술자가 한국으로 오게 된 것을 '죽을 각오'로 선택한 행위임을 강조하고 있는 것이다. 이들이 죽음을 무릅쓰고 희망한 것은 무엇일까? 이들이 또 다시 사선을 넘어 대한민국에 오고자 했던 것은 중국에서 불법체류자 처지로 겪었던 '무권리의 상태'를 벗어나는 것, 즉 더 이상 자신들을 '짐승처럼' 학대, 매매, 밀고, 체포, 북송하지 않고, 가족이 함께 모여 행복을 추구할 수 있는 권리를 보장받기를 원했던 것은 아닐까?

(2) 한국에 정착한 가족-브로커-북한 내 가족의 동맹과 '급행' 비행기

1976년 평양에서 출생한 이지영 씨는 2012년 인터뷰에서 자신의 생애사를 1997년 가족들의 평양 추방에서 시작했다. 이어서 아버지의 사망, 남편과의 만남, 그리고 2005년 한국으로 먼저 간 남편의 주선으로 인천국제공항에 입국하는 과정을 극적인 서사를 통해 전달했다.[39] 구술자의 남편은 수년 전 한국에 와서 정착한 어머니의 주선으로 먼저 한국에 왔다. 구술자는 시

---

38) 1997년 중국으로 건너가, 베이징 주재 한국 대사관으로부터 망명 신청을 거절당한 13명의 북한 주민들이 7000km를 우회 행군해 제3국을 통해 한국으로 입국하는 길에 동행했던 윤정은 작가의 자전적 소설은 이와 같은 과정을 간접적으로 보여주고 있다. 윤정은, 『오래된 약속』(양철북, 2012).

39) 「이지영 구술녹취록」(2012), 1~11쪽.

어머니가 1500만 원의 비용을 지불하고 브로커를 연결해 비행기를 타고 중국에서 한국으로 입국했다. 이른바 '급행선'을 타고 한국에 온 것이다. 사례분석에 의하면 남편과 재회하기 위해 북한 ○○○ 산간 지역에서 인천국제공항으로 이어지는 이지영 씨의 '압축적인' 이주의 행로에는 서로 다른 국가적 배경을 가진 '조직적 행위자'들이 관여하고 있다. 북한의 ○○ 지역에서 두만강 근처까지 구술자를 안내한 북한 여성, 국경 너머의 여성 안내자, 중국 내에서 대련 공항까지 이동하며 안내하는 서로 다른 중개자들 등 이미 '안정화된 행위자들'[40]의 동맹으로 형성된 이주의 길이었다. 그러나 대련 공항에서 출국이 거절될 위험 등을 여전히 안고 있었다.

박은주 씨와 이지영 씨의 사례를 통해서 알 수 있는 바와 같이 이들의 한국행은 자신들의 삶을 보장해주지 않고 내팽개친 북한 혹은 중국에 머무르지 않고 '차선의 세계'에서 새로운 삶을 추구하고자 하는 열망의 실현 과정이라 할 수 있다. 이처럼 목숨을 걸고 국경을 우회, 횡단하는 이들의 존재야말로 주권적 실현의 다른 표현이다. 이들이 중국에서 수천km의 우회로를 찾기 위해 군사적·환경적 폭력에 직면할 수밖에 없는 이유는 바로 특정한 영토를 배타적으로 점유하고 있는 개별 국가의 법적 폭력 때문이다. 각국의 법적 폭력이 탈북자들의 생명과 고통에 직접 가해짐으로써 실현되는 것이다. 또한 이들이 중국, 미얀마, 라오스, 타이의 주권이 배타적으로 작동하는 영토적 경계를 비합법적으로 가로지르는 행위는 각 국가의 '주권'에 저항하는 '벌거벗은 생명'의 존재적 표현이기도 하다. 이를 통해 법적 폭력은 스스로를 드러내면서 위기에 처한다.

---

40) '안정화된 행위자들'이란 중국과 북한 체제 내에서 합법적 권력을 가진 인간과 비인간을 뜻한다. 국경 주변의 군인들, 군인용 차량, 중국의 공항 경비대, 출입 관리 시스템 등이 이에 속한다.

3) 남한 생활과 '해외여행': 탈북자와 국민, 그리고 난민의 잡종성

(1) 고단한 삶과 인정받지 못하는 북한이탈주민의 선택

2012년 12월 김순남 씨의 자택에서 이루어진 인터뷰에서 구술자는 아름다운 풀밭에 소풍을 온 듯한 분위기로 찍은 가족사진을 필자에게 보여주며 영국에 살고 있는 가족이라고 소개했다. 이어지는 초기 이야기에서 구술자는 1998년 탈북 과정에서 하나원 퇴소 후 2010년 아들과 딸, 사위 그리고 자신이 영국으로 가게 된 경위에 대해서 설명하면서 '영국에 사는 아들과 딸을 둔 나'라는 생애사적 관점을 보여주었다. 사례 분석에 의하면 2009년 8월 필자와 1차 인터뷰를 한 것으로부터 9개월이 지난 뒤인 2010년 5월 구술자의 큰아들과 결혼한 딸 가족이 영국으로 '이주'했고, 구술자 또한 2010년 8월 영국의 홈 오피스(Home Office)[41]를 통해 난민 신청을 한 경험이 있었다.

(큰아들이) 일 잡은 게 ㅇㅇ 약품 잡았어요. 예, 그래서 ㅇㅇ 약품에서 약 이렇게 댕기면서 배달해주고 뭐 이런 일 하게 됐죠. 아들이, 그리고 나는 식당에서 일하고, 그러다가 아들이 ㅇㅇ 약품에서 한 2년을 일하다가 그, ㅇㅇㅇ 백화점 그기 홈쇼핑, 한 3년을 했어요. 아들이 예 그래서 하다가 뭐, 이제 그 회사에서 막 인원을 축소했나 봐요. 마 그러니 뭐 정직원이 아니다 보니까 뭐 축소된 거죠. 애가 3년 댕기다가, 그래 나와서 뭐 이 일하다 저 일하다 하니까 암만 생각해도 안 되겠다고 한국에서는 뭐 도저히 뭐 이거 뭐 헤쳐 나갈 꺼 같지 않다고,

---

41) 현재 영국의 난민 인정 절차에서 1단계 입국 관리 등을 소관하고 난민 인정을 행하는 기관이다. 영국의 난민 인정 절차에 대해서는 다음을 참조하라. 고기복, 「EU국가의 난민인정제도」, 52~57쪽. 한 보도에 의하면 구술자 가족이 이주하기 직전인 2008년 영국 내 탈북자의 망명 승인율이 상당히 높다. "영국, 탈북자 망명 승인률 75%", 자유아시아방송(RFA), 2008.1.15.

어지간하면 다 대학 몇 개 대학씩 졸업한 사람들이지 중학교도 졸업 안한 게 어디 가서 이력 이력서 써서 내라고 해도 뭐 아이 뭐 쓸게 없잖아요. 애가 그러니까, 뭐 친구들도 뭐 다 미국가고 하는데 영국 가겠다고 하더라고, 외국 가겠다는 소리 절대 안하더니 하루 와서 그러더라고 어머니 나 영국 가겠다는 거지.[42)]

2005년 한국에 입국한 구술자의 큰아들은 1998년 탈북 전 한 고등중학교의 "수천 명 학생들을 이끌던" 대표였다. 그러나 중국에서 5년 가까운 시간을 보내는 동안 학교 교육을 제대로 받지 못했고, 이후 한국에서 기술 학원을 다니다가 취업했다. 앞의 인용문에서 짐작할 수 있는 바와 같이 구술자의 아들은 비정규직으로 일하다가 해직되는 경험을 반복적으로 겪은 후, 삶의 전망을 찾지 못하고 영국으로 갈 것을 결심한 것이다. 한국 사회의 정규직과 비정규직의 구분이야말로 '생명정치'의 전형이다. 권력의 안과 밖 경계를 끊임없이 재조정하는 생명정치 실현의 한 유형인 것이다.[43)] 구술자의 아들은 목숨을 걸고 두만강을 넘어, 멀고 먼 제3국으로의 길을 통해 한국에 왔으나, 학력과 북한 출신이라는 사실을 근거로 이뤄지는 비인간적 차별을 경험하면서 새로운 땅을 찾아 떠나게 된 것이다.

(2) 온라인 네트워크로 '중개'되는 이주 가족들

2012년 김순남 씨 인터뷰에서 주요 서사를 구성하는 '영국으로의 이주'에 관한 구술에 따르면 앞서 영국으로 이주한 20~30대 탈북자들을 통해 이주

---

42) 「김순남 구술녹취록」, 5쪽.

43) 현대 사회에서 신자유주의적 질서가 어떻게 개인의 삶과 일상을 조절하고 변화시키는지에 대해서는 다음을 참고하라. 리처드 세넷, 『신자유주의와 인간성의 파괴』, 조용 옮김(문예출판사, 2004). 대한민국에 정착한 탈북자들의 소외를 잘 드러낸 자료로 다음을 참고하라. 강희진, 『유령』(은행나무, 2011).

에 관한 정보가 공유되고 있고, 이들이 자신의 가족과 지인들을 데려오는 '뿌로커' 역할을 하고 있다. 이들은 이미 두만강을 넘어 중국으로, 중국에서 한국으로 가족들을 데려오기 위해 온갖 위험을 감수했던 경험이 있다. 이제 자신들이 직접 경험한 유럽 국경 통과의 '고급 정보'들을 활용해 가족 공동체의 해외 이주를 성사시키고, 지인들로 그 범위가 확대되고 있는 것이다.

> 영국에 이미, 친구들 간 사람 많아요. 거기 내 가니까 사백 한 오십 명 정도 되는 거 같더라고 한인 체육대회 하는데 보니까 매 탈북자들이라는 거 아니까, 얘(큰아들) 친구들이 죄다 갔어요. 그래서 친구들이 아마 서로 인터넷으로 이 컴퓨터로 서로 이, 이메일 주고받으면서 야 여기 좋다 오라오라 아마 이래 했나 봐요. 그래서 갑자기 안가, 가겠다는 소리 없더니 갑자기 간다는 해서 갔어요. 친구들하고 이미 내통해가지고 친구들이 비행장 마중 나오고 그래서 간 거에요.[44]

2010년 5월 구술자의 큰아들은 합법적인 대한민국 여권으로 무비자 입국이 가능한 영국행 비행기를 타고 런던에 도착해 마중 나온 친구들의 집으로 갔다. 앞의 인용문에 의하면 이미 영국의 난민 인정 절차를 거쳐 난민 지위를 획득했고,[45] 거주할 집을 배당받은 '선구자'들이 뒤에 오는 친구들의 이주를 '중개'하고 있다. 이와 같은 중계 과정에서 중요한 사물 행위자는 21세

---

44) 「김순남 구술녹취록」, 24쪽.

45) 현재 영국의 난민 인정 절차는 1996년 제정된 '보호 및 입국관리에 관한 법률(The Asylum and Immigration Act 1996)'을 개정한 '입국관리 및 보호에 관한 법률(Immigration and Asylum Act 1999)'에 의해 이뤄지고 있다. 영국 및 유럽의 난민 인정 절차에 대해서는 다음을 참고하라. 고기복, 「EU국가의 난민인정제도」, 37~69쪽. 2011년 말 현재 유엔난민기구(UNHCR) 통계에 의하면 전 세계에 난민 지위를 인정받고 체류하는 전체 탈북 난민의 수는 1053명이며 영국의 경우 603명으로 가장 많다.

기 정보 통신 매체인 인터넷과 핸드폰이다. 이 사례에서 알 수 있는 바와 같이 시간과 공간을 압축할 수 있는 가능성을 제공하는 이 정보 통신 매체들은 정보(information)의 바다를 넘어 전 지구적 이동의 가능성을 현실화하고 있다.

여러 자료에 의하면 영국 런던 뉴몰든에 있는 한인 타운에는 대규모 탈북자 커뮤니티가 형성되어 있는 것으로 알려져 있다.[46] 앞의 인용문에서 김순남 씨는 자신이 목격한 한인 체육대회를 보고하고 있는데, '한인 체육대회'에 탈북자들 또한 참여하고 있는 것이다. 사례 분석에서 주목할 점은 백인들이 주류인 영국 사회에서 '한인'은 집단 지각 차원에서 인지되고 있고, 내부에 존재하는 '북한' 혹은 '남한' 출신의 구별이 크게 작동하지 않는다는 점이다. 남한 사회에서 '북한 출신' 탈북자들이 가시적으로 소수자 위치를 드러낸다면, 영국 사회에서는 남한 출신과 북한 출신이 '한인'이라는 범주 속에서 집단적으로 지각됨으로써 대외적으로는 둘 사이의 '구별짓기'가 약화되고 있음을 짐작할 수 있다. 물론 이것이 한인 사회 내부에서 남한 출신과 북한 출신 사이의 '구별짓기'가 사라졌음을 뜻하지는 않는다. 사례 분석에서 중요한 점은 백인이 주류인 유럽 사회에서 생활하는 탈북자의 위치가 한국 사회보다 덜 가시화될 수 있다는 점이다. 이것은 20세기 독일과 유럽에서 발생한 탈출운동(Fluchtbewegung)[47]에서도 공통적으로 나타나는 현상이다.

---

46) 이에 대해서는 다음을 참고하라. 〈추적 60분: 탈남의 유혹, 외국 가실래요?〉; ≪오마이뉴스≫, 2012년 8월 23일 자.

47) '공화국 탈출(Republikflucht)'로 불리기도 한다. 합법적인 절차를 거치지 않고 동독 체제(1949~1990)를 이탈한 380만 명의 동독 주민이 대표적인 사례이다. 또한 제2차 세계대전 직후 소련 점령 지역을 이탈한 사람도 포함된다. 이에 대해 다음을 참고하라. K. F. Schumann, *Private Wege der Wiedervereinigung: die deutsche Ost-West-Migration vor der Wende*(Weinheim: Dt. Studien-Verlag, 1996). 당시 동독 주민들 중 다수는 서독 사회에서 '동독인'으로 살기보다 가능하면 해외 이주를 통해 '독일 사람'으로 살기를 선택했다.

(3) 개별 국가의 이주 체제와 '증식'되는 정체성

1990년대 중반 본격화된 탈북자들의 이주 과정에서 다양한 해외 이주의 길들이 개척된 것으로 짐작된다. 이 과정에서 '선구자들'이 몸으로 검증한 각 국가의 이주 체계들이 하나의 매뉴얼로 정식화되어 뒤이어 입국하는 이주자들의 행위에 직접적인 영향을 미친다는 점에서 중요한 이주 행위자라고 할 수 있다.

> 딱 거기 가게 되면 먼저 간 사람들이 이렇게 이렇게 말해라고 시켜주는 거에요. 그래서, 쭉 이야기 했죠. 중국에서 브로커를 통해서 같이 영국까지 왔다 그리고 브로커는 영국까지 데려다주고 다시 중국으로 갔다 이렇게 하고 그 이외에는 나는 모른다, 어 하여튼 비행기 같이 타가지고 와서 뭐 자고 깨나니까 뭐 저기 하여튼 영국에 도착했다고 하더라, 그래서 영국까지 이렇게 왔는데 어떻게 어떻게 해서 모르겠다고, 그 호, 홈 오피스에 들어가라고 해서 홈 오피스까지 내가 응 들어왔다 그다음은 모르겠다, 그렇게까지만 얘기했죠, 그러니까 그 이상은 묻지 않더라고요 … 그러니까 홈 오피스 들어가서 조사 한 30분만 하고 안하더라고, 통역 데려다가 통역이 한국 여자가 와서 한국 통역이더라고요 한국 여자, 와서 쭉 물어보는 대답만 그저 쭉 하다보니까 시시한, 뭐 이런 나라 이름 묻지도 않더라고요.[48]

앞의 인용문 첫 부분에서 구술자는 이미 난민 지위를 인정받은 자신의 딸에게서 전해들은 '난민'으로서 취해야 할 적절한 말과 태도에 관한 매뉴얼을 전달하고 있다. 사례 분석에서 중요한 점은 이들이 제3국으로 이주해 난민 신청을 할 때 지금까지 가지고 있었던 '대한민국 국민'으로서의 모든 정체성

---

48) 「김순남 구술녹취록」, 8쪽.

을 지운다는 점이다. 대부분의 국가는 '인종, 종교, 국적, 특정 사회집단의 구성원인 신분 또는 정치적 견해를 이유로 박해를 받을 수 있다고 인정할 타당한 근거로 인해 국적국의 보호를 받을 수 없거나 보호받기를 원하지 아니하는 외국인, 또는 그러한 공포로 인해 본국에 입국하기 전에 거주한 국가(상주국)로 돌아갈 수 없거나 돌아가기를 원하지 아니하는 무국적자인 외국인'[49]을 선별해 난민 자격을 부여하고 있다. 이에 따라 북한을 탈출한 후 대한민국 국적을 취득한 적이 있다는 사실이 알려질 경우에는 난민 신청에서 제외된다. 따라서 이들은 영국 홈 오피스의 조사 과정에서 '탈북해 중국에서 생활하다가 브로커를 통해서 영국까지' 온 사람들로 커밍아웃을 한다. 구술자 김순남 씨의 경우 2005년 한국에 입국해 대한민국 국적을 획득했고, 이후 탈북자지원법에 따라 임대주택을 비롯한 제도적 지원을 받아온 보호 탈북자로서의 정체성과 흔적들은 홈 오피스로 가기 전 머물렀던 딸 집에 '맡겨두었다'. 박은주 씨와 이지영 씨의 경우에는 이들을 안내한 브로커의 집에 이런 정체성과 관련된 자료를 '맡겨두었다'. 그런데 이들이 잠시 '보류'하는 것은 한국 체류 사실 및 이 기간의 '삶의 궤적'만이 아니다.

> 거기 들어가서는, 이민국 들어가서는 다 가명을 쓰는 거예요. 그렇잖아요, 여기 이름 말하면 안 되니까는 이름을 다 가명을 해가지고 들어가는 거예요.[50]

이 글의 사례로 등장하는 세 명의 구술자는 모두 영국과 노르웨이의 난민 심사 기관에 들어가면서 새로운 이름과 '생애사'를 준비했다. 즉, 새로운 '자

---

49) 2011년 12월 29일 본회의를 통과했고, 2013년 7월 1일 시행된 한국의 '난민법' 제2조 제1호의 내용을 일부 수정한 것이다. 이것은 국제 난민협약 제1조 A항 2호 및 UNHCR 규정 제6조 A항 2호의 '난민' 개념에 대한 정의를 원용한 것이다.

50) 「이지영 구술녹취록」, 15쪽.

기(self)'로 한 달여의 심사 과정을 통과했고, 이후 난민청으로부터 지정받은 지역의 집에서 이웃 주민들과 함께 생활했다. 다시 말해 구술자들은 영국과 노르웨이까지는 대한민국 국적의 여행자로 이동한 후 그곳의 난민청으로 들어가면서 새로운 탈북자인 나를 '증식(proliferation)'하게 된 것이다. 이들이 대한민국 국적을 가진 탈북자로서의 정체성을 버린 것이 아니라 잠시 보류한 것이기 때문이다. 한국에 온 구술자들이 영국으로 이주하는 이유는 최근까지 영국의 난민 인정 절차가 갖는 용이함이 크게 작동했던 것으로 보인다. 앞의 인용문에서 알 수 있는 바와 같이 영국의 난민에 대한 1단계 심사를 담당하는 기관인 홈 오피스에서는 대한민국 수사 기관과 달리 '통역자'를 매개로 조사가 이뤄진다. 조사 과정에서의 '미세한 차이'를 통해 '증식된 자아'를 알아차릴 수 있는 동일 언어권의 심사자가 아닐 뿐만 아니라, 시간당 통역비가 지불되는 '매개자'에 의한 약식 심사 과정은 '증식된 난민'들의 행위 가능성을 열어주는 역할을 한 것으로 짐작된다. 또한 영국과 노르웨이는 한반도 분단장치의 주요한 행위자가 아니므로 이념적 적대에 기초한 '정치적 의심'이 작동하지 않는다는 점에서 큰 차이를 갖는다. 그러나 이런 방식으로 입국하는 탈북자들이 늘어나면서 영국 홈 오피스 내 탈북자들을 심사하는 규정이 수정되었다고 한다.[51] 탈북자들의 국제 이주의 행위자-네트워크는 이런 점에서 대단히 불안정하고, 끊임없는 번역 과정에 놓여 있다고 할 수 있다.

2007년 한국에 온 박은주 씨는 2008년 뿌로커를 통해 북한에 있던 아들을 데려온 직후 아는 북한 여성에게서 '정보'를 듣고 노르웨이로 갔다. 180

51) 영국의 탈북 난민 인정 현황에 의하면 2007년 151명, 2008년 174명이 난민 승인을 받은 것과 달리 2009년 4명, 2010년 7명 등으로 그 수가 급감했다. 송영훈, 「해외탈북이주 현상의 현황과 쟁점」, 13쪽 재인용.

만 원짜리 왕복 비행기 티켓을 산 후 대한민국 여권으로 독일을 거쳐 덴마크까지 간 후 버스로 노르웨이 오슬로로 이동했다고 한다. 사례 분석에 의하면 박은주 씨는 노르웨이 난민청 심사를 마친 후 지정받은 노르웨이 중부 지역의 한 주택에서 생활하는 동안 대한민국 국적의 '자기'를 드러내는 여권 등의 자료들을 모두 땅 속에 묻어두고 있었다.[52] 그렇다면 수년 동안 중국에서 체류했던 구술자들이 한국으로 입국할 때 '증식'된 새로운 자기는 없었을까?[53]

앞에서 살펴본 여러 과정에 비추어 이 글의 구술자들은 G20 금융 정상회담 회원국인 대한민국의 국적이 필요할 때는 여권을 꺼내 김순남 혹은 박은주, 이지영으로 해외 여행객이 되고, 영국 또는 노르웨이에 도착했을 때는 유럽 선진 국가의 시민권을 열망하는 탈북자가 될 수 있는 복수의 자기를 증식한 개인들이라고 할 수 있다. 그렇다면 북한에서 태어나 성인이 된 후 두만강을 건너 중국에서 불법체류를 했고, 대한민국 국적을 획득한 후 영국 또는 노르웨이 난민 인정을 받은 이 구술자들을 온전히 지칭하는 말은 무엇일까? 이처럼 새로운 정체성을 만들어 영국 주권의 보호 안으로 들어가고자 노력하고 있다는 점에서 이들은 철저히 주권에 의존하는 존재이다. 그러나 국민의 안팎을 가르는 근거인 출생에 기초한 정체성의 원본(originality)을 보류한 채, 고안한 정체성으로 영국 주권의 보호 안으로 들어가는 이들은 사실

---

52) 「박은주 구술녹취록」, 13쪽.

53) 1975년생인 구술자 문동희 씨는 20대 초반인 1998년 중국으로 간 후 조선족 가족의 양딸로 입양되었다. 이 가족들의 제의를 받고 구술자는 2000년 조선족 여성의 신분으로 한국 남성과 국제결혼을 했다. 2002년까지 한국에 머물던 구술자는 조선족 가족이 한국에 입국한 후인 2002년 중국 여권을 가지고 중국을 거쳐 북한으로 돌아갔다. 이희영, 「탈북-결혼이주-이주노동의 교차적 경험과 정체성의 변위: 북한 여성의 생애사 분석을 중심으로」, ≪현대사회와 다문화≫, 제2권 제1호(2012), 1~45쪽.

상 주권의 법적 폭력을 무화시키는 존재라고 할 수 있다. 어쩌면 이들은 출생과 함께 운명적으로 주어졌던 북한 국민으로서의 자기를 벗어난 경험을 토대로 자신에게 주어지는 제2, 3의 국민적 지위를 거부하는 개인이 아닐까? 이것은 곧 자신에 대한 제2, 3의 주권에 저항하는 방식이기도 하다.

(4) 유럽 복지 제도에 대한 열망과 '여행'하는 난민들

한국 국적을 획득한 구술자들이 이주의 네트워크를 통해 또 다른 국경을 넘어가는 동기는 다양하다. 50대 중반의 김순남 씨는 인터뷰에서 노후의 복지 제도에 의한 보살핌을 열망했다.[54] 영국 사회의 난민으로 인정받을 경우에는 정주할 수 있는 시민권을 받을 때까지 일정한 금액의 생활비를 지원받는데, 한국과 비교해 까다로운 조건이 없다.[55] 특히 60세 이상의 노인들은 노인 연금 수령 대상의 관점에서 의료보호를 비롯한 국가의 지원을 받을 수 있다. 그뿐만 아니라 비공식적인 노동을 통해 생활비를 버는 경우에도 한국과 비교해 여유 있는 개인 시간을 가질 수 있어 "두 달에 한 번, 석 달에 한 번씩 (돈을) 모다 가지고야 아 독일도 가고 무슨 벨기(에)도 갈 수 있는" 노동조건 등이 중요한 이주의 배경으로 언급되고 있다. 2007년 아들과 함께 노르웨이로 이주했던 박은주 씨의 경우 북유럽 국가의 공교육 제도에 대한 열망을 피력했다.

---

54) 「김순남 구술녹취록」, 30쪽.

55) 한국의 북한이탈주민에 대한 지원법은 몇 번의 개정 과정을 거쳐 북한이탈주민에 대한 현금 지원의 조건을 다양화했을 뿐만 아니라, 자격증 취득, 4대 보험에 가입된 직장의 취직 기간 등의 조건에 따라 차등적인 지급을 하고 있다. 따라서 이러한 조건을 충족시키지 못하는 탈북자들의 경우 지원금 혜택을 받지 못하는 실정이다. 이희영 외, 『탈북여성의 탈북 및 정착 과정에서의 인권침해 실태조사』(국가인권위원회, 2010).

내 친구가 어 노르웨이란 나라는(2) 그 뭐야 예체능 부문에 애들 공부시키자면 돈 하나도 안 내고 공부 시킬 수 있대요. 그래서 제가 또 넓게 생각 또, 듣고 해서 갔뎄어요 … 그 나라 왜 갔는가, 노, 노르웨이란 나라가 북한사람 받는다. 그 담에, 컴퓨터에 치면 제일 살기 좋은 나라다. 이렇게 소문 돌아서.[56]

박은주 씨는 노르웨이로 간 친구의 전화를 받고 인터넷 검색을 통해 노르웨이라는 나라에 대해서 조사를 했다. 자신의 손으로 검색한 자료를 통해 '복지가 가장 잘 되어 있는 나라'라는 판단을 하고 '넓은 생각'으로 아들과 함께 그곳으로 간 것이다. 무엇보다 박은주 씨에게 중요했던 것은 사교육비를 감당할 수 없는 처지에서 아들이 한국의 공교육만을 통해 '사회적 인정'을 받기 힘들다는 사실이었던 것으로 짐작된다. 한국의 학생들처럼 영어를 비롯한 학과 수업에서 뒤떨어지기는 하지만 유난히 축구를 잘 하는 아들을 지원할 수 있는 가능성을 북유럽 복지 국가에서 발견했던 것으로 보인다.

2005년 남편과 시댁의 도움으로 인천국제공항을 통해 입국한 이지영 씨의 경우, 한국에 정착한 지 10여 년이 되어가는 남편 가족들의 새로운 삶에 대한 '열망'이 주요한 이주의 동기가 되었다. 특히 한국에서 간호학과를 졸업한 후 해외 유학을 가고 싶었던 시누이가 '외국어'를 공짜로 배울 수 있는 곳으로 가자고 설득해 이뤄진 것으로 보인다. 인터뷰에서 구술자는 시누이의 설득에 공감한 자신과 시댁의 가족들이 남편을 최종적으로 설득해 '외국어도 배울 수' 있는 해외로 가게 된 것으로 설명했다.[57] 특히 이제 막 두, 서너 살이 된 두 아들들의 장래를 생각해 공짜로 영어를 배울 수 있는 나라에서 살 수 있는 자신의 가족을 꿈꾸게 된 것이다. 흥미로운 점은 이지영 씨의

56) 「박은주 구술녹취록」, 11쪽.

57) 「이지영 구술녹취록」, 13쪽.

가족 6명이 한국 여행사에서 선전하는 유럽 여행 패키지 상품을 통해 이주를 한 점이다.

> 인천공항에서 비행기 타가지고 홍콩을 거쳐서 프랑스로 거쳐서 뭐 하여튼 여행을 가더라구, 여행으로 가더라구요. 뭐 어디서 내려가지고 기차타고 들어가더라구요… 아 돈이 만만치 않더라구요. 그 비행기 값이. 이게 여행으로 가니깐 어른이 한 사람당 300만 원씩 되더라구요. 그리고 우리 돈, 내 정착금 탄 거로 해서 아빠(남편) 그전에 일했던 거로 해서 하면 우리는 안 간다는데 우리 시엄마가 다 같이 한번 가보자, 가보자 해가지고 고저 있는 돈 없는 돈 빡빡 털어가지고 갔어요.[58)]

앞의 인용문에 의하면 브로커를 통해 연결된 서너 가족이 한 여행사가 내놓은 유럽 몇 개국을 경유하는 해외여행 상품을 집단으로 구매해 출국했다. 즉, 개인당 300만 원씩을 지불하고 여행사가 모집한 '단체 여행객'으로 인천국제공항을 출발한 것이다. 처음 이들은 홍콩과 프랑스 등의 나라를 자연스럽게 여행한 후, 기차를 통해 영국으로 갈 수 있는 곳에서 여행단을 이탈한 것으로 짐작된다. 비행기를 타고 영국 공항으로 입국할 경우에 거쳐야 하는 까다로운 입국 심사를 피하기 위해 김순남 씨와 이지영 씨 가족 모두 기차를 타고 영국으로 이동했다. 사전에 검토된 '이동 경로'를 따라간 것이다. 사례 분석에 의하면 한국에서 함께 출발한 브로커가 영국행 기차를 타는 곳까지 동행했고, 기차를 내린 곳에 다른 브로커가 마중을 나와 이후의 과정을 안내했다.

---

58) 같은 글, 14쪽.

4) (탈)분단 장치와 국제 이주의 행위자-네트워크

(1) 분단장치의 '제물'이 되기를 거부하는 사람들

사례 분석 과정에서 주목할 점은 한국의 보호 탈북자들이 이곳에 정주하며 타자와의 연대를 실현하지 못하는 데는 분단장치에서 형성된 삶의 불안들이 공존하기 때문이다. 박은주 씨는 2012년에 반복적으로 발생한 '재입북 사례'로부터 이야기를 시작하고 있다.

> 우리 북한 사람들 왜 또 외국에 가는가. 외국에 가는 목적이 있어요. 선생님도 요새 또 뉴스 보다시피, 그 6월 달에 또 박정숙 씨가 또 월북하지 않았어요. 북한에 가지 않았어요. 요새 또, 또 젊은 부부가 또 가지 않았어요.[59] 근데 이 북한 사람들이 지금 탈북자로 가장해서 북한 사람들 많이 사는 데 침투해서, 우리가 지금, 우리, 부모형제들 내가 여기 온 것 아는데 북한 당국에는 내가 중국에 있는 줄 알지. 내가 내 이, 이름이고 이거 얼굴 내가 안 내보내요. 왜 그런가 난 여기 와서 잘 살고 있는데 그 북한 살기 힘든데 내가 여기 왔음으로 하여 우리 북한에 계신 부모형제들, 또 우리가 여기 있다는 것 알고 그러면, 막 시골에서 추방 보내요, 그러니까 이기 다 싫어서 애들이 다 외국에도 가는 거에요. … 그리고 북한 당국에서도(?) 한국에 왔다 외국에까지 가는 거는 너네 인정, 인정 (참) 용서하는데, 여기 있는 걸 '싫어한단 말이에요'.[60]

59) 북한으로 돌아가 2012년 11월 8일 조선중앙TV를 통해 기자회견을 한 김광혁, 고정남 부부를 말한다. 이들은 탈북 후 2010년 김씨 모친의 주선으로 결혼했고 대구에 어머니와 가족이 있다. 주위에 알리지 않은 채 갑자기 사라졌다가 북한에서 자진 귀국한 것으로 기자회견을 했다. 연합뉴스, 2012.11.9.

60) 「박은주 구술녹취록」, 19쪽.

앞의 인용문에서 구술자가 언급하는 '박정숙 씨와 젊은 부부'는 탈북 후 한국에서 살다가 2012년 갑자기 북한으로 돌아가 공개 기자회견을 한 사람들이다. 구술자가 강조하는 것은 이곳에 살던 탈북자가 북한으로 돌아갈 경우, 북한 당국이 그 주변의 탈북자들에 대한 정보를 갖게 될 것이라는 점이다. '탈북자로 가장해서' 남한에 살고 있는 탈북자들의 주변에 접근할 경우에 자신의 신분이 드러나게 될 뿐만 아니라, 이로 인해 북한에 있는 자신의 가족들에게 정치적 위험이 발생할 것을 두려워하는 것이다. 이런 맥락에서 북한에 가족을 두고 온 탈북자들은 적극적으로 개명을 하고 있다. 다시 말해 한국 사회는 남한과 북한 사이의 분단장치가 직접적으로 작동하는 공간으로 자신들이 알지 못하는 사이에 자신과 가족들이 정치적 위험에 빠질 수 있는 반면, 새로 증식된 자기로 살아갈 수 있는 유럽의 국가들은 이런 위험에서 벗어날 수 있는 가능성의 공간이 되는 것이다. 그뿐만 아니라 한국이 아닌 외국은 자신들을 '조국을 배신한 자'들로 규정한 북한 당국과 화해할 수 있는 공간으로 이해되고 있다. 결국 이들은 불법 월경을 계기로 북한 사회와 연대하기를 거부하고, 더 많은 인간적 권리를 가지고 살기 위해 이주를 시도하는 '잡종적 이주자'들이라고 할 수 있다.

(2) 증식 가능한 정체성과 세계시민적 전망

2010년 아들과 딸 가족을 따라서 영국으로 갔다가 1년을 생활하고 온 구술자 김순남 씨는 더 나은 삶을 열망해 떠나는 자신들의 권리와 함께 그것을 실행할 수 있는 능력을 강조했다. 뒤의 인용문에서 구술자는 남한 사람들과 달리 탈북자인 자신들만이 갖는 '권리'이자 '힘'을 강조했다.

> 그래서 뭐 여기 정부에서 뭐 어디 얼마가고 얼마 얼마가고 하고 계속 어째서 가는가 해도, 뭐 우리 우리가 그 사람들이 더 좋은 데로 살기 좋은 데로 가느라

고 가는 거지 기리 그건 어떻게 그 사람들이 결심되는 걸 더 좋은 데로 간다는 데 꼭 막지는 못하잖아요. 그걸 어떻게 막아요. 그 사람들이, 그러나 여기 한국 사람들은 가고 싶어도 뭐 안 못가잖아요. 그 나라에서 영주권 (못 받잖아요) 아 여기서 또 돈 얼마 바쳐야 되고 하지만은 탈북자들은 그게 한 가지 좋은 점이 있어요. 우리 북한에서 탈북해왔다 이러면 고거 좋은 점이 고거 득 되고 다른 나라로 가지, 그렇게 않으면 제 한국 사람이면 못가잖아요. 죄 한국 사람이면 벌써 통역을, 한국 통역 쓰기 때문에 이 언어가 안 되는 거에요. 우리 북한 사람은 아무리 한국말을 배우려 해도 우리 벌써 10년 되도 암만 한국말을 배울라 해도 북한말이 워낙 고질적이 돼가지고, 북한말을 하게 되지 한국말 하는 게 안 되거든요.[61]

구술자는 앞의 인용문에서 유럽 사회가 '북한에서 탈북해'온 사람들만이 다른 조건 없이 갈 수 있는 곳임을 강조하고 있다. 사례 분석에서 살펴본 바와 같이 구술자들은 국경을 통과하면서 대한민국 국민으로서의 자기를 보류한 채 '중국 체류 탈북자'로서의 자기를 증식할 수 있다. 이때 '한국말을 배우려 해도 북한말이 고질적이' 된 탈북자들의 신체화된 언어는 아무리 많은 돈을 가진 한국 사람도 흉내낼 수 없는 징표인 것이다. 구술자 스스로 홈 오피스를 통해 문제없이 난민 인정을 받았던 경험을 바탕으로 이것이 바로 '더 나은 삶'을 보장하는 사회로 들어가는 열쇠이자, 새로운 자기를 증식할 수 있는 자원임을 체득한 것이다. 노르웨이 난민으로 수개월간 생활했던 박은주 씨는 자신이 경험한 북한과 남한 그리고 노르웨이의 교육 제도를 반복적 교차를 통해 설명했다.

61) 「김순남 구술녹취록」, 30쪽.

> 여기(한국)는 그게 틀려먹었다는데, 왜 힘들게 그런 걸 학원에다 돈 가따 가르쳐요. 학원에서 잘하는 사람들 학교에다 배치하면, 학교에서 (그 많은 것) 더 잘 배워지지 않나요. … 학교 오면 애들이 초등학교는 다 잔다, 왜 자나하면 학원에서 다 배왔기 때문에 재미없어서 잔대요. 그게 뭐에요. 난 그게 참 안됐어요. 우리 북한은 안 그래요 노르웨이도 가니까 안 그렇다는데 학교에서 몽땅 다 가르쳐요. 내가 예를 들어 피아노 배우기 시작하면 피아노 소조가 또 딸려있어요. 그럼 거기서 또 배와져요. 그 나라는 그 나라는(2), 북한(에서도) 북한도 다 나쁜 게 아니에요. 이 북한에 애들이 막 노래랑 잘 하제, 전부터 이, 예술 잘하는 애들은 공짜로 금성 무슨 예술학원 금성학교 같은 데는 그냥으로, 가르쳐도 줘요. 그까 인재 그거 학원이라는 데 안 다녀도 막 인재가 나오지 안 나요. 북한 사람들 머리가 좋아요. 근데 여기 학원, 학원이 왜 무슨 강남 어느 학군, 목동 학, 학군 집값만 올리기하고, 참 그거 안 된 거에요. 그렇게 하면 안돼요.[62]

앞의 인용문에서 구술자는 현재 고등학생인 자신의 아들을 통해 경험한 한국 공교육 및 사교육 제도의 문제점을 신랄하게 비판한 후 이를 북한의 교육제도와 비교하고 있다. 나아가 몇 달 동안 경험한 노르웨이의 교육제도를 북한의 그것과 나란히 소개하고 있다. 결국 구술자는 '북한도 다 나쁜 게 아니'라는 자신의 평가를 소개하고, 북한 사람들이 다른 나라로 가는 것이 학생들을 보호하지 못하는 한국의 제도 때문임을 지적하고 있다. 여기서 구술자의 시선은 북한 사회주의 체제의 교육제도와 한국 및 노르웨이의 교육제도를 비교하는 위치에 있다. 한국의 교육제도에 매몰되어 엄청난 사교육비를 내기 위해 고통받으며 '속인'으로 살아가는 것을 거부하고 더 나은 사회로 떠나는 것을 마다하지 않았던 자신의 생애사적 관점을 드러내고 있다.

---

62) 「박은주 구술녹취록」, 16쪽.

이를 통해 우리는 비록 이주의 과정에서 죽음에 이르는 위험을 감내할지언정 사회주의 북한 사회 혹은 자본주의 남한 사회의 제물이 되기보다 좀 더 '충만한 삶'을 열망했던 이주의 경험을 통해 획득한 이들의 '세계시민적 전망'의 단초를 읽을 수 있다. 이것은 주권으로부터 추방되어 죽음의 폭력에 노출되었던 '벌거벗은 생명'으로서, 국민국가적 세계 질서를 횡단해본 경험을 통해 얻어진 삶의 통찰이라고 할 수 있다.

4. 사례의 구조적 특징과 문제의식

1) 두만강을 건너본 사람들은 어디든지 간다

한국에 체류하는 북한이탈주민들 중 적지 않은 수가 적극적인 국제 이주의 행위자들로 전환하고 있다. 이 과정은 다음 세 가지의 서로 다른 경험을 배경으로 한다. 첫째, 두만강을 건너 중국으로 오는 1차 이주 과정은 북한의 식량난을 피하기 위한 자구책 행위이고, 단기간 내에 귀향할 것을 염두에 둔 것이기도 하다. 중국 체류 동안 이들은 한편으로 매매, 학대, 밀고, 체포, 구금 등 '비인간'의 경험에 직면한다. 다른 한편, 중국 자본주의 사회의 실상을 경험하고, 대한민국의 '탈북자지원법' 등도 직간접적으로 인지하게 된다. 둘째, 중국에서 제3국을 거쳐 대한민국으로 입국하는 2차 이주 과정은 1차 이주와 달리 목적의식적인 선택이라고 할 수 있다. 중국에서 경험한 무권리 상태를 벗어나기 위해 애초에 원하지 않았으나 '대한민국 국민'이 되기로 하고, 갖은 위험이라는 속죄를 치르며 대한민국에 입국하게 된다.[63] 셋째, 대

---

63) 최근에는 첫 번째 단계에서의 기간을 최대한 단축해 한국으로 입국하는 사례가 크게

한민국 국적을 취득한 후 한국 사회 내에서의 분단장치로 인해 생명의 위협을 느끼거나 신자유주의적 '생명정치'에 의한 차별을 겪으며, '새로운 삶'을 위해 유럽 등의 국가로 재이주를 시도하게 되는 것으로 보인다. 북한 이주민들은 이어지는 이주 과정에서 국경 사이에서 살아남기 위한 몸부림, 남한, 북한, 유럽 국가의 서로 다른 제도 및 생활양식(각국의 생명정치 양식들)을 직접 겪으며, 자신의 삶을 돌아보는 '세계시민적' 시선을 갖게 되는 것으로 보인다. 이런 관점에서 이들의 재이주를 추동하는 힘은 두만강을 건너본 '벌거벗은 생명'의 '충만한 삶'에 대한 열망, 혹은 인간으로서의 생기 그 자체라고 할 수 있다.

2) 반복되는 이주를 통해 북한 주민들의 정체성은 '증식'된다

다양한 경로를 통해 한국에 입국한 북한 주민들은 합동 조사 기관을 거쳐 하나원 교육을 받음으로써 대한민국 국적을 취득한다. 이 과정을 통해 북한 주민들은 '보호 탈북자'로서의 자기를 형성하게 된다. 그러나 한국 사회에서의 생명정치를 경험하며 '더 나은 삶'에 대한 열망을 갖게 된 이들은 '보호 탈북자'로서 한국을 출발해 국경을 통과한다. 이후 이들은 '중국 체류 탈북자'로서의 새로운 자기를 증식함으로써 '좀 더 나은 삶'으로 들어가는 문을 열고 있다. 중요한 점은 이 과정에서 이들이 (대한민국 주권의) 보호 탈북자라는 정체성을 버리는 것이 아니라 적절한 상황에서 언제든 꺼낼 수 있도록 보류해둔다는 점이다. 이들의 증식된 정체성이 몇 개인지는 알 수 없으나, 적어도 타인과 구별되는 특정한 자기로 호명되는 정체성이 아닌 경험들이 국가 간 경계를 넘어서는 이주의 과정에서 축적, 반복되고 있음을 추정할 수

늘어나고 있다. 즉, 탈북의 목적지가 한국인 경우가 증대하고 있다.

있다. 특정한 상황과 조건에 따라 이들은 새로운 정체성을 증식하고 적절한 상황에 맞게 다른 정체성으로 전환한다. 즉, 이들이 새로운 공간을 통과하면서 과거의 자기가 부정되고 새로운 자기를 온전히 획득하는 것이 아니라, 공간의 이동과 함께 증식되는 자기(selves)들이 공존하는 것이다. 북한 주민이자 대한민국 국적을 취득한 국민이며 동시에 영국 혹은 노르웨이 정부의 보호를 받는 난민이기도 하다는 점에서 이들의 정체성은 잡종적이다. 이것은 국민국가의 법적 폭력에 대응하는 이들의 행위 양식이기도 하다. 그러나 증식된 복수의 자아가 공존하는 이들의 삶은 스스로를 위험에 빠뜨리기도 한다. 이지영 씨는 소정의 사례비를 받기 위해 필자에게 자신의 이름과 통장 번호를 건냈다. 그러나 이 정보는 공식적으로 확인되지 않는 것이었다. 구술자는 자신을 숨기기 위해 반복적으로 복수의 자기를 증식해온 경험 속에서 즉자적으로 정보를 준 것이다. 그러나 제대로 증식되지 않은 자신을 드러냄으로써 '일상적' 위기를 초래한 것이다. 박은주 씨의 경우는 인터뷰에서 현재의 자기가 누구인지 자신도 정확히 알 수 없다는 고백을 하기도 했다.

3) 탈북 - 탈남 - 국제 이주의 행위자 - 네트워크는 흔적만을 남긴다

앞에서 살펴본 바와 같이 탈북 이후 반복적인 이주를 통해 새로운 삶을 기획하고자 하는 탈북자라는 인간 행위자와 북한 - 중국 - 남한을 중심으로 형성된 분단장치, 관련 국가들의 이주 체제(국제난민조약 가입 여부, 국제인권이사회 권고 조항 이행 여부, 출입국 관리소의 규범과 질서, 이민 정책 등), 그리고 전 지구적 압축과 이동을 가능하게 하는 정보 통신 기기와 같은 주요 사물 행위자들의 동맹에 의해 탈북 - 탈남 - 국제 이주의 행위자 - 네트워크가 형성되는 것으로 보인다(〈그림 12-1〉 참조). 분단장치의 체현자인 탈북자들이 주권 영역 바깥으로의 '추방'을 받아들임으로써 지구적 차원의 이주 체제와 난민

〈그림 12-1〉 탈북-탈남-국제 이주의 네트워크

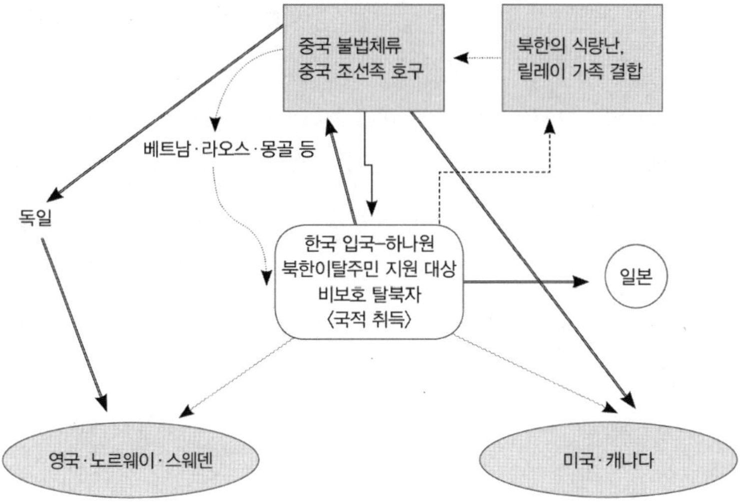

정책 그리고 분단장치가 중요한 국제 이주의 행위자로 (재)결합되고 있다. 그러나 각 국가들의 이주 정책, 난민에 관한 국제적 차원의 제도, 이념적 장치들이 내장한 '폭력'으로 인해 탈북-탈남-국제 이주의 행위자-네트워크는 탈북자들의 생명을 담보로 한다. 나아가 언제든지 반역에 의해 해체될 가능성이 높고, 급속한 번역 과정에 있다는 점에서 불안정한 행위자-네트워크이다. 학술적 연구는 항상 이 행위자-네트워크의 뒤를 따를 뿐이다. 이들이 충만한 삶에 대한 열망을 가지고 목숨을 걸고 다양한 인간-사물과 만났다가 흩어진 흔적만을 확인할 수 있다.

4) 한반도의 분단장치가 해외 이주의 행위자로 번역된다

북한 이주민들이 탈북의 긴 과정을 거쳐 대한민국 국적을 취득한 후 다시 타국의 난민 지위를 획득하는 과정에서 한반도의 분단장치는 이들의 정체성 증식과 정체성 전환을 가능하게 하는 '자원'으로 번역되고 있다. 북한-중국-남한 사이에 작동하는 분단장치 속에서 이들은 강제 북송의 위험에 처한 '벌거벗은 생명'으로서의 지위를 갖게 되지만 다른 한편 남한 사회의 특수한 지위인 '북한이탈주민지원법'의 수혜자가 되기도 한다. 대한민국의 탈북자 지원 제도는 사례를 통해서 살펴본 바와 같이 인간-사물 행위자들이 결합된 '뻐로커 네트워크'가 작동하게 되는 중요한 물적 기반이다.[64] 최근에는 북한에서 '탈북자지원법'에 규정된 임대주택과 각종 지원 정책을 인지하고, 중국 체류를 최소화하고 대한민국으로 오는 탈북자가 늘어나고 있다. 대한민국 국적을 취득한 후 어느 정도의 돈을 마련해 북한으로 재입국하거나, 혹은 해외 이주를 시도하는 북한 이주민들에게 대한민국은 유용한 '중간 기착지'가 되고 있다. 즉, 대한민국 국적을 취득한 이들은 '자유로운 여행자'로 유럽 국가에 입국할 수 있게 된다. 유럽 또는 북미 국가에 도착한 후 난민 신청을 할 때는 대한민국 국적의 '자기'를 보류한 채 새로운 탈북 난민의 정체성을 증식한다. 여러 가지 이유로 정착국을 떠나야 할 경우에 이들은 다시 대한민국 국민이라는 정체성으로 전환해 합법적인 여권을 가지고 귀국한다. 이런 관점에서 한반도의 남한과 북한이라는 지방적(local) 차원의 분단장치가 이들이 한반도를 벗어나 국제인권조약상의 '난민' 신분을 획득하기 위해 필요한 자원으로 번역되고 있다.

64) 뻐로커들은 탈북자들이 대한민국 도착 후 받게 될 지원금을 담보로 이들의 한국행을 지원한다. 즉, 모든 뻐로커 활동은 하나원 교육이 끝난 후 지급된다. 또한 지원금의 규모와 변화에 따라 뻐로커 비용도 달라진다.

5. 결론: 국민-난민의 패러다임을 넘어서

이 연구에서 '인권의 피해자' 혹은 남한과 북한의 분단장치를 넘어서 탈북자들의 존재를 이해하고자 시도했다. 이러한 과정을 통해 분단장치와 국민국가적 세계 질서를 거스르며 반복적인 이주를 시도하는 북한 이주민의 삶에 접근하게 되었다. 지금까지 살펴본 이 연구의 결과를 정리하면 다음과 같다.

첫째, 대한민국의 보호 탈북자로서 해외로의 재이주를 시도하는 북한 이주민들은 두만강을 건너 북한 주권의 추방자임을 받아들인 탈북자이자, 남한 사회 공동체의 소수자로서 새로운 추방령을 수령하는 존재라는 점에서 '벌거벗은 생명'이다. 다시 말해, 자신이 머물고 있는 사회의 법적 의례에 예의바르게 참여하기를 욕구하지만, 분단장치로 인한 정치적 위협과 다층적 생명정치의 경계에서 공존할 땅을 갖지 못한 채 공간적 연속선을 따라서 이동하는 존재라는 점에서 이들은 단순히 불쌍한 피해자를 넘어, 현대 국가의 주권적 폭력에 저항하는 생명이다. 국경을 가로지르며 서로 다른 정체성을 증식해 생존하는 이들의 존재 양식은 특정한 영토 내에서 각 주권이 배타적으로 실현되는 국민국가적 세계 질서의 다른 표현이기도 하다. 즉, 북한 이주민들은 이념적 대결의 현재적 산물인 분단장치가 작동하는 북한과 중국의 법적 폭력에 의해 국경 밖으로 추방되어 살아남은 자들이고, 중국과 한국 그리고 유럽 각국 내의 생명정치에 대해 의식, 무의식적으로 저항하는 자들이다.

둘째, 국가의 통치권에 복종할 의무를 맹세하고 주권의 보호 아래 단순한 삶을 살아가는 국민과 주권에 저항하고 국가 간 경계를 횡단하는 탈북 난민은 국가주권의 폭력 아래 있다는 점에서 동일한 존재적 위치를 갖는다. 누가 이곳에 머물 수 있는 권리를 가지며, 누구는 추방되어야 하는가를 결정하는 국가의 법적 폭력의 대상이라는 점에서 같은 존재인 것이다. 그러나 현실 속에서 국민들은 북한 이주민을 대한민국, 중국 또는 영국의 법에 규정된 합법적 지위를 갖지 못했다는 바로 그 이유에 근거해 차별, 학대, 매매, 방치, 협박, 기만 등을 해도 무방한 존재로 취급한다. 이들이 범법자(사문서 조작, 허위 진술 등), 국경 이탈자, 무례한 자, 가난한 자, 기망하는 자들이기 때문이다. 대부분의 국민들은 탈북자들이 이러한 삶의 방식을 취할 수밖에 없는 존재적 위치에 대한 성찰 없이, 국민국가의 실정법 위반을 근거로 이들이 '인간이라는 사실(인권)'을 간단히 부정하는 것이다. 즉, 대다수의 국민이 북한 이주민에 대한 국민국가 안팎에서의 생명정치를 실현하는 적극적인 행위자인 것이다.

셋째, 탈북 난민들은 한반도의 분단장치를 넘어, 누구는 인간적 권리를 가지고, 누구는 인간이 될 수 없는가를 결정하는 현대사회의 주권에 대해 저항하는 존재이다. 이러한 저항이 우리에게 던지는 윤리적 질문은 어떻게 국민적 권리인 인권을 자연권적 인권으로 온전히 전유할 수 있는가이다. 이것은 주권 폭력에 대한 질문이기도 하다. 그렇다면 국민과 난민의 패러다임을 넘어 '인간'으로서 공존할 수 있는 길은 무엇일까? 즉, 국가의 주권적 폭력에서 자유로워지는 동시에, 벌거벗은 생명으로서의 위험에서도 자유로워질 수 있는 가능성은 어떻게 모색될 수 있을까? 현재 대한민국 안팎에서 북한 이주민의 인권을 고려해 국민에 대한 정의를 재조정해야 한다는 문제제기가 등장하고 있다. 이와 같은 국민의 범주 확장은 한편으로 북한 이주민의 인권을 부분적으로 보장할 수 있는 가능성을 제공한다. 다른 한편으로는 아무리 국민의 정의를 재조정한다 해도 이것은 국민에 의한 '잔여'를 발생시킨다는 근본적인 문제를 안고 있다. 이러한 관점에서 필자는 국가주의적 한계를 넘어 국민과 난민이 연대할 수 있는 '사회적 형식'을 상상하고 실천하는 노력이 절실하다고 생각한다.

참고문헌

국내 자료

강동완·박정란. 2010.「남한 영상매체에 북한 유통경로와 영향: 지역간·대인간 연결 구조 분석을 중심으로」. ≪통일정책연구≫, 제19권 제2호, 107~140쪽.

강희진. 2011.『유령』. 은행나무.

고기복. 2007.「EU국가의 난민인정제도: 영국, 프랑스, 독일을 중심으로」. ≪한·독 사회과학논총≫, 제17권 제1호, 37~69쪽.

김성경. 2013.「북한이탈주민의 월경과 북·중 경계지역: '감각'되는 '장소'와 북한이탈여성의 '젠더'화된 장소 감각」. ≪한국사회학≫, 제47집 제1호, 221~253쪽.

김항. 2009.『말하는 입과 먹는 입』. 새물결.

김현미. 2006.「국제결혼의 전 지구적 젠더 정치학: 한국 남성과 베트남 여성의 사례를 중심으로」. ≪경제와 사회≫, 통권 70권, 10~37쪽.

바우만, 지그문트(Zygmunt Bauman). 2009.『액체 근대』. 이일수 옮김. 강.

박명규 외. 2011.『노스 코리안 디아스포라. 북한주민의 해외탈북이주와 정착사례』. 서울대학교 통일평화연구소.

박배균. 2012.「한국학 연구에서 사회-공간론적 관점의 필요성에 대한 소고」. ≪대한지리학회지≫, 제47권 제1호, 37~59쪽.

박선영. 2013.「사회통합을 위한 국민 범위 재설정」. ≪저스티스≫, 통권 134-2호, 403~428쪽.

송영훈. 2012.「해외탈북이주 현상의 현황과 쟁점」. ≪JPi 정책포럼≫, 제107권, 1~24쪽.

슈미트, 카를(Carl Schmitt). 2010.『정치신학』. 김항 옮김. 그린비.

세넷, 리처드(Richard Sennett). 2004.『신자유주의와 인간성의 파괴』. 조용 옮김. 문예출판사.

신지은. 2012.「사회성의 공간적 상상력: 신체-공간론을 통해 본 공간적 실천」. ≪한국사회학≫, 제46권 제5호, 323~351쪽.

아감벤, 조르조(Giorgio Agamben). 2008.『호모 사케르』. 박진우 옮김. 새물결.

_____. 2009.『예외상태』. 김항 옮김. 새물결.

아감벤, 조르조(Giorgio Agamben)·양창렬. 2010. 『장치란 무엇인가?: 장치학을 위한 서론』. 난장.

엄태완. 2012. 「탈북난민의 미국 초기 적응에 관한 사례연구」. ≪한국사회복지질적연구≫, 제6권 제2호, 129~157쪽.

윤정은. 2012. 『오래된 약속』. 양철북.

이로미·장서영. 2010. 「다문화국가 이민자 정착 정책 및 지원 서비스 분석: 미국과 캐나다 사례를 중심으로」. ≪국제지역연구≫, 제14권 제1호, 179~208쪽.

이화진. 2011. 「탈북여성의 이주경험을 통한 정체성 변화과정: 북한, 중국, 한국에서의 이성관계를 중심으로」. ≪여성학연구≫, 제21권 제3호, 173~211쪽.

이희영. 2005. 「사회학 방법론으로서의 생애사 재구성」. ≪한국사회학≫, 제39권 제3호, 120~148쪽.

_____. 2010. 「새로운 시민의 참여와 인정투쟁: 북한이탈주민의 정체성 구성에 대한 구술 사례연구」. ≪한국사회학≫, 제44권 제1호, 207~241쪽.

_____. 2011. 「텍스트의 '세계' 해석과 비판사회과학적 함의: 구술자료의 채록에서 텍스트의 해석으로」. ≪경제와 사회≫, 통권 91호, 103~142쪽.

_____. 2012a. 「아날로그의 반란과 분단의 번역자들: 남한 드라마 시청의 행위자 네트워크를 중심으로」. ≪경제와 사회≫, 통권 94호, 39~79쪽.

_____. 2012b. 「탈북-결혼이주-이주노동의 교차적 경험과 정체성의 변위: 북한 여성의 생애사 분석을 중심으로」. ≪현대사회와 다문화≫, 제2권 제1호, 1~45쪽.

이희영 외. 2010. 『탈북여성의 탈북 및 정착 과정에서의 인권침해 실태조사』. 국가인권위원회.

정진헌. 2007. 「탈분단·다문화시대, 마이너리티 민족지: 새터민, '우리'를 낯설게 하다」. 『한국에서의 다문화주의: 현실과 쟁점』. 한울.

조정현. 2009. 「국제인권법상 탈북자의 보호가능성 및 그 실행: 중국이 당사국인 국제인권조약 및 동 조약의 이행감독장치를 중심으로」. ≪국제법학회논총≫, 제54권 제1호.

_____. 2010. 「국제기구를 통한 탈북자 보호에 대한 국제법적 고찰: UNHCR 및 UN 인권이사회를 중심으로」. ≪통일정책연구≫, 제19권 제2호, 213~235쪽.

조해진. 2011. 『로기완을 만났다』. 창비.

하비, 데이비드(David Harvey). 2001. 『희망의 공간』. 최병두 외 옮김. 한울.

국외 자료

Arendt, H. 1955. *Elmentare und Ursprünge totaler Herrschaft: Antisemitismus, Imperialismus, totale Herrschaft*. Frankfurt am Main: Europäische Verlagsanstalt.

Benjamin, W. 1921. "Zur Kritik der Gewalt." *Archiv fuer Sozialwissenschaften und Sozialpolitik*, Vol. 47, pp. 809~832.

Chamberlayne, P., J. Bornat, T. Wengraf(eds.). 2000. *The turn to biographical methods in social science: Comparative issues and examples*. London & New York: Routledge.

Foucault, M. 1978. *Dispositive der Macht: Üeber Sexualität, Wissen und Wahrheit*. Berlin: Merve Verlag.

Law, J.(ed.). 1991. *A Sociology of Monsters: Essay on Power, Technology, and Domination*. London: Routledge.

Law, J. 2007. "Actor Network Theory and Material Semiotics." Version of 25th April 2007. available at http://www.heterogeneities.net/publications/Law2007ANTandMaterialSemiotics(downloaded on 18th May, 2007).

Schumann, K. F. 1996. *Private Wege der Wiedervereinigung: die deutsche Ost-West-Migration vor der Wende*. Weinheim: Dt. Studien-Verlag.

Simmel, G. 1992. "Exkurs ueber den Fremden." *Soziologie: Untersuchung über die Formen der Versgesellschaftung. Gesammeltausgabe Band II*. Frankfurt am Main: Suhrkamp, pp. 764~790.

Taylor, C. 1995. "The Politics of Recognition." *Philosophical Arguments*. Cambridge: Harvard University Press, pp. 225~256.

기타

≪데일리안≫. 2012년 9월 14일; 10월 17일

연변통신. 2012년 2월 26일.

연합뉴스. 2012년 11월 9일.

≪오마이뉴스≫. 2012년 8월 23일.

KBS 1TV. 2012.3.17. 〈생방송 심야토론: 탈북자 강제 북송 해법은?〉.

_____. 2012.4.8. 〈KBS 스페셜: 탈북 그 후, 어떤 코리안〉.

_____. 2012.12.2. 〈취재파일 4321: 난민을 보는 두 가지 시선〉.

KBS 2TV. 2012.8.15. 〈추적 60분: 탈남의 유혹, 외국 가실래요?〉.

제13장

북한 커뮤니케이션 네트워크 구조와 정보 이용 행태 연구

이호규 · 곽정래

1. 서론

북한의 김일성 정권 수립 이후 김정은 정권의 3대 세습에 이르기까지 북한 체제와 권력을 유지, 지속해온 중심에는 바로 북한 내부의 철저한 외부 세계에 대한 정보 유입 및 확산 차단, 북한 주민 간 상호 감시, 개인의 자유로운 정치적 의사소통에 대한 감시와 통제가 있었다. 하지만 1990년대 들어 소련 등 동구권 사회주의국가 붕괴 및 해체와 함께 중국의 본격적인 시장경제로의 개혁·개방이 체제 외적으로 북한을 고립적이고 어려운 상황에 직면하게 했다. 이러한 북한 외부의 변화와 함께 내부적으로는 1990년대 중반 이후 지속된 북한의 경제난과 국가 배급제 중단으로 대량 아사자와 탈북자가 발생했고, 이어 2011년 12월 갑작스러운 김정일 사망과 함께 김정은으로의 불안한 3대 권력 세습 등으로 인해 체제 유지의 근간인 사실상의 북한 주민 감시와 외부 세계로부터의 정보 유입 및 확산에 대한 감시와 통제가 매우 어려운 상황에 놓이게 되었다. 이 과정에서 북한 내부 구성원의 외부 세계에 대한 다양한 정보에의 비정상적 노출과 억압적이고 폐쇄적인 북한 사회에 대한 불만과 불신은 북한 당국의 사회 통제 시스템에 대한 커뮤니케이션 네트워크의 구조적 변화로 나타나는 상황이다.[1)]

최근까지 김정은의 3대 세습 과정에서 다양한 형태의 민심 표출과 사회적 일탈 현상이 발생하면서 북한 당국은 내부 체제를 확고히 하기 위해 공포정치의 일환으로 북한 주민의 외부 정보 이용에 대한 감시와 처벌을 더욱 강화하고 있다. 그럼에도 전반적인 북한의 현 상황은 외부 세계로부터의 정보 유입 및 유통에 대한 철저한 차단과 통제가 불가능한 가운데 다양한 비공식 정보 이용 채널과 커뮤니케이션 네트워크가 점진적으로 북한 내 여러 지역과 다양한 주민 계층으로 확장되는 상황이다.[2)]

특히 북한 당국이 북한 주민을 대상으로 한국과 미국, 일본 등에 대한 적대적인 비난과 선군 혁명 주창 및 체제 찬양과 고무 및 선전 선동의 반복적인 메시지 주입에도 불구하고 외부 정보에 대한 북한 주민들의 지속적인 수요 증가와 새로운 커뮤니케이션 네트워크를 통해 은밀하게 제공되는 정보공급 활동의 확장은 북한 당국이 공식적인 선전 커뮤니케이션 네트워크를 통해 제공하는 정보에 대한 북한 주민들의 불신을 간접적으로 반영하는 것

---

1) 강동완·박정란, 『한류, 북한을 흔들다: 남한 영상매체의 북한 유통경로와 주민 의식 변화』(늘품플러스, 2011); 김병로, 「탈북자 면접조사를 통해 본 북한사회의 변화」, ≪현대북한연구≫, 제15권 제1호(2012), 39~84쪽; 오양열, 「북한 내 외래문화 유입으로 인한 영향과 전망」, ≪플랫폼≫, 통권 26호(2011), 16~23쪽.

2) 강동완·박정란, 「남한영상매체의 북한 유통경로와 영향: 지역간·대인간 연결 구조 분석을 중심으로」, ≪통일정책연구≫, 제19권 제2호(2010), 107~140쪽; 권순철, "북한 전역에 한류가 활짝 피었습니다", ≪뉴스메이커≫, 744호(2007년 10월 9일 자); 김병로, 「탈북자 면접조사를 통해 본 북한사회의 변화」; 이주철, 「북한주민의 외부정보 수용 태도 변화」, ≪한국동북아논총≫, 통권 46집(2008), 233~252쪽; 이호규·곽정래, 『북한의 사회적 커뮤니케이션 구조와 미디어』(한국언론진흥재단, 2011).

으로 볼 수 있겠다. 북한 사회 내 새로운 커뮤니케이션 네트워크 형성과 정보 이용 채널 증가에 따른 외부 정보 유입과 확산은 중동과 아프리카 등의 장기 독재국가에서 발생한 사례와 마찬가지로 북한 정권의 사회통제와 체제 유지에 잠재적 불안 요인으로 작용할 가능성도 배제할 수 없다고 본다.

외형적으로 북한의 폐쇄적이고 고립적인 커뮤니케이션 환경에 별다른 변화가 나타나지 않은 것처럼 보이지만, 사실상 내부적으로는 이질적인 커뮤니케이션 네트워크 형성이 진행되고 있고,[3] 다양한 행위자에 의한 정보 이용 채널이 사적으로 은밀하게 구축됨으로써 새로운 커뮤니케이션 현상이 가시적으로 나타나고 있다.[4] 이러한 맥락에서 이 연구는 최근까지 북한 커뮤니케이션을 구성하는 다양한 행위자의 이질적인 정보 유통 및 확산 메커니즘이 형성한 새로운 비공식 커뮤니케이션 네트워크 구조와 양태를 탐색하고, 나아가 북한 사회 내 새롭게 형성된 비공식 커뮤니케이션 네트워크로 연결된 다양한 행위자들의 정보 이용 행태를 규명함으로써 북한의 새로운 사회적 커뮤니케이션 현상을 세부적인 차원에서 체계적으로 조망하고자 한다.

2. 북한의 커뮤니케이션 체계와 네트워크 이론

북한 공식 커뮤니케이션 체계의 구조적인 특징은 해롤드 라스웰(Herold Lasswell)[5]이 제시한 커뮤니케이션 이론체계모델(S-M-C-R-E)에 기대어 설명

3) 송태은, 「북한 커뮤니케이션 네트워크 이중구조와 북한정권의 커뮤니케이션 전략」, ≪통일문제연구≫, 통권 59호(2013), 213~255쪽.

4) 강동완·박정란, 『한류, 북한을 흔들다』; 이호규·곽정래, 『북한의 사회적 커뮤니케이션 구조와 미디어』.

5) H. D. Lasswell, "The Structure and Function of Communication in Society," in L.

할 수 있다. 다시 말해 북한의 공식 커뮤니케이션 구조는 중앙당인 조선로동당 지휘부(Sender/정보원)가 일방적인 내용의 지시나 명령(Message/ 콘텐츠)을 북한의 다양한 언론 매체(Channel/ 통로)를 통해 인민대중과 당원(Receiver/ 수용자)들에게 반복적으로 전달해 사상적으로 의식화하고 정치사업 등에 동원(Effect/ 효과)시키는 선전·선동(propaganda) 커뮤니케이션 체계의 특징을 갖는다고 할 수 있겠다.

북한의 공식 커뮤니케이션 네트워크로서 선전·선동 커뮤니케이션 네트워크 구조는 중앙당 지휘부가 외부 정보의 국내 유입과 내부 정보의 국외 유출 모두를 강력하게 차단하는 고립된 폐쇄형 네트워크의 특징을 갖고 있다. 외부 세계로부터의 정보 유입과 확산을 극단적으로 통제하고 북한 커뮤니케이션의 전 과정이 일괄적이고 유기적으로 관리·감독되는 시스템에서 당 선전선동부와 통일선전부가 네트워크의 중앙 허브(hub)로 위치하면서 북한의 공식 커뮤니케이션 체계로서 선전·선동 커뮤니케이션 네트워크를 관장하고 있다.

이러한 커뮤니케이션 네트워크 구조는 독립성을 갖지 못하는 하부 노드들이 위계적이고 폐쇄적인 형태로 중앙당이라는 하나의 중앙 허브에 연결되어 있는 형태를 띠고 있다. 다시 말해 정보 전달과 의사 결정 시스템이 권위적이고 일방향적인 것으로 중앙당의 일률적인 지시와 통제, 감독에 의해 주요 정치 기관들과 매체 기관들이 메시지와 정보를 생산해 발신하는 것으로 전체 커뮤니케이션 네트워크가 하나의 위계 조직이면서도 그와 동시에 단일한 하나의 행위자인 것처럼 작동하는 것이다. 이렇게 철저하고 위계적인 당의 통제 가운데 북한의 모든 언론 매체가 체제 선전, 사상 주입, 사회동

Bryson(ed.), *The communication of ideas* (New York: Institute of Religious and Social Studies, 1948).

〈그림 13-1〉 북한의 공식 커뮤니케이션 체계로서 선전·선동 커뮤니케이션 네트워크 구조

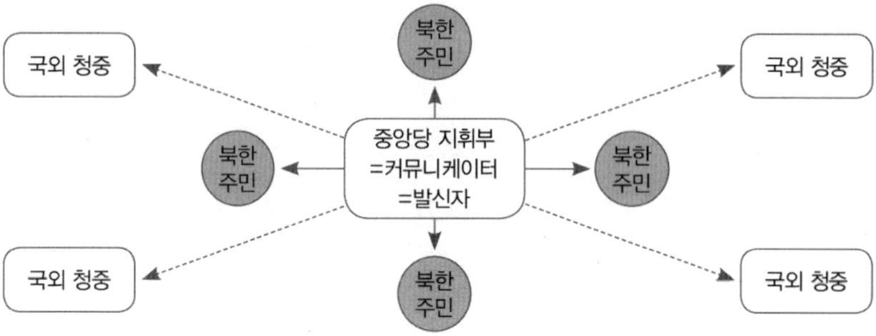

주: 발신자와 수신자 간 피드백은 매우 형식적이거나 거의 일어나지 않음.

원, 대외 선전 및 외교 수단으로 복무하기 때문에 이 글에서는 북한 당국 중심의 공식 커뮤니케이션 체계를 대내, 대남, 대외 선전·선동을 위한 커뮤니케이션 네트워크로 통칭한다.

북한의 경우, 커뮤니케이터이자 발신자인 중앙당 지휘부가 전달하는 정보는 마치 메가폰을 통해 다수의 사람들에게 하나의 메시지가 일방적으로 전달되는 것과 같이 북한 주민인 개인 청중이나 국외 청중에게는 전달되지만 이러한 청중이 중앙당 지휘부에 어떤 식으로든 의견을 전달할 채널은 부재하고 설사 전달된다고 해도 북한 주민이나 국외 청중의 의견은 중앙당 지휘부의 커뮤니케이션 정책 결정에 전혀 영향을 미치지 못한다. 북한의 공식 커뮤니케이션 체계에서 중앙당, 선전선동부, 통일전선부, 조선중앙방송위원회 등 메시지를 전달하는 발신자가 여럿일 경우에도 발신자 간의 위계적인 네트워크만 존재할 뿐이다.

제1차 세계대전 이후로 각국의 커뮤니케이션 행태에 대한 연구의 일환으로 수행된 대다수의 선전·선동에 대한 연구는 미디어에 의한 선전 활동이 사회 구성원들의 여론 형성에 미치는 영향의 수준이나 민주주의와 대중매

체 혹은 민주주의와 미디어 산업 간의 관계성을 규명하는 데 초점을 두어왔다.[6] 그러나 선전·선동 커뮤니케이션 네트워크 체계를 갖고 있는 북한은 현실적으로 앞에서 전제한 여론 형성이 불가능하고 미디어 산업도 존재하지 않는다. 무엇보다 북한의 공식 커뮤니케이션 네트워크 체계가 주요 사회현상에 대한 사실과 정보를 정확하고 적실하게 전달하는 기능보다는 당의 노선과 정책에 충실히 복무하는 위력한 수단으로서의 특징을 보이고 있다.[7]

1998년 에드워드 허먼(Edward Herman)과 놈 촘스키(Noam Chomsky)가 자본주의 사회의 미디어를 통한 뉴스 보도와 선전 활동을 설명하기 위해 제시한 개념을 2002년에 셸던 램튼(Sheldon Rampton)[8]이 좀 더 구체화해서 제시한 커뮤니케이션의 '선전 모델(propaganda model)'과 '민주 모델(democratic model)'은 북한의 복잡한 커뮤니케이션 체계를 설명해줄 수 있는 유용한 이론적 틀(frame)로 제시될 수 있겠다. 선전 모델은 커뮤니케이션 과정에서 메시지를 전달하는 커뮤니케이터와 전달받는 메시지에 계몽되는 표적 청중 혹은 목표 청중(target audience)을 전제하면서 청중은 비합리적이고 커뮤니케이터는 합리적이라고 간주한다. 반면에 민주 모델은 청중이 공공정책 결정 과정에 지적으로 의미 있는 참여를 수행할 능력이 있다고 간주한다.

램튼이 제시한 두 모델은 북한의 복잡한 커뮤니케이션 체계를 설명하는 유용한 틀로써 수직 하향(top-down) 혹은 일방향으로 메시지가 전달되는 북한 당국 주도의 선전·선동 커뮤니케이션 네트워크 방식과 다방향(multi-way) 혹은 수평적(horizontal)으로 소통되는 비공식 부문의 커뮤니케이션의

---

6) J. M. Sproule, *Propaganda and Democracy: The American Experience of Media and Mass Persuasion*(New York: Cambridge University Press, 1997).

7) 송태은, 「북한 커뮤니케이션 네트워크 이중구조와 북한정권의 커뮤니케이션 전략」.

8) S. Rampton, "Sludge, Bio Solids, and the Propaganda Model of Communication," *New Solution*, Vol. 12, No. 4(2002).

네트워크 작동 방식과 유사한 것으로 나타났다.[9]

북한 당국의 감독과 통제하에 있는 북한의 공식 커뮤니케이션 체계인 선전·선동 커뮤니케이션 네트워크는 북한 주민을 포함한 한국과 서구 주요 국가, 국제기구, 민간단체 등을 목표 청중으로 삼고 대내외 선전·선동 활동을 통해 이들을 계몽하고 설득하는 데 목표를 두고 있다. 반면에 북한 당국이 인정하는 범위에서의 합법적인 시장 활동 외에 북한 주민 간 외부 세계에 대한 정보교환이 불법적으로 은밀하게 이뤄지는 커뮤니케이션 행위는 무역업자, 상인, 밀거래자, 탈북자, 브로커 등 다양한 에이전시(agency)를 통해서 이뤄지는 비공식 커뮤니케이션 네트워크 구조로 나타나고 있다.[10] 북한의 비공식 커뮤니케이션 네트워크 구조에서 네트워크 간의 교량 역할을 하는 행위자로서 에이전시는 네트워크의 구조적 틈새 기능과 역할을 함께 수행한다.[11] 여기서 구조적 틈새(structural hole)란 한 사람이 다른 사람들과의 연계에서 중복되지 않고, 그 행위자를 통해서만 다른 사람들이 연계되는 위치를 의미한다. 북한의 비공식 커뮤니케이션 네트워크 간 교량 역할을 하는 다양한 에이전시의 구조적 틈새 기능은 램튼[12]이 제시한 커뮤니케이션의 민주 모델과 유사하게 정보나 메시지의 흐름이 쌍방향적이면서, 그와 동시에 수평적 커뮤니케이션 네트워크 성격을 띠고 있는 것으로 나타났다.[13]

그러나 앞서 제시된 자본주의를 바탕으로 한 민주주의 국가에서의 커뮤니케이션 방식을 설명하는 두 모델에 네트워크 이론의 핵심 개념들을 적용

---

9) 송태은, 「북한 커뮤니케이션 네트워크 이중구조와 북한정권의 커뮤니케이션 전략」, 227~241쪽.

10) 강동완·박정란, 『한류, 북한을 흔들다』.

11) 같은 책, 69쪽.

12) S. Rampton, "Sludge, Bio Solids, and the Propaganda Model of Communication."

13) 강동완·박정란, 『한류, 북한을 흔들다』, 64~72쪽.

하면 북한의 새로운 커뮤니케이션 네트워크 환경과 작동 방식을 이해하는 데 더 유용한 틀을 제공한다고 볼 수 있겠다. 로널드 버트(Ronald S. Burt)[14]가 제시한 네트워크 이론에 따르면 행위자의 속성(attribute)보다는 관계성(relations)이 사회적 인과관계를 가장 잘 설명하는 것으로 나타났다. 예컨대 선전 모델의 커뮤니케이션 네트워크에서 커뮤니케이터라는 중심 노드(core-node) 혹은 허브는 네트워크 내에서의 중심적인 위치를 차지하고 중요한 정보와 메시지를 생산하고 전달하는 'key-man'으로서의 권력을 갖는다고 볼 수 있다. 이러한 구조는 네트워크의 여러 형태 가운데 단(單)허브 커뮤니케이션 네트워크의 형태, 즉 중심에 있는 하나의 허브에 주변부 여러 개의 노드가 연결되어 있는 네트워크 형태를 취한다. 단허브 형태의 커뮤니케이션 네트워크 구조는 북한의 공식 커뮤니케이션 체계와 유사한 구조를 보인다.

한편 램튼[15]이 제시한 커뮤니케이션의 민주 모델과 유사하다고 할 수 있는 북한의 비공식 커뮤니케이션 네트워크 구조에서는 'key-man'으로서 권력자가 아닌 'agency'로서 '사이에 있는 자 혹은 매개(중개)하는 자'의 틈새 역할이 부각된다. 즉, 네트워크 간 교량 역할을 수행하는 에이전시 커뮤니케이션 네트워크(Agency Communication Network: ACN)에서는 어떤 개인이든 커뮤니케이션 과정에 참여할 수 있는데, 네트워크상에서 모든 행위자(actors)가 같은 위치에 있는 것은 아니므로 '매개자(agency)' 혹은 '중개자(broker)'가 정보나 메시지 유통에서 핵심적인 역할을 감당한다고 볼 수 있겠다. 북한의 비공식 커뮤니케이션 네트워크로서 ACN 구조는 북한의 공식 ACN 구조인 단허브의 형태가 아닌 다(多)허브형 커뮤니케이션 네트워크나 탈(脫)허브

14) R. S. Burt, *Toward a Structural Theory of Action: Network Models of Social Structure, Perception and Action*(San Francisco: Academic Press, 1982).

15) S. Rampton, "Sludge, Bio Solids, and the Propaganda Model of Communication."

형 커뮤니케이션 네트워크의 어느 수준에서 일정 형태로 나타날 것으로 예상할 수 있다.

개방적이고 열린 민주적인 커뮤니케이션 모델에 가까운 다허브형 커뮤니케이션 네트워크나 탈허브형 커뮤니케이션 네트워크와 같은 북한 사회 내 비공식 커뮤니케이션 네트워크로서 ACN이 지속적으로 확산된다면 장기적으로는 북한 당국의 선전·선동에 기반을 둔 공식 커뮤니케이션 체계에 대한 북한 주민의 불신과 불만 증가와 함께 북한 체제 위협 및 사회 일탈적 요소로 작용할 가능성도 배제할 수 없다고 생각된다.

3. 정보 이용의 사사화와 비공식 커뮤니케이션 네트워크 형성

북한 당국의 선전·선동에 기반을 둔 공식 커뮤니케이션 네트워크 구조는 지금까지도 외형상으로는 크게 달라지지 않아 보인다. 그러나 좀 더 내부적으로 세밀하게 들여다보면 북한 커뮤니케이션 네트워크 구조에 있어 근본적인 변화가 나타나고 있다. 철저하게 폐쇄적인 북한 당국의 일방적이고 수직적인 선전·선동 커뮤니케이션 네트워크 구조에서 생산되는 정보와 메시지에 대해 북한 주민 다수가 불신하는 정도가 높아지고 있다. 북한 당국의 철저한 감시와 통제에도 불구하고 북한 주민의 외부 세계에 대한 다양한 정보 이용 채널 증가와 함께 정보 이용과 커뮤니케이션에 대한 사적 추구 욕구도 높아지고 있는 상황이다.

북한 커뮤니케이션 네트워크 구조의 질적인 변화를 이해하기 위한 틀로서 알프레트 슐츠(Alfred Schutz)[16]의 사회적 커뮤니케이션 세계(The Social

---

16) A. Schutz, *The Phenomenology of the Social World*, trans. G. Walsh & F.

Communication World: SCW)라는 이론적 개념을 제시할 수 있겠다. SCW는 일상적 생활세계(life-world) 속에서 설정되고 개발되고, 사회적으로 공유되며, 전승되는 사회 성원들의 공동체적 커뮤니케이션 네트워크 공간이다. 기예르모 오도넬(Guillermo A. O'Donnell)[17]은 SCW를 수직적 구조(vertical structure)와 수평적 구조(horizontal structure)로 개념화했다. 이 이론적 개념에 기대어 그동안 북한 체제의 커뮤니케이션 체계를 정의하자면 선동·선전 체제에 기반을 둔 유일적 사회 커뮤니케이션 세계와 시스템을 갖는 구조라 할 수 있겠다. 그러나 최근의 북한 커뮤니케이션 구조는 수직적 구조의 커뮤니케이션 네트워크와 수평적 구조의 커뮤니케이션 네트워크가 공존하는 SCW를 형성하고 있다.

새로운 사회적 커뮤니케이션 세계가 형성되는 가운데 북한 사회 내 비공식 부문의 새로운 커뮤니케이션 네트워크 형성과 정보 이용 및 커뮤니케이션 욕구 상승은 북한의 대내외 환경 변화와 함께 북한 주민의 정보 이용 사사화(私事化, privatization)에 기인하는 측면이 크다고 볼 수 있다. 슈츠[18]는 사회적 커뮤니케이션 세계의 사사화에 대해 부정적 차원으로 논의하면서 사사화가 집단성, 사회성, 공동체적 지향성을 상실케 하고, 결과적으로 사회의 커뮤니케이션 양식의 개인화와 분절화를 촉발한다고 주장한다. 북한 커뮤니케이션 네트워크 구조는 기본적으로 당의 선전·선동 정책에 기반을 둔

Lehnert(Evanston, IL: Northwestern Univ. Press, 1967).

17) G. A. O'Donnell, "On the Fruitful Convergences of Hirschman's Exit, Voice, and Loyalty and Shifting Involvements: Reflections from the Recent Argentine Experience," In A. Foxley, M. S. McPherson and G. O'Donnell(eds.), *Development, Democracy, and the Art of Trespassing: Essays in Honor of Albert O. Hirschman* (Notre Dame, IN: Univ. of Notre Dame Press, 1986), pp. 249~268.

18) A. Schutz, *The Phenomenology of the Social World.*

수직적 커뮤니케이션 네트워크 구조를 갖는다. 최근 북한 사회의 커뮤니케이션 네트워크 구조는 형식적으로 선전·선동 커뮤니케이션 네트워크 구조 형태를 보이지만, 다른 한편으로 북한 주민 개인의 정보 이용 동기나 목적이 사익을 추구하기 위한 정보 이용 양태를 갖는 비공식 커뮤니케이션 네트워크로서 사적 커뮤니케이션 네트워크(Private Communication Network)가 형성되고 있다. 이러한 비공식 커뮤니케이션 네트워크로 연결된 사사화는 네트워크에 참여하는 행위자들의 정보 이용 사사화로 연결되는 경향을 나타내고 있다.[19)]

1990년대 이후 지속된 식량난과 경제난으로 그동안 사회주의 체제를 유지해주던 중앙 배급제가 붕괴되면서 북한 주민 스스로가 각자의 생존 문제를 해결해야 했고, 이 과정에서 북한 주민이 중국에 있는 친지 방문이나 생필품 밀거래를 위해 비법적으로 국경을 넘는 일이 잦아졌다. 이와 함께 북한 당국의 통제와 감시가 이완되면서 북한 내 지역 간 인적·물적 이동이 활발히 이루어졌고, 농민시장과 장마당 같은 자생적 시장이 점차 더 많은 지역으로 확대되어 식량 이외에 생필품을 비롯한 거래 품목이 다양해지면서 시장과 정보 의존도는 더욱 높아져왔다.[20)] 특히 북한과 중국의 인접 국경을 넘나드는 사람들과 북한 내 자생적 네트워크와 시장을 통해 외부 세계에 대

---

19) 강동완·박정란, 『한류, 북한을 흔들다』; 김병로 외, 『북한-중국 간 사회경제적 연결망의 형성과 구조』(서울대학교 통일평화연구소, 2008), 123~167쪽; 송태은, 「북한 커뮤니케이션 네트워크 이중구조와 북한정권의 커뮤니케이션 전략」; 이호규·곽정래, 『북한의 사회적 커뮤니케이션 구조와 미디어』.

20) 강동완·박정란, 「남한영상매체의 북한 유통경로와 영향」, 108~109쪽. 2002년 '7·1경제관리개선조치'와 그 후속 조치로 2003년 전국 시·군 단위 지역을 중심으로 기존 '농민시장'과 음성적으로 운영되어오던 '장마당'을 통합해 300여 개 이상의 '종합시장'이 개설되면서 본격적으로 다양한 외부 상품과 정보가 유입되었다.

한 다양한 정보와 문화가 급격하게 북한 주민에게 유입되어 확산되기 시작했다. 중국과 일본, 그리고 남한의 드라마나 영화 등 다양한 영상 매체와 콘텐츠가 담긴 저장 매체가 이러한 커뮤니케이션 네트워크를 통해 북한으로 유입되고, 이를 통해 이른바 '아랫동네(북한에서 남한을 일컫는 속어)'에 관한 다양한 소식과 정보가 북한 주민들 사이에 퍼졌다. '장마당'과 같은 시장 확대를 통한 남한 영상 매체의 비공식적 유통과 거래는 자연스럽게 북한 사회로의 외부 세계에 대한 정보 확산으로 이어졌다. 무엇보다 오랜 기간 폐쇄된 북한 사회주의 체제의 철저한 정보 통제 속에서 살아온 북한 주민에게 남한 드라마와 영화 등의 영상 콘텐츠는 외부 세계의 다양한 문화와 정보를 간접적으로 접하고 이해할 수 있는 인식과 안목의 창(窓)이 되었다.

북한과 중국 접경 지역, 특히 함경북도 지역은 다른 지역에 비해 중국으로 왕래하기가 쉬워 다양한 품목의 상품 밀거래와 남한 영상 매체의 유통 및 시청이 많이 이뤄져왔다.[21] 이는 1990년대 고난의 행군기에 북한 당국의 통제 이완과 사회적 일탈 증가로 인해 중국으로 오가는 것이 이전보다 훨씬 수월해지면서 남한 등 외부의 영상 매체가 대량으로 유입되었기 때문이다. 특히 이 지역의 경우는 중국산 일반 TV 수상기를 통해서도 남한 방송이 수신된다는 점은 기존 연구자나 일반 탈북자 증언을 통해서 밝혀진 사실이다.[22] 다양한 비공식 커뮤니케이션 네트워크 형성과 채널 구축을 통해 유입된 외부 영상 매체를 북한 주민들은 서로 은밀하게 돌려보거나 바꿔보고, 혹은 여러 명이 함께 모여 시청하는 것으로 나타났다.[23]

북한 커뮤니케이션 네트워크 구조 변화에서 대내적 요인인 북한의 극심

---

21) 김병로 외, 『북한-중국 간 사회경제적 연결망의 형성과 구조』, 160~163쪽.

22) 성숙희, 『북한이탈주민의 남한방송 수용』(커뮤니케이션북스, 2005); 이주철, 『북한 주민의 외부방송 수신』(KBS 남북교류협력단, 2007).

23) 강동완·박정란, 「남한영상매체의 북한 유통경로와 영향」, 37~43쪽.

한 식량난과 경제난으로 인한 중앙 배급제 붕괴는 북한 주민들로 하여금 새로운 커뮤니케이션 결정 구조를 선택하게 만들었다.[24] 북한 당국의 국가 공급제가 무너지자 배급제에 의존했던 주민들이 물적(유통) 커뮤니케이션 네트워크 기반인 장마당에 모여들어 사적 이윤을 취득하기 위해 돈이 되는 장사를 닥치는 대로 했다. 커뮤니케이션 네트워크의 물적 토대인 장마당에 각종 상인들이 등장했고, 북한 물자의 생산 기반인 기업소의 생산 자재도 장마당에 들어갔으며 구입 또한 장마당에 의존하게 되었다.[25]

북한 주민들은 시장에서 구입 또는 대여를 통해 입수한 외부 영상 매체를 시청한 후 가족, 친지, 동료 등 인적(대인간) 네트워크를 통해 함께 돌려보면서 상호 정보를 공유하는 것으로 나타났다.[26] 인적(대인간) 네트워크를 통해 외부 정보가 전파되는 과정은 첫째, 외부 영상 매체를 혼자만 보는 것이 아니라 친척이나 주변의 친한 친구 및 동료들과 서로 돌려보는 경우이다.[27] 북한 내 외부 정보가 전파되는 과정에서 또 다른 유형으로 친척이나 친구, 동료 이외에 주변의 이웃들에게 적극적으로 정보를 전달해 다수의 사람들이 네트워크를 형성하는 경우이다.[28] 이 경우 결속(tie)의 특징이 있는데, 먼저 특별한 중심성이 없이 서로가 일정하게 연계되어 있는 경우와 특정한 행

---

24) 이교덕 외, 『새터민 증언으로 본 북한의 변화』(통일연구원, 2007).

25) 김창희, 「북한사회의 시장화와 주민의 가치관 변화」, ≪한국동북아논총≫, 통권 52집(2009), 95쪽.

26) 강동완·박정란, 「남한영상매체의 북한 유통경로와 영향」, 124~125쪽.

27) 이러한 유형을 '외부 정보의 소극적 확장형'으로 명명했다. 즉, 소극적 확장형은 친척이나 친한 친구와 동료 등 소수의 사람들만이 연계되는 경우이다. 이러한 소극적 확장형은 정보가 급속히 확산될 수 있는 기본적 토대를 갖고 있다는 점에서 의미가 있다고 했다.

28) 강동완·박정란, 「남한영상매체의 북한 유통경로와 영향」에서는 이러한 유형을 '외부 정보의 적극적 확장형'으로 명명했다.

위자가 중심이 되어 주변의 이웃들에게 외부 정보를 권유하고 확산하는 경우로 나타났다.[29] 또한 외부 영상 매체를 대여하기 위해 주변의 이웃이나 친구들이 서로 돈을 모아 함께 시청하는 경우도 나타났다. 이 경우 역시 네트워크의 구심점 역할을 하는 중심적 행위자는 존재하지 않았다. 여기서 중요한 것은 네트워크 확산 범위와 속도의 측면에서 네트워크에 참여하는 주요 행위자가 친한 친구나 동료들이지만, 이들 가족이나 또 다른 친구를 데려오는 경우가 많기 때문에 네트워크 규모나 범위는 상대적으로 더욱 확산된다는 점이다.

4. 연구 문제 및 연구 방법

형식적으로는 북한의 공식 커뮤니케이션 네트워크 구조가 체제 유지에 충실히 복무하면서 지속적인 안정을 유지하는 것처럼 보이지만 사실상 내부적으로 북한 커뮤니케이션 네트워크 체계에 근본적인 변화들이 나타나고 있다. 외부에서의 다양한 정보 유입과 확산에 따른 북한 주민의 대내외 비공식 정보 이용 채널과 새로운 커뮤니케이션 네트워크 형성은 북한의 사회적 커뮤니케이션 세계를 구축하는 또 다른 축이 되고 있다. 북한 커뮤니케이션 체계의 새로운 변화의 축으로 비공식 커뮤니케이션 네트워크가 북한 사회에서 어떻게 형성되고 구조화되는지를 탐색하는 것은 북한의 사회적 커뮤니케이션 구조를 좀 더 현실적으로 직시하는 데 매우 유용할 것으로 생각된다.

북한 커뮤니케이션 네트워크 체계의 구조적 상황과 역동성에 대한 탐색

29) 같은 글, 128~129쪽.

은 앞서 이론적 배경에서 제시된 램튼[30]의 선전 모델과 민주 모델이 유용한 틀로 활용될 수 있다. 그러나 북한의 커뮤니케이션 체계 변화를 좀 더 구조적으로 설명하기 위해 자본주의 민주주의 국가에서의 커뮤니케이션 방식을 설명하는 램튼의 두 모델에 버트[31]의 네트워크 이론 핵심 개념들을 적용하는 것이 북한의 새로운 커뮤니케이션 네트워크 환경과 구조 및 작동 방식을 이해하는 데 더 유용하다고 볼 수 있다. 예컨대, 램튼의 선전 모델 커뮤니케이션 네트워크에서 커뮤니케이터는 네트워크상에서의 중심 노드를 차지하고 중요한 정보와 메시지를 전달하는 하부 노드로 전달하는 'key-man'으로서의 역할을 수행한다. 이러한 구조는 네트워크의 여러 형태 가운데 단허브 네트워크의 형태로 중심에 있는 하나의 허브 주변부에 여러 개의 노드가 연결되어 있는 일방적인 폐쇄형 네트워크 형태를 취한다. 단허브 형태의 커뮤니케이션 네트워크 구조는 북한의 공식 커뮤니케이션 네트워크 체계와 유사한 구조를 보인다.

반면에 민주 모델과 유사한 새로운 형태의 북한의 비공식 커뮤니케이션 네트워크는 중심 노드의 'key-man'으로서 권력자가 아닌 중간 노드, 즉 에이전시로서 '사이에 있는 자 혹은 매개(중개)하는 자'의 역할이 더 부각되는 ACN의 속성을 갖는다고 할 수 있다. 즉, ACN에서는 어떤 개인이든 커뮤니케이션 과정에 참여할 수 있는데, 네트워크상에서 모든 행위자가 같은 위치에 있는 것은 아니므로 '매개자' 혹은 '중개자'가 정보나 메시지 유통에서 핵심적인 노드 역할을 감당한다. ACN 구조는 북한의 공식 커뮤니케이션 네트워크 구조인 단허브 네트워크의 형태가 아닌 다허브형 네트워크나 탈허브형 네트워크의 어느 수준에서 일정 형태로 나타날 것으로 예상할 수 있다.

---

30) S. Rampton, "Sludge, Bio Solids, and the Propaganda Model of Communication."

31) R. S. Burt, *Toward a Structural Theory of Action.*

한편 북한의 커뮤니케이션 체계의 질적 변화를 설명하는 또 다른 이론적 틀로 슈츠[32]와 오도넬[33]이 제시한 SCW에서의 '사사화'라는 이론적 개념을 가지고 북한 주민의 정보 이용 행태를 설명할 수 있겠다. 북한 당국의 선전·선동에 기반을 둔 공식 커뮤니케이션 체계는 형식적으로 유지되면서 북한 사회 내 새로운 커뮤니케이션 네트워크가 아래로부터 비공식적으로 형성되면서 북한 주민의 정보 이용에 대한 욕구와 행태가 달라지고 있다.[34] 커뮤니케이션 기술 발전에 따른 비공식 대북 커뮤니케이션 매체와 채널이 증가하고 있고, 북한 주민의 외부 세계에 대한 정보 수요가 개인의 다양한 이유와 목적으로 증가하고 있는 상황이다.[35]

이러한 맥락에서 이 연구는 램튼이 제시한 두 모델에 입각해 버트의 네트워크 이론을 확장/적용해 북한 커뮤니케이션 체계에서의 비공식 커뮤니케이션 네트워크 구조화를 탐색하고, 나아가 새롭게 형성된 북한 내 비공식 커뮤니케이션 네트워크로 연결된 행위자들의 정보 이용 행태를 규명하고자 다음과 같은 연구 문제를 설정했다. 첫째, 북한의 커뮤니케이션 체계에서 새롭게 등장한 비공식 커뮤니케이션 네트워크가 어떠한 구조와 양상을 나타내는지, 둘째, 북한 사회 내 새롭게 형성된 비공식 커뮤니케이션 네트워크로 연결된 행위자들의 정보 이용 사사화는 어떠한 결과로 나타나는가이다.

---

32) A. Schutz, *The Phenomenology of the Social World*.

33) G. A. O'Donnell, "On the Fruitful Convergences of Hirschman's Exit, Voice, and Loyalty and Shifting Involvements."

34) 강동완·박정란, 「남한영상매체의 북한 유통경로와 영향」; 이교덕 외, 『새터민 증언으로 본 북한의 변화』; 이주철, 「북한주민의 외부정보 수용 태도 변화」; 윤선희, 「북한 청소년의 한류 읽기: 미디어수용에 나타난 문화 정체성과 사회 변화」, ≪한국언론학보≫, 제55권 제1호(2011), 435~460쪽.

35) 이주철, 「북한주민의 외부정보 수용 태도 변화」; 윤선희, 「북한 청소년의 한류 읽기: 미디어수용에 나타난 문화 정체성과 사회 변화」.

이 연구가 설정한 두 가지 연구 문제를 규명하기 위해 문헌 연구와 더불어 문화 기술적 연구 방법 가운데 하나인 심층 면접법(In-depth Interview)을 주요 연구 방법으로 사용했다. 로버트 버거스(Robert G. Burgress)[36]는 인터뷰가 이뤄지는 상황, 부여된 문제의 종류, 데이터가 기록되는 방식이 심층 면접 방법론에서 중요한 요소라고 지적했다. 심층 면접 대상자들의 거주지와 활동지가 중국, 북한, 한국 등 다양하게 걸쳐 있는 관계로 연구자가 제보자로부터 연구 주제와 관련된 정보를 얻기 위해 대상자들과 이메일, 전화, 직접 면담 등을 통해 '목적 지향적 인터뷰'를 진행했다. 이메일과 전화, 직접 면담 등을 통한 '목적 지향적 인터뷰'는 버거스가 심층 면접 방법론으로 중요하게 지적했던 요소를 충족하기 위한 방법으로 연구자가 관찰할 수 없는 과거의 사건이나 현재의 상황, 그리고 접근 불가하거나 이해할 수 없는 관찰 내용, 또는 관찰만으로는 도저히 알 수 없는 제보자의 생각, 의도, 감정 등에 대해 파악하고자 할 때 유용하다. 특히 이 같은 연구 방법은 제보자가 가지고 있는 전문적인 지식 또는 특정 영역이나 지역에서 관찰하고 경험한 활동 내용과 지식을 연구자가 간접적이지만 구체적으로 확보할 수 있다는 장점이 있다. 현재로써 그 누구도 접근 불가한 북한이라는 특수한 지역의 사회적 커뮤니케이션 구조 변화를 연구자가 새로운 차원에서 구체적으로 탐색할 목적으로 사용한 '목적 지향적 인터뷰' 방식은 반구조화된 질문지를 토대로 면접 대상자의 동의하에 내용 기록과 녹음을 병행해 진행했다.

인터뷰 대상자를 대상으로 실시된 반구조화된 질문지는 리처드 크루거(Richard A. Krueger)와 메리 앤 케이시(Mary Anne Casey)[37]가 제시한 인터

---

36) R. G. Burgress, *In the Field: An Introduction to Field Research*(Boston: George Allen & Uwin, 1985).

37) R. A. Krueger & M. A. Casey, *Focus Groups*, 3rd ed.(Thousand Oaks, London, New Delhi: Sage Publications Inc., 2000).

뷰 질문지를 만드는 순서에 따라 작성했다. 즉, 연구 목적과 주제에 맞는 대상자 질문에 대한 브레인스토밍, 질문 기술하기, 질문 배열하기, 타인에게 질문에 대한 피드백 받아보기, 타인에게 질문하기 등이다. 이러한 인터뷰 지침에 따라 질문지는 구체적으로 북한의 공식 커뮤니케이션 채널 현황과 구조, 비공식 커뮤니케이션 네트워크 현황과 구조, 북한 주민의 정보 이용 행태와 동기, 북한 주민의 대내외 정보 이용에 따른 인식과 태도 변화 등 크게 네 가지 유형으로 반구조화해 작성했다. 그러나 인터뷰 지침서에 제시된 질문들은 연구의 방향을 제시하는 것으로 인터뷰 참여자 모두에게 준비된 항목을 똑같은 방식으로 질문하지는 않았다. 인터뷰를 하는 과정에서 인터뷰 참여자가 준비한 지침서에서 고려하지 않았던 문제를 이야기했을 때는 그것에 대해 추가적인 질문을 했고, 인터뷰 참여자가 많이 언급하는 주제에 대해서는 좀 더 많은 시간을 할애해 대화를 진행했다. 인터뷰는 2011년 4월부터 6월까지 대상자의 거주 지역과 활동 지역을 고려해 대상자별로 한 차례 혹은 두 차례에 걸쳐 실시했다.

이 연구의 심층 면접 대상의 구체적인 선정 기준과 대상자는 북한 커뮤니케이션 체계와 네트워크 구조, 그리고 북한의 주요 언론 매체 및 미디어 시스템에 전문가적 식견을 가지고 있는 국내외 대북 전문가, 북한의 주요 지역을 사업 목적 등으로 드나들면서 북한 주민의 정보 이용 행태와 북한 사회의 커뮤니케이션 상황에 대한 실제적이고 다양한 정보와 식견을 가지고 있는 대북 활동가, 마지막으로 북한 출신으로 북한의 언론기관 및 사회 교육 기관에 종사한 경험이 있고, 북한의 여러 지역에 정보원이 있는 북한이탈주민 출신으로 현재 북한 주민을 상대로 다양한 정보 생산과 유통 활동을 하고 있는 사람들을 대상으로 했다. 실제 인터뷰를 진행한 총 인원은 13명으로 NGO로 활동 중인 중국 거주자 및 북한 출신 탈북민 전문가, 국내 전문가 등이다.

5. 북한의 비공식 커뮤니케이션 네트워크 구조와 확산 모형

북한의 커뮤니케이션 체계는 공식적으로 북한 당국의 선전·선동에 기반을 둔 커뮤니케이션 네트워크 구조와 새롭게 형성된 비공식 부문의 커뮤니케이션 네트워크 구조로 형성되어 있다. 북한의 공식 커뮤니케이션 체계로서 선전·선동 커뮤니케이션 네트워크와 달리 비공식 커뮤니케이션 네트워크로서 ACN은 누구든지 커뮤니케이션 참여 과정에 제한을 받지 않고, 네트워크상에서 모든 행위자가 같은 위치에 있는 것은 아니므로 매개자 혹은 중개자가 정보나 메시지 유통에 핵심적인 역할을 수행한다. 예컨대, 북한과 중국의 접경 지역과 북한의 장마당에서 외부 세계에 대한 정보와 메시지를 유통시키는 북·중 무역 상인, 밀수업자, 무역 간부들이 바로 그러한 중개자이다. 또한 탈북 시도를 돕고 탈북자와 북한 내 가족과 친지 간 연결 고리 역할을 하면서 북한과 중국을 드나드는 탈북 브로커들이나 북한과 인접한 중국 접경 지역 등지에서 비밀리에 활동하는 북한 인권단체들도 일종의 에이전시로서 북한의 초국가 행위자 중심의 ACN 부문을 구성하는 주요 행위자들이다.

북한의 비공식 커뮤니케이션 네트워크로서 ACN 구조는 단허브 형태인 공식 커뮤니케이션 네트워크로서 선전·선동 커뮤니케이션 네트워크와는 다르게 다허브형 네트워크와 탈허브형 네트워크의 중간 형태를 띠고 있다. 전자의 모델에서는 여러 비슷한 규모의 허브들이 하위의 위성 노드군을 거느리는데, 각 노드는 자신이 속한 허브를 가로질러 다른 허브가 거느리는 노드군과 직접적인 연결을 시도하기 힘들다. 반면에 후자의 모델은 네트워크의 모든 노드가 직접 다른 노드군과 연결될 수 있고 양방향 커뮤니케이션이 가능하다. 〈그림 13-2〉는 북한의 비공식 커뮤니케이션 네트워크로서 초국가 행위자 중심의 ACN을 가상적으로 도식화한 것으로 〈그림 13-1〉에 제시된

<그림 13-2> 초국가 행위자 중심의 ACN 구조

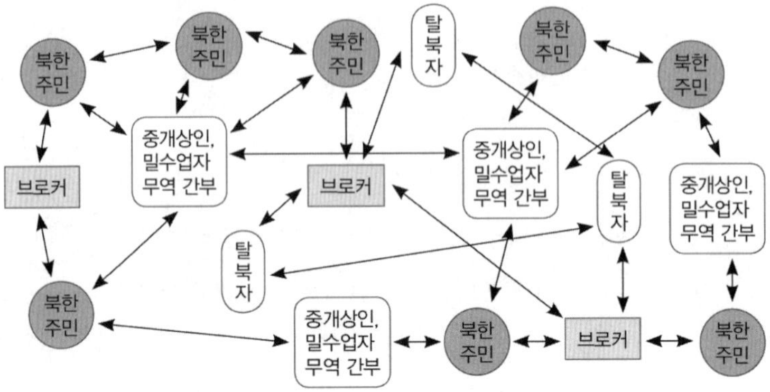

선전·선동 커뮤니케이션 네트워크 구조와 상당히 다른 네트워크 구조를 보여 주고 있다.

북한의 비공식 커뮤니케이션 네트워크 구조 모형으로 ACN에서 북·중 무역 상인, 밀수업자, 무역 간부 등의 중개상이나 브로커들은 그들이 제공하는 물품과 정보를 획득하려는 일련의 북한 주민 노드군을 거느리고 있지만, 북한 당국의 외부 정보 유통망에 대한 감시와 제재로 인해 북한 주민이 다른 중개자와 브로커의 연결, 북한 주민 간의 연결 역시 쉽지가 않아 램튼의 두 커뮤니케이션 네트워크 모델의 중간 형태로 작동하고 있다고 볼 수 있다. 이러한 중간 형태의 발신자인 상인, 밀수꾼, 무역업자, 브로커들과 수신자들인 북한 주민 간의 커뮤니케이션 네트워크는 쌍방향적이고 위성 노드 간의 그리고 각 허브 간의 관계도 쌍방향적이다. 또한 탈북자들의 경우 브로커들을 통해 북한 내에 거주하는 가족과 친척들과 연결되는 것으로 나타났다.

사례자 A: 1990년대 이후 심각한 식량난으로 인해 식량을 구하기 위해 북한 내 지역은 물론 국경을 넘는 일이 잦아지면서 탈북자가 급속히 늘어났고, 이들을 통한 정보의 전달 및 확산이 이뤄지면서 하나의 완전한 정보 커뮤니케이션 네트워크 시스템이 자연 발생적으로 형성되었다.

사례자 C: 북한과 중국을 정기적으로 왕래하는 무역 일꾼들과 방문자(친척 및 공무, 유학 등)들에 의해 한국 영화나 드라마 알판, DVD를 가져가 중간 판매자에게 팔면 중간 관리자는 다량 복사해 비밀리에 북한 전역의 주민을 대상으로 판매하고 있다.

사례자 E: 중국 조선족 친족을 방문해 머무르는 동안 북한 주민들 가운데 일부는 국경 지역에 있는 많은 선교사들에 의해 성경 소책자, 소형 라디오, MP3, USB, 생필품 등을 지원받아 북한으로 돌아간다.

사례자 G: 남한으로 입국한 탈북자는 북한 정보를 외부로 나르는 가장 중요한 통로가 되었고 이들 뒤에는 중국(화교도 포함) 장사꾼들의 네트워크가 가장 중요한 역할을 하고 있다.

사례자 H: 조선에서 태어난 조선 화교들이 중국 국경 지역에 8000~1만 명 정도 상주하고 있고, 이들이 조선에 들어갈 때 대량으로 여러 가지 생활필수품, 한국 물건, 중국에서 발행하는 한국 소식지 또는 광고 전단 등을 가지고 들어간다.

북한 커뮤니케이션 네트워크 구조는 각각의 행위자 노드 차원에서의 이질적이고 차별화된 상호작용으로 인해 상당히 불안정한 형태를 띠고 있다. 특히 북한의 비공식 커뮤니케이션 네트워크로서 ACN에서의 행위자 간 커뮤니케이션 패턴은 북한 당국의 감시와 처벌 강도 혹은 북한의 경제적 여건에 따라 불규칙적 혹은 불연속적인 양상을 보이면서 네트워크 전체의 형태 또한 계속 변화하는 과정 가운데 놓이게 될 가능성이 커 보인다.

북한의 비공식 커뮤니케이션 네트워크 구조 모형인 ACN 구조의 유형은 〈그림 13-3〉과 같이 두 가지 형태로 나타났다. 우선은 네트워크 간 연결 행

〈그림 13-3〉 북한 사회 내 에이전시 커뮤니케이션 네트워크(ACN) 구조 유형

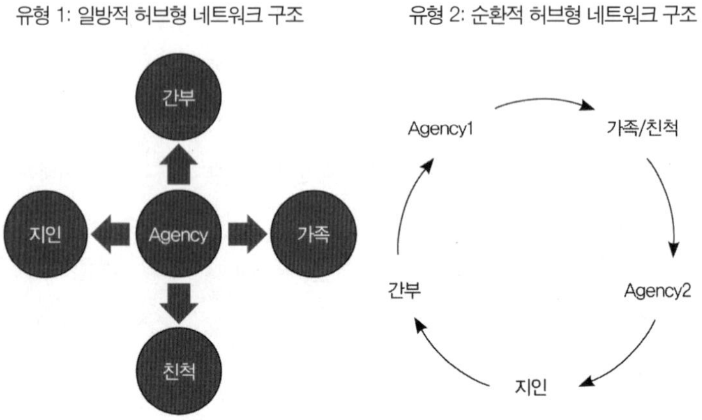

위자인 다양한 에이전시들이 가장 신뢰할 수 있는 노드들과의 일방적 커뮤니케이션 네트워크를 갖는 구조 유형이다(유형 1). 이러한 네트워크 구조는 수평적인 네트워크 구조를 보여주면서도 그와 동시에 폐쇄적이고 소극적 커뮤니케이션 네트워크 구조도 함께 보여주고 있다. 또 다른 ACN 유형인 순환형 커뮤니케이션 네트워크는 다수의 행위자가 신뢰와 결속을 통해 커뮤니케이션 네트워크의 순환 구조를 갖는 것으로 나타났다(유형 2). 이러한 커뮤니케이션 네트워크 유형은 상당히 개방적이고 적극적인 커뮤니케이션 네트워크의 속성을 보이고 있다.

사례자 E: 믿을 만한 친구나 지인, 친척, 가족만 집과 같은 특정 장소에 와서 외부에서 들여온 물품이나 영상물을 함께 보자고 권유한다.

사례자 G: 아무리 친한 친구나 친척, 아니 가족이라 해도 선뜻 그것에 대해 말하기가 어렵다. 우선 서로 신뢰해야 되고, 동감이 되어야 한다. 외부 정보에 대한 내용물을 듣거나 함께 봄으로써 북한 사회에 대한 모순을 알고 서로 얘기할

정도로 뜻이 통해야 한다.

사례자 I: 한 인민반은 20가호인데 이 가운데 4~6가구가 서로 명절에 정을 나눌 만큼 가깝게 지냈다. 이들과 함께 서로 모여서 외부 정보(영화나 드라마 등)를 함께 보기도 하고, 서로 돌려보기도 한다.

북한 당국은 비공식 커뮤니케이션 채널로서 ACN이 북한 주민들의 의식에 미치는 영향을 우려해 잦은 검열과 단속을 하고 있지만, 검열 시에는 내부자가 이를 미리 알려주어 단속에 대처하도록 한다. 또한 적발 시에도 어느 정도는 뇌물을 통해 무마할 수 있기 때문에 통제의 효과가 그리 크지 못하다.[38] 북한 당국의 강압과 통제로 외부 세계로부터의 정보 유입과 확산에 한계가 컸을 것이라는 점도 인정하지만, 오히려 당국의 통제로 인해 북한 주민의 호기심을 촉발하고 희소 정보를 독점할 수 있다는 인식이 생긴 점 등이 ACN이 확산되는 촉매제로 작용했다는 점을 간과할 수 없다. 그동안 북한 당국의 통제로 외부 정보에 접근하지 못하고 일방적으로 주입되는 정보만 받아온 북한 주민들로서는 비공식 커뮤니케이션 네트워크를 통해 한국을 포함한 외부 세계의 새로운 면을 볼 수 있게 되었다.

북한의 비공식 커뮤니케이션 네트워크 구조로서 ACN을 통한 외부 정보의 북한 내 확산 구조는 다층적이고 가변적이며 은밀하면서도 조직적으로 이루어지는 것으로 나타났다. 북한 사회 내 지역 간, 대인 간 비공식 커뮤니케이션 네트워크의 형성은 외부 정보가 네트워크 참여자에게 유통되고 확산되는 과정을 통해 이뤄지고 있다. 그러나 북한 당국의 비공식 커뮤니케이션에 대한 엄중한 감시와 혹독한 처벌이 ACN 형성과 확산에 있어 불규칙적이고 불연속적인 양상을 초래하고, 이로 인해 외부 정보의 북한 내 유입과

38) 이교덕 외, 『새터민 증언으로 본 북한의 변화』, 116쪽.

〈그림 13-4〉 ACN을 위한 외부 정보의 북한 내 확산 구조

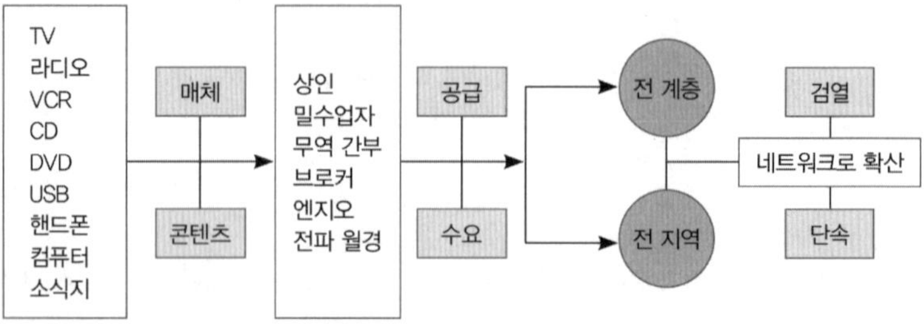

확산은 어느 정도 한계를 보이고 있다.

사례자 A: 2005~2006년부터 한국 영화나 드라마 혹은 여러 가지 생활필수품과 함께 중국에서 발행하는 한국 소식지 또는 광고 전단 등이 상인이나 무역 간부들을 통해서 북한에 많이 들어갔다.

사례자 E: CD, DVD, USB, MP4 등 정보 매체가 북한을 왕래하는 상인들에 의해 밀수로 들어가기 시작했다. … 전파 문화(알CD, 드라마, 영화)는 이미 북한 사회에 마약처럼 번져 가고 있다.

사례자 G: 개성을 비롯한 해주 인근까지 안테나 방향을 잘 잡으면 한국 방송이 나오고 있다. 지위 고하를 막론하고 남조선 방송을 본다. 특히 접경 지역은 갈수록 남한 텔레비전 방송에 대해 북한 주민의 신뢰도가 확산되고 있다.

사례자 K: 북한은 핸드폰, 인편(조선족을 통한 외부 정보 유입), 외화벌이 출신들의 정보 채널들을 통해 다수의 중요한 대외 정보를 받아들이고 북한 사회와 비교하게 되었다. 이를 통해 다수의 정보 접촉자는 북한 사회와 지도자에 대한 불만과 불신이 커지고 있다.

이들이 은폐된 방식으로 거래하고 판매하는 외부 정보는 북한 당국의 엄

격한 감시와 통제하에 놓여 있으므로 이들은 시장 거래의 이윤 축적을 통해 자신들의 가시적인 정치권력을 도모하기 힘들고, 바로 그러한 정치적 제약으로 인해 상인들의 중개자로서의 역할이 더욱 강화되고 있다.

> 사례자 B: 북한 당국은 5호담당제, 생활총화, 군부대, 보위부 등 가능한 자원을 총동원해 사상 이념 무장과 함께 외부 정보와 문화 유입에 대해 감시와 통제를 하고 있다. 그럼에도 중개자나 브로커, 밀수업자에 의해 상품이나 외부 정보 콘텐츠가 북한 내부로 들어갈 수 있도록 국경 경비대와 같은 카바꾼이나 혹은 밀수된 물품이 목적지까지 잘 도착할 수 있도록 뒤를 봐주는 역할을 적위대와 순찰대가 하고 있다.
>
> 사례자 I: 북한에서 한국 드라마 보는 것은 과거나 지금이나 가장 최고의 악재로 보기 때문에 두 차례에 걸쳐(정확히 기억은 나지 않습니다만) 당적인 조치를 취했다. 단속 통제는 주기적으로 북한에서 하는 것이고, 통제는 계속 강화되고 있다. 설령 북한 당국의 검열에 적발되더라도 솔직히 돈만 있으면 풀려난다. 특히 단속원이 1명일 때는 돈만 주면 거의 풀려난다.

6. 비공식 커뮤니케이션 네트워크를 통한 정보 이용의 사사화

슐츠와 오도넬이 이론적으로 제시한 사회적 커뮤니케이션 세계의 '수직적 구조'는 사회구성원 간의 관계가 상/하, 지배/복속, 권위/추종, 중심/주변의 관계로 위계적으로 조직화되고, 권력적으로 구조화된 사회질서에 대응하는 사회적 커뮤니케이션의 축이다. 반면에 '수평적 구조'는 사회 구성원들이 타인과 관계 맺는 방식에 있어 사회적 동시대인(contemporaries)이거나 동료(fellow-men) 또는 우리(we)로서 만나는 수평적인 사회질서 속에서 발생하는 커뮤니케이션 축이다. 북한 커뮤니케이션 체계는 당을 중심으로 하는 수직적 구조의 사회적 커뮤니케이션 세계가 이뤄져 왔으나, 최근에는 수직적 커뮤니케이션 구조와 함께 수평적 커뮤니케이션 구조가 양립하는 사회적 커뮤니케이션 세계를 이루고 있는 것으로 나타났다. 수평적 커뮤니케이션 구조로서 비공식 커뮤니케이션 네트워크의 형성과 지속적인 확장은 북한의 공식 커뮤니케이션 네트워크 중심의 단일한 사회적 커뮤니케이션 세계를 약화시키는 요인이 되고 있다. 이러한 현상은 곧 비공식 커뮤니케이션 네트워크로 연결된 행위자의 정보 이용 사사화와 연결되어 있다.

비공식 네트워크로 연결된 행위자들의 정보 이용 사사화는 북한 사회 내 개개인의 비공식 커뮤니케이션 망을 확장시키고, 북한 주민의 사회적 커뮤니케이션 세계의 참여 양식에 대한 질적 변동을 가져왔고, 마지막으로 북한 사회의 하위 부분 사이를 매개하는 지역 간, 부문 간, 영역 간 커뮤니케이션 네트워크를 촉진하는 결과를 가져왔다. 첫째, 북한 당국의 감시와 통제를 받는 밀무역 상품과 외부 정보 콘텐츠의 유통과 소비는 은밀히 비공식 커뮤니케이션 채널과 네트워크를 통해서 이뤄지고 있는 것으로 나타났다.[39] 합법적인 물품은 공식 채널을 통해서 북한으로 들어와 정상적으로 시장에서 판매되지만, 북한 내 시장에서 거래되는 상당수의 물품과 외부 정보 콘텐츠 등은 비공식 커뮤니케이션 네트워크를 통해 수요가 있는 북한 주민들에게 전달되어 소비된다. 즉, 북한으로 유입이 허락되지 않는 물품과 외부 정보 콘텐츠의 유입은 비공식 커뮤니케이션 네트워크인 ACN을 통해 이뤄지고 있다.

사례자 A: 도 보위부 간부 아내가 영화나 드라마 제목을 알려주고 그것을 가져

---

39) 강동완·박정란, 「남한영상매체의 북한 유통경로와 영향」, 44~53쪽.

오라고 시킨다. … 도 보위부 간부는 그 물건을 가지고 함경북도나 평양에 있는 간부 아내들에게 다시 판매를 한다. 이들은 자기들끼리 다 선이 닿아 있다. 절대 같은 지역에서는 안 팔고 다른 도, 특히 평양에 많이 판매한다.

사례자 K: 정치적인 드라마나 영화 같은 경우는 서로 바꿔보는 게 많아요. 내가 이게 있다 넌 뭐 있냐. 그렇게 해서 서로 교류가 일어나고 요즘 대학생이나 젊은 애들은 VCD보다 MP4 플레이어 그다음에 USB, 동영상 파일을 가지고 컴퓨터로 보니깐 그런 걸 서로 바꿔보고, 그래서 이제 상대방이 내가 안 가진 뭔가 있는지에 대해서 알아야 교환이 가능하고요. … 그래서 그런 걸 통해서 서로 교류가 일어나고 또 어떤 경우에는 친구들이 같이 모여 보는 경우도 종종 있기 때문에 외부의 미디어가 북한 사람 사이의 사회·문화적 교류, 일종의 끼리끼리 모여서 보니깐 동질감을 느끼게 해주는 그런 매개가 되는 것 같아요.

둘째, 정보 이용의 사사화가 진행되고 있는 북한의 사회적 커뮤니케이션 세계에서 유통되는 커뮤니케이션 내용으로 개인적·가족적·물질적·즉시적인 것들이 지배적이고, 국가 사회적·정치적·공동체적·장기적 관련성을 갖는 것들은 자취를 감추고 있다. 예컨대, 대내적으로 국가 배급제 붕괴로 인한 북한 주민의 생존을 보장해주지 못하는 상황에서 개인이 생존을 위해 물품을 판매하거나 가족 구성원의 필요 혹은 개인적 선호에 의해 외부 세계로부터의 정보를 이용하는 경우이다.

사례자 B: 중국에서 딸보(금, 은, 동)를 밀수해서 돈을 벌었다고 한다. CDR(녹화기)은 시기와 상관없고 무엇보다 큰돈을 벌 수 있는 품목이라고 전해 들었다. CDR이 장사가 되면 중국에 전화를 해서 구해달라고 요청했다고 한다. 대략 100~200개 정도 가져야만 수지가 맞는다고 했다.

사례자 G: 컴퓨터를 엄청 선호한다. USB, VCR, CD를 볼 수 있기 때문이다. 한국 컴퓨터만 아니면 북한에서도 컴퓨터를 쓸 수 있기 때문이다. 우리 돈으로 60~70만 원짜리를 북한 가서 팔면 2배 이상 돈을 남긴다고 한다.

마지막으로 새로운 커뮤니케이션 네트워크에 연결된 행위자의 정보 이용 사사화는 북한 사회의 각 하위 부문을 매개하는 커뮤니케이션 네트워크를 촉진하는 결과를 가져왔다. 예컨대, 비공식 커뮤니케이션 네트워크에 참여하는 행위자들의 성별, 직업, 나이, 출신, 지역, 계급, 성분 등이 다양하고, 이들이 수평적으로 연계되어 개인의 사익을 추구하기 위해 정보를 이용하고 유통한다는 것이다.

사례자 C: 북한과 중국을 정기적으로 왕래하는 무역 일꾼들과 방문자(친척 및 공무, 유학 등)들에 의해 한국 영화나 드라마 알판, DVD를 가져가 중간 판매자에게 팔면 중간 관리자는 다량 복사해 비밀리에 북한 주민을 대상으로 판매하고 있다.
사례자 I: 외국에 드나드는 사람은 대부분이 행정간부들이다. 이들 행정간부들은 도인민위원회와 무역가, 혹은 수출동원사업소에 소속되어 중국을 드나드는데, 이때 보고들은 외부정보에 대해 북한으로 돌아와 가까운 가족이나 친구들에게 얘기를 한다.
사례자 K: 중국으로 출장 나온 사람들과 여행하는 사람들 숫자가 적어도 1년에 몇만 명은 될 거다. 중국에 상주하는 사람들 중에 무역 일꾼이나 기관원이나 유학생들도 1000명은 넘을 거다. 또한 대사관, 영사관에 주재하는 주재원이나 기관원, 보위부 사람들도 꽤 된다. 이런 사람들 가족들도 있다. 게다가 밀무역하는 사람들도 많다. 뭐 이런 저런 사람들 해서 못해도 몇 만이 중국과 북한을 왕래하면서 외부 정보를 북한 내부로 확산시키는 통로 역할을 하지 않을까 생각한다.

북한의 선전·선동에 기반을 둔 공식 커뮤니케이션 네트워크 이외에 비공식 커뮤니케이션 네트워크가 지속적으로 확장되면 이러한 비공식 커뮤니케이션 네트워크의 효용성이 공식 커뮤니케이션 네트워크의 그것을 대체하거나 능가하게 되어 커뮤니케이션 네트워크의 이중화와 네트워크 효용성의 역전 현상이 발생할 가능성이 있다. 북한 사회의 커뮤니케이션 네트워크 이중화는 그 자체로 공식 커뮤니케이션 채널의 왜소화와 공신력의 삭감을 초래할 것이다. 북한의 공식 커뮤니케이션 네트워크에 의해 전달되는 사회적 정보는 대개 공식적·표피적·일차적·일반적인 것들에 머문다. 이에 반해 좀 더 은밀하고 심층적이며 핵심적인 정보는 비공식 커뮤니케이션 네트워크를 통해 비밀리에 유통될 가능성이 높다. 따라서 북한의 사회적 커뮤니케이션 네트워크 이중화는 사회적 정보 체계의 이중화로 연결될 가능성이 있다.

7. 결론

북한의 커뮤니케이션 구조는 단일 형태의 커뮤니케이션 네트워크 구조에서 비공식 커뮤니케이션 네트워크의 새로운 등장으로 상호 이질적이고 복합적인 형태의 커뮤니케이션 네트워크 구조를 갖는 사회적 커뮤니케이션 체계로 진행되고 있다. 다시 말해 북한의 사회적 커뮤니케이션 구조는 미시적이지만 감시와 통제의 사회적 환경 속에서도 은밀하게 자생적인 필요에 의해 새로운 비공식 커뮤니케이션 네트워크가 형성되고 확장되는 과정에 있다. 외형적으로는 선전·선동에 기반을 둔 공식 커뮤니케이션 네트워크 구조가 중심축이 되어 북한 관영 매체 등이 체제와 정권 유지의 수단으로서 충성스럽게 복무하고 있지만, 내부적으로는 외부 정보에 대한 북한 주민들의 지속적인 수요 증가와 함께 새로운 커뮤니케이션 네트워크를 통한 다양한 정보의 이용과 유통이 지역과 계층을 넘어 확장되고 있다. 특히 폐쇄적이고 억압된 북한 커뮤니케이션 체계에서의 정보 이용 파급력을 감안할 때 체제와 북한 정권에 대한 북한 주민의 불만과 불신 확대가 사회불안 요소로 작용할 가능성도 배제하지 못하는 상황이다. 다양한 비공식 정보 이용 채널과 커뮤니케이션 네트워크는 북한 사회 내 다양한 계층과 지위, 지역에 상관없이 북한 전역에 걸쳐 형성·구축되어왔고, 이렇게 구조화된 비공식 커뮤니케이션 네트워크를 통해 유입되는 외부 세계에 대한 정보 이용 동기와 목적도 다양하게 나타나고 있다.[40]

이러한 현상에 주목해 이 연구는 심층 면접 방식의 질적 연구 방법을 통해 북한 커뮤니케이션 체계를 구성하는 다양한 행위자의 이질적인 정보 이용과 유통 메커니즘이 형성한 새로운 커뮤니케이션 네트워크의 구조와 양상을 체계적으로 탐색했고, 나아가 새로운 비공식 커뮤니케이션 네트워크로 연결된 다양한 행위자의 정보 이용 행태가 갖는 함의를 조망하고자 했다.

이 글은 우선, 북한 커뮤니케이션 체계가 북한 당국의 선전·선동에 기반을 둔 단일한 공식 커뮤니케이션 네트워크 구조로만 존재하는 것이 아니라 새롭게 형성된 비공식 부문의 커뮤니케이션 네트워크 구조가 양립하는 사회 커뮤니케이션 체계로 변화하고 있음을 규명했다. 북한의 공식 커뮤니케이션 네트워크 구조가 선전·선동을 기반으로 외부 정보의 국내 유입과 내부 정보의 국외 유출 모두를 강력하게 차단하는 고립된 폐쇄형의 단일한 네트워크 특징을 갖는다면, 비공식 커뮤니케이션 네트워크 구조는 계층과 지위를 불문하고 사익 추구라는 특정 목적을 위해 누구든지 커뮤니케이션 참여

40) 강동완·박정란, 「남한영상매체의 북한 유통경로와 영향」; 송태은, 「북한 커뮤니케이션 네트워크 이중구조와 북한정권의 커뮤니케이션 전략」; 윤선희, 「북한 청소년의 한류 읽기」.

과정에 제한을 받지 않지만, 메시지 유통에 핵심적인 역할을 수행하는 행위자로 매개자와 중개자가 네트워크의 중심에 있는 것으로 나타났다(〈그림 13-2〉). 비공식 커뮤니케이션 네트워크로서 ACN의 구조는 단허브 형태인 공식 커뮤니케이션 네트워크로서 선전·선동 커뮤니케이션 네트워크와 다르게 네트워크 민주 모델인 다허브형 네트워크와 탈허브형 네트워크의 중간 형태를 띠고 있는 것으로 나타났다. 북한의 비공식 커뮤니케이션 네트워크로서 ACN은 북·중 무역 상인, 밀수업자, 무역 간부 등의 중개상이나 브로커 노드가 제공하는 물품과 정보를 획득하려는 일련의 북한 주민 노드와 연결되어 있지만, 북한 당국의 외부 정보 유통망에 대한 감시와 제재로 인해 하위 노드는 상위 노드인 중개자와 브로커의 연결, 하위 노드 간의 연결 역시 쉽지가 않아 두 네트워크 모델의 중간 형태로 작동하는 것으로 나타났다(〈그림 13-3〉). 특히 초국가 행위자 중심의 ACN 구조 모형에서 발신자인 상인, 밀수업자, 무역업자, 브로커 노드와 수신자인 북한 주민 노드 간의 커뮤니케이션은 쌍방향적인 위성 노드 간의 그리고 각 허브 간의 관계에서도 쌍방향적인 속성을 갖는 것으로 나타났다. 북한 커뮤니케이션 네트워크 구조는 각각의 행위자 노드 차원에서의 이질적이고 차별화된 상호작용으로 인해 상당히 불안정한 형태를 띠고 있다. 무엇보다 초국가 행위자 중심의 ACN에서의 행위자 간 커뮤니케이션 패턴은 북한 당국의 감시와 처벌의 강도 혹은 경제적 여건에 따라 불규칙적 혹은 불연속적인 양상을 보이면서 비공식 커뮤니케이션 네트워크 전체의 형태 역시 계속해서 변화할 것으로 본다.

다음으로 슐츠와 오도넬의 이론적 논의에 따르면 북한의 커뮤니케이션 체계는 중앙당을 중심으로 하는 수직적 구조의 사회적 커뮤니케이션 세계로 이루어져 왔으나, 경제난 이후로 수직적 커뮤니케이션 구조와 함께 수평적 커뮤니케이션 구조가 양립하는 사회적 커뮤니케이션 세계로 변하는 상황이다. 수평적 커뮤니케이션 구조로서 비공식 커뮤니케이션 네트워크의 형성과 지속적인 확장은 북한의 공식 커뮤니케이션 네트워크 중심의 단일한 사회적 커뮤니케이션 세계를 약화시키는 것으로 나타났다. 이러한 현상은 비공식 네트워크로 연결된 행위자의 정보 이용과 유통에 있어 사사화와 밀접한 관련을 갖고 있는 것으로 나타났다. 비공식 네트워크로 연결된 행위자들의 정보 이용 사사화는 북한 사회 내 개개인의 비공식 커뮤니케이션 망을 확장시키고, 북한 주민의 사회적 커뮤니케이션 세계에서 참여 양식의 질적 변동을 가져왔으며, 북한 사회의 하위 노드 사이를 매개하는 지역·부문·영역 간 커뮤니케이션 네트워크를 촉진하는 결과를 가져왔다.

끝으로 이 글의 목적은 북한의 사회적 커뮤니케이션 체계로서 한 축인 비공식 커뮤니케이션 네트워크의 특성을 일반화하기 위한 것이 아닌 그것이 갖는 구조적 관계를 질적으로 규명해 단초를 제공하는 데 있다. 그러나 이러한 점을 고려하더라도 인터뷰 참여자가 관찰한 혹은 경험한 내용이 실제 북한 사회의 비공식 커뮤니케이션 네트워크에 연결된 행위자가 아니라는 점은 이 연구가 갖는 한계라고 하겠다. 앞으로 북한에서의 비공식 커뮤니케이션 네트워크에 연결된 경험이 있는 탈북자를 대상으로 체계적인 샘플링을 통한 양적 연구를 진행함으로써 이 글의 한계점이 보완되기를 기대한다.

참고문헌

국내 자료

강동완·박정란. 2010.「남한영상매체의 북한 유통경로와 영향: 지역간·대인간 연결 구조 분석을 중심으로」. ≪통일정책연구≫, 제19권 제2호, 107~140쪽.

_____. 2011.『한류 북한을 흔들다: 남한 영상매체의 북한 유통경로와 주민 의식 변화』. 늘품플러스.

권순철. 2007.10.9. "북한 전역에 한류가 활짝 피었습니다". ≪뉴스메이커≫, 제744호.

김병로. 2012.「탈북자 면접조사를 통해 본 북한사회의 변화」. ≪현대북한연구≫, 제15권 제1호, 39~84쪽.

김병로·신상진·장경섭·정은미·조은희. 2008.『북한-중국 간 사회경제적 연결망의 형성과 구조』. 서울대학교 통일평화연구소, 123~167쪽.

김창희. 2009.「북한사회의 시장화와 주민의 가치관 변화」. ≪한국동북아논총≫, 통권 52집.

김화순. 2011.「북한주민의 외부정보 접촉실태와 의식변화」. (사)북한전략센터학술세미나 자료집(2011.9.29).

성숙희. 2005.『북한이탈주민의 남한방송 수용』. 커뮤니케이션북스.

송태은. 2013.「북한 커뮤니케이션 네트워크 이중구조와 북한정권의 커뮤니케이션 전략」. ≪통일문제연구≫, 통권 59호, 213~255쪽.

아펠바움, 리차드(Richard P. Appelbaum). 1983.『사회변동의 이론』. 김지화 옮김. 한울.

오양열. 2011.「북한내 외래문화 유입으로 인한 영향과 전망」. ≪플랫폼≫, 통권 26호, 16~23쪽.

유선영. 2000.『북한언론: 조직특성과 매체별 현황』. 한국언론재단.

윤선희. 2011.「북한 청소년의 한류 읽기: 미디어수용에 나타난 문화 정체성과 사회 변화」. ≪한국언론학보≫, 제55권 제1호, 435~460쪽.

이교덕 외. 2007.『새터민 증언으로 본 북한의 변화』. 통일연구원.

이승훈·홍두승. 2007.『북한의 사회경제적 변화: 비공식 부문의 대두와 계층구조의 변화』. 서울대학교출판부.

이주철. 2007. 『북한주민의 외부방송 수신』. KBS 남북교류협력단.
_____. 2008. 「북한주민의 외부정보 수용 태도 변화」. ≪한국동북아논총≫, 통권 46집.
이호규·곽정래. 2011. 『북한의 사회적 커뮤니케이션 구조와 미디어』. 한국언론진흥재단.
한국방송공사. 2011. 『KBS 한민족방송 실태조사』. KBS 남북협력기획단.
현인애. 2011. 「대북미디어 현황과 과제」. (사)NK지식인연대 주최 대북미디어 효율성 제고를 위한 세미나 발표자료(2011.7.5).

국외 자료

Burgress, R. G. 1985. *In the Field: An Introduction to Field Research*. Boston: George Allen & Uwin.
Burt, R. S. 1982. *Toward a Structural Theory of Action: Network Models of Social Structure, Perception and Action*. San Francisco: Academic Press.
Krueger, R. A. & M. A. Casey. 2000. *Focus Groups*, 3rd ed.. Thousand Oaks, London, New Delhi: Sage Publications Inc.
Lasswell, H. D. 1948. "The Structure and Function of Communication in Society." in L. Bryson(ed.). *The communication of ideas*. New York: Institute of Religious and Social Studies.
O'Donnell, G. A. 1986. "On the Fruitful Convergences of Hirschman's Exit, Voice, and Loyalty and Shifting Involvements: Reflections from the Recent Argentine Experience." In A. Foxley, M. S. McPherson and G. O'Donnell(eds.). *Development, Democracy, and the Art of Trespassing: Essays in Honor of Albert O. Hirschman*. Notre Dame, IN: Univ. of Notre Dame Press, pp. 249~268.
Rampton, S. 2002. "Sludge, Bio Solids, and the Propaganda Model of Communication." *New Solution*, Vol. 12, No. 4.
Schutz, A. 1967. *The Phenomenology of the Social World*. trans. by G. Walsh and F. Lehnert. Evanston, IL: Northwestern Univ. Press.
Sproule, J. M. 1997. *Propaganda and Democracy: The American Experience of Media and Mass Persuasion*. New York: Cambridge University Press.

제14장

북한의 시장화와 젠더

조영주

1. 서론

1990년대 중반 이후 출현한 북한의 시장은 시장의 성격, 시장과 계획경제의 관계, 시장으로 인한 북한 체제의 변화 가능성이라는 북한의 체제와 구조의 문제에서 주민 일상과 의식 변화 수준에 이르기까지 다양한 측면에서 분석되고 논의되어왔다. 이러한 북한 시장에 대한 관심은 북한 체제의 변화 가능성을 전제한다. 시장이 체제의 유지와 지속에 기여하는지, 변화의 시작인지 등 시장을 통한 북한 체제의 변화 여부 또는 정도를 예측하고자 하는 것이다. 시장을 통한 구조와 체제 차원의 변화에 대한 입장은 각이한 반면, 상대적으로 주민의 일상 및 의식의 변화와 관련해서는 유사성을 띤다. 시장을 통해 주민들의 심성이나 생활양식, 의식이 변화했고, 그것이 어느 정도 북한의 사회 및 체제에 영향을 준다는 것이다. 그리고 시장이 주민들의 생존을 유지시켜줄 뿐 아니라 소득의 창출 등과 같은 새로운 기회를 제공하는 측면도 있다고 본다. 이러한 시장에 대한 관심은 북한 여성의 삶의 방식과 행위 변화에 대한 부분에서도 마찬가지이다. 식량난 시기, 장사를 시작하고 적극적으로 가정 경제를 운영하기 위해 활동했던 주체가 여성이었던 만큼 시장을 중심으로 한 여성의 경제활동과 그에 따른 의식 변화가 기존의 성별 관계 또는 북한 가부장적 질서에 미치는 영향, 식량난과 경제활동으로 파생되는 여성 인권침해 문제 등이 주요 관심의 대상이었다. 이러한 논의는 여성이 시장을 통해 체득한 삶의 전략과 심성, 의식의 변화 등이 기존의 가부장적 질서에 대한 도전이라고 보고, 북한 사회 변화의 단초가 될 수 있다고 본다. 북한 체제의 특성 때문에 여성의 의식 변화가 갖는 한계도 지적되지만 시장의 변화 가능성을 부정하지는 않는다. 시장을 여성의 삶과 의식 변화가 시작되는 곳이자, 여성의 변화를 통해 활성화되고 체제와 사회질서에 영향을 미치는 곳으로 여기는 것이다.

그러나 시장이 갖는 변화의 가능성을 단순히 시장이라는 공간에서 이뤄지는 활동과 그에 따른 의식의 변화에서만 찾기에는 한계가 있다. 이미 북한 여성의 변화가 갖는 한계를 체제의 특성에서 찾은 바와 같이 시장이라는 공간 자체가 갖는 특성에 대한 분석이 구체화될 때 시장의 가능성과 한계를 발견할 수 있다. 특히 여성의 변화와 관련해 시장과 기존 젠더 질서의 관계를 구체화시킬 때 여성 변화의 의미를 밝혀낼 수 있는 것이다. 북한 시장의 특성은 일반적으로 체제와 구조 차원에서 접근되었는데, 이러한 접근에서 젠더는 무관한 것으로 여겨졌다. 그러나 권력은 역할을 규정하는 효율적 수단인 젠더를 사회적 질서를 조직하는 데 활용해왔다. 이처럼 국가권력의 중요한 작동 원리로서 젠더가 기능해왔기 때문에 사회적 공간으로서 시장이자 국가권력이 개입하는 공간으로서의 시장에 대한 분석에서 젠더를 간과할 수 없다.[1] 시장이 작동하는 원리와 시장의 구조가 젠더와 맺는 관계를

1) J. W. Scott, *Gender and the Politics of History*(New York: Colombia University

규명할 때 시장이라는 공간이 여성에게 의미하는 바를 밝힐 수 있다. 그리고 사회적 질서와 구성원의 의식 및 삶의 양식 변화는 국가권력이 기존의 권력을 유지, 재생산하기 위해 사회질서에 대한 재편을 시도하게 한다. 이와 관련해 북한의 시장화에 따른 주민의 의식과 생활양식의 변화, 그에 따른 사회질서의 변화에 대한 국가권력의 대응 방식에서 나타나는 젠더 정치를 살펴볼 필요가 있다. 변화에 대한 대응 기제로서 젠더를 동원하기도 하고, 대응의 효과로 기존의 젠더 질서와 규범이 변형될 수도 있기 때문이다. 마지막으로 이러한 시장의 특성과 국가권력의 대응에 따른 여성들의 행위 역시 주목해야 할 부분이다. 여성의 실천이 국가 기획에 조응하기도 하고 갈등하기도 하면서 젠더 질서의 재생산에 영향을 미치기 때문이다. 이러한 점에서 이 글은 북한 시장의 젠더화된 특성과 시장화에 대한 국가의 대응이 젠더를 동원하는 방식을 밝히고, 시장화 과정에서 발견되는 여성의 실천에 주목한다.

2. 시장의 출현, 젠더화된 시장

1) 성별화된 시장구조

1980년대 중·후반부터 북한 여성은 가족의 생계를 책임지기 위해 다양한 부업을 했고, 식량난 시기에 장사는 주요한 생계 수단이 되었다. 시장이 공식화되기 전까지 장사는 주민들의 생계를 유지하는 주요 수단이었는데도 불법으로 간주되었고 공식적인 경제활동으로 인정받지 못했다. 1998년 시장의 공설 시장화와 2003년 종합시장제 실시로 시장은 합법화·공식화되었

Press, 1999), p. 14.

다. 그리고 국가가 시장에 적극적으로 개입하기 시작하면서 시장은 국가의 관리와 통제하에 놓이게 되었다. 이러한 시장의 공식화는 안정적인 공간과 합법적 범위 안에서 장사를 할 수 있도록 했다는 점에서 주민 생활에 기여한 바 있으나 이로 인해 새로운 위계가 창출되기 시작했다. 이러한 시장의 합법화와 제도화로 인한 위계화는 시장과 시장의 위계, 시장 내의 위계라는 측면에서 살펴볼 수 있다.

우선 '시장'이라는 공간은 장사가 공식적으로 허용된 곳이기도 하지만 상행위가 이루어지는 모든 공간, 시장 활동을 포함하는 모든 공간이기도 하다. 그렇다고 할 때 시장 간 위계는 상행위가 허용된 공간과 그렇지 않은 공간 사이에서 발생한다. 시장의 공식화는 국가가 인정하는 시장 안에서의 매대 장사를 허용하는 것을 의미한다. 그로 인해 인정하는 시장과 인정받지 못하는 시장 행위의 구분이 명확해지고 시장 사이의 위계가 발생한다. 그런데 장사를 통해 생계를 유지했던 사람 모두가 공식적인 시장에서 장사를 할 수 있는 것은 아니었다. 시장에서 매대를 얻기 위해서는 자본과 권력이 필요했다. 수입을 많이 올릴 수 있는 좋은 자리를 얻기 위해서는 더욱 그러했다.

북한에서 자본은 균등하게 배분되지 않았고, 자본의 형성과 배분은 성별적이었다. 북한에서 자본은 당성과 혁명성을 기준으로 배분되었는데, 당성과 혁명성은 가족의 정치적 배경을 근간에 두었고, 당성과 혁명성을 인정받는 과정에서 성별에 따른 차이가 있었다. 당성과 혁명성의 근간이 되는 혁명 전통의 역사는 남성의 역사였기에 이를 기초로 만들어진 정치적 위계질서는 남성 중심의 가계를 통해 세습되었고, 남성 중심적 위계 구조가 유지되었다.[2] 이러한 정치적 자본에 근거한 자본의 분배는 시장 활동에도 영향을

---

2) 박순성 외, 「탈북여성의 탈북 및 정착과정에서의 인권침해 실태조사」(국가인권위원회, 2009), 53쪽.

미쳤다. 예전부터 남편을 비롯한 가족, 자신의 정치·경제적 지위를 활용해 어느 정도의 자본을 획득했던 여성들은 시장에서 합법적인 장사 공간을 확보할 수 있었던 반면, 자원이 부재했던 여성들은 여전히 합법화된 시장 공간에 머무를 수밖에 없었다. 여전히 먹을 것을 구하고 장사를 하기 위해 떠나야 했고, 시장 주변에서 감시와 통제를 받으며 불법적인 장사를 할 수밖에 없었던 것이다. 비합법적인 장사를 하더라도 이를 보장해줄 수 있는 정치·경제적 권력을 확보할 수 있어야 했다는 점에서 기존 권력 구조에 의존할 수밖에 없었다. 이처럼 시장과 시장 사이의 위계는 기존의 자본 창출 구조와 밀접한 관계를 맺는데, 시장 사이의 위계는 기존 남성 중심적 위계 구조의 결과이면서도 기존의 위계질서를 강화함으로써 결국 북한 사회의 젠더 위계를 재현하는 것이다.

시장 공간에서 발생하는 젠더 위계는 시장 내에서도 발견된다. 시장에 대한 국가적 개입은 시장에 대한 관리 체계를 구축하는 것으로 이어졌다. 국가는 시장관리소를 통해 주민들의 시장 행위를 직접적으로 관리하기 시작했고, 그 과정에서 관리의 주체와 대상이라는 위계가 발생했다.[3] 시장을 직

3) 시장관리소의 구조와 운영 방식을 북한이탈주민의 면접 내용을 재구성해 살펴보면 다음과 같다. 시장관리소는 시장관리소장, 시장장, 관리원, 부기원, 경비원, 매대 책임자 등으로 구성되고, 매대에서 장사를 하는 매대원들에 대한 직접적인 관리와 함께 군과 시의 당과도 밀접한 관계를 맺는다. 시장관리소장은 지역의 인민위원회 상업과 소속으로, 이들의 관리와 감독을 받는 유급 직책이다. 이들은 장세를 징수하고 시장의 규율 등을 관리하면서 시장 전반의 관리와 책임을 맡는다. 그리고 인민위원회로부터의 지시를 매대 상인들에게 전달하는 역할을 한다. 시장장은 주로 단속 업무, 시장 안 질서 잡기 등의 실무를 담당하고, 관리원은 매대 상인들에게 장세를 징수한다. 경비원은 시장이 파한 후 야간 경비 업무와 시장 개시 전 청소와 문단속을 하고, 부기원은 시장표를 발급하는 업무와 장세에 대한 회계 업무를 담당한다. 매대 책임자는 각 품목 매대에 한 사람이 지정되는 방식으로, 시장관리소장의 지침을 직접 시장 상인에게 전달

접적으로 관리하는 시장관리소는 시장 안에서 절대적 권력을 갖고, 시장관리소장은 실질적인 권력을 행사하는 존재이다. 시장관리소장은 시장의 총책임자로 시장 내 상인들의 이해관계와 밀접한 관계를 맺고, 시장에 대한 단속과 관리를 책임지기 때문에 매대 상인들에게 직접적인 권력을 행사할 수 있다. 그런데 시장에서 장사를 하는 사람은 주로 여성이고, 관리자의 위치에는 주로 남성이 포진해 있다. 기존의 남성 권력이 시장에서도 주요한 권력의 행위자로 존재하는 것이다. 시장관리소에서 관리원의 역할은 여성이 하기도 하지만, 관리원의 지위는 남편이나 부모의 정치적 권력을 통해 획득하는 경향이 많다. 주로 군과 시의 주요 간부들의 부인이나 친·인척, 한국전쟁 전사자의 자녀, 영예군인의 부인 등이 이 일을 한다고 한다. 이러한 차원에서 관리자로서 남성과 관리 대상자로서 여성이라는 젠더 위계가 시장 공간에서 발현되고, 관리 구조 자체도 기존의 남성 중심적 지배 질서에 의존한다고 볼 수 있다. 더욱이 시장관리소장은 군과 시 차원의 정치권력과 관계를 맺으며 자신의 위치와 이익을 보장받을 뿐 아니라 공식적인 경제 영역과 정치권력의 이익 창출에 기여한다. 결국 시장의 제도화는 시장이 국가영역에 포섭되는 것을 의미하고, 국가에 의한 시장 내 권력 구조의 형성은 시장활동을 하는 여성에게 직접적인 영향을 미친다. 남성에 의한 여성 통제 구조가 시장에서 가시적·제도적으로 나타나고 젠더 위계를 강화하는 결과를 보이는 것이다.

하는 역할을 한다. 시장관리소장과 매대 책임자를 제외한 시장장, 관리원, 경비원, 부기원은 시장에서 나오는 수입을 통해 임금을 받는다. 시장 안에서 실질적 권한을 부여받는 관리소장과 시장장은 주로 남성이다. 관리원은 주로 여성인데, 장세를 징수하는 역할을 하기 때문에 주로 출신 성분이나 집안 배경이 좋다. 관리원의 업무는 시장표를 끊어주고 장세를 징수하는 것으로, 시장 내에서도 판매나 다른 일보다 수월한 일을 하면서 임금을 받고, 임금 외의 개인적인 이익을 챙길 수도 있다.

2) 자본과 젠더 위계

1990년대 중반의 시장 활동이 주로 생존을 목적으로 이루어졌다면, 점차 시장이 확대되어가면서 장사는 자연스러운 생계유지 활동이자 부의 창출을 이룰 수 있는 수단이 되었다. 부의 창출 정도는 개인의 능력 여하에 달려 있기도 하지만 기본적으로 자본 보유 유무, 보유 자본의 규모나 형태의 영향을 더 크게 받는다. 북한 시장의 경우도 마찬가지이다. 북한의 시장에서 동원되는 자본은 단지 경제적 자본에 국한되지 않는다. 특권적 지위로서 정치자본의 영향력이 강력하게 작동하는 북한 체제에서 시장을 통한 경제자본의 획득은 결코 정치자본과 분리되어 이뤄지기 힘든 측면이 있다.[4] 정치자본이 시장에 동원되고, 정치자본에 의해 경제자본이 결정될 뿐 아니라 경제적 이익을 창출하는 주요 기제가 되는 것이다. 단적으로 최봉대의 시장화에 따른 경제적 계층 분화 연구에 따르면 정치적 신분 체계가 최하층인 경우에 경제적으로 하층에 위치하고, 개인의 능력과 노력으로 중상층에 진입하더라도 한계가 있다.[5]

앞서 밝힌 바와 같이 북한에서 정치자본은 강력한 성분 분류 체계, 수령에 의한 권력 분배 등으로 형성·유지되고, 자본의 분배 역시 남성을 중심으로 이뤄진다. 이러한 남성 중심적 자원의 생성과 분배 구조하에서 여성이 시장 활동에 자원을 동원하는 방식은 두 가지 형태로 나타나는데, 즉 남성의 자본을 활용하거나 자신의 섹슈얼리티를 자본화하는 것이다.

---

4) 홍민, 「북한 경제연구의 지형과 새로운 모색: 국가와 시장 및 정치와 경제의 관계를 중심으로」, 2013 북한연구학회 동계학술회의 '북한 사회의 새로운 흐름과 한반도 '신뢰'의 정치' 자료집(2013.12.17), 199쪽.

5) 최봉대, 「1990년대 말 이후 북한 도시 사적 부문의 시장화와 도시가구의 경제적 계층 분화」, ≪현대북한연구≫, 제11권 제2호(2008).

여성이 활용하고 전유하는 남성의 자본은 주로 아버지 또는 남편의 것이다. 남편의 정치적·사회적 지위가 여성의 시장 활동과 이를 통한 이익 창출에 결정적인 변수로 작용하는 것이다.[6] 우선 장사 물품을 선택하는 데서부터 남성 자본이 동원되는데, 남성이 다니는 직장에서 유출한 물품이나 남편의 지위를 이용해 얻는 물품으로 여성이 장사를 하는 경우가 있다. 자본이 없는 여성은 자신이 직접 만들거나 지방을 돌아다니며 작게 장사를 하는 것에 비해, 남편의 지위를 이용해 장사를 하는 여성은 좀 더 안전하게 장사를 하고 이윤이 더 많이 남는 물품을 취급할 가능성이 높다. 또한 남편을 비롯한 남성 가족 구성원뿐 아니라 기존의 남성 권력 역시 중요한 자본으로 동원된다. 시장을 통해 부를 창출하는 과정은 불법과 비합법의 경계를 끊임없이 오가는 과정이다. 따라서 장사를 위한 통행이나 매대 확보, 불법적인 행위에 대한 묵인 등을 위해 기존 권력을 동원해야 했다. 여성은 시장 관리 세력이나 사회질서 통제 집단에게 뇌물을 바쳐 자신의 시장 활동을 보장받지만, 이는 결국 기존의 남성 권력을 강화하는 결과를 낳는다.

한편, 자본이 부재한 여성이 자본을 동원하는 또 다른 방식은 자신의 섹슈얼리티를 자본화하는 것이다. 남성 자본에 의존할 수밖에 없는 위계화된 권력과 자원의 분배 구조하에서 자본을 획득할 수 있는 수단이 없는 여성은 결국 자신의 섹슈얼리티를 자본화할 수밖에 없다.[7] 여성이 자신의 섹슈얼

---

6) 이미경, 「경제난 이후 북한여성의 삶과 의식 변화의 한계」, 북한연구학회 편, 『북한의 여성과 가족』(경인문화사, 2006), 384쪽.

7) 트리스탄 브릿지(Tristan Bridge)는 남성이 자신의 몸을 어떻게 관리하고 만들어 자본화하는지를 '젠더자본(gender capital)'으로 개념화했다. 젠더자본은 피에르 부르디외(Pierre Bourdieu)의 문화자본과 헤게모니적 남성성을 결합한 개념이다. 즉, 그 사회가 인정하거나 이상화하는 남성성이 문화자본과 결합하는 방식과 내용을 의미한다. 여기서는 브릿지의 개념을 차용해 섹슈얼리티의 자본화라는 개념을 사회가 인정하거

리티를 자본화하는 것은 식량난과 시장화가 있기 전부터 있었던 일이다. 당원이 되거나 경제적인 문제 혹은 생활 문제를 해결하기 위해 섹슈얼리티를 자본화해왔다. 이러한 섹슈얼리티의 자본화는 1990년대 중반 이후 두드러지기 시작했다. 직접 성을 매매하기도 하고, 장사를 위해 자신의 몸을 수단화하는 경우도 생겨난 것이다. 장삿길에서 차를 얻어 타거나 길을 통과하기 위해, 안정적인 장사를 하기 위해 뇌물을 제공할 때 그 수단이 여성의 몸이 된다. 여성의 장사를 통제하는 남성은 여성에게 담배나 돈, 술과 같은 물질적인 뇌물을 요구하기도 하지만 성적인 관계를 요구하기도 했고, 여성은 장사를 위해 이를 받아들일 수밖에 없었던 것이다. 직접적으로 성적인 관계를 거래하는 경우도 있다. 시장이 확대됨에 따라 직업적인 성매매도 나타나기 시작했다. 돈 있는 장사꾼이나 장사를 하러 온 상인들을 대상으로 역전 대기 숙박소 등의 시설을 이용해 성적인 거래가 이루어졌다. 예전에는 권력을 이용하거나 권력을 얻기 위해 성적인 거래가 이루어졌다면 최근에는 생계유지와 같은 경제적 이유로 이루어지는 측면이 있다. 이러한 성적 거래 과정에 '포주'와 같은 남성이 등장하면서 성매매는 더욱 체계화되고 있다.

이와 같이 남성 권력이나 남성의 물적 자원을 획득하고 동원하기 위해 여성은 자신의 섹슈얼리티를 자본으로 활용하고 거래한다. 그러나 이때의 거래는 성별 위계적인 관계에서 이뤄진다는 점에서 동등하지 않다. 여성이 섹슈얼리티를 자본화하는 것은 자신의 몸을 동원해 원하는 것을 얻는다는 점에서 마치 스스로 선택한 것처럼 보이기도 하지만, 이러한 선택은 불평등한 자원의 분배 구조에 따른 결과일 뿐이다.[8] 애초에 자원에서 배제된 여성이

나 통용하는 여성성과 정치자본, 문화자본, 경제자본 등의 사회적 자본이 결합하는 방식으로 정의하고자 한다. T. Bridge, "Gender Capital and Male Bodybuilders," *Gender & Society*, Vol. 15. No. 1(London: Sage, 2009), pp. 87~94.

8) 캐슬린 배리, 『섹슈얼리티의 매춘화』, 정금나·김은정 옮김(삼인, 2002), 54~55쪽.

활용할 수 있는 유일한 자원은 자신의 몸이었고, 이것이 절대 빈곤의 상황에서 더욱 강화된 것이다.

지금까지 살펴본 바와 같이 애초에 자원에 대한 접근도가 성별에 따라 달랐기 때문에 시장 활동에 동원되는 자본의 형태가 다르고, 창출되는 이익도 다르다. 또한 남성중심적 구조와 자본의 형성 방식이 시장에 투영되어 나타난다는 점에서 시장을 통해 창출되는 자본은 성별적이며 기존의 젠더 위계를 강화하는 경향을 보인다. 물론 장사를 통해 경제적 부를 축적하는 여성이 등장하면서 당성과 출신 성분으로 형성된 위계 구조를 극복하는 경우도 있다. 또한 경제 행위와 부의 창출 방식에 따라 자본이 있는 남성과 여성, 자본이 없는 남성과 여성 사이에 새로운 방식의 위계가 생기고, 경제적 부의 정도에 따라 기존 젠더 관계가 변화할 수 있는 가능성도 있다. 그러나 부를 축정하는 방식이 젠더 관계의 영향을 받으면서 그와 동시에 영향을 미치기 때문에 경제적 수준만으로 젠더 관계를 규정하거나 젠더 관계의 역전이나 변화를 설명하기는 어렵다.

3. 시장화와 국가의 대응: 통제의 강화와 젠더의 재구성

1) 통제의 강화와 여성성의 재구성

시장의 확산에 따른 주민들의 의식과 생활양식의 변화는 기존 사회주의 질서와 규범의 균열을 야기했다. 공식 경제 영역에서 이탈, 가정에서 이탈, 기존 젠더 규범의 탈피 등과 같은 여성의 의식과 생활양식이 확산되었다. 그로 인해 국가는 기존 질서를 유지하고 변화에 대응하기 위해 원래의 기획을 강화하기도 하고 변화시키기도 한다. 이러한 기획의 수정은 1990년대 중반 이후 두드러지게 나타나고 현재까지 진행되고 있다. 변화에 대한 대응의 일차적인 방식은 통제이다.

여성의 시장 활동 증가에 따라 시장과 시장 활동을 하는 여성에 대한 통제가 이루어졌다. 시장 출입 연령을 49세 이상으로 제한하고, 조선민주여성동맹(여맹)이나 가내작업반을 통해 여성을 공식 경제 부문으로 포섭하려 했다. 또한 시장은 자본주의적 요소가 확산될 수 있는 공간이고, 기존의 사회주의 질서를 무너뜨릴 수도 있는 공간이기 때문에 시장을 통해 확산되는 자본주의적 의식과 문화는 국가가 통제해야 할 대상이었다. 시장이라는 공간 자체에 대한 통제와 공간을 출입하는 사람들에 대한 통제가 이루어짐에 따라 시장에 출입하는 여성이 규제 대상이 된 것이다. 이러한 통제는 시장 출입 연령을 제한하고, 기존 질서로 재편입하는 등의 조치와 함께 여성의 몸을 통제하고 이를 뒷받침하는 담론을 생산하는 방식으로 이뤄졌다. 여성의 옷차림과 외모에 대한 통제와 담론의 구성이 단적인 예이다.

> 일부 청년들은 머리를 더부룩하게 하고 다니는 것을 멋으로 여기고 있으며 녀성들 속에서는 머리를 길게 길러 뒤잔등에까지 드리우고 화장도 괴상망측하게 하며 외국식으로 입술과 속눈섭을 입묵하는 것이 하나의 류행거리로 되어 가고 있다.[9]

북한 당국은 시장을 통해 변화하는 여성의 생활양식에 대한 우려를 공식적으로 표명하고, 여성의 옷차림이나 외모를 비사회주의적인 것으로 간주하며 통제의 필요성을 제기했다. 그리고 "민족옷, 조선옷차림에도 조선사람

---

9) 조선로동당출판사, 『(당에 한함) 간부학습제강: 자본주의사상문화적 침투를 짓부시기 위한 투쟁을 강도높이 벌릴데 대하여』(2002), 7쪽.

의 고결함이 있고 민족의 우수성을 지키고 빛내여갈 의지가 깃들어" 있으며, "우리 녀성들은 아름답고 고상한 미를 돋구어주는 조선옷차림을 생활화"해야 한다며, 여성들에게 '조선옷' 착용을 강조하기도 했다.[10] 특히 조선옷에 대한 강조는 여성을 민족을 상징하는 재현자에 위치시키고 전통적 여성성을 복원하고자 하는 의도가 내포되어 있다. 이러한 여성에 대한 통제는 여성이 시장이라는 공간을 통해 겪는 경험과 의식의 변화로 기존의 젠더 질서가 혼란스러워지는 것에 대한 우려와 불안을 반영한 것이라 할 수 있다.

또한 식량 위기를 겪으면서 북한 여성은 결혼과 출산을 기피하는 모습을 보이기도 했다. 이미 식량 위기로 인구 손실이 있었던 상황에서 여성의 출산 기피는 여러 사회적 문제를 야기하기 때문에 북한 당국은 적극적으로 출산 장려 정책을 펼치기 시작했다. 구체적으로 '참된 모성애'와 그렇지 못한 모성애를 구분해 여성의 자녀 양육에 대한 태도와 내용을 국가적 차원에서 규정하고 의미화했다.[11] 북한이 담론화하는 '참된 모성애'는 자녀들을 공산주의자, 혁명가인 '충성동, 효자동'으로 키우는 것을 의미한다.[12] 특히, 자녀를'군인'으로 키울 것을 강조했는데, 선군정치하에서 자녀 양육의 목표를 군인을 만들어내는 것으로 규정한 것이다. 이러한 출산과 양육의 여성 책임을 강조하는 모성 담론은 '모성 영웅'을 통해 제도화되었는데, 모성 영웅은 출

---

10) "조선옷차림을 생활화하자", ≪조선녀성≫, 2호(근로단체출판사, 2000), 38쪽; "민족옷과 옷차림례절", ≪조선녀성≫, 8호(근로단체출판사, 2004), 35쪽; "몸단장과 옷차림을 우리식으로", ≪조선녀성≫, 2호(근로단체출판사, 2005), 47쪽 등을 참조. 북한의 '조선옷' 개념에서 나타나는 성별 차이는 김석향, 「북한의 조선옷·민족옷 개념에 나타나는 여성 편중 및 남성 부재 현상」, ≪북한연구학회보≫, 제11권 제2호(2007) 참조.

11) "자랑스러운 조선녀성들의 모성애", ≪조선녀성≫, 1호(근로단체출판사, 1999).

12) "제2차 전국어머니대회에서 한 토론들", ≪로동신문≫, 1998년 9월 30일 자.

산을 많이 한 여성에게 부여되는 칭호로 자녀 양육에서 여러 가지 혜택을 받는다. 출산율을 높이기 위한 출산 장려 정책의 일환으로 실시된 이러한 조치와 담론은 전통적인 여성성을 재강화하는 것이라 할 수 있다.

2) 섹슈얼리티에 대한 제도화된 관리와 통제

북한은 사회적 질서에서 이탈하는 여성을 통제하고, 주민의 생활 변화를 통제하기 위해 법과 제도를 정비했다. 대표적으로 형법의 개정이 있다. 법은 제도를 구성하는 질서를 명시화해 제도를 확립하고, 법의 강제적 성격을 바탕으로 제도적 질서를 구체적인 인간 행위의 규범으로 만들어낸다.[13] 그 중에서도 형법은 무엇이 범죄이고 어떻게 처벌할 것인가를 규정하는 것으로, 행위의 정상성과 비정상성을 구분함으로써 한 사회의 사회적 관계와 사회구조를 드러낸다.

북한은 2004년 기존 형법을 수정·보충했는데, 수정·보충된 형법은 총 9장으로 구성되었고, 그중 '사회주의문화를 침해한 범죄'(6장), '사회주의공동생활질서를 침해한 범죄'(8장), '공민의 생명재산을 침해한 범죄'(9장)는 젠더를 규정하고 규율화하는 것과 관련된 범죄를 다룬다. 이 세 장에서는 '퇴폐문화를 반입하고 유포하는 행위', '퇴폐적인 행위', '매음죄', '음탕한 행위', '비법혼인', '강간', '복종계에 있는 여성을 강요해 성교한 행위', '미성인 성교행위' 등을 범죄화했는데, 2000년대 들어 새로 추가된 조항은 퇴폐 문화와 행위에 관련된 것, 매음죄, 비법혼인 등이다. 또한 북한은 2010년 '조선민주주의인민공화국 녀성권리보장법'을 제정·발표했는데, 여성의 인신과 재산 권리를

13) 양현아, 「한국가족법에서 어머니는 어디에 있(었)나」, 심영희·정진성·윤정로 공편, 『모성의 담론과 현실: 어머니의 성·삶·정체성』(나남, 1999), 117쪽.

보장하고자 했고(제5장 36조), 비법적으로 여성의 자유를 구속하는 행위와 여성의 신체에 피해를 가하거나 여성의 몸을 수색하는 행위를 금지하고(제5장 37조), 유괴 및 매매, 강간, 윤간, 매음을 금지했다(제5장 39조, 40조).

이러한 법과 제도의 정비는 섹슈얼리티에 대한 직접적인 통제를 시도하는 것으로 담론보다 통제력과 현실 규정력이 있기 때문에 직접적으로 기존의 젠더 질서에 영향을 미친다. 관련 법을 통해 규정된 범죄의 개념과 유형은 섹슈얼리티의 정상성과 비정상성을 구분한다. 개정된 형법에서 범죄로 규정하는 성매매와 강간, 외부 문화의 유입, 비합법적인 관계 등의 조항은 주민, 특히 여성의 섹슈얼리티에 대한 국가의 직접적인 통제를 의미한다. 그동안 실재하지만 인정하지 않았던 성매매와 강간을 문제화한 것은 그동안 간과되었던 개인과 여성의 권리와 폭력의 문제를 제기했다는 점에서 의미를 갖는다. 그러나 '퇴폐적', '음탕한'이라는 수사는 주민의 성적 욕망과 행위를 규제하고, 이를 비정상적인 것으로 규정한다는 점에서 규율적이다. 또한 사실혼 관계를 범죄화하는 것도 법적 결혼 관계 외의 관계를 비정상적인 관계로 규정하는 것이다. 이는 새로운 젠더 관계의 발현 가능성을 차단하고 통제하는 것이며, 국가의 사회 통제력을 갖기 위해 기존의 젠더 질서를 유지·강화하고자 하는 시도라 할 수 있다.

3) 새로운 남성성의 구성

1990년대 이전 수령의 지배 권력이 미시화·상징화되었던 가정이라는 공간은 식량난과 함께 와해되기 시작했다. 식량난 이전의 가정은 국가와 사회를 하나의 대가정이라고 수사화할 만큼 중요한 공간으로 간주되었다. 사회주의 대가정이라는 수사하에 여성에 대한 지배와 통제가 수령-여성이라는 직접적인 관계하에서 이뤄졌다. 가정에서 남성과 자녀를 통제하는 역할을 여성에게 부여함으로써 가족 구성원에 대한 국가의 지배를 여성이 대리하게 한 측면도 있다. 그러면서도 가정 안의 개별 남성은 아버지 수령으로 상징화되는 수령의 상징 권력을 통해 가장으로서의 권위를 유지했다. 또한 주택의 배정과 임금, 배급이라는 장치 등을 통해 가장인 남성의 권위가 유지될 수 있었다.

그러나 식량 위기는 기존의 남성 가장, 어버이 수령의 권위를 뒷받침할 수 있는 물적 토대를 와해시켰고, 가장인 남성, 어버이 수령의 상징 권력을 약화시켰다. 더욱이 여성이 결혼을 기피하고 사회적으로 이혼을 하는 부부가 늘어남에 따라 변화하는 현실에 대한 대응이 필요해졌다. 그에 따라 북한 당국은 새롭게 부성 담론을 구성하기 시작했다. 예전 북한에서 부성 담론은 모성 담론이 강화되어온 것에 비해 미약한 편이었다. 북한의 『조선말대사전』 제2권에 '어머니'는 "자기를 낳은 여자인 웃어른, 직계혈족"인 반면, '아버지'는 "자기를 낳은 어머니의 남편 또는 가정적으로 그러한 위치에 있는 사람"으로 규정된다.[14] 이러한 정의는 자녀에 대한 책임이 일차적으로 여성에게 있다고 명시하는 것이면서, 북한의 남성은 가정이 아닌 생산 현장에서 정체화된다는 점을 시사한다.[15] 모범적이고 영웅화된 노동자의 모습

---

14) 사회과학출판사, 『조선말대사전』, 제2권(1992), 1333쪽, 1427쪽.

15) 강윤희는 러시아에서 젠더가 구성되는 방식을 분석했는데, 볼셰비키 정권의 젠더 질서에서 남성성은 가정 안이 아니라 소련 국가 안에서 구현되도록 만들어졌다고 했다. 김태연은 러시아의 젠더 질서가 남성의 가부장적 특권을 제거했고, 가정에서의 역할이나 부성은 강조되지 않았다고 본다. 이러한 러시아의 사회주의국가 특성이 북한에서도 나타났는데, 이는 남성의 역할과 지위가 공적인 영역에서 강조되고 중요한 것으로 여겨졌기 때문이다. 강윤희, 「소비에트와 포스트소비에트 러시아의 젠더 재구성: 여성성과 남성성의 변모를 중심으로」, 한국슬라브학회, ≪슬라브학보≫, 제21권 제4호(2006); 김태연, 「소비에트 러시아에서의 젠더 질서와 헤게모니적 남성성」, 한국슬라브학회, ≪슬라브학보≫, 제24권 제3호(2009).

이 북한 사회가 지향하는 남성의 모습이기 때문에 가정에서 남성의 모습은 의미화되지 않았다. 특히, 아버지의 역할이나 정체성과 관련된 담론은 거의 나타나지 않는다. '어버이'[16]로 상징되는 '수령'의 존재도 '어머니', 또는 어머니와 아버지를 모두 일컫는 '어버이'로 재현될 뿐이다. 이처럼 '아버지'와 관련한 담론이 부재하는 것과 마찬가지로 부부 관계에서 남성의 역할에 대한 담론도 거의 없었다. 그런데 식량난을 거치면서 가정에서의 남성 역할과 부부 관계에서 남성의 태도에 대한 담론이 나타나기 시작했다.

"남편이 안해를 례절있게" 대하고, "반말을 하거나 거칠게 대하는 것은 … 문명화되지 못한 행동"이라고 하면서 부부 사이의 예절과 남성의 태도를 담론화했다.[17] 그리고 가사 노동을 분담하는 남성의 모습과 부부의 모습을 "원앙새 부부"라고 칭하면서 남성의 가사 노동을 권장하는 모습을 보이기 시작했다.[18] 결혼 기피와 가정 해체라는 현실에서 북한이 가정에 대한 통제력을 다시 확보하기 위해 남성의 변화를 촉구하는 담론을 형성하기 시작한 것이다. 리설주가 공식 석상에 등장하고 김정은과 동반하는 모습이 빈번하게 등장하는 것 역시 새로운 남성성, 새로운 부부 관계에 대한 상징으로 재현된다.

남성성의 강조, 새로운 부부 관계의 설정은 법적인 부분에서도 제도화된 측면이 있다. 2010년 '조선민주주의인민공화국 녀성권리보장법' 제5장 제42조는 가정에서 여성의 재산권을 보장하고, "수입에 관계없이 남편과 평등하

---

16) 『조선말대사전』에 따르면 "아버지와 어머니를 아울러 이르는 말"이면서 "인민대중에 가장 고귀한 정치적 생명을 안겨주시고 친부모도 미치지 못할 뜨거운 사랑과 두터운 배려를 베풀어주시는 분을 끝없이 흠모하는 마음으로 친근하게 높이여 이르는 말"이다. 사회과학출판사, 『조선말대사전』, 1429쪽.

17) "부부사이의 례절을 바로 지키자", ≪조선녀성≫, 9호(근로단체출판사, 2004).

18) "다정한 부부", ≪조선녀성≫, 2호(근로단체출판사, 2005).

게 가정 재산을 점유, 이용, 처분할 수" 있으며, "자기의 개별 재산권을 주장할 수 있다"라고 밝혔다. 제43조의 경우 평등한 재산상속권을 제기했고, 제6장 제48조는 이혼 시 재산 분할에 대한 규정을 제시했다. 이처럼 변화한 현실에서 북한 당국은 기존 모성 담론을 강화하는 한편, 새로운 남성성을 규정하고 평등한 부부 관계의 설정과 제도화를 시도함으로써 변화에 대응하고, 일정 정도의 변화를 허용한다.

4. 시장화와 새로운 여성 주체의 등장

1) 새로운 어머니 노릇의 구성

식량난으로 출산을 기피하는 현상이 생겨나는 한편, 자녀를 먹이고 입히며 교육하는 방식에서도 여성의 변화가 나타나기 시작했다. 1990년대 중반까지만 해도 여성에게 중요했던 어머니 노릇은 자녀를 먹이고 입히는 것이었고, 국가적 모성 담론에 따라 자녀를 혁명가로 양육하는 것을 중요한 가치로 여겼다. 그런데 식량난 시기를 거치면서 이러한 어머니 노릇에 대한 변화가 생겨나기 시작했다.

자녀를 먹이고 입히는 것, 교육하는 것은 여전히 중요하지만, 교육의 내용에서 변화가 나타났다. 혁명가로 자녀를 키우려고 하기보다 '능력' 있는 사람으로 자녀를 키우려는 노력이 발견되었다. 1990년대 전에도 출신 성분과 교육 기회의 제약으로 출세를 하기 힘든 조건에 있었던 여성은 자녀가 경제적으로라도 어렵지 않게 살게 하려고 기술을 배우게 하거나 직접적인 생계 활동에 도움이 되는 방향으로 진로를 결정하게 했다. 이러한 능력을 중심으로 한 진로 탐색은 식량 위기를 거치면서 더욱 강화되었다. 먹고사는 문제가 중요하고 경제적인 능력으로 문제를 해결할 수 있다는 인식이 확산되면서 경제적인 능력이 강조된 것이다.

개인의 '능력'이 중요하다는 인식은 자녀를 남들보다 더 능력 있게 키우려는 직접적인 행위로 나타났다. 실리적인 교육에 대한 관심이 증대하고, 그러한 실리적인 교육을 받을 수 있는 학교로의 진학에 관심이 높아졌다. 국가적으로도 정치 사상 교육을 강조하면서 최근에는 기초 교육과 외국어 교육, 과학기술 교육의 중요성도 강조하기 시작했다. 이러한 사회적 분위기와 의식의 변화는 직접적으로 자녀를 교육하는 데 영향을 미치는데, 단적인 예가 사교육의 증대이다. 1990년대 중반 이후 학교 교육이 제대로 이뤄지지 않기도 했지만, 남들보다 능력을 키우기 위해 여성은 자녀에게 사교육을 시키기 시작했다. 사교육은 자녀의 학업 능력에 영향을 미치면서 그와 동시에 여성의 어머니 노릇의 변화를 야기하기도 했다.

사교육은 개인적인 정보력과 경제력이 보장될 때 가능하다. 그러다 보니 자녀에 대한 사교육을 위한 여성 간 정보 교환이 중요해졌다. 잘 가르치는 선생님을 알아보고, 과외비에 대한 정보를 취득, 비교하는 것은 여성이다. 예전에는 교육을 학교에 전적으로 맡기고 자녀가 학교를 다닐 수 있도록 경제적 지원을 하는 정도가 자녀 교육과 관련된 주요 어머니 노릇이었다. 그런데 사교육은 자녀 교육을 여성이 직접 관리하는 것으로, 자녀 교육에 대한 적극적인 개입은 여성의 어머니로서의 역할이 강화된 모습을 보인다. 결국 능력이 강조되는 사회적 변화는 기존 어머니 노릇에 자녀 교육의 관리자 역할을 추가하는 결과를 낳았다. 현재의 사회 현실을 인지해 자녀의 진로를 고민하고 결정해 필요한 교육을 실시하고, 이를 위해 다양한 정보를 얻고 실행에 옮기면서 자녀 진로에 대한 관리자 역할을 수행해야 하는 것이다. 이처럼 시장화와 그로 인한 인식 변화는 여성으로 하여금 북한 사회에서 살아남는 것을 가르치거나 자녀의 미래에 대한 인식과 구상을 구체화하면서 새로운 어머니 노릇을 수행하게 하고, 자녀의 미래에 대한 적극적인 기획자가 되게 한다.

그러나 변화한 어머니 노릇을 모든 북한 여성이 수행한다고 보기는 어렵다. 능력 있는 자녀로 키울 수 있는 경제적 자원이 뒷받침되어야 하기 때문이다. 교육에 대한 책임이 전적으로 학교와 국가에 있던 예전과 달리 학교를 다니고 더 나은 삶을 모색하기 위한 개인의 경제적 부담이 늘어났다. 그로 인해 공식적인 수입 증대뿐 아니라 비공식적인 수입의 증대를 위한 활동이 요구되었다. 또한 여전히 정치적 자본이 중요한 북한 사회에서 경제적인 것만으로 자녀의 능력을 향상시키는 데 한계가 있기 때문이다.

2) 소비와 문화 주체로서 여성

시장은 거래를 통해 이익을 창출하는 공간이면서 소비가 이루어지는 공간이고, 다양한 외부 문화를 접할 수 있는 공간이기도 하다. 여성들은 시장 활동을 통해 소득을 창출하는 생산자이기도 하면서, 소비의 공간이자 문화가 유입·유통되는 공간인 시장에서 소비와 문화의 주체가 되기도 한다.

일상적인 가정 경제를 운영하면서 여성은 소비자의 역할을 수행해왔다. 주로 주·부식의 구매 및 의복과 생필품 구매를 중심으로 한 소비생활이었다. 이러한 소비생활은 주로 가사 노동과 밀접하게 가정생활을 유지하는 수준에서 이뤄졌다. 그러나 시장이 확대됨에 따라 여성의 소비활동은 단지 가정생활을 유지하는 데 그치지 않았다.

시장의 확대는 소비 방식과 내용을 변화시켰다. 시장을 통해 '머리가 트였다'라는 것은 정보에 대한 수집과 획득, 삶을 꾸려나가는 전략의 획득과 실천 등을 의미하고, 이 때 수집된 정보와 실천의 양식에는 '유행'이 포함되어 있다. 최근 북한 젊은이들 사이 유행의 원형은 남한과 자본주의이다. 따라서 이러한 문화를 접할 수 있는 시장은 북한 사회에서 물질생활을 유지하는 데 없어서는 안 되는 일상적인 공간이 되었고, 예전과는 다른 문화를 생성하는 공간이 되었다. 시장에서는 남한의 드라마 및 영화 DVD와 이를 볼 수 있는 전자 제품이 유통되고, 드라마나 영화를 통해 접한 남한의 화장과 패션 등이 유행의 흐름이 된다. 이러한 방식의 새로운 문화 유입과 유통은 그것을 실천하고자 하는 사람들에 의해 소비된다. 직접적인 소비는 아니더라도 일상적으로 시장에 가서 진열된 물건을 보고 새로운 사물에 대한 호기심과 소비 욕구를 키우는데, 이러한 행위는 시장을 경제활동 공간 이상의 소비와 문화 공간으로 인식하고 있음을 시사한다.[19]

특히 여성이 새로운 문화를 전유하고 소비하는 행위를 적극적으로 행하는 경향을 보이는데, 단적으로 여성의 외모 가꾸기와 집 가꾸기가 그러한 예이다. 2000년대 이후부터 본격화된 외모 가꾸기 유행은 처음에는 '박쥐옷'과 '티셔츠·쫑대바지·사슴슈즈'를 따라 하느라 중국에서 들어온 옷감으로 비슷한 의상을 만들어 입고 신발도 찾아 신는 수준에서 시작했으나,[20] 적극적으로 화장과 성형수술 등을 통해 외모를 가꾸고 주택을 개조하는 등 유행을 따라갈 뿐 아니라 유행을 선도하는 역할을 하기도 했다. CD나 DVD, TV를 통해 접하는 외부인의 외형과 생활양식을 자신의 수준에서 모방, 전유하며 특정 시기의 유행을 만들어나가는 것이다.[21]

새로운 문화의 모방과 창출은 외형적이고 물질적인 것뿐 아니라 이성 관계에서도 재현된다. 남녀의 연애가 자연스러운 현상으로 인식되기 시작했

---

19) 조정아 외, 『새로운 세대의 탄생: 북한 청소년의 세대경험과 특성』(통일연구원, 2013), 160쪽.

20) 김석향, 「1990년 이후 북한주민의 소비생활에 나타나는 추세 현상 연구」, ≪북한연구학회보≫, 제16권 제1호(2012), 202쪽.

21) 조정아 외, 『새로운 세대의 탄생』, 216쪽.

고, 연애 방식에서 이성 간 선물을 교환하거나 다정한 말투와 태도로 상대를 대하는 등 기존의 연애 문화와는 다른 양상을 띠기 시작했다. 외부 문화에서 재현되는 여성다움과 남성다움을 모방하고 수행함으로써 새로운 방식의 이성 관계를 만들어내는 것이다.

이처럼 여성은 시장 물품에 대한 소비와 더불어 외부 문물을 통해 전해지는 문화를 접하고 이를 전유하면서 소비와 문화의 주체가 되고 있다. 여성이 시장 활동의 주체이면서 소비의 주체로 재구성되는 것이다. 그리고 소비 주체와 유행의 선도자가 되기 위해 시장을 적극 활용하면서 시장화의 확산에 기여하기도 한다.

그러나 이러한 주체가 갖는 현재적 한계도 있다. 유입되고 전유되는 문화가 자본주의 문화의 불평등한 젠더 관계를 내재한다는 점 때문이다. 새로운 문화를 적극적으로 창출하지만 그 문화가 내재하는 불평등함, 왜곡된 주체의 모습도 함께 실천되는 것이다. 그로 인해 북한의 기존 젠더 질서와 위계에는 도전이 되지만, 또 다른 방식의 젠더 위계가 유입, 유통되고 수행되면서 가부장적 젠더 관계가 강화된다. 또한 소비와 문화의 전유가 계층적 수준의 영향을 받기 때문에 경제적 위계가 문화적 위계로 이어진다는 점에서 한계가 있다.

3) 능력과 권리에 대한 인식 변화

생존을 위해 시작한 시장 활동은 그 자체로 기존 규범에 대한 도전이었다. 시장 활동을 위해 노동을 중심으로 규율화되었던 일상과 노동 규범에서 이탈했고, 가정과 거주지를 떠나 새로운 공간으로 이동하는 일이 빈번해졌다. 또한 공식적인 영역에서 헌신적으로 노동하는 것이 도덕적이고, 장사는 부끄러운 일이라고 여겼던 규범과 도덕이 퇴색하기 시작했다.

예전에는 '부끄러운 일'로 여기던 장사가 이제는 당연한 것일 뿐 아니라 장사를 하지 않는 사람을 '답답하게' 여기는 상황이 되었다. 국가가 인정하는 일만을 노동으로 수용하고, 이를 실천함으로써 존재 가치를 확인하며 사회적 인정을 받으려 했던 이전과 달리, 시장을 통해 자신과 가족의 생계를 유지하고 부를 축적하는 것이 오히려 당당한 일이고 사회적으로 인정받는 일이 되었다. 빈 배낭을 들고 오면 '부끄러움'을 느끼고, 최대한 배낭을 무겁게 지니고 다니는 것을 '능력'으로 여기게 되었다. 시장 활동을 통해 기존에 사회적으로 인정되던 '능력'의 내용이 변한 것이다. 이러한 능력을 갖추기 위해 북한 여성은 스스로 정보를 접할 수 있는 기회를 만들어내고 인적·물적 네트워크를 구축하기 시작했다. 흔히 '물정'이라고 말하는 가격의 동향과 물품의 거래 내용이나 방식에 대한 정보와 더불어 세상사에 대한 소식, 소비와 관련된 동향과 유행을 적극적으로 파악하려고 노력했다. 이러한 시장 활동의 과정은 경제적 심성과 생활양식 등의 변화를 야기했고, 사회적 가치와 규범에 영향을 미쳤다.

또한 여성들의 시장 활동은 가정을 중심으로 한 젠더 규범의 균열을 야기했다. 존경과 공경의 대상이었던 남성이 생계유지에 도움이 되지 않자 남성의 무능력을 비판했고, 가정 내 남성의 권위를 무시했다. 남편의 무능력에 대한 비판과 권위의 무시는 가족 부양과 가사 분담을 둘러싼 부부의 역할과 권력관계를 재편함으로써 부부 사이의 갈등과 긴장을 유발했고, 결국 남편을 떠나는 여성들도 나타났다. 남성에 대한 무시와 비판은 단지 가정에 국한되지 않고, 국가와 지도자에 대한 비판으로 이어지기도 했다. 가장으로서 남성의 권위를 유지하게 하는 물적 토대였던 임금과 배급, 주택 배정 등이 유명무실화되면서 가부장 남성, 가부장 국가, 수령은 더 이상 예전의 존재가 아니었다. 이 때문에 여성은 국가가 제기하는 의무와 동원의 책임을 회피하고 자신의 경제활동에 집중하는 경향을 보였다.

또한 여성은 그동안 당연한 의무라 여겼던 결혼 유지와 자녀 출산 및 양육의 의무, 부모 공경의 의무를 거부하기 시작했다. 이혼 여성이 증가하고 법적으로 이혼하지 않더라도 남편과의 결혼 생활을 중단하는 현상도 나타났다.[22) 1990년대 중반을 지나며 북한에 새롭게 등장한 현상 중 하나가 '8·3부부'이다. 이는 장사를 하러 다니는 과정에서 법적인 남편 외의 다른 남성과 동행하고 생활하는 남녀 커플을 의미한다. 8·3부부는 여성의 물질적 자본과 남성의 힘, 남편이 있는 여성이라는 상징성이 결합해 장사를 함으로써 안전을 보장받고, 경제적 이익을 창출하려는 여성의 전략의 일환으로 생겨났다. 이러한 8·3부부의 등장은 여성에게 무능력한 법적 남편보다 경제적 능력이 있거나 이를 지원해줄 수 있는 남성이 중요해졌다는 것을 보여준다. 이러한 여성 행위의 변화는 예전과 달리 '발전'으로 의미화된다. 예전에는 여성 스스로 출산 중단을 생계의 어려움으로 인한 어쩔 수 없는 선택이었다고 해석했는데, 최근에는 "머리가 깨고 발전된 사고를 하기 때문에" 출산을 포기한다고 했고, 결혼도 선택적인 것이라고 의미화하는 것이다.

가정을 중심으로 한 젠더 규범, 노동과 능력에 대한 인식 변화와 여성의 실천은 기존 규범과 질서에서의 이탈이고 도전이었다. 이러한 여성의 이탈은 단지 국가 테두리 안에 국한된 것은 아니다. 여성은 북한 내부의 지역 경계를 넘는 것뿐 아니라 아예 국가 경계를 벗어남으로써 자신의 미래를 기획하는 주체로 등장했다. 물론 국가 경계 넘기의 과정이 폭력적이기도 하고 절대적 빈곤으로 인한 어쩔 수 없는 탈출이었다는 점에서 여성을 적극적인 행위자로 호명하기에는 다소 위험한 지점이 있다. 하지만 주어진 현실에 안

---

22) 좋은벗들, "이혼하면 탄광 또는 광산 농장 보내", ≪오늘의 북한소식≫, 제105호(2008), 7~8쪽; 좋은벗들, "특수한 사정 아니면 이혼접수 받지 마라", ≪오늘의 북한소식≫, 제132호(2008), 5~6쪽.

주하지 않고 자신의 삶을 개척하고자 했고, 이를 실천하면서 새로운 기회를 스스로 창출하려 했다는 점에서 적극적 행위자라 할 수 있다.

5. 결론

북한의 시장은 생계를 유지하기 위한 공간이면서 다양한 변화를 추동하는 공간이기도 하다. 북한 여성에게도 시장은 여러 측면에서 의식과 생활양식의 변화, 규범에 대한 도전을 가능하게 한 공간이었다. 그러나 남성 중심적 질서가 구축되어 있는 시장, 남성 권력을 대표하는 국가와 이를 대리하는 관리자 남성이 지배하는 시장은 기존의 젠더 위계를 그대로 투영한다는 점에서 여성에게 우호적이지만은 않은 공간이다. 성별화된 자본의 생산과 전유 구조 때문에 시장은 여전히 여성에게 제한적인 기회만을 제공한다. 국가 역시 여성에 대한 통제 담론을 강화하고 법과 제도를 정비하면서 기존의 젠더 질서와 규범을 유지하려 한다는 점에서 시장으로 인한 변화가 여성에게 긍정적인 영향만을 미친다고 보기 어렵다.

시장 자체가 갖는 구조적 제약과 국가적 통제하에서도 제한적이나마 여성은 스스로 시장을 자신의 주체적 공간으로 만들어나간다. 그 과정에서 행해지는 여성의 다양한 실천은 국가 기획에 영향을 미치고, 시장 외 공간에서 자신의 새로운 활동 영역과 공간 가치를 만들어나간다. 변화한 현실에 맞는 '능력'의 재구성, 적극적인 소비와 문화 향유, 규범에 대한 도전과 미래에 대한 기획 과정에서 여성은 '개인'을 자각하고, 자신의 선택과 행위에 새로운 의미를 부여한다. 이러한 여성의 실천은 여성을 자신의 삶과 가족의 기획자이자 규범에 도전하는 주체로 재구성한다. 여성은 변화한 의식에 따라 기존의 젠더 규범과 질서를 이탈하기도 하고, 여성의 변화를 통제하려는 국가적 기획을 우회하고 전유하면서 자신의 목적과 이해를 달성하기도 한다. 그로 인해 기존의 젠더 질서는 예전의 질서 그대로 유지된다기보다 변형되기도 한다. 이처럼 새롭게 등장한 여성 주체는 기존의 젠더 질서를 변화시킬 수 있는 잠재력을 담지하고 있다. 따라서 여성 주체의 경험과 실천 속에서 북한 사회의 변화 가능성을 찾을 수 있다.

참고문헌

국내 자료

강윤희. 2006. 「소비에트와 포스트소비에트 러시아의 젠더 재구성: 여성성과 남성성의 변모를 중심으로」. ≪슬라브학보≫, 제21권 제4호.

김석향. 2007. 「북한의 조선옷·민족옷 개념에 나타나는 여성 편중 및 남성 부재 현상」. ≪북한연구학회보≫, 제11권 제2호.

______. 2012. 「1990년 이후 북한 주민의 소비생활에 나타나는 추세 현상 연구」. ≪북한연구학회보≫, 제16권 제1호.

김태연. 2009. 「소비에트 러시아에서의 젠더 질서와 헤게모니적 남성성」. ≪슬라브학보≫, 제24권 제3호.

박순성 외. 2009. 「탈북여성의 탈북 및 정착과정에서의 인권침해 실태조사」. 국가인권위원회.

배리, 캐슬린(Kathleen Barry). 2002. 『섹슈얼리티의 매춘화』. 정금나·김은정 옮김. 삼인.

양현아. 1999. 「한국가족법에서 어머니는 어디에 있(었)나」. 심영희·정진성·윤정로 공편. 『모성의 담론과 현실: 어머니의 성·삶·정체성』. 나남.

이미경. 2006. 「경제난 이후 북한여성의 삶과 의식 변화의 한계」. 북한연구학회 편. 『북한의 여성과 가족』. 경인문화사.

조정아·조영주·조은희·최은영·홍민. 2013. 『새로운 세대의 탄생: 북한 청소년의 세대경험과 특성』. 통일연구원.

좋은벗들. 2008a. "특수한 사정 아니면 이혼접수 받지 마라". ≪오늘의 북한소식≫, 제132호.

______. 2008b. "이혼하면 탄광 또는 광산 농장 보내". ≪오늘의 북한소식≫, 제105호.

최봉대. 2008. 「1990년대 말 이후 북한 도시 사적 부문의 시장화와 도시가구의 경제적 계층분화: 개별가구의 비공식적 연결망자원의 계층화 매개효과 분석을 중심으로」. ≪현대북한연구≫, 제11권 제2호.

홍민. 2013. 「북한 경제연구의 지형과 새로운 모색: 국가와 시장 및 정치와 경제의 관계를 중심으로」. 2013 북한연구학회 동계학술회의 '북한 사회의 새로운 흐름과 한반도 '신뢰'의 정치'자료집(2013.12.17).

북한 자료

≪로동신문≫. 1998.9.30. "제2차 전국어머니대회에서 한 토론들".
사회과학출판사. 1992.『조선말대사전』, 제2권.
≪조선녀성≫. 1999. "자랑스러운 조선녀성들의 모성애", 제1호. 근로단체출판사.
≪조선녀성≫. 2000. "조선옷차림을 생활화하자", 제2호. 근로단체출판사.
≪조선녀성≫. 2004a. "민족옷과 옷차림례절", 제8호. 근로단체출판사.
≪조선녀성≫. 2004b. "부부사이의 례절을 바로 지키자", 제9호. 근로단체출판사.
≪조선녀성≫. 2005a. "다정한 부부", 제2호. 근로단체출판사.
≪조선녀성≫. 2005b. "몸단장과 옷차림을 우리식으로", 제2호. 근로단체출판사.
≪조선녀성≫. 2005c. "어머니의 행복", 제3호. 근로단체출판사.
조선로동당출판사. 2002.『(당에 한함) 간부학습제강: 자본주의사상문화적 침투를 짓부시기 위한 투쟁을 강도높이 벌릴데 대하여』. 조선로동당출판사.

국외 자료

Bridge, T. 2009. "Gender Capital and Male Bodybuilders." *Gender & Society*, Vol. 15. No. 1, London: Sage.
Scott, J. W. 1999. *Gender and the Politics of History*. New York: Colombia University Press.

지은이(가나다 순)

고유환

동국대학교 정치학 박사. 동국대학교 북한학과 교수·북한학연구소 소장.

주요 저서: 『북한의 권력과 일상생활: 지배와 저항 사이에서』(공저, 2013), 『북한 핵문제의 해법과 한반도 평화체제 구축』(2003), 『한반도 평화체제의 모색』(공저, 1997) 등.

주요 논문: 「민족공동체 통일방안의 이행과정과 추진전략 재검토」(2014), 「북한의 3차 핵실험 이후 위협인식과 대응에 관한 행위자-네트워크」(2013), 「김정은 후계구축과 북한 리더십변화: 군에서 당으로 권력이동」(2011) 등.

곽정래

서울대학교 언론정보학 박사. 서울대학교 언론정보연구소 객원연구원.

주요 저서: 『다플랫폼 다채널 시대의 통일방송』(공저, 2011), 『북한의 사회적 커뮤니케이션 구조와 미디어』(공저, 2011) 등.

주요 논문: 「행위자-연결망 이론(Actor-Network Theory)으로 본 북한사회 내 정보 이동성과 커뮤니케이션 구조 변화」(2015), 「북한 커뮤니케이션 네트워크 구조와 정보 이용 행태에 관한 연구: 북한의 비공식 커뮤니케이션 네트워크와 정보 이용의 사사화」(2013), 「북한이탈주민의 커뮤니케이션 활동과 시민성 형성」(2011) 등.

김병선

연세대학교 언론학 박사. 계명대학교 언론영상학과 교수.

주요 논문: 「탈북사건 보도의 행위자-네트워크」(공저, 2015), 「미디어 기술의 정신병리적 특성에 관한 연구: 기술이 매개하는 징후의 계보학」(2014), 「소셜미디어의 계보와 소통의 현상학」(2013), 「진화론의 관점에서 본 미디어 변이에 관한 연구」(2012), 「간첩사건의 행위자-네트워크」(2012) 등.

김종욱

동국대학교 정치학 박사. 동국대학교 정치외교학과 객원교수.

주요 저서: 『북한의 권력과 일상생활』(공저, 2013), 『경제와 사회민주주의』(역서, 2012), 『북한의 일상생활세계: 외침과 속삭임』(공저, 2010) 등.

주요 논문: 「'예외상태'의 일상화와 통치술로서의 '국방위원장 체제'」(2013), 「'한반도 평화공영체제' 구상과 '동아시아 공동체' 건설: 아시아·태평양 평화공영을 촉진하는 '네트워크 국가(Network State)'」(2011) 등.

박순성

프랑스 파리10대학교(Université de Paris X-Nanterre) 경제학 박사. 동국대학교 북한학과 교수.

주요 저서: 『북한의 권력과 일상생활』(공편, 2013), 『북한의 일상생활세계』(공편, 2010), 『북한경제와 한반도 통일』(2003), 『아담 스미스와 자유주의』(2003) 등.

주요 논문: 「북한 인권 문제와 한반도 분단체제: 2014 유엔 인권이사회 북한인권조사위원회 보고서에 대한 비판적 독해를 중심으로」(2014), 「천안함 사건의 행위자-네트워크와 분단체제의 불안정성」(2013), 「한반도 분단현실에 대한 두 개의 접근: 분단체제론과 분단탈분단의 행위자-네트워크이론」(2012), 「한반도 통일과 민족, 국민국가, 시민사회」(2010) 등.

이호규

미국 인디애나 대학교(Indiana Univ. Bloomington) 텔레커뮤니케이션학 박사. 동국대학교 신문방송학과 교수.

주요 저서: 『테크놀로지와 낭만주의』(2008) 등.

주요 논문: 「탈북 사건 보도의 행위자-네트워크: 언론 보도에 의한 〈탈북 루트〉의 해체 과정을 중심으로」(공저, 2015), 「커뮤니케이션 편향과 진리: 존 스튜어트 밀과 해롤드 이니스의 논의를 중심으로」(2014), 「아리스토텔레스 『레토릭』의 재해석: 문자문화의 관점에서」(공저, 2013), 「북한 커뮤니케이션 네트워크 구조와 정보 이용 행태에 관한 연구」(공저, 2013) 등.

이희영

독일 카셀 대학교(Universität Kassel) 사회학 박사. 대구대학교 사회학과 교수.

주요 저서: 『북한주민의 의식과 정체성: 자아의 독립, 국가의 그늘, 욕망의 부상』(공저, 2010), 『북한의 일상생활세계: 외침과 속삭임』(공저, 2010) 등.

주요 논문: 「탈북청소년의 경계 경험과 정체성 재구성」(2014), 「(탈)분단과 국제이주의 행위자 네트워크: '여행하는' 탈북 난민들의 삶과 인권에 관한 사례연구」(2013), 「아날로그의 반란과 분단의 번역자들: 남한 드라마 시청의 행위자 네트워크를 중심으로」(2012), "New Citizens' Participation and 'Struggles for Recognition': An Oral Case Study of Identity Construction of North Korean Defector-Residents"(2011) 등.

조영주

이화여자대학교 북한학 박사. 동국대학교 분단/탈분단연구센터 연구교수.

주요 저서: 『여성(들)이 기억하는 전쟁과 분단』(공저, 2013), 『새로운 세대의 탄생: 북한 청소년의 세대 경험과 특성』(공저, 2013), 『선군시대 북한 여성의

삶』(공저, 2010) 등.

주요 논문: 「북한 시장화와 젠더정치」(2014), 「분단 연구의 동향과 과제」(공저, 2014), 「통일담론과 여성의 실천」(2012) 등.

조우현

동국대학교 북한학 석사. SK경영경제연구소 연구보조원.

주요 논문: 「분단 연구의 동향과 과제」(공저, 2014) 등.

홍민

동국대학교 정치학 박사. 통일연구원 북한연구실 연구위원.

주요 저서: 『함흥과 평성: 공간·일상·정치의 도시』(공저, 2014), 『탈북청소년의 경계경험과 정체성의 재구성』(공저, 2014), 『사회주의 도시와 북한: 도시사연구방법론』(공저, 2013), 『북한의 권력과 일상생활: 지배와 저항 사이에서』(공저, 2013), 『새로운 세대의 탄생: 북한 청소년의 세대경험과 특성』(공저, 2013), 『북한의 일상생활세계: 외침과 속삭임』(공저, 2010) 등.

주요 논문: 「행위자-네트워크 이론과 북한연구: 방법론적 성찰과 가능성」(2013), 「북한의 국가와 시장관계: 위상학적 이해의 가능성」(2013), 「행위자-연결망 이론과 분단 연구: 분단 번역의 정치와 '일상으로의 전화'」(2011) 등.

원 출처

1장: ≪경제와사회≫, 통권 94호(2012), 13~38쪽.

2장: ≪동향과 전망≫, 통권 83호(2011), 47~78쪽.

3장: ≪북한연구학회보≫, 제17권 제1호(2013), 283~316쪽.

4장: ≪북한학연구≫, 제8권 제1호(2014), 65~98쪽.

5장: ≪북한학연구≫, 제10권 제2호(2014), 35~63쪽.

6장: ≪북한연구학회보≫, 제17권 제1호(2013), 317~354쪽.

7장: ≪북한연구학회보≫, 제17권 제2호(2013), 57~86쪽.

8장: ≪경제와 사회≫, 통권 94호(2012), 80~117쪽.

9장: ≪동향과 전망≫, 통권 83호(2011), 79~112쪽.

10장: ≪북한연구학회보≫, 제18권 제2호(2014), 281~309쪽.

11장: ≪경제와 사회≫, 통권 94호(2012), 39~79쪽.

12장: ≪북한연구학회보≫, 제17권 제1호(2013), 355~393쪽.

13장: ≪언론과학연구≫, 제13권 4호(2013), 482~514쪽.

14장: ≪북한연구학회보≫, 제18권 제2호(2014), 95~122쪽; 『김정은시대의 경제와 사회: 국가와 시장의 새로운 관계』(한울, 2014), 298~324쪽.

동국대학교 분단/탈분단연구센터

동국대학교 분단/탈분단연구센터는 분단과 통일에 대한 새로운 패러다임을 제시하고 이론적·실천적 고민을 나누는 것을 목적으로 2010년 한국연구재단의 한국사회과학연구(SSK)사업의 지원을 받아 "분단의 행위자-네트워크와 탈분단의 사회동학"이라는 주제 연구를 시작했다. 본 센터는 분단이나 통일을 단순히 규범적 담론이나 목적론적 당위성을 통해 진단하는 것을 지양하고 분단의 사회동학에 대한 총체적인 접근을 시도함으로써 분단이라는 현실 문제를 분석하고 이론화하며 실천적 대안을 제시하고자 했다. 이를 위해 행위자-네트워크 이론(Actor-Network Theory)의 인식론적·방법론적 논의를 검토하고 행위자-네트워크 이론이 보여준 다양한 사례 연구에서 영감을 받아 분단을 행위자-네트워크 차원에서 분석했다. 지난 5년 동안 분단 사회의 질서와 분단에 대한 인식론적 성찰을 시작으로 분단 연구를 이론화하고 구체적인 경험 및 사례 연구를 진행하고 있다.

한울아카데미 1849
분단의 행위자-네트워크와 수행성

엮은이 | 동국대학교 분단/탈분단연구센터
지은이 | 고유환·곽정래·김병선·김종욱·박순성·이호규·이희영·조영주·조우현·홍민
펴낸이 | 김종수
펴낸곳 | 한울엠플러스(주)
편집책임 | 신유미
편집 | 강민호

초판 1쇄 인쇄 | 2015년 11월 20일
초판 1쇄 발행 | 2015년 12월 4일

주소 | 10881 경기도 파주시 파주출판도시 광인사길 153 한울시소빌딩 3층
전화 | 031-955-0655
팩스 | 031-955-0656
홈페이지 | www.hanulmplus.kr
등록번호 | 제406-2015-000143호

Printed in Korea.
ISBN 978-89-460-5849-1 93340(양장)
978-89-460-6092-0 93340(반양장)

* 책값은 겉표지에 표시되어 있습니다.
* 이 책은 강의를 위한 학생용 교재를 따로 준비했습니다.
강의 교재로 사용하실 때에는 본사로 연락주십시오.